FONCTIONS, FORMULES ET VBA POUR EXCEL 2013

LE GUIDE COMPLET

Micro Application

Copyright

© 2013 MA EDITIONS
88 ter, avenue du Général-Leclerc
92100 Boulogne-Billancourt

1ère Édition - Mai 2013

Auteur

Pierre Polard

Toute représentation ou reproduction, intégrale ou partielle, faite sans le consentement de MA EDITIONS est illicite (article L122-4 du code de la propriété intellectuelle).
Cette représentation ou reproduction illicite, par quelque procédé que ce soit, constituerait une contrefaçon sanctionnée par les articles L335-2 et suivants du code de la propriété intellectuelle.
Le code de la propriété intellectuelle n'autorise aux termes de l'article L122-5 que les reproductions strictement destinées à l'usage privé et non destinées à l'utilisation collective d'une part, et d'autre part, que les analyses et courtes citations dans un but d'exemple et d'illustration.

Avertissement aux utilisateurs

Les informations contenues dans cet ouvrage sont données à titre indicatif et n'ont aucun caractère exhaustif voire certain. A titre d'exemple non limitatif, cet ouvrage peut vous proposer une ou plusieurs adresses de sites Web qui ne seront plus d'actualité ou dont le contenu aura changé au moment où vous en prendrez connaissance.
Aussi, ces informations ne sauraient engager la responsabilité de l'Editeur. La société MA EDITIONS ne pourra être tenue responsable de toute omission, erreur ou lacune qui aurait pu se glisser dans ce produit ainsi que des conséquences, quelles qu'elles soient, qui résulteraient des informations et indications fournies ainsi que de leur utilisation.
Tous les produits cités dans cet ouvrage sont protégés, et les marques déposées par leurs titulaires de droits respectifs. Cet ouvrage n'est ni édité, ni produit par le(s) propriétaire(s) de(s) programme(s) sur le(s) quel(s) il porte et les marques ne sont utilisées qu'à seule fin de désignation des produits en tant que noms de ces derniers.

ISBN : 978-2-822-402408

ISSN : 1950-0289

Avant-propos

Destinée aussi bien aux débutants qu'aux utilisateurs initiés, la collection *Guide Complet* repose sur une méthode essentiellement pratique. Les explications, données dans un langage clair et précis, s'appuient sur de courts exemples. En fin de chaque chapitre, découvrez, en fonction du sujet, des exercices, une check-list ou une série de FAQ pour répondre à vos questions.

Vous trouverez dans cette collection les principaux thèmes de l'univers informatique : matériel, bureautique, programmation, nouvelles technologies...

Conventions typographiques

Afin de faciliter la compréhension des techniques décrites, nous avons adopté les conventions typographiques suivantes :

- **gras** : menu, commande, boîte de dialogue, bouton, onglet.
- *italique* : zone de texte, liste déroulante, case à cocher, bouton radio.
- `Police bâton` : Instruction, listing, adresse internet, texte à saisir.
- ✂ : indique un retour à la ligne volontaire dû aux contraintes de la mise en page.

REMARQUE — Il s'agit d'informations supplémentaires relatives au sujet traité.

ATTENTION — Met l'accent sur un point important, souvent d'ordre technique qu'il ne faut négliger à aucun prix.

ASTUCE — Propose conseils et trucs pratiques.

DÉFINITION — Donne en quelques lignes la définition d'un terme technique ou d'une abréviation.

Chapitre 1 Élaborer des formules simples 15

1.1. Connaître les principes de conception 17
  Saisir une formule 17
  Modifier une formule 18
1.2. Utiliser des opérateurs 19
  Utiliser des opérateurs mathématiques 19
  Utiliser l'opérateur de concaténation 20
1.3. Maîtriser les références relatives, absolues et mixtes 21
  Découvrir les références de cellules 21
  Références tridimensionnelles 30
  Références externes 31
1.4. Découvrir des outils et paramètres supplémentaires 32
  Transformer une formule en valeur 33
  Éviter qu'Excel recalcule systématiquement les formules 33
1.5. Ne pas afficher les formules 34
  Éviter les incohérences d'affichage dues aux arrondis 35
  Afficher des références du type L1C1 36

Chapitre 2 Utiliser des noms dans les formules 37

2.1. Attribuer simplement un nom à une cellule
  ou à une plage de cellules 39
  Attribuer un nom à une cellule 39
  Utiliser un nom dans une formule 40
  Attribuer un nom à une plage de cellules 41
  Sélectionner une cellule ou une plage nommée 42
2.2. Définir et modifier les noms 42
  Définir un nom 43
  Modifier la cible d'un nom 44
  Insérer un nom dans une formule 45
  Coller la liste des noms 46
  Créer des séries de noms 46
  Supprimer un nom 47
  Remplacer systématiquement les références de cellules
  par les noms 48
2.3. Attribuer des noms à des constantes et à des formules 50
  Attribuer des noms à des constantes 50
  Attribuer des noms à des formules 51
2.4. Noms spécifiques d'une feuille de calcul 52

Chapitre 3 Rechercher et utiliser des fonctions 55

3.1. Comprendre la notion de fonction 57
  Découvrir la bibliothèque de fonctions 58
  Rechercher et insérer une fonction 58
  Saisir une fonction connue 61
  Utiliser les bibliothèques 63
  Utiliser le bouton Somme automatique 63
3.2. Utiliser les différents types d'arguments 64
3.3. Connaître les différentes catégories de fonctions 66
  Les fonctions de recherche et de référence 66

Les fonctions de texte 66
Les fonctions de date et d'heure 67
Les fonctions logiques 67
Les fonctions d'information 67
Les fonctions de base de données 67
Les fonctions mathématiques 67
Les fonctions statistiques 68
Les fonctions financières 70
Les fonctions d'ingénierie 70

Chapitre 4 Utiliser la fonction SI   73

4.1. Découvrir la fonction 75
4.2. Élaborer des formules simples 76
   Afficher un message fixe si une condition est remplie 76
   Afficher un message variable si une condition est remplie 77
   Intégrer le résultat d'une formule conditionnelle
   dans une expression 77
   Faire un test sur une chaîne de caractères 78
   Faire un test sur une date 79
   Éviter l'affichage d'un message d'erreur 80
   Inclure une formule dans la condition 80
   Compter le nombre de valeurs différentes dans une plage
   de cellules triées 81
4.3. Utiliser les opérateurs ET et OU 82
   L'opérateur ET 83
   L'opérateur OU 84
   L'opérateur OU exclusif 85
   L'opérateur NON 86
   Équivalences classiques 86
4.4. Imbriquer plusieurs fonctions SI 87
   Limiter la taille des formules 88
4.5. Découvrir la fonction CHOISIR 89

Chapitre 5 Calculer et dénombrer   91

5.1. Découvrir les fonctions indispensables 93
   Fonctions de calcul 93
   Fonctions d'arrondi 101
   Fonctions de comptage 105
5.2. Faire des calculs 108
   Calculer une somme 108
   Calculer un cumul glissant 109
   Calculer une moyenne 110
   Calculer la somme de cellules respectant des critères 110
   Déterminer la valeur la plus fréquente dans une plage
   de cellules 112
   Calculer un pourcentage d'évolution 113
   Afficher les plus grandes valeurs 114
   Arrondir des valeurs 115

5

	5.3.	Dénombrer des cellules 116
		Compter les cellules vides 116
		Compter les cellules non vides 117
		Compter les cellules contenant des valeurs numériques 117
		Compter les cellules contenant du texte 117
		Compter les cellules contenant une chaîne de caractères 118
		Compter les cellules dont le contenu est supérieur à un seuil .. 118

Chapitre 6 Exploiter des bases de données — 119

	6.1.	Gérer des données avec Excel 121
		Élaborer un tableau de données 121
	6.2.	Découvrir les fonctions indispensables 123
	6.3.	Faire des recherches simples 132
		Rechercher une valeur précise dans un tableau 132
		Éviter l'apparition de messages d'erreur lors d'une recherche . 135
		Utiliser d'autres techniques de recherche 136
		Exploiter des données sous forme d'intervalles 137
		Rechercher une valeur dans un tableau à double entrée 138
	6.4.	Synthétiser des données 139
		Calculer une moyenne mobile 140
		Faire des synthèses multicritères 141

Chapitre 7 Traiter des données textuelles — 147

	7.1.	Découvrir les fonctions indispensables 149
	7.2.	Effectuer des traitements simples 156
		Juxtaposer des chaînes de caractères 156
		Intégrer des valeurs numériques dans des chaînes de caractères 157
		Compter les caractères d'un texte 157
		Rechercher dans un texte 158
		Remplacer un texte par un autre 159
	7.3.	Combiner les fonctions pour des traitements plus complexes . 159
		Effacer des caractères à droite ou à gauche 160
		Compléter une chaîne caractères pour atteindre un nombre fixé de caractères 160
		Compter le nombre d'occurrences d'un caractère ou d'un mot dans un texte 160
		Extraire le premier mot d'un texte 161
		Extraire le dernier mot d'un texte 161
		Séparer les mots d'un texte 162

Chapitre 8 Faire des calculs sur les dates et les heures — 163

	8.1.	Comprendre la représentation des dates dans Excel 165
		Découvrir la notion de numéro de série 165
		Distinguer les systèmes de dates 165
		Saisir des dates et des heures 166
		Paramétrer l'interprétation du siècle 167
	8.2.	Découvrir les fonctions indispensables 168

8.3. Faire des calculs sur les dates 174
    Afficher la date du jour dans un texte 174
    Écrire le mois en lettres 174
    Écrire le jour de la semaine en lettres 174
    Déterminer le numéro du trimestre 174
    Déterminer le dernier jour du mois 175
    Déterminer le premier jour du mois 175
    Calculer le nombre de jours du mois 175
    Déterminer la date du dimanche précédent 175
    Convertir depuis le format américain 177
    Repérer une date anniversaire 177
    Tester si une année est bissextile 178
8.4. Faire des calculs sur les heures 178
    Transformer des heures décimales en heures et minutes 178
    Transformer des minutes en heures et minutes 179
    Calculer avec des taux horaires 179
    Calculer le temps écoulé 179

Chapitre 9 Faire des calculs financiers   181

9.1. Découvrir les fonctions indispensables 183
    Les systèmes de dates 183
    Liste des fonctions 184
9.2. Comprendre les notions essentielles 194
    Valeur acquise et valeur actualisée 194
    Calcul d'amortissement 195
    Calculs d'emprunts 196
9.3. Faire des analyses d'investissements 196
    Calcul relatifs à l'épargne 196
    Rentabilité d'un investissement 197
    Taux de rentabilité d'un investissement 197
    Calcul de la valeur actuelle nette d'un projet 197
9.4. Faire des calculs liés aux emprunts 198
    Mensualités d'un emprunt 198
    Calcul du coût d'un emprunt 199
    Calcul de la dette résiduelle 199
    Capacité d'endettement 200
9.5. Utiliser les tables de données 201
    Créer des tables de données à une entrée 201
    Créer des tables de données à deux entrées 202
    Faire des simulations avec les tables de données 202

Chapitre 10 Utiliser les formules matricielles   207

10.1. Connaître les principes de conception 210
    Saisir une formule matricielle à une dimension 210
    Saisir une formule matricielle à deux dimensions 211
    Saisir une formule matricielle à valeur unique 212
    Caractéristiques des formules matricielles 213
    Modifier une formule matricielle 214
    Constantes matricielles 215

10.2. Utiliser les formules matricielles 215
    Calculer la moyenne des trois plus grandes valeurs 215
    Compter des cellules contenant du texte 216
    Compter les doublons dans une liste 216
    Faire des calculs conditionnels 217
    Créer une suite de nombres 218
    Compter le nombre de lundi d'un mois 218
    Transposer une matrice 218
    Inverser une matrice 219
    Résoudre un système d'équations 220

Chapitre 11 Auditer et corriger les formules — 223

11.1. Repérer des erreurs 225
    Détecter les erreurs lors de la saisie 225
    Vérifier les erreurs dans une feuille de calcul 226
11.2. Auditer et vérifier les formules de calcul 229
11.3. Maîtriser les références circulaires 234
11.4. Utiliser les fonctions d'information et de détection d'erreur 236
    Utiliser les fonctions d'information 236
    Utiliser les fonctions de détection d'erreur 238

Chapitre 12 Découvrir d'autres utilisations des formules — 241

12.1. Définir des mises en forme conditionnelles 243
    Utiliser les mises en forme conditionnelles prédéfinies 243
    Créer des règles de mise en forme conditionnelles
    personnalisées 245
    Créer des mises en forme conditionnelles 247
12.2. Définir des validations du contenu des cellules 248
    Connaître le principe de la validation du contenu 248
    Créer des validations 252

Chapitre 13 Programmer en VBA — 253

13.1. Connaître l'historique d'Excel 255
    Les débuts du tableur 255
    L'évolution d'Excel depuis Excel 2 256
    Excel 2013 en quelques mots 263
13.2. Découvrir l'évolution des macros et de la programmation 266
13.3. Respecter quelques principes de développement 269
    Définir clairement le besoin des utilisateurs 269
    Préciser les données requises ainsi que leur emplacement 270
    Construire les feuilles de calcul et développer les macros VBA . 271
    Définir l'interface utilisateur 273
    Tester l'application 273
    Documenter l'application 274
    Installer l'application et former les utilisateurs 274
13.4. Aperçu rapide des différents concepts et outils 274
    Les modules de code 274
    Les procédures 275
    Les objets 275

Les variables 277
L'éditeur Visual Basic (VBE) 277

Chapitre 14 Utiliser l'environnement de développement (VBE) 279

14.1. Enregistrer une macro 281
Enregistrer en utilisant les références relatives 285
Affecter une macro à un bouton 286
Affecter une macro à un élément du Ruban 287
Gérer les macros 289
Modifier une macro 290
Gérer les niveaux de sécurité 293
14.2. Découvrir l'environnement VBE 294
Afficher l'onglet Développeur 294
Activer le VBE 295
L'Explorateur de projets 296
La fenêtre de code 298
Personnaliser l'environnement VBE 301
14.3. Organiser les projets VBA 304
Créer un nouveau module 304
Renommer un module 304
Supprimer un module 304
Copier un module 305
14.4. Saisir du code 305
Améliorer la lisibilité du code 306
Bénéficier d'assistance à la saisie 306

Chapitre 15 Maîtriser le langage VBA 309

15.1. Utiliser des variables et des constantes 311
Appellation des variables 311
Types de données 312
Déclaration, portée et durée de vie des variables 314
Les tableaux 320
Les variables objet 322
Les types utilisateur 323
Les constantes 324
15.2. Utiliser les opérateurs et les fonctions dans des expressions .. 325
Les opérateurs 325
Les fonctions 328
15.3. Utiliser les structures de décisions 335
IfThenElse 335
Select CaseEnd Select 338
15.4. Travailler avec des boucles 339
ForToNext 339
DoLoop 341
15.5. Créer des procédures 343
Créer des procédures Sub 343
Créer des procédures Function 346

Chapitre 16   Mettre au point le code et gérer les erreurs   349

16.1.   Les différents types d'erreur 351
            Les erreurs de compilation 351
            Les erreurs d'exécution 353
            Les erreurs de programmation 353
16.2.   Exécuter le code en pas à pas 354
            Forcer l'exécution 354
            Exécuter en pas à pas 354
            Placer des points d'arrêt 356
            Utiliser la fenêtre Exécution 357
16.3.   Visualiser le contenu des variables 358
            Ajouter des espions 359
16.4.   Gérer les erreurs d'exécution 361

Chapitre 17   Travailler avec les objets Excel   365

17.1.   Découvrir le modèle d'objets d'Excel 367
            Principe du modèle d'objets 367
            Les collections et objets 369
            Les propriétés et méthodes 370
17.2.   Utiliser l'Explorateur d'objets 371
17.3.   Travailler avec l'application Excel 373
            Accéder aux objets actifs 374
            Modifier le titre de l'application 374
            Écrire dans la barre d'état 375
            Déconnecter l'affichage des messages d'alerte 376
            Afficher la version d'Excel et le nom de l'utilisateur 376
            Déconnecter la mise à jour de l'écran 377
            Évaluer des expressions 378
            Exécuter des fonctions de feuille de calcul 378
            Exécuter des macros à une heure déterminée 379
            Affecter des actions aux touches du clavier 381
            Quitter Excel 384
17.4.   Travailler avec les classeurs 384
            Créer un nouveau classeur 384
            Ouvrir un classeur 385
            Activer un classeur 385
            Afficher le nom d'un classeur 385
            Enregistrer un classeur 386
            Fermer un classeur 388
            Envoyer un classeur par email 388
            Vérifier si un classeur est ouvert 389
            Vérifier si un classeur existe 389
            Ouvrir un classeur situé dans un même répertoire 390
17.5.   Travailler avec les feuilles de calcul 390
            Insérer une feuille de calcul 391
            Activer une feuille de calcul 391
            Sélectionner plusieurs feuilles de calcul 391
            Supprimer une feuille de calcul 392
            Rendre une feuille de calcul invisible 392

	Afficher la liste des feuilles de calcul	392
	Déplacer et copier des feuilles de calcul	395
	Protéger toutes les feuilles de calcul d'un classeur	396
	Trier les feuilles d'un classeur par ordre alphabétique	397
	Insérer une feuille de calcul par mois	398
	Créer un lien hypertexte vers chaque feuille d'un classeur	399
17.6.	Travailler avec des plages de cellules	400
	Travailler avec des cellules et des plages de cellules	400
	Modifier le contenu de cellules	405
	Mettre en forme les cellules	409
	Ajouter des commentaires aux cellules	410
	Copier et coller des cellules	410
	Travailler avec des cellules particulières	411
	Travailler avec des plages nommées	412
	Additionner en fonction de la couleur	412
	Ajouter des informations dans la première ligne vide	414
	Cumuler des lignes selon un critère	415
	Supprimer les doublons d'une liste	417

Chapitre 18 Gérer les événements d'Excel 419

18.1.	La gestion des événements	421
	Les procédures événementielles	421
	Désactiver la gestion des événements	423
18.2.	Les événements de l'objet Workbook	424
	La liste des principaux événements	424
	Activate	426
	BeforeClose	426
	BeforePrint	427
	BeforeSave	427
	NewSheet	428
	Open	428
	SheetActivate	428
	SheetBeforeDoubleClick	430
	SheetFollowHyperlink	431
	WindowResize	431
18.3.	Les événements de l'objet Worksheet	432
	La liste des principaux événements	432
	Cas pratique : échéancier de facturation	433
18.4.	Les événements de l'objet Application	440
	Activer la gestion des événements de l'objet Application	440
	La liste des événements	442

Chapitre 19 Aller plus loin avec les feuilles de calcul 445

19.1.	Insérer des contrôles ActiveX	447
19.2.	Piloter les graphiques	450
	Créer un graphique dans une feuille de graphique	450
	Insérer un graphique dans une feuille de calcul	456
	Découvrir d'autres propriétés et méthodes des objets Chart	470
	Travailler avec les graphiques sparkline	470

19.3.	Gérer des données	473
	Créer un tableau de données	473
	Trier des données	475
	Filtrer des données	478
19.4.	Manipuler les tableaux croisés dynamiques	480
	Créer un tableau croisé dynamique	480
	Modifier la structure d'un tableau croisé dynamique	486
	Utiliser les slicers	493

Chapitre 20 Utiliser les boîtes de dialogue   497

20.1.	Afficher des informations avec MsgBox	500
	MsgBox : instruction ou fonction	500
	Exemples de boîtes de dialogue de type MsgBox	503
20.2.	Recueillir des informations avec InputBox	509
	La fonction InputBox	509
	La méthode InputBox	510
	Exemples de boîtes de dialogue de type InputBox	511
20.3.	Utiliser les méthodes GetOpenFilename et GetSaveAsFilename	515
	La méthode GetOpenFilename	516
	La méthode GetSaveAsFilename	519
20.4.	Afficher les autres boîtes de dialogue intégrées	519

Chapitre 21 Créer des boîtes de dialogue personnalisées   523

21.1.	Découvrir les boîtes de dialogue personnalisées	525
	Insérer une boîte de dialogue personnalisée	525
	Découvrir la boîte à outils	527
21.2.	Connaître les contrôles des boîtes de dialogue	529
	Les étiquettes	530
	Les zones de texte	531
	Les zones de liste déroulantes	531
	Les zones de liste	534
	Les cases à cocher	536
	Les boutons d'option	537
	Les boutons bascule	537
	Les cadres	538
	Les boutons de commandes	538
	Les onglets	538
	Les multipages	538
	Les barres de défilement	539
	Les toupies	540
	Les images	540
	Les contrôles RefEdit	541
21.3.	Concevoir une boîte de dialogue personnalisée	541
	Sélectionner des contrôles	541
	Redimensionner des contrôles	542
	Organiser les contrôles	542
	Définir l'ordre de tabulation	544
	Tester une boîte de dialogue	544

		Enregistrer une boîte de dialogue personnalisée 545
21.4.		Réagir aux événements 546
		Les événements des boîtes de dialogue 546
		Les événements des contrôles 547
21.5.		Aller plus loin avec les boîtes de dialogue personnalisées 548
		Créer des boîtes de dialogue non modales 548
		Utiliser des contrôles supplémentaires 550
21.6.		Cas pratique : Réaliser des simulations d'emprunt 551
		Créer la boîte de dialogue personnalisée 552
		Ajout des contrôles 552
		Code VBA associé aux contrôles 556
21.7.		Cas pratique : Créer et archiver des devis 560
		Créer les feuilles de calcul 561
		Créer la boîte de dialogue personnalisée 563
		Le module de code 579

Chapitre 22 Personnaliser l'interface utilisateur   583

22.1.	Personnaliser le Ruban 586
	Découvrir le principe du RibbonX 586
	Découvrir les différents types de contrôles 595
	Découvrir les attributs des contrôles 600
	Découvrir les procédures liées 603
	Personnaliser durablement le Ruban 608
	Détourner des commandes prédéfinies 610
	Personnaliser dynamiquement le Ruban 611
	Cas pratique : structure d'une application 614
22.2.	Créer des barres de menus et des barres d'outils 620
	Les barres de commande 620
	Les contrôles 621

Chapitre 23 Travailler avec d'autres applications   625

23.1.	Utiliser des fichiers texte 627
	Ouvrir un fichier texte 627
	Écrire des informations dans un fichier texte 628
	Lire des informations dans un fichier texte 629
	Cas pratique : journal d'utilisation d'un classeur Excel 630
23.2.	Communiquer avec Word 633
23.3.	Communiquer avec Outlook 638
	Créer et envoyer un courrier électronique 639
	Planifier un rendez-vous 642
23.4.	Accéder à des données à l'aide de la technologie ADO 644
	Stocker dans une feuille de calcul les données d'une table ou d'un requête 645
	Stocker dans une feuille de calcul le résultat d'une requête SQL . 647

Chapitre 24 Annexes   651

24.1.	Découvrir les nouveautés 653
	Changements d'appellations 653

13

	Fonctions améliorées	655
	Nouvelles fonctions	657
24.2.	Liste des fonctions	662
	Les fonctions de recherche et référence	663
	Les fonctions de texte	666
	Les fonctions de date et d'heure	671
	Les fonctions logiques	674
	Les fonctions d'information	676
	Les fonctions de base de données	679
	Les fonctions mathématiques	681
	Les fonctions statistiques	694
	Les fonctions financières	711
	Les fonctions d'ingénierie	721
24.3.	Raccourcis clavier	729
	Utiliser les onglets	729
	Utiliser les boîtes de dialogue	729
	Travailler avec les feuilles de calcul	730
	Se déplacer dans les feuilles de calcul	730
	Se déplacer au sein d'une plage de cellules sélectionnée	731
	Sélectionner les cellules, lignes, colonnes ou objets	732
	Sélectionner des cellules présentant des caractéristiques particulières	732
	Étendre une sélection	733
	Entrer des données	733
	Saisir et calculer des formules	734
	Modifier des données	735
	Insérer, supprimer et copier des cellules	735
	Mettre en forme des données	736

Chapitre 25 Index   737

ÉLABORER DES FORMULES SIMPLES

Connaître les principes de conception 17
Utiliser des opérateurs 19
Maîtriser les références relatives, absolues et mixtes 21
Découvrir des outils et paramètres supplémentaires 32
Ne pas afficher les formules 34

Que serait Excel sans les formules de calcul ? Un espace de stockage et de présentation de données numériques ! Les formules constituent une part importante de la valeur ajoutée d'Excel. En effet, grâce à elles, vous pourrez réaliser facilement des calculs sur un nombre important de données. De plus, ces calculs seront réactualisés rapidement si vous modifiez des valeurs.

Dans ce chapitre, vous découvrirez et mettrez en pratique les règles de base relatives à la conception de formules.

1.1. Connaître les principes de conception

Voyons d'abord comment saisir une formule simple puis comment la modifier.

Saisir une formule

Une formule de calcul débute impérativement par le caractère = (égal). Ce dernier indique à Excel qu'il doit considérer les éléments qui vont être saisis comme une formule de calcul, et non comme une simple entrée numérique ou alphanumérique.

Prenons un exemple :

1 Créez un nouveau classeur.

2 En *A1*, saisissez =19+71.

3 Appuyez sur ⏎.

Le résultat du calcul apparaît en *A1*, soit 90.

La formule, quant à elle, apparaît dans la barre de formule.

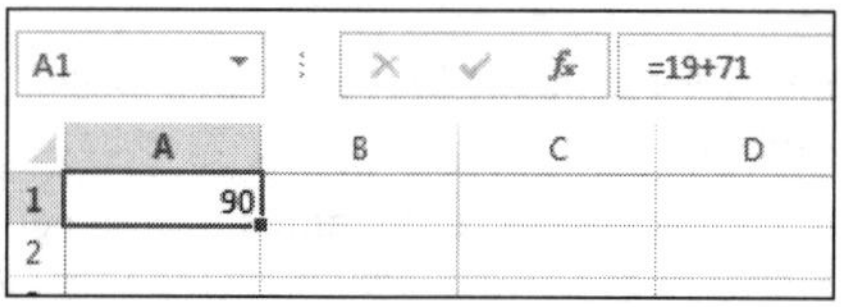

Figure 1.1 : Une formule simple

> **Utilisation du pavé numérique**
> Pour saisir des formules simples, comme celle que nous venons de voir, utilisez de préférence le pavé numérique : vous gagnerez du temps. Mais sur ce dernier, le signe = n'est pas présent. La solution est simple : au lieu de saisir =,

1.1. Connaître les principes de conception | 17

> **ASTUCE** entrez le caractère + (plus) si le premier nombre est positif ou – (moins) s'il est négatif. Ainsi, si vous saisissez +19+71, Excel convertit en =19+71.

Modifier une formule

La saisie de formule se révèle d'une grande simplicité. Mais personne n'est à l'abri d'une erreur. C'est pourquoi, il est important de pouvoir modifier une formule saisie.

Reprenons l'exemple précédent en supposant que la formule correcte soit =(19+71)/5 :

1 Double-cliquez sur la cellule *A1*.

2 À l'aide de la souris ou en utilisant les touches ⇥ et ⇤, déplacez le curseur après le caractère = et saisissez la parenthèse ouvrante.

3 Déplacez le curseur à la fin de la formule, à l'aide de la touche ⎣Fin⎦, et saisissez la fin de la modification.

4 Appuyez sur ⏎.

Le nouveau résultat s'affiche immédiatement (18).

Au moment où vous avez saisi la parenthèse fermante, les deux parenthèses sont apparues fugitivement en gras. Excel signifie de cette façon qu'il a « compris » que la parenthèse fermante était associée à la parenthèse ouvrante. Cela permet de se repérer plus facilement lorsqu'il existe plusieurs niveaux de parenthèses dans une formule.

> **REMARQUE** **Autres méthodes**
> Il existe deux autres façons de modifier une formule. Le résultat est bien sûr identique quelle que soit la méthode utilisée.
>
> La première variante consiste à sélectionner la cellule contenant la formule à modifier et à appuyer sur la touche ⎣F2⎦.
>
> La seconde variante consiste à sélectionner la cellule et à cliquer dans la barre de formule.
>
> Choisissez la méthode qui convient le mieux à vos habitudes de travail.

1.2. Utiliser des opérateurs

Nous allons décrire les différents opérateurs pris en charge par Excel, en commençant bien sûr par les plus classiques : les opérateurs mathématiques. Mais nous verrons également un opérateur qui permet de traiter les chaînes de caractères.

Utiliser des opérateurs mathématiques

Connaître les règles de priorité des opérateurs

Pour concevoir vos formules, vous disposez des opérateurs mathématiques courants :

- ^ : la puissance ;
- * : la multiplication ;
- / : la division ;
- + : l'addition ;
- − : la soustraction.

Les règles de priorité des opérateurs sont évidemment respectées, c'est-à-dire que les expressions utilisant l'opérateur puissance sont évaluées en premier, puis viennent, au même niveau, la multiplication et la division, et enfin l'addition et la soustraction (même niveau).

Voici quelques exemples de formules mettant en jeu les opérateurs mathématiques :

Tableau 1.1 : Quelques exemples de formules de calcul	
Formule	Résultat
=4+5*3	= 4+15 = 19
=2−3+10/2	= 2−3+5 = 4
=5*6/2−18/3	= 15−6 = 9
=2^2*5+3−2	= 4*5+3−2 = 20+3−2 = 21

Utiliser des parenthèses

Les parenthèses permettent d'influer sur les règles de priorité des opérateurs mathématiques. En effet, toute expression placée entre parenthèses est évaluée de façon prioritaire. Il est évidemment possible d'imbriquer des parenthèses.

À titre d'exemple, vous allez calculer le prix TTC d'un ensemble de deux articles dont les prix HT sont 75 euros et 100 euros, sur lesquels une remise respective de 10 % et 5 % a été préalablement appliquée.

Pour obtenir un résultat correct, il faut utiliser des parenthèses. En effet, il s'agit d'abord d'évaluer le prix total HT, compte tenu de la remise, puis de calculer le prix TTC :

1 Sélectionnez *A3*.
2 Saisissez =(75*(1-10%)+100*(1-5%))*(1+19,6%).
3 Appuyez sur ⏎.

Voici comment Excel évalue cette formule :

- =(75*0,9+100*(1-5%))*(1+19,6%) : **étape 1** ;
- =(67,5+100*(1-5%))*(1+19,6%) : **étape 2** ;
- =(67,5+100*0,95)*(1+19,6%) : **étape 3** ;
- =(67,5+95)*(1+19,6%) : **étape 4** ;
- =162,5*(1+19,6%) : **étape 5** ;
- =162,5*1,196 : **étape 6** ;
- =194,35 : **étape 7**.

Lors de la saisie, chaque niveau de parenthèse possède une couleur. Cela permet de mieux visualiser la hiérarchie des parenthèses. De plus, lorsque vous refermez une parenthèse, la paire (ouvrante et fermante) est mise brièvement en gras.

Utiliser l'opérateur de concaténation

L'opérateur & permet de concaténer des chaînes de caractères. Jusqu'à présent, nous avons évoqué des formules dont les opérandes étaient numériques. Or, il peut être nécessaire de manipuler des opérandes alphanumériques avec lesquels les opérateurs mathématiques n'ont aucun sens (essayez de diviser « Bonjour » par « Au revoir » !).

1 Sélectionnez *A2*.
2 Saisissez ="Micro "& " "& "Application ".
3 Appuyez sur ⏎.

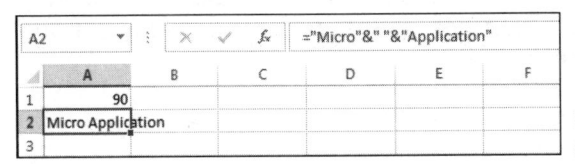

Figure 1.2 : Une formule alphanumérique

Il est possible de concaténer des expressions numériques avec des expressions alphanumériques.

1.3. Maîtriser les références relatives, absolues et mixtes

Si les possibilités en matière de calcul en restaient là, Excel ne serait qu'une super-calculatrice. Or cette application est beaucoup plus que cela. Sa puissance supplémentaire provient, entre autres, de la possibilité de faire référence à d'autres cellules dans une formule. Cette faculté autorise la conception de formules complexes et puissantes. Nous aborderons progressivement l'utilisation des différents types de références dans la conception des formules de calcul.

Découvrir les références de cellules

Donner la référence d'une cellule en indiquant la ligne et la colonne où elle se trouve permet de localiser ladite cellule dans un classeur. Les colonnes sont identifiées par des lettres de (de *A* à *XFD*, soit 16384 colonnes) et les lignes par des chiffres (de 1 à 1 048 576). Par exemple, *A1* localise la cellule située à l'intersection de la première colonne et de la première ligne, *B10* la cellule située à l'intersection de la deuxième colonne et de la dixième ligne.

Lorsque vous saisissez la référence d'une cellule dans une formule, vous utilisez le contenu de la cellule correspondante dans votre formule.

Utiliser des références de cellules

Voici l'exemple le plus simple d'utilisation d'une référence de cellule dans une formule :

1 Sélectionnez *A4*.

2 Saisissez =A3.

3 Appuyez sur ⏎.

	A	B	C	D
1	90			
2	Micro Application			
3	194,35			
4	194,35			
5				

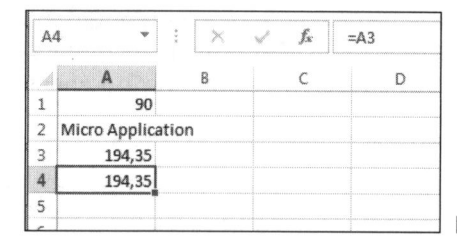

Figure 1.3 : Utilisation d'une référence

Le contenu de la cellule *A4* est maintenant égal au contenu de la cellule *A3*. Si ce dernier varie, celui de *A4* varie également.

Pour mesurer l'intérêt de ce mécanisme, reprenons l'exemple de calcul du prix TTC des deux articles. En cas de changements de tarif ou de taux de remise, il faut modifier la formule contenue en *A3*, ce qui n'est pas très aisé. Vous utiliserez plutôt des références pour vous faciliter la tâche :

1 En *A6*, saisissez 75.

2 En *B6*, saisissez 10%.

3 En *A7*, saisissez 75.

4 En *B7*, saisissez 10%.

5 En *A8*, saisissez 19,6%.

6 En *A10*, saisissez =((A6*(1-B6)+A7*(1-B7))*(1+A8)).

Au fur et à mesure de l'écriture de la formule, les références des cellules qu'elle intègre sont affichées avec des couleurs différentes. Ces couleurs sont reprises au niveau de la bordure des cellules correspondantes. Vous avez ainsi une vision synthétique des cellules impliquées dans une formule (à condition, bien sûr, qu'elles soient toutes visibles à l'écran).

	A	B	C	D	E	F
1	90					
2	Micro Application					
3	194,35					
4	194,35					
5						
6	75	10%				
7	100	5%				
8	19,60%					
9	=(A6*(1-B6)+A7*(1-B7))*(1+A8)					
10						

Figure 1.4 : Utilisation de références dans un calcul

7 Validez par ⏎.

Le résultat contenu dans la cellule *A10* est égal à celui contenu dans *A3* mais il est beaucoup plus facile d'intégrer d'éventuelles modifications de tarif, de remise ou de taux de TVA en utilisant des références comme en *A10*.

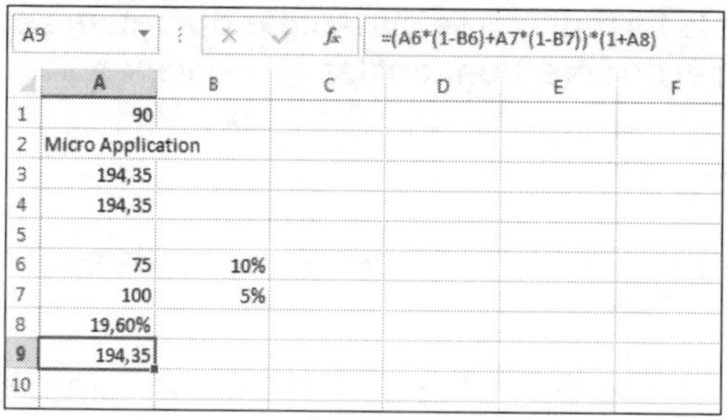

```
A9        ▼  :  ×  ✓  fx  =(A6*(1-B6)+A7*(1-B7))*(1+A8)
     A              B       C       D       E       F
1    90
2    Micro Application
3    194,35
4    194,35
5
6    75              10%
7    100             5%
8    19,60%
9    194,35
10
```

Figure 1.5 : Résultat de la formule

> **ASTUCE** — **Saisir une formule sous forme de texte ?**
> Dans certains cas, il peut se révéler intéressant d'afficher une formule et non son résultat (pour légender une feuille de calcul par exemple). Pour cela, faites-la précéder d'une apostrophe.

Saisir des références de cellules avec la souris

La dernière formule que vous avez créée compte cinq références de cellules. Leur saisie au clavier ne pose pas de problème car elles sont peu nombreuses et toutes visibles à l'écran en même temps. Mais dans la plupart des cas, il est préférable de sélectionner les cellules correspondantes afin d'insérer leur référence dans la formule en cours.

1. Sélectionnez *A47*.
2. Saisissez =(.
3. Faites défiler, à l'aide de la barre de défilement verticale, la feuille de calcul jusqu'à ce que la cellule *A6* soit visible.
4. Sélectionnez la cellule *A6* à l'aide de la souris. En réaction, Excel l'entoure de pointillés et d'une bordure de couleur. De plus, sa référence apparaît dans la barre de formule, qui affiche le contenu de la cellule active (*A47*).

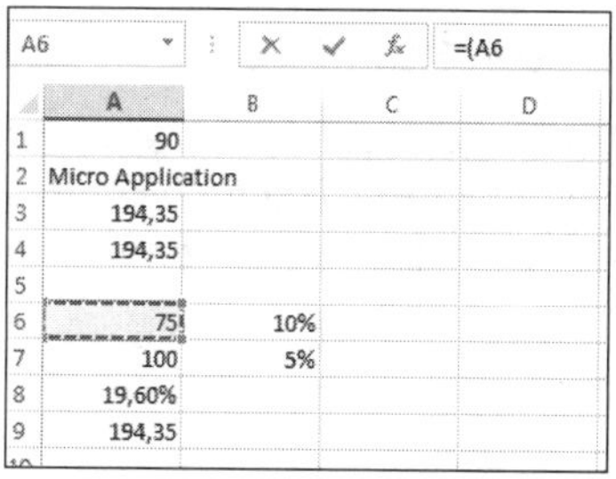

```
A6        ▼  :  ×  ✓  fx  =(A6
     A              B       C       D
1    90
2    Micro Application
3    194,35
4    194,35
5
6    75              10%
7    100             5%
8    19,60%
9    194,35
```

Figure 1.6 : Saisie de référence à l'aide de la souris

1.3. Maîtriser les références relatives, absolues et mixtes

5 Continuez la définition de la formule en saisissant les opérateurs et les parenthèses au clavier et en sélectionnant les références avec la souris.

6 Validez à l'aide de la touche ⏎.

Distinguer les différents types de références : relatives absolues et mixtes

Jusqu'à présent, vous avez utilisé des références relatives : lorsque vous avez saisi =A3 dans la cellule *A4*, vous avez fait une référence, non pas à la cellule *A3* en tant que telle, mais à la cellule se trouvant une ligne au-dessus de la cellule en cours (en l'occurrence *A4*). Ainsi, lorsque vous copiez le contenu de la cellule *A4* et le collez en *B10*, *B10* contient =B9, et non =A3.

Pour faire référence à la cellule *A3*, il faut utiliser une référence absolue. Elle se présente sous la forme suivante : $A$3. Si vous saisissez =$A$3 en *A4*, puis copiez le contenu de la cellule *A4* et le collez en *B10*, *B10* contient =$A$3. Le caractère $ indique que c'est bien à la colonne *A* et à la ligne *3* auxquelles il est fait référence.

Il est possible de combiner des références absolues à des colonnes avec des références relatives à des lignes, et vice versa. Il s'agit alors de références mixtes.

Lors de la saisie d'une formule, vous pouvez facilement passer d'un mode de référence à l'autre à l'aide de la touche F4 :

1 Double-cliquez sur *A10*.

2 Positionnez le curseur à côté de la référence A6 (après le 6, par exemple).

3 Appuyez sur F4. La référence devient $A$6.

4 Appuyez une deuxième fois sur F4. La référence devient A$6.

5 Appuyez une troisième fois sur F4. La référence devient $A6.

6 Appuyez encore une fois sur F4. La référence redevient A6.

Utiliser des références relatives et absolues

Dans un premier temps, vous allez mettre en pratique les références absolues et relatives. En ce sens, vous allez créer une feuille de calcul pour déterminer les tarifs de différents produits, compte tenu d'un taux de remise et d'un taux de TVA.

1 En *A1*, saisissez TARIF.

2 En *E3*, saisissez Taux TVA.

3 En *F3*, saisissez 19,6%.

4 En *A5*, *B5*, *C5*, *D5*, *E5*, *F5*, saisissez respectivement Référence, Libellé, P.U. H.T., Remise, P.U. net H.T., P.U. T.T.C..

5 Saisissez les différentes lignes d'exemple :

Tableau 1.2 : Lignes d'exemple

Référence	Libellé	P.U. H.T.	Remise
ABC1	Bloc notes	0,93	15 %
ABC2	Enveloppes (500)	11,07	12 %
ABC3	Stylo	0,66	25 %
ABC4	Gomme	0,76	12 %
ABC5	Marqueur	1,65	14 %
ABC6	Agrafeuse	9,95	20 %
ABC7	Classeur	2,57	33 %
ABC8	Surligneur	0,66	25 %

6 Sélectionnez *A1:F1* et cliquez sur **Fusionner et centrer** (onglet **Accueil**, groupe **Alignement**). Appliquez une taille de police de 16 et mettez le texte en gras.

7 Sélectionnez *E3:F3* et appliquez un contour de type quadrillage. Mettez *E3* en gras.

8 Sélectionnez *A5:F5*, centrez le texte et mettez-le en gras.

9 Sélectionnez *A5:F13* et appliquez un contour de type quadrillage.

> **ASTUCE**
>
> **Sélection de la zone courante**
>
> Dans Excel, une zone est une plage de cellules séparées des autres par des cellules vides. Ainsi, dans la feuille que vous êtes en train d'élaborer se trouvent trois zones : *A1:F1*, *E3:F3* et *A5:F13*. Pour sélectionner rapidement la zone à laquelle appartient la cellule active, appuyez sur Ctrl+*. Ici, sélectionnez *A5* (par exemple) et appuyez sur Ctrl+* pour sélectionner *A5:F13*.

10 Sélectionnez *C6:C13*, ainsi que *E6:F13* et appliquez le format *Monétaire* (voir fig. 1.7).

Cette feuille présente plusieurs articles avec, pour chacun d'eux, son prix HT ainsi qu'un taux de remise. Le but est de calculer, pour chaque article, le prix net HT (c'est-à-dire compte tenu de la remise) et le prix TTC.

	A	B	C	D	E	F	G
1			TARIF				
2							
3					Taux TVA	19,60%	
4							
5	Référence	Libellé	P.U. H.T.	Remise	P.U. net H.T.	P.U. T.T.C.	
6	ABC1	Bloc note	0,93 €	15%			
7	ABC2	Enveloppes (500)	11,07 €	12%			
8	ABC3	Stylo	0,66 €	25%			
9	ABC4	Gomme	0,76 €	12%			
10	ABC5	Marqueur	1,65 €	14%			
11	ABC6	Agrafeuse	9,95 €	20%			
12	ABC7	Classeur	2,57 €	33%			
13	ABC8	Surligneur	0,66 €	25%			
14							
15							

Figure 1.7 : La feuille de calcul initiale

Pour calculer le prix net, il faut à chaque ligne appliquer le taux de remise :

1 En *E6*, saisissez `=C6*(1-D6)`.

2 Étendez le contenu, à l'aide de la poignée de recopie, jusqu'en *E13*. Pour cela, sélectionnez la cellule *E6* et approchez le pointeur de la souris de la poignée de recopie de la cellule. La poignée de recopie est le petit carré noir situé dans l'angle inférieur droit. Le pointeur change d'apparence : il se transforme en une petite croix noire.

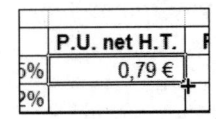

P.U. net H.T.
0,79 €

Figure 1.8 : Le pointeur change d'apparence

3 Cliquez à présent sur la poignée de recopie et déplacez le pointeur jusqu'en *E13*. La plage *E6:E13* est entouré d'un contour gris. Relâchez le bouton de la souris. La formule de calcul de la cellule *E6* a été « étendue » aux autres cellules de la plage.

> **ASTUCE** **Extension rapide d'une formule dans une colonne**
> Pour étendre encore plus rapidement une formule dans une colonne, sélectionnez la cellule qui contient la formule à étendre et double-cliquez sur la poignée de recopie de cette cellule. La formule est alors étendue jusqu'à la ligne correspondant à la dernière cellule non vide des colonnes immédiatement adjacentes. Ainsi, si vous double-cliquez sur la poignée de recopie de la cellule *E6*, sa formule est étendue jusqu'en *E13*, puisque la colonne *D* contient des valeurs jusqu'en *D13*.

Vous avez ainsi mis à profit les propriétés des références relatives : elles localisent les cellules par rapport à la cellule active. En étendant le contenu de la cellule active à celles situées dans la même colonne, vous avez « fait suivre » les références relatives de la formule.

Il reste maintenant à calculer les prix TTC. Pour cela, il faut utiliser le taux de TVA situé dans la cellule *F3* :

1 En *F6*, saisissez `=E6*(1+F3)`.
2 Étendez le contenu, à l'aide de la poignée de recopie, jusqu'en *F13*.

	A	B	C	D	E	F
1			TARIF			
2						
3					Taux TVA	19,60%
4						
5	Référence	Libellé	P.U. H.T.	Remise	P.U. net H.T.	P.U. T.T.C.
6	ABC1	Bloc note	0,93 €	15%	0,79 €	0,95 €
7	ABC2	Enveloppes (500)	11,07 €	12%	9,74 €	9,74 €
8	ABC3	Stylo	0,66 €	25%	0,50 €	#VALEUR!
9	ABC4	Gomme	0,76 €	12%	0,67 €	1,30 €
10	ABC5	Marqueur	1,65 €	14%	1,42 €	15,24 €
11	ABC6	Agrafeuse	9,95 €	20%	7,96 €	#VALEUR!
12	ABC7	Classeur	2,57 €	33%	1,72 €	3,96 €
13	ABC8	Surligneur	0,66 €	25%	0,50 €	8,04 €

Figure 1.9 : Première tentative de calcul du prix TTC

Le résultat n'est pas très probant. Vous avez sans doute déjà identifié les causes du problème : la référence à *F3* doit être absolue, puisque ce taux doit être utilisé de la même façon à chaque ligne.

1 Double-cliquez sur *F6*.
2 Positionnez le curseur à côté de la référence `F3` (après le 3, par exemple).
3 Appuyez sur [F4]. La référence devient `$F$3`.
4 Validez par [↵].
5 Étendez le contenu, à l'aide de la poignée de recopie, jusqu'en *F13*.

	A	B	C	D	E	F
1			TARIF			
2						
3					Taux TVA	19,60%
4						
5	Référence	Libellé	P.U. H.T.	Remise	P.U. net H.T.	P.U. T.T.C.
6	ABC1	Bloc note	0,93 €	15%	0,79 €	0,95 €
7	ABC2	Enveloppes (500)	11,07 €	12%	9,74 €	11,65 €
8	ABC3	Stylo	0,66 €	25%	0,50 €	0,59 €
9	ABC4	Gomme	0,76 €	12%	0,67 €	0,80 €
10	ABC5	Marqueur	1,65 €	14%	1,42 €	1,70 €
11	ABC6	Agrafeuse	9,95 €	20%	7,96 €	9,52 €
12	ABC7	Classeur	2,57 €	33%	1,72 €	2,06 €
13	ABC8	Surligneur	0,66 €	25%	0,50 €	0,59 €

Figure 1.10 : Deuxième tentative de calcul du prix TTC

Cette deuxième tentative est sans doute plus conforme à vos attentes.

L'emploi de références relatives ou absolues est principalement conditionné par le comportement attendu de la formule lorsqu'elle sera copiée. En effet, une formule est rarement « isolée », elle fait souvent partie de lignes ou de colonnes présentant des formules semblables, obtenues par recopie d'une formule initiale.

Utiliser des références mixtes

Pour mettre en pratique les références mixtes, vous allez construire une feuille de calcul qui permet de déterminer la capacité de production d'un atelier, en fonction de la capacité horaire de chaque machine et de la durée d'ouverture journalière de l'atelier.

1 En *A1*, saisissez Capacités de production - Atelier XXXX.

2 En *C3*, saisissez Lundi et étendez le contenu de la cellule jusqu'en *I3*.

3 En *B4*, saisissez Durée du travail.

4 En *C4, D4, E4, F4, G4, H4, I4*, saisissez respectivement 8, 10, 10, 10, 8, 6, 0.

5 En *A6*, saisissez Machine.

6 En *B6*, saisissez Capacité.

7 En *C6*, saisissez Lundi et étendez le contenu de la cellule jusqu'en *I6*.

8 En *J6*, saisissez Total.

9 En *A7*, saisissez Machine 1 et étendez le contenu de la cellule jusqu'en *A12*.

10 En *A13*, saisissez Total / jour.

11 En *B7, B8, B9, B10, B11, B12*, saisissez respectivement 100, 150, 75, 98, 102, 123.

12 Sélectionnez *A1:J1* et cliquez sur **Fusionner et centrer** (onglet **Accueil**, groupe **Alignement**). Appliquez une taille de police de 16 et mettez le texte en gras.

13 Sélectionnez *C3:I3* et appliquez un contour de type quadrillage. Mettez le texte en gras.

14 Sélectionnez *B4:I4* et appliquez un contour de type quadrillage. Mettez *B4* en gras.

15 Sélectionnez *A6:J6*, centrez le texte et mettez-le en gras.

16 Sélectionnez *A6:J13* et appliquez un contour de type quadrillage.

17 A l'aide du bouton **Somme automatique** (onglet **Formules**) positionnez les totaux de lignes et de colonnes.

18 Sélectionnez *C13:J13* et mettez le texte en gras.

19 Sélectionnez *J7:J12* et mettez le texte en gras.

> **RENVOI** Pour plus d'informations sur le bouton **Somme automatique**, reportez-vous au chapitre *Calculer et dénombrer*.

	A	B	C	D	E	F	G	H	I	J
1			Capacités de production - Atelier XXXX							
2										
3			Lundi	Mardi	Mercredi	Jeudi	Vendredi	Samedi	Dimanche	
4		Durée du travail	8	10	10	10	8	6	0	
5										
6	Machine	Capacité	Lundi	Mardi	Mercredi	Jeudi	Vendredi	Samedi	Dimanche	Total / Machine
7	Machine 1	100								-
8	Machine 2	150								-
9	Machine 3	75								-
10	Machine 4	98								-
11	Machine 5	102								-
12	Machine 6	123								-
13	Total / Jour	108	-	-	-	-	-	-	-	-

Figure 1.11 : La feuille de calcul initiale

Ainsi, le lundi, la capacité de production de la machine 1 est de 100×8, soit 800 pièces. Vous généraliserez ce calcul à l'ensemble des machines, pour chacun des jours de la semaine.

1 En *C7*, saisissez `=$B7*C$4`.

2 Étendez le contenu, à l'aide de la poignée de recopie, jusqu'en *C12*.

3 Étendez le contenu, à l'aide de la poignée de recopie, jusqu'à la colonne *I*.

	A	B	C	D	E	F	G	H	I	J
1			Capacités de production - Atelier XXXX							
2										
3			Lundi	Mardi	Mercredi	Jeudi	Vendredi	Samedi	Dimanche	
4		Durée du travail	8	10	10	10	8	6	0	
5										
6	Machine	Capacité	Lundi	Mardi	Mercredi	Jeudi	Vendredi	Samedi	Dimanche	Total / Machine
7	Machine 1	100	800	1 000	1 000	1 000	800	600	-	5 200
8	Machine 2	150	1 200	1 500	1 500	1 500	1 200	900	-	7 800
9	Machine 3	75	600	750	750	750	600	450	-	3 900
10	Machine 4	98	784	980	980	980	784	588	-	5 096
11	Machine 5	102	816	1 020	1 020	1 020	816	612	-	5 304
12	Machine 6	123	984	1 230	1 230	1 230	984	738	-	6 396
13	Total / Jour	108	5 184	6 480	6 480	6 480	5 184	3 888	-	33 696

Figure 1.12 : Calcul des capacités

En saisissant une formule, vous avez pu en créer quarante-deux (6×7) par simple copie. Il est important de réfléchir, lors de la conception des formules, à l'intérêt de figer ou non la référence à la ligne ou à la colonne. En figeant la référence à la colonne *B* et en laissant la ligne libre, vous demandez à la formule d'aller chercher la valeur de la capacité horaire de chaque machine, quel que soit le jour de la semaine. De même, en figeant la référence à la ligne *4* et en laissant la colonne libre, vous autorisez la formule à aller chercher la durée d'ouverture de l'atelier pour chacun des jours, quelle que soit la machine considérée.

> **ASTUCE**
>
> **Rendre une formule plus lisible ?**
> Lorsqu'une formule devient complexe, elle peut vite se révéler incompréhensible et peu lisible. Pour aérer la présentation d'une formule, insérez des sauts de ligne avec [Alt]+[↵] pendant la saisie.

```
=SI(H9>0;
SI(E9="INT";
+C9*12*(1+Paramètres!$C$21/100)*(1+Paramètres!$C$22/100)*(1+Paramètres!$C$23/100);
+(C9*Paramètres!$C$9+(Paramètres!$H$6+Paramètres!$H$7+Paramètres!$H$8)*H9)*(1+Paramètres!$C$21/100)*(1+Paramètres!$C$22/100)*(1+Paramètres!$C$23/100))
;0)
*SI(E9<>"CDI";SI(F9>3;1;F9-2);1)
```

Figure 1.13 : Une formule complexe mise en forme

Références tridimensionnelles

Les références employées jusqu'à présent permettent de situer une cellule dans une feuille de calcul. Pour cela, deux « coordonnées » sont nécessaires : la colonne et la ligne. Ce type de repérage est donc bidimensionnel. Or, il peut être utile, dans certaines situations, de faire appel à des cellules d'autres feuilles de calcul du même classeur. Pour repérer ces cellules, il faut introduire une « troisième dimension », en l'occurrence le nom de la feuille de calcul « source ».

1. Dans le classeur que vous venez de créer, sélectionnez une autre feuille (ou insérez-en une).
2. Sélectionnez la cellule *A3*.
3. Saisissez =.
4. Cliquez sur l'onglet de la feuille où se trouve le tableau contenant les données que vous souhaitez exploiter (dans notre exemple, il s'agit de la feuille **Mixtes**).
5. Sélectionnez par exemple la cellule *J13*. Vous pouvez voir le contenu de la cellule active dans la barre de formule.
6. Saisissez /7.
7. Validez par [↵].

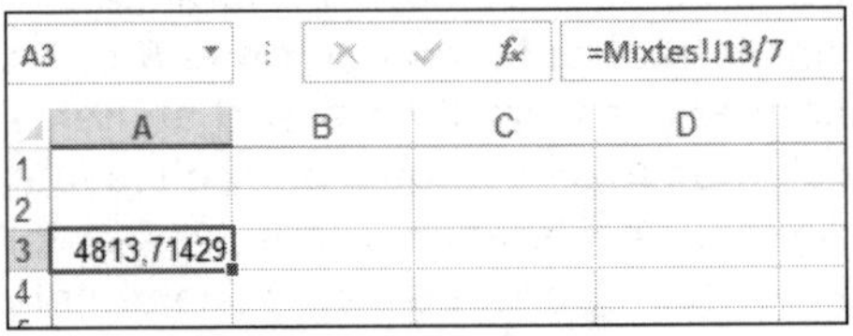

Figure 1.14 : Utilisation de référence tridimensionnelle

Vous obtenez sur la feuille la moyenne des capacités journalières de production.

La syntaxe d'une référence tridimensionnelle est la suivante : *Feuille!Référence*. Si le nom de la feuille contient des espaces, il est entouré d'apostrophes, par exemple : `'Ventes Annuelles'!B8`.

Il est bien entendu possible de combiner les références tridimensionnelles avec les références relatives, absolues et mixtes.

Plages de cellules tridimensionnelles

Vous pouvez faire référence à des plages « tridimensionnelles ». Par exemple, la formule suivante permet de calculer la somme des cellules des plages *A1:C3* des feuilles **Feuil1** à **Feuil5** : `=SOMME(Feuil1:Feuil5!A1:C3)`.

> **RENVOI** Pour plus d'informations sur l'utilisation de la fonction SOMME, reportez-vous au chapitre *Calculer et dénombrer*.

Pour créer une telle formule :

1 Saisissez `=SOMME(` dans la cellule de votre choix.

2 Cliquez sur l'onglet de la première feuille, ici **Feuil1**.

3 Maintenez la touche [Maj] enfoncée et cliquez sur l'onglet de la dernière feuille, ici **Feuil5**.

4 Sélectionnez ensuite la plage souhaitée (ici *A1:C3*) dans la feuille active.

5 Fermez la parenthèse et validez par [↵].

Références externes

Il peut également être nécessaire d'avoir recours à des cellules se trouvant dans d'autres classeurs.

Pour illustrer cette possibilité, enregistrez le classeur contenant le tableau des capacités de production en lui donnant le nom *Capacité_Prod.xlsx*.

1 Créez un nouveau classeur.

2 En *A3*, saisissez =.

3 Dans l'onglet **Affichage**, cliquez sur le bouton **Changement de fenêtre** du groupe **Fenêtres**, puis sélectionnez *Capacité_Prod.xlsx*.

4 Sélectionnez la cellule *J13*.

5 Validez par [↵].

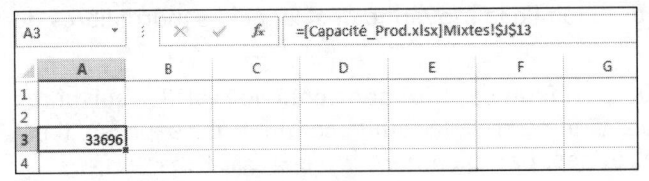

Figure 1.15 : Utilisation de référence externe

La syntaxe d'une référence externe est la suivante : `'[Nom du classeur] Feuille'!Référence`.

Par défaut, il s'agit d'une référence absolue, mais il est tout à fait possible de combiner les références externes avec les références relatives et mixtes.

Si vous fermez le classeur source, vous constatez que la référence externe fait apparaître le chemin complet du classeur source. Vous pouvez afficher l'ensemble des références externes d'un classeur grâce au bouton **Modifier les liens** du groupe **Connexions** de l'onglet **Données**. Il provoque l'affichage de la boîte de dialogue **Modifier les liaisons**.

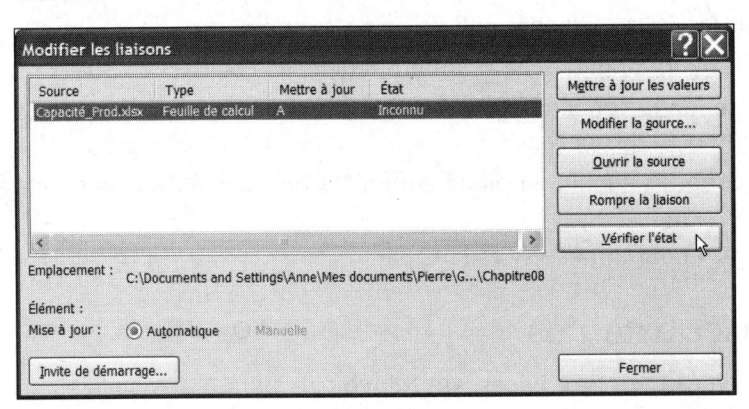

Figure 1.16 : La boîte de dialogue Modifier les liaisons

Lorsque vous ouvrez un classeur contenant des références externes, Excel vous demande s'il doit mettre à jour les liaisons.

1.4. Découvrir des outils et paramètres supplémentaires

Cette section aborde quelques fonctions intéressantes et souvent inexploitées.

Transformer une formule en valeur

Pour transformer une formule en valeur, c'est-à-dire remplacer dans la cellule la formule par son résultat, sélectionnez la cellule, cliquez dans la barre de formule et appuyez sur [F9].

En sélectionnant une partie de la formule et en appuyant sur [F9], vous transformez uniquement la partie de la formule sélectionnée en valeur (à condition que cette fraction de formule soit cohérente).

Éviter qu'Excel recalcule systématiquement les formules

Par défaut, Excel recalcule les formules à chaque modification de la feuille de calcul. Cette option peut être gênante si, par exemple, vous saisissez un grand nombre de formules, car le calcul prendra alors un certain temps. Durant la conception de la feuille, il n'est sans doute pas nécessaire d'avoir en temps réel la valeur des formules.

Voici la procédure pour empêcher Excel de calculer systématiquement les formules à chaque modification :

1   Cliquez sur le menu **Fichier**, puis sur **Options**.
2   Cliquez sur **Formules**.
3   Dans la rubrique *Mode de calcul*, sélectionnez *Manuellement*.

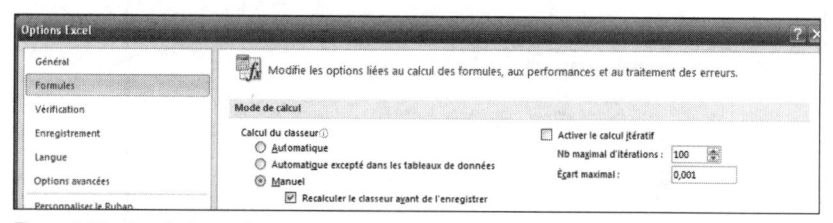

Figure 1.17 : Recalcul sur ordre

L'option *Recalculer le classeur avant de l'enregistrer* permet de rendre systématique le calcul des formules avant l'enregistrement, afin de sauvegarder les données les plus à jour.

4   Validez par OK.

Désormais, Excel ne calculera plus les formules mais affichera *Calculer* dans la barre d'état lorsqu'un recalcul sera nécessaire. Pour calculer les formules à la demande dans tous les classeurs actifs, appuyez sur la touche [F9] ou utilisez le bouton **Calculer maintenant** de du groupe **Calcul** de l'onglet **Formules**. Le bouton **Calculer la feuille** permet de recalculer seulement la feuille active.

Vous pouvez accéder plus rapidement aux principaux paramètres des options de calcul grâce au bouton **Options de calcul** du groupe **Calcul** de l'onglet **Formules**.

1.5. Ne pas afficher les formules

Si, pour des raisons de confidentialité, vous ne souhaitez pas que les utilisateurs de vos feuilles de calcul puissent visualiser les formules créées, vous pouvez faire en sorte qu'elles ne s'affichent pas, même lorsque les cellules qui les contiennent sont sélectionnées.

1 Sélectionnez la plage de cellules qui contient les formules à masquer.
2 Cliquez du bouton droit sur la plage de cellules sélectionnée.
3 Dans le menu qui s'affiche, sélectionnez **Format de cellule**.
4 Dans la boîte de dialogue **Format de cellule**, sélectionnez l'onglet **Protection**.

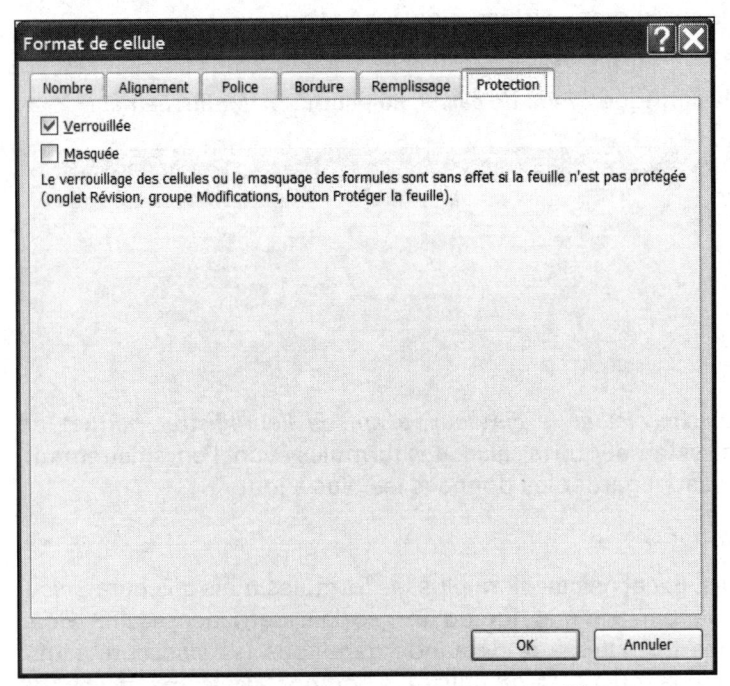

Figure 1.18 : L'onglet Protection de la boîte de dialogue Format de cellule

5 Cochez la case *Masquée* et validez par OK.

6 Dans l'onglet **Accueil**, cliquez sur le bouton **Format** du groupe **Cellules**. Sélectionnez ensuite **Protéger la feuille**. Vous pouvez également utiliser le bouton **Protéger la feuille** du groupe **Modifications** de l'onglet **Révision**.

7 Saisissez éventuellement un mot de passe et validez.

Éviter les incohérences d'affichage dues aux arrondis

Le précepte bien connu qui dit que « l'arrondi de la somme n'est pas égal à la somme des arrondis » peut rendre certaines feuilles de calcul incohérentes, du moins en apparence.

	A	B
1		
2		
3	Produit 1	15,2 €
4	Produit 2	12,2 €
5	Total	27,4 €

Figure 1.19 : Un calcul incohérent... en apparence

Dans cette feuille de calcul, le total semble incohérent, en effet, 15,2 + 12,2 = 27,4 et non 27,5. Or le calcul réel est en fait 15,24 + 12,24 = 27,48. Mais le format d'affichage choisi ne permet l'affichage que d'une seule décimale, donc 15,24 devient 15,2, 12,24 devient 12,2 et 27,48 devient 27,5, d'où l'incohérence apparente.

L'affichage d'un nombre restreint de décimales n'a pas d'impact sur le nombre stocké dans la cellule. Toutes ses décimales sont prises en compte dans les calculs.

Pour remédier à ce problème, procédez de la façon suivante :

1 Cliquez sur le menu **Fichier**, puis sur **Options**.

2 Cliquez sur **Options avancées**.

3 Dans la rubrique *Lors du calcul de ce classeur*, sélectionnez *Définir le calcul avec la précision du format affiché*.

4 Validez par OK.

	A	B
1		
2		
3	Produit 1	15,2 €
4	Produit 2	12,2 €
5	Total	27,5 €

Figure 1.20 : Un résultat cohérent

Le résultat est maintenant cohérent. Soyez toutefois prudent lors de l'utilisation de cette option car les décimales non affichées sont irrémédiablement perdues.

Afficher des références du type L1C1

Il est possible d'utiliser un autre type de références de cellules que celui employé dans ce chapitre. Dans cet autre type de référence, la cellule *A1* est désignée par *L1C1*, la cellule *P12* par *L12C16*... Une référence relative est représentée par exemple par *L(-1)C(2)*, qui correspond à la cellule située une ligne au-dessus et deux colonnes à droite. Ce type de référence est hérité de tableurs plus anciens.

Pour utiliser ce type de références :

1 Cliquez sur le menu **Fichier**, puis sur **Options**.

2 Cliquez sur **Formules**.

3 Dans la rubrique *Manipulation de formules*, sélectionnez *Style de référence L1C1*.

4 Validez par OK.

UTILISER DES NOMS DANS LES FORMULES

Attribuer simplement un nom à une cellule ou à une plage de cellules 39
Définir et modifier les noms 42
Attribuer des noms à des constantes et à des formules 50
Noms spécifiques d'une feuille de calcul 52

Les noms permettent de rendre vos formules plus lisibles et compréhensibles. Cela peut s'avérer très utile à la fois pour vous, car vous pourrez plus facilement vous replonger dans vos formules afin de les modifier et de les améliorer, et pour les utilisateurs de vos feuilles de calcul, car ils comprendront mieux la logique de vos calculs sans avoir à entrer dans les arcanes de vos formules !

Il est possible, entre autres, de nommer des cellules individuelles ou des plages de cellules.

Les noms sont un mode de repérage plus convivial que les références « classiques ». Nous allons à présent aborder les fonctionnalités qui vont permettre de créer, de modifier et de supprimer des noms dans un classeur ou une feuille de calcul.

2.1. Attribuer simplement un nom à une cellule ou à une plage de cellules

Pour illustrer l'attribution d'un nom à une cellule, nous utiliserons une feuille de calcul qui est en fait l'extrait d'un tarif de différents produits.

RENVOI — Pour avoir plus de précision sur la création et les formules de cette feuille, reportez-vous au chapitre *Élaborer des formules simples*.

Attribuer un nom à une cellule

Vous allez, par exemple, attribuer le nom *TauxTVA* à la cellule *F3* :

1 Sélectionnez *F3*.

2 Dans la zone *Nom* (qui contient la référence de la cellule *F3*), saisissez `TauxTVA`.

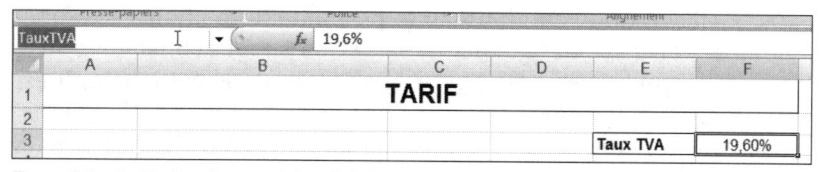

Figure 2.1 : Attribution d'un nom à la cellule F3

3 Validez par [↵].

Lorsque vous sélectionnez la cellule *F3*, le nom *TauxTVA* apparaît dans la zone *Nom*.

Si vous saisissez *TauxTVA* dans la zone *Nom* alors qu'une cellule est sélectionnée, la sélection est déplacée sur la cellule *F3*.

> **REMARQUE**
>
> **Règles pour la saisie de noms**
>
> Le premier caractère d'un nom doit être une lettre ou un caractère de soulignement. Les autres caractères peuvent être des lettres, des nombres, des points et des caractères de soulignement.
>
> Les noms ne peuvent être identiques à des références de cellules, telles que *A10* ou *$B$12*.
>
> Vous pouvez utiliser des caractères de soulignement ou des points comme séparateurs de mots, par exemple *Taux.TVA* ou *Taux_TVA*.
>
> Un nom peut compter jusqu'à 255 caractères. Si un nom attribué à une plage contient plus de 253 caractères, vous ne pouvez le sélectionner dans la zone *Nom*.
>
> Les noms peuvent contenir des majuscules et des minuscules. Excel ne fait pas de distinction de casse, c'est-à-dire qu'il ne distingue pas les majuscules des minuscules dans les noms. Par exemple, si vous avez créé le nom *TAUX* puis créé l'autre nom *Taux* dans le même classeur, le second nom remplace le premier.
>
> Évitez d'utiliser les noms suivants, réservés par Excel : *Zone_d_impression*, *Impression_des_titres*, *Titre_de_la_feuille*, *Zone_de_consolidation*, *Base_de_données* ainsi que *FilterDatabase*.

Utiliser un nom dans une formule

Une fois que le nom est créé, vous pouvez l'utiliser dans toutes vos formules. Un nom constitue une référence absolue.

Vous allez recréer les formules de calcul du prix TTC.

1 En *F6*, saisissez =E6*(1+t. Dès que vous avez saisi la lettre « t », Excel affiche une liste déroulante permettant de choisir les fonctions dont le nom débute par t, mais vous pouvez constater que le nom que vous avez créé figure également dans cette liste. Il est précédé d'un symbole différent pour le distinguer des fonctions. Vous pouvez continuer la saisie du nom ou le sélectionner dans la liste en effectuant un double-clic (voir fig. 2.2).

2 Validez par ⏎.

3 Étendez le contenu, à l'aide de la poignée de recopie, jusqu'en *F13*.

Figure 2.2 : Saisie de la formule avec un nom de cellule

Vous pouvez ainsi vérifier qu'un nom est une référence absolue, puisque sur chaque ligne, *TauxTVA* fait toujours référence à la cellule *F3*.

Attribuer un nom à une plage de cellules

Nous avons vu comment attribuer un nom à une cellule. De la même façon, il est possible d'attribuer un nom à une plage de cellules.

1 Sélectionnez *F6:F13*.

2 Dans la zone *Nom* (qui contient la référence de la cellule *F6*), saisissez PU_TTC.

3 Validez par ⏎.

Pour sélectionner la plage de cellules, il est à présent possible de saisir le nom dans la zone *Nom* ou d'utiliser la liste déroulante qui apparaît lorsque vous cliquez sur le bouton fléché situé à côté de cette zone.

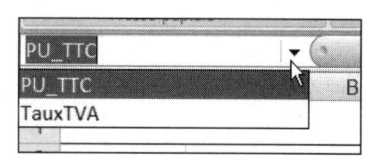

Figure 2.3 : Liste des noms

> **REMARQUE** — **Sélection des plages de cellules nommées**
> Si vous ne sélectionnez qu'une partie d'une plage de cellules nommée, son nom n'apparaît pas dans la zone *Nom*. Pour que le nom apparaisse, il faut que la plage soit sélectionnée dans son intégralité.

Le nom d'une plage de cellules peut être utilisé dans une formule, à condition évidemment que la formule nécessite un argument qui soit une plage de cellules. Par exemple, si vous saisissez =Max(PU_TTC) dans la cellule *F14*, vous obtenez 11,65, ce qui est le résultat correct.

Plus généralement, un nom de plage peut être utilisé dans toute fonction qui requiert une plage de cellules comme argument.

> **RENVOI** Pour plus d'informations sur les fonctions et leurs arguments, reportez-vous au chapitre *Rechercher et utiliser des fonctions*.

Sélectionner une cellule ou une plage nommée

Pour sélectionner une cellule ou une plage nommée, nous avons vu qu'il était possible d'utiliser la liste déroulante de la zone *Nom*. Il est également envisageable d'utiliser le bouton **Rechercher et sélectionner** du groupe **Edition** de l'onglet **Accueil**.

1 Dans l'onglet **Accueil**, cliquez sur le bouton **Rechercher et sélectionner** du groupe **Edition** et sélectionnez la commande **Atteindre..**

2 Dans la boîte de dialogue **Atteindre**, sélectionnez le nom désiré.

Figure 2.4 : La boîte de dialogue Atteindre

3 Validez par OK.

2.2. Définir et modifier les noms

Vous avez pu mettre en pratique une méthode rapide et simple pour attribuer rapidement un nom de plage ou de cellule. Toutefois, il existe une autre méthode qui offre davantage de possibilités. Pour la mettre en œuvre, nous utiliserons les boutons du groupe **Noms définis** de l'onglet **Formules**.

Définir un nom

L'avantage du bouton **Définir un nom** du groupe **Noms définis** de l'onglet **Formules** réside dans la prise en compte des cellules adjacentes à la cellule ou à la plage sélectionnée pour proposer un nom.

1 Sélectionnez la plage de cellules *E6:E13*.

2 Dans l'onglet **Formules**, cliquez sur le bouton **Définir un nom** du groupe **Noms définis**.

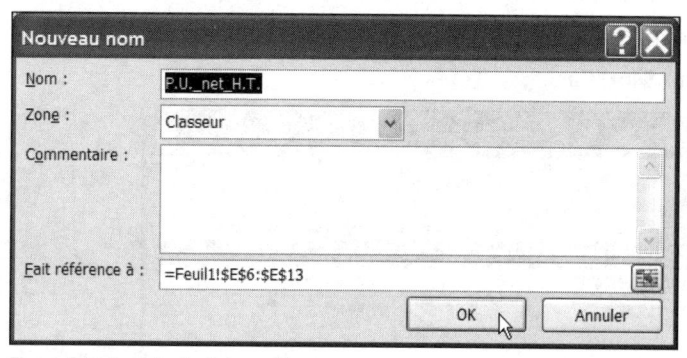

Figure 2.5 : La boîte de dialogue Nouveau nom

Excel vous propose (mais vous pouvez le modifier), en guise de nom de plage, l'étiquette de colonne du tableau. Les espaces ont été remplacés par des tirets. La zone *Fait référence à* contient les références (absolues) de la plage de cellules. Il est possible de les modifier soit en saisissant des références dans cette zone, soit en cliquant dans la zone puis en allant sélectionner la plage désirée à l'aide de la souris.

3 Cliquez sur OK.

Vous pouvez également nommer des plages de cellules non contiguës, que vous sélectionnerez en utilisant la touche [Ctrl].

> **REMARQUE**
>
> **Noms de plages « tridimensionnelles »**
> Il est possible d'attribuer un nom à une plage « tridimensionnelle » en saisissant par exemple =`'Feuil1:Feuil2'!$A$6:$F$13` dans la zone *Fait référence à*. Cela signifie que le nom est attribué à la plage composée des plages *A6:F13* des feuilles **Feuil1** et **Feuil2**.

Modifier la cible d'un nom

Vous pouvez utiliser le gestionnaire de noms pour modifier la cellule ou la plage de cellules associée au nom :

1 Dans l'onglet **Formules**, cliquez sur le bouton **Gestionnaire de noms** du groupe **Noms définis**.

> **Afficher rapidement le gestionnaire de noms**
> Pour afficher rapidement le gestionnaire de noms, utilisez la combinaison de touches Ctrl+F3.

2 Sélectionnez *P.U._net_H.T.*
3 Cliquez sur **Modifier**.

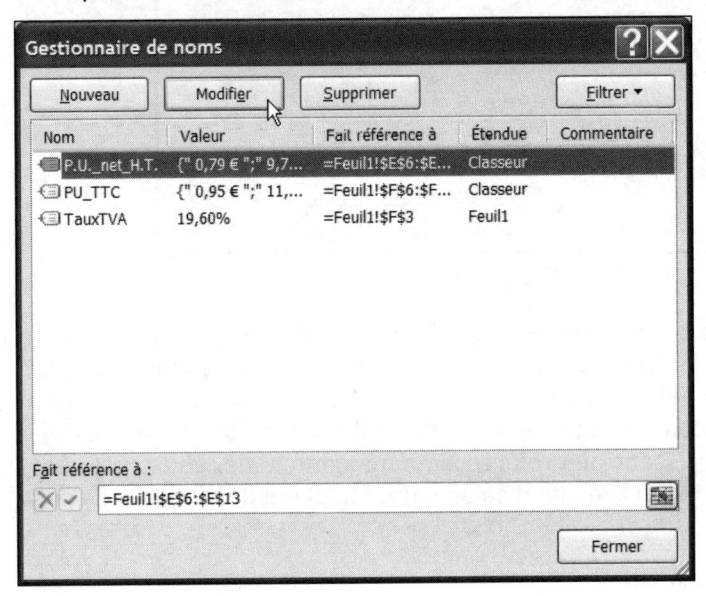

Figure 2.6 : Le gestionnaire de noms

4 Vous pouvez à présent modifier la plage de cellules associée dans la zone *Fait référence à*. Saisissez par exemple *$E$15* à la place de *$E$13*. Validez par OK.

5 Cliquez sur **Fermer** pour quitter le gestionnaire de noms.

Dans le gestionnaire de noms, vous pouvez créer une nouvelle plage nommée en cliquant sur le bouton **Nouveau**.

> **REMARQUE**
>
> **Impact de la suppression d'une feuille**
> Si vous supprimez une feuille de calcul qui contient des cellules ou des plages nommées et utilisées par ailleurs, les noms demeurent présents, mais leur référence n'est plus correcte. En effet, le nom de la feuille est remplacé par #REF car cette dernière n'existe plus. Si vous utilisez ce nom dans une formule, le résultat est le message d'erreur #REF!, car la référence liée au nom est introuvable.

Insérer un nom dans une formule

Pour insérer un nom dans une formule, la méthode la plus simple consiste à saisir le nom au clavier, comme vous l'avez fait avec le calcul du prix TTC dans l'un des exemples précédents. Si votre classeur contient un grand nombre de noms, vous ne les aurez peut-être pas tous en tête et un aide-mémoire sera sans doute le bienvenu.

1 Sélectionnez la cellule *F6*.

2 Saisissez =E6*(1+.

3 Cliquez sur le bouton **Utiliser dans la formule** du groupe **Noms définis** de l'onglet **Formules**.

4 Dans la liste, sélectionnez *TauxTVA*.

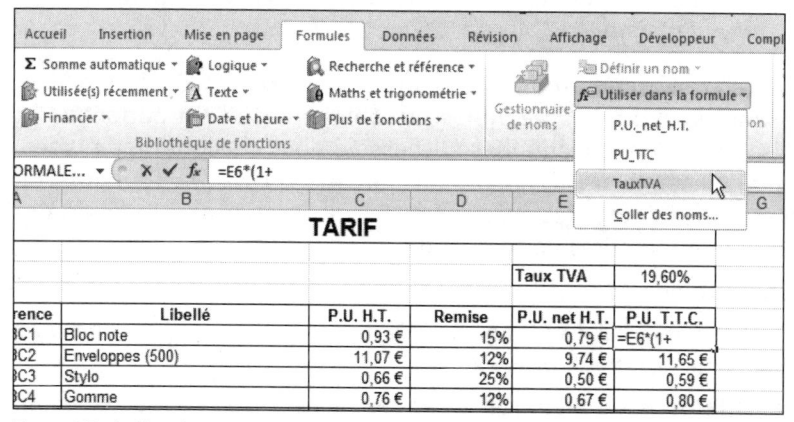

Figure 2.7 : La liste des noms

5 Validez par OK.

6 Saisissez la parenthèse fermante.

7 Appuyez sur ⏎.

2.2. Définir et modifier les noms

Coller la liste des noms

Dans les feuilles de calcul qui contiennent un grand nombre de noms, il peut être intéressant de créer une liste des noms ainsi que des plages auxquelles ils font référence.

1 Sélectionnez une autre feuille du classeur.
2 Sélectionnez la cellule *A5*.
3 Cliquez sur le bouton **Utiliser dans la formule** du groupe **Noms définis** de l'onglet **Formules**.
4 Sélectionnez **Coller...**, puis cliquez sur le bouton **Coller une liste** dans la boîte de dialogue **Coller un nom**.

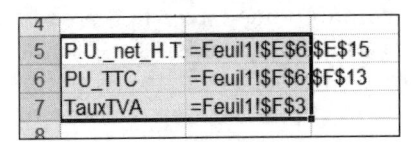

4		
5	P.U._net_H.T.	=Feuil1!$E$6:$E$15
6	PU_TTC	=Feuil1!$F$6:$F$13
7	TauxTVA	=Feuil1!$F$3
8		

Figure 2.8 : La liste des noms

Créer des séries de noms

Pour illustrer cette fonctionnalité d'Excel, nous utiliserons le classeur *Capacité_Prod.xlsx*.

> **RENVOI** Pour avoir plus de précision sur la création de ce classeur et les formules qu'il contient, reportez-vous au chapitre *Élaborer des formules simples*.

Vous allez nommer toutes les lignes et colonnes du tableau en utilisant les étiquettes de lignes et de colonnes. Il est parfaitement envisageable de sélectionner successivement chacune des plages, puis d'utiliser le gestionnaire de noms. Cela risque toutefois de s'avérer fastidieux. Heureusement, Excel a prévu une fonction qui permet d'automatiser ce traitement.

1 Sélectionnez *A6 :J13*.
2 Cliquez sur le bouton **Créer à partir de la sélection** du groupe **Noms définis** de l'onglet **Formules**.
3 Dans la boîte de dialogue **Créer des noms à partir de la sélection**, sélectionnez *Ligne du haut* et *Colonne de gauche* (voir fig. 2.9).
4 Validez par OK.

Si vous cliquez sur le bouton fléché situé à côté de la zone *Nom*, vous constatez que des noms ont été créés. Chaque ligne est identifiée par l'étiquette de ligne correspondante et chaque colonne par l'étiquette de colonne correspondante.

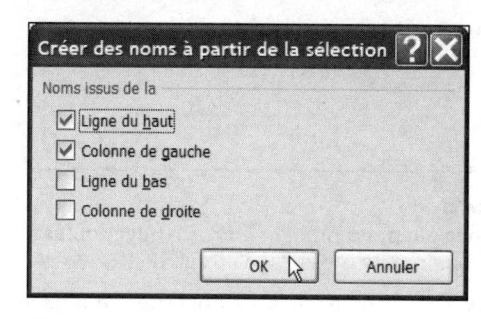

Figure 2.9 : La boîte de dialogue Créer des noms

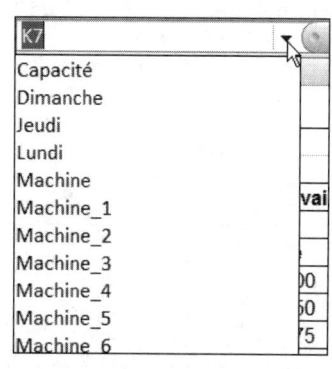

Figure 2.10 : La liste des noms intégrant les noms créés automatiquement

Si vous sélectionnez *Machine_1*, la sélection active est déplacée sur la plage de cellules *B7:J7*.

Figure 2.11 : La plage Machine_1

> **REMARQUE** — **Repérer une cellule à l'intersection de plages nommées**
>
> Il est possible désigner une cellule en tant qu'intersection de plages nommées. Ainsi, si vous saisissez dans une cellule =Mardi Machine_3, vous obtenez 750, ce qui correspond au contenu de la cellule *D9*, située à l'intersection de la plage nommée *Mardi* et de la plage nommée *Machine_3*. L'espace entre Mardi et Machine_3 correspond en fait à l'opérateur d'intersection.

Supprimer un nom

Pour supprimer un nom, il faut utiliser à nouveau le gestionnaire de noms :

1 Dans l'onglet **Formules**, cliquez sur le bouton **Gestionnaire de noms** du groupe **Noms définis**.

2 Sélectionnez le nom que vous souhaitez supprimer.

3 Cliquez sur **Supprimer**.

4 Validez par OK.

> **REMARQUE**
>
> **Impact de la suppression d'un nom**
>
> La prudence est requise lors de la suppression d'un nom. En effet, toutes les formules y faisant référence produiront le message d'erreur #NOM?.
>
> Ainsi, si vous supprimez le nom *TauxTVA* dans la feuille de calcul des tarifs, la colonne contenant jusqu'alors les prix TTC n'affiche plus que #NOM?. Vous pouvez annuler la suppression du nom à l'aide du bouton **Annuler**.

	A	B	C	D	E	F
1			TARIF			
2						
3					Taux TVA	19,60%
4						
5	Référence	Libellé	P.U. H.T.	Remise	P.U. net H.T.	P.U. T.T.C.
6	ABC1	Bloc note	0,93 €	15%	0,79 €	#NOM?
7	ABC2	Enveloppes (500)	11,07 €	12%	9,74 €	#NOM?
8	ABC3	Stylo	0,66 €	25%	0,50 €	#NOM?
9	ABC4	Gomme	0,76 €	12%	0,67 €	#NOM?
10	ABC5	Marqueur	1,65 €	14%	1,42 €	#NOM?
11	ABC6	Agrafeuse	9,95 €	20%	7,96 €	#NOM?
12	ABC7	Classeur	2,57 €	33%	1,72 €	#NOM?
13	ABC8	Surligneur	0,66 €	25%	0,50 €	#NOM?

Figure 2.12 : Impact de la suppression du nom TauxTVA

Remplacer systématiquement les références de cellules par les noms

Supposons que, lors de la conception d'une feuille de calcul, vous n'ayez pas utilisé dès le début de votre travail des cellules nommées, mais plutôt des références « classiques ». Une fois les noms définis, vous souhaitez qu'ils remplacent les références dans les formules déjà saisies. Excel a prévu une solution.

Reprenez la feuille de calcul des tarifs :

1 Dans l'onglet **Formules**, cliquez sur le bouton fléché situé à côté de **Définir un nom** du groupe **Noms définis**. Sélectionnez **Appliquer les noms...**

2 Dans la zone *Affecter le(s) nom(s)*, sélectionnez *TauxTVA*. Vous pouvez sélectionner plusieurs noms si vous le souhaitez. Pour désélectionner un nom, cliquez dessus à nouveau.

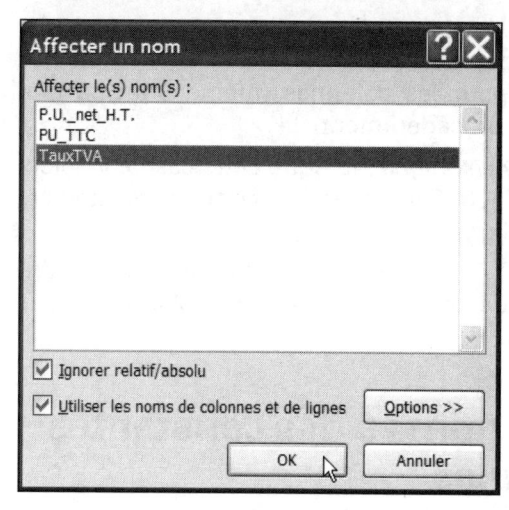

Figure 2.13 : La boîte de dialogue Affecter un nom

3 Validez par OK.

Dans toutes les formules qui contenaient la référence $F$3, celle-ci a été remplacée par TauxTVA.

Examinons maintenant en détail les options de cette boîte de dialogue :

- *Ignorer relatif/absolu* : si cette case est sélectionnée, Excel considère que les références $F$3, $F3, F$3 et F3 sont équivalentes et les remplace, dans notre exemple, par TauxTVA.

- *Utiliser les noms de colonnes et de lignes* : si cette case est sélectionnée, les références « classiques » sont remplacées par des noms de plages. Ainsi, dans notre exemple, la référence E9 de la feuille de calcul des capacités des machines est remplacée par Machine_3 Mercredi.

En cliquant sur le bouton **Options**, vous pouvez afficher les paramètres supplémentaires suivants :

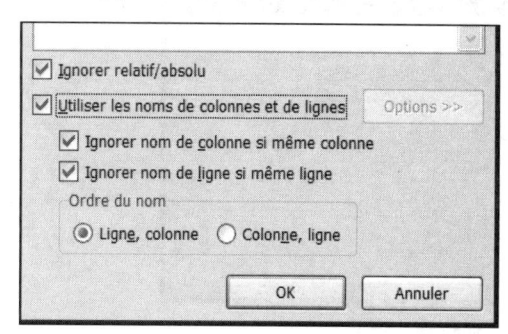

Figure 2.14 : Les options supplémentaires de la boîte de dialogue Affecter un nom

2.2. Définir et modifier les noms | 49

- *Ignorer nom de colonne si même colonne* : lorsque cette case est sélectionnée (elle l'est par défaut), Excel prend en compte les intersections implicites pour les colonnes (même principe que pour les étiquettes, vues précédemment).
- *Ignorer nom de ligne si même ligne* : lorsque cette case est sélectionnée (elle l'est par défaut), Excel prend en compte les intersections implicites pour les lignes.
- *Ordre du nom* : ces boutons d'option permettent de spécifier l'ordre des noms des lignes et des colonnes lors du remplacement des références par des noms.

2.3. Attribuer des noms à des constantes et à des formules

Jusqu'à présent, les noms que nous avons créés faisaient référence de façon absolue à des cellules ou à des plages de cellules. C'est le cas d'utilisation le plus fréquent, mais ce n'est pas le seul. Il est également possible d'attribuer des noms à des constantes et à des formules.

Attribuer des noms à des constantes

Reprenez l'exemple des tarifs pour définir le taux de TVA sans le saisir dans une cellule.

1 Dans l'onglet **Formules**, cliquez sur le bouton **Gestionnaire de noms** du groupe **Noms définis**.

2 Cliquez sur **Nouveau**. Dans la boîte de dialogue **Nouveau nom**, saisissez Taux_TVA.dans la zone *Nom*.

3 Dans la zone *Fait référence à*, saisissez 19,6%.

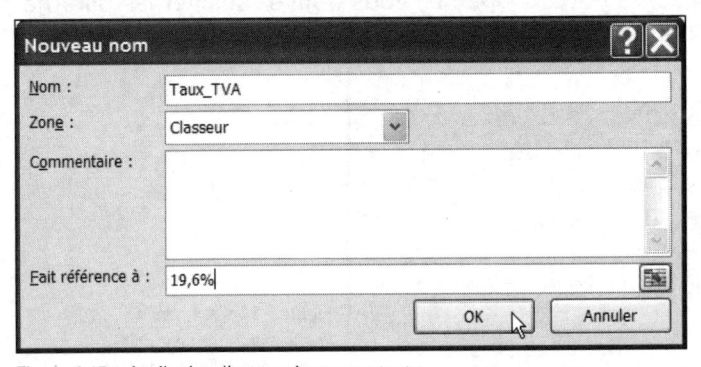

Figure 2.15 : Attribution d'un nom à une constante

4 Cliquez sur OK.

5 Cliquez sur **Fermer**.

Si vous saisissez =Taux_TVA dans une cellule, la valeur 0,196 s'affiche. Vous pouvez bien entendu utiliser ce nom dans n'importe quelle formule, au même titre que les noms que vous avez déjà créés.

> **REMARQUE** — **Attribution d'un nom à une constante texte**
> Pour attribuer un nom à la chaîne de caractères Excel 2007, saisissez ="Excel 2007" dans la zone *Fait référence à*.

Attribuer des noms à des formules

Il est également possible, comme nous l'avons évoqué, d'attribuer un nom à une formule de calcul. Par exemple, nous allons définir une formule de calcul permettant de calculer le prix TTC à partir du prix HT à l'aide du taux de TVA que nous avons créé sous forme de constante.

1 Sélectionnez *G6*.

2 Dans l'onglet **Formules**, cliquez sur le bouton **Gestionnaire de noms** du groupe **Noms définis**.

3 Cliquez sur **Nouveau**. Dans la boîte de dialogue **Nouveau nom**, saisissez Calcul_prix.dans la zone *Nom*.

4 Dans la zone *Fait référence à*, saisissez ='Absolues Relatives'!E6*(1+Taux_TVA).

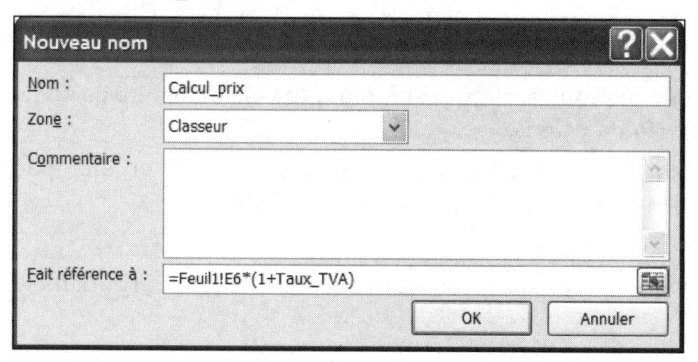

Figure 2.16 : Attribution d'un nom à une formule

5 Cliquez sur OK.

6 Cliquez sur **Fermer**.

7 En *G6*, saisissez =Calcul_prix.

8 Étendez le contenu, à l'aide de la poignée de recopie, jusqu'en *G13*.

Le calcul s'effectue correctement. Il est très important, puisque la définition se fait de façon relative, de sélectionner au préalable la cellule *G6*. En fait, la formule utilise pour le calcul la cellule située sur la même ligne mais deux colonnes à gauche. Si vous saisissez =Calcul_prix dans une autre colonne, le résultat est faux. Pour remédier à ce problème, remplacez E6 par $E6 dans la définition de la formule. Ainsi vous obtiendrez un résultat correct, quelle que soit la colonne dans laquelle vous saisirez la formule =Calcul_prix.

> **REMARQUE** **Liste déroulante des noms**
> Les noms faisant référence à des constantes ou à des formules n'apparaissent pas dans la liste déroulante de la zone *Nom*.

2.4. Noms spécifiques d'une feuille de calcul

Jusqu'à présent, il n'a pas été question de la portée des noms que vous avez créés. Ceux-ci sont valides dans tout le classeur. Ainsi, si vous sélectionnez le nom *TauxTVA* dans la liste des noms alors que la feuille **Feuil1** n'est pas affichée, la feuille **Feuil1** sera activée. Toutefois, il est possible de définir des noms valables uniquement dans une feuille définie.

Vous allez transformer le nom *TauxTVA* en nom « local » relativement à la feuille **Feuil1**.

1 Dans l'onglet **Formules**, cliquez sur le bouton **Gestionnaire de noms** du groupe **Noms définis**.

2 Sélectionnez *TauxTVA*. Cliquez sur **Supprimer**. Il n'est en effet pas possible de modifier la portée d'un nom existant.

3 Cliquez sur **Nouveau**.

4 Dans la boîte de dialogue **Nouveau nom**, saisissez TauxTVA dans la zone *Nom*.

5 Sélectionnez *Feuil1* dans la liste déroulante *Zone*.

6 Cliquez dans la zone *Fait référence à* puis sélectionnez la cellule *F3* de la feuille **Feuil1**.

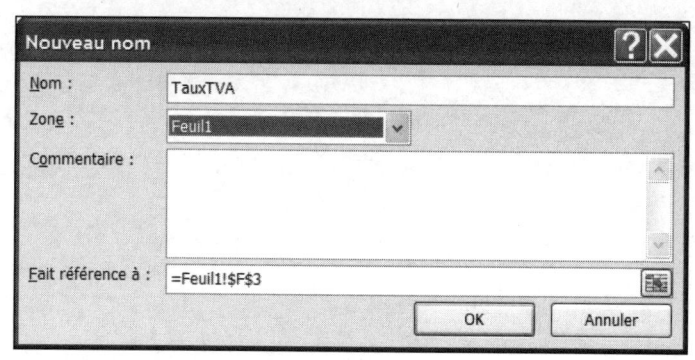

Figure 2.17 : Modification de la portée d'un nom

7 Cliquez sur OK.

Le nom *TauxTVA* n'est désormais disponible dans la liste déroulante des noms que dans la feuille **Feuil1**.

> ⚠️ **ATTENTION** **Copie de feuilles de calcul**
>
> Lorsque vous copiez une feuille de calcul qui contient des noms locaux au sein d'un même classeur, la feuille résultante contient les mêmes noms locaux. Si, dans le classeur, un nom fait référence à une cellule ou à une plage de cellules de la feuille que vous copiez, ce nom devient un nom local dans la feuille résultante.
>
> De même, lorsque vous copiez une feuille dans un autre classeur, tous les noms locaux ou globaux faisant référence à des cellules de la feuille copiée, sont créés dans le classeur « cible ».
>
> Soyez donc vigilant lorsque vous copiez des feuilles, sous peine de ne plus vous y retrouver entre les noms locaux et globaux !

2.4. Noms spécifiques d'une feuille de calcul | 53

…

RECHERCHER ET UTILISER DES FONCTIONS

Comprendre la notion de fonction 57
Utiliser les différents types d'arguments 64
Connaître les différentes catégories de fonctions 66

Nous avons abordé les grands principes de conception des formules de calcul. Vous pouvez donc dès maintenant mettre à profit ces connaissances pour construire les formules de calcul adaptées à vos besoins. Une bonne définition du problème à résoudre, un peu de réflexion, voire d'astuces, vous feront sans difficulté parvenir à vos fins. D'autant que Excel a peut-être déjà résolu pour vous certaines difficultés. En effet, le logiciel propose plus de trois cents fonctions de calcul.

3.1. Comprendre la notion de fonction

Les fonctions sont des formules prédéfinies qui effectuent des calculs ou des traitements à partir de données que vous leur fournissez. Elles vous évitent de « réinventer la roue » en cas de besoin. En effet, pour calculer la somme des cellules de *C1* à *C10*, vous pourriez très bien écrire =C1+C2+C3+C4+C5+C6+C7+C8+C9+C10. Cela fonctionne parfaitement. Mais vous trouverez sans doute plus pratique d'écrire =SOMME(C1:C10) ! Et sans doute encore plus pratique si vous devez calculer la somme des cellules de *C1* à *C1000* !

La fonction SI, sans doute parmi les plus utilisées, permet de bâtir des formules dites conditionnelles, c'est-à-dire qui vont être modifiées en fonction d'une condition. Par exemple, si le délai de paiement d'une facture est dépassé, la formule conditionnelle affiche un message d'alerte. Cette formule pourrait avoir l'allure suivante (si la date de règlement se trouve dans la cellule *B5*) : =SI(AUJOUDHUI()>B5;"Le délai est dépassé";"Facture à régler").

RENVOI Pour plus d'informations sur la fonction SI, reportez-vous au chapitre *Utiliser la fonction SI*.

Au passage, remarquez l'utilisation de la fonction AUJOURDHUI(), qui renvoie la date du jour.

Les fonctions d'Excel ne sont pas exclusivement destinées au calcul numérique. Elles traitent de domaines larges et variés. Le logiciel propose en effet :

- des fonctions de recherche et de référence ;
- des fonctions de texte ;
- des fonctions de date et d'heure ;
- des fonctions logiques ;
- des fonctions d'information ;

- des fonctions de base de données ;
- des fonctions mathématiques ;
- des fonctions statistiques ;
- des fonctions financières ;
- des fonctions d'ingénierie.

Pour donner des résultats, la plupart des fonctions nécessitent que vous leur fournissiez des données pour travailler. Ces données sont appelées des arguments. Ainsi, une fonction qui calcule une mensualité d'emprunt a besoin du taux de l'emprunt, du montant emprunté et de la durée de l'emprunt.

Les arguments doivent figurer après l'intitulé de la fonction, entre parenthèses et séparés par des points-virgules. Il est impératif de respecter leur ordre, car, en règle générale, chacun d'entre eux a un rôle spécifique. Il est également nécessaire de veiller au type d'argument demandé (valeurs numériques, chaînes de caractères, dates…) sous peine de voir apparaître des messages d'erreur tels que #VALEUR!.

Les arguments peuvent être fournis sous forme de valeur, de référence à une cellule ou à plage de cellules, de plage nommée. Ils peuvent être le résultat d'autres fonctions. Nous décrirons ultérieurement les différents types d'arguments.

Découvrir la bibliothèque de fonctions

Vous allez à présent voir comment insérer une fonction dans une formule. Bien sûr, vous n'êtes pas censé connaître l'ensemble des noms des fonctions! C'est pourquoi nous allons décrire une méthode visant à identifier la fonction qui résoudra votre problème.

Rechercher et insérer une fonction

Supposons que vous souhaitiez calculer la moyenne de valeurs qui se trouvent dans une même colonne d'une feuille de calcul, mais que vous ne connaissiez pas la fonction à utiliser.

La façon de procéder est la suivante:

1 Sélectionnez la cellule dans laquelle vous souhaitez insérer une fonction (en l'occurrence *B13*).

	A	B
1		
2		
3		
4		Durée du travail
5		
6	Machine	Capacité
7	Machine 1	100
8	Machine 2	150
9	Machine 3	75
10	Machine 4	98
11	Machine 5	102
12	Machine 6	123
13	Total / Jour	
14		

Figure 3.1 : Calcul d'une moyenne en B13

2 Cliquez sur le bouton **Insérer une fonction** du groupe **Bibliothèque de fonctions** de l'onglet **Formules** ou cliquez sur le bouton **Insérer une fonction** de la barre de formule.

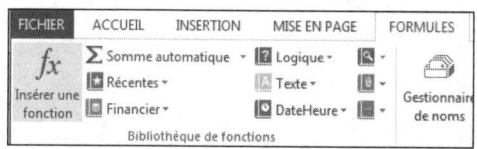

Figure 3.2 : Le bouton Insérer une fonction

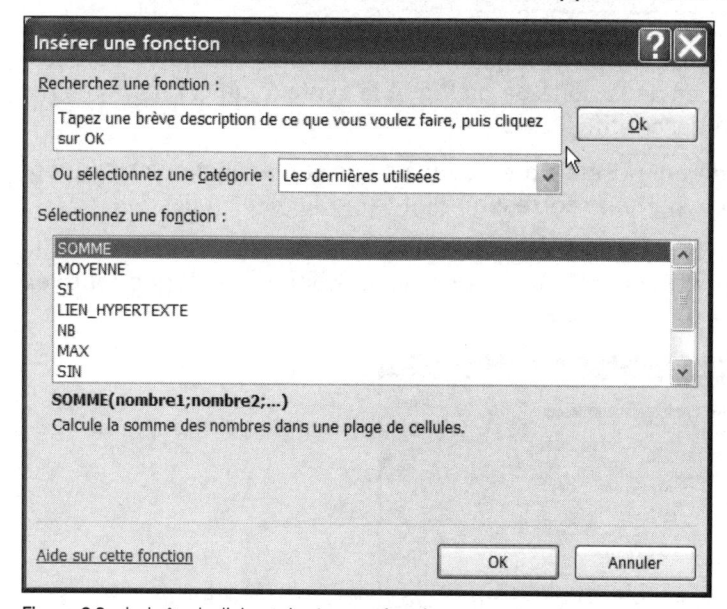

3 La boîte de dialogue **Insérer une fonction** apparaît alors :

Figure 3.3 : La boîte de dialogue Insérer une fonction

3.1. Comprendre la notion de fonction

4 Plusieurs possibilités s'offrent à vous :

- décrire ce que vous souhaitez faire dans la zone *Recherchez une fonction* ;
- sélectionner une catégorie à l'aide de la liste déroulante *Sélectionnez une catégorie* ;
- cliquer dans la zone *Sélectionnez une fonction* et saisir les premières lettres de la fonction désirée.

Une fois la fonction affichée, cliquez sur le bouton OK.

Dans notre exemple, sélectionnez la catégorie *Statistiques*, Excel vous propose un choix de fonctions plus restreint.

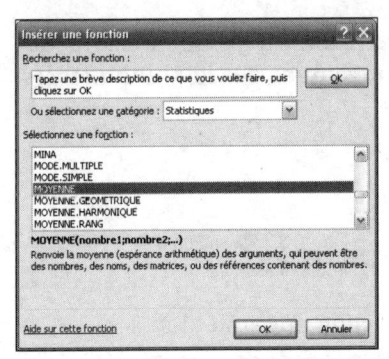

Figure 3.4 : Fonctions proposées

Si vous sélectionnez la fonction MOYENNE, vous constatez qu'Excel affiche en bas de la boîte de dialogue la syntaxe de la fonction ainsi qu'un bref descriptif.

Il est également possible d'accéder à l'aide sur la fonction en cliquant sur le lien hypertexte correspondant (*Aide sur cette fonction*).

Vous pouvez maintenant cliquer sur le bouton OK en bas de la boîte de dialogue. Excel affiche une nouvelle boîte de dialogue intitulée **Arguments de la fonction**.

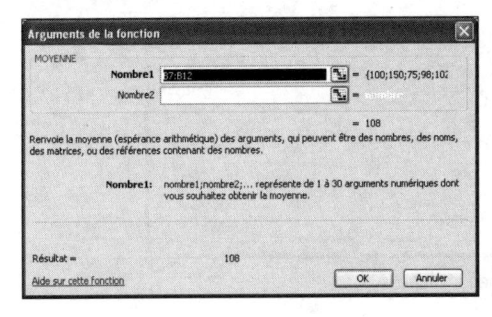

Figure 3.5 : Arguments de la fonction

Excel propose par défaut la plage *B7:B12*, ce qui est correct. En cliquant dans la barre de formule, vous pouvez éventuellement compléter la formule. Dans notre cas, cliquez sur OK pour valider. La fonction a été placée dans la cellule *B13*.

En fait Excel propose comme plage de cellules, la plus grande plage de cellules contenant des valeurs numériques située au-dessus de la cellule contenant la fonction ou à gauche, s'il n'y a rien au-dessus. Dans ce cas, la plage était correcte car l'entête de colonne était un texte. Si l'entête de colonne avait été un nombre (une année, par exemple), elle aurait été incluse dans la moyenne, ce qui aurait faussé le résultat. Considérez donc avec circonspection ce que vous propose Excel !

> **REMARQUE** **Utilisation de la boîte de dialogue Insérer une fonction dans une formule**
> Lorsque vous êtes en train de saisir une formule qui fait intervenir plusieurs fonctions, vous pouvez faire apparaître la boîte de dialogue **Insérer une fonction** en cliquant sur le bouton **Insérer une fonction** de la barre de formule. Ce dernier est en effet encore actif même en cours de saisie ou d'édition de formule.

Saisir une fonction connue

Avec la pratique, vous vous apercevrez sans doute que les trois cents fonctions ne vous seront pas toutes utiles. En fait, avec une vingtaine voire une trentaine de fonctions, il est possible de faire face à la majorité des situations courantes. Donc, au bout d'un certain temps, vous connaîtrez par cœur les fonctions qui vous sont utiles et vous trouverez un peu lourd d'utiliser la boîte de dialogue **Insérer une fonction**. Rassurez-vous, vous pouvez saisir directement les fonctions dans vos formules !

Pour cela, il suffit de saisir l'intitulé de la fonction (en majuscules ou minuscules), puis la liste des arguments entre parenthèses, séparés par des points virgules. Si la fonction se trouve en début d'une formule, il faut la faire précéder du signe égal (=).

> **ATTENTION** **Les parenthèses**
> Même si la fonction ne requiert pas d'arguments (`ALEA()`, `AUJOURDHUI()`,...), n'oubliez pas les parenthèses ouvrantes et fermantes. La présence de paren-

> **ATTENTION** — thèses permet en effet à Excel de détecter que le texte saisi est une fonction et non un nom de cellule défini par l'utilisateur.

Par exemple, saisissez =10+s dans une cellule. Dès que vous avez saisi la lettre « s » la liste des fonctions qui débutent par cette lettre apparaît. Sélectionnez une fonction pour afficher une info-bulle qui décrit l'objectif de la fonction.

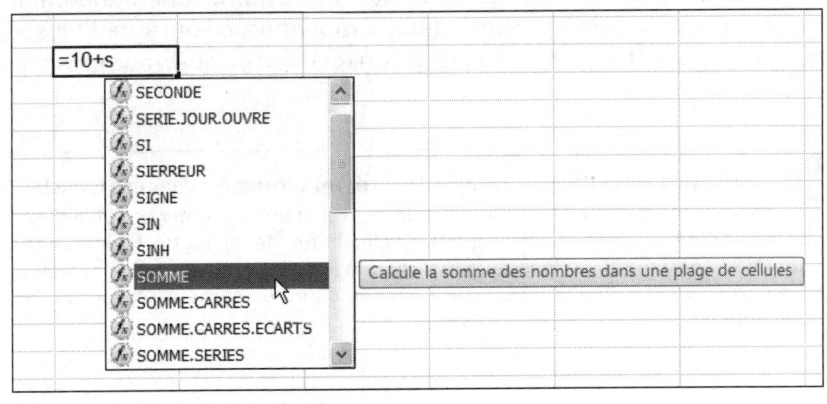

Figure 3.6 : La liste de choix des fonctions

> **REMARQUE** — **Désactiver la liste de choix des fonctions**
> Si vous ne souhaitez pas que la liste de choix des fonctions apparaisse, cliquez sur le menu **Fichier**, puis sur **Options**. Dans la catégorie **Formules**, désélectionnez la case *Saisie semi-automatique de formules* de la rubrique *Manipulation de formules*.

Continuez la saisie du nom de la fonction ou sélectionnez-la dans la liste en effectuant un double-clic. Dès que vous avez saisi la parenthèse ouvrante, une info-bulle apparaît, affichant l'intitulé de la fonction et la liste des arguments de celle-ci. Les arguments entre crochets sont facultatifs. Si vous cliquez sur l'intitulé de la fonction dans l'info-bulle, l'aide relative à la fonction sera affichée.

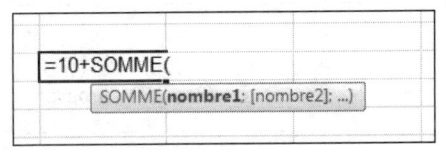

Figure 3.7 : L'info-bulle des arguments

> **ASTUCE — Détecter les erreurs de saisie**
> Si l'info-bulle n'apparaît pas alors que vous avez saisi la parenthèse ouvrante, c'est qu'Excel n'a pas "reconnu" la fonction. Il y a donc une très forte probabilité pour vous ayez fait une faute de frappe !

Continuez la formule soit en saisissant les arguments, soit en allant sélectionner des plages de cellules dans une feuille de calcul. Si vous cliquez sur la représentation du paramètre dans l'info-bulle, vous sélectionnez le paramètre correspondant dans la formule.

Figure 3.8 : Navigation entre les arguments grâce à l'info-bulle

Terminez la saisie en fermant la parenthèse et validez avec ⏎.

Une fois que vous avez validé, le résultat apparaît dans la cellule. Dans la barre de formule, Excel a converti l'intitulé de la fonction en majuscules.

Utiliser les bibliothèques

Dans le groupe **Bibliothèque de fonctions** de l'onglet **Formules**, vous disposez de plusieurs boutons qui vous permettent d'accéder aux fonctions classées par thèmes : **Financier**, **Texte**, **Date et heure**...

Figure 3.9 : Accès aux fonctions classées par thèmes

Utiliser le bouton Somme automatique

Le bouton **Somme automatique** est sans doute l'un des boutons les plus utilisés lors d'une séance de travail sur Excel. Le nom est un peu réducteur dans la mesure où ce bouton permet d'accéder rapidement à cinq fonctions.

> **REMARQUE — Le bouton Somme automatique a le don d'ubiquité !**
> Le bouton **Somme automatique** est également disponible dans l'onglet **Accueil**, dans le groupe **Edition**.

3.1. Comprendre la notion de fonction

Insérer un total

La première utilisation de ce bouton consiste à sélectionner une cellule dans laquelle vous souhaitez positionner le total d'une ligne ou d'une colonne, puis à cliquer sur **Somme automatique**.

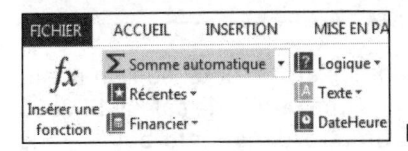

Figure 3.10 : Le bouton Somme automatique

Figure 3.11 : Insertion d'une somme grâce au bouton Somme automatique

Il est possible de modifier la plage de cellules proposée par défaut, soit en cliquant dans la barre de formule et en saisissant au clavier la nouvelle plage, soit en la sélectionnant à l'aide de la souris.

Insérer d'autres fonctions

Le bouton **Somme automatique** permet d'accéder rapidement à d'autres fonctions. Pour cela, il suffit de cliquer sur la petite flèche vers le bas qui se trouve en dessous du symbole sigma, puis de sélectionner la fonction souhaitée.

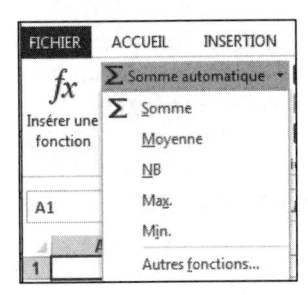

Figure 3.12 : Liste des fonctions accessibles

L'option **Autres fonctions** ouvre la boîte de dialogue **Insérer une fonction**.

3.2. Utiliser les différents types d'arguments

Les arguments nécessaires à une fonction dépendent bien évidemment du type de fonction. Certaines fonctions (`ALEA()`, `AUJOURDHUI()`,...) ne nécessitent pas d'argument. Pour les autres, leur nature peut être très variée. À condition de respecter la syntaxe de la fonction utilisée, il est possible de mixer des arguments de types différents.

Constantes numériques

`=CTXT(15;1)`

Convertit 15 en texte avec une décimale.

Constantes alphanumériques

`=DROITE("Micro Application";11)`

Les chaînes de caractères doivent être saisies entre guillemets.

Renvoie les onze caractères de droite de l'expression entre guillemets, ici `Application`.

Références à des cellules ou à des plages de cellules

`=ENT(A1)`

Renvoie la partie entière du contenu de la cellule *A1*.

`=SOMME(A1:A10)`

Renvoie la somme des valeurs contenues dans la plage *A1:A10*.

`=MOYENNE(A1:A10;C1:C10)`

Calcule la moyenne des valeurs des plages *A1:A10* et *C1:C10*.

`=GAUCHE(B2;3)`

Renvoie les 3 caractères de gauche du contenu de *B2*.

Noms de cellules ou de plages de cellules

`=MOYENNE(Ventes)`

Calcule la moyenne des valeurs de la plage nommée *Ventes*.

`=SI(Montant>1500;"Ok";"A voir")`

Si le contenu de la cellule nommée *Montant* est supérieur à 1 500, le message *Ok* est affiché ; sinon, c'est le message *A voir* qui apparaît.

Lignes ou colonnes entières

`=SOMME(D:D)`

Calcule la somme de toutes les valeurs contenues dans la colonne *D*.

`=SOMME(D:D;A1:A10;10)`

Calcule la somme de toutes les valeurs contenues dans la colonne *D* et dans la plage *A1:A10*, et ajoute la valeur 10.

`=MOYENNE(3:3)`

Calcule la moyenne de toutes les valeurs contenues dans la ligne *3*.

Fonctions

```
=SI(Montant>1500;SOMME(A1:A10);SOMME(B1:B10))
```

Si le contenu de la cellule nommée *Montant* est supérieur à 1 500, Excel calcule la somme des valeurs contenues dans la plage *A1:A10* ; sinon Excel calcule la somme des valeurs contenues dans la plage *B1:B10*.

Les arguments de la fonction SI sont eux-mêmes des fonctions (en l'occurrence, la fonction SOMME). Dans ce cas, on parle d'imbrication de fonctions. Les fonctions SOMME sont dites de deuxième niveau, car elles correspondent à des arguments de la fonction SI. Une fonction imbriquée dans la fonction SOMME serait une fonction de troisième niveau, etc. Une formule peut contenir jusqu'à 64 niveaux d'imbrication. Lorsqu'une fonction imbriquée est utilisée comme argument, elle doit renvoyer le type de valeur de ce dernier.

3.3. Connaître les différentes catégories de fonctions

Les fonctions d'Excel sont regroupées par catégories. Cela facilite leur recherche à l'aide de la boîte de dialogue **Insérer une fonction**. Nous allons à présent revenir un peu plus en détail sur ces catégories.

Les fonctions de recherche et de référence

Les fonctions de recherche et de référence ont pour objectif de traiter des problématiques telles que la détermination des adresses de cellules, la recherche de données dans des plages de cellules, le choix de valeurs parmi plusieurs possibilités, etc.

Les fonctions de texte

Bien qu'Excel soit avant tout dédié à la manipulation des chiffres, ce logiciel dispose d'un nombre important de fonctions destinées à traiter les chaînes de caractères, autrement dit le texte. Ces fonctions permettent entre autres de rechercher un mot dans un texte plus long, de tronquer une chaîne de caractères, de convertir du texte en nombre et réciproquement, etc.

Les fonctions de date et d'heure

Les fonctions de date et d'heure sont principalement centrées sur la conversion de texte en numéros de séries, de numéros de séries en dates, et sur la récupération des éléments d'une date (année, mois, jour, heure, minute, seconde).

Des fonctions permettent également de gérer les intervalles de temps, en jours calendaires ou en jours ouvrés.

Les fonctions logiques

Ces fonctions permettent de rendre « intelligentes » des feuilles de calcul, sans recours aux macros, plus complexes à mettre en œuvre. Bien entendu, cette « intelligence » est assez primitive, mais elle permet de créer une feuille de calcul adaptable et réactive à certains résultats de calcul.

La fonction la plus connue est évidemment SI, qui permet de choisir le contenu d'une cellule en fonction du résultat d'un test logique. Pour effectuer ces tests logiques, vous pouvez faire appel aux fonctions ET, OU et NON.

Les fonctions d'information

Ces fonctions permettent d'obtenir des informations sur le contenu des cellules, par exemple de déterminer si une cellule est vide, si elle contient du texte, un message d'erreur, etc.

Les fonctions de base de données

Ces fonctions permettent de manipuler des tableaux de données pour en extraire des valeurs particulières, faire des calculs de moyenne, etc.

Les fonctions mathématiques

Plusieurs sortes de fonctions mathématiques sont disponibles :

- les fonctions trigonométriques : sinus, cosinus, tangente et fonctions réciproques ;
- les fonctions hyperboliques : sinus hyperbolique, cosinus hyperbolique, tangente hyperbolique et fonctions réciproques ;
- les fonctions logarithmiques et de puissance ;
- les fonctions d'arrondi ;
- les fonctions liées aux matrices.

Les fonctions statistiques

Les fonctions statistiques constituent l'un des groupes de fonctions les plus étoffés d'Excel. On peut les subdiviser en trois sous-groupes :
- les fonctions de statistique descriptive ;
- les fonctions de régression ;
- les fonctions relatives aux lois de probabilités.

Les fonctions de statistique descriptive

Les fonctions de statistique descriptive permettent de caractériser, de décrire une série de données, notamment selon des caractéristiques de valeur centrale et de dispersion. Les caractéristiques dites de valeur centrale sont le mode, la médiane, la moyenne (arithmétique, harmonique ou géométrique). Les caractéristiques de dispersion sont les centiles, l'écart type et la variance.

Les fonctions de régression

Les fonctions de régression permettent de modéliser une série de données à l'aide d'une courbe dont l'équation est connue. Excel propose de modéliser à l'aide de droite ou de courbes exponentielles. La qualité de la modélisation est fournie par le coefficient de corrélation. Plus ce dernier est proche de 1 (ou de -1), meilleure est la qualité de la modélisation.

L'intérêt de cette modélisation est de pouvoir estimer les valeurs de points de la série qui n'ont pas été mesurés. Par exemple, s'il s'agit d'une série de données chronologiques, il est possible d'estimer les valeurs futures de cette série. Dans ce cas, on fait l'hypothèse que le « futur se comportera comme le passé », ce qui est de moins en moins vrai !

Les lois de probabilités

Les lois de probabilités sont fondées sur le concept de variable aléatoire. Une variable aléatoire est une variable dont toutes les valeurs possibles sont connues et ces valeurs sont telles qu'il est possible d'attacher à chacune une probabilité de réalisation connue.

Une distinction est faite entre les variables aléatoires discrètes (qui ne prennent que des valeurs entières) et les variables aléatoires continues (qui peuvent prendre toutes les valeurs réelles dans un intervalle).

Prenons un exemple simple pour illustrer ce concept. Considérons une loterie dont le règlement prévoit que cent billets sont mis en vente :

- Un billet recevra le gros lot de 10 000 euros.
- Quatre billets donneront droit, chacun, à 1 000 euros.
- Dix billets recevront un lot de 500 euros.
- Vingt billets donneront droit, chacun, à 100 euros.
- Les autres billets (65) seront des billets perdants.

Un joueur achète un billet. Il peut ne recevoir aucun lot, ou recevoir un lot de 100 euros, de 500 euros, de 1 000 euros ou de 10 000 euros. Le montant est une variable aléatoire, dont il est très facile de calculer la probabilité associée :

Tableau 3.1 : Calcul des probabilités associées à chaque valeur de lot

Montant du lot	Probabilité
0	0,65
100	0,20
500	0,10
1000	0,04
10 000	0,01

Ce tableau constitue la loi de probabilité de notre variable aléatoire discrète.

Une loi de probabilité associe à une valeur d'une variable aléatoire, sa probabilité d'occurrence.

La fonction de répartition d'une variable aléatoire donne les probabilités cumulées, c'est-à-dire, pour une valeur donnée, la probabilité d'obtenir une valeur (dans notre cas, un gain) inférieure ou égale à cette valeur.

Tableau 3.2 : Calcul des probabilités cumulées associées à chaque valeur de lot

Montant du lot	Probabilité
0	0,65
100	0,85
500	0,95
1000	0,99
10 000	1,00

Dans les fonctions traitant des lois de probabilités, le paramètre logique cumulative permet de passer de la loi de probabilité (FAUX) à la fonction de répartition (VRAI).

Lois classiques

Un certain nombre de lois classiques sont traitées par Excel :

- *Loi binomiale* (discrète) : comptage d'un caractère (couleur d'une bille...) dans un tirage avec remise.
- *Loi hypergéométrique* (discrète) : comptage d'un caractère (couleur d'une bille...) dans un tirage sans remise.
- *Loi de Poisson* (discrète) : nombre d'appels à un standard, nombre de véhicules à un péage, etc.
- *Loi exponentielle* (continue) : temps d'attente entre deux événements consécutifs.
- *Loi normale* (continue) : la plus connue des lois. Dans une population nombreuse, beaucoup de phénomènes peuvent être représentés par cette loi (notes à un examen, pièces défectueuses...).

Les fonctions financières

Les fonctions financières assurent trois types de calculs principaux :

- les calculs d'amortissement ;
- les calculs liés aux emprunts ;
- les calculs liés aux valeurs mobilières de placement.

Les fonctions d'ingénierie

Il existe deux grands types de fonctions scientifiques :

- les calculs sur les nombres complexes ;
- les fonctions de conversion entre les bases.

Nombres complexes

Les nombres complexes sont de la forme $z = x + y\,i$, où x et y sont des réels et i est le nombre tel que $i^2 = -1$.

Un nombre complexe peut être exprimé en coordonnées rectangulaires, comme précédemment. x est la partie réelle et y la partie imaginaire. Il peut également être exprimé en coordonnées polaires, de la forme $|z|\,(\cos\theta + i\,\sin\theta)$, où $|z|$ représente le module du nombre complexe et θ son argument :

|z|=racine carrée de (x2+y2)

θ=Atan(y/x)

Les fonctions concernant les nombres complexes permettent d'effectuer des opérations courantes (addition, soustraction, multiplication, division), mais également des opérations réservées aux nombres complexes (calcul du module, de l'argument, du conjugué...).

Conversions entre les bases

Dans la vie quotidienne, nous utilisons de façon implicite des nombres en base 10. Il existe d'autres bases pour exprimer les nombres. Les fonctions de conversion entre les bases traitent de la base 2 (binaire), 8 (octale), 16 (hexadécimale) et bien sûr de la base 10 (décimale), qui sont toutes, en particulier la binaire, très utilisées en électronique et en informatique.

Le principe de représentation d'un nombre dans une base donnée repose sur les puissances croissantes de cette base. Prenons l'exemple de la base 10. Le nombre 256 peut s'écrire : $2 \times 10^2 + 5 \times 10^1 + 6 \times 10^0$. En base 2, le principe est identique. Ainsi le nombre 110 correspond en fait à $1 \times 2^2 + 1 \times 2^1 + 0 \times 2^0$, soit 6 en base 10.

Les chiffres utilisés pour représenter les nombres sont déterminés par la base.

Tableau 3.3 : Chiffres utilisés dans chacune des bases

Base	Chiffres
2 (binaire)	0, 1
8 (octale)	0, 1, 2, 3, 4, 5, 6, 7
10 (décimale)	0, 1, 2, 3, 4, 5, 6, 7, 8, 9
16 (hexadécimale)	0, 1, 2, 3, 4, 5, 6, 7, 8, 9, A, B, C, D, E, F

CHAPITRE 4

UTILISER LA FONCTION SI

Découvrir la fonction 75
Élaborer des formules simples 76
Utiliser les opérateurs ET et OU 82
Imbriquer plusieurs fonctions SI 87
Découvrir la fonction CHOISIR 89

S'il existait un palmarès des fonctions les plus utilisées, la fonction SI y figurerait en bonne place ! Elle n'est pas à proprement parler une fonction de calcul : il s'agit en fait d'une fonction logique qui permet de faire un choix entre deux hypothèses, en fonction d'une expression logique (ou booléenne). Une expression logique peut prendre seulement deux valeurs : VRAI ou FAUX.

Les formules utilisant la fonction SI sont appelées « formules conditionnelles ». Elles permettent de rendre « intelligentes » vos feuilles de calcul. Cette « intelligence » est toute relative, il s'agit plutôt de rendre vos feuilles de calcul réactives à certaines valeurs. Par exemple, vous pouvez afficher un message si un montant de facture est supérieur à un plafond, vous pouvez autoriser un calcul seulement si les paramètres demandés sont corrects pour éviter l'apparition de message d'erreur... Les possibilités sont quasi illimitées.

Vous pouvez par ailleurs élaborer des critères plus complexes et plus fins en utilisant les opérateurs ET et OU.

4.1. Découvrir la fonction

Une formule utilisant la fonction SI (ou formule conditionnelle) se présente de la façon suivante :

=SI(Test;Expression si Test=VRAI;Expression si Test=FAUX)

- Test est une expression logique. Une expression logique compte au moins un opérateur logique et deux opérandes.

Tableau 4.1 : Les opérateurs logiques

Opérateur logique	Signification
=	Égal à
>	Supérieur à
>=	Supérieur ou égal à
<	Inférieur à
<=	Inférieur ou égal à
<>	Différent de

- Expression si Test=VRAI est une formule qui peut contenir des fonctions (y compris une autre fonction SI), des calculs, une chaîne de caractères... Cette formule sera utilisée dans la cellule contenant la fonction SI si Test est égal à VRAI.

- **Expression si Test=FAUX** est une formule qui peut contenir des fonctions (y compris une autre fonction SI), des calculs, une chaîne de caractères… Cette formule sera utilisée dans la cellule contenant la fonction SI si Test est égal à FAUX.

4.2. Élaborer des formules simples

Nous allons examiner quelques cas simples d'utilisation de la fonction SI. Il s'agit de situations classiques que vous rencontrerez probablement lors de l'élaboration de vos feuilles de calcul.

Afficher un message fixe si une condition est remplie

Supposons que vous utilisiez une feuille de calcul dans laquelle sont stockées des données relatives aux ventes mensuelles de produits. Dans la colonne *B* se trouvent les ventes de l'année 2011 et dans la colonne *C* se trouvent les ventes de l'année 2012. Dans la colonne *D*, il s'agit d'afficher le message En progression si les ventes de 2012 sont supérieures à celles de 2011.

La formule à saisir en *D4* est la suivante :

`=SI(C4>B4;"En progression";"")`

Ensuite, étendez-la, à l'aide de la poignée de recopie, jusqu'à la fin du tableau.

	A	B	C	D
1		Ventes annuelles		
2				
3	Produit	Année 2011	Année 2012	Commentaire
4	Produit 1	65 000	52 000	
5	Produit 2	60 000	80 000	En progression
6	Produit 3	90 000	57 000	
7	Produit 4	62 000	50 000	
8	Produit 5	39 000	67 000	En progression
9	Produit 6	76 000	63 000	

Figure 4.1 : Affichage d'un message en fonction d'une condition

> **REMARQUE — Impact de l'absence d'un argument**
>
> Il est possible d'omettre les deux derniers arguments de la fonction SI. Dans ce cas, c'est la valeur prise par la condition qui est affichée. Dans l'exemple précédent, si vous aviez écrit `=SI(C4>B4;"En progression")`, le

> **REMARQUE** — texte `En progression` aurait bien été affiché dans les cellules pour lesquelles la valeur de la colonne *C* est supérieure à celle de la colonne *B*. En revanche, la valeur `FAUX` aurait été affichée dans les cellules pour lesquelles la valeur de la colonne *C* est inférieure à celle de la colonne *B*.

Afficher un message variable si une condition est remplie

Il est possible d'améliorer l'exemple précédent en faisant en sorte que le message affiché indique la valeur de la progression du chiffre d'affaires. Pour cela, il suffit de juxtaposer une chaîne de caractères et une formule de calcul à l'aide de l'opérateur de concaténation (`&`).

La formule à saisir en *D4* est la suivante :

`=SI(C4>B4;"En progression de "&(C4-B4)&" ";"")`

Ensuite étendez-la, à l'aide de la poignée de recopie, jusqu'à la fin du tableau.

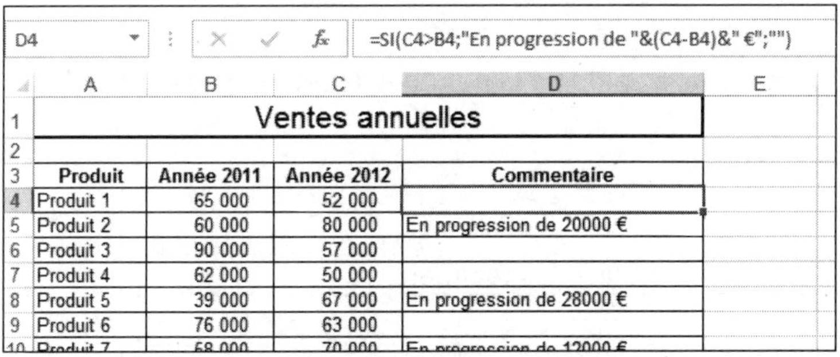

	A	B	C	D	E
1		Ventes annuelles			
2					
3	Produit	Année 2011	Année 2012	Commentaire	
4	Produit 1	65 000	52 000		
5	Produit 2	60 000	80 000	En progression de 20000 €	
6	Produit 3	90 000	57 000		
7	Produit 4	62 000	50 000		
8	Produit 5	39 000	67 000	En progression de 28000 €	
9	Produit 6	76 000	63 000		
10	Produit 7	58 000	70 000	En progression de 12000 €	

Cellule D4 : `=SI(C4>B4;"En progression de "&(C4-B4)&" €";"")`

Figure 4.2 : Affichage d'un message variable en fonction d'une condition

Intégrer le résultat d'une formule conditionnelle dans une expression

Il est possible d'intégrer le résultat d'une fonction dans une autre expression. Ainsi, si le résultat d'une entreprise se trouve en *B5* et que vous souhaitez indiquer « en clair » en *B7* qu'il s'agit d'une perte ou d'un bénéfice, la formule est la suivante :

`="L'entreprise a réalisé "&SI(B5>0;"un bénéfice de "&B5&" "; "une perte de "&-B5&" ")`

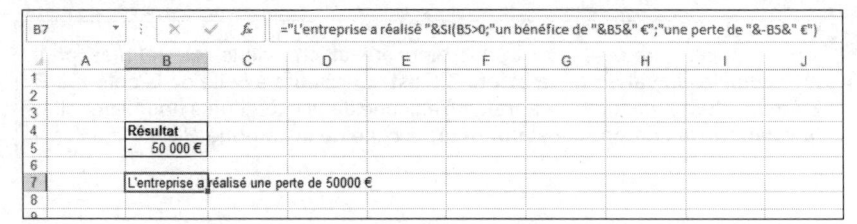

	A	B	C	D	E	F	G	H	I	J
1										
2										
3										
4		Résultat								
5		- 50 000 €								
6										
7		L'entreprise a réalisé une perte de 50000 €								
8										

Cellule B7 : `="L'entreprise a réalisé "&SI(B5>0;"un bénéfice de "&B5&" €";"une perte de "&-B5&" €")`

Figure 4.3 : Juxtaposition d'une chaîne de caractères et du résultat d'une fonction SI

Faire un test sur une chaîne de caractères

Il est possible d'élaborer une formule conditionnelle fondée sur un test mettant en jeu des valeurs numériques, mais aussi des chaînes de caractères.

Pour illustrer cette possibilité, nous allons utiliser une feuille de calcul listant des factures. Dans la colonne *A* se trouve le nom du fournisseur, dans la colonne *B*, le numéro de la facture, dans la colonne *C*, la date d'échéance et enfin, dans la colonne *D*, le montant. La formule conditionnelle suivante, à saisir en *E4*, permet de mettre en évidence les factures d'un fournisseur particulier :

`=SI(A4="durand";"A surveiller";"OK")`

Ensuite, étendez-la, à l'aide de la poignée de recopie, jusqu'à la fin du tableau.

Cellule E4 : `=SI(A4="durand";"A surveiller";"OK")`

	A	B	C	D	E
1		Suivi des factures			
2					
3	Fournisseur	N° Facture	Échéance	Montant	Commentaire
4	DUPOND	F123	14/12/2012	300,00 €	OK
5	Durand	F124	05/11/2012	236,00 €	A surveiller
6	DUPOND	F125	07/11/2012	123,89 €	OK
7	DUPOND	F126	29/11/2012	325,00 €	OK
8	DUPOND	F127	08/11/2012	226,00 €	OK
9	Durand	F128	03/12/2012	487,00 €	A surveiller
10	ABC	F129	31/10/2012	226,00 €	OK

Figure 4.4 : Critère fondé sur une chaîne de caractères

Dans les formules, les chaînes de caractères doivent être saisies entre guillemets.

> **ASTUCE**
>
> **Distinction de casse (majuscules/minuscules)**
>
> La condition précédente ne fait pas la distinction entre les minuscules et les majuscules. En effet, les expressions DURAND et Durand donnent un résultat VRAI. Si vous souhaitez faire un test tenant compte de la casse, il faut utiliser

> **ASTUCE** la fonction `EXACT`. Ainsi la formule `=SI(EXACT(A4;"durand"); "A surveiller";"OK")` ne renvoie `A surveiller` que si *A4* contient `durand`, et non `Durand` ou `DURAND`.

Il est possible d'utiliser les opérateurs > et < avec des chaînes de caractères. Par exemple `"ABC"<"ABD"` donne le résultat `VRAI`. En effet, Excel utilise l'ordre alphabétique pour comparer des chaînes de caractères. Dans ce cas, il n'y a pas de distinction entre les majuscules et les minuscules.

Faire un test sur une date

Les dates servent fréquemment de critères de test. En effet, il n'est pas rare d'avoir à contrôler le dépassement d'un délai, l'occurrence d'une date précise... Pour cela, il est possible d'utiliser une formule conditionnelle fondée sur un test mettant en jeu des dates. Par exemple, si dans la liste de factures, vous souhaitez mettre en évidence celles qui arrivent à échéance avant le 30/11/2012, il faut faire un test sur la date d'échéance afin de déterminer si elle est supérieure ou inférieure au 30/11/2009.

La formule à saisir en *E4* est la suivante :

`=SI(C4<DATE(2012;11;30);"A surveiller";"OK")`

Ensuite, étendez-la, à l'aide de la poignée de recopie, jusqu'à la fin du tableau.

	A	B	C	D	E
1			Suivi des factures		
2					
3	Fournisseur	N° Facture	Échéance	Montant	Commentaire
4	DUPOND	F123	14/12/2012	300,00 €	OK
5	Durand	F124	05/11/2012	236,00 €	A surveiller
6	DUPOND	F125	07/11/2012	123,89 €	A surveiller
7	DUPOND	F126	29/11/2012	325,00 €	A surveiller
8	DUPOND	F127	08/11/2012	226,00 €	A surveiller
9	Durand	F128	03/12/2012	487,00 €	OK

Figure 4.5 : Critère fondé sur une date

Notez l'emploi de la fonction `DATE(année;mois;jour)` pour indiquer une date précise. Si vous écriviez `C4<30/11/2012`, Excel interpréterait l'expression 30/11/2012 comme « *30 divisé par 11, le tout divisé par 2012* », soit environ 0,00135555 !

Éviter l'affichage d'un message d'erreur

Une formule conditionnelle peut également servir à éviter l'affichage de messages d'erreur tels que `#DIV/0!`, qui polluent bien souvent les feuilles de calcul ! Pour cela, il suffit de tester, par exemple, que le diviseur d'une formule (quand elle en contient un !) est différent de 0. Nous utiliserons l'exemple classique du calcul de la progression de chiffres d'affaires annuels de différents produits. Pour les nouveaux produits, nous ne disposons pas de valeur relative à l'année précédente, d'où l'apparition du fameux message d'erreur !

Pour remédier à cela, utilisez la formule conditionnelle suivante :
`=SI(B4<>0;C4/B4-1;"N.S.")`

Ensuite, étendez-la, à l'aide de la poignée de recopie, jusqu'à la fin du tableau.

	A	B	C	D	E
1		Ventes annuelles			
2					
3	Produit	Année 2011	Année 2012	2011 / 2012	
4	Produit 1	-	52 000	N.S.	
5	Produit 2	60 000	-	-100%	
6	Produit 3	90 000	-	-100%	
7	Produit 4	62 000	50 000	-19%	
8	Produit 5	39 000	67 000	72%	
9	Produit 6	76 000	-	-100%	

Figure 4.6 : Éviter l'affichage de #DIV/0!

> **REMARQUE — Calcul de pourcentage d'évolution**
>
> Pour calculer un pourcentage d'évolution entre deux valeurs, par exemple entre le chiffre d'affaires de l'année A (noté CA_A) et celui de A - 1 (noté CA_{A-1}), il suffit de calculer la différence entre CA_A et CA_{A-1} et de diviser cette valeur par CA_{A-1}, soit $(CA_A - CA_{A-1}) / CA_{A-1}$. Développons : $CA_A / CA_{A-1} - CA_{A-1} / CA_{A-1}$. Simplifions : $(CA_A / CA_{A-1}) - 1$. Cela permet d'obtenir des formules plus concises.

Inclure une formule dans la condition

Afin d'étendre les possibilités des formules conditionnelles, il est possible d'inclure des formules et des fonctions dans les critères de test. Supposons que vous souhaitiez mettre en exergue, parmi une liste de produits, ceux dont le chiffre d'affaires est supérieur à la moyenne. Il faut inclure dans le test la moyenne des chiffres d'affaires, ce qui est possible à l'aide de la fonction MOYENNE.

Si les valeurs à tester se trouvent dans la plage *B4:B15*, la formule à saisir en *C4* est la suivante :

`=SI(B4>MOYENNE($B$4:$B$15);"Supérieur à la moyenne";"")`

Ensuite, étendez-la, à l'aide de la poignée de recopie, jusqu'à la fin du tableau.

	A	B	C	D	E	F	G
1		Ventes annuelles					
2							
3	Produit	Année 2012	Commentaire				
4	Produit 1	52 000					
5	Produit 2	80 000	Supérieur à la moyenne				
6	Produit 3	57 000					
7	Produit 4	50 000					
8	Produit 5	67 000					
9	Produit 6	63 000					
10	Produit 7	70 000	Supérieur à la moyenne				

Figure 4.7 : Utilisation d'une fonction dans un critère

Notez l'utilisation de références absolues comme arguments de la fonction `MOYENNE`. En effet, il est nécessaire de faire référence à la même plage, quelle que soit la ligne du tableau.

> **RENVOI** Pour plus d'informations sur les références absolues, reportez-vous au chapitre *Élaborer des formules simples*.

Compter le nombre de valeurs différentes dans une plage de cellules triées

Si vous disposez d'une liste de valeurs (réponses à un questionnaire, notes à un examen...), il est souvent intéressant de connaître le nombre d'occurrences de chacune d'entre elles et le nombre de valeurs différentes. Par exemple, la liste (1, 1, 2, 2, 2, 3) compte deux 1, trois 2 et un 3 et se compose de trois valeurs différentes : 1, 2 et 3.

Une fois que vous avez trié la liste de valeurs (se trouvant dans les cellules *A4* et suivantes), saisissez la formule qui suit en *B4* :

`=SI(A4=A5;0;1)`

Étendez-la, à l'aide de la poignée de recopie, jusqu'à la fin du tableau.

Ensuite, faites le total de la colonne *B4* pour obtenir le nombre de valeurs différentes.

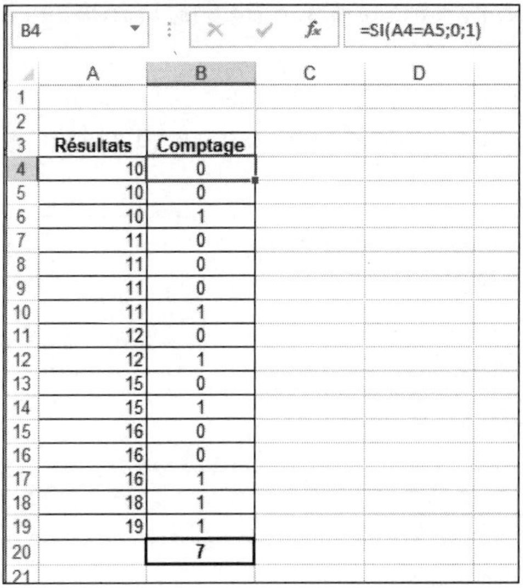

	A	B	C	D
1				
2				
3	Résultats	Comptage		
4	10	0		
5	10	0		
6	10	1		
7	11	0		
8	11	0		
9	11	0		
10	11	1		
11	12	0		
12	12	1		
13	15	0		
14	15	1		
15	16	0		
16	16	0		
17	16	1		
18	18	1		
19	19	1		
20		7		

Cellule B4 : `=SI(A4=A5;0;1)`

Figure 4.8 : Compter le nombre de valeurs différentes

Le principe de cette formule est simple : chaque fois qu'une cellule contient la même valeur que celle située immédiatement en dessous, on compte 0, car il ne s'agit pas d'une nouvelle valeur. Si la cellule contient une valeur différente de celle située en dessous, on compte 1, ce qui correspond à une nouvelle valeur. Pour que cette formule fonctionne, il est impératif que la liste de valeurs soit triée.

4.3. Utiliser les opérateurs ET et OU

Il faut parfois combiner plusieurs tests logiques pour modéliser une situation « réelle ». Par exemple, supposons que, dans un fichier client, vous souhaitiez faire un traitement particulier pour les hommes de plus de 45 ans dont le salaire est supérieur à 2 000 euros. La formule conditionnelle à créer est fondée sur l'expression suivante : Sexe = "H" ET Âge > 45 ET Salaire > 2 000.

De même, si vous souhaitez mettre en exergue les femmes exerçant le métier de vendeuse ou de comptable, la formule conditionnelle à développer est fondée sur l'expression suivante : Sexe = "F" ET (Profession = "Vendeuse" OU Profession = "Comptable").

Il s'agit en fait de combiner les différentes expressions logiques unitaires (du type A = B, A < B, A > B...), à l'aide de deux opérateurs logiques : ET et OU.

L'opérateur ET

L'opérateur `ET` renvoie `FAUX` si l'un des arguments est faux.

Tableau 4.2 : Valeurs renvoyées par l'opérateur ET

A	B	A ET B
FAUX	FAUX	FAUX
FAUX	VRAI	FAUX
VRAI	FAUX	FAUX
VRAI	VRAI	VRAI

L'un des arguments peut être lui-même une formule faisant intervenir des opérateurs logiques `ET` et `OU`.

Dans Excel, c'est la fonction `ET` qui permet de mettre en œuvre l'opérateur logique `ET`.

ET

Renvoie `VRAI` si tous les arguments sont `VRAI`, et `FAUX` si au moins l'un des arguments est `FAUX`.

Syntaxe :	`ET(valeur_logique1;valeur_logique2;…)`
`valeur_logique1, valeur_logique2...`	1 à 255 conditions que vous souhaitez tester et qui peuvent être soit `VRAI`, soit `FAUX`.

La fonction `ET` obéit aux règles globales des fonctions Excel, à savoir l'utilisation d'arguments entre parenthèses, séparés par des points-virgules.

RENVOI : Pour plus d'informations sur les fonctions Excel, reportez-vous au chapitre *Rechercher et utiliser des fonctions*.

Ainsi, le premier exemple, `Sexe = "H" ET Âge > 45 ET Salaire > 2 000`, s'écrit en fait :

```
ET(Sexe="H";Age>45;Salaire>2000)
```

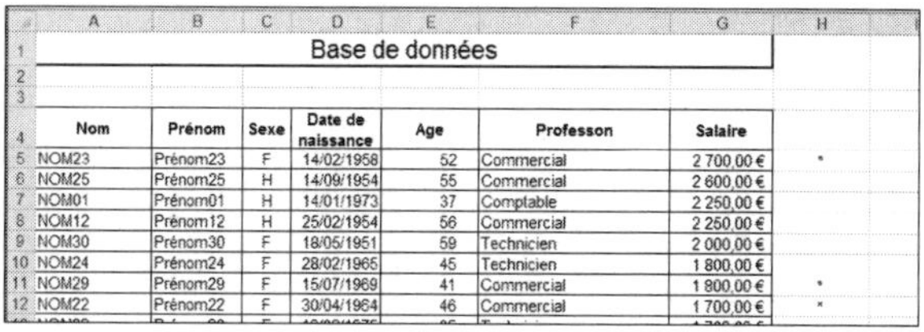

Nom	Prénom	Sexe	Date de naissance	Age	Professon	Salaire
NOM23	Prénom23	F	14/02/1958	52	Commercial	2 700,00 €
NOM25	Prénom25	H	14/09/1954	55	Commercial	2 600,00 €
NOM01	Prénom01	H	14/01/1973	37	Comptable	2 250,00 €
NOM12	Prénom12	H	25/02/1954	56	Commercial	2 250,00 €
NOM30	Prénom30	F	18/05/1951	59	Technicien	2 000,00 €
NOM24	Prénom24	F	28/02/1965	45	Technicien	1 800,00 €
NOM29	Prénom29	F	15/07/1969	41	Commercial	1 800,00 €
NOM22	Prénom22	F	30/04/1964	46	Commercial	1 700,00 €

Figure 4.9 : Mise en pratique

L'opérateur OU

L'opérateur OU renvoie VRAI si l'un des arguments est vrai.

Tableau 4.3 : Valeurs renvoyées par l'opérateur OU

A	B	A OU B
FAUX	FAUX	FAUX
FAUX	VRAI	VRAI
VRAI	FAUX	VRAI
VRAI	VRAI	VRAI

L'un des arguments peut être lui-même une formule faisant intervenir des opérateurs logiques ET et OU.

Dans Excel, c'est la fonction OU qui permet de mettre en œuvre l'opérateur logique OU.

OU

Renvoie la valeur VRAI si un argument est VRAI, et FAUX si tous les arguments sont FAUX.

Syntaxe :   OU(valeur_logique1;valeur_logique2 ;…)

valeur_logique1, valeur_logique2...   1 à 255 conditions que vous souhaitez tester et qui peuvent être soit VRAI, soit FAUX.

La fonction OU obéit aux règles globales des fonctions Excel, à savoir l'utilisation d'arguments entre parenthèses, séparés par des points-virgules.

> **RENVOI** Pour plus d'informations sur les fonctions Excel, reportez-vous au chapitre *Rechercher et utiliser des fonctions*.

Le deuxième exemple, Sexe = "F" ET (Profession = "Commercial" OU Profession = "Comptable"), s'écrit en fait :
ET(Sexe="F";OU(Profession="Commercial"; Profession="Comptable")).

Notez au passage l'imbrication des fonctions ET et OU.

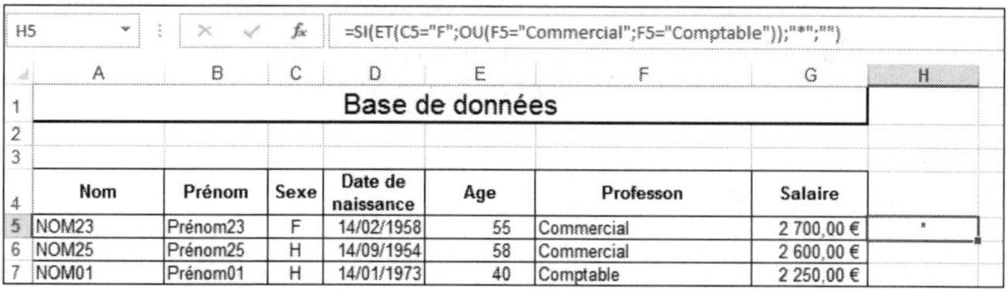

	A	B	C	D	E	F	G	H
H5				=SI(ET(C5="F";OU(F5="Commercial";F5="Comptable"));"*";"")				
1	Base de données							
2								
3								
4	Nom	Prénom	Sexe	Date de naissance	Age	Profession	Salaire	
5	NOM23	Prénom23	F	14/02/1958	55	Commercial	2 700,00 €	*
6	NOM25	Prénom25	H	14/09/1954	58	Commercial	2 600,00 €	
7	NOM01	Prénom01	H	14/01/1973	40	Comptable	2 250,00 €	

Figure 4.10 : Mise en pratique

L'opérateur OU exclusif

L'opérateur OU exclusif renvoie VRAI si un seul des arguments est vrai.

Tableau 4.4 : Valeurs renvoyées par l'opérateur OUX

A	B	A OU exclusif B
FAUX	FAUX	FAUX
FAUX	VRAI	VRAI
VRAI	FAUX	VRAI
VRAI	VRAI	FAUX

L'un des arguments peut être lui-même une formule faisant intervenir des opérateurs logiques ET et OU.

Cette fonction est une nouveauté d'Excel 2013.

Dans Excel, c'est la fonction OUX qui permet de mettre en œuvre l'opérateur logique OU exclusif. Cette fonction est une nouveauté d'Excel 2013.

OUX

Renvoie la valeur VRAI si un argument est VRAI, et FAUX si tous les arguments sont FAUX.

Syntaxe : OUX(valeur_logique1;valeur_logique2;…)

valeur_logique1, valeur_logique2... 1 à 255 conditions que vous souhaitez tester et qui peuvent être soit VRAI, soit FAUX.

La fonction OUX obéit aux règles globales des fonctions Excel, à savoir l'utilisation d'arguments entre parenthèses, séparés par des points-virgules.

Pour plus d'informations sur les fonctions Excel, reportez-vous au chapitre *Rechercher et utiliser des fonctions*.

L'opérateur NON

L'opérateur NON renvoie la valeur inverse de son argument. Dans certains cas, il est plus facile de définir une condition « positive » et de prendre son inverse que de définir d'emblée la condition « négative ».

Tableau 4.5 : Valeurs renvoyées par l'opérateur NON

A	NON A
FAUX	VRAI
VRAI	FAUX

L'un des arguments peut lui-même être une formule faisant intervenir des opérateurs logiques ET et OU.

Dans Excel, c'est la fonction NON qui permet de mettre en œuvre l'opérateur logique NON.

NON

Inverse la valeur logique de l'argument.

Syntaxe :   NON(valeur_logique)

valeur_logique   Valeur ou expression qui peut prendre la valeur VRAI ou FAUX.

Équivalences classiques

Voici quelques équivalences classiques qui vous permettront de simplifier vos tests logiques :

Tableau 4.6 : Équivalences classiques

Expressions littérales	Expressions selon la syntaxe des fonctions Excel
NON(A) OU NON(B) = NON(A ET B)	OU(NON(A);NON(B)) = NON(ET(A;B))
NON(A) ET NON(B) = NON(A OU B)	ET(NON(A);NON(B)) = NON(OU(A;B))
(A ET B) OU (A ET C) = A ET (B OU C)	OU(ET(A;B);ET(A;C)) = ET(A;OU(B;C))
(A OU B) ET (A OU C) = A OU (B ET C)	ET(OU(A;B);OU(A;C)) = OU(A;ET(B;C))

4.4. Imbriquer plusieurs fonctions SI

Les formules conditionnelles utilisées jusqu'à présent sont à « un niveau », c'est-à-dire que le résultat est fonction d'un seul test, aussi compliqué soit-il. Cela dit, certaines problématiques nécessitent l'élaboration de véritables arbres de décisions, du type :

```
Si condition1 alors
    Si condition2 alors
        Si condition3 alors
            Action1
        Sinon
            Action2
    Sinon
        Si condition4 alors
            Action3
        Sinon
            Action4
Sinon
    Si condition5 alors
        Si condition6 alors
            Action5
        Sinon
            Action6
    Sinon
        Si condition7 alors
            Action7
        Sinon
            Action8
```

Il s'agit en fait d'imbriquer des fonctions SI, de façon à mettre en place chacun des « embranchements » de l'arbre de décisions. Les arguments de la première fonction SI sont eux-mêmes des fonctions SI, dont les arguments sont à leur tour des fonctions SI. Nous avons ici affaire à une imbrication à trois niveaux, qui se matérialise de la façon suivante avec la syntaxe Excel :

```
=SI(condition1;SI(condition2;SI(condition3;Action1;Action2);
✂ SI(condition4;Action3;Action4));SI(condition5;SI(condition6;
✂ Action5;Action6);SI(condition7;Action7;Action8)))
```

Il est possible d'imbriquer jusqu'à 64 niveaux de test SI. Autant dire que certaines formules peuvent être illisibles !

> **ASTUCE**
>
> **Rendre les formules plus lisibles**
>
> Pour rendre vos formules complexes plus lisibles, il est possible d'insérer des sauts de ligne lors de la saisie, à l'aide de la combinaison de touches [Alt]+[↵]. La formule précédente peut ainsi s'écrire :
>
> ```
> =SI(condition1;
> SI(condition2;
> ```

> ASTUCE
>
> ```
> SI(condition3;Action1;Action2);SI(condition4;Action3;Action4));
> SI(condition5;
> SI(condition6;Action5;Action6);SI(condition7;Action7;Action8)))
> ```

Limiter la taille des formules

Dans certains cas, les alternatives proposées dans un test `SI` diffèrent très légèrement (la valeur d'un coefficient par exemple). Afin d'éviter d'alourdir la saisie des formules et de contribuer à leur meilleure lisibilité, il est préférable de n'inclure dans le test que la partie conditionnelle de la formule.

Prenons un exemple. Supposons qu'une formule de calcul soit conditionnée par le contenu de la cellule *A23*. Si le contenu de *A23* est inférieur ou égal à `100`, la formule est `B23*(C23-D23)*0,5`. Sinon, la formule est `B23*(C23-D23)*0.75`.

Une première approche (qui donne un résultat correct) est :

`=SI(A23<=100 ;B23*(C23-D23)*0.5;B23*(C23-D23)*0.75)`

Voici une autre possibilité, plus concise :

`=B23*(C23-D23)*SI(A23<=100;0.5;0.75)`

Un autre cas fréquent est le traitement de paramètres multiples. Supposons que, dans vos calculs, vous fassiez appel à deux paramètres stockés dans les colonnes *A* et *B*. Si le premier est égal à A, le coefficient sur la colonne *C* est de 1,05, sinon il est de 1,02. Si le second est inférieur à 1 500, le coefficient sur la colonne *D* est de 3, sinon il est de 2. Le tableau suivant résume l'impact de ces paramètres.

Tableau 4.7 : Exemple de traitements de plusieurs paramètres

Colonne A (paramètre 1)	Colonne B (paramètre 2)	Formule
A	1000	Colonne C*1,05+Colonne D*3
A	2000	Colonne C*1,05+Colonne D*2
B	1000	Colonne C*1,02+Colonne D*3
B	2000	Colonne C*1,02+Colonne D*2

La formule en *E5* peut s'écrire :

`=SI(A5="A";SI(B5<1500;C5*1,05+D5*3;C5*1,05+D5*2);SI(B5<1500;C5* 1,02+D5*3;C5*1,02+D5*2))`

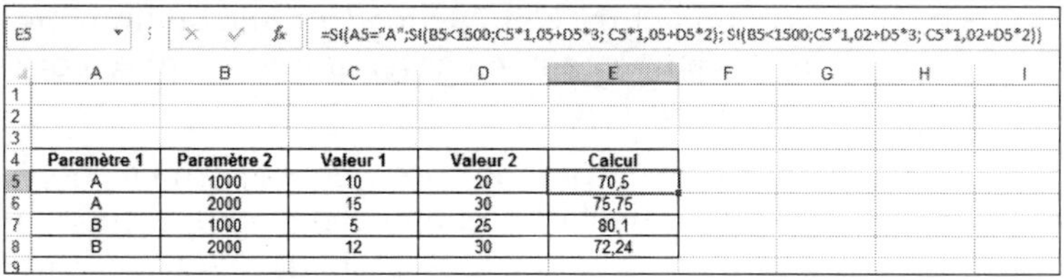

	A	B	C	D	E
4	Paramètre 1	Paramètre 2	Valeur 1	Valeur 2	Calcul
5	A	1000	10	20	70,5
6	A	2000	15	30	75,75
7	B	1000	5	25	80,1
8	B	2000	12	30	72,24

Formule en E5 : `=SI(A5="A";SI(B5<1500;C5*1,05+D5*3;C5*1,05+D5*2);SI(B5<1500;C5*1,02+D5*3;C5*1,02+D5*2))`

Figure 4.11 : Première méthode

Une méthode plus concise consiste à scinder la formule en deux parties, chacune des deux tenant compte de l'impact de chaque paramètre :

`=SI(A5="A";1,05;1,02)*C5+SI(B5<1500;3;2)*D5`

Les résultats sont identiques, mais la deuxième version est beaucoup plus élégante.

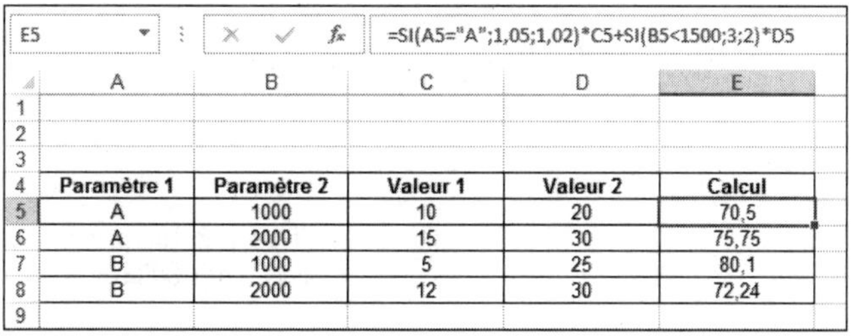

	A	B	C	D	E
4	Paramètre 1	Paramètre 2	Valeur 1	Valeur 2	Calcul
5	A	1000	10	20	70,5
6	A	2000	15	30	75,75
7	B	1000	5	25	80,1
8	B	2000	12	30	72,24

Formule en E5 : `=SI(A5="A";1,05;1,02)*C5+SI(B5<1500;3;2)*D5`

Figure 4.12 : Variante plus élégante

4.5. Découvrir la fonction CHOISIR

La fonction CHOISIR peut constituer, dans certains cas précis, une solution plus élégante que l'imbrication de fonctions SI. En effet, la fonction CHOISIR permet de sélectionner une valeur dans une liste, en fonction d'un numéro.

CHOISIR

Utilise l'argument no_index pour renvoyer une des valeurs de la liste des arguments de valeurs. Utilisez la fonction CHOISIR pour sélectionner l'une des 29 valeurs possibles à partir du rang donné par l'argument no_index.

Syntaxe :   CHOISIR(no_index;valeur1;valeur2;…)

no_index   Spécifie quel argument de valeur doit être sélectionné. L'argument no_index doit être un nombre

	compris entre 1 et 29, une formule ou une référence à une cellule contenant un nombre compris entre 1 et 29.
`valeur1, valeur2…`	De 1 à 255 arguments de valeurs parmi lesquels CHOISIR sélectionne une valeur ou une action à exécuter en fonction de l'argument `no_index` spécifié. Ces arguments peuvent être des nombres, des références de cellules, des noms définis, des formules, des fonctions ou du texte.

Pour illustrer simplement l'emploi de cette fonction, supposons que vous souhaitiez afficher en toutes lettres le jour de la semaine à partir de son numéro (1 = Lundi, 2 = Mardi…). Si le numéro du jour se trouve en *B3*, vous pouvez écrire en *C3* :

```
=CHOISIR(B3;"Lundi";"Mardi";"Mercredi";"Jeudi";"Vendredi";
✂ "Samedi";"Dimanche")
```

Si vous saisissez un numéro inférieur à 1 ou supérieur à 7, le message d'erreur #VALEUR! apparaît en *C3*.

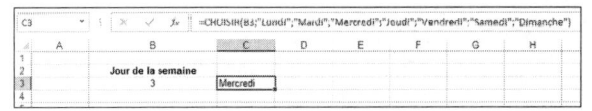

Figure 4.13 : Utilisation simple de CHOISIR

Il est possible d'utiliser des références à des plages de cellules en guise d'arguments. Ainsi, supposons que vous disposiez des chiffres d'affaires mensuels d'une entreprise dans la plage *B2:B13* et que vous souhaitiez afficher (en *D5*) les chiffres d'affaires trimestriels à la demande (en fonction du numéro du trimestre se trouvant en *D2*). La formule en *D5* est la suivante :

```
=SOMME(CHOISIR(D2;B2:B4;B5:B7;B8:B10;B11:B13))
```

Dans ce cas, CHOISIR renvoie une plage, qui est à son tour un argument pour la fonction SOMME.

Figure 4.14 : Utilisation plus fine de CHOISIR

CHAPITRE 5

CALCULER ET DÉNOMBRER

Découvrir les fonctions indispensables 93
Faire des calculs 108
Dénombrer des cellules 116

Excel est un puissant outil de calcul. Il dispose en effet d'une large palette de fonctions pour réaliser toutes sortes de calculs (techniques, scientifiques, statistiques...), des plus simples aux plus complexes.

Une problématique courante consiste à dénombrer (compter) des cellules respectant divers critères : supérieures à un seuil, ne contenant pas de données... Ici aussi, Excel est doté d'outils adaptés !

Nous débuterons ce chapitre par la découverte de fonctions essentielles. Puis, nous décrirons plus en détail les solutions à des problématiques courantes.

5.1. Découvrir les fonctions indispensables

Nous allons tout d'abord passer en revue les fonctions essentielles. Elles se divisent en trois catégories :

- les fonctions de calcul ;
- les fonctions d'arrondi ;
- les fonctions de comptage.

Chacune d'elles est illustrée par un exemple simple.

Fonctions de calcul

Il s'agit de fonctions permettant de faire des calculs simples (somme, moyenne), mais également de réaliser des traitements statistiques plus complexes.

GRANDE.VALEUR

Renvoie la k^e plus grande valeur d'une série de données.

Syntaxe :   `GRANDE.VALEUR(matrice;k)`

`matrice`   Matrice ou plage de données dans laquelle vous recherchez la k^e plus grande valeur.

`k`   Rang de la donnée à renvoyer, déterminé à partir de la valeur la plus grande.

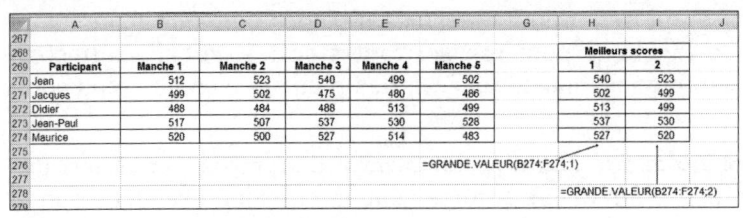

	A	B	C	D	E	F	G	H	I	J
267										
268								Meilleurs scores		
269	Participant	Manche 1	Manche 2	Manche 3	Manche 4	Manche 5		1	2	
270	Jean	512	523	540	499	502		540	523	
271	Jacques	499	502	475	480	486		502	499	
272	Didier	488	484	488	513	499		513	499	
273	Jean-Paul	517	507	537	530	528		537	530	
274	Maurice	520	500	527	514	483		527	520	
275										
276						=GRANDE.VALEUR(B274:F274;1)				
277										
278								=GRANDE.VALEUR(B274:F274;2)		

Figure 5.1 : La fonction GRANDE.VALEUR

MAX

Renvoie le plus grand nombre de la série de valeurs.

Syntaxe :   MAX(nombre1;nombre2;...)

nombre1;nombre2...   1 à 255 nombres parmi lesquels vous souhaitez trouver la valeur la plus grande.

	A	B	C	D
574				
575	Commercial	CA		
576	Jean	15 000 €		
577	Jacques	25 000 €		
578	Paul	17 000 €		
579	Pierre	19 000 €		
580				
581	Meilleur chiffre	25 000 €		=MAX(B576:B579)

Figure 5.2 : La fonction MAX

MEDIANE

Renvoie la valeur médiane des nombres. La médiane est la valeur qui se trouve au centre d'un ensemble de nombres. En d'autres termes, les nombres appartenant à la première moitié de l'ensemble ont une valeur inférieure à la médiane, tandis que ceux appartenant à l'autre moitié ont une valeur supérieure à la médiane.

Syntaxe :   MEDIANE(nombre1;nombre2;...)

nombre1;nombre2...   1 à 255 nombres dont vous souhaitez obtenir la médiane (voir fig. 5.3).

MIN

Renvoie le plus petit nombre de la série de valeurs.

Syntaxe :   MIN(nombre1;nombre2;...)

nombre1;nombre2...   1 à 255 nombres parmi lesquels vous souhaitez trouver la valeur minimale.

	A	B	C	D	E
600					
601	**Salariés**	**Salaires**			
602	Salarié 1	1 100,00 €			
603	Salarié 2	1 110,00 €			
604	Salarié 3	1 200,00 €			
605	Salarié 4	1 350,00 €		Salaire médian	
606	Salarié 5	1 500,00 €		1 775,00 €	
607	Salarié 6	1 550,00 €			
608	Salarié 7	1 600,00 €			
609	Salarié 8	1 620,00 €		=MEDIANE(B602:B621)	
610	Salarié 9	1 700,00 €			
611	Salarié 10	1 750,00 €			
612	Salarié 11	1 800,00 €			
613	Salarié 12	1 930,00 €			
614	Salarié 13	2 000,00 €			
615	Salarié 14	2 220,00 €			
616	Salarié 15	2 300,00 €			
617	Salarié 16	2 400,00 €			
618	Salarié 17	2 500,00 €			
619	Salarié 18	3 000,00 €			
620	Salarié 19	3 500,00 €			
621	Salarié 20	4 000,00 €			
622					

Figure 5.3 : La fonction MEDIANE

	A	B	C	D
623				
624	**Participant**	**Temps**		
625	Jean	01:54		
626	Jacques	01:33		
627	Paul	01:47		
628	Pierre	01:39		
629				
630	**Meilleur temps**	**01:33**	←	=MIN(B625:B628)
631				

Figure 5.4 : La fonction MIN

MOD

Renvoie le reste de la division de l'argument `nombre` par l'argument `diviseur`. Le résultat est du même signe que `diviseur`.

Syntaxe :   `MOD(nombre;diviseur)`

`nombre`   Nombre à diviser pour obtenir le reste.

`diviseur`   Nombre par lequel vous souhaitez diviser `nombre`.

5.1. Découvrir les fonctions indispensables | 95

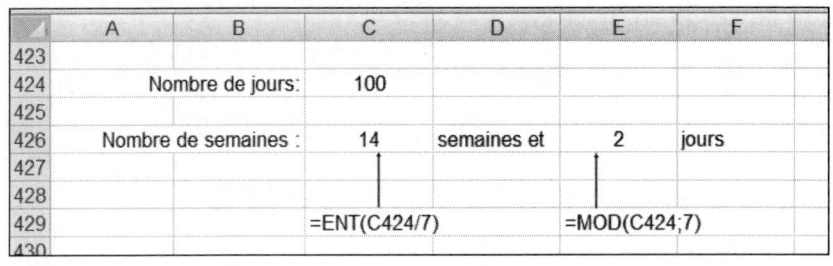

	A	B	C	D	E	F
423						
424		Nombre de jours:	100			
425						
426		Nombre de semaines :	14	semaines et	2	jours
427			↑		↑	
428								
429			=ENT(C424/7)		=MOD(C424;7)	

Figure 5.5 : La fonction MOD

MODE

Renvoie la valeur la plus fréquente ou la plus répétitive dans une matrice ou une plage de données.

Syntaxe :   MODE(nombre1;nombre2;…)

nombre1;nombre2…   1 à 255 arguments dont vous souhaitez déterminer le mode. Vous pouvez également utiliser une matrice unique ou une référence à une matrice, au lieu d'arguments séparés par des points-virgules.

	A	B	C
649			
650		**Nombre d'enfants**	
651	Individu 1	1	
652	Individu 2	0	
653	Individu 3	1	
654	Individu 4	3	
655	Individu 5	2	
656	Individu 6	1	
657	Individu 7	2	
658	Individu 8	1	
659	Individu 9	4	
660			
661	Réponse la plus fréquente		
662		1 ←	=MODE(B651:B659)

Figure 5.6 : La fonction MODE

MOYENNE

Renvoie la moyenne (arithmétique) des arguments.

Syntaxe :   MOYENNE(nombre1;nombre2;…)

nombre1;nombre2…   1 à 255 arguments numériques dont vous voulez obtenir la moyenne.

	A	B	C	D	E
1	Elève				
2	DUPOND	Notes	Notes		
3	Note1	12	12		
4	Note2	14	14		
5	Note3	8	8		
6	Note4	10	10		
7	Note5	Absent	Absent		
8	Moyenne	8,8	11		
9		↑			
10		=AVERAGEA(B3:B7)		=MOYENNE(C3:C7)	
11		Considère que "Absent" correspond à la note 0		Ne prend pas en compte "Absent"	
12					
13					
14					
15					

Figure 5.7 : La fonction MOYENNE

MOYENNE.GEOMETRIQUE

Renvoie la moyenne géométrique d'une matrice ou d'une plage de données positives.

Syntaxe : MOYENNE.GEOMETRIQUE(nombre1;nombre2;…)

nombre1;nombre2… 1 à 255 arguments dont vous souhaitez calculer la moyenne. Vous pouvez aussi utiliser une matrice ou une référence à une matrice plutôt que des arguments séparés par des points-virgules.

	A	B	C	D	E	F
663						
664						
665			2005	2006	2007	2008
666	Chiffre d'affaires		97 000 €	127 000 €	150 000 €	167 000 €
667	Evolution			30,93%	18,11%	11,33%
668						
669	Taux de croissance annuel moyen					
670			19,85%	←=MOYENNE.GEOMETRIQUE(1+C667;1+D667;1+E667)-1		
671						

Figure 5.8 : La fonction MOYENNE.GEOMETRIQUE

MOYENNE.HARMONIQUE

Renvoie la moyenne harmonique d'une série de données. La moyenne harmonique est l'inverse de la moyenne arithmétique des inverses des observations.

Syntaxe : MOYENNE.HARMONIQUE(nombre1;nombre2;…)

`nombre1;nombre2...` 1 à 255 arguments dont vous souhaitez calculer la moyenne. Vous pouvez aussi utiliser une matrice ou une référence à une matrice plutôt que des arguments séparés par des points-virgules.

	A	B	C
672			
673	Vitesse à l'aller :	60	km/h
674	Vitesse au retour :	90	km/h
675			
676	Vitesse moyenne :	72	km/h
677			
678		=MOYENNE.HARMONIQUE(B673;B674)	
679			

Figure 5.9 : La fonction MOYENNE.HARMONIQUE

MOYENNE.REDUITE

Renvoie la moyenne de l'« intérieur » d'une série de données. Cette fonction calcule la moyenne d'une série de données après avoir éliminé un pourcentage d'observations aux extrémités inférieure et supérieure de la distribution. Vous pouvez utiliser cette fonction lorsque vous voulez exclure de votre analyse les observations extrêmes.

Syntaxe : `MOYENNE.REDUITE(matrice;pourcentage)`

`matrice` Matrice ou plage de valeurs à réduire et sur laquelle vous souhaitez calculer la moyenne.

`pourcentage` Nombre fractionnaire d'observations à exclure du calcul.

	A	B	C	D	E	F	G	H
680								
681	Salariés	Salaires						
682	Salarié 1	1 100,00 €						
683	Salarié 2	1 110,00 €						
684	Salarié 3	1 200,00 €		Moyenne "brute" des salaires:				
685	Salarié 4	1 350,00 €		2 006,50 €		=MOYENNE(B682:B701)		
686	Salarié 5	1 500,00 €		Moyenne en excluant 10 % des observations				
687	Salarié 6	1 550,00 €		1 946,11 €		=MOYENNE.REDUITE(B682:B701;0,1)		
688	Salarié 7	1 600,00 €		Moyenne en excluant 20 % des observations				
689	Salarié 8	1 620,00 €		1 901,25 €		=MOYENNE.REDUITE(B682:B701;0,2)		
690	Salarié 9	1 700,00 €		Moyenne en excluant 30 % des observations				
691	Salarié 10	1 750,00 €		1 872,86 €		=MOYENNE.REDUITE(B682:B701;0,3)		
692	Salarié 11	1 800,00 €						
693	Salarié 12	1 930,00 €						
694	Salarié 13	2 000,00 €						
695	Salarié 14	2 220,00 €						
696	Salarié 15	2 300,00 €						
697	Salarié 16	2 400,00 €						
698	Salarié 17	2 500,00 €						
699	Salarié 18	3 000,00 €						
700	Salarié 19	3 500,00 €						
701	Salarié 20	4 000,00 €						

Figure 5.10 : La fonction MOYENNE.REDUITE

PETITE.VALEUR

Renvoie la k^e plus petite valeur d'une série de données.

Syntaxe : PETITE.VALEUR(matrice;k)

matrice   Matrice ou plage de données numériques dans laquelle vous recherchez la k^e plus petite valeur.

k   Rang de la donnée à renvoyer, déterminé à partir de la valeur la plus petite.

	A	B	C	D	E	F	G	H	I
780									
781								Meilleurs temps	
782	Participant	Tour 1	Tour 2	Tour 3	Tour 4	Tour 5		1	2
783	Jean	01:57:00	01:38:00	01:31:00	01:44:00	01:34:00		01:31:00	01:34:00
784	Jacques	01:50:00	01:50:00	01:30:00	01:32:00	01:47:00		01:30:00	01:32:00
785	Didier	01:52:00	01:52:00	01:37:00	01:48:00	01:43:00		01:37:00	01:43:00
786	Jean-Paul	01:38:00	01:41:00	01:36:00	01:39:00	01:56:00		01:36:00	01:38:00
787	Maurice	01:41:00	01:33:00	01:59:00	01:54:00	01:40:00		01:33:00	01:40:00
788									
789						=PETITE.VALEUR(B787:F787;1)			
790									
791								=PETITE.VALEUR(B787:F787;2)	
792									

Figure 5.11 : La fonction PETITE.VALEUR

QUOTIENT

Renvoie la partie entière du résultat d'une division. Utilisez cette fonction lorsque vous voulez ignorer le reste d'une division.

Syntaxe : QUOTIENT(numérateur;dénominateur)

numérateur   **Dividende.**

dénominateur   **Diviseur.**

	A	B	C	D	E	F
510						
511	Nombre de jours:		100			
512						
513	Nombre de semaines		14	semaines et	2	jours
514			↑		↑	
515						
516			=QUOTIENT(C511;7)		=MOD(C511;7)	
517						

Figure 5.12 : La fonction QUOTIENT

RANG

Renvoie le rang d'un nombre dans une liste d'arguments.

Syntaxe : RANG(nombre;référence;ordre)

nombre   Nombre dont vous voulez connaître le rang.

5.1. Découvrir les fonctions indispensables

référence | Matrice ou référence à une liste de nombres. Les valeurs non numériques dans référence sont ignorées.

ordre | Numéro qui spécifie comment déterminer le rang de l'argument nombre (0 ou omis : ordre croissant ; 1 : ordre décroissant).

	A	B	C	D	E
840					
841	Commercial	CA	Position		
842	Jean	15 000 €	4		=RANG(B842;$B$842:$B$845)
843	Jacques	25 000 €	1		=RANG(B843;$B$842:$B$845)
844	Paul	17 000 €	3		=RANG(B844;$B$842:$B$845)
845	Pierre	19 000 €	2		=RANG(B845;$B$842:$B$845)
846					

Figure 5.13 : La fonction RANG

RANG.POURCENTAGE

Renvoie le rang d'une valeur d'une série de données sous forme de pourcentage.

Syntaxe : RANG.POURCENTAGE(matrice;x;précision)

matrice | Matrice ou plage de données de valeurs numériques définissant l'étendue relative.

x | Valeur dont vous voulez connaître le rang.

précision | Valeur facultative indiquant le nombre de décimales du pourcentage renvoyé.

	A	B	C	D	E	F
847						
848	Salariés	Salaires				
849	Salarié 1	1 100,00 €				
850	Salarié 2	1 110,00 €		Pourcentage de valeurs inférieures à 1200 €		
851	Salarié 3	1 200,00 €		10,50%	=RANG.POURCENTAGE(B849:B868;1200)	
852	Salarié 4	1 350,00 €		Pourcentage de valeurs inférieures à 1500 €		
853	Salarié 5	1 500,00 €		21,00%	=RANG.POURCENTAGE(B849:B868;1500)	
854	Salarié 6	1 550,00 €		Pourcentage de valeurs inférieures à 1800 €		
855	Salarié 7	1 600,00 €		52,60%	=RANG.POURCENTAGE(B849:B868;1800)	
856	Salarié 8	1 620,00 €		Pourcentage de valeurs inférieures à 2100 €		
857	Salarié 9	1 700,00 €		65,50%	=RANG.POURCENTAGE(B849:B868;2100)	
858	Salarié 10	1 750,00 €		Pourcentage de valeurs inférieures à 2500 €		
859	Salarié 11	1 800,00 €		84,20%	=RANG.POURCENTAGE(B849:B868;2500)	
860	Salarié 12	1 930,00 €		Pourcentage de valeurs inférieures à 3500 €		
861	Salarié 13	2 000,00 €		94,70%	=RANG.POURCENTAGE(B849:B868;3500)	
862	Salarié 14	2 220,00 €				
863	Salarié 15	2 300,00 €				
864	Salarié 16	2 400,00 €				
865	Salarié 17	2 500,00 €				
866	Salarié 18	3 000,00 €				
867	Salarié 19	3 500,00 €				
868	Salarié 20	4 000,00 €				
869						

Figure 5.14 : La fonction RANG.POURCENTAGE

SOMME

Additionne tous les nombres contenus dans une plage de cellules.

Syntaxe : SOMME(nombre1;nombre2;…)

nombre1;nombre2… 1 à 255 arguments dont vous voulez calculer la somme.

	A	B	C	D	E	F
595						
596		Secteur	CA			
597		Ouest	15 425,00 €			
598		Est	5 423,00 €			
599		Nord	8 975,00 €			
600		Sud	4 568,00 €			
601		Total	34 391,00 €	←	=SOMME(C597:C600)	

Figure 5.15 : La fonction SOMME

SOMME.SI

Additionne des cellules spécifiées si elles répondent à un critère donné.

Syntaxe : SOMME.SI(plage;critère;somme_plage)

plage   Plage de cellules sur lesquelles s'applique le critère.

critère   Critère, sous forme de nombre, d'expression ou de texte, définissant les cellules à additionner.

somme_plage   Cellules à additionner.

	A	B	C	D	E	F	G	H
624								
625		Commercial	Secteur	CA				
626		DUPOND	Ouest	15 425,00 €				
627		DURAND	Est	5 423,00 €				
628		MARTIN	Est	8 975,00 €				
629		PASCAL	Ouest	4 568,00 €				
630								
631		Secteur :	Ouest					
632		CA :	19 993,00 €	←	=SOMME.SI(C626:C629;"="&C631;D626:D629)			

Figure 5.16 : La fonction SOMME.SI

Fonctions d'arrondi

Il s'agit ici de fonctions permettant d'arrondir les résultats de vos calculs en appliquant plusieurs méthodes.

ARRONDI

Arrondit un nombre au nombre de chiffres indiqué.

Syntaxe : ARRONDI(nombre;no_chiffres)

nombre Nombre à arrondir.

no_chiffres Nombre de chiffres auxquels vous voulez arrondir nombre.

	A	B	C	D	E	F
89						
90	Francs	Euros				
91	94,82	14,46	←	=ARRONDI(A91/6,55957;2)		
92						
93	Autes exemples					
94	182,205	200	←	=ARRONDI(A94;-2)		
95	182,205	180	←	=ARRONDI(A95;-1)		
96	182,205	182	←	=ARRONDI(A96;0)		
97	182,205	182,2	←	=ARRONDI(A97;1)		
98	182,205	182,21	←	=ARRONDI(A98;2)		
99						

Figure 5.17 : La fonction ARRONDI

ARRONDI.AU.MULTIPLE

Donne l'arrondi d'un nombre au multiple spécifié.

Syntaxe : ARRONDI.AU.MULTIPLE(nombre;multiple)

nombre Nombre à arrondir.

multiple Multiple auquel vous souhaitez arrondir nombre.

ARRONDI.AU.MULTIPLE arrondit en s'éloignant de 0, si le reste de la division de nombre par multiple est supérieur ou égal à la moitié de la valeur de multiple.

	A	B	C	D	E	F	G	H
	Besoin		Quantité					
101	brut	Taille de lot	arrondie					
102	130	25	125	←	=ARRONDI.AU.MULTIPLE(A102;B102)			
103	98	10	100	←	=ARRONDI.AU.MULTIPLE(A103;B103)			
104	22	5	20	←	=ARRONDI.AU.MULTIPLE(A104;B104)			
105	216	14	210	←	=ARRONDI.AU.MULTIPLE(A105;B105)			
106								
			Quantité à					
107			commander					
108			150	←	=SI(C102<A102;C102+B102;C102)			
109			100	←	=SI(C103<A103;C103+B103;C103)			
110			25	←	=SI(C104<A104;C104+B104;C104)			
111			224	←	=SI(C105<A105;C105+B105;C105)			
112								

Figure 5.18 : La fonction ARRONDI.AU.MULTIPLE

ARRONDI.INF

Arrondit un nombre en tendant vers 0.

Syntaxe :   ARRONDI.INF(nombre;no_chiffres)

nombre   Nombre réel quelconque à arrondir en tendant vers 0.

no_chiffres   Nombre de chiffres à prendre en compte pour arrondir l'argument nombre.

	A	B	C	D	E
113					
114	182,29	100	←	=ARRONDI.INF(A114;-2)	
115	182,29	180	←	=ARRONDI.INF(A115;-1)	
116	182,29	182	←	=ARRONDI.INF(A116;0)	
117	182,29	182,2	←	=ARRONDI.INF(A117;1)	
118					

Figure 5.19 : La fonction ARRONDI.INF

ARRONDI.SUP

Arrondit un nombre en s'éloignant de 0.

Syntaxe :   ARRONDI.SUP(nombre;no_chiffres)

nombre   Nombre réel quelconque à arrondir en s'éloignant de 0.

no_chiffres   Nombre de chiffres à prendre en compte pour arrondir l'argument nombre.

	A	B	C	D	E
119					
120	182,29	200	←	=ARRONDI.SUP(A120;-2)	
121	182,29	190	←	=ARRONDI.SUP(A121;-1)	
122	182,29	183	←	=ARRONDI.SUP(A122;0)	
123	182,29	182,3	←	=ARRONDI.SUP(A123;1)	
124					

Figure 5.20 : La fonction ARRONDI.SUP

> **REMARQUE**   **Méthode d'arrondi**
>
> Si l'argument no_chiffres est supérieur à 0 (zéro), le nombre est arrondi à la valeur immédiatement supérieure (ou inférieure pour les nombres négatifs) et a le nombre de décimales spécifiées.
>
> Si l'argument no_chiffres est égal à 0 ou omis, le nombre est arrondi au nombre entier immédiatement supérieur.

> **REMARQUE** Si l'argument `no_chiffres` est inférieur à 0, le nombre est arrondi à la valeur immédiatement supérieure (ou inférieure si négative) par incrémentations de 10, 100, etc., en fonction de la valeur de `no_chiffres`.

ENT

Arrondit un nombre à l'entier immédiatement inférieur.

Syntaxe :   `ENT(nombre)`

`nombre`   Nombre réel que vous souhaitez arrondir au nombre entier immédiatement inférieur.

	A	B	C	D	E	F	G
316	Surface couverte par un pot de peinture :			5	m²		
317							
318			Surface à peindre :	48	m²		
319							
320			Nombre "théorique" de pots :	9,6		=+D318/D316	
321							
322			Nombre de pots à acheter :	10		=ENT(D320)+1	

Figure 5.21 : La fonction ENT

PLAFOND

Renvoie l'argument `nombre` après l'avoir arrondi au multiple de l'argument `précision` en s'éloignant de 0.

Syntaxe :   `PLAFOND(nombre;précision)`

`nombre`   Valeur à arrondir.

`précision`   Multiple auquel vous souhaitez arrondir.

	A	B	C	D	E	F
467						
468	Besoin brut	Taille de lot	Quantité arrondie			
469	130	25	150		=PLAFOND(A469;B469)	
470	98	10	100		=PLAFOND(A470;B470)	
471	22	5	25		=PLAFOND(A471;B471)	
472	216	14	224		=PLAFOND(A472;B472)	

Figure 5.22 : La fonction PLAFOND

PLANCHER

Arrondit l'argument nombre au multiple de l'argument précision immédiatement inférieur (tendant vers 0).

Syntaxe :	PLANCHER(nombre;précision)
nombre	Valeur à arrondir.
précision	Multiple auquel vous souhaitez arrondir.

	A	B	C	D	E	F	G	H
474								
475		Francs	Euro	Prix "plafond"	Prix "plancher"			
476		100,00 F	15,24 €	15,25 €	15,20 €		=PLANCHER(C476;0,05)	
477		150,00 F	22,87 €	22,90 €	22,85 €		=PLANCHER(C477;0,05)	
478		200,00 F	30,49 €	30,50 €	30,45 €		=PLANCHER(C478;0,05)	
479		300,00 F	45,73 €	45,75 €	45,70 €		=PLANCHER(C479;0,05)	
480		500,00 F	76,22 €	76,25 €	76,20 €		=PLANCHER(C480;0,05)	
481								

Figure 5.23 : La fonction PLANCHER

TRONQUE

Tronque un nombre en supprimant sa partie décimale, de sorte que la valeur renvoyée par défaut soit un nombre entier.

Syntaxe :	TRONQUE(nombre;no_chiffres)
nombre	Nombre à tronquer.
no_chiffres	Nombre de décimales apparaissant à droite de la virgule après que le chiffre a été tronqué. La valeur par défaut de no_chiffres est 0 (zéro).

	A	B	C	D	E
731					
732	23,99	23,9		=TRONQUE(A732;1)	
733	23,99	23		=TRONQUE(A733)	
734	23,99	20		=TRONQUE(A734;-1)	
735					

Figure 5.24 : La fonction TRONQUE

Fonctions de comptage

Ces fonctions sont indispensables si vous devez résoudre des problèmes de dénombrement de cellules respectant des critères particuliers.

COLONNES

Renvoie le nombre de colonnes d'une matrice ou d'une référence.

Syntaxe :   COLONNES(tableau)

tableau   Formule matricielle, référence d'une plage de cellules ou tableau dans lequel vous souhaitez compter le nombre de colonnes.

	A	B	C	D
36				
37		=COLONNES(G33:I37)		3
38		=COLONNES({12.89.45.78})		4
39				

Figure 5.25 : La fonction COLONNES

LIGNES

Renvoie le nombre de lignes d'une matrice ou d'une référence.

Syntaxe :   LIGNES(tableau)

tableau   Formule matricielle, référence d'une plage de cellules ou tableau dans lequel vous voulez compter le nombre de lignes.

	A	B	C	D
99				
100		=LIGNES(G33:I37)		5
101		=LIGNES({12.89.45.78})		1
102				

Figure 5.26 : La fonction LIGNES

> **REMARQUE** — **Pour spécifier un argument contenant plusieurs références**
> Si vous souhaitez spécifier un argument contenant plusieurs références, vous devez inclure une paire de parenthèses supplémentaire pour éviter qu'Excel n'interprète le point-virgule comme un séparateur de champ (voir exemple ci-dessus).

NB

Détermine le nombre de cellules contenant des nombres et les nombres compris dans la liste des arguments.

Syntaxe :   NB(valeur1;valeur2;…)

valeur1;valeur2... 1 à 255 arguments qui peuvent contenir ou faire référence à différents types de données, mais seuls les nombres sont comptés.

	A	B	C	D	E	F
703						
704	Temps passés	Lundi	Mardi	Mercredi	Jeudi	Vendredi
705	Salarié 1	8	8	0	8	6
706	Salarié 2	4	4	4	4	
707	Salarié 3	7	7	7	7	7
708	Salarié 4	5	7		7	
709	Salarié 5	7	7	7	7	7
710						
711	Il reste	3	valeurs à saisir			
712						
713		=25-NB(B705:F709)				

Figure 5.27 : La fonction NB

NB.SI

Compte le nombre de cellules à l'intérieur d'une plage qui répondent à un critère donné.

Syntaxe :   NB.SI(plage;critère)

plage   Plage de cellules dans laquelle vous voulez compter les cellules.

critère   Critère, exprimé sous forme de nombre, d'expression ou de texte, qui détermine les cellules à compter.

	A	B	C	D	E	F	G	H
435								
436		Etablissement	Taux de marge / CA					
437		Lille	15%					
438		Metz	7%					
439		Toulouse	10%					
440		Tours	9%					
441		Vesoul	5%					
442		Marseille	12%					
443								
444		Objectif	9,50%					
445								
446		Nombre de magasins ayant atteint l'objectif :		3		=NB.SI(C437:C442;">"&C444)		

Figure 5.28 : La fonction NB.SI

NBVAL

Compte le nombre de cellules qui ne sont pas vides et les valeurs comprises dans la liste des arguments.

Syntaxe :   NBVAL(valeur1;valeur2;…)

valeur1;valeur2... 1 à 255 arguments correspondant aux valeurs à compter.

	A	B	C	D	E	F
715						
716	Temps passés	Lundi	Mardi	Mercredi	Jeudi	Vendredi
717	Salarié 1	8	8	absent	8	6
718	Salarié 2	4	4	4	4	
719	Salarié 3	absent	7	7	7	7
720	Salarié 4	5	7		7	
721	Salarié 5	7	7	7	7	7
722						
723		Il reste	3	valeurs à saisir		
724			↑			
725		=25-NBVAL(B717:F721)				

Figure 5.29 : La fonction NBVAL

NB.VIDE

Compte le nombre de cellules vides à l'intérieur d'une plage de cellules spécifiée.

Syntaxe :   NB.VIDE(plage)

plage   Plage dans laquelle vous voulez compter les cellules vides.

	A	B	C	D	E	F	G	H
88								
89		Elève	Note					
90		Dupond	12		Il vous reste 3 notes à saisir			
91		Durand				↑		
92		Martin	11		="Il vous reste " & NB.VIDE(C90:C95)&" notes à saisir"			
93		Pinel						
94		Marty	14					
95		Albert						
96								

Figure 5.30 : La fonction NB.VIDE

5.2. Faire des calculs

Faire des calculs, des plus simples aux plus ardus, est la vocation première d'Excel. Nous allons aborder des problématiques classiques auxquelles vous avez sûrement été confronté : calculer des sommes, des moyennes, faire des calculs en fonction de critères...

Calculer une somme

Supposons que vous disposiez d'une feuille de calcul destinée à enregistrer des factures relatives à un projet. Pour connaître le total des montants des factures saisies (les montants sont dans la plage *E4:E13*), saisissez dans n'importe quelle cellule, la formule suivante :

=SOMME(E4:E13)

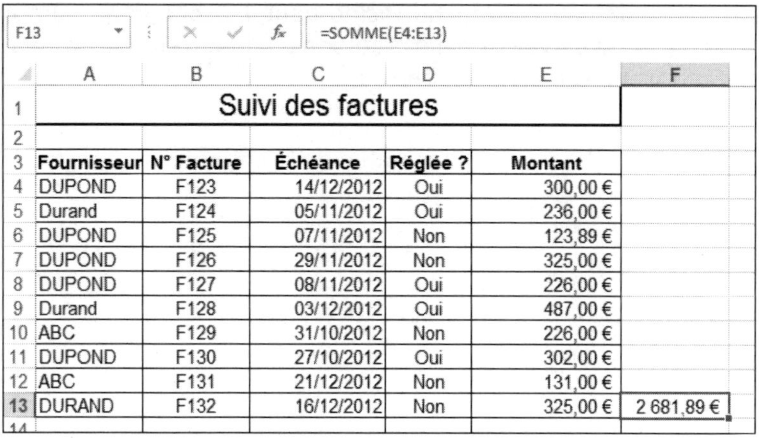

	A	B	C	D	E	F
1			Suivi des factures			
2						
3	Fournisseur	N° Facture	Échéance	Réglée ?	Montant	
4	DUPOND	F123	14/12/2012	Oui	300,00 €	
5	Durand	F124	05/11/2012	Oui	236,00 €	
6	DUPOND	F125	07/11/2012	Non	123,89 €	
7	DUPOND	F126	29/11/2012	Non	325,00 €	
8	DUPOND	F127	08/11/2012	Oui	226,00 €	
9	Durand	F128	03/12/2012	Oui	487,00 €	
10	ABC	F129	31/10/2012	Non	226,00 €	
11	DUPOND	F130	27/10/2012	Oui	302,00 €	
12	ABC	F131	21/12/2012	Non	131,00 €	
13	DURAND	F132	16/12/2012	Non	325,00 €	2 681,89 €

Figure 5.31 : Calculer une somme de valeurs

Calculer un cumul glissant

Le cumul glissant dans une colonne permet d'obtenir le total des valeurs comprises entre la ligne courante et la première ligne. Cette approche permet de matérialiser la progression des valeurs. Si les valeurs se trouvent dans la colonne *E* (à partir de la cellule *E4*), saisissez la formule suivante en *F4* :

```
=E4
```

Saisissez en *F5* :

```
=F4+E5
```

Étendez ensuite le contenu jusqu'à la dernière ligne.

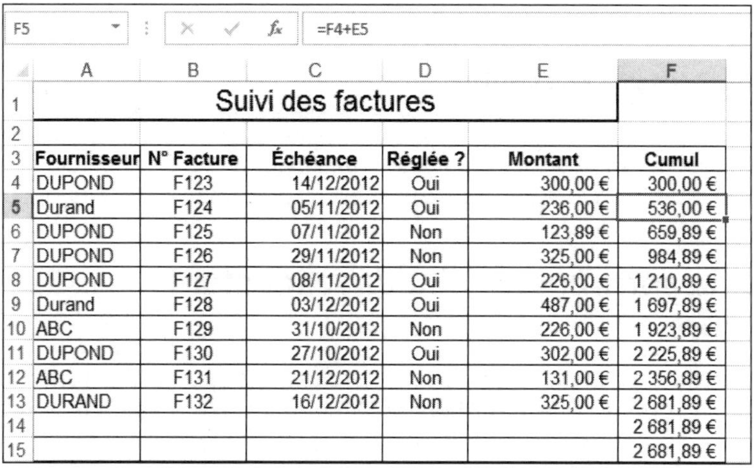

	A	B	C	D	E	F
1			Suivi des factures			
2						
3	Fournisseur	N° Facture	Échéance	Réglée ?	Montant	Cumul
4	DUPOND	F123	14/12/2012	Oui	300,00 €	300,00 €
5	Durand	F124	05/11/2012	Oui	236,00 €	536,00 €
6	DUPOND	F125	07/11/2012	Non	123,89 €	659,89 €
7	DUPOND	F126	29/11/2012	Non	325,00 €	984,89 €
8	DUPOND	F127	08/11/2012	Oui	226,00 €	1 210,89 €
9	Durand	F128	03/12/2012	Oui	487,00 €	1 697,89 €
10	ABC	F129	31/10/2012	Non	226,00 €	1 923,89 €
11	DUPOND	F130	27/10/2012	Oui	302,00 €	2 225,89 €
12	ABC	F131	21/12/2012	Non	131,00 €	2 356,89 €
13	DURAND	F132	16/12/2012	Non	325,00 €	2 681,89 €
14						2 681,89 €
15						2 681,89 €

Figure 5.32 : Cumul glissant

L'inconvénient de cette approche réside dans l'affichage du cumul même s'il n'y a pas de valeur dans la colonne E. Pour remédier à cela, modifiez la formule se trouvant en *F5* :

=SI(E5<>"";F4+E5;"")

Étendez ensuite la formule à l'ensemble de la colonne.

	A	B	C	D	E	F
1			Suivi des factures			
2						
3	Fournisseur	N° Facture	Échéance	Réglée ?	Montant	Cumul
4	DUPOND	F123	14/12/2012	Oui	300,00 €	300,00 €
5	Durand	F124	05/11/2012	Oui	236,00 €	536,00 €
6	DUPOND	F125	07/11/2012	Non	123,89 €	659,89 €
7	DUPOND	F126	29/11/2012	Non	325,00 €	984,89 €
8	DUPOND	F127	08/11/2012	Oui	226,00 €	1 210,89 €
9	Durand	F128	03/12/2012	Oui	487,00 €	1 697,89 €
10	ABC	F129	31/10/2012	Non	226,00 €	1 923,89 €
11	DUPOND	F130	27/10/2012	Oui	302,00 €	2 225,89 €
12	ABC	F131	21/12/2012	Non	131,00 €	2 356,89 €
13	DURAND	F132	16/12/2012	Non	325,00 €	2 681,89 €
14						
15						

Figure 5.33 : Cumul glissant amélioré

Dès que vous saisirez une nouvelle valeur, le cumul apparaîtra dans la ligne correspondante.

Calculer une moyenne

Pour connaître la moyenne des montants des factures saisies (les montants sont dans la plage *E4:E13*), saisissez dans n'importe quelle cellule, la formule suivante :

=MOYENNE(E4:E13)

> **ASTUCE** — **Accès simplifié à des fonctions**
> Pour saisir plus rapidement des formules simples utilisant les fonctions SOMME, MOYENNE, NB, MAX, MIN, vous pouvez recourir au petit bouton fléché se trouvant en dessous du bouton **Somme automatique** de l'onglet **Formules**.

Calculer la somme de cellules respectant des critères

Dans certaines situations, la fonction SOMME n'est pas suffisamment « fine » pour résoudre un problème. Dans notre exemple de liste de factures, supposons que vous souhaitiez totaliser les montants supérieurs à 300 euros. Pour ce faire, vous avez besoin de la fonction

`SOMME.SI`, qui permet de calculer une somme de valeurs respectant certains critères.

La formule est la suivante :

`=SOMME.SI(E4:E13;">300")`

	A	B	C	D	E	F	G	H
1			Suivi des factures					
2								
3	Fournisseur	N° Facture	Échéance	Réglée ?	Montant	Cumul		
4	DUPOND	F123	14/12/2012	Oui	300,00 €	300,00 €		
5	Durand	F124	05/11/2012	Oui	236,00 €	536,00 €		1 439,00 €
6	DUPOND	F125	07/11/2012	Non	123,89 €	659,89 €		
7	DUPOND	F126	29/11/2012	Non	325,00 €	984,89 €		
8	DUPOND	F127	08/11/2012	Oui	226,00 €	1 210,89 €		
9	Durand	F128	03/12/2012	Oui	487,00 €	1 697,89 €		
10	ABC	F129	31/10/2012	Non	226,00 €	1 923,89 €		
11	DUPOND	F130	27/10/2012	Oui	302,00 €	2 225,89 €		
12	ABC	F131	21/12/2012	Non	131,00 €	2 356,89 €		
13	DURAND	F132	16/12/2012	Non	325,00 €	2 681,89 €		

Figure 5.34 : Somme conditionnelle

En toute rigueur, la fonction `SOMME.SI` a besoin de trois arguments :

- la plage de cellules sur laquelle doit porter le test ;
- le test ;
- la plage de cellules à totaliser.

Dans ce cas, la plage de cellules à totaliser a été omise car elle est identique à la plage à tester.

À présent, supposons que vous souhaitiez totaliser les montants des factures du fournisseur « `ABC` ».

La formule est alors la suivante :

`=SOMME.SI(A4:A13;"ABC";E4:E13)`

Dans ce cas, la plage à tester (les noms des fournisseurs) est différente de la plage à totaliser.

Vous pouvez inclure des caractères génériques dans les tests. Ainsi la formule suivante totalise les montants des factures des fournisseurs dont le nom contient la chaîne de caractères « `ur` », quel que soit son emplacement :

`=SOMME.SI(A4:A13;"*ur*";E4:E13)`

Le caractère * remplace une chaîne de caractères, quelle que soit sa taille. Le caractère ? remplace un caractère unique. La formule suivante totalise les montants des factures dont le numéro débute par `F13` :

`=SOMME.SI(B4:B13;"F13?";E4:E13)`

	A	B	C	D	E	F	G	H
1			Suivi des factures					
2								
3	Fournisseur	N° Facture	Échéance	Réglée ?	Montant	Cumul		
4	DUPOND	F123	14/12/2012	Oui	300,00 €	300,00 €		
5	Durand	F124	05/11/2012	Oui	236,00 €	536,00 €		1 439,00 €
6	DUPOND	F125	07/11/2012	Non	123,89 €	659,89 €		357,00 €
7	DUPOND	F126	29/11/2012	Non	325,00 €	984,89 €		758,00 €
8	DUPOND	F127	08/11/2012	Oui	226,00 €	1 210,89 €		
9	Durand	F128	03/12/2012	Oui	487,00 €	1 697,89 €		
10	ABC	F129	31/10/2012	Non	226,00 €	1 923,89 €		
11	DUPOND	F130	27/10/2012	Oui	302,00 €	2 225,89 €		
12	ABC	F131	21/12/2012	Non	131,00 €	2 356,89 €		
13	DURAND	F132	16/12/2012	Non	325,00 €	2 681,89 €		
14								

Figure 5.35 : Somme conditionnelle incluant des caractères génériques

Enfin, si vous souhaitez utiliser des seuils facilement paramétrables dans vos sommes conditionnelles, vous pouvez faire référence à des cellules dans les tests. Ainsi la formule suivante totalise les factures dont le montant est inférieur ou égal au contenu de la cellule *H3* :

=SOMME.SI(E4:E13;"<="&H3)

Vous pouvez aussi utiliser des formules dans les critères :

=SOMME.SI(E4:E13;">"&MOYENNE(E4:E13))

La formule précédente totalise les montants supérieurs à moyenne.

> **Combiner les critères**
>
> Pour totaliser des valeurs comprises entre deux bornes, il faut faire appel deux fois à la fonction SOMME.SI. Par exemple, pour totaliser les valeurs comprises entre 100 et 200, il faut retrancher le total des valeurs supérieures ou égales à 200 de celui des valeurs supérieures à 100 :
>
> =SOMME.SI(E4:E13;">100")-SOMME.SI(E4:E13;">=200")
>
> Cette méthode permet de simuler un opérateur logique ET. Pour obtenir un OU, ajoutez les sommes conditionnelles correspondant à chaque critère.

Déterminer la valeur la plus fréquente dans une plage de cellules

Dans le cas de réponses à un questionnaire ou d'un vote à la majorité relative, il est utile de déterminer la valeur la plus fréquente afin de connaître l'avis dominant.

Si les valeurs se trouvent dans la plage *B3:B22*, la valeur la plus fréquente est obtenue à l'aide de la formule suivante :

=MODE(B3:B22)

La fonction MODE ne fonctionne qu'avec des valeurs numériques. Si vos données sont des chaînes de caractères, il faut leur affecter une codification numérique, sur le principe du questionnaire à choix multiple.

Calculer un pourcentage d'évolution

Les pourcentages d'évolution constituent la base des outils d'analyse de tendance. Ils sont simples à calculer. Pour autant, quelques petits « plus » permettent de rendre leur calcul et leur affichage plus agréables.

Si vous souhaitez analyser l'évolution de valeurs en colonnes, par exemple en *B* et en *C*, saisissez dans une troisième colonne, ici la *D*, la formule suivante :

=C4/B4-1

Étendez ensuite la formule jusqu'à la fin du tableau.

Si une valeur est nulle dans la première colonne, le message d'erreur #DIV/0! apparaît. De plus, si toutes les valeurs n'ont pas été saisies, il n'est pas souhaitable d'effectuer le calcul. La formule suivante tient compte de ces deux remarques :

=SI(ET(B4<>0;C4<>"");C4/B4-1;"N.S.")

Taux de croissance annuel moyen

Dans le cas d'évolutions pluriannuelles, il est intéressant de déterminer le taux de croissance annuel moyen (TCAM). Par exemple, si vous mesurez des évolutions entre 2005 et 2009, le TCAM est le taux de croissance qui, s'il était appliqué chaque année à la valeur initiale (en 2005), permettrait d'obtenir la valeur finale (en 2009). Contrairement à ce que l'on pourrait penser, il n'est pas égal à la moyenne des taux de croissances annuels.

Si l'on note V_{1999} la valeur en 2005 et V_{2003}, la valeur en 2009, le TCAM est tel que :

$V_{2005} * (1+T) * (1+T) * (1+T) * (1+T) = V_{2009}$

Soit :

$V_{2005} * (1+T)^4 = V_{2009}$

Soit :

$T = (V_{2009}/V_{2005})^{(1/4)} - 1$

Il est possible d'appliquer directement la formule obtenue ou d'utiliser la fonction MOYENNE.GEOMETRIQUE en l'appliquant aux ratios annuels d'évolution (A / A - 1).

En effet :

$(V_{2009}/V_{2005}) \wedge (1/4) =$
$(V_{2009}/V_{2008} * V_{2008}/V_{2007} * V_{2007}/V_{2006} * V_{2009}/V_{2005}) \wedge (1/4) =$
MOYENNE.GEOMETRIQUE $(V_{2009}/V_{2008}; V_{2008}/V_{2007}; V_{2007}/V_{2006}; V_{2009}/V_{2005})$

	A	B	C	D	E	F	G
1							
2							
3		2008	2009	2010	2011	2012	
4	C.A.	100	110	115	125	134	
5	A/A-1		110,00%	104,55%	108,70%	107,20%	
6	Evolution		10,00%	4,55%	8,70%	7,20%	
7							
8							
9	TCAM		7,59%	=(F4/B4)^(1/4)-1			
10			7,59%	=MOYENNE.GEOMETRIQUE(C6:F6)-1			

Figure 5.36 : Calcul du TCAM de deux manières

Afficher les plus grandes valeurs

Lorsqu'il s'agit d'analyser des données, il est intéressant de pouvoir isoler les plus grandes valeurs. Commençons par mettre en avant les trois plus grandes valeurs d'une plage de cellules.

Si les données se trouvent dans la plage *C4:C15*, les trois formules suivantes permettent d'afficher respectivement la plus grande valeur, la deuxième plus grande valeur et la troisième plus grande valeur :

=GRANDE.VALEUR(C4:C15;1)
=GRANDE.VALEUR(C4:C15;2)
=GRANDE.VALEUR(C4:C15;3)

Si vous souhaitez faire varier le nombre de valeurs affichées en fonction d'un paramètre se trouvant dans une autre cellule (*G2*), voici la formule à saisir en *F4* :

=SI((LIGNE()-3)<=$G$2;GRANDE.VALEUR($C$4:$C$15;LIGNE()-3);"")

Étendez ensuite la formule dans la colonne.

En fonction de la valeur de *G2*, vous pouvez afficher plus ou moins de valeurs. L'utilisation de LIGNE(), qui renvoie le numéro de la ligne courante, permet de créer une formule que vous pouvez étendre à l'ensemble de la colonne. En effet, LIGNE()-3 vaut 1 en *F4*, 2 en *F5*, 3 en *F6*... ce qui permet de calculer l'ordre de la valeur à afficher.

	A	B	C	D	E	F	G
1		Ventes annuelles					
2						Nombre de valeurs	4
3	Produit	Année 2011	Année 2012	2011 / 2012			
4	Produit 1	-	52 000	N.S.		95000	
5	Produit 2	60 000	-	-100%		81000	
6	Produit 3	90 000	-	-100%		70000	
7	Produit 4	62 000	50 000	-19%		67000	
8	Produit 5	39 000	67 000	72%			
9	Produit 6	76 000	-	-100%			
10	Produit 7	58 000	70 000	21%			
11	Produit 8	51 000	58 000	14%			
12	Produit 9	82 000	-	-100%			
13	Produit 10	-	65 000	N.S.			
14	Produit 11	57 000	95 000	67%			
15	Produit 12	56 000	81 000	45%			
16	Total	631 000	538 000				

F8 =SI((LIGNE()-3)<=$G$2;GRANDE.VALEUR($C$4:$C$15;LIGNE()-3);"")

Figure 5.37 : Affichage des plus grandes valeurs

> **REMARQUE — Afficher les plus petites valeurs**
> Pour afficher les plus petites valeurs, remplacez la fonction GRANDE.VALEUR par la fonction PETITE.VALEUR.

Arrondir des valeurs

Les résultats « bruts » fournis par Excel ne sont pas toujours pertinents. En effet, si votre calcul vous indique que vous devez acheter 5,69 pots de peinture, la négociation risque d'être difficile avec le fournisseur pour le 0,69 ! Cet exemple montre la nécessité d'avoir recours à des fonctions d'arrondi.

Tableau 5.1 : Quelques exemples de fonctions d'arrondi

Formule	Résultat	Commentaire
=ARRONDI(1255,75;1)	1255,8	Arrondit au dixième le plus proche.
=ARRONDI(1255,75;0)	1256	Arrondit à l'unité la plus proche.
=ARRONDI(1255,75;-1)	1260	Arrondit à la dizaine la plus proche (-2 : à la centaine ; -3 : au millier...).
=ARRONDI.INF(1255,75;1)	1255,7	Arrondit au dixième inférieur.
=ARRONDI.INF(1255,75;0)	1255	Arrondit à l'unité inférieure.
=ARRONDI.INF(1255,75;-1)	1250	Arrondit à la dizaine inférieure (-2 : à la centaine ; -3 : au millier...).
=ARRONDI.SUP(1255,72;1)	1255,8	Arrondit au dixième supérieur.
=ARRONDI.SUP(1255,25;0)	1256	Arrondit à l'unité supérieure.

Tableau 5.1 : Quelques exemples de fonctions d'arrondi

Formule	Résultat	Commentaire
=ARRONDI.SUP(1254,75;-1)	1260	Arrondit à la dizaine supérieure (-2 : à la centaine ; -3 : au millier...).
=ARRONDI.AU.MULTIPLE(1255,75;3)	1257	Arrondit au plus proche multiple de 3.
=ENT(1255,25)	1255	Calcule la partie entière (entier relatif immédiatement inférieur).
=ENT(-1255,75)	-1256	Calcule la partie entière (entier relatif immédiatement inférieur).
=PLAFOND(1255,73;0,05)	1255,75	Arrondit au multiple de 0,05 immédiatement supérieur.
=PLAFOND(1255,73;3)	1257	Arrondit au multiple de 3 immédiatement supérieur.
=PLANCHER(1255,73;0,05)	1255,7	Arrondit au multiple de 0,05 immédiatement inférieur.
=PLANCHER(1255,73;3)	1254	Arrondit au multiple de 3 immédiatement inférieur.
=TRONQUE(1255,25)	1255	Élimine la partie décimale.
=TRONQUE(-1255,25)	-1255	Élimine la partie décimale (voir la différence avec la partie entière).

5.3. Dénombrer des cellules

Afin d'analyser le contenu d'une feuille de calcul, il est souvent intéressant de compter les cellules qui respectent certains critères : cellules vides, non vides, contenant des valeurs numériques, du texte... Excel dispose de plusieurs fonctions qui vous seront utiles pour mener à bien cette tâche.

Compter les cellules vides

Pour compter les cellules vides dans une plage de cellules (ici *B4:C15*), saisissez la formule suivante :

=NB.VIDE(B4:C15)

Pour comptabiliser les cellules vides dans une colonne (la *B*, par exemple), saisissez la formule suivante :

=NB.VIDE(B:B)

Pour un comptage au niveau des lignes (1 à 3 par exemple), saisissez la formule suivante :

=NB.VIDE(1:3)

Compter les cellules non vides

Pour compter les cellules non vides dans une plage de cellules (ici *B4:C15*), saisissez la formule suivante :

=NBVAL(B4:C15)

Pour comptabiliser les cellules non vides dans une colonne (la *B*, par exemple), saisissez la formule suivante :

=NBVAL(B:B)

Pour un comptage au niveau des lignes (1à 3 par exemple), saisissez la formule suivante :

=NBVAL(1:3)

Compter les cellules contenant des valeurs numériques

Pour compter les cellules contenant des valeurs numériques dans une plage de cellules (ici *B4:C15*), saisissez la formule suivante :

=NB(B4:C15)

Pour comptabiliser les cellules contenant des valeurs numériques dans une colonne (la *B*, par exemple), saisissez la formule suivante :

=NB(B:B)

Pour un comptage au niveau des lignes (1à 3, par exemple), saisissez la formule suivante :

=NB(1:3)

Les dates sont considérées comme des valeurs numériques.

Compter les cellules contenant du texte

Pour compter les cellules contenant du texte dans une plage de cellules (ici *B4:C15*), saisissez la formule suivante :

= NBVAL(B4:C15)-NB(B4:C15)

Il s'agit en fait de retrancher au nombre total de cellules le nombre de cellules contenant une valeur numérique. Cette formule ne donne pas le bon résultat si des messages d'erreur sont présents dans la plage : ces derniers sont comptabilisés comme du texte.

Compter les cellules contenant une chaîne de caractères

Pour compter les cellules contenant une chaîne de caractères précise (par exemple `test`) dans une plage de cellules (ici *B4:C15*), saisissez la formule suivante :

`=NB.SI(B4:C15;"test")`

Vous pouvez utiliser des caractères génériques pour remplacer un ou plusieurs caractères. La formule suivante comptabilise toutes les cellules qui contiennent l'expression `fact` dans la colonne *B*.

`=NB.SI(B:B;"*fact*")`

La formule suivante comptabilise toutes les cellules de la colonne *B* qui contiennent une chaîne de quatre caractères :

`=NB.SI(B:B;"????")`

Compter les cellules dont le contenu est supérieur à un seuil

Pour compter les cellules qui contiennent des valeurs supérieures à un seuil, vous pouvez utiliser la fonction `NB.SI`. Ainsi, la formule suivante permet de compter le nombre de cellules dont le contenu est supérieur à 200 :

`=NB.SI(B4:C15;">200")`

Si vous souhaitez fonder le critère sur le contenu d'une cellule (par exemple *F2*), et non sur une valeur fixe, la formule à employer est la suivante :

`=NB.SI(B4:C15;">"&F2)`

> **REMARQUE** — **Similitudes avec** `SOMME.SI`
> Tout ce qui a été dit dans ce chapitre concernant la fonction `SOMME.SI` est applicable à la fonction `NB.SI`.

EXPLOITER DES BASES DE DONNÉES

Gérer des données avec Excel 121
Découvrir les fonctions indispensables 123
Faire des recherches simples 132
Synthétiser des données 139

Excel est avant tout un outil de calcul, mais en pratique, il est régulièrement utilisé en tant que gestionnaire de bases de données (ou tableau de données, selon la terminologie Excel). Il se montre d'ailleurs relativement à son aise dans cet exercice, à condition, bien sûr, que la base (tableaux) de données à gérer ne soit pas trop volumineuse ou trop complexe. Dans cette hypothèse, il vaut mieux se tourner vers des outils spécialisés tels qu'Access.

Vous allez pouvoir, dans ce chapitre, mettre en œuvre des fonctions qui vous permettront d'exploiter vos bases de données, soit en recherchant des valeurs, soit en effectuant des synthèses. Mais avant d'entrer dans le vif du sujet, ouvrons une petite parenthèse sur la gestion des données sous Excel.

6.1. Gérer des données avec Excel

Excel n'est pas un véritable outil de gestion de bases de données, comme Access par exemple. Pour autant, Excel offre de réelles possibilités de traitement et d'analyse des données. Il trouve ses limites dans la gestion des éventuelles relations existant entre tableaux (tables) de données, ainsi que dans le nombre de lignes (ou enregistrements dans le vocabulaire des bases de données), en l'occurrence 1 048 576.

Excel n'est pas un outil de gestion de bases de données, mais rien ne vous empêche de saisir dans une feuille de calcul la liste des noms, prénoms et numéros de téléphone de vos amis. En agissant ainsi, vous réalisez un tableau de données que vous pouvez souhaiter trier, enrichir... en d'autres termes gérer.

Élaborer un tableau de données

Premier principe : réfléchir avant d'agir

Pourquoi faire cela ? Dans quel but ?

Il convient de se poser ces deux questions avant de concevoir un tableau de données. Les réponses conditionneront en effet la structure du tableau de données. Rien n'est plus pénible que d'avoir à saisir une information oubliée alors que la liste contient déjà plus de cent lignes. De même qu'il est fastidieux d'avoir à saisir des informations qui seront finalement inutiles. Il s'agit de trouver le juste milieu entre le « trop » et le « trop peu ».

Deuxième principe : structurer le tableau

Une fois que l'objectif est formalisé, il convient de définir précisément les colonnes du tableau de données (en gestion de bases de données, on parle de champs). En effet, dans un tableau de données, chaque colonne contient un type de données. Dans notre exemple, il y aura une colonne pour le nom, une pour le prénom... Chaque individu sera représenté par une ligne de la liste (en gestion de bases de données, on parle d'enregistrement). Pour une meilleure lisibilité de la liste, la première ligne doit contenir le nom de chaque donnée.

Excel vous autorise à saisir, dans une même colonne, des informations de nature différente (nombre, texte, date...), mais il est préférable, pour faire des traitements systématiques, de n'autoriser qu'un type de données par colonne.

Troisième principe : aider l'utilisateur

Une fois les données à saisir déterminées, il reste à construire le tableau sur la feuille de calcul. La première ligne doit contenir les noms des données (ou étiquettes de colonnes). C'est le minimum pour que l'utilisateur, qui peut être différent du concepteur, s'y retrouve. Ces noms (ou étiquettes) doivent être à la fois concis et évocateurs. Concis car autrement, ils nuiront à la lisibilité, et évocateurs car il ne doit pas exister d'ambiguïté pour l'utilisateur.

> **REMARQUE** — **Saisie des étiquettes de colonnes**
>
> Afin de permettre une utilisation optimale des fonctions de tri et d'analyse, il est préférable de saisir les étiquettes de colonnes sur une seule ligne. Si vous avez besoin d'étiquettes dont le texte s'étend sur plusieurs lignes, renvoyez le texte à la ligne dans la cellule.
>
> Il est également utile de les mettre en forme de façon différente des données (en gras, avec un fond d'une autre couleur...).

Malheureusement, personne n'est à l'abri d'une erreur de saisie. Le concepteur d'un tableau de données dispose d'au moins deux outils pour aider l'utilisateur :

- les couleurs ;
- les validations ;

Les couleurs permettent d'indiquer à l'utilisateur les colonnes qu'il doit remplir.

Les validations de contenu des cellules permettent de restreindre les valeurs possibles dans les cellules. Par exemple, pour la saisie du sexe d'une personne, une liste déroulante n'autorisera que H ou F. Cela évite de se retrouver avec une colonne contenant des H, F, G, M, 1, 2 qui rendraient tout traitement statistique impossible.

> **RENVOI** Pour plus d'informations sur les validations de contenu, reportez-vous au chapitre *Découvrir d'autres utilisations des formules*.

6.2. Découvrir les fonctions indispensables

Nous allons tout d'abord passer en revue les fonctions essentielles. Chacune d'elles est accompagnée d'un exemple simple.

DECALER

Renvoie une référence à une plage décalée d'un nombre déterminé de lignes et de colonnes par rapport à une cellule ou à une plage de cellules. La référence qui est renvoyée peut être une cellule unique ou une plage de cellules. Vous pouvez spécifier le nombre de lignes et de colonnes à renvoyer.

Syntaxe :	DECALER(réf;lignes;colonnes;hauteur;largeur)
réf	Référence par rapport à laquelle le décalage doit être opéré. L'argument `réf` doit être une référence à une cellule ou à une plage de cellules adjacentes ; sinon, la fonction DECALER renvoie le message d'erreur `#VALEUR!`.
lignes	Nombre de lignes vers le haut ou vers le bas dont la cellule supérieure gauche de la référence renvoyée doit être décalée. Si l'argument `lignes` est égal à 5, la cellule supérieure gauche de la référence est décalée de cinq lignes en dessous de la référence. L'argument `lignes` peut être positif (c'est-à-dire en dessous de la référence de départ) ou négatif (c'est-à-dire au-dessus de la référence de départ).
colonnes	Nombre de colonnes vers la droite ou vers la gauche dont la cellule supérieure gauche de la

référence renvoyée doit être décalée. Si l'argument colonnes est égal à 5, la cellule supérieure gauche de la référence est décalée de cinq colonnes vers la droite par rapport à la référence. L'argument colonnes peut être positif (c'est-à-dire à droite de la référence de départ) ou négatif (c'est-à-dire à gauche de la référence de départ).

hauteur — Hauteur, exprimée en nombre de lignes, que la référence renvoyée doit avoir. L'argument hauteur doit être un nombre positif. Il est facultatif ; s'il est omis, la valeur par défaut est celle de l'argument réf.

largeur — Largeur, exprimée en nombre de colonnes, que la référence renvoyée doit avoir. L'argument largeur doit être un nombre positif. Il est facultatif ; s'il est omis, la valeur par défaut est celle de l'argument réf.

	A	B	C	D	E	F	G	H
39								
40	=DECALER(F40;0;2)			3		1	2	3
41	=DECALER(G41;1;1)			9		4	5	6
42	{=DECALER(F40:H43;1;1;2;2)}		5	6		7	8	9
43			8	9		10	11	12
44								

Figure 6.1 : La fonction DECALER

EQUIV

Renvoie la position relative d'un élément d'une matrice qui équivaut à une valeur spécifiée dans un ordre donné.

Syntaxe :   EQUIV(valeur_cherchée;matrice_recherche;type)

valeur_cherchée — Valeur dont vous souhaitez l'équivalent dans l'argument matrice_recherche.

matrice_recherche — Plage de cellules adjacentes contenant les valeurs d'équivalence possibles. L'argument matrice_recherche peut être une matrice ou une référence matricielle.

type — Nombre -1, 0 ou 1 qui indique comment Excel doit procéder pour comparer l'argument valeur_cherchée aux valeurs de l'argument matrice_recherche.

- Si la valeur de l'argument type est 1, la fonction EQUIV trouve la valeur la plus élevée qui est inférieure ou égale à celle de l'argument `valeur_cherchée`. Les valeurs de l'argument `matrice_recherche` doivent être placées en ordre croissant. Si l'argument est omis, 1 est la valeur par défaut.

- Si la valeur de l'argument `type` est 0, la fonction `EQUIV` trouve la première valeur exactement équivalente à celle de l'argument `valeur_cherchée`. Les valeurs de l'argument `matrice_recherche` peuvent être placées dans un ordre quelconque.

- Si la valeur de l'argument `type` est -1, la fonction `EQUIV` trouve la plus petite valeur qui est supérieure ou égale à celle de l'argument `valeur_cherchée`. Les valeurs de l'argument `matrice_recherche` doivent être placées en ordre décroissant.

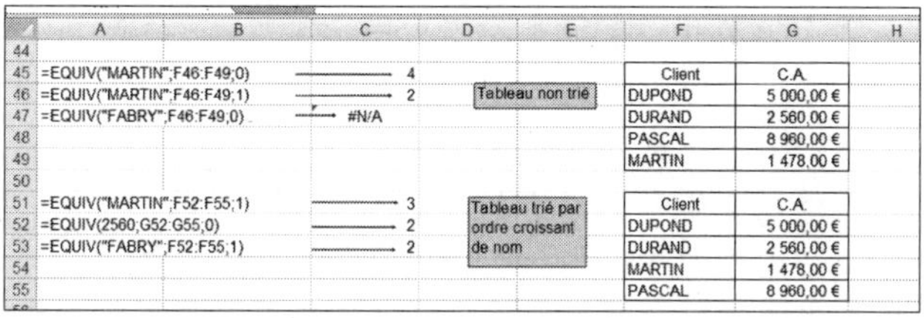

Figure 6.2 : La fonction EQUIV

INDEX

Renvoie une valeur ou une référence à une valeur provenant d'un tableau ou d'une plage de valeurs. La fonction `INDEX` existe sous deux formes, matricielle et référentielle. La forme matricielle renvoie une valeur ou une matrice de valeurs, tandis que la forme référentielle renvoie une référence.

Syntaxe 1 :   `INDEX(tableau;no_lig;no_col)`

`tableau`   Plage de cellules ou constante de matrice.

`no_lig`   Ligne de la matrice dont une valeur doit être renvoyée. Si l'argument `no_lig` est omis, l'argument `no_col` est obligatoire.

`no_col`   Colonne de la matrice dont une valeur doit être renvoyée. Si l'argument `no_col` est omis, l'argument `no_lig` est obligatoire.

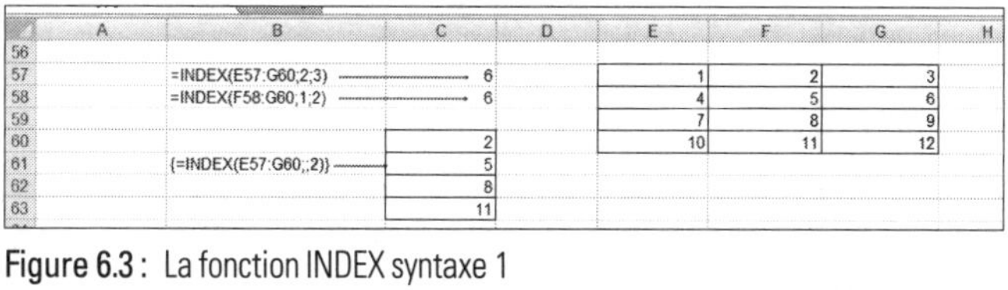

Figure 6.3 : La fonction INDEX syntaxe 1

6.2. Découvrir les fonctions indispensables

Syntaxe 2 :	INDEX(réf;no_lig;no_col;no_zone)
réf	Référence à une ou plusieurs plages de cellules.
no_lig	Numéro de la ligne de réf à partir de laquelle une référence doit être renvoyée.
no_col	Numéro de la colonne de réf à partir de laquelle une référence doit être renvoyée.
no_zone	Plage de l'argument réf pour laquelle l'intersection de no_col et no_lig doit être renvoyée. La première zone sélectionnée ou entrée porte le numéro 1, la deuxième, le numéro 2, et ainsi de suite. Si l'argument no_zone est omis, la fonction INDEX utilise la zone numéro 1.

	A	B	C	D	E	F	G
64							
65	=INDEX((E65:F66;F67:G68);1;2;2)		→ 9		1	2	3
66	=INDEX((E65:F66;F67:G68);1;2;1)		→ 2		4	5	6
67	=SOMME(INDEX(E65:G68;;2))		→ 26		7	8	9
68	=SOMME(F65:INDEX(E65:G68;4;2))		→ 26		10	11	12

Figure 6.4 : La fonction INDEX syntaxe 2

NB.SI.ENS

Compte le nombre de cellules à l'intérieur d'une plage qui répondent plusieurs critères.

Syntaxe :	NB.SI.ENS(plage_critère1;critère1, plage_critère2;critère2…)
plage_critère1, plage_critère2,…	1 à 127 plages de cellules sur lesquelles s'applique le critère.
critère1, critère2…	1 à 127 critères, sous forme de nombre, d'expression ou de texte, définissant les cellules à dénombrer.

	A	B	C	D	E	F	G	H	I
1005									
1006		Etablissement	Taux de marge 2004	Taux de marge 2005					
1007		Lille	15%	10%					
1008		Metz	7%	4%					
1009		Toulouse	5%	13%					
1010		Tours	9%	10%					
1011		Vesoul	5%	3%					
1012		Marseille	10%	15%					
1013									
1014									
1015				2	←	=NB.SI.ENS(C1007:C1012;">=10%";D1007:D1012;">=10%")			

Figure 6.5 : La fonction NB.SI.ENS

RECHERCHE

Renvoie une valeur provenant soit d'une plage à une ligne ou à une colonne, soit d'une matrice. La fonction RECHERCHE a deux formes de syntaxe, vectorielle et matricielle. La forme vectorielle (syntaxe 1) de la fonction RECHERCHE cherche une valeur dans une plage à une ligne ou à une colonne (appelée vecteur) et renvoie une valeur à partir de la même position dans une seconde plage à une ligne ou à une colonne. La forme matricielle (syntaxe 2) de la fonction RECHERCHE cherche la valeur spécifiée dans la première ligne ou colonne d'une matrice et renvoie une valeur à partir de la même position dans la dernière ligne ou colonne de la matrice.

Syntaxe 1 :   RECHERCHE(valeur_cherchée;vecteur_recherche; vecteur_résultat)

valeur_cherchée   Valeur que la fonction cherche dans une matrice. L'argument valeur_cherchée peut être un nombre, du texte, une valeur logique, un nom ou une référence désignant une valeur.

vecteur_recherche   Plage de cellules qui contient du texte, des nombres ou des valeurs logiques que vous voulez comparer à la valeur cherchée. Les valeurs de l'argument vecteur_recherche peuvent être du texte, des nombres ou des valeurs logiques. Les valeurs de l'argument vecteur_recherche doivent être placées en ordre croissant.

vecteur_résultat   Plage qui contient une seule ligne ou colonne. La plage doit être de même dimension que l'argument vecteur_recherche.

	A	B	C	D	E	F	G	H	I
103									
104		Nom		Prénom	N° tel.				
105		FABRY		Olivier	0565777776				
106		FONTANIE		Patricia	0565777724				
107		LAFON		Jean-Marc	0565777723				
108		MARTY		François	0565777721				
109									
110									
111		Nom cherché		Prénom	N°tel.				
112		LAFON		Jean-Marc	0565777723	←	=RECHERCHE(B112;B105:B108;D105:D108)		
113									
114									
115				=RECHERCHE(B112;B105:B108;C105:C108)					
116									

Figure 6.6 : La fonction RECHERCHE syntaxe 1

Syntaxe 2 :   RECHERCHE(valeur_cherchée;tableau)

valeur_cherchée   Valeur que la fonction RECHERCHE cherche dans une matrice. L'argument valeur_cherchée peut être un nombre, du texte, une valeur logique, un nom ou une référence désignant une valeur.

tableau   Plage de cellules qui contient du texte, des nombres ou des valeurs logiques que vous voulez comparer à l'argument valeur_cherchée.

	A	B	C	D	E	F	G
117							
118		Nom	Prénom	N° tel.			
119		FABRY	Olivier	0565777776			
120		FONTANIE	Patricia	0565777724			
121		LAFON	Jean-Marc	0565777723			
122		MARTY	François	0565777721			
123							
124							
125		Nom cherché	N°tel.				
126		LAFON	0565777723	←	=RECHERCHE(B126;B119:D122)		

Figure 6.7 : La fonction RECHERCHE syntaxe 2

> **Sens de la recherche**
>
> Si l'argument tableau couvre une surface plus large que haute (plus de colonnes que de lignes), la fonction RECHERCHE cherche la valeur de l'argument valeur_cherchée dans la première ligne.
>
> Si l'argument tableau est un carré ou est plus haut que large (plus de lignes que de colonnes), la fonction RECHERCHE opère la recherche dans la première colonne.

> **Résultat de la fonction RECHERCHE**
>
> Si la fonction RECHERCHE ne peut trouver l'argument valeur_cherchée, elle utilise la plus grande valeur de la matrice inférieure ou égale à celle de l'argument valeur_cherchée.
>
> Si la valeur de l'argument valeur_cherchée est inférieure à la plus petite valeur de la première ligne ou colonne (selon les dimensions de la matrice), la fonction RECHERCHE renvoie le message d'erreur #N/A.

RECHERCHEV

Recherche une valeur dans la colonne de gauche d'une table ou d'une matrice de valeurs, puis renvoie une valeur, dans la même ligne, d'une colonne que vous spécifiez dans la table ou la matrice.

Syntaxe :   RECHERCHEV(valeur_cherchée,table_matrice, no_index_col,valeur_proche)

valeur_cherchée   Valeur à rechercher dans la colonne de gauche de la table. Il peut s'agir d'une valeur, d'une référence ou d'une chaîne de texte.

`table_matrice`		Table de données dans laquelle est exécutée la recherche de la valeur.
`no_index_col`		Numéro de la colonne de `table_matrice` à partir de laquelle la valeur correspondante est renvoyée. Une valeur de `no_index_col` égale à 1 renvoie la valeur de la première colonne de l'argument `table_matrice`, une valeur de `no_index_col` égale à 2 renvoie la valeur de la deuxième colonne de l'argument `table_matrice`, etc. Si la valeur de `no_index_col` est inférieure à 1, RECHERCHEV renvoie le message d'erreur #VALEUR! ; si la valeur de `no_index_col` est supérieure au nombre de lignes de `table_matrice`, RECHERCHEV renvoie le message d'erreur #REF!.
`valeur_proche`		Valeur logique qui spécifie si vous voulez que RECHERCHEV trouve une correspondance exacte ou approximative. Si cet argument est VRAI ou omis, une donnée proche est renvoyée. En d'autres termes, si aucune valeur exacte n'est trouvée, la valeur immédiatement inférieure à `valeur_cherchée` est renvoyée. Si cet argument est FAUX, RECHERCHEV recherche une correspondance exacte. Si elle n'en trouve pas, le message d'erreur #N/A est renvoyé.

	A	B	C	D	E	F
140						
141		**Nom**	**Prénom**	**N° tel.**		
142		FABRY	Olivier	0565777776		
143		FONTANIE	Patricia	0565777724		
144		LAFON	Jean-Marc	0565777723		
145		MARTY	François	0565777721		
146						
147						
148		Nom cherché				
149		LAFON				
150						
151		Prénom				
152		Jean-Marc		=RECHERCHEV(B149;B142:D145;2)		
153						
154		N°tel.				
155		0565777723		=RECHERCHEV(B149;B142:D145;3)		
156						

Figure 6.8 : La fonction RECHERCHEV

SOMME.SI.ENS

Additionne des cellules spécifiées si elles répondent à plusieurs critères.

Syntaxe : SOMME.SI.ENS(somme_plage ;plage_critère1; critère1 ; plage_critère2;critère2…)

somme_plage — **Cellules à additionner.**

plage_critère1, plage_critère2,… — **1 à 127 plages de cellules sur lesquelles s'applique le critère.**

critère1, critère2… — **1 à 127 critères, sous forme de nombre, d'expression ou de texte, définissant les cellules à additionner.**

	A	B	C	D	E	F	G	H	I
736									
737		Commercial	Secteur	CA					
738		DUPOND	Ouest	15 425,00 €					
739		DURAND	Est	5 423,00 €					
740		MARTIN	Est	8 975,00 €					
741		PASCAL	Ouest	4 568,00 €					
742									
743		Secteur :	Ouest						
744				15 425,00 €	←	SOMME.SI.ENS(D738:D741;C738:C741;"="&C743;D738:D741;">=4600")			
745									

Figure 6.9 : La fonction SOMME.SI.ENS

SOMMEPROD

Multiplie les valeurs correspondantes des matrices spécifiées et calcule la somme de ces produits.

Syntaxe : SOMMEPROD(matrice1;matrice2;matrice3,...)

matrice1,matrice2,… — **2 à 255 matrices dont vous voulez multiplier les valeurs pour ensuite additionner leur produit.**

	A	B	C	D	E	F	G
624							
625		Commercial	Secteur	CA			
626		DUPOND	Ouest	15 425,00 €			
627		DURAND	Est	5 423,00 €			
628		MARTIN	Est	8 975,00 €			
629		PASCAL	Ouest	4 568,00 €			
630							
631		Secteur :	Ouest				
632		CA :		19 993,00 €	←	=SOMME.SI(C626:C629;"="&C631;D626:D629)	
633							

Figure 6.10 : La fonction SOMMEPROD

SOUS.TOTAL

Renvoie un sous-total dans un tableau ou une base de données.

Syntaxe : SOUS.TOTAL(no_fonction;réf1;réf2;...)

no_fonction Nombre compris entre 1 et 11 indiquant quelle fonction utiliser pour calculer les sous-totaux d'un tableau.

Tableau 6.1 : Valeurs possibles de l'argument type

no_fonction	Fonction
1	MOYENNE
2	NB
3	NBVAL
4	MAX
5	MIN
6	PRODUIT
7	ECARTYPE
8	ECARTYPEP
9	SOMME
10	VAR
11	VAR.P

réf1,réf2 1 à 255 plages ou références pour lesquelles vous souhaitez un sous-total.

	A	B	C	D	E	F
674	Commerci	Secteur	CA			
675	DURAND	Est	5 423,00 €			
676	MARTIN	Est	8 975,00 €			
677	Moyenne		7 199,00 €	←	=SOUS.TOTAL(1;C675:C676)	
678	DUPOND	Ouest	15 425,00 €			
679	PASCAL	Ouest	4 568,00 €			
680	Moyenne		9 996,50 €	←	=SOUS.TOTAL(1;C678:C679)	
681	Moyenne générale		8 597,75 €	←	=SOUS.TOTAL(1;C675:C680)	
682						

Figure 6.11 : La fonction SOUS.TOTAL

> **REMARQUE** — **Insertion de sous-totaux**
> Il est généralement plus facile de créer une tableau comportant des sous-totaux à l'aide du bouton **Sous-total** (onglet **Données**, groupe **Plan**). Une fois

6.2. Découvrir les fonctions indispensables

> **REMARQUE** cette tableau créée avec ses sous-totaux, vous pouvez la modifier en changeant la fonction SOUS.TOTAL.

6.3. Faire des recherches simples

Dans un premier temps, vous allez mettre en pratique quelques-unes des fonctions décrites précédemment dans des situations courantes liées à l'exploitation de bases de données. Il s'agit notamment de rechercher des valeurs particulières. Nous traiterons également le cas des tableaux à double entrée.

Rechercher une valeur précise dans un tableau

Supposons que vous disposiez d'une tableau de données de contacts (professionnels ou personnels), qui réunit les informations suivantes :

- nom ;
- prénom ;
- adresse ;
- code postal ;
- ville ;
- téléphone fixe ;
- téléphone portable.

Pour retrouver les informations relatives à un ami, vous pouvez bien sûr passer en revue l'ensemble du tableau ou faire appel à un filtre. Vous pouvez également utiliser la fonction RECHERCHEV pour retrouver ces données et les afficher où bon vous semble (sur une autre feuille, par exemple).

Dans notre exemple, le tableau de données se trouve sur la feuille **Données**.

	A	B	C	D	E	F	G
1	Nom	Prénom	Adresse 1	Code postal	Ville	Téléphone fixe	Téléphone portable
2	ROUVE	Jean-Paul	1, rue Droite	44000	NANTES	02-XX-XX-XX-XX	06-XX-XX-XX-XX
3	PASCAL	Aline	12, rue de Rivoli	75000	PARIS	01-XX-XX-XX-XX	06-XX-XX-XX-XX
4	BLANC	Pascale	25, bld des Capucines	25000	BESANÇON	03-XX-XX-XX-XX	06-XX-XX-XX-XX
5	CARCENAC	Michel	189, av Pasteur	33000	BORDEAUX	05-XX-XX-XX-XX	06-XX-XX-XX-XX
6	BOULANGER	Jeanne	90, rue Jacques Prévert	34000	MONTPELLIER	04-XX-XX-XX-XX	06-XX-XX-XX-XX
7	MONOD	Jacqueline	37, rue Anatole France	31000	TOULOUSE	05-XX-XX-XX-XX	06-XX-XX-XX-XX
8	GAUTRON	Chantal	33, rue André Gide	13000	MARSEILLE	04-XX-XX-XX-XX	06-XX-XX-XX-XX
9	DEBRAY	Olivier	20, pl Jean Jaurès	30000	NIMES	04-XX-XX-XX-XX	06-XX-XX-XX-XX
10	VOGEL	André	197, bld de Strasbourg	66000	PERPIGNAN	04-XX-XX-XX-XX	06-XX-XX-XX-XX
11	FLEURY	Philippe	12, rue Henri Dunant	06000	NICE	04-XX-XX-XX-XX	06-XX-XX-XX-XX

Figure 6.12 : La feuille Données

Vous allez maintenant élaborer les formules pour afficher les informations relatives à un contact sur une autre feuille (la feuille **Affichage**).

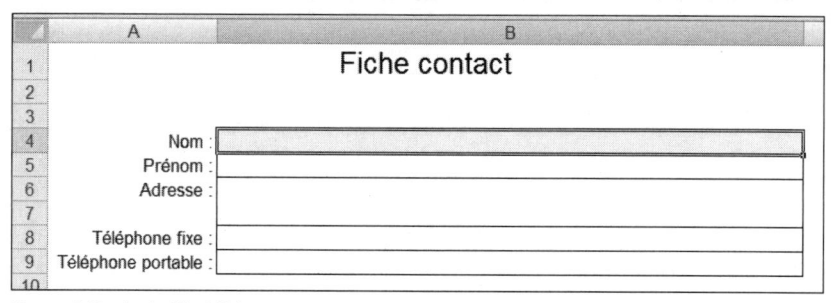

Figure 6.13 : La feuille Affichage

En *B4*, saisissez tout d'abord un nom, présent sur le tableau, par exemple MONOD.

En *B5*, saisissez la formule suivante, pour obtenir le prénom :
=RECHERCHEV(B4;Données!A2:G31;2;FAUX)

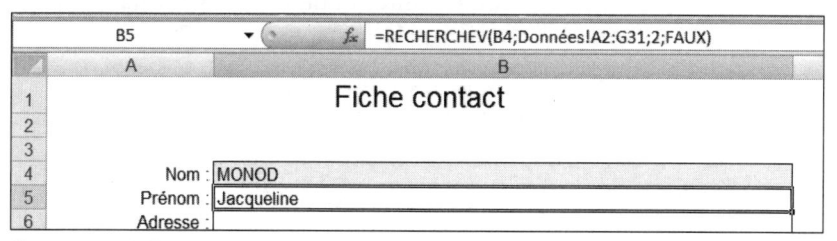

Figure 6.14 : L'affichage du prénom

La fonction RECHERCHEV va « scruter » la première colonne de la plage *Données!A2:G31* (deuxième paramètre), à la recherche du contenu de *B4* (premier paramètre), ici MONOD. Elle s'arrêtera dès qu'elle aura trouvé la première occurrence de MONOD et renverra le contenu de la cellule située sur la même ligne, mais dans la deuxième colonne (troisième paramètre) de la plage *Données!A2:G31*, soit le prénom correspondant.

Le dernier paramètre, ici égal à FAUX, joue un rôle très important dans la recherche. En effet, s'il est égal à VRAI, la fonction « s'arrêtera » à la première valeur immédiatement inférieure à la valeur cherchée. Cela nécessite que la plage de cellules dans laquelle s'effectue la recherche soit triée par ordre croissant. En revanche, si cet argument est FAUX, RECHERCHEV recherchera une correspondance exacte. S'il n'en trouve pas, le message d'erreur #N/A sera renvoyé. Dans notre cas, il

6.3. Faire des recherches simples

est nécessaire d'effectuer une recherche exacte. Le paramètre spécifié est donc égal à FAUX.

Pour continuer la mise à jour de la fiche, saisissez les formules suivantes :

- En *B6* :

    =RECHERCHEV(B4;Données!A2:G31;3;FAUX)

- En *B7* :

    =RECHERCHEV(B4;Données!A2:G31;4;FAUX) & " - " & RECHERCHEV(B4;Données!A2:G31;5;FAUX)

- En *B8* :

    =RECHERCHEV(B4;Données!A2:G31;6;FAUX)

- En *B9* :

    =RECHERCHEV(B4;Données!A2:G31;7;FAUX)

Vous obtenez ainsi une fiche de contact complète, présentant de façon plus conviviale les données du tableau. Notez que le résultat de la fonction RECHERCHEV peut être intégré dans une formule (ce qui a été fait pour juxtaposer le code postal et la ville, en *B7*).

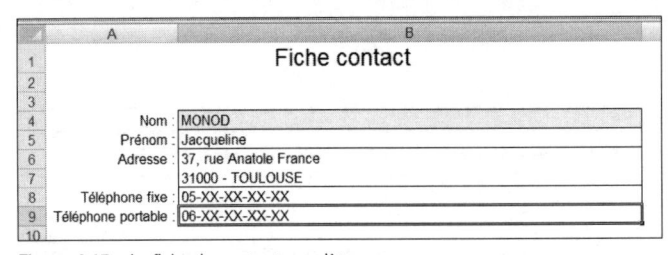

	A	B
1		Fiche contact
2		
3		
4	Nom :	MONOD
5	Prénom :	Jacqueline
6	Adresse :	37, rue Anatole France
7		31000 - TOULOUSE
8	Téléphone fixe :	05-XX-XX-XX-XX
9	Téléphone portable :	06-XX-XX-XX-XX

Figure 6.15 : La fiche de contact complète

> **REMARQUE**
>
> **Recherche selon plusieurs critères**
>
> Si deux personnes portent le même nom, la recherche s'arrêtera sur le premier de la tableau. Pour affiner la recherche, il faut la faire porter sur deux critères, par exemple le nom et le prénom. Pour cela, une méthode consiste à insérer une colonne à gauche du nom dans laquelle seront juxtaposés les nom et prénom. Pour retrouver les informations, il faudra saisir le nom et le prénom en *B4* et *B5*. Pour obtenir l'adresse en *B6*, il faudra saisir :
>
> =RECHERCHEV(B4&B5;Données!A2:H31;4;FAUX)
>
> La plage de recherche inclut une colonne de plus (la colonne insérée à gauche, sur laquelle porte la recherche). Il faut donc modifier le troisième paramètre (l'adresse se trouve désormais en colonne 4, et non en 3).

Éviter l'apparition de messages d'erreur lors d'une recherche

Le cas que nous venons de traiter n'est pas parfait, puisqu'en cas d'erreur de frappe dans le nom du contact, la fiche renverra le message d'erreur #N/A.

	A	B
1		**Fiche contact**
2		
3		
4	Nom :	MONAD
5	Prénom :	#N/A
6	Adresse :	#N/A
7		#N/A
8	Téléphone fixe :	#N/A
9	Téléphone portable :	#N/A
10		

Figure 6.16 : Les conséquences d'une erreur de frappe

Cela n'est pas gênant et ne remet pas en cause la pertinence de l'application. Toutefois, si vous concevez une application pour un autre utilisateur, il pourra être déstabilisé par ce message intempestif. Pour remédier à ce petit défaut, interceptez le message d'erreur avant qu'il ne s'affiche et remplacez-le par un message plus explicite. Pour cela, utilisez la fonction ESTNA, qui renvoie la valeur VRAI si son argument est égal à #N/A et FAUX sinon.

En *B5*, saisissez :

```
=SI(ESTNA(RECHERCHEV(B4;Données!A2:G31;2;FAUX));"Inconnu";
✂ RECHERCHEV(B4;Données!A2:G31;2;FAUX))
```

En procédant de la même manière, vous pouvez ainsi prévenir l'apparition des messages d'erreur pour chacune des informations de la fiche.

	A	B
1		**Fiche contact**
2		
3		
4	Nom :	MONAD
5	Prénom :	Inconnu
6	Adresse :	Inconnu
7		Inconnu
8	Téléphone fixe :	Inconnu
9	Téléphone portable :	Inconnu
10		

Figure 6.17 : La fiche de contact « sécurisée »

Dans Excel 2013, vous pouvez également utiliser la nouvelle fonction SI.NON.DISP qui intègre le test précédent. La formule en *B5* devient alors :

=SI.NON.DISP(RECHERCHEV(B4;Données!A2:G31;2;FAUX);"Inconnu")

SI.NON.DISP

Renvoie la valeur que vous spécifiez si la formule retourne une valeur d'erreur #N/A ; dans le cas contraire retourne le résultat de la formule.

Syntaxe :	SI.NON.DISP(valeur, valeur_si_na)
valeur	Obligatoire. L'argument dans lequel la valeur d'erreur #N/A est contrôlée.
valeur_si_na	Obligatoire. La valeur à retourner si la formule produit une valeur d'erreur #N/A.

Utiliser d'autres techniques de recherche

La fonction RECHERCHEV est très pratique pour rechercher des données dans une plage de cellules. Pourtant, elle ne peut être utilisée dans toutes les situations. En effet, le critère de recherche doit impérativement se trouver dans la première colonne de la plage de recherche. Ainsi, dans l'exemple précédent, il n'est pas possible de réaliser un annuaire inversé. C'est-à-dire qu'il n'est pas possible de retrouver un nom à partir d'un numéro de téléphone, car le nom est situé à gauche du numéro de téléphone. Pour pallier cet inconvénient, il faut utiliser d'autres fonctions.

Il faut en fait combiner deux fonctions : INDEX et EQUIV. La fonction EQUIV permet de retrouver la position d'une donnée dans une plage de cellules. La fonction INDEX renvoie le contenu de la cellule d'une plage identifiée par ses coordonnées.

Vous devez tout d'abord trouver la ligne correspondant au numéro de téléphone saisi en *B4* de la feuille **Annuaire**, qui simule un annuaire inversé.

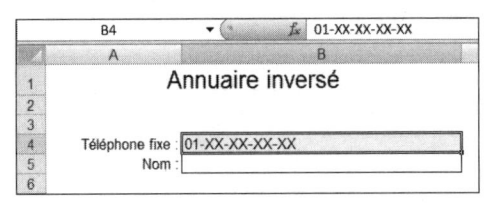

Figure 6.18 : La feuille Annuaire

Pour cela, utilisez la fonction EQUIV :

```
Ligne= EQUIV(B4;Données!F2:F31;0)
```

Le dernier paramètre de la fonction EQUIV permet de spécifier que la recherche doit être exacte. Une fois que la ligne est identifiée, il suffit de renvoyer le nom correspondant. Pour cela, utilisez la fonction INDEX :

```
Nom =INDEX(Données!A2:G31;Ligne;1)
```

La fonction INDEX permet de renvoyer la valeur se trouvant à l'intersection de la ligne Ligne et de la colonne 1 dans la plage *A2:G31*.

Combinez alors ces deux expressions en une seule formule, saisie en *B5* :

```
=INDEX(Données!A2:G31;EQUIV(B4;Données!F2:F31;0);1)
```

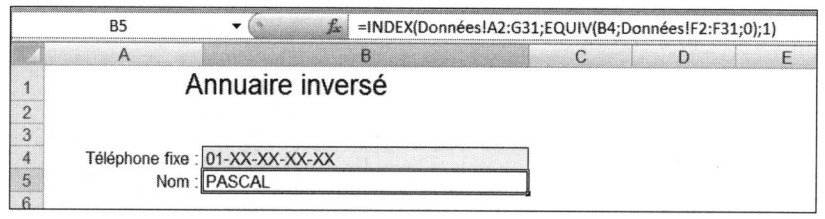

Figure 6.19 : L'annuaire inversé

Exploiter des données sous forme d'intervalles

Jusqu'à présent, vous avez recherché des valeurs exactes. Dans certaines situations, il peut être nécessaire d'effectuer des recherches « approchées ». L'exemple suivant va vous permettre de mieux comprendre l'utilité de telles recherches.

Supposons que vous disposiez d'un tarif dégressif en fonction des quantités. Le tarif est présenté sous forme de paliers.

Figure 6.20 : Tarif dégressif

Pour rechercher le tarif associé à une quantité spécifiée en *B3*, utilisez la fonction RECHERCHEV en *B4* :

=RECHERCHEV(B3;D4:F9;3)

Le dernier paramètre étant omis, il est considéré comme étant égal à VRAI. Cela signifie que la fonction s'arrête à la valeur immédiatement inférieure à la valeur cherchée. Il est donc nécessaire que la colonne de recherche soit triée dans l'ordre croissant. Ainsi, la fonction trouvera la ligne correspondant à la borne inférieure du palier de quantité correspondant à la quantité saisie en *B3*. Il suffit alors de renvoyer le tarif associé qui se trouve dans la troisième colonne.

	A	B	C	D	E	F
1						
2					Quantité	
3	Quantité à commander :	250,00		Entre	Et	Prix unitaire
4	Prix unitaire :	8,00 €		0,00	100,00	10,00 €
5				101,00	150,00	9,50 €
6				151,00	200,00	9,00 €
7				201,00	300,00	8,00 €
8				301,00	400,00	7,00 €
9				401,00		6,00 €

Figure 6.21 : Recherche d'un tarif en fonction de la quantité

Rechercher une valeur dans un tableau à double entrée

Les tableaux à double entrée sont courants. Par exemple, ils permettent à une entreprise de récapituler ses ventes par ville et par mois.

	A	B	C	D	E	F	G
1	Ville	Janvier	Février	Mars	Avril	Mai	Juin
2	Bordeaux	48 372 €	58 384 €	39 587 €	56 775 €	14 515 €	67 567 €
3	Brest	29 284 €	32 298 €	58 385 €	35 673 €	56 756 €	56 756 €
4	Lille	38 475 €		37 585 €	56 756 €	6 756 €	67 857 €
5	Lyon	56 474 €	78 574 €	29 483 €	4 567 €	56 765 €	
6	Marseille	29 387 €	57 678 €	59 383 €	56 757 €	56 765 €	2 456 €
7	Montpellier	47 384 €	29 283 €	59 382 €		6 245 €	35 678 €
8	Nantes	48 473 €	48 373 €	95 837 €		67 657 €	67 675 €
9	Nice	38 394 €	49 383 €	58 373 €		34 534 €	64 356 €
10	Paris	20 000 €	18 273 €	47 484 €	34 765 €	34 567 €	4 567 €
11	Toulouse	57 486 €	2 171 €	38 578 €	67 356 €	45 745 €	56 757 €

Figure 6.22 : Ventes par ville et par mois

Pour afficher les ventes pour une ville donnée (par exemple, Lyon) lors d'un mois précis (par exemple, mars), utilisez les fonctions INDEX et EQUIV. Identifiez tout d'abord la ligne correspondant à la ville, puis la colonne correspondant au mois :

```
Ligne=EQUIV("Lyon";A2:A11;0)
Colonne=EQUIV("Mars";B1:G1;0)
```

Affichez ensuite la valeur de la plage *B2:G11* située à l'intersection de la ligne et de la colonne déterminées :

```
Ventes=INDEX(B2:G11;Ligne;Colonne)
```

Soit :

```
Ventes=INDEX(B2:G11; EQUIV("Lyon";A2:A11;0);
✂ EQUIV("Mars";B1:G1;0))
```

	A	B	C	D	E	F	G	H
1	Ville	Janvier	Février	Mars	Avril	Mai	Juin	
2	Bordeaux	48 372 €	58 384 €	39 587 €	56 775 €	14 515 €	67 567 €	
3	Brest	29 284 €	32 298 €	58 385 €	35 673 €	56 756 €	56 756 €	
4	Lille	38 475 €		37 585 €	56 756 €	6 756 €	67 857 €	
5	Lyon	56 474 €	78 574 €	29 483 €	4 567 €	56 765 €		
6	Marseille	29 387 €	57 678 €	59 383 €	56 757 €	56 765 €	2 456 €	
7	Montpellier	47 384 €	29 283 €	59 382 €		6 245 €	35 678 €	
8	Nantes	48 473 €	48 373 €	95 837 €		67 657 €	67 675 €	
9	Nice	38 394 €	49 383 €	58 373 €		34 534 €	64 356 €	
10	Paris	20 000 €	18 276 €	47 484 €	34 765 €	34 567 €	4 567 €	
11	Toulouse	57 486 €	2 471 €	38 578 €	67 356 €	45 745 €	56 757 €	
12								
13								
14								
15	Ventes :	29 483 €						
16								

Figure 6.23 : Extraction d'une valeur correspondant aux deux critères

Absence de la valeur cherchée

Si la valeur cherchée n'est pas présente, la fonction EQUIV renvoie #N/A. Pour remédier à ce problème, utilisez la fonction ESTNA, qui renvoie VRAI si l'argument est égal à #N/A. La formule précédente devient alors :

```
=SI(OU(ESTNA(EQUIV("Lyon";A2:A11;0)));
✂ ESTNA(EQUIV("Mars";B1:G1;0))));0; INDEX(B2:G11;
✂ EQUIV("Lyon";A2:A11;0); EQUIV("Mars";B1:G1;0)))
```

6.4. Synthétiser des données

Une autre façon classique d'exploiter des données consiste à en faire des synthèses. En effet, les bases de données ont tendance à prendre des proportions importantes ; il devient alors difficile de cerner les points clés, les tendances... Voici quelques méthodes pour rendre plus « digestes » vos données.

Calculer une moyenne mobile

La moyenne mobile est un outil statistique relativement simple à mettre en œuvre dont l'objectif est de lisser les variations des données brutes, afin de mieux en dégager la tendance de fond. Cette méthode est utilisée notamment pour analyser les cours boursiers. Supposons que vous disposiez des cours journaliers d'une action sur un grand nombre de périodes. Pour calculer la moyenne mobile à 10 jours pour le jour J, établissez la moyenne des valeurs de J - 9, J - 8, J - 7... J - 1, J. Pour calculer la moyenne mobile à 10 jours pour le jour J + 1, établissez la moyenne des valeurs de J - 8, J - 7... J, J + 1. Et ainsi de suite, pour les jours suivants.

Pour mettre en œuvre ce principe dans Excel, utilisez la fonction `DECALER`, qui permet d'obtenir une plage de cellules décalée d'un nombre spécifié de lignes et de colonnes par rapport à une plage initiale.

Dans notre exemple, les valeurs se trouvent dans la colonne *B*, à partir de *B7*. En *C4* se trouve un paramètre qui est en fait le nombre de périodes de la moyenne mobile (ici 10). La moyenne mobile doit être calculée en colonne *C*, à partir de *C7*.

	A	B	C	D
1				
2				
3				
4		Moyenne sur :	10	périodes
5				
6		Cours	Moyenne mobile	
7	1	12,00		
8	2	13,00		
9	3	14,00		
10	4	12,00		
11	5	34,00		
12	6	23,00		

Figure 6.24 : Le tableau de valeurs

Avant de tenter le calcul de la moyenne mobile, vérifiez qu'il y aura assez de valeurs pour mener à bien le calcul sur le nombre choisi de périodes (en *C4*). Une fois la vérification effectuée, réalisez le calcul de la moyenne sur une plage de 10 cellules à compter de la cellule située sur la même ligne et dans la colonne *B*. Ensuite, calculez la moyenne sur la plage bornée par la cellule située sur la même ligne dans la colonne *B* et la cellule située 9 cellules plus haut (pour traiter 10 valeurs). Voici la formule à saisir en *C7* :

`=SI(A7>=$C$4;MOYENNE(B7:DECALER(B7;-$C$4+1;0));"")`

Le cœur de la formule est bien entendu le calcul de la moyenne :
`MOYENNE(B7:DECALER(B7;-$C$4+1;0))`

`DECALER(B7;-$C$4+1;0)` renvoie la cellule située 9 colonnes (`-$C$4+1`) au-dessus de *B7* et sur la même colonne (valeur 0 pour le décalage de colonnes). Pour le décalage de lignes, un nombre positif correspond à un décalage vers le bas, un nombre négatif à un décalage vers le haut. Pour le décalage de colonnes, un nombre positif correspond à un décalage vers la droite, un nombre négatif à un décalage vers la gauche.

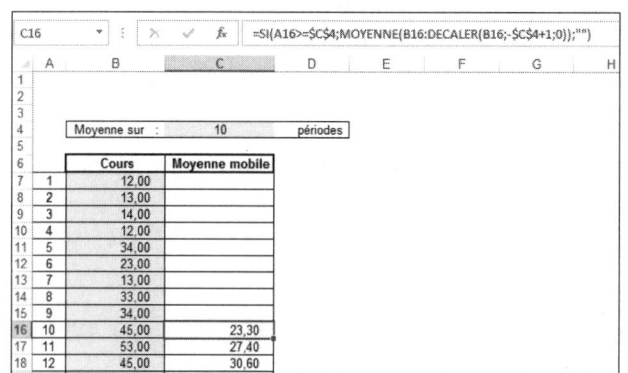

Figure 6.25 : Le calcul de la moyenne mobile

Faire des synthèses multicritères

À partir d'un logiciel de gestion des ventes, il est facile de recueillir des données très détaillées sur les ventes par produit, par mois, par magasin… Que faire ensuite de ces données ? Comment connaître simplement le total des ventes pour un magasin un mois donné, pour un article dans un magasin, pour un article un mois donné ?

Figure 6.26 : Des données très détaillées

6.4. Synthétiser des données | 141

Utiliser la fonction SOMMEPROD de façon détournée

Dans notre exemple, les données se trouvent sur la feuille **Données** (colonne *A* = magasin, colonne *B* = mois, colonne *C* = produit, colonne *D* = montant des ventes). Sur une feuille baptisée **Synthèse**, vous allez exploiter ces informations. Pour cela, vous utiliserez de façon détournée la fonction SOMMEPROD. Cette fonction effectue le produit ligne à ligne des valeurs des plages fournies en argument, puis calcule la somme de l'ensemble des produits. Vous exploiterez le fait que la valeur logique VRAI correspond à la valeur numérique 1, et la valeur logique FAUX à la valeur numérique 0, pour intégrer des plages qui seront en fait des tests sur différents critères.

Ainsi, si le mois choisi se trouve en *B3*, le magasin en *B4* et l'article en *B5* :

- Vous obtiendrez les ventes du magasin pour le mois avec la formule :

    =SOMMEPROD((Données!A2:A81=$B$4)*(Données!B2:B81=$B$3)* (Données!D2:D81))

- Vous obtiendrez les ventes de l'article dans le magasin avec la formule :

    =SOMMEPROD((Données!A2:A81=$B$4)*(Données!C2:C81=$B$5)* (Données!D2:D81))

- Vous obtiendrez les ventes de l'article sur le mois avec la formule :

    =SOMMEPROD((Données!B2:B81=$B$3)*(Données!C2:C81=$B$5)* (Données!D2:D81))

	A	B	C	D	E	F	G	H
B7		=SOMMEPROD((Données!A2:A81=$B$4)*(Données!B2:B81=$B$3)*(Données!D2:D81))						
1		Synthèse des ventes						
2								
3		Mois :	Mars					
4		Magasin :	Lyon					
5		Article :	PDA					
6								
7	Ventes du magasin pour le mois :	553 061 €						
8	Ventes de l'article dans le magasin :	408 100 €						
9	Ventes de l'article sur le mois :	206 976 €						

Figure 6.27 : Synthèses rapides

En fait, lorsque vous écrivez Données!A2:A81=$B$4, le résultat est une plage qui contient 1 lorsque la valeur de la colonne *A* est égale au contenu de *B4*, et 0 sinon. De même avec Données!B2:B81=$B$3. Ainsi, lorsque ces plages sont multipliées par Données!D2:D81, le résultat est une plage qui contient la valeur des ventes lorsque les critères sont respectés, et 0 sinon. SOMMEPROD calcule la somme des valeurs de cette plage, c'est-à-dire la somme des cellules de la colonne *D* pour lesquelles la cellule située sur la même ligne dans la colonne *A* contient le magasin choisi et la cellule située sur la même ligne dans la colonne *B* contient le mois choisi.

Pour aller plus loin, vous allez construire un tableau de synthèse des ventes mensuelles par produit. Pour cela, saisissez la liste des mois dans les cellules *B12* à *E12*, puis la liste des produits dans les cellules *A13* à *A17*.

	A	B	C	D	E
11					
12		Janvier	Février	Mars	Avril
13	Accessoires				
14	Appareils photo numériques				
15	Imprimantes				
16	Ordinateurs				
17	PDA				
18					

Figure 6.28 : Préparation du tableau de synthèse

En *B13*, la formule est :

`=SOMMEPROD((Données!$B$2:$B$81=B$12)*(Données!$C$2:$C$81=$A13)* Données!$D$2:$D$81)`

Il reste ensuite à étendre la formule à l'ensemble du tableau.

E17		fx	=SOMMEPROD((Données!$B$2:$B$81=E$12)*(Données!$C$2:$C$81=$A17)*Données!$D$2:$D$81)					
	A	B	C	D	E	F	G	H
1		Synthèse des ventes						
2								
3		Mois :	Mars					
4		Magasin :	Lyon					
5		Article :	PDA					
6								
7	Ventes du magasin pour le mois :		553 061 €					
8	Ventes de l'article dans le magasin :		408 100 €					
9	Ventes de l'article sur le mois :		206 976 €					
10								
11								
12			Janvier	Février	Mars	Avril		
13		Accessoires	167 335 €	326 095 €	410 130 €	382 935 €		
14		Appareils photo numériques	175 769 €	140 448 €	142 747 €	142 747 €		
15		Imprimantes	75 141 €	83 259 €	116 622 €	158 202 €		
16		Ordinateurs	91 500 €	523 500 €	323 625 €	355 125 €		
17		PDA	413 336 €	56 056 €	206 976 €	404 712 €		
18								

Figure 6.29 : Le tableau final

Notez au passage l'utilisation des références absolues et mixtes, qui permettent de remplir le tableau à partir d'une seule formule (saisie en *B13*).

Utiliser la nouvelle fonction SOMME.SI.ENS

La fonction `SOMME.SI.ENS` a été introduite à partir d'Excel 2007. Elle permet de totaliser des cellules en fonction de critères définis sur plusieurs autres plages (jusqu'à 127). Elle peut être considérée comme une extension de la fonction SOMME.SI qui permet, quant à elle, de définir un critère sur une seule plage de cellules.

> **RENVOI** Pour plus de détails sur la fonction SOMME.SI, vous pouvez vous reporter au chapitre *Calculer et dénombrer*.

Nous allons utiliser le même jeu de données que pour la fonction SOMMEPROD. Pour bien mettre en parallèle ces deux fonctions, nous allons réaliser les mêmes synthèses.

Ainsi, si le mois choisi se trouve en *B3*, le magasin en *B4* et l'article en *B5* :

- Vous obtiendrez les ventes du magasin pour le mois avec la formule :

    =SOMME.SI.ENS(Données!D2:D81;Données!A2:A81;$B$4;
    ✂ Données!B2:B81;$B$3)

- Vous obtiendrez les ventes de l'article dans le magasin avec la formule :

    =SOMME.SI.ENS(Données!D2:D81;Données!A2:A81;$B$4;
    ✂ Données!C2:C81;$B$5)

- Vous obtiendrez les ventes de l'article sur le mois avec la formule :

    =SOMME.SI.ENS(Données!D2:D81;Données!C2:C81;$B$5;
    ✂ Données!B2:B81;$B$3)

	A	B	C
1		**Synthèse des ventes**	
2			
3	Mois :	Mars	
4	Magasin :	Lyon	
5	Article :	PDA	
6			
7	Ventes du magasin pour le mois :	553 061 €	
8	Ventes de l'article dans le magasin :	408 100 €	
9	Ventes de l'article sur le mois :	206 976 €	

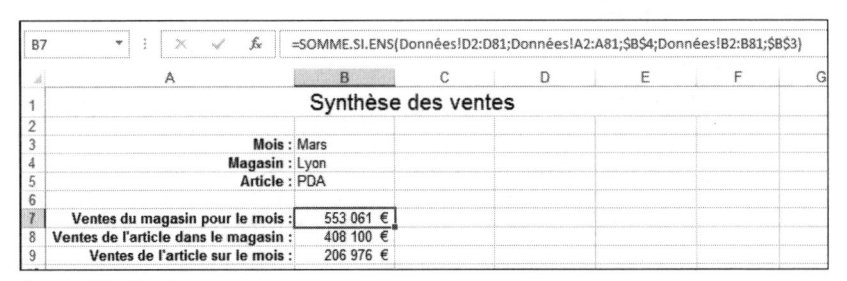

Figure 6.30 : Synthèses rapides

Pour aller plus loin, vous allez à présent utiliser la fonction SOMME.SI.ENS pour réaliser le tableau de synthèse des ventes mensuelles par produit.

En *B13*, la formule est :

=SOMME.SI.ENS(Données!$D$2:$D$81;Données!$B$2:$B$81;B$12;
✂ Données!$C$2:$C$81;$A13)

Il reste ensuite à étendre la formule à l'ensemble du tableau.

	A	B	C	D	E	F	G	H
			Synthèse des ventes					
1								
2								
3		Mois :	Mars					
4		Magasin :	Lyon					
5		Article :	PDA					
6								
7	Ventes du magasin pour le mois :		553 061 €					
8	Ventes de l'article dans le magasin :		408 100 €					
9	Ventes de l'article sur le mois :		206 976 €					
10								
11								
12			Janvier	Février	Mars	Avril		
13		Accessoires	167 335 €	326 095 €	410 130 €	382 935 €		
14		Appareils photo numériques	175 769 €	140 448 €	142 747 €	142 747 €		
15		Imprimantes	75 141 €	83 259 €	116 622 €	158 202 €		
16		Ordinateurs	91 500 €	523 500 €	323 625 €	355 125 €		
17		PDA	413 336 €	56 056 €	206 976 €	404 712 €		
18								

Cellule E17 : `=SOMME.SI.ENS(Données!$D$2:$D$81;Données!$B$2:$B$81;E$12;Données!$C$2:$C$81;$A17)`

Figure 6.31 : Le tableau de synthèse

Utiliser la nouvelle fonction NB.SI.ENS

Selon le même principe que la fonction SOMME.SI.ENS, la fonction NB.SI.ENS permet de compter des cellules respectant plusieurs critères.

En reprenant les données de l'exemple précédent, vous allez à présent déterminer le nombre d'achats d'Imprimantes de plus de 3000 € dans le magasin de Bordeaux.

La formule à utiliser est :

`=NB.SI.ENS(Données!A2:A81;"Bordeaux";Données!C2:C81; "Imprimantes"; Données!D2:D81;">=3000")`

CHAPITRE 7

TRAITER DES DONNÉES TEXTUELLES

Découvrir les fonctions indispensables 149
Effectuer des traitements simples 156
Combiner les fonctions pour des traitements plus complexes 159

La vocation première d'Excel n'est pas de faire du traitement de texte au sens strict du terme. C'est-à-dire mettre en forme des documents plus ou moins longs tels que des courriers, des comptes rendus, des rapports... Pour autant, Excel permet de traiter des données de type texte. Mais il s'agit plus de « manipulation de texte » que de « traitement de texte » à proprement parler. En effet, Excel permet de rechercher un texte dans un autre, d'isoler les caractères de gauche ou de droite d'un texte, d'isoler des mots, de compter les caractères ou les mots d'un texte... Ces types de traitements conviennent parfaitement pour organiser et structurer des données brutes reçues d'une autre application par exemple.

7.1. Découvrir les fonctions indispensables

Nous allons tout d'abord passer en revue les fonctions essentielles. Chacune d'elles est accompagnée d'un exemple simple.

CHERCHE

Renvoie la position du caractère dans une chaîne correspondant au caractère recherché ou au premier caractère d'une chaîne de caractères recherchée. La recherche dans la chaîne débute au niveau du caractère que vous indiquez ou au début de la chaîne en l'absence d'indication. CHERCHE ne tient pas compte de la casse.

Syntaxe :	CHERCHE(texte_cherché;texte;no_départ)
texte_cherché	Texte que vous voulez trouver. Vous pouvez utiliser les caractères génériques, le point d'interrogation (?) et l'astérisque (*) dans l'argument texte_cherché. Un point d'interrogation correspond à un caractère unique quelconque et l'astérisque à une séquence quelconque de caractères. Si vous voulez trouver réellement un point d'interrogation ou un astérisque, saisissez un tilde (~) devant ce caractère.
texte	Texte comprenant la chaîne de caractères que vous voulez trouver.
no_départ	Position du caractère dans l'argument texte à partir duquel la recherche doit débuter. Cet argument est facultatif.

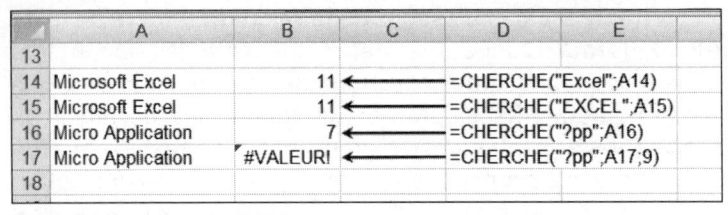

	A	B	C	D	E
13					
14	Microsoft Excel		11	←——— =CHERCHE("Excel";A14)	
15	Microsoft Excel		11	←——— =CHERCHE("EXCEL";A15)	
16	Micro Application		7	←——— =CHERCHE("?pp";A16)	
17	Micro Application		#VALEUR!	←——— =CHERCHE("?pp";A17;9)	
18					

Figure 7.1 : La fonction CHERCHE

CNUM

Convertit en nombre une chaîne de caractères représentant un nombre.

Syntaxe :   CNUM(texte)

texte   Texte placé entre guillemets ou référence à une cellule contenant le texte que vous voulez convertir.

	A	B	C	D
20			12	←——— =CNUM("12")
21	TEXTE		#VALEUR!	←——— =CNUM(A21)
22		28/03/2002	37343	←——— =CNUM(A22)
23		1 000,00 €	1000	←——— =CNUM(A23)

Figure 7.2 : La fonction CNUM

CTXT

Arrondit un nombre au nombre de décimales spécifié, lui applique le format décimal, à l'aide d'une virgule et d'espaces, et renvoie le résultat sous forme de texte.

Syntaxe :   CTXT(nombre;décimales;no_séparateur)

nombre   Nombre que vous voulez arrondir et convertir en texte.

décimales   Nombre de chiffres après la virgule.

no_séparateur   Valeur logique qui, lorsqu'elle est VRAI, permet d'éviter que des espaces soient insérés dans le texte renvoyé par CTXT.

	A	B	C	D	E
44	15324,52689	15324,53	←———	=CTXT(A44;2;VRAI)	
45	15324,52689	15 324,53	←———	=CTXT(A45;2;FAUX)	
46	12 345,12 €	12 345,1	←———	=CTXT(A46;1;FAUX)	
47	-1123,4545	-1 123,45	←———	=CTXT(A47)	
48					

Figure 7.3 : La fonction CTXT

DROITE

Renvoie le(s) dernier(s) caractère(s) d'une chaîne de texte, en fonction du nombre de caractères spécifiés.

Syntaxe :   DROITE(texte;no_car)

texte   Chaîne de texte contenant les caractères à extraire.

no_car   Nombre de caractères à extraire.

	A	B	C	D	E	F
49						
50		Code article	Type article			
51		4578-PF	PF	←	=DROITE(B51;2)	
52		1247-SF	SF	←	=DROITE(B52;2)	
53		1789-MP	MP	←	=DROITE(B53;2)	
54		1459-PF	PF	←	=DROITE(B54;2)	
55						

Figure 7.4 : La fonction DROITE

EXACT

Compare deux chaînes de caractères et renvoie la valeur VRAI si elles sont identiques et la valeur FAUX dans le cas contraire. EXACT respecte la casse (minuscules/majuscules) mais ne tient pas compte des différences de mise en forme.

Syntaxe :   EXACT(texte1;texte2)

texte1   Première chaîne de texte.

texte2   Seconde chaîne de texte.

	A	B	C	D	E	F
64						
65	Réponse saisie	Réponse attendue				
66	Pomme	Pomme	VRAI	←	=EXACT(A66;B66)	
67	abricot	Abricot	FAUX	←	=EXACT(A67;B67)	
68	pOIRE	Poire	FAUX	←	=EXACT(A68;B68)	
69	FRAISE	Fraise	FAUX	←	=EXACT(A69;B69)	
70						

Figure 7.5 : La fonction EXACT

GAUCHE

Renvoie le(s) premier(s) caractère(s) d'une chaîne en fonction du nombre de caractères que vous spécifiez.

Syntaxe :   GAUCHE(texte;no_car)

texte	Chaîne de texte contenant les caractères à extraire.
no_car	Nombre de caractères à extraire.

	A	B	C	D	E	F
76						
77	**Nom complet**	**Prénom**				
78	Jean Dupond	Jean	←	=GAUCHE(A78;CHERCHE(" ";A78))		
79	Aline Martin	Aline	←	=GAUCHE(A79;CHERCHE(" ";A79))		
80	Jean-Paul Rouve	Jean-Paul	←	=GAUCHE(A80;CHERCHE(" ";A80))		
81	Jeanne Durand	Jeanne	←	=GAUCHE(A81;CHERCHE(" ";A81))		

Figure 7.6 : La fonction GAUCHE

MAJUSCULE

Convertit un texte en majuscules.

Syntaxe : MAJUSCULE(texte)

texte — Texte que vous voulez convertir en majuscules. L'argument texte peut être une référence ou une chaîne de caractères.

	A	B	C	D	E	F	G	H	I
83									
84	**Nom complet**	**Prénom**	**NOM**						
85	Jean Dupond	Jean	DUPOND	←	=MAJUSCULE(DROITE(A85;NBCAR(A85)-CHERCHE(" ";A85)))				
86	Aline Martin	Aline	MARTIN	←	=MAJUSCULE(DROITE(A86;NBCAR(A86)-CHERCHE(" ";A86)))				
87	Jean-Paul Rouve	Jean-Paul	ROUVE	←	=MAJUSCULE(DROITE(A87;NBCAR(A87)-CHERCHE(" ";A87)))				
88	Jeanne Durand	Jeanne	DURAND	←	=MAJUSCULE(DROITE(A88;NBCAR(A88)-CHERCHE(" ";A88)))				

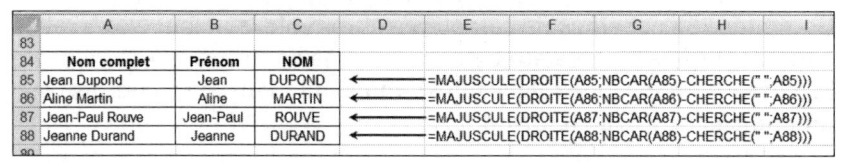

Figure 7.7 : La fonction MAJUSCULE

MINUSCULE

Convertit un texte en minuscules.

Syntaxe : MINUSCULE(texte)

texte — Texte que vous voulez convertir en minuscules. L'argument texte peut être une référence ou une chaîne de caractères.

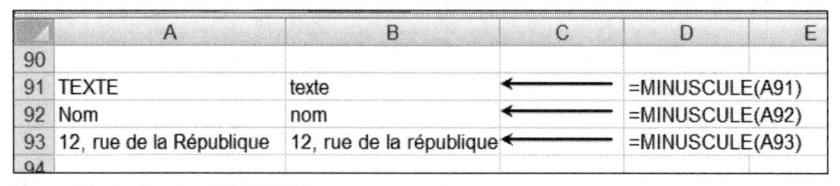

	A	B	C	D	E
90					
91	TEXTE	texte	←	=MINUSCULE(A91)	
92	Nom	nom	←	=MINUSCULE(A92)	
93	12, rue de la République	12, rue de la république	←	=MINUSCULE(A93)	

Figure 7.8 : La fonction MINUSCULE

NBCAR

Renvoie le nombre de caractères contenus dans une chaîne. Les espaces sont comptés comme des caractères.

Syntaxe :   NBCAR(texte)

texte   Texte dont vous souhaitez connaître la longueur.

	A	B	C	D	E	F
95						
96	Excel	contient 5 caractères	←	="contient "&NBCAR(A96)&" caractères"		
97	Micro Application	contient 17 caractères	←	="contient "&NBCAR(A97)&" caractères"		
98	12 mètres	contient 9 caractères	←	="contient "&NBCAR(A98)&" caractères"		
99	Anticonstitutionnellement	contient 25 caractères	←	="contient "&NBCAR(A99)&" caractères"		

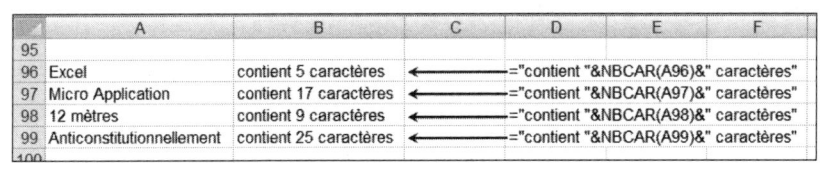

Figure 7.9 : La fonction NBCAR

REMPLACER

Remplace une chaîne de caractères par une autre, en fonction du nombre de caractères spécifiés.

Syntaxe :   REMPLACER(ancien_texte;no_départ;no_car; nouveau_texte)

ancien_texte   Texte dont vous voulez remplacer un nombre donné de caractères.

no_départ   Position du premier caractère de la chaîne ancien_texte où le remplacement par nouveau_texte doit commencer.

no_car   Nombre de caractères d'ancien_texte que nouveau_texte doit remplacer.

nouveau_texte   Texte qui doit remplacer les caractères d'ancien_texte.

	A	B	C	D
110				
111	Les prix sont affichés en Euros dans notre magasin			
112				
113				
114	=REMPLACER(A109;CHERCHE("Francs";A109);NBCAR("Francs");"Euros")			
115				

Figure 7.10 : La fonction REMPLACER

REPT

Répète un texte un certain nombre de fois.

Syntaxe :   REPT(texte;no_fois)

texte	Texte à répéter.
no_fois	Nombre positif indiquant le nombre de fois que le texte doit être répété.

	A	B	C	D	E	F	G	H	I	J
116										
117	**Intitulé**	**Valeurs**		Des histogrammes comme au bon vieux temps !!						
118	Produit A	1400	***************					=REPT($C$126;ENT(B118/$C$125))		
119	Produit B	2500	*************************					=REPT($C$126;ENT(B119/$C$125))		
120	Produit C	1200	************					=REPT($C$126;ENT(B120/$C$125))		
121	Produit D	900	*********					=REPT($C$126;ENT(B121/$C$125))		
122	Produit E	1900	*******************					=REPT($C$126;ENT(B122/$C$125))		
123										
124										
125	Valeur d'une graduation		100							
126	Motif		*							
127										

Figure 7.11 : La fonction REPT

STXT

Renvoie un nombre donné de caractères extraits d'une chaîne à partir de la position que vous avez spécifiée.

Syntaxe :	STXT(texte;no_départ;no_car)
texte	Chaîne de texte contenant les caractères à extraire.
no_départ	Position dans texte du premier caractère à extraire. Le premier caractère de texte a un no_départ égal à 1, et ainsi de suite.
no_car	Indique le nombre de caractères à extraire de texte.

	A	B	C	D	E	F	G
128							
129	**Désignation**	**Epaisseur**	**Longueur**	**Largeur**			
130	1,5x20x5000	1,5	5000	20	←	=STXT(A130;5;2)	
131	2,0x30x4000	2,0	4000	30	←	=STXT(A131;5;2)	
132	1,8x45x3000	1,8	3000	45	←	=STXT(A132;5;2)	
133							
134							
135			Utilisation de GAUCHE				
136				Utilisation de DROITE			

Figure 7.12 : La fonction STXT

SUBSTITUE

Remplace un texte par nouveau texte dans une chaîne de caractères.

Syntaxe :	SUBSTITUE(texte;ancien_texte;nouveau_texte; no_position)
texte	Texte ou référence à une cellule contenant le texte dont vous voulez remplacer certains caractères.
ancien_texte	Texte à remplacer.

`nouveau_texte`   Texte qui doit remplacer `ancien_texte`.

`no_position`   Spécifie l'occurrence de `ancien_texte` que vous souhaitez remplacer par `nouveau_texte`. Si vous spécifiez `no_position`, seule l'occurrence correspondante d'`ancien_texte` est remplacée. Sinon, toutes les occurrences d'`ancien_texte` sont remplacées.

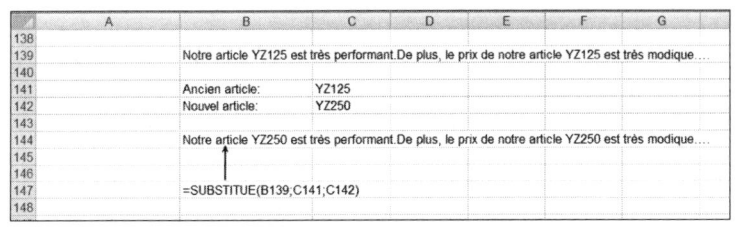

	A	B	C	D	E	F	G
138							
139		Notre article YZ125 est très performant.De plus, le prix de notre article YZ125 est très modique...					
140							
141		Ancien article:	YZ125				
142		Nouvel article:	YZ250				
143							
144		Notre article YZ250 est très performant.De plus, le prix de notre article YZ250 est très modique...					
145							
146							
147		=SUBSTITUE(B139;C141;C142)					
148							

Figure 7.13 : La fonction SUBSTITUE

SUPPRESPACE

Supprime tous les espaces d'un texte à l'exception des espaces simples entre les mots.

Syntaxe :   `SUPPRESPACE(texte)`

`texte`   Texte dont vous voulez supprimer les espaces.

	A	B	C	D	E
149					
150	Texte saisi	Texte "nettoyé"			
151	Michel Martin	Michel Martin	←	=SUPPRESPACE(A151)	
152	Aline Durand	Aline Durand	←	=SUPPRESPACE(A152)	
153	Jean- Paul Rouve	Jean- Paul Rouve	←	=SUPPRESPACE(A153)	
154	Maurice Barthélémy	Maurice Barthélémy	←	=SUPPRESPACE(A154)	
155					

Figure 7.14 : La fonction SUPPRESPACE

TEXTE

Convertit une valeur en texte selon un format de nombre spécifique.

Syntaxe :   `TEXTE(valeur;format_texte)`

`valeur`   Valeur numérique, formule dont le résultat est une valeur numérique ou une référence à une cellule contenant une valeur numérique.

`format_texte`   Format de nombre sous forme de texte défini dans la zone *Catégorie* située sous l'onglet **Nombre** de la boîte de dialogue **Format de cellule**.

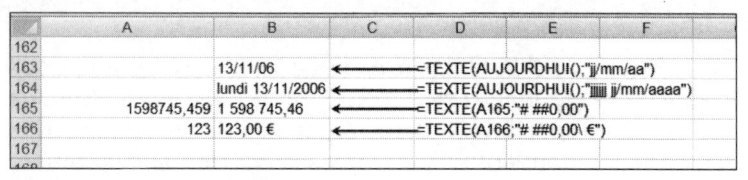

	A	B	C	D	E	F
162						
163		13/11/06	←	=TEXTE(AUJOURDHUI();"jj/mm/aa")		
164		lundi 13/11/2006	←	=TEXTE(AUJOURDHUI();"jjjj jj/mm/aaaa")		
165	1598745,459	1 598 745,46	←	=TEXTE(A165;"# ##0,00")		
166	123	123,00 €	←	=TEXTE(A166;"# ##0,00\ €")		
167						

Figure 7.15 : La fonction TEXTE

TROUVE

Recherche une chaîne de caractères au sein d'une autre chaîne de caractères et renvoie le numéro de départ de l'argument `texte_cherché`, à partir du premier caractère du texte. La fonction TROUVE tient compte de la casse.

Syntaxe :	`TROUVE(texte_cherché;texte;no_départ)`
`texte_cherché`	Texte que vous voulez trouver.
`texte`	Texte dans lequel vous cherchez.
`no_départ`	Caractère à partir duquel doit commencer la recherche. Le premier caractère de l'argument `texte` porte le numéro 1. Si l'argument `no_départ` est omis, la valeur par défaut est 1.

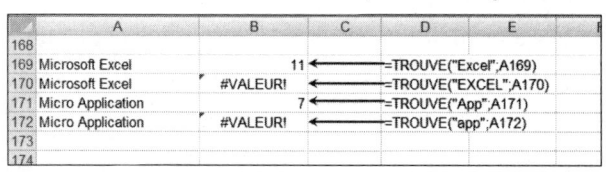

	A	B	C	D	E
168					
169	Microsoft Excel	11	←	=TROUVE("Excel";A169)	
170	Microsoft Excel	#VALEUR!	←	=TROUVE("EXCEL";A170)	
171	Micro Application	7	←	=TROUVE("App";A171)	
172	Micro Application	#VALEUR!	←	=TROUVE("app";A172)	
173					
174					

Figure 7.16 : La fonction TROUVE

7.2. Effectuer des traitements simples

Nous allons à présent décrire des traitements simples mettant en jeu des fonctions parmi les plus utilisées.

Juxtaposer des chaînes de caractères

Il s'agit sans doute de la manipulation la plus simple, puisqu'elle consiste à mettre bout à bout plusieurs chaînes de caractères. Supposons que vous disposiez des informations suivantes :

- en *A1*, le nom d'un individu (par exemple `DUPOND`) ;
- en *B1*, son prénom (par exemple `Jean`) ;
- en *C1*, sa profession (par exemple `Photographe`).

Pour juxtaposer ces trois chaînes de caractères, utilisez l'opérateur &. En *D1*, saisissez la formule =B1&" "&A1&", "&C1. Vous obtenez le texte Jean DUPOND, Photographe.

Intégrer des valeurs numériques dans des chaînes de caractères

Si vous souhaitez mixer, dans une même chaîne de caractères, du texte et des résultats de calcul, vous risquez des soucis de présentation. Ainsi, si en *A1* se trouve le prix hors taxe d'un produit et que vous souhaitiez écrire en *B1* le prix toutes taxes comprises accompagné d'un commentaire, voici la formule que vous pouvez écrire en *B1* :

="Le prix T.T.C. est de :" & A1*1,196

Si le prix hors taxe est de 100 euros, il n'y a pas de problème. En revanche, si le prix est de 123,45 euros, il y a trop décimales et cela nuit à la lisibilité de votre message !

B1		▼	f_x	="Le prix T.T.C est de : "&A1*1,196			
	A	B	C	D	E	F
1	123,45	Le prix T.T.C est de : 147,6462				
2						

Figure 7.17 : Il y a trop de décimales

Pour remédier à ce petit souci, utilisez la fonction TEXTE, qui permet non seulement de convertir un chiffre en texte, mais également de lui appliquer un format spécifié. La formule précédente devient alors :

="Le prix T.T.C. est de :" & TEXTE(A1*1,196;"0,00")

B1		▼	f_x	="Le prix T.T.C est de : "&TEXTE(A1*1,196;"0,00")			
	A	B	C	D	E	F	G
1	123,45	Le prix T.T.C est de : 147,65					
2							

Figure 7.18 : Le chiffre a été arrondi

De même, vous pouvez spécifier des formats de type date. Ainsi, pour afficher la date du jour en toutes lettres, voici la formule à utiliser :

="Aujourd'hui, nous sommes le : "&TEXTE(AUJOURDHUI();"jjjj jj mmmm aaaa")

Compter les caractères d'un texte

Pour compter le nombre de caractères d'un texte (espaces compris), utilisez la fonction NBCAR. Ainsi =NBCAR(A1) renverra le nombre de caractères contenus dans la cellule *A1*. Pour information, une cellule peut contenir jusqu'à 32 000 caractères.

Cette fonction donne un résultat correct même si la cellule contient une valeur numérique. Dans ce cas, elle renverra le nombre de caractères total, y compris la virgule, le signe moins... De plus, même si un format limitant l'affichage des décimales est appliqué, la fonction renverra le nombre total de caractères.

Rechercher dans un texte

Il est fréquent de chercher à localiser un caractère particulier ou un mot dans une chaîne de caractères plus importante. Pour cela, Excel dispose de deux fonctions, CHERCHE et TROUVE, qui renvoient en fait un nombre représentant la position de l'élément cherché dans le texte :

- CHERCHE ne fait pas de distinction entre les majuscules et les minuscules et autorise l'utilisation des caractères génériques (* et ?).
- TROUVE fait la distinction entre les majuscules et les minuscules, mais ne permet pas l'utilisation des caractères génériques (* et ?).

Si l'expression cherchée n'est pas présente dans le texte, ces fonctions renvoient le message d'erreur #VALEUR!.

Tableau 7.1 : Quelques exemples de formules de recherche

Formule	Résultat
=CHERCHE("E";"Le logiciel Excel")	2
=TROUVE("E";"Le logiciel Excel")	13
=CHERCHE("O";"Le logiciel Excel")	5
=TROUVE("O";"Le logiciel Excel")	#VALEUR!
=CHERCHE(" *ciel";"Le logiciel Excel")	3 (position du premier mot se terminant par « ciel »)
=CHERCHE(" ?ciel";"Le logiciel Excel")	#VALEUR! (pas de mot de cinq lettres se terminant par « ciel »)
=CHERCHE("?ciel";"Le logiciel Excel")	7 (position de la première chaîne de cinq caractères se terminant par « ciel »)

Dans les deux fonctions, un troisième argument facultatif permet de spécifier la position à partir de laquelle doit commencer la recherche (1 par défaut).

Remplacer un texte par un autre

Excel dispose des deux fonctions REMPLACER et SUBSTITUE pour remplacer une portion de texte par une autre :

- REMPLACER remplace un nombre spécifié de caractères d'un texte, à partir d'une position donnée, par une chaîne de caractères.
- SUBSTITUE recherche une chaîne de caractères dans un texte (en distinguant les majuscules et les minuscules), puis la remplace par une autre. Si la chaîne de caractères n'est pas présente dans le texte, la fonction renvoie le texte initial inchangé. Si le texte à remplacer est présent plusieurs fois, il est possible d'indiquer, grâce à un dernier paramètre (facultatif), quelle occurrence doit être remplacée.

Tableau 7.2 : Quelques exemples de formules de remplacement

Formule	Résultat
=REMPLACER("Participer";9;2;"ants")	Participants
=SUBSTITUE("Microsoft Excel 2007"; "2007";"2010")	Microsoft Excel 2010
=SUBSTITUE("Microsoft Excel 2007"; "2007";"")	Microsoft Excel
=SUBSTITUE("Microsoft Excel 2010"; "excel";"Access")	Microsoft Excel 2010
=SUBSTITUE("Budget 2009 / Réalisé 2009"; "2009";"2010")	Budget 2010 / Réalisé 2010
=SUBSTITUE("Budget 2009 / Réalisé 2009"; "2009";"2010";2)	Budget 2009 / Réalisé 2010

Pour la petite histoire, les deux formules suivantes sont équivalentes :

=SUBSTITUE(Texte;Chaîne1;Chaîne2)
=REMPLACER(Texte;TROUVE(Chaîne1;Texte);NBCAR(Chaîne1);Chaîne2)

7.3. Combiner les fonctions pour des traitements plus complexes

À présent, nous allons aborder des traitements plus complexes, nécessitant la combinaison de plusieurs fonctions.

Effacer des caractères à droite ou à gauche

Pour effacer le premier caractère de droite de la cellule *A1*, saisissez :

=GAUCHE(A1;NBCAR(A1)-1)

Pour effacer les deux premiers caractères de droite de la cellule *A1*, saisissez :

=GAUCHE(A1;NBCAR(A1)-2)

Et ainsi de suite...

Pour information, si vous souhaitez effacer uniquement le deuxième caractère de droite :

=REMPLACER(A1;NBCAR(A1)-2;1;"")

Pour effacer le premier caractère de gauche de la cellule *A1*, saisissez :

=DROITE(A1;NBCAR(A1)-1)

Pour effacer les deux premiers caractères de gauche de la cellule *A1*, saisissez :

=DROITE(A1;NBCAR(A1)-2)

Et ainsi de suite...

Compléter une chaîne caractères pour atteindre un nombre fixé de caractères

Pour faire en sorte qu'une cellule à laquelle vous affectez une chaîne de caractères de taille variable contienne un nombre fixé de caractères, vous pouvez utiliser la formule suivante. Supposons qu'en *A1* se trouve une chaîne de caractères de taille variable et que vous souhaitiez la compléter, avec des tirets, pour atteindre 30 caractères. Voici une formule qui répondra à ce besoin :

=A1&REPT("-";30-NBCAR(A1))

Compter le nombre d'occurrences d'un caractère ou d'un mot dans un texte

Pour compter combien de fois apparaît un caractère ou un mot dans un texte, vous disposez d'une méthode classique qui consiste à faire la différence entre le nombre de caractères du texte initial et le nombre de caractère du texte obtenu en supprimant toutes les occurrences du mot ou du caractère choisi. Si la recherche porte sur un caractère unique, le nombre obtenu est le nombre de fois où le caractère apparaît dans le texte. Si la recherche porte sur un mot, il faut diviser le nombre obtenu par le nombre de caractères du mot choisi. Si le texte initial se trouve en *A1* et le caractère ou le mot dont il faut compter les occurrences se trouve en *B1*, la formule suivante effectue le calcul :

`=(NBCAR(A1)-NBCAR(SUBSTITUE(A1;A2;"")))/NBCAR(A2)`

Extraire le premier mot d'un texte

Supposons que vous disposiez d'un texte dans la cellule *A1*. Comme dans tous les textes, les mots sont séparés par des espaces. C'est ce que vous allez exploiter pour identifier, puis isoler le premier mot. Il s'agit en fait de localiser le premier espace dans le texte. Le premier mot est situé à gauche de ce premier espace. La formule suivante met en œuvre ce mécanisme :

`=GAUCHE(A1;TROUVE(" ";A1)-1)`

Si le texte contient des espaces parasites (au début du texte, par exemple), vous pouvez inclure la fonction SUPPRESPACE dans la formule précédente, afin de « nettoyer » le texte avant de travailler dessus :

`=GAUCHE(SUPPRESPACE(A1);TROUVE(" ";SUPPRESPACE(A1))-1)`

Ces formules renvoient une erreur si le texte ne contient pas un seul espace. Il est possible de contourner de souci en utilisant la fonction SI :

`=SI(ESTERR(TROUVE(" ";A1));A1;GAUCHE(A1;TROUVE(" ";A1)-1))`

Extraire le dernier mot d'un texte

De la même façon que précédemment, il est possible d'isoler le dernier mot d'un texte. Dans ce cas, il s'agit d'identifier le dernier espace du texte et d'isoler tous les caractères se trouvant à sa droite. Pour identifier le dernier espace, il faut le différencier des autres espaces du texte, par exemple en le remplaçant par un autre caractère. Mais, il convient tout d'abord de compter le nombre d'espaces dans le texte. Or, nous avons vu précédemment comment compter le nombre d'occurrences d'un caractère dans un texte. Si le texte se trouve en *A1*, voici comment procéder :

`Nb_espaces=(NBCAR(A1)-NBCAR(SUBSTITUE(A1;" ";"")))/NBCAR(" ")`

Le dernier espace du texte porte donc le « numéro » `Nb_espaces` (si l'on considère que le numéro 1 est le plus près du début, c'est-à-dire le plus à gauche). Il reste maintenant à le remplacer par un caractère particulier, par exemple *. Pour cela, vous allez utiliser le dernier paramètre (facultatif) de la fonction SUBSTITUE :

`=SUBSTITUE(A1;" ";"*";Nb_espaces)`

Pour obtenir la position du dernier espace, recherchez le caractère « marqueur » :

```
Position_dernier_espace=TROUVE("*";SUBSTITUE(A1;" ";"*";Nb_espaces))
```

Enfin, le dernier mot est la partie du texte située à droite du dernier espace :

```
Dernier_mot=DROITE(A1;NBCAR(A1)-Position_dernier_espace)
```

Soit, en combinant les formules intermédiaires :

```
Dernier_mot =DROITE(A1;NBCAR(A1)-TROUVE("*";SUBSTITUE(A1;
" ";"*";NBCAR(A1)-NBCAR(SUBSTITUE(A1;" ";"")))))
```

Séparer les mots d'un texte

Nous avons décrit des solutions pour isoler successivement le premier et le dernier mot d'un texte. Supposons maintenant que vous disposiez du nom complet d'un individu, par exemple « Mr Paul DUPOND », et que vous souhaitiez obtenir dans trois cellules distinctes les trois éléments de ce nom, à savoir « `Mr` », « `Paul` » et « `DUPOND` ».

Nous ne reviendrons pas sur le moyen d'obtenir le premier et le dernier mot puisque les méthodes ont déjà été décrites. En revanche, nous allons nous attarder sur les moyens d'isoler le mot « Paul ». En fait, ce mot est compris entre le premier et le deuxième espace du texte. Il convient donc d'identifier le premier et le deuxième espace.

```
Premier_espace=TROUVE("*";SUBSTITUE(A1;" ";"*";1))
Deuxième_espace=TROUVE("*";SUBSTITUE(A1;" ";"*";2))
```

Ensuite, il reste à extraire les caractères compris entre ces deux positions :

```
Deuxième_mot=STXT(A1;Premier_espace+1;
✂ Deuxième_espace-Premier_ espace-1)
```

Soit, en combinant les formules intermédiaires :

```
Deuxième_mot=STXT(A1; TROUVE("*";SUBSTITUE(A1;" ";"*";1))+1;
✂ TROUVE("*";SUBSTITUE(A1;" ";"*";2))- TROUVE("*";SUBSTITUE(A1;
✂ " ";"*";1))-1)
```

Il est possible de généraliser cette formule puisque, si le texte est composé de plus de trois mots, le troisième mot sera situé entre le deuxième et le troisième espace, le quatrième mot sera situé entre le troisième et le quatrième espace…

CHAPITRE 8

FAIRE DES CALCULS SUR LES DATES ET LES HEURES

Comprendre la représentation des dates dans Excel 165
Découvrir les fonctions indispensables 168
Faire des calculs sur les dates 174
Faire des calculs sur les heures 178

Dans bon nombre de situations, il s'avère nécessaire de travailler avec des dates : calcul de délais, vérification d'échéances... Il est également fréquent d'avoir à manipuler des heures, pour des calculs de durées, par exemple. Pour toutes ces applications (et bien d'autres), Excel vous aidera grâce, d'une part, à une « modélisation » des dates et des heures qui permet de réaliser simplement des calculs et, d'autre part, à de nombreuses fonctions.

8.1. Comprendre la représentation des dates dans Excel

Avant d'entrer dans le vif du sujet, il convient au préalable de bien expliciter les principes qui fondent la représentation des dates dans Excel.

Découvrir la notion de numéro de série

Excel enregistre les dates sous la forme de nombres séquentiels appelés « numéros de série ». Par défaut, le 1er janvier 1900 correspond au numéro de série 1, et le 1er janvier 2013 au numéro de série 41275 car 41275 jours se sont écoulés depuis le 1er janvier 1900. Excel enregistre les heures sous la forme de fractions décimales car l'heure est considérée comme une partie de la journée. C'est pourquoi 0,5 correspond à l'heure de midi, et 0,75 à 18 heures.

Les dates et les heures étant des valeurs, elles peuvent être ajoutées, soustraites et incluses dans d'autres calculs. Pour afficher une date sous la forme d'un numéro de série et une heure sous la forme d'une fraction décimale, affectez le format *Standard* à la cellule contenant la date ou l'heure.

Distinguer les systèmes de dates

Excel prend en charge deux systèmes de dates : le calendrier depuis 1900 et le calendrier depuis 1904. Le calendrier par défaut d'Excel pour Windows est le calendrier depuis 1900. Le calendrier par défaut d'Excel pour Macintosh est le calendrier depuis 1904. Vous pouvez changer le système de dates. Pour cela, cliquez sur le menu **Fichier**, puis sur **Options**. Dans la boîte de dialogue **Options Excel**, sélectionnez la catégorie **Options avancées**, puis activez ou désactivez la case à cocher *Utiliser le calendrier depuis 1904* dans la rubrique *Lors du calcul de ce classeur*.

Le système de date est automatiquement modifié lorsque vous ouvrez un document à partir d'une autre plate-forme. Par exemple, si vous travaillez sous Excel pour Windows et que vous ouvrez un document créé sous Excel pour Macintosh, la case à cocher *Utiliser le calendrier depuis 1904* est automatiquement activée.

Le tableau suivant affiche la première et la dernière date de chaque calendrier et le numéro de série associé à chaque date.

Tableau 8.1 : Les systèmes de dates

Base annuelle	Première date	Dernière date
1900	1er janvier 1900 (numéro de série 1)	31 décembre 9999 (numéro de série 2958465)
1904	2 janvier 1904 (numéro de série 1)	31 décembre 9999 (numéro de série 2957003)

Saisir des dates et des heures

Lorsque vous saisissez une date dans un format reconnu par Excel, ce dernier met automatiquement la date saisie dans le format de date par défaut. Ainsi, si vous saisissez `04/02/13`, Excel affiche `04/02/2013`. Il s'agit uniquement d'un format ; il n'a pas d'impact sur la valeur. En d'autres termes, Excel reconnaît l'entrée `04/12/12` comme une date valide, la convertit en numéro de série et formate le résultat sous la forme `jj/mm/aaaa`. Le contenu de la cellule est bien une valeur numérique (numéro de série), associée à un format de date.

Pour saisir une date dans Excel, séparez les jours, mois et années par des / ou des -. Si vous saisissez le mois en lettres, vous pouvez séparer le jour, le mois et l'année par des espaces. Voici quelques exemples de saisies correctes :

- `04/02/13` est affiché `04/02/2013`.
- `04-02-13` est affiché `04/02/2013`.
- `04 février 2013` est affiché `04-févr-2013`.
- `04/02` est affiché `04-févr`.

Lors d'une saisie de date, si le jour n'est pas indiqué, la date correspond au premier jour du mois (ainsi `02/2013` est affiché `févr-2003` mais la cellule contient la valeur `01/02/2013`).

Pour la saisie des heures, seul le caractère : est autorisé pour séparer les heures et les minutes. Voici quelques exemples de saisies correctes :

- `23:6` est affiché `23:06`.

- `23:` est affiché `23:00`.
- `45:12` est affiché `45:12:00`.

Paramétrer l'interprétation du siècle

Pour veiller à ce que les valeurs d'année soient interprétées comme vous le souhaitez, saisissez les quatre chiffres (`2013` plutôt que `13`). Dans ce cas, Excel n'interprète pas le siècle à votre place. Sinon, les règles suivantes sont appliquées.

Si vous utilisez Windows, la rubrique **Horloge, langue et région** du **Panneau de configuration** de Windows permet d'accéder à la boîte de dialogue **Région et langue**. Dans l'onglet **Format** de cette boîte de dialogue, il faut cliquer sur le bouton **Paramètres supplémentaires** afin d'accéder à la boîte de dialogue **Personnaliser le format**. L'onglet **Date** permet ensuite d'accéder au paramètre qui contrôle la façon dont Excel interprète les années à deux chiffres.

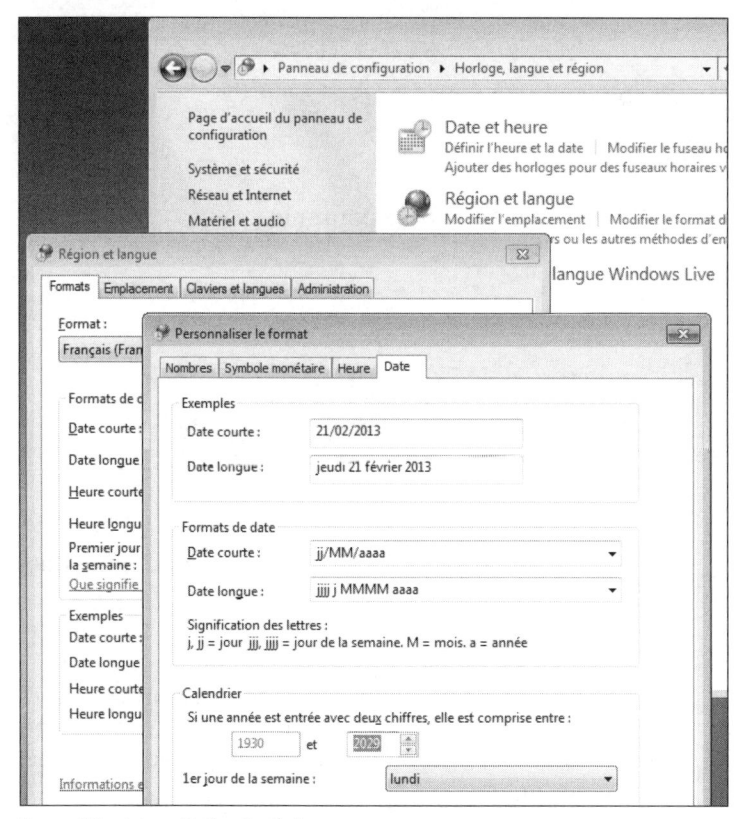

Figure 8.1 : Interprétation du siècle

8.2. Découvrir les fonctions indispensables

Nous allons tout d'abord passer en revue les fonctions essentielles. Chacune d'elles est accompagnée d'un exemple simple.

ANNEE

Renvoie l'année correspondant à une date. L'année est renvoyée sous la forme d'un nombre entier dans la plage 1900-9999.

Syntaxe : ANNEE(numéro_de_série)

numéro_de_série   Numéro de série de la date dont vous voulez trouver l'année.

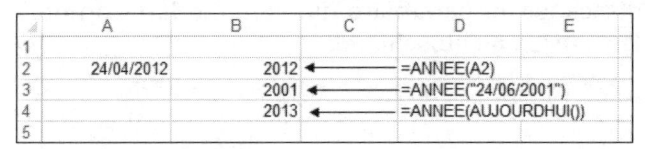

	A	B	C	D	E
1					
2	24/04/2012		2012 ←	=ANNEE(A2)	
3			2001 ←	=ANNEE("24/06/2001")	
4			2013 ←	=ANNEE(AUJOURDHUI())	
5					

Figure 8.2 : La fonction ANNEE

AUJOURDHUI

Renvoie le numéro de série de la date courante.

Syntaxe : AUJOURDHUI( )

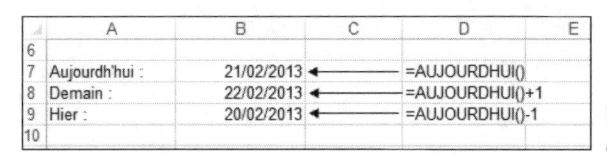

	A	B	C	D	E
6					
7	Aujourdh'hui :		21/02/2013 ←	=AUJOURDHUI()	
8	Demain :		22/02/2013 ←	=AUJOURDHUI()+1	
9	Hier :		20/02/2013 ←	=AUJOURDHUI()-1	
10					

Figure 8.3 : La fonction AUJOURDHUI

DATE

Renvoie le numéro de série séquentiel qui représente une date particulière.

Syntaxe : DATE(année,mois,jour)

année   Argument pouvant compter entre un et quatre chiffres. Excel interprète l'argument année en fonction du système de dates que vous utilisez.

mois   Nombre représentant le mois de l'année.

jour   Nombre représentant le jour du mois.

	A	B	C	D	E	F	G
12							
13	Commande:		Année:	2013			
14			Mois:	2			
15			Jour:	12			
16							
17	Délai de livraison:			15			
18							
19	Date de livraison :			27/02/2013 ←		=DATE(C14;C15;C16)+C18	
20							

Figure 8.4 : La fonction DATE

DATEDIF

Calcule la différence entre deux dates en années, mois et jours.

Syntaxe :   DATEDIF(date_début;date_fin;unité)

date_début   Date de début.

date_fin   Date de fin.

unité   Indique en quelle unité doit être calculée la différence entre les deux dates. L'argument unité peut prendre les valeurs présentes dans le tableau suivant :

Tableau 8.2 : Valeurs possibles pour l'argument unité

Valeur de l'argument	Signification
"y"	Différence en années
"m"	Différence en mois
"d"	Différence en jours
"ym"	Différence en mois, une fois les années soustraites
"yd"	Différence en jours, une fois les années soustraites
"md"	Différence en jours, une fois les années et les mois soustraits

	A	B	C	D	E	F	G	H
1	Date d'entrée :	23/10/1995						
2	Date du jour :	27/02/2010						
3								
4	Ancienneté:	14		ans	4	mois	4	jours
5		↑			↑		↑	
6		=DATEDIF(B1;B2;"y")				=DATEDIF(B1;B2;"md")		
7								
8				=DATEDIF(B1;B2;"ym")				
9								

Figure 8.5 : La fonction DATEDIF

> **REMARQUE — Particularité de cette fonction**
> Cette fonction n'apparaît pas dans la liste des fonctions de la boîte de dialogue **Insérer une fonction**.

FIN.MOIS

Renvoie le numéro de série du dernier jour du mois précédant ou suivant `date_départ` du nombre de mois indiqué.

Syntaxe : `FIN.MOIS(date_départ;mois)`

`date_départ` Date de début.

`mois` Nombre de mois avant ou après `date_départ`. Une valeur de mois positive donne une date future, tandis qu'une valeur négative donne une date passée.

	A	B	C	D	E	F	G	H
28								
29			Date facture :	25/02/2013				
30								
31			Règlement 30 jours nets :	27/03/2013 ←		=+D29+30		
32			Règlement 30 jours fin de mois :	31/03/2013 ←		=FIN.MOIS(D29+30;0)		
33			Règlement 30 jours fin de mois le 10 :	10/04/2013 ←		=FIN.MOIS(D29+30;0)+10		
34								

Figure 8.6 : La fonction FIN.MOIS

HEURE

Renvoie l'heure correspondant à la valeur de l'heure fournie. L'heure est un nombre entier compris entre 0 (12:00 AM) et 23 (11:00 PM).

Syntaxe : `HEURE(numéro_de_série)`

`numéro_de_série` Code de temps correspondant à l'heure que vous voulez trouver. Les codes de temps peuvent être entrés sous la forme de chaînes de caractères entre guillemets (par exemple, `"6:45 PM"`), de caractères décimaux (par exemple, `0,78125`, qui représente 6:45 PM) ou de résultats d'autres formules ou fonctions (`TEMPSVAL("6:45 PM")`).

	A	B	C	D	E
44					
45			13 ←	=HEURE(MAINTENANT())	
46					
47	27/04/2012 09:45		9 ←	=HEURE(A47)	
48					

Figure 8.7 : La fonction HEURE

JOUR

Renvoie le jour du mois correspondant à l'argument numéro_de_série. Ce jour est représenté sous la forme d'un nombre entier compris entre 1 et 31.

Syntaxe :   JOUR(numéro_de_série)

numéro_de_série   Code de date du jour que vous voulez trouver.

	A	B	C	D	E
49					
50			21	◄———— =JOUR(MAINTENANT())
51					
52	27/04/2012 09:45		27	◄———— =JOUR(A52)
53					

Figure 8.8 : La fonction JOUR

JOURSEM

Renvoie le jour de la semaine correspondant à une date. Par défaut, le jour est donné sous forme d'un nombre entier compris entre 0 et 7.

Syntaxe :   JOURSEM(numéro_de_série;type_retour)

numéro_de_série   Numéro séquentiel représentant la date du jour que vous cherchez.

type_retour   Chiffre qui détermine le type d'information que la fonction renvoie.

Tableau 8.3 : Liste des valeurs possibles de type_retour

Valeur de type_retour	Chiffre renvoyé
1 ou omis	Chiffre compris entre 1 (dimanche) et 7 (samedi)
2	Chiffre compris entre 1 (lundi) et 7 (dimanche)
3	Chiffre compris entre 0 (lundi) et 6 (dimanche)

	A	B	C	D	E	F
61						
62		Date de naissance:	16/10/1971			
63						
64	Vous êtes né un Samedi					
65		↑				
66						
67	=CHOISIR(JOURSEM(C62);"Dimanche";"Lundi";"Mardi";"Mercredi";"Jeudi";"Vendredi";"Samedi")
68						

Figure 8.9 : La fonction JOURSEM

MAINTENANT

Donne le numéro de série de la date et de l'heure courantes.

Syntaxe : MAINTENANT()

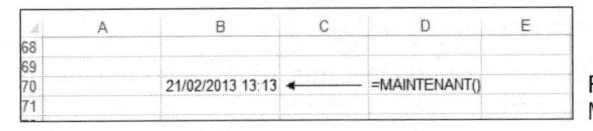

	A	B	C	D	E
68					
69					
70		21/02/2013 13:13	←	=MAINTENANT()	
71					

Figure 8.10 : La fonction MAINTENANT

MOIS

Renvoie le mois d'une date représentée par l'argument numéro_de_série. Le mois est donné sous la forme d'un nombre entier compris entre 1 (janvier) et 12 (décembre).

Syntaxe : MOIS(numéro_de_série)

numéro_de_série   Code de date du mois que vous voulez trouver.

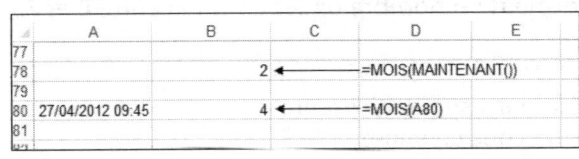

	A	B	C	D	E
77					
78			2	←	=MOIS(MAINTENANT())
79					
80	27/04/2012 09:45		4	←	=MOIS(A80)
81					

Figure 8.11 : La fonction MOIS

MOIS.DECALER

Renvoie le numéro de série qui représente la date correspondant à une date spécifiée (l'argument date_départ), corrigée du nombre de mois indiqué.

Syntaxe : MOIS.DECALER(date_départ;mois)

date_départ   Date qui définit la date à partir de laquelle doit s'appliquer le décalage.

mois   Nombre de mois avant ou après date_départ. Une valeur de mois positive donne une date future, tandis qu'une valeur négative donne une date passée.

	A	B	C	D	E	F
82						
83		Date du jour :	25/02/2013			
84		Un mois plus tard :	25/03/2013	←	=MOIS.DECALER(C83;1)	
85		Deux mois plus tard :	25/04/2013	←	=MOIS.DECALER(C83;2)	
86		Un mois plus tôt :	25/01/2013	←	=MOIS.DECALER(C83;-1)	
87						

Figure 8.12 : La fonction MOIS.DECALER

NB.JOURS.OUVRES

Renvoie le nombre de jours ouvrés entiers compris entre `date_début` et `date_fin`. Les jours ouvrés excluent les fins de semaine et toutes les dates identifiées comme des jours fériés.

Syntaxe :

NB.JOURS.OUVRES(date_début;date_fin;jours_fériés)

`date_début`   Date de début.

`date_fin`   Date de fin.

`jours_fériés`   Une plage facultative d'une ou de plusieurs dates à exclure du calendrier des jours de travail, comme les jours fériés ou d'autres jours contractuellement chômés.

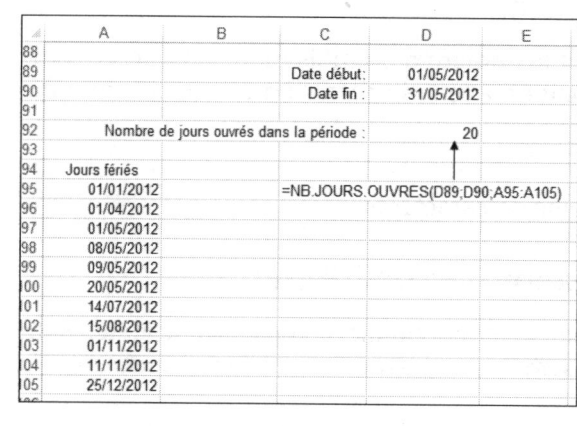

	A	B	C	D	E
88					
89			Date début:	01/05/2012	
90			Date fin :	31/05/2012	
91					
92		Nombre de jours ouvrés dans la période :		20	
93					
94	Jours fériés				
95	01/01/2012		=NB.JOURS.OUVRES(D89;D90;A95:A105)		
96	01/04/2012				
97	01/05/2012				
98	08/05/2012				
99	09/05/2012				
100	20/05/2012				
101	14/07/2012				
102	15/08/2012				
103	01/11/2012				
104	11/11/2012				
105	25/12/2012				

Figure 8.13 : La fonction NB.JOURS.OUVRES

NO.SEMAINE

Renvoie le numéro d'ordre de la semaine dans l'année.

Syntaxe :

NO.SEMAINE(numéro_de_série;méthode)

`numéro_de_série`   Date de la semaine.

`méthode`   Détermine quel jour est considéré comme le début de la semaine. La valeur par défaut est 1.

	A	B	C	D	E
107					
108	01/01/2012	1	◄───	=NO.SEMAINE(A108)	
109	25/01/2012	4	◄───	=NO.SEMAINE(A109)	
110	12/03/2012	11	◄───	=NO.SEMAINE(A110)	
111	31/08/2012	35	◄───	=NO.SEMAINE(A111)	
112	30/12/2012	53	◄───	=NO.SEMAINE(A112)	
113					

Figure 8.14 : La fonction NO.SEMAINE

8.3. Faire des calculs sur les dates

Nous allons présenter quelques formules classiques relatives aux calculs avec les dates. Il s'agit principalement de formules destinées à déterminer des dates particulières telles que le premier jour ou le dernier jour d'un mois.

Afficher la date du jour dans un texte

Pour inclure la date du jour, en toutes lettres, dans un texte, utilisez la fonction de conversion TEXTE, avec un format adapté :

`="Aujourd'hui, nous sommes le "&TEXTE(AUJOURDHUI();"jjjj jj mmmm aaaa")`

Écrire le mois en lettres

Si la cellule *A1* contient le numéro d'un mois (donc un nombre de 1 à 12) et que vous souhaitiez obtenir le nom du mois, voici la formule à utiliser :

`=TEXTE("1/"&A1;"mmmm")`

Le résultat est une chaîne de caractères.

Écrire le jour de la semaine en lettres

Supposons que la cellule *A1* contienne à présent une date. Pour obtenir le jour de la semaine correspondant à cette date, voici la formule à utiliser :

`=TEXTE(A1;"jjjj")`

Pour obtenir le jour de la semaine correspondant à la date du jour, utilisez la formule suivante :

`=TEXTE(AUJOURDHUI();"jjjj")`

Déterminer le numéro du trimestre

Pour déterminer dans quel trimestre de l'année se situe une date saisie en *A1*, voici la formule à utiliser :

`=PLAFOND(MOIS(A1)/3;1)`

`MOIS(A1)` fournit le numéro du mois de la date. Pour obtenir le numéro du trimestre, divisez ce mois par 3 et arrondissez à l'entier supérieur (fonction PLAFOND).

Déterminer le dernier jour du mois

Pour obtenir la date du dernier jour du mois courant, utilisez la formule suivante :

`=FIN.MOIS(AUJOURDHUI();0)`

Ou celle-ci :

`=DATE(ANNEE(AUJOURDHUI());MOIS(AUJOURDHUI())+1;1)-1`

La fonction `DATE`, grâce aux arguments fournis, renvoie la date du premier jour du mois suivant. Ensuite, enlevez un jour pour obtenir la date du dernier jour du mois !

Déterminer le premier jour du mois

Pour obtenir la date du premier jour du mois courant, voici la formule :

`=FIN.MOIS(AUJOURDHUI();-1)+1`

La fonction `FIN.MOIS` fournit la date correspondant au dernier jour du mois précédent (deuxième argument égal à -1). Ajoutez 1 pour obtenir le premier jour du mois !

Autre solution :

`=DATE(ANNEE(AUJOURDHUI());MOIS(AUJOURDHUI());1)`

Calculer le nombre de jours du mois

Pour obtenir le nombre de jours d'un mois correspondant à une date saisie en *A1*, voici la formule à employer :

`=JOUR(DATE(ANNEE(A1);MOIS(A1)+1;1)-1)`

Le principe est simple : il s'agit, dans un premier temps, de déterminer le dernier jour du mois, puis, à l'aide de la fonction `JOUR`, de renvoyer le numéro du jour correspondant. Le nombre de jours d'un mois est bien entendu égal au numéro de son dernier jour (par exemple, 31 pour décembre).

Déterminer la date du dimanche précédent

La formule suivante fournit la date du dimanche précédant la date du jour :

`=AUJOURDHUI()-(JOURSEM(AUJOURDHUI())-1)-SI(JOURSEM(AUJOURDHUI()) =1;7;0)`

Cela mérite quelques explications ! La fonction `JOURSEM` renvoie 1 si la date du jour est un dimanche, 2 si la date du jour est un samedi. Donc, en fonction du jour correspond à la date courante, il s'agit de calculer le décalage nécessaire pour obtenir le dimanche précédent.

Tableau 8.4 : Calcul des décalages

Jour de la semaine	Numéro	Décalage nécessaire
Dimanche	1	-7
Lundi	2	-1
Mardi	3	-2
Mercredi	4	-3
Jeudi	5	-4
Vendredi	6	-5
Samedi	7	-6

Sauf pour le dimanche, retranchez (JOURSEM(AUJOURDHUI)-1) pour obtenir le dimanche précédent. Pour ce qui est du dimanche, retranchez 7 (SI(JOURSEM(AUJOURDHUI())=1;7;0)).

En procédant de la même manière, vous pouvez généraliser cette formule pour obtenir n'importe quel jour précédant la date du jour :

- Lundi précédent :

    ```
    =AUJOURDHUI()-(JOURSEM(AUJOURDHUI())-2)
    - -SI(JOURSEM(AUJOURDHUI())<=2;7;0)
    ```

- Mardi précédent :

    ```
    =AUJOURDHUI()-(JOURSEM(AUJOURDHUI())-3)
    - -SI(JOURSEM(AUJOURDHUI())<=3;7;0)
    ```

- Mercredi précédent :

    ```
    =AUJOURDHUI()-(JOURSEM(AUJOURDHUI())-4)
    - -SI(JOURSEM(AUJOURDHUI())<=4;7;0)
    ```

- Jeudi précédent :

    ```
    =AUJOURDHUI()-(JOURSEM(AUJOURDHUI())-5)
    - -SI(JOURSEM(AUJOURDHUI())<=5;7;0)
    ```

- Vendredi précédent :

    ```
    =AUJOURDHUI()-(JOURSEM(AUJOURDHUI())-6)
    - -SI(JOURSEM(AUJOURDHUI())<=6;7;0)
    ```

- Samedi précédent :

    ```
    =AUJOURDHUI()-(JOURSEM(AUJOURDHUI())
    ```

Pour obtenir n'importe quel jour suivant la date du jour, voici les formules à utiliser :

- Dimanche suivant :

  `=AUJOURDHUI()+(8-JOURSEM(AUJOURDHUI()))`

- Lundi suivant :

  `=AUJOURDHUI()+(9-JOURSEM(AUJOURDHUI()))`
  `✂ -SI(JOURSEM(AUJOURDHUI())=1;7;0)`

- Mardi suivant :

  `=AUJOURDHUI()+(10-JOURSEM(AUJOURDHUI()))`
  `✂ -SI(JOURSEM(AUJOURDHUI())<=2;7;0)`

- Mercredi suivant :

  `=AUJOURDHUI()+(11-JOURSEM(AUJOURDHUI()))`
  `✂ -SI(JOURSEM(AUJOURDHUI())<=3;7;0)`

- Jeudi suivant :

  `=AUJOURDHUI()+(12-JOURSEM(AUJOURDHUI()))`
  `✂ -SI(JOURSEM(AUJOURDHUI())<=4;7;0)`

- Vendredi suivant :

  `=AUJOURDHUI()+(13-JOURSEM(AUJOURDHUI()))`
  `✂ -SI(JOURSEM(AUJOURDHUI())<=5;7;0)`

- Samedi suivant :

  `=AUJOURDHUI()+(14-JOURSEM(AUJOURDHUI()))`
  `✂ -SI(JOURSEM(AUJOURDHUI())<=6;7;0)`

Convertir depuis le format américain

Si vous avez à traiter un classeur réalisé dans une version anglo-saxonne d'Excel, les dates seront sans doute au format mm/jj/aaaa (par exemple 10/30/2010), c'est-à-dire qu'elles ne seront pas reconnues par notre Excel français ! Pour remédier à ce petit problème, voici une formule de conversion. Si la date est en *A1*, saisissez :

`=DATE(DROITE(A1;4);GAUCHE(A1;2);STXT(A1;4;2))`

Repérer une date anniversaire

Si vous utilisez Excel pour gérer votre Carnet d'adresses, vous pouvez créer une fonction « Anniversaire », qui affichera un message en face du nom de votre ami le jour de son anniversaire. Pour cela, supposons que sa date de naissance se trouve en *D10* :

`=SI(ET(MOIS(AUJOURDHUI())=MOIS(D10);JOUR(AUJOURDHUI())`
`✂ =JOUR(D10));"Bon anniversaire";"")`

Il suffit de tester que le jour et le mois courants sont identiques à la date de naissance.

Vous pouvez améliorer cette formule afin d'être prévenu de l'événement dix jours avant la date anniversaire, et d'afficher ce rappel jusqu'au jour en question :

```
=SI(ABS(AUJOURDHUI()-DATE(ANNEE(AUJOURDHUI());MOIS(D10);
 JOUR(D10)))<=10;"Période d'anniversaire";"")
```

Il faut vérifier que la valeur absolue de la différence entre la date du jour et la date correspondant à l'anniversaire pour l'année en cours (soit `DATE(ANNEE(AUJOURDHUI());MOIS(D10);JOUR(D10))`) est inférieure ou égale à 10.

Tester si une année est bissextile

Pour tester si le mois de février compte 29 jours ou non, en supposant que l'année soit saisie en *A1*, voici la formule à utiliser :

```
=SI(MOIS(DATE(A1;2;29))=2;"Année bissextile";"")
```

Vous profitez ici de la « souplesse » d'Excel. En effet, si le 29 février de l'année choisie existe, `DATE(A1;2;29)` renvoie bien `29/02/aaaa`. En revanche, si cette date n'existe pas, `DATE(A1;2;29)` renvoie `01/03/aaaa`. Testez alors le mois de cette date et vérifiez qu'il est bien égal à 2.

8.4. Faire des calculs sur les heures

Nous allons à présent détailler deux traitements relatifs aux heures.

Transformer des heures décimales en heures et minutes

Il est fréquent d'avoir à convertir des heures décimales en heures et minutes (par exemple, 10,5 heures correspondent à `10:30`). Vous allez exploiter la représentation des dates et heures dans Excel. Dans Excel, `0,5` correspond à 12 heures (voir la notion de numéro de série). Donc, la solution est simple : divisez les heures décimales par 24 et appliquez un format de type `hh:mm`.

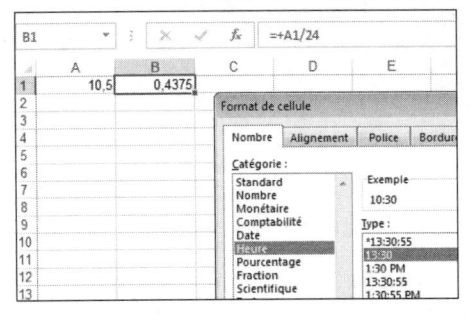

Figure 8.15 : Conversion en heures et minutes

Transformer des minutes en heures et minutes

De la même manière, vous pouvez convertir des minutes en heures et minutes. Ainsi 100 minutes correspondent à 1h40. Le principe est le suivant : divisez les minutes par 1440 (24 × 60) et appliquez un format de type hh:mm.

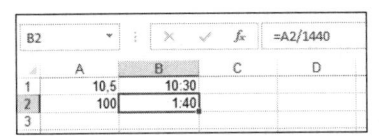

Figure 8.16 : Résultat après application du format hh:mm

Calculer avec des taux horaires

Pour faire un devis, calculer un salaire… il est nécessaire de multiplier des heures par un taux horaire. Si les heures sont saisies de façon décimale (par exemple, 8,75 heures), cela ne pose aucun problème. En revanche, si les heures sont saisies sous la forme heures/minutes (par exemple, 08:45), il faut faire un traitement particulier : multipliez la valeur en heures/minutes par 24.

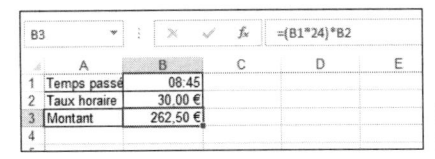

Figure 8.17 : Calcul avec des taux horaires

Calculer le temps écoulé

Il est très aisé de réaliser des calculs sur les durées. Ainsi, si vous saisissez 08:45 dans une cellule et 01:30 dans une autre, la somme des deux renvoie 10:15, ce qui est correct.

Réalisez maintenant le test suivant :

- Saisissez 22:45 en *A1*.

- Saisissez `13:34` en *A2*.
- Saisissez `=A1+A2` en *A3*.

Figure 8.18 : Calcul avec des heures

Le résultat peut paraître un peu déconcertant. Tout est dû au format. Par défaut, Excel applique un format date-heure. En fait, le résultat correspond à `12:19` le lendemain de la première date-heure saisie en *A1*. Pour Excel, *A1* contient le jour J à `22:45` et vous lui demandez d'ajouter `13:34` : il vous retourne le jour J + 1 à `12:19`.

Pour calculer le temps écoulé, il faut changer de format :

1 Sélectionnez *A3*, cliquez du bouton droit et choisissez **Format de cellule**.
2 Cliquez sur l'onglet **Nombre** et sélectionnez la catégorie *Personnalisée*.
3 Dans la zone *Type*, saisissez `[hh]:mm`.

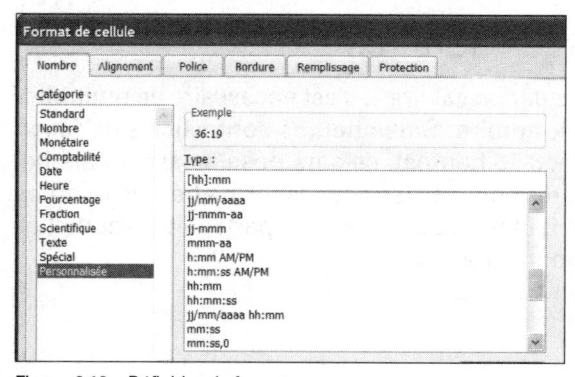

Figure 8.19 : Définition du format

4 Validez par OK.

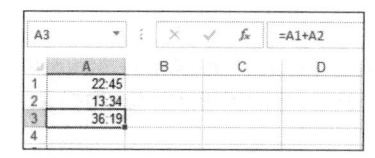

Figure 8.20 : L'impact du format sur le résultat

Le format de type « temps écoulé » fait bien le cumul des heures sans tenir compte du passage des 24 heures.

CHAPITRE 9

FAIRE DES CALCULS FINANCIERS

Découvrir les fonctions indispensables 183
Comprendre les notions essentielles 194
Faire des analyses d'investissements 196
Faire des calculs liés aux emprunts 198
Utiliser les tables de données 201

Dans les PME et les grands groupes internationaux, Excel est bien souvent l'outil de prédilection des gestionnaires qui s'en servent pour faire du reporting, construire les budgets… De nombreuses décisions de gestion sont prises quotidiennement sur la base de documents réalisés sous Excel.

Les calculs financiers, de la simple addition aux calculs complexes relatifs aux taux de rentabilité de grands projets, constituent donc un volet non négligeable d'Excel. C'est pourquoi nous allons consacrer ce chapitre aux fonctions financières. Nous nous attacherons à décrire les plus « généralistes », en particulier celles qui traitent des problématiques liées aux calculs sur les emprunts, aux calculs d'amortissement et aux calculs de rentabilité d'investissements.

9.1. Découvrir les fonctions indispensables

Les fonctions financières permettent trois grands types de calculs :

- les calculs d'amortissement ;
- les calculs liés aux investissements et aux emprunts ;
- les calculs liés aux valeurs mobilières de placement.

Avant de passer à la description des fonctions principales, nous allons nous attarder sur un paramètre spécifique de certaines d'entre elles.

Les systèmes de dates

Dans certaines fonctions, il existe un paramètre nommé base, qui détermine la base de comptage des jours.

Tableau 9.1 : Liste des valeurs possibles de base

Valeur de base	Comptage des jours
0 ou omis	12 mois de 30 jours (États-Unis)
1	Nombre de jours réels des mois de l'année
2	Nombre de jours réels des mois de l'année avec des années de 360 jours
3	Nombre de jours réels des mois de l'année avec des années de 365 jours
4	12 mois de 30 jours (Europe)

Liste des fonctions

Nous allons passer en revue les fonctions essentielles. Chacune d'elles est accompagnée d'un exemple simple.

AMORDEGRC

Renvoie l'amortissement correspondant à chaque période comptable. Si un bien est acquis en cours de période comptable, la règle du prorata temporis s'applique au calcul de l'amortissement. AMORDEGR est comparable à la fonction AMORLINC, à ceci près qu'un coefficient d'amortissement est pris en compte dans le calcul en fonction de la durée de vie du bien.

Tableau 9.2 : Valeurs du coefficient d'amortissement

Durée de vie du bien (1/taux)	Coefficient d'amortissement
Entre 3 et 4 ans	1,5
Entre 5 et 6 ans	2
Plus de 6 ans	2,5

Syntaxe :   AMORDEGRC(coût;achat;première_pér;valeur_rés; période;taux;base)

coût   Coût d'acquisition du bien.

achat   Date d'acquisition du bien.

première_pér   Date de la fin de la première période.

valeur_rés   Valeur du bien au terme de la durée d'amortissement, ou valeur résiduelle.

période   Période de l'amortissement.

taux   Taux d'amortissement.

base   Base annuelle à utiliser.

	A	B	C	D
1				
2		Coût d'achat :	100 000 €	
3		Date d'achat :	10/06/2012	
4		Fin de première période :	31/12/2012	
5		Valeur résiduelle :	- €	
6		Taux :	20%	
7				
8		Période 1	22295	=AMORDEGRC($C$2;$C$3;$C$4;$C$5;0;$C$6;1)
9		Période 2	31082	=AMORDEGRC($C$2;$C$3;$C$4;$C$5;1;$C$6;1)
10		Période 3	18649	=AMORDEGRC($C$2;$C$3;$C$4;$C$5;2;$C$6;1)
11		Période 4	13987	=AMORDEGRC($C$2;$C$3;$C$4;$C$5;3;$C$6;1)
12		Période 5	13987	=AMORDEGRC($C$2;$C$3;$C$4;$C$5;4;$C$6;1)

Figure 9.1 : La fonction AMORDEGRC

AMORLIN

Calcule l'amortissement linéaire d'un bien pour une période donnée.

Syntaxe :	`AMORLIN(coût;valeur_rés;durée)`
`coût`	Coût initial du bien.
`valeur_rés`	Valeur du bien au terme de l'amortissement (aussi appelée « valeur résiduelle du bien »).
`durée`	Nombre de périodes pendant lesquelles le bien est amorti (aussi appelée « durée de vie utile du bien »).

	A	B	C	D	E
14					
15		Coût d'achat :	100 000 €		
16		Valeur résiduelle :	20 000,0 €		
17		Durée :	5,00		
18					
19			Valeur début	Amortissement	Valeur fin
20		Période 1	100 000 €	16 000 €	84 000 €
21		Période 2	84 000 €	16 000 €	68 000 €
22		Période 3	68 000 €	16 000 €	52 000 €
23		Période 4	52 000 €	16 000 €	36 000 €
24		Période 5	36 000 €	16 000 €	20 000 €

Figure 9.2 : La fonction AMORLIN

AMORLINC

Renvoie l'amortissement linéaire complet d'un bien à la fin d'une période fiscale donnée. Si une immobilisation est acquise en cours de période comptable, la règle du prorata temporis s'applique au calcul de l'amortissement.

Syntaxe :	`AMORLINC(coût;achat;première_pér;valeur_rés; période;taux;base)`
`coût`	Coût d'acquisition du bien.
`achat`	Date d'acquisition du bien.
`première_pér`	Date de la fin de la première période.
`valeur_rés`	Valeur du bien au terme de la durée d'amortissement ou valeur résiduelle.
`période`	Période de l'amortissement.
`taux`	Taux d'amortissement.
`base`	Base annuelle à utiliser. Voir page basedate.

	A	B	C	D	E	F	G
25							
26							
27		Coût d'achat :	100 000 €				
28		Date d'achat :	10/06/2012				
29		Fin de première période :	31/12/2012				
30		Valeur résiduelle :	- €				
31		Taux :	25%				
32							
33		Période 1	13 934 €	=AMORLINC($C$27;$C$28;$C$29;$C$30;0;$C$31;1)			
34		Période 2	25 000 €	=AMORLINC($C$27;$C$28;$C$29;$C$30;1;$C$31;1)			
35		Période 3	25 000 €	=AMORLINC($C$27;$C$28;$C$29;$C$30;2;$C$31;1)			
36		Période 4	25 000 €	=AMORLINC($C$27;$C$28;$C$29;$C$30;3;$C$31;1)			
37		Période 5	11 066 €	=AMORLINC($C$27;$C$28;$C$29;$C$30;4;$C$31;1)			

Figure 9.3 : La fonction AMORLINC

CUMUL.INTER

Cette fonction renvoie l'intérêt cumulé payé sur un emprunt entre l'argument période_début et l'argument période_fin.

Syntaxe : CUMUL.INTER(taux;npm;va;période_début; période_fin;type)

taux — Taux d'intérêt.

npm — Nombre total de périodes de remboursement.

va — Valeur actuelle.

période_début — Première période incluse dans le calcul. Les périodes de remboursement sont numérotées à partir de 1.

période_fin — Dernière période incluse dans le calcul.

type — Échéance des remboursements (0 : en fin de période ; 1 : en début de période).

	A	B	C	D	E	F	G
39							
40		Taux annuel :	5,50%				
41		Nombre de mois :	60				
42		Montant de l'emprunt :	20 000 €				
43		Mois début :	12				
44		Mois fin :	24				
45							
46		Intérêts à payer en année 2 :					
47			885,93 € ←	=-CUMUL.INTER(C40/12;C41;C42;C43;C44;0)			

Figure 9.4 : La fonction CUMUL.INTER

CUMUL.PRINCPER

Cette fonction renvoie le montant cumulé des remboursements du capital d'un emprunt effectués entre l'argument période_début et l'argument période_fin.

Syntaxe :	CUMUL.PRINCPER(taux;npm;va;période_début; période_fin;type)
taux	Taux d'intérêt.
npm	Nombre total de périodes de remboursement.
va	Valeur actuelle.
période_début	Première période incluse dans le calcul. Les périodes de remboursement sont numérotées à partir de 1.
période_fin	Dernière période incluse dans le calcul.
type	Échéance des remboursements (0 : en fin de période ; 1 : en début de période).

	A	B	C	D	E	F	G	H
39								
40		Taux annuel :	5,50%					
41		Nombre de mois :	60					
42		Montant de l'emprunt :	20 000 €					
43		Mois début :	12					
44		Mois fin :	24					
45								
46		Capital à rembourser en année 2 :						
47			4 080,37 €	←	=-CUMUL.PRINCPER(C40/12;C41;C42;C43;C44;0)			

Figure 9.5 : La fonction CUMUL.PRINCPER

INTPER

Renvoie, pour une période donnée, le montant des intérêts dus pour un emprunt remboursé par des versements périodiques constants, avec un taux d'intérêt constant.

Syntaxe :	INTPER(taux;pér;npm;va;vc;type)
taux	Taux d'intérêt par périodes.
pér	Période pour laquelle vous souhaitez calculer les intérêts. La valeur spécifiée doit être comprise entre 1 et npm.
npm	Nombre total de périodes de remboursement au cours de l'opération.

va		Valeur actuelle, c'est-à-dire la valeur, à la date d'aujourd'hui, d'une série de versements futurs.
vc		Valeur capitalisée, c'est-à-dire le montant que vous souhaitez obtenir après le dernier paiement. Si vc est omis, la valeur par défaut est 0 (par exemple, la valeur capitalisée d'un emprunt est égale à 0).
type		Échéance des remboursements (0 : en fin de période ; 1 : en début de période).

	A	B	C	D	E	F
139						
140		Taux annuel :	5,50%			
141		Durée en année :	5			
142		Montant de l'emprunt :	20 000 €			
143						
144						
145		Période 1	1 100,00 €	=-INTPER($C$140;1;$C$141;$C$142)		
146		Période 2	902,91 €	=-INTPER($C$140;2;$C$141;$C$142)		
147		Période 3	694,97 €	=-INTPER($C$140;3;$C$141;$C$142)		
148		Période 4	475,60 €	=-INTPER($C$140;4;$C$141;$C$142)		
149		Période 5	244,17 €	=-INTPER($C$140;5;$C$141;$C$142)		

Figure 9.6 : La fonction INTPER

PRINCPER

Calcule, pour une période donnée, la part de remboursement du principal d'un investissement sur la base de remboursements périodiques et d'un taux d'intérêt constants.

Syntaxe :	PRINCPER(taux;pér;npm;va;vc;type)
taux	Taux d'intérêt par périodes.
pér	La période. Cet argument doit être compris entre 1 et npm.
npm	Nombre total de périodes de remboursement pour l'investissement.
va	Valeur actuelle, c'est-à-dire la valeur, à la date d'aujourd'hui, d'une série de versements futurs.
vc	Valeur capitalisée, c'est-à-dire le montant que vous souhaitez obtenir après le dernier paiement. Si vc est omis, la valeur par défaut est 0 (par exemple, la valeur capitalisée d'un emprunt est égale à 0).

| type | Échéance des remboursements (0 : en fin de période ; 1 : en début de période). |

	A	B	C	D	E	F
205						
206		Taux annuel :	6,75%			
207		Montant de l'emprunt :	70 000 €			
208		Durée de l'emprunt :	5			
209						
210						
211		Année 1	12 233,23 €	=PRINCPER($C$206;1;$C$208;-$C$207)		
212		Année 2	13 058,97 €	=PRINCPER($C$206;2;$C$208;-$C$207)		
213		Année 3	13 940,45 €	=PRINCPER($C$206;3;$C$208;-$C$207)		
214		Année 4	14 881,43 €	=PRINCPER($C$206;4;$C$208;-$C$207)		
215		Année 5	15 885,93 €	=PRINCPER($C$206;5;$C$208;-$C$207)		
216		Total	70 000,00 €			
217						

Figure 9.7 : La fonction PRINCPER

TAUX

Calcule le taux d'intérêt par périodes d'un investissement donné. La fonction TAUX est calculée par itération et peut n'avoir aucune solution ou en avoir plusieurs. Elle renvoie le message d'erreur #NOMBRE! si, après vingt itérations, les résultats ne convergent pas à 0,0000001 près.

Syntaxe :   TAUX(npm;vpm;va;vc;type;estimation)

npm	Nombre total de périodes de remboursement pour l'investissement.
vpm	Montant du remboursement, pour chaque période, qui reste constant pendant toute la durée de l'opération. En règle générale, vpm comprend le principal et les intérêts mais exclut tout autre charge ou impôt. Si l'argument vpm est omis, vous devez inclure l'argument vc.
va	Valeur actuelle, c'est-à-dire la valeur, à la date d'aujourd'hui, d'une série de versements futurs.
vc	Valeur capitalisée, c'est-à-dire le montant que vous souhaitez obtenir après le dernier paiement. Si vc est omis, la valeur par défaut est 0 (par exemple, la valeur capitalisée d'un emprunt est égale à 0).
type	Échéance des remboursements (0 : en fin de période ; 1 : en début de période).
estimation	Estimation quant à la valeur du taux.

	A	B	C	D	E	F
384						
385		Montant de l'emprunt :		70 000 €		
386		Capacité mensuelle de remboursement :		1 378 €		
387		Durée de l'emprunt (en mois) :		60,00		
388						
389		Taux annuel de l'emprunt =		6,75%	←	=TAUX(D387;-D386;D385)*12

Figure 9.8 : La fonction TAUX

TRI

Calcule le taux de rentabilité interne d'un investissement, sans tenir compte des coûts de financement et des plus-values de réinvestissement. Les mouvements de trésorerie sont représentés par les nombres inclus dans `valeurs`. Contrairement aux annuités, ces cash-flows ne sont pas nécessairement constants. Les mouvements de trésorerie doivent, cependant, avoir lieu à intervalles réguliers, par exemple une fois par mois ou par an.

Syntaxe :   `TRI(valeurs;estimation)`

`valeurs`   Matrice ou une référence à des cellules contenant des nombres dont vous voulez calculer le taux de rentabilité interne.

`estimation`   Taux que vous estimez être le plus proche du résultat de `TRI`.

	A	B	C	D
425				
426	Coût initial du projet :	-	50 000 €	
427	Revenu net Période 1 :		10 000 €	
428	Revenu net Période 2 :		15 000 €	
429	Revenu net Période 3 :		13 000 €	
430	Revenu net Période 4 :		20 000 €	
431	Revenu net Période 5 :		17 000 €	
432				
433	Taux de rendement interne :		13,82% ←	=TRI(C426:C431)

Figure 9.9 : La fonction TRI

TRI.PAIEMENTS

Calcule le taux de rentabilité interne d'un ensemble de paiements.

Syntaxe :   `TRI.PAIEMENTS(valeurs;dates;estimation)`

valeurs	Série de flux nets de trésorerie correspondant à l'échéancier de paiement déterminé par l'argument `dates`.
dates	L'échéancier de paiement correspondant aux flux nets de trésorerie. La première date de paiement indique le point de départ de l'échéancier. Toutes les autres doivent lui être postérieures, mais leur ordre d'intervention est indifférent.
estimation	Taux que vous estimez être le plus proche du résultat de `TRI.PAIEMENTS`.

	A	B	C	D	E	F	G
34							
35			Montant	Dates			
36	Coût initial du projet :		- 50 000 €	01/01/2009			
37	Revenu net Période 1 :		10 000 €	15/06/2009			
38	Revenu net Période 2 :		15 000 €	31/12/2009			
39	Revenu net Période 3 :		13 000 €	30/09/2010			
40	Revenu net Période 4 :		20 000 €	31/10/2011			
41	Revenu net Période 5 :		17 000 €	31/12/2012			
42							
43	Taux de rendement interne :		21,61%	←—=TRI.PAIEMENTS(C436:C441;D436:D441)			

Figure 9.10 : La fonction TRI.PAIEMENTS

VA

Calcule la valeur actuelle d'un investissement. La valeur actuelle correspond à la somme que représente aujourd'hui un ensemble de remboursements futurs.

Syntaxe :	`VA(taux;npm;vpm;vc;type)`
taux	Taux d'intérêt par périodes.
npm	Nombre total de périodes de remboursement pour l'investissement.
vpm	Montant du remboursement, pour chaque période, qui reste constant pendant toute la durée de l'opération.
vc	Valeur capitalisée, c'est-à-dire le montant que vous souhaitez obtenir après le dernier paiement. Si `vc` est omis, la valeur par défaut est 0 (par exemple, la valeur capitalisée d'un emprunt est égale à 0).
type	Échéance des remboursements (`0` : en fin de période ; `1` : en début de période).

	A	B	C	D	E	F
461						
462		Taux annuel :	6,75%	par an		
463	Montant du remboursement :		1 000 €	par an		
464		Durée de l'emprunt :	5	ans		
465						
466		Valeur actuelle :	- 4 127,79 €	←	=VA(C462;C464;C463)	
467						

Figure 9.11 : La fonction VA

VAN

Calcule la valeur actuelle nette d'un investissement en utilisant un taux d'escompte ainsi qu'une série de décaissements (valeurs négatives) et d'encaissements (valeurs positives) futurs.

Syntaxe :   VAN(taux;valeur1;valeur2;…)

taux   Taux d'actualisation pour une période.

valeur1;valeur2…   1 à 255 arguments représentant les encaissements et les décaissements.

	A	B	C	D	E	F
484						
485		Coût inital du projet :	- 50 000 €			
486		Revenu net Période 1 :	10 000 €			
487		Revenu net Période 2 :	15 000 €			
488		Revenu net Période 3 :	13 000 €			
489		Revenu net Période 4 :	20 000 €			
490		Revenu net Période 5 :	17 000 €			
491						
492		Taux d'actualisation :	12,00%			
493		VAN =	2 228,79 €	←	=VAN(C492;C485:C490)	

Figure 9.12 : La fonction VAN

VAN.PAIEMENTS

Donne la valeur actuelle nette d'un ensemble de paiements.

Syntaxe :   VAN.PAIEMENTS(taux;valeurs;dates)

taux   Taux d'actualisation applicable aux flux nets de trésorerie.

valeurs   Série de flux nets de trésorerie correspondant à l'échéancier de paiement déterminé par l'argument dates.

dates   L'échéancier de paiement correspondant aux flux nets de trésorerie. La première date de paiement indique le point de départ de l'échéancier. Toutes les autres dates doivent lui être postérieures, mais leur ordre d'intervention est indifférent.

	A	B	C	D	E
494					
495					
496			Montant	Dates	
497		Coût inital du projet :	- 50 000 €	01/01/2009	
498		Revenu net Période 1 :	10 000 €	15/06/2009	
499		Revenu net Période 2 :	15 000 €	31/12/2009	
500		Revenu net Période 3 :	13 000 €	30/09/2010	
501		Revenu net Période 4 :	20 000 €	31/10/2011	
502		Revenu net Période 5 :	17 000 €	31/12/2012	
503					
504		Taux d'actualisation :	12,00%		
505		VAN =	8 880,85 €		
506					
507					
508		=VAN.PAIEMENTS(C504;C497:C502;D497:D502)			

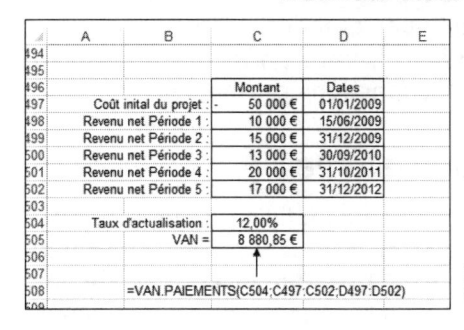

Figure 9.13 : La fonction VAN.PAIEMENTS

VPM

Calcule le remboursement d'un emprunt sur la base de remboursements et d'un taux d'intérêt constants.

Syntaxe :   VPM(taux;npm;va;vc;type)

taux   Taux d'intérêt de l'emprunt.

npm   Nombre de remboursements pour l'emprunt.

va   Valeur actuelle ou valeur que représente à la date d'aujourd'hui une série de remboursements futurs ; il s'agit du principal de l'emprunt.

vc   Valeur capitalisée, c'est-à-dire le montant que vous souhaitez obtenir après le dernier paiement. Si vc est omis, la valeur par défaut est 0 (zéro), c'est-à-dire que la valeur capitalisée d'un emprunt est égale à 0.

type   Échéance des remboursements (0 : en fin de période ; 1 : en début de période).

	A	B	C	D	E	F
551						
552		Taux annuel :	5,50%			
553		Durée en année :	5			
554		Montant de l'emprunt :	20 000 €			
555						
556		Montant de l'annuité :	4 683,53 €		=-VPM(C544;C545;C546)	
557						
558			Annuité	Principal	Intérêts	
559		Période 1	4 683,53 €	3 583,53 €	1 100,00 €	
560		Période 2	4 683,53 €	3 780,62 €	902,91 €	
561		Période 3	4 683,53 €	3 988,56 €	694,97 €	
562		Période 4	4 683,53 €	4 207,93 €	475,60 €	
563		Période 5	4 683,53 €	4 439,36 €	244,17 €	
564						

Figure 9.14 : La fonction VPM

9.2. Comprendre les notions essentielles

L'objectif de chapitre n'est pas de faire un cours de calcul financier ! Toutefois, nous rappelons ici quelques grandes notions qui, si vous n'êtes pas familier du calcul financier, vous permettront de mieux comprendre la finalité des diverses fonctions présentées.

Valeur acquise et valeur actualisée

La valeur acquise par un capital se calcule à l'aide du taux d'intérêt auquel peut être placé ce capital. Ainsi, si vous disposez d'un capital égal à 100 euros en début d'année 2009, vous pouvez par exemple le placer à un taux d'intérêt annuel de 5 %. À la fin de l'année 2009, il vous rapportera 100 × 5 %, soit 5 euros. Vous pourrez alors choisir de placer ces 5 euros : ils seront à leur tour productifs d'intérêts. Ainsi, en fin d'année 2010, vous obtiendrez 105 × 5 % = 5,25 euros. Vous pourrez alors placer ces 5,25 euros, qui vous rapporteront des intérêts… et ainsi de suite. C'est le principe des intérêts composés.

Si le capital est noté `c` et le taux d'intérêt annuel `t`, la valeur acquise par le capital au fil des années est la suivante :

- fin 1re année : $c_1 = c + c \times t = c \times (1 + t)$
- fin 2e année : $c_2 = c_1 \times (1 + t) = c \times (1 + t) \times (1 + t) = c \times (1 + t)^2$
- fin 3e année : $c_3 = c_2 \times (1 + t) = c \times (1 + t)^3$
- fin n^{e} année : $c_n = c \times (1 + t)^n$

Le placement est bien entendu supposé sans risque et le taux annuel garanti.

Dans Excel, on parle de « valeur capitalisée » à la place de « valeur acquise », mais le concept est le même.

La valeur actualisée est la « réciproque » de la valeur acquise. Supposons que l'on vous propose de payer aujourd'hui la somme de 1 000 euros en vous promettant dans 5 ans la somme de 1 200 euros. Cette proposition est-elle rentable ? Pour apporter des éléments de réponse à cette question, il faut calculer la valeur actualisée correspondant au 1 200 euros dans 5 ans. Supposons que vous puissiez placer vos 1 000 euros à un taux annuel de 5 %. Le capital `c`, placé n années au taux annuel `t`, « devient » $c \times (1 + t)^n$. En fait, `c` est la valeur actualisée de $c \times (1 + t)^n$. Donc, pour répondre à la question initiale, il faut calculer la valeur actualisée des 1 200 euros dans 5 ans, avec un taux d'actualisation de 5 % (qui correspond au placement sans risque). Ainsi, 1 200 euros dans 5 ans sont équivalents à 1 200 / $(1 + 0{,}05)^5$, soit 940,23 euros. Il vaut donc mieux que vous gardiez votre argent et le placiez sans risque.

Dans le calcul de la valeur actualisée, toute la difficulté réside dans la détermination du taux d'actualisation. Plus il sera élevé, plus la valeur actualisée d'un capital futur sera faible.

Dans le cas simple que nous venons de traiter, le projet générait un seul flux, à la fin. Il est fréquent qu'un projet engendre des flux périodiques, tous les ans par exemple. Pour calculer la valeur actualisée d'un ensemble de flux périodiques (annuels par exemple), il faut actualiser chacun des flux et additionner ces sommes. Pour un projet engendrant des flux sur 5 ans :

- année 1 : F_1 : valeur actualisée $F_1 / (1 + t)$
- année 2 : F_2 : valeur actualisée $F_2 / (1 + t)^2$
- année 3 : F_3 : valeur actualisée $F_3 / (1 + t)^3$
- année 4 : F_4 : valeur actualisée $F_4 / (1 + t)^4$
- année 5 : F_5 : valeur actualisée $F_5 / (1 + t)^5$

La valeur actualisée de l'ensemble des flux est égale à $F_1 / (1 + t) + F_2 / (1 + t)^2 + F_3 / (1 + t)^3 + F_4 / (1 + t)^4 + F_5 / (1 + t)^5$.

Calcul d'amortissement

L'amortissement est une charge fictive qui représente l'usure d'un matériel en fonction du temps. Son calcul, très encadré, est régi en France par le code général des impôts. La durée de vie du bien à amortir est un paramètre important de ce calcul. Elle est déterminée en fonction du type de bien.

Le mode de calcul d'amortissement le plus simple est l'amortissement linéaire. Pour calculer l'amortissement annuel, il faut multiplier la valeur à neuf du bien par le taux d'amortissement linéaire. Ce taux est égal à 1 / durée de vie en année du bien.

Il est possible, dans certains cas (biens acquis neufs, notamment), de choisir l'amortissement dégressif. Son principe consiste à multiplier le taux d'amortissement linéaire par un coefficient déterminé, en fonction de la durée de vie du bien. De ce fait, les premiers amortissements seront supérieurs aux amortissements calculés selon la méthode linéaire, et les derniers seront inférieurs. Ce mode de calcul permet de minorer le résultat de l'entreprise lors des premières années d'amortissement… et donc de payer moins d'impôts ! Mais cela sera compensé par la faiblesse relative des amortissements suivants.

Calculs d'emprunts

Les fonctions liées aux calculs d'emprunts permettent de calculer les paramètres d'un emprunt : durée, taux, annuités, mensualités, intérêts, etc.

Leur mise en œuvre ne présente pas de difficulté particulière, excepté en ce qui concerne le taux de période. En effet, le taux annoncé est souvent un taux annuel, alors que les remboursements sont mensuels, voire trimestriels. Dans le calcul des mensualités, il faut au préalable diviser le taux annuel par 12. Pour le calcul de trimestrialités, il faut diviser le taux annoncé par 4.

9.3. Faire des analyses d'investissements

Nous allons à présent décrire quelques problématiques classiques liées aux investissements.

Calcul relatifs à l'épargne

Supposons que vous souhaitiez vous constituer un capital pour votre retraite. Pour cela, vous pouvez choisir, par exemple, de souscrire à un contrat d'assurance vie sur lequel vous déposerez tous les ans la somme de 3 000 euros. Le taux moyen de rendement annuel est de 6 % par an. Quel sera votre capital au bout de 30 ans ?

Pour répondre à cette question, calculez la valeur acquise (ou capitalisée) de la série de placements. Pour cela, la fonction VC est d'un grand secours :

=VC(6%;30;-3000;;1)

La réponse est 251 405,03 euros.

Le montant des versements est précédé du signe –. Cela reflète le fait que vous décaissez ces 3 000 euros (pour les récupérer plus tard). Le quatrième paramètre est omis car nous avons considéré que la valeur actuelle était nulle puisque le contrat est supposé être ouvert par le premier versement. Enfin le dernier paramètre, égal à 1, indique que les versements ont lieu en début de période.

Supposons maintenant que vous disposiez déjà de 10 000 euros sur le contrat d'assurance vie. Le résultat dans ce cas est :

=VC(6%;30;-3000;-10000;1)

Soit 308 839,94 euros.

Rentabilité d'un investissement

Supposons que l'on vous propose d'investir dans un projet à hauteur de 25 000 euros. Ce projet vous rapportera 3 000 euros par an pendant 10 ans. Par ailleurs, vous pouvez placer votre capital sans risque à 4,5 % par an. Pour juger de la rentabilité de ce projet, il faut calculer la valeur actualisée des flux de capitaux générés au fil des années, en utilisant 4,5 % en guise de taux d'actualisation. Pour cela, vous pouvez utiliser la fonction VA :

=VA(4,5%;10;3000)

La valeur est -23 738,15 euros. Cela signifie que vous êtes prêt à dépenser 23 738,15 euros aujourd'hui pour recevoir 3 000 euros par an pendant 10 ans. Or, on vous demande 25 000 euros. Ce projet n'est donc pas rentable. Il vaut mieux placer vos 25 000 euros à 4,5 % pendant 10 ans.

Taux de rentabilité d'un investissement

Une autre façon de juger de la rentabilité d'un projet est de calculer son taux de rentabilité et de le comparer avec le taux de placement sans risque. Si ce taux est nettement supérieur, il peut être judicieux d'investir. Si nous reprenons les hypothèses précédentes (investissement initial de 25 000 euros, gain de 3 000 euros par an pendant 10 ans), le calcul du taux de rendement du projet est le suivant :

=TAUX(10;3000;-25000)

Le résultat est 3,46 %, ce qui est nettement inférieur au taux sans risque de 4,5 %. Cela confirme donc que ce projet n'est pas rentable en comparaison à un placement sans risque à 4,5 %.

Calcul de la valeur actuelle nette d'un projet

Les projets décrits précédemment étaient relativement simples : un investissement initial, des flux de trésorerie périodiques et constants... et c'est tout ! Dans la majorité des cas « réels », la situation est beaucoup plus compliquée. Les flux de trésorerie engendrés par le projet sont souvent variables et surviennent parfois à des dates variables. Pour tenir compte de la complexité de cette situation, vous pouvez utiliser deux fonctions qui permettent de calculer la valeur actuelle nette (VAN) d'un projet, à savoir la différence entre la valeur actualisée de flux de trésorerie et l'investissement initial. Si la VAN est négative, le projet n'est pas rentable ; si elle est positive, il est rentable.

Les deux fonctions sont :

- VAN ;
- VAN.PAIEMENTS.

La fonction VAN considère que tous les versements surviennent en fin de période (en général l'année), alors que VAN.PAIEMENTS vous demande de spécifier la date de chaque versement.

9.4. Faire des calculs liés aux emprunts

Pour financer des projets d'une certaine importance, il est fréquent pour les entreprises, comme pour les particuliers, d'avoir recours au crédit bancaire. Emprunter de l'argent permet de réaliser plus rapidement des projets tout en préservant la trésorerie. Ce service (mettre à disposition une somme d'argent à un moment précis) a un coût : il s'agit des intérêts. Il convient de bien mesurer les impacts financiers du recours au crédit avant de s'engager sur une durée souvent longue. Excel vous propose un certain nombre de fonctions qui facilitent l'analyse de tous les aspects de ce mode de financement.

Mensualités d'un emprunt

La question la plus courante concernant un emprunt est de se demander quelle sera la mensualité, compte tenu du montant, du taux et de la durée. En règle générale, les remboursements se font par mensualité constante.

Prenons un exemple simple :

- montant de l'emprunt : 20 000 euros ;
- taux annuel : 7 % ;
- durée : 5 ans.

Pour calculer la mensualité, il faut tout d'abord rendre les différents paramètres homogènes. Il faut calculer le taux mensuel, soit 7 % / 12, et déterminer la durée en mois, soit 5 × 12 = 60.

Le calcul de la mensualité ne pose pas de problème grâce à la fonction VPM :

=VPM(7%/12;60;20000)

Le résultat est de -396,02 euros. Le signe négatif signifie qu'il s'agit d'un décaissement.

Calcul du coût d'un emprunt

Pour calculer le coût d'un emprunt, multipliez le montant des mensualités par le nombre de mensualités et comparez ce montant au montant emprunté. Soit, dans l'exemple précédent :

=60*VPM(7%/12;60;20000)

Soit -23 761,44 euros, car il s'agit d'un décaissement. Le coût de l'emprunt est donc de 3 761,44 euros, car pour obtenir 20 000 euros immédiatement, il faudra débourser au total 23 761,44 euros en 5 ans.

Calcul de la dette résiduelle

Selon certaines conditions, il est possible de rembourser par anticipation un emprunt. Il faut rembourser la part de capital (ou principal) restant due au moment souhaité pour le remboursement. Chaque mensualité est composée d'une partie de capital et d'une partie d'intérêts. En d'autres termes, à chaque mensualité, vous remboursez votre dette (capital) et vous rémunérez l'établissement financier qui vous a consenti un prêt (intérêts). La part d'intérêts (donc de capital) est variable dans chaque mensualité (elle est forte au début, puis se réduit au fur et à mesure des mensualités, ce qui n'est pas surprenant car l'établissement bancaire veut être rémunéré au plus vite !). Il n'est pas aisé de calculer simplement la part de capital (principal) d'une mensualité et, a fortiori, de calculer la fraction de la dette déjà remboursée au bout de x mensualités.

Pour calculer la part de capital (principal) dans une échéance particulière, il faut utiliser la fonction PRINCPER. Ainsi, si vous conservez les hypothèses de calcul de l'emprunt, la part de capital de la 15e mensualité est de :

=PRINCPER(7%/12;15;60;20000)

Soit -303,06 euros.

Quelle est, à présent, la dette restant due à l'issue de la 15e mensualité ? Pour cela, il faut calculer la somme des composantes « capital » de chacune des 15 premières mensualités et retrancher ce total au montant emprunté (qui est la dette initiale) :

=20000+CUMUL.PRINCPER(7%/12;60;20000;1;15;0)

Soit 15 634,13 euros.

Le dernier argument permet de spécifier si les mensualités sont payées en début ou en fin de période (0 = fin de période, 1 = début de période). Dans cette fonction, tous les arguments sont obligatoires alors que, dans PRINCPER, les deux derniers peuvent être omis (ce qui a été le cas, d'ailleurs).

> **REMARQUE** **Calcul des intérêts**
> Les fonctions INTPER et CUMUL.INTER (et non CUMUL.INTPER) permettent de faire des calculs similaires pour la composante « intérêts » des mensualités.

Capacité d'endettement

Nos ressources ne sont (malheureusement) pas illimitées. Il convient donc de bien estimer le montant maximum de la mensualité d'un éventuel emprunt. Sinon, les difficultés de trésorerie seront inévitables. Une fois cette valeur déterminée, la question suivante est de savoir combien il est possible d'emprunter sur une durée donnée avec un taux donné.

Prenons les hypothèses suivantes :

- montant maximum de la mensualité : 500 euros ;
- taux d'intérêt : 4,9 % ;
- durée de l'emprunt : 10 ans.

Compte tenu de ces paramètres, quel montant est-il possible d'emprunter ?

La fonction VA permet de répondre à cette question :

=VA(4,9%/12;120;-500)

Soit 47 358,62 euros. Le principe du calcul consiste à déterminer la valeur actuelle de la série des remboursements, puisque du point de vue du prêteur, compte tenu du taux d'intérêt, il faut que les mensualités soient équivalentes à la somme initiale dont il dispose (le montant du prêt qu'il vous consent). Notez au passage la mise en cohérence des arguments Taux et Durée.

Pour vérifier ce résultat, calculez la mensualité correspondant à un emprunt de 47 358,62 euros à 4,9 % sur 10 ans :

=VPM(4,9%/12;120;47358,62)

Soit -500 euros.

9.5. Utiliser les tables de données

Le principe des tables de données est simple : faire varier un (pour les tables de données à une entrée) ou deux (tables de données à deux entrées) paramètres d'une formule et afficher tous les résultats correspondants.

Créer des tables de données à une entrée

Les tables de données à une entrée permettent d'utiliser plusieurs formules dans une même table, contrairement aux tables de données à deux entrées.

Une table de données à une entrée peut être présentée en ligne ou en colonne :

1 Saisissez la liste des valeurs que vous souhaitez donner au paramètre d'entrée. Cette saisie peut être effectuée dans une colonne ou sur une ligne.

2 Si vous avez effectué la saisie en colonne à l'étape 1, entrez les formules sur la ligne située au-dessus de la première valeur et à partir de la cellule située à droite de la colonne de valeurs. Sinon, entrez les formules dans la colonne située à gauche de la première valeur et à partir de la cellule située sous la ligne de valeurs.

3 Sélectionnez la plage de cellules contenant les formules et les valeurs que vous souhaitez remplacer.

4 Dans l'onglet **Données**, cliquez sur le bouton **Analyse de scénarios** du groupe **Outils de données**. Sélectionnez ensuite **Table de données**.

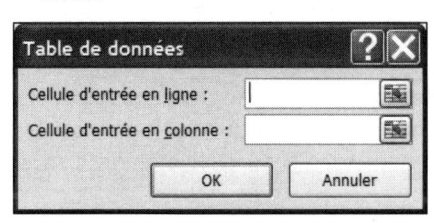

Figure 9.15 : La boîte de dialogue Table de données

5 Si vous avez effectué la saisie en colonne à l'étape 1, entrez la référence de la cellule d'entrée dans la zone *Cellule d'entrée en colonne*. Sinon, entrez la référence de la cellule d'entrée dans la *zone Cellule d'entrée en ligne*.

Dans la cellule d'entrée viendront « défiler » les valeurs du paramètre d'entrée (celles que vous avez saisies à l'étape 1).

Créer des tables de données à deux entrées

Les tables de données à deux entrées permettent de faire varier deux paramètres d'une formule.

1 Saisissez la formule faisant référence aux deux cellules d'entrée. Dans les cellules d'entrée viendront « défiler » les valeurs des paramètres d'entrée (celles que vous allez saisir aux étapes 2 et 3).

2 Saisissez une liste de valeurs d'entrée dans la même colonne, sous la formule.

3 Saisissez la seconde liste sur la même ligne, à droite de la formule.

4 Sélectionnez la plage de cellules contenant la formule, ainsi que la ligne et la colonne contenant les valeurs.

5 Dans l'onglet **Données**, cliquez sur le bouton **Analyse de scénarios** du groupe **Outils de données**. Sélectionnez ensuite **Table de données**.

6 Dans la zone *Cellule d'entrée en ligne*, saisissez la référence de la cellule d'entrée pour les valeurs d'entrée dans la ligne.

7 Dans la zone *Cellule d'entrée en colonne*, saisissez la référence de la cellule d'entrée pour les valeurs d'entrée dans la colonne.

Faire des simulations avec les tables de données

Emprunter, à titre personnel ou professionnel, n'est jamais une décision facile à prendre. Il s'agit parfois d'un engagement à long terme destiné à financer des projets (surtout au niveau professionnel) dont la rentabilité n'est pas assurée. Mais la banque vous demandera de toute façon de rembourser l'emprunt. Il convient donc de ne pas prendre cette décision trop vite. Les paramètres à considérer, bien que peu nombreux (montant, taux, durée), autorisent un grand nombre de combinaisons. Que se passerait-il si vous augmentiez la durée de 1 an, de 2 ans ? Et si le taux augmentait d'un demi-point ? Un tableau vaut mieux qu'un long discours. Ce sera l'objet de ce cas pratique.

Mise en œuvre

Vous allez avoir besoin d'un classeur de deux feuilles de calcul, une pour faire une simulation en fonction de la durée (feuille **Durée**), l'autre en fonction du taux et de la durée (feuille **Durée – Taux**).

La feuille Durée

1 En *B1*, saisissez Calcul des mensualités d'un emprunt en fonction de la durée.

2 En *B3*, saisissez Taux annuel :.

3 En *B4*, saisissez Montant :.

4 En *B5*, saisissez Durée :.

5 En *B6*, saisissez Mensualité :.

6 En *B7*, saisissez Coût :.

Pour effectuer les calculs, vous allez saisir une valeur pour le taux, le montant et la durée.

1 En *C3*, saisissez 6,5 %.

2 En *C4*, saisissez 30000.

3 En *C5*, saisissez 2.

Il s'agit maintenant de saisir les formules de calcul.

1 En *C6*, saisissez =-VPM(C3/12;C5*12;C4).

2 En *C7*, saisissez =+C6*C5*12-C4.

	A	B	C	D	E	F
1		Calcul des mensualités d'un emprunt en fonction de la durée				
2						
3		Taux annuel :	6,50%			
4		Montant :	30 000,00 €			
5		Durée :	2			
6		Mensualité :	1 336,39 €			
7		Coût :	2 073,30 €			
8						

Figure 9.16 : La feuille Durée

Vous allez faire varier la durée de l'emprunt et mesurer l'impact sur la mensualité et le coût de l'emprunt. Pour cela, vous allez créer une table de données à une entrée.

1 En *D5*, saisissez 3.

2 En *E5*, saisissez 4.

3 En *F5*, saisissez 5.

4 Sélectionnez *C5:F7*.

5 Dans l'onglet **Données**, cliquez sur le bouton **Analyse de scénarios** du groupe **Outils de données**. Sélectionnez ensuite **Table de données**.

6 Cliquez dans la zone *Cellule d'entrée en ligne* et sélectionnez la cellule *C5*.

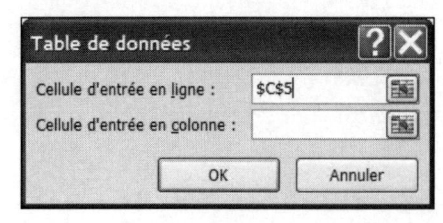

Figure 9.17 : La boîte de dialogue Table

7 Sélectionnez *D6:F7* et appliquez le format *Monétaire*.

8 Sélectionnez *D5:F7* et appliquez un contour de type quadrillage.

	A	B	C	D	E	F
1		Calcul des mensualités d'un emprunt en fonction de la durée				
2						
3		Taux annuel :	6,50%			
4		Montant :	30 000,00 €			
5		Durée :	2	3	4	5
6		Mensualité :	1 336,39 €	919,47 €	711,45 €	586,98 €
7		Coût :	2 073,30 €	3 100,92 €	4 149,53 €	5 219,07 €

Figure 9.18 : La feuille Durée

Il est possible de modifier les valeurs des cellules *D5* à *F5* pour effectuer une autre série de simulations.

La feuille Durée - Taux

1 En *A1*, saisissez `Calcul des mensualités d'emprunt en fonction de la durée et du taux.`

2 En *B3*, saisissez `Taux annuel :`.

3 En *B4*, saisissez `Montant :`.

4 En *B5*, saisissez `Durée :`.

5 En *B6*, saisissez `Mensualité :`.

Pour effectuer les calculs, vous allez saisir une valeur pour le taux, le montant et la durée.

1 En *C3*, saisissez `6,5 %`.

2 En *C4*, saisissez `30000`.

3 En *C5*, saisissez `2`.

Saisissez maintenant les formules de calcul.

1 En *C6*, saisissez `=-VPM(C3/12;C5*12;C4)`.

Vous allez faire varier la durée de l'emprunt ainsi que son taux, puis mesurer l'impact sur la mensualité. Pour cela, vous allez créer une table de données à deux entrées.

1 En *D5*, saisissez 2.

2 En *E5*, saisissez 3.

3 En *F5*, saisissez 4.

4 En *C7*, saisissez 5%.

5 En *C8*, saisissez 5,5%.

6 Sélectionnez *C7:C8*.

7 Étendez, à l'aide de la poignée de recopie, le contenu jusqu'en *C11*.

8 Sélectionnez *C6:F11*.

9 Dans l'onglet **Données**, cliquez sur le bouton **Analyse de scénarios** du groupe **Outils de données**. Sélectionnez ensuite **Table de données**.

10 Cliquez dans la zone *Cellule d'entrée en ligne* et sélectionnez la cellule *C5*.

11 Cliquez dans la zone *Cellule d'entrée en colonne* et sélectionnez la cellule *C3*.

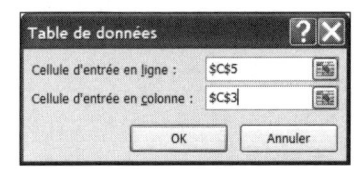

Figure 9.19 : La boîte de dialogue Table

12 Sélectionnez *D7:F11* et appliquez le format *Monétaire*.

13 Sélectionnez *C6:F11* et appliquez un contour de type quadrillage.

	A	B	C	D	E	F	G
1		Calcul des mensualités d'un emprunt en fonction de la durée et du taux					
2							
3		Taux annuel :	6,50%				
4		Montant :	30 000,00 €				
5		Durée :	2				
6		Mensualité :	1 336,39 €	2	3	4	
7			5,00%	1 316,14 €	899,13 €	690,88 €	
8			5,50%	1 322,87 €	905,88 €	697,69 €	
9			6,00%	1 329,62 €	912,66 €	704,55 €	
10			6,50%	1 336,39 €	919,47 €	711,45 €	
11			7,00%	1 343,18 €	926,31 €	718,39 €	

Figure 9.20 : La feuille Durée – Taux

Il est possible de modifier les valeurs des cellules *D6* à *F6* et *C7* à *C11* pour effectuer une autre série de simulations.

9.5. Utiliser les tables de données

UTILISER LES FORMULES MATRICIELLES

Connaître les principes de conception 210
Utiliser les formules matricielles 215

Les formules utilisées jusqu'à présent permettent de calculer le contenu d'une cellule à l'aide d'une ou de plusieurs autres valeurs contenues dans d'autres cellules, ou à l'aide de constantes. Bien souvent, ces calculs sont répétitifs. Vous avez donc besoin de recopier des formules sur des lignes ou des colonnes. Cette solution fonctionne correctement mais elle peut présenter des inconvénients lorsqu'il s'agit d'effectuer des modifications. En effet, il ne faut pas oublier d'assurer la cohérence des formules en recopiant les modifications, partout où cela est nécessaire. Il serait intéressant de traiter ces calculs de façon plus synthétique et plus concise. C'est ici qu'interviennent les formules matricielles.

Les formules matricielles contiennent des arguments qui sont des plages de cellules, appelées aussi « plages matricielles ».

	A	B	C
1		TARIF	
2			
3			
4			
5	Référence	Libellé	P.U. H.T.
6	ABC1	Bloc note	0,93 €
7	ABC2	Enveloppes (500)	11,07 €
8	ABC3	Stylo	0,66 €
9	ABC4	Gomme	0,76 €
10	ABC5	Marqueur	1,65 €
11	ABC6	Agrafeuse	9,95 €
12	ABC7	Classeur	2,57 €
13	ABC8	Surligneur	0,66 €
14			

Figure 10.1 : La plage matricielle C6:C13

	A	B	C	D	E	F
1		TARIF				
2						
3					Taux TVA	19,60%
4						
5	Référence	Libellé	P.U. H.T.	Remise	P.U. net H.T.	P.U. T.T.C.
6	ABC1	Bloc note	0,93 €	15%	0,79 €	0,95 €
7	ABC2	Enveloppes (500)	11,07 €	12%	9,74 €	11,65 €
8	ABC3	Stylo	0,66 €	25%	0,50 €	0,59 €
9	ABC4	Gomme	0,76 €	12%	0,67 €	0,80 €
10	ABC5	Marqueur	1,65 €	14%	1,42 €	1,70 €
11	ABC6	Agrafeuse	9,95 €	20%	7,96 €	9,52 €
12	ABC7	Classeur	2,57 €	33%	1,72 €	2,06 €
13	ABC8	Surligneur	0,66 €	25%	0,50 €	0,59 €
14						

Figure 10.2 : La plage matricielle C6:F13

10.1. Connaître les principes de conception

Dans un premier temps, nous allons décrire les principes de conception des formules matricielles. Il s'agit d'une logique un peu différente des formules « classiques ». C'est pourquoi nous nous attarderons quelque peu sur les mécanismes de base.

Saisir une formule matricielle à une dimension

Supposons que vous disposiez d'une feuille de calcul contenant des tarifs de produits (plage *C6:C13*) et des taux de remise associés à chaque produit (plage *D6:D13*). Vous allez calculer le prix unitaire net HT de chacun des produits.

1 Sélectionnez *E6:E13*.
2 Cliquez dans la barre de formule.
3 Saisissez =C6:C13*(1-D6:D13).
4 Validez par Ctrl+Maj+↵.

	A	B	C	D	E	F
1			TARIF			
2						
3					Taux TVA	19,60%
4						
5	Référence	Libellé	P.U. H.T.	Remise	P.U. net H.T.	P.U. T.T.C.
6	ABC1	Bloc note	0,93 €	15%	0,79 €	
7	ABC2	Enveloppes (500)	11,07 €	12%	9,74 €	
8	ABC3	Stylo	0,66 €	25%	0,50 €	
9	ABC4	Gomme	0,76 €	12%	0,67 €	
10	ABC5	Marqueur	1,65 €	14%	1,42 €	
11	ABC6	Agrafeuse	9,95 €	20%	7,96 €	
12	ABC7	Classeur	2,57 €	33%	1,72 €	
13	ABC8	Surligneur	0,66 €	25%	0,50 €	
14						

Cellule E6 : {=C6:C13*(1-D6:D13)}

Figure 10.3 : Une formule matricielle à une dimension

Le fait de valider par la combinaison de touches Ctrl+Maj+↵ indique à Excel qu'il s'agit d'une formule matricielle. La formule que vous avez saisie apparaît entre accolades dans la barre de formule. C'est un signe distinctif des formules matricielles.

Cette formule vous évite de créer une formule en *E6*, puis de la recopier jusqu'en *F13*. Les arguments sont des plages matricielles (*C6:C13* et *D6:D13*). En fait, Excel interprète cette formule de la façon suivante : pour chaque cellule de la plage *E6:E13*, la valeur de la cellule située sur la même ligne et dans la colonne *C* est multipliée par 1, puis diminuée de la valeur de la cellule située sur la même ligne et dans la colonne *D*.

Calculons à présent les prix TTC :

1 Sélectionnez *F6:F13*.
2 Cliquez dans la barre de formule.
3 Saisissez =E6:E13*(1+$F$3).
4 Validez par Ctrl+Maj+↵.

	A	B	C	D	E	F
1			**TARIF**			
2						
3					Taux TVA	19,60%
4						
5	Référence	Libellé	P.U. H.T.	Remise	P.U. net H.T.	P.U. T.T.C.
6	ABC1	Bloc note	0,93 €	15%	0,79 €	0,95 €
7	ABC2	Enveloppes (500)	11,07 €	12%	9,74 €	11,65 €
8	ABC3	Stylo	0,66 €	25%	0,50 €	0,59 €
9	ABC4	Gomme	0,76 €	12%	0,67 €	0,80 €
10	ABC5	Marqueur	1,65 €	14%	1,42 €	1,70 €
11	ABC6	Agrafeuse	9,95 €	20%	7,96 €	9,52 €
12	ABC7	Classeur	2,57 €	33%	1,72 €	2,06 €
13	ABC8	Surligneur	0,66 €	25%	0,50 €	0,59 €

Figure 10.4 : Une formule matricielle à une dimension

Cette formule matricielle utilise, entre autres, une cellule unique : la cellule *F3*. La valeur de la cellule est donc employée pour le calcul des valeurs de chacune des cellules de la plage sélectionnée (*F6:F13*).

Les matrices qui contiennent les résultats précédents sont dites à une dimension, car elles ne contiennent qu'une seule colonne (si elles ne contenaient qu'une seule ligne, elles seraient également qualifiées de « matrice à une dimension »).

Saisir une formule matricielle à deux dimensions

Supposons à présent que vous deviez calculer les capacités de production journalières de plusieurs lignes de production. Sur votre feuille de calcul, les capacités journalières des machines se trouvent dans la plage *B7:B12* et les durées du travail quotidien en *C4:I4*. Pour chaque jour et chaque machine, il faut multiplier la capacité horaire par la durée du travail.

1 Sélectionnez *C7:I12*.
2 Cliquez dans la barre de formule.

3 Saisissez `=B7:B12*C4:I4`.

4 Validez par ⌈Ctrl⌉+⌈Maj⌉+⌈↵⌉.

	A	B	C	D	E	F	G	H	I	J
C7			fx	{=B7:B12*C4:I4}						
1			Capacités de production - Atelier XXXX							
2										
3			Lundi	Mardi	Mercredi	Jeudi	Vendredi	Samedi	Dimanche	
4		Durée du travail	8	10	10	10	8	6	0	
5										
6	Machine	Capacité	Lundi	Mardi	Mercredi	Jeudi	Vendredi	Samedi	Dimanche	Total / Machine
7	Machine 1	100	800	1 000	1 000	1 000	800	600	-	5 200
8	Machine 2	150	1 200	1 500	1 500	1 500	1 200	900	-	7 800
9	Machine 3	75	600	750	750	750	600	450	-	3 900
10	Machine 4	98	784	980	980	980	784	588	-	5 096
11	Machine 5	102	816	1 020	1 020	1 020	816	612	-	5 304
12	Machine 6	123	984	1 230	1 230	1 230	984	738	-	6 396
13	Total / Jour	108	5 184	6 480	6 480	6 480	5 184	3 888	-	33 696
14										

Figure 10.5 : Une formule matricielle à deux dimensions

À l'aide d'une seule formule, vous réalisez des calculs qui demanderaient autrement quarante-deux formules « individuelles ».

Quels sont les calculs effectués dans les cellules de la plage *C7:I12* ?

- En *C7*, le calcul effectué est `B7*C4`.
- En *D10*, le calcul effectué est `B10*D4`.
- …

Saisir une formule matricielle à valeur unique

Les deux types de formules traitées jusqu'à présent fournissent des résultats sous forme de matrices (à une ou deux dimensions). Il est possible de créer des formules matricielles qui produisent une valeur unique, à partir d'arguments matriciels.

Vous allez calculer les capacités totales de production journalières à l'aide de telles formules :

1 En *C13*, saisissez `=SOMME($B$7:$B$12*C4)`.

2 Validez par ⌈Ctrl⌉+⌈Maj⌉+⌈↵⌉.

3 Étendez le contenu, à l'aide de la poignée de recopie, jusqu'en *I13*.

L'extension et donc la copie de formules matricielles donnent des résultats satisfaisants. Le choix des références absolues, relatives ou mixtes est aussi crucial que dans le cas des formules « classiques ».

Si vous validez la formule précédente avec ⌈↵⌉ à la place de la combinaison ⌈Ctrl⌉+⌈Maj⌉+⌈↵⌉, vous obtenez le message d'erreur `#VALEUR!`.

Caractéristiques des formules matricielles

Les formules matricielles présentent des particularités :

- Pour modifier une formule matricielle, sélectionnez la totalité de la plage matricielle sur laquelle elle s'applique.
- Vous ne pouvez insérer, déplacer ou supprimer une ligne, une colonne ou même une cellule d'une plage contenant une formule matricielle.
- Vous ne pouvez pas, non plus, déplacer une partie de matrice.

Dans tous ces cas, vous obtenez un message d'erreur.

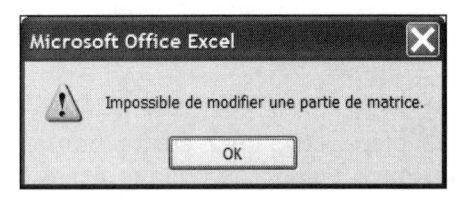

Figure 10.6 : Message d'erreur suite à la tentative de modification d'une partie de matrice

En revanche, vous pouvez mettre en forme de façon indépendante chacune des cellules constitutives d'une plage matricielle. Vous pouvez également copier, puis coller, une ou plusieurs cellules d'une plage matricielle.

Si votre sélection est de taille supérieure à celle des arguments, certaines cellules de la plage contiendront le message d'erreur #N/A.

	A	B	C	D	E	F	G	H	I	J
1			Capacités de production - Atelier XXXX							
2										
3			Lundi	Mardi	Mercredi	Jeudi	Vendredi	Samedi	Dimanche	
4		Durée du travail	8	10	10	10	8	6	0	
5										
6	Machine	Capacité	Lundi	Mardi	Mercredi	Jeudi	Vendredi	Samedi	Dimanche	Total / Machine
7	Machine 1	100	800	1 000	1 000	1 000	800	#N/A	#N/A	#N/A
8	Machine 2	150	1 200	1 500	1 500	1 500	1 200	#N/A	#N/A	#N/A
9	Machine 3	75	600	750	750	750	600	#N/A	#N/A	#N/A
10	Machine 4	98	784	980	980	980	784	#N/A	#N/A	#N/A
11	Machine 5	102	#N/A	#N/A	#N/A	#N/A	#N/A	#N/A	#N/A	#N/A
12	Machine 6	123	#N/A	#N/A	#N/A	#N/A	#N/A	#N/A	#N/A	#N/A
13	Total / Jour	108	#N/A	#N/A	#N/A	#N/A	#N/A	#N/A	#N/A	#N/A
14										

Figure 10.7 : Exemple où la taille des arguments est différente de la taille de la matrice

> **REMARQUE — Formules matricielles et temps de calcul**
>
> Le fait d'utiliser des formules matricielles dans une feuille de calcul n'améliore pas la vitesse de calcul. Au contraire, les temps de calcul ont tendance à s'allonger. Cela provient du fonctionnement des formules matricielles : les résultats intermédiaires des calculs sont stockés dans des tableaux avant d'être affichés dans les cellules. Cela entraîne donc des opérations de copie

> **REMARQUE** supplémentaires, qui pénalisent la rapidité de calcul. En contrepartie, les formules matricielles sont moins gourmandes en capacité mémoire, car elles sont plus concises que les formules « classiques ».
>
> En résumé, les formules matricielles sont plus élégantes, plus concises, mais plus lentes que les formules « classiques ».

Modifier une formule matricielle

Pour modifier une formule matricielle, il faut d'abord sélectionner l'intégralité de la plage de cellules sur laquelle elle s'applique.

Pour cela, il existe deux possibilités :

- Sélectionnez une cellule de la plage et appuyez sur [Ctrl]+[/].
- Sélectionnez une cellule de la plage et cliquez sur le bouton **Rechercher et sélectionner** du groupe **Edition** de l'onglet **Accueil**. Choisissez ensuite **Sélectionner les cellules**, puis sélectionnez *Matrice en cours* puis cliquez sur OK.

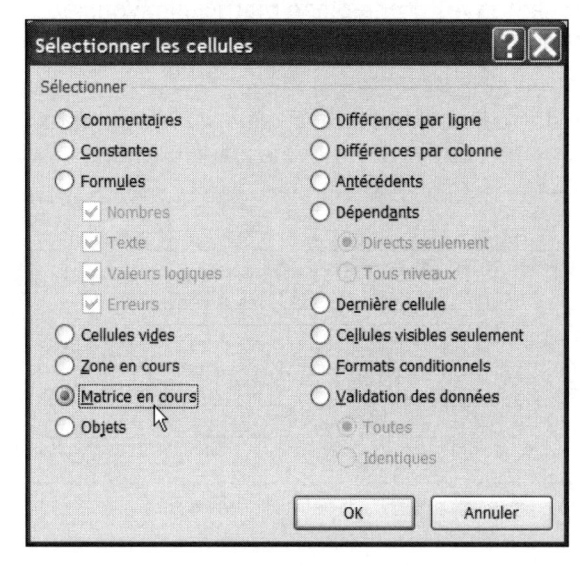

Figure 10.8 : La boîte de dialogue Sélectionner les cellules

Une fois la plage sélectionnée, cliquez dans la barre de formule puis effectuez les modifications souhaitées. Une fois les modifications effectuées, validez par [Ctrl]+[Maj]+[↵].

Pour effacer purement et simplement, utilisez la touche [Suppr] une fois la plage sélectionnée.

Constantes matricielles

Il est également possible de saisir des constantes matricielles. Les principes de saisie sont les suivants :

1 Sélectionnez la plage dans laquelle vous souhaitez saisir votre constante matricielle.
2 Cliquez dans la barre de formule.
3 Saisissez ={.
4 Saisissez les valeurs de votre constante. Les lignes sont séparées par des points-virgules, les valeurs des colonnes par des points.
5 Saisissez l'accolade fermante (}).
6 Validez par [Ctrl]+[Maj]+[↵].

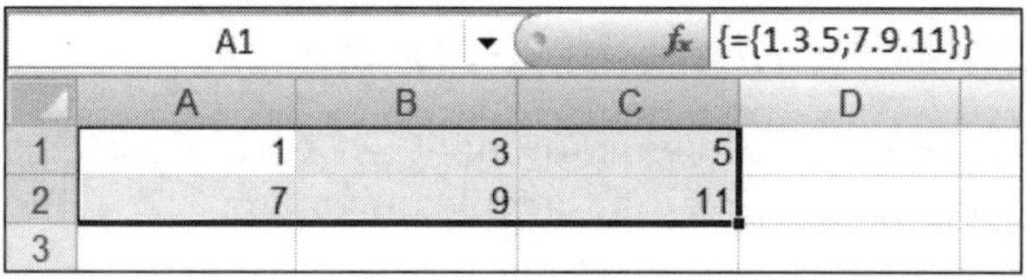

Figure 10.9 : Une constante matricielle

10.2. Utiliser les formules matricielles

Les formules matricielles peuvent être utilisées dans toutes les situations, quel que soit le domaine : calcul numérique, manipulation de texte, calcul sur les dates… Nous allons présenter des utilisations possibles dans chacun de ces domaines.

Calculer la moyenne des trois plus grandes valeurs

Pour calculer la moyenne des trois plus grandes valeurs d'une plage de cellules (par exemple *A1:A10*), utilisez la formule matricielle suivante :

{=MOYENNE(GRANDE.VALEUR(A1:A10;{1;2;3}))}

Ne saisissez pas les accolades entourant la formule. Elles apparaissent automatiquement après la validation par [Ctrl]+[Maj]+[↵] (voir fig. 10.10).

Cette formule fonctionne en fait « en deux temps ». Tout d'abord, elle procède à la création d'un tableau de 1 colonne et de 3 lignes :

- 1ère ligne : GRANDE.VALEUR(A1:A10;1) ;

	A	B	C	D	E	F	G
1	23						
2	45						
3	56		Moyenne des trois plus grandes valeurs :			94	
4	67						
5	46						
6	95						
7	98						
8	58						
9	56						
10	89						
11							

F3 : `{=MOYENNE(GRANDE.VALEUR(A1:A10;{1;2;3}))}`

Figure 10.10 : Calcul matriciel de la moyenne des trois plus grandes valeurs

- 2ème ligne : `GRANDE.VALEUR(A1:A10;2)` ;
- 3ème ligne : `GRANDE.VALEUR(A1:A10;3)`.

Ensuite, la fonction MOYENNE calcule la moyenne de ce tableau intermédiaire, renvoyant ainsi le résultat désiré.

Compter des cellules contenant du texte

Pour compter le nombre de cellules contenant du texte dans une plage de cellules (ici *B1:B10*), utilisez la formule suivante :

`{=SOMME(ESTTEXTE(B1:B10)*1)}`

Un tableau intermédiaire de 10 lignes et 1 colonne est créé. Il contient 1 si la cellule correspondante dans *B1:B10* contient du texte, et 0 sinon. Ainsi, la fonction SOMME totalise bien le nombre de cellules contenant du texte. La fonction ESTTEXTE renvoie un résultat booléen, soit VRAI ou FAUX. Les propriétés suivantes sont alors utilisées :

- VRAI * 1 = 1 ;
- FAUX * 1 = 0.

Compter les doublons dans une liste

Pour compter le nombre de données d'une plage (*B1:B10*) également présentes dans une autre plage (*A1:A10*), voici la formule à utiliser :

`{=SOMME(NB.SI(A1:A10;B1:B10))}`

	A	B	C	D	E	F	G
1	Ouest	12					
2		12	Ouest				
3		45					
4	Nord	34		Nombre de cellules contenant du texte :		5	
5		45		Nombre de données de B présentes dans A :		9	
6		11	Nord				
7		24	Sud				
8		56	Nord				
9		100	Ouest				
10	Est	34					
11		34					

F4 : `{=SOMME(NB.SI(A1:A10;B1:B10))}`

Figure 10.11 : Nombres de données de B également présentes dans A

Faire des calculs conditionnels

Il est possible, grâce aux formules matricielles, de faire des calculs conditionnels. Supposons que vous disposiez d'un tableau de données issues d'un système de gestion commerciale, qui se compose de quatre colonnes : ville (plage *A2:A81*), mois (plage *B2:B81*), produit (plage *C2:C81*) et ventes (plage *D2:D81*).

Pour connaître le montant des ventes à Lyon en février, recourez à la formule matricielle suivante :

`{=SOMME((A2:A81="Lyon")*(B2:B81="Février")*D2:D81)}`

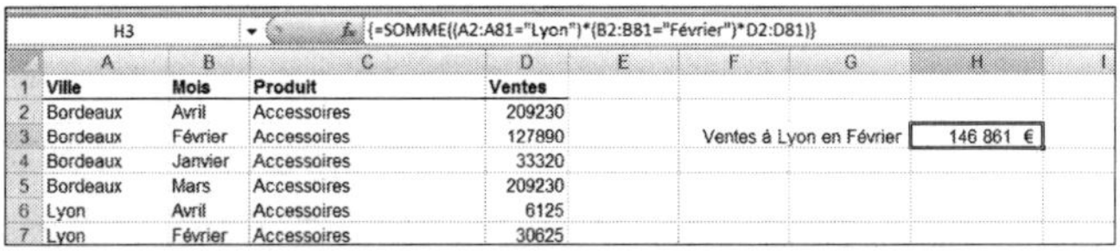

Figure 10.12 : Montant des ventes en fonction de deux critères

Vous utilisez à nouveau les propriétés des valeurs booléennes (VRAI et FAUX) lorsqu'elles sont multipliées par des valeurs numériques. En multipliant les valeurs, vous obtenez une combinaison logique ET.

Pour obtenir une combinaison logique OU, il faut utiliser des additions. Ainsi, pour connaître les ventes de Lyon ou de Bordeaux, voici la formule à utiliser :

`{=SOMME(((A2:A81="Lyon")+(A2:A81="Bordeaux"))*D2:D81)}`

Enfin, vous allez créer un tableau de synthèse des ventes mensuelles pour les ordinateurs et les imprimantes.

1 En *G6*, saisissez `Janvier` et étendez le contenu, à l'aide de la poignée de recopie, jusqu'en *J6*.

2 En *F7* et *F8*, saisissez respectivement `Ordinateurs` et `Imprimantes`.

3 Sélectionnez *G7*.

4 Saisissez `=SOMME(($B$2:$B$81=G$6)*($C$2:$C$81=$F7)*$D$2:$D$81)`.

5 Validez par [Ctrl]+[Maj]+[↵].

6 Étendez la formule, à l'aide de la poignée de recopie, à la plage *G7:J8*.

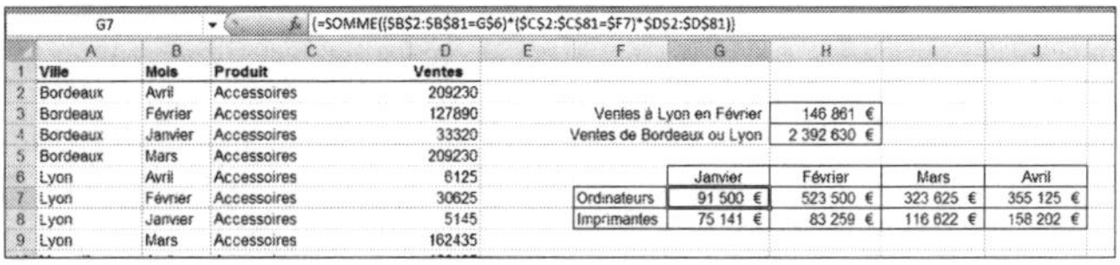

Figure 10.13 : Tableau de synthèse

10.2. Utiliser les formules matricielles

Créer une suite de nombres

La formule suivante permet de créer une suite de nombres entiers positifs dans une plage de cellules. Pour créer la suite des nombres entiers de 1 à 10 dans la plage *A5:A14*, sélectionnez-la au préalable et créez la formule matricielle suivante :

`{=LIGNE(INDIRECT("1:10"))}`

La fonction INDIRECT renvoie une référence à partir d'une valeur de texte. Ici, la fonction renvoie les lignes de 1 à 10. Vous appliquez ensuite la fonction LIGNE pour obtenir chacun des numéros.

Compter le nombre de lundi d'un mois

Pour connaître le nombre de lundis d'un mois donné, voici la formule à utiliser (le numéro du mois est en *A1* et l'année en *A2*) :

`{=SOMME((JOURSEM(DATE(A2;A1;LIGNE(INDIRECT("1:"&JOUR(DATE(A2; A1+1;0)))))) =2)*1)}`

Cette formule est un peu complexe. Nous allons donc la détailler.

Il s'agit en fait de tester si le jour de la semaine (fonction JOURSEM) de chacun des jours du mois est égal à 2, c'est-à-dire au lundi. Pour faire « défiler » les jours du mois (en utilisant la fonction DATE), vous utilisez en fait le principe vu précédemment, qui permet d'obtenir une suite de nombres entiers :

`LIGNE(INDIRECT("1:"&JOUR(DATE(A2;A1+1;0))))`

Toute la difficulté réside ici dans la détermination du dernier jour du mois, soit :

`JOUR(DATE(A2;A1+1;0))`

Pour obtenir le dernier jour du mois, il faut utiliser une astuce : il s'agit d'exploiter le « 0e » jour du mois suivant. La fonction JOUR donne ensuite son numéro.

Il est possible de compter les autres jours de la semaine en remplaçant 2 par 3 pour le mardi, par 4 pour le mercredi, 5 pour le jeudi, 6 pour le vendredi, 7 pour le samedi et 1 pour le dimanche.

Transposer une matrice

Transposer une matrice consiste à obtenir une matrice dont les lignes sont composées des éléments des colonnes de la matrice initiale. Il y a une symétrie par rapport à la diagonale de la matrice initiale. Pour obtenir la transposée de la matrice *A1:D5*, qui compte 5 lignes et

4 colonnes, sélectionnez une plage de 4 lignes et 5 colonnes (par exemple *A9:E12*) et saisissez :

{=TRANSPOSE(A1:D5)}

	A	B	C	D	E
1	41	74	97	68	
2	49	9	25	7	
3	45	75	68	49	
4	19	16	16	68	
5	28	45	33	12	
6					
7					
8	Matrice transposée				
9	41	49	45	19	28
10	74	9	75	16	45
11	97	25	68	16	33
12	68	7	49	68	12
13					

Figure 10.14 : Transposition de matrice

Inverser une matrice

Inverser une matrice est une opération mathématique qui peut s'avérer très fastidieuse. Il s'agit, à partir d'une matrice donnée, d'obtenir la matrice qui, multipliée par la matrice initiale donnera la matrice identité, c'est-à-dire la matrice dont la diagonale est composée de 1 et dont les autres éléments sont nuls.

Pour inverser la matrice *A1:D4*, sélectionnez au préalable une plage de 4 lignes et 4 colonnes, par exemple *A9:D12*, puis saisissez la formule :

{=INVERSEMAT(A1:D4)}

Attention : toutes les matrices ne sont pas inversibles ! Pour vérifier qu'une matrice est inversible, il faut calculer son déterminant (fonction DETERMAT). Si celui-ci n'est pas nul, la matrice est inversible.

	A	B	C	D
1	41	74	97	68
2	49	9	25	7
3	45	75	68	49
4	19	16	16	68
5				
6				
7				
8	Matrice inverse			
9	-0,0121165	0,02118768	0,008617618	0,00372566
10	-0,021864841	-0,0146904	0,037437473	-0,00359991
11	0,031292886	0,00476437	-0,029147667	-0,01077987
12	0,001167129	-0,00358455	-0,004358406	0,01704837
13				
14	Determinant	5988198		
15				

Figure 10.15 : Tableau de synthèse

10.2. Utiliser les formules matricielles

Les fonctions DETERMAT et INVERSEMAT ne fonctionnent qu'avec des matrices présentant le même nombre de lignes et de colonnes.

Pour vérifier que la matrice inverse correspond bien à sa définition, vous allez calculer le produit de la matrice et de sa matrice inverse en *A17:D20*, à l'aide de la fonction PRODUITMAT :

{=PRODUITMAT(A1:D4;A9:D12)}

	A	B	C	D	E
16					
17	1,00	0,00	0,00	-	
18	-0,00	1,00	-0,00	0,00	
19	0,00	0,00	1,00	0,00	
20	-0,00	0,00	-0,00	1,00	
21					

Figure 10.16 : Vérification du calcul de la matrice inverse

Résoudre un système d'équations

Une utilisation classique de l'inversion d'une matrice est la résolution de système d'équations linéaires.

Un système d'équations linéaires est un ensemble de plusieurs équations linéaires. Une équation linéaire est une expression du type : 3x + 2y + 5z = 32. Les chiffres sont appelés « coefficients » et x, y et z « inconnues ». Voici maintenant un exemple de système d'équations linéaires :

x + y + z = 6

3x + 2y + 5z = 22

2x + y + 3z = 13

Résoudre ce système consiste à trouver les valeurs de x, y et z qui satisfont aux trois équations. Il existe des méthodes, reposant sur des approches matricielles, qui permettent un calcul rapide, d'autant plus rapide s'il est mis en œuvre avec Excel !

Un système d'équations linéaires peut en effet s'écrire sous forme d'égalité matricielle : A * X = B, où A est la matrice des coefficients, X la matrice des inconnues et B la matrice des seconds membres. Reprenons l'exemple précédent. Voici les matrices mises en jeu :

Tableau 10.1 : A : matrice des coefficients

1	1	1
3	2	5
2	1	3

Tableau 10.2 : X : matrice des inconnues

X
Y
Z

Tableau 10.3 : B : matrice des seconds membres

6
22
13

La méthode de résolution envisagée consiste à calculer la matrice inverse de la matrice des coefficients (notée A-1) à l'aide de la fonction INVERSEMAT.

Rappelons que l'inversion d'une matrice n'est possible que si son déterminant n'est pas nul.

Une fois la matrice inverse calculée, résolvez le système en calculant A-1 × B, à l'aide de la fonction PRODUITMAT. Le résultat donne les valeurs de x, y et z sous forme matricielle. En effet, X = A-1 × B.

E7   {=PRODUITMAT(A7:C9;E2:E4)}

	A	B	C	D	E	F	G
1	Matrice des coefficients				Matrice des seconds membres		
2	1	1	1		6		
3	3	2	5		22		
4	2	1	3		13		
5							
6	Matrice inverse				Résultat		
7	1	-2	3		1		
8	1	1	-2		2		
9	-1	1	-1		3		

Figure 10.17 : Résolution d'un système d'équations linéaires

AUDITER ET CORRIGER LES FORMULES

Repérer des erreurs	225
Auditer et vérifier les formules de calcul	229
Maîtriser les références circulaires	234
Utiliser les fonctions d'information et de détection d'erreur	236

CHAPITRE 11

Lors de la conception de formules, il est possible qu'une erreur survienne dans votre feuille de calcul. Heureusement, Excel propose une véritable boîte à outils permettant de remédier à ces dysfonctionnements. Ces outils peuvent être classés en deux catégories : les outils de détection d'erreurs et les outils d'analyse d'erreurs. Les outils de détection d'erreurs permettent de localiser les erreurs dans une feuille de calcul et d'identifier la nature de l'erreur. Les outils d'analyse, quant à eux, aident à localiser précisément l'erreur au sein même de la formule.

Avant d'aborder en détail les outils de détection et d'analyse des erreurs, décrivons la signification des messages d'erreur qui peuvent apparaître dans des cellules. Ils s'affichent lorsque, pour différentes raisons, Excel ne parvient pas à calculer une formule.

Tableau 11.1 : Liste des messages d'erreur

Message d'erreur	Signification
#VALEUR!	Un type d'argument inapproprié est utilisé.
#DIV/0!	Un nombre est divisé par 0.
#NOM?	Excel ne reconnaît pas une saisie sous forme de texte. Il s'agit, par exemple, de l'utilisation d'un nom qui n'existe pas (ou qui n'existe plus) ou d'une erreur de saisie d'un nom existant.
#N/A	Une valeur n'est pas disponible pour une fonction ou une formule.
#REF!	Une référence de cellule n'est pas valide (suite à la suppression de la ligne ou de la colonne la contenant, par exemple).
#NOMBRE!	Une formule ou une fonction contient des valeurs numériques non valides.
#NULL!	Vous avez spécifié une intersection de deux zones qui, en réalité, ne se coupent pas.

11.1. Repérer des erreurs

Nous allons à présent aborder les outils qui permettent de détecter les erreurs dans les feuilles de calcul.

Détecter les erreurs lors de la saisie

Un premier filtre « anti-erreur » détecte les erreurs de syntaxe les plus grossières. Il agit lors de la saisie de la formule. Au moment de la validation, un message apparaît indiquant que la formule contient une erreur. Excel propose une correction qu'il est possible d'accepter ou de refuser. Si vous refusez, Excel positionne le curseur à l'endroit où il a détecté l'erreur.

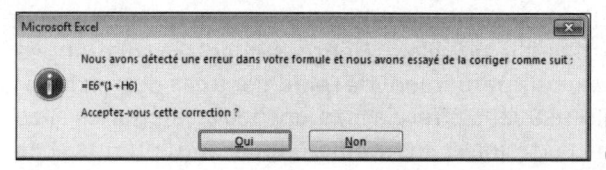

Figure 11.1 : Détection d'une erreur lors de la saisie

Vérifier les erreurs dans une feuille de calcul

Vérifier les erreurs à la demande

Pour détecter la présence de valeurs d'erreurs dans une feuille de calcul, utilisez le bouton **Vérification des erreurs** du groupe **Vérification des formules** de l'onglet **Formules**. Lorsque vous choisissez cette commande, Excel recherche systématiquement les cellules contenant des erreurs.

La boîte de dialogue **Vérifier les erreurs** apparaît alors et vous indique, le cas échéant, la première erreur détectée.

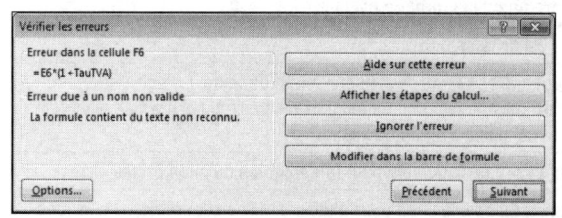

Figure 11.2 : La boîte de dialogue Vérifier les erreurs

Cette boîte de dialogue vous informe de la localisation de l'erreur et vous propose un bref descriptif de cette erreur. Plusieurs boutons vous permettent d'agir sur cette dernière :

- **Aide sur cette erreur** permet d'accéder à l'aide en ligne pour obtenir de plus amples informations sur l'erreur en cours.

- **Afficher les étapes du calcul** permet d'afficher les étapes du calcul dans la boîte de dialogue **Evaluer la formule** et de détecter le moment où l'erreur se produit dans la formule.

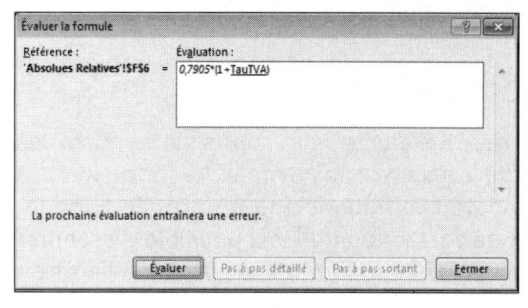

Figure 11.3 : La boîte de dialogue Evaluer la formule

- **Ignorer l'erreur** demande à Excel « d'oublier » cette erreur. Excel passe à l'erreur suivante. L'erreur ainsi ignorée ne sera plus affichée lors d'une prochaine utilisation de **Vérification des erreurs**.
- **Modifier dans la barre de formule** donne accès à la barre de formule pour modifier la formule incriminée.
- **Suivant** affiche l'erreur suivante.
- **Précédent** affiche l'erreur précédente.

Il reste un bouton à décrire, le bouton **Options**. Il donne accès à la catégorie **Formules** de la boîte de dialogue **Options Excel**.

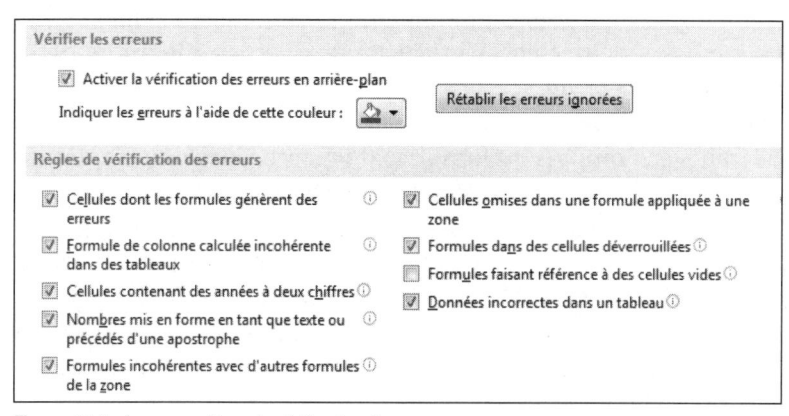

Figure 11.4 : Les paramètres de vérification des erreurs

Les rubriques *Vérification des erreurs* et *Règles de vérification des erreurs* permettent de contrôler l'ensemble du processus de vérification des erreurs :

Rubrique Vérifier les erreurs

Elle permet d'activer ou de désactiver la vérification automatique des erreurs.

Si vous cochez la case *Activer la vérification des erreurs à l'arrière-plan*, Excel détecte les erreurs éventuelles dans les cellules. S'il en repère une, il la signale au moyen d'un indicateur vert dans l'angle supérieur gauche de la cellule en cause.

Dans la zone *Couleur de l'indicateur d'erreur*, définissez la couleur utilisée par Excel pour marquer les erreurs. Si vous cliquez sur *Automatique*, l'indicateur prend la couleur par défaut : le vert.

Le bouton **Rétablir les erreurs ignorées** permet de retrouver les erreurs dans la feuille de calcul lors de la vérification, même si ces dernières ont déjà été détectées et ignorées.

Rubrique Règles de vérification des erreurs

Cette rubrique offre un certain nombre de cases à cocher :

- *Cellules dont les formules génèrent des erreurs* traite les cellules contenant des formules erronées comme des erreurs et affiche un avertissement.
- *Formule de colonne incohérente dans les tableaux* traite comme des erreurs les cellules d'un tableau contenant des formules incohérentes avec la formule de colonne.
- *Cellules contenant des années à deux chiffres* traite comme des erreurs les formules faisant intervenir le contenu de cellules avec des années à deux chiffres et affiche un avertissement lors de la vérification des erreurs.
- *Nombres mis en forme en tant que texte ou précédés d'une apostrophe* traite les nombres au format texte ou précédés d'une apostrophe comme des erreurs et affiche un avertissement.
- *Formule incohérente avec d'autres formules de la zone* traite les formules différant de toutes les autres cellules d'une même zone comme des erreurs et affiche un avertissement.
- *Cellules omises dans une formule appliquée à une zone* traite les formules omettant certaines cellules d'une zone comme des erreurs et affiche un avertissement.
- *Formules dans des cellules déverrouillées* traite les cellules déverrouillées qui contiennent des formules comme des erreurs et affiche un avertissement lors de la vérification des erreurs.
- *Formules faisant référence à des cellules vides* traite les formules faisant référence à des cellules vides comme des erreurs et affiche un avertissement.
- *Données incorrectes dans un tableau* traite comme des erreurs les cellules d'un tableau contenant des valeurs incohérentes avec le type de données de la colonne pour les tableaux connectés à des données SharePoint.

Vérifier les erreurs en arrière-plan

Il est possible d'activer la vérification des erreurs en arrière-plan grâce à la boîte de dialogue **Options**. Lorsque cette boîte de dialogue est affichée, cliquez sur **Formules** et cochez la case *Activer la vérification des erreurs d'arrière-plan* (cochée par défaut).

Si vous choisissez cette solution, les cellules contenant des erreurs (telles que celles définies à l'aide de la boîte de dialogue **Options** dans la rubrique *Règles de vérification des erreurs*) sont mises en exergue à l'aide d'un petit triangle situé dans l'angle supérieur gauche.

Figure 11.5 : Mise en évidence des erreurs

Si vous sélectionnez une telle cellule, une balise active apparaît et vous donne accès à un menu qui regroupe des options permettant d'agir sur l'erreur détectée.

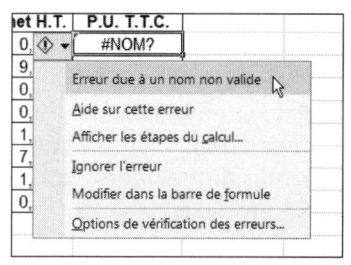

Figure 11.6 : Balise active et menu correspondant

Ces options sont identiques à celles présentées lors de la description de la boîte de dialogue **Vérification des erreurs**.

11.2. Auditer et vérifier les formules de calcul

Les fonctionnalités d'audit de formules sont accessibles dans le groupe **Vérification des formules** de l'onglet **Formules**.

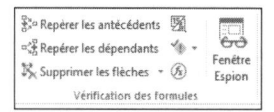

Figure 11.7 : Les fonctions de vérification de formules

Repérer les antécédents

Le bouton **Repérer les antécédents** permet de visualiser les liaisons d'une cellule avec les cellules qui lui servent de paramètres.

Figure 11.8 : Repérer les antécédents

La cellule *F6* dépend des cellules *F3* et *E6*. Si vous cliquez à nouveau sur **Repérer les antécédents**, les antécédents des antécédents sont affichés. Ainsi, vous pouvez voir que la cellule *E6* dépend des cellules *C6* et *D6*.

	A	B	C	D	E	F
1			TARIF			
2						
3					Taux TVA	19,60%
4						
5	Référence	Libellé	P.U. H.T.	Remise	P.U. net H.T.	P.U. T.T.C.
6	ABC1	Bloc note	0,93 €	15%	0,79 €	0,95 €
7	ABC2	Enveloppes (500)	11,07 €	12%	9,74 €	11,65 €

Figure 11.9 : Repérer les antécédents des antécédents

Si vous double-cliquez sur une flèche matérialisant une liaison, vous sélectionnez alternativement l'une ou l'autre des deux cellules liées. Dans les grandes feuilles de calcul, cela permet de naviguer facilement entre les cellules impliquées dans une formule complexe.

Repérer les dépendants

Le bouton **Repérer les dépendants** permet de visualiser les liaisons d'une cellule avec les cellules qui l'utilisent comme paramètre.

	A	B	C	D	E	F
1			TARIF			
2						
3					Taux TVA	19,60%
4						
5	Référence	Libellé	P.U. H.T.	Remise	P.U. net H.T.	P.U. T.T.C.
6	ABC1	Bloc note	0,93 €	15%	0,79 €	0,95 €
7	ABC2	Enveloppes (500)	11,07 €	12%	9,74 €	11,65 €
8	ABC3	Stylo	0,66 €	25%	0,50 €	0,59 €
9	ABC4	Gomme	0,76 €	12%	0,67 €	0,80 €
10	ABC5	Marqueur	1,65 €	14%	1,42 €	1,70 €
11	ABC6	Agrafeuse	9,95 €	20%	7,96 €	9,52 €
12	ABC7	Classeur	2,57 €	33%	1,72 €	2,06 €
13	ABC8	Surligneur	0,66 €	25%	0,50 €	0,59 €

Figure 11.10 : Repérer les dépendants

La cellule *F3* est utilisée dans les cellules *F6*, *F7*, *F8*, *F9*, *F12* et *F13*. Comme pour la fonction précédente, il est possible, en réutilisant cette fonction, de passer au « niveau » suivant et d'afficher les dépendants des dépendants.

Repérer une erreur

Cette fonction doit être appliquée à une cellule contenant une valeur d'erreur. Cliquez sur le bouton fléché situé à droite du bouton **Vérification des erreurs** et sélectionnez la commande **Repérer une erreur**. Dans ce cas, un lien est matérialisé entre la cellule en question et ses antécédents qui contiennent des valeurs d'erreur. Dans notre exemple, nous avons appliqué la fonction à la cellule *F8*, or l'erreur est provoquée par une erreur dans la cellule *E8*. C'est pourquoi un lien (rouge) est affiché entre ces deux cellules. De plus, les liens entre *E8* et ses antécédents sont matérialisés, ce qui permet de remonter aux causes de l'erreur de *E8* (en fait, du texte et non un pourcentage saisi en *D8*). Cette fonction permet donc d'obtenir une traçabilité de l'erreur.

	A	B	C	D	E	F
1			TARIF			
2						
3					Taux TVA	19,60%
4						
5	Référence	Libellé	P.U. H.T.	Remise	P.U. net H.T.	P.U. T.T.C.
6	ABC1	Bloc note	0,93 €	15%	0,79 €	0,95 €
7	ABC2	Enveloppes (500)	11,07 €	12%	9,74 €	11,65 €
8	ABC3	Stylo	0,66 €	pas de re	#VALEUR!	#VALEUR!
9	ABC4	Gomme	0,76 €	12%	0,67 €	0,80 €

Figure 11.11 : Repérer une erreur

Supprimer toutes les flèches

L'usage des fonctions précédentes peut vite surcharger votre feuille de calcul. Cliquez sur le bouton **Supprimer les flèches** pour effacer toutes les flèches tracées à l'aide de ces fonctions.

Vous pouvez cliquer sur le petit bouton fléché situé à sa droite pour être plus sélectif en utilisant l'une des deux possibilités suivantes :

- **Supprimer les flèches des précédents ;**
- **Supprimer les flèches des dépendants ;**

Évaluer des formules

Le bouton **Evaluer la formule** permet de suivre pas à pas le processus de calcul de la formule saisie dans la cellule sélectionnée :

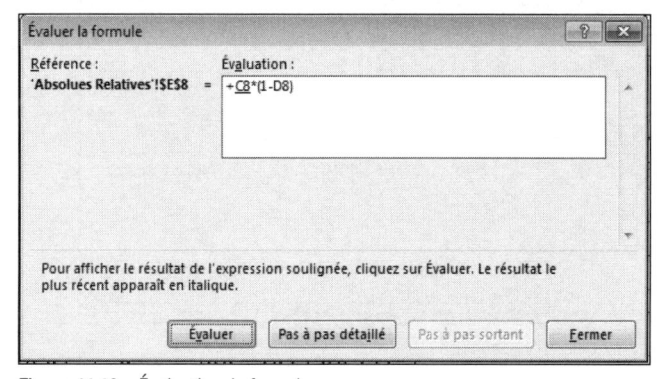

Figure 11.12 : Évaluation de formule

- Le bouton **Pas à pas détaillé** permet de suivre le détail du processus de calcul des cellules antécédentes.

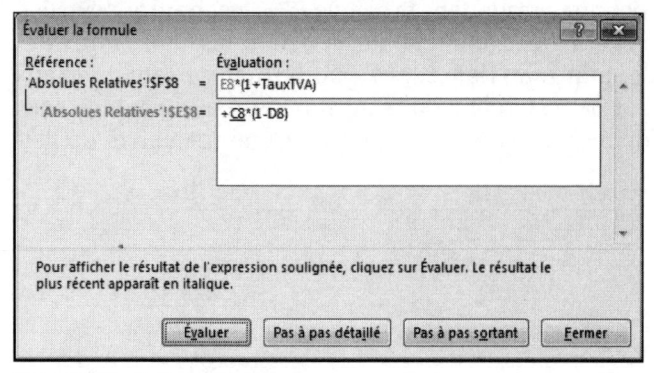

Figure 11.13 : Pas à pas détaillé

- Le bouton **Pas à pas sortant** permet de revenir au niveau supérieur.
- Le bouton **Evaluer** permet d'obtenir directement le résultat du calcul des cellules antécédentes sans passer par le pas à pas.

Afficher la fenêtre Espions

Cliquez sur le bouton **Fenêtre Espion** pour afficher la **Fenêtre Espion**. Cette fenêtre donne la possibilité de suivre la valeur de cellules que vous choisissez. Pour cela, cliquez sur **Ajouter un espion** puis sélectionnez la cellule ou la plage de cellules désirée.

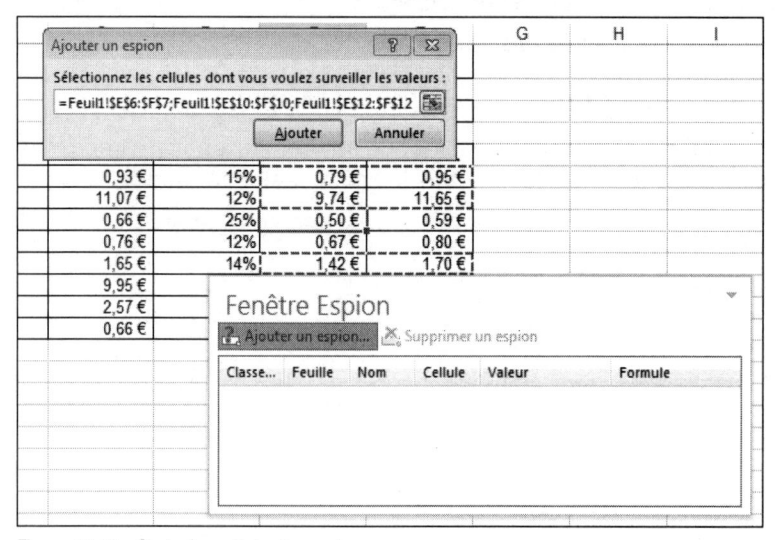

Figure 11.14 : Choix des cellules à « espionner »

11. Auditer et corriger les formules

Il est possible d'utiliser une sélection multiple (en utilisant la touche Ctrl), les différentes plages sont alors séparées par un point-virgule dans la boîte de dialogue **Ajouter un espion**.

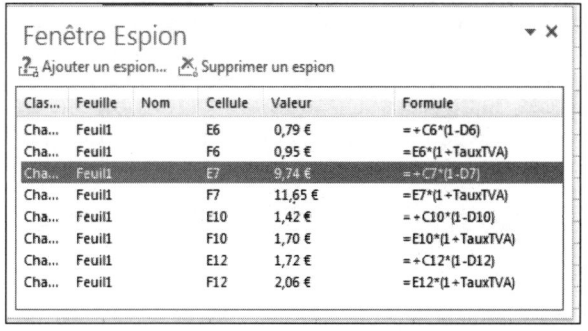

Clas...	Feuille	Nom	Cellule	Valeur	Formule
Cha...	Feuil1		E6	0,79 €	=+C6*(1-D6)
Cha...	Feuil1		F6	0,95 €	=E6*(1+TauxTVA)
Cha...	Feuil1		E7	9,74 €	=+C7*(1-D7)
Cha...	Feuil1		F7	11,65 €	=E7*(1+TauxTVA)
Cha...	Feuil1		E10	1,42 €	=+C10*(1-D10)
Cha...	Feuil1		F10	1,70 €	=E10*(1+TauxTVA)
Cha...	Feuil1		E12	1,72 €	=+C12*(1-D12)
Cha...	Feuil1		F12	2,06 €	=E12*(1+TauxTVA)

Figure 11.15 : Les espions

Un double-clic sur une ligne de la liste des espions permet de sélectionner la cellule correspondante.

Pour supprimer un espion, sélectionnez-le dans la liste et cliquez sur le bouton **Supprimer un espion**.

Pour masquer la fenêtre, cliquez sur la croix située à l'angle supérieur droit de cette fenêtre.

Mode Audit de formules

Cliquez sur le bouton **Afficher les formules** pour d'afficher les formules de calcul et non leur résultat.

Taux TVA	0,196
P.U. net H.T.	**P.U. T.T.C.**
=C6*(1-D6)	=E6*(1+TauxTVA)
=C7*(1-D7)	=E7*(1+TauxTVA)
=C8*(1-D8)	=E8*(1+TauxTVA)
=C9*(1-D9)	=E9*(1+TauxTVA)
=C10*(1-D10)	=E10*(1+TauxTVA)
=C11*(1-D11)	=E11*(1+TauxTVA)
=C12*(1-D12)	=E12*(1+TauxTVA)
=C13*(1-D13)	=E13*(1+TauxTVA)

Figure 11.16 : Le mode Audit de formules

Cliquez à nouveau sur le bouton pour revenir à un affichage normal.

11.3. Maîtriser les références circulaires

Lorsqu'une formule fait référence à son propre résultat, elle occasionne une référence circulaire. L'exemple le plus simple, voire le plus caricatural, est une cellule dans laquelle la formule saisie fait appel à cette même cellule.

Pour expérimenter ce cas de figure, saisissez en *A1* la formule =A1+B1. Une fois que vous avez validé cette formule, Excel affiche un message d'avertissement.

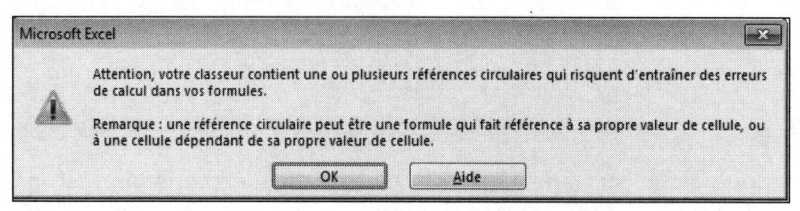

Figure 11.17 : Message d'avertissement concernant une référence circulaire

Si vous cliquez sur Aide, l'aide en ligne apparaît, vous indiquant comment faire pour résoudre le problème.

En déployant le menu associé au bouton **Vérification des erreurs** du groupe **Audit de formules** de l'onglet **Formules**, vous pouvez accéder à la liste des cellules contenant une référence circulaire.

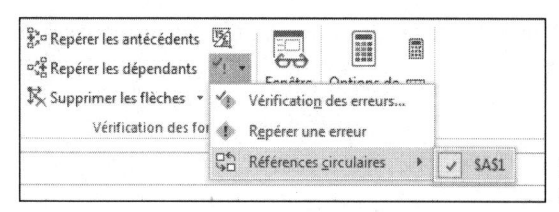

Figure 11.18 : Les références circulaires

La barre d'état indique également la présence de références circulaires dans la feuille.

Utiliser les références circulaires

Les références circulaires permettent par ailleurs de réaliser des calculs itératifs.

Pour illustrer cette possibilité, considérons le cas d'une entreprise qui veut attribuer à son personnel une prime égale à 5 % du résultat net. Or le résultat net est calculé après déduction de la prime. Ladite entreprise se heurte donc à une référence circulaire.

	A	B	C	D
1	Chiffre d'affaires	1 000 000 €		
2	Charges	750 000 €		
3	Primes	- €	←	=0,05*B6
4	Résulat avant impôt	250 000 €	←	=+B1-B2-B3
5	Impôt	83 333 €	←	=+B4/3
6	Résultat net	- €	←	=+B4-B5
7				

Figure 11.19 : Exemples de références circulaires

Les cellules *B3*, *B4* et *B6* contiennent des références circulaires :

- *B3* (primes) fait référence à *B6*, qui elle-même fait référence à *B3*.
- *B4* (résultat avant impôts) fait référence à *B3*, qui fait référence à *B4*, qui fait référence à… *B4*.
- *B6* (résultat net) fait référence à *B4*, qui fait référence à *B3*, qui fait référence à *B6*.

Par défaut, les références circulaires provoquent l'affichage du message décrit précédemment. Dans ce cas, les références circulaires sont intentionnelles, vous pouvez donc cliquer sur **Annuler**.

Il est souhaitable d'évaluer à nouveau les cellules *B3*, *B4* et *B6*. Pour cela, il faut procéder à des itérations. Afin d'activer le calcul des itérations, agissez de la façon suivante :

1 Cliquez sur le menu **Fichier**, puis sur **Options**.

2 Cliquez sur **Formules**.

3 Dans la rubrique *Mode de calcul*, cochez *Activer le calcul itératif*.

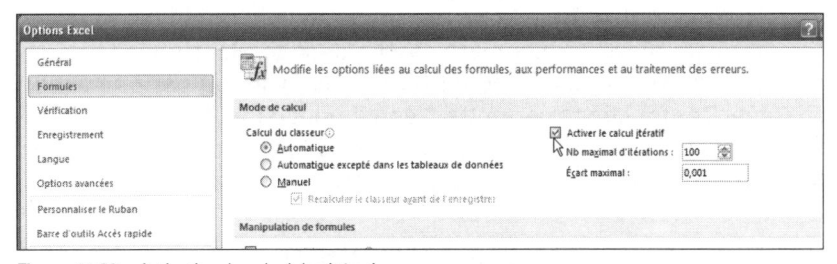

Figure 11.20 : Activation du calcul des itérations

Dans la zone *Nb maximal d'itérations*, il est possible de spécifier le nombre maximal de fois où Excel évalue la formule avant d'arrêter. Si la variation entre deux recalculs est inférieure à *Ecart maximal*, Excel arrête les itérations. Plus *Nb maximal d'itérations* est important et plus *Ecart maximal* est faible, plus le temps nécessaire à l'évaluation des références circulaires est important. Si *Calculer* apparaît sur la barre d'état après l'évaluation des références circulaires, cela signifie qu'Excel n'a pu aboutir à un résultat satisfaisant (Nombre maximal d'itérations atteint sans que l'écart entre deux évaluations ne soit inférieur à l'écart maximal). Pour remédier à cette situation, vous pouvez augmenter le nombre d'itérations ou baisser l'écart maximal.

4 Validez par OK.

Les cellules ont été évaluées, et visiblement, le résultat est satisfaisant.

	A	B	C	D
1	Chiffre d'affaires	1 000 000 €		
2	Charges	750 000 €		
3	Primes	8 065 €	←	=0,05*B6
4	Résulat avant impôt	241 935 €	←	=+B1-B2-B3
5	Impôt	80 645 €	←	=+B4/3
6	Résultat net	161 290 €	←	=+B4-B5
7				

Figure 11.21 : Évaluation des références circulaires

11.4. Utiliser les fonctions d'information et de détection d'erreur

Il est préférable d'envisager les possibilités d'erreur lors de la conception d'une formule, pour éviter l'affichage de messages désagréables lors de l'utilisation d'une feuille de calcul. Excel propose des fonctions permettant d'intercepter les messages d'erreur et ainsi de remplacer le message standard (assez déconcertant pour le débutant) par un message personnalisé plus explicite ou par une action adaptée. Des fonctions permettent également d'identifier le type d'un argument (nombre, texte…), afin d'éviter de l'utiliser dans une fonction qui n'accepte pas ce type d'argument.

Utiliser les fonctions d'information

Avant de fournir le contenu d'une cellule en tant qu'argument à une fonction, il peut être utile de tester le type du contenu afin d'éviter l'apparition d'un message d'erreur. Les fonctions suivantes permettent de tester tous les types d'arguments.

Liste des fonctions

ESTLOGIQUE

Renvoie la valeur VRAI si l'argument fait référence à une valeur logique.

Syntaxe :   ESTLOGIQUE(valeur)

valeur   Valeur que vous voulez tester.

ESTNONTEXTE

Renvoie la valeur VRAI si l'argument fait référence à tout élément qui n'est pas du texte ou à une cellule vide.

Syntaxe :   ESTNONTEXTE(valeur)

valeur   Valeur que vous voulez tester.

ESTNUM

Renvoie la valeur VRAI si l'argument fait référence à un nombre.

Syntaxe :   ESTNUM(valeur)

valeur   Valeur que vous voulez tester.

ESTREF

Renvoie la valeur VRAI si l'argument renvoie à une référence de cellule ou de plage de cellules.

Syntaxe :   ESTREF(valeur)

valeur   Valeur que vous voulez tester.

Si, en guise d'argument de fonction (par exemple, de MOYENNE), vous fournissez une plage de cellules du type DECALER(A1:B350;C1;D1), il est possible, selon la valeur des arguments de décalage, que la plage résultante « sorte » de la feuille de calcul (colonne supérieure à *XFD* ou ligne supérieure à *1048576*, colonne inférieure à *A* ou ligne inférieure à *1*), c'est-à-dire qu'elle ne soit pas une référence valide. Dans ce cas, la fonction qui l'utilise en tant qu'argument renvoie le message d'erreur #REF!. Pour éviter cela, vous pouvez utiliser la formule suivante :

=SI(ESTREF(DECALER(A1:B350;C1;D1));MOYENNE(DECALER(A1:B350; C1;D1));"")

ESTTEXTE

Renvoie la valeur `VRAI` si l'argument fait référence à du texte.

Syntaxe : `ESTTEXTE(valeur)`
`valeur` Valeur que vous voulez tester.

ESTVIDE

Renvoie la valeur `VRAI` si l'argument fait référence à une cellule vide.

Syntaxe : `ESTVIDE(valeur)`
`valeur` Valeur que vous voulez tester.

Utiliser les fonctions de détection d'erreur

Les fonctions de détection interceptent les messages d'erreur avant leur affichage. Pour cela, vous pouvez utiliser des formules du type :

`=SI(ESTERREUR(formule);"";formule)`

Liste des fonctions

ESTERR

Renvoie la valeur `VRAI` si l'argument fait référence à l'un des messages d'erreur, à l'exception de `#N/A`.

Syntaxe : `ESTERR(valeur)`
`valeur` Valeur que vous voulez tester.

ESTERREUR

Renvoie la valeur `VRAI` si l'argument fait référence à l'un des messages d'erreur (`#N/A`, `#VALEUR!`, `#REF!`, `#DIV/0!`, `#NOMBRE!`, `#NOM?` ou `#NULL!`).

Syntaxe : `ESTEREURR(valeur)`
`valeur` Valeur que vous voulez tester.

ESTNA

Renvoie la valeur `VRAI` si l'argument fait référence au message d'erreur `#N/A` (valeur non disponible).

Syntaxe : `ESTNA(valeur)`
`valeur` Valeur que vous voulez tester.

SI.NON.DISP

Renvoie la valeur que vous spécifiez si la formule retourne une valeur d'erreur #N/A ; dans le cas contraire retourne le résultat de la formule.

Syntaxe :   SI.NON.DISP(valeur, valeur_si_na)

valeur   Obligatoire. L'argument dans lequel la valeur d'erreur #N/A est contrôlée.

valeur_si_na   Obligatoire. La valeur à retourner si la formule produit une valeur d'erreur #N/A.

CHAPITRE 12

DÉCOUVRIR D'AUTRES UTILISATIONS DES FORMULES

Définir des mises en forme conditionnelles 243
Définir des validations du contenu des cellules 248

Dans ce chapitre, vous allez mettre à profit vos connaissances sur les formules pour améliorer la lisibilité et la cohérence des données saisies dans vos feuilles de calcul. Vous allez en effet utiliser des formules pour définir des mises en forme conditionnelles efficaces. Une mise en forme conditionnelle n'apparaît que si les conditions que vous avez définies sont remplies. Il s'agit en quelque sorte d'une mise en forme « intelligente ».

Ensuite, vous apprendrez à valider le contenu des cellules. Les validations permettent d'« encadrer » la saisie dans les feuilles de calcul, afin notamment d'éviter que les formules renvoient des erreurs à cause de paramètres erronés.

12.1. Définir des mises en forme conditionnelles

Excel vous propose de nombreux outils pour mettre en forme vos feuilles de calcul : polices de caractères, couleur, bordure des cellules, etc. Pourtant, les mises en forme que vous pouvez définir avec ces outils sont "statiques" et s'appliquent indépendamment du contenu des cellules. Dans certaines situations, il peut être souhaitable de mettre en exergue telles ou telles cellules, en raison de valeurs particulières qu'elles contiennent (valeurs faibles ou fortes par exemple).

Les mises en forme conditionnelles sont utilisées dans ces cas-là. Comme leur nom l'indique, elles dépendent de conditions sur le contenu de la cellule ou sur le résultat de formules.

Depuis la version 2007 d'Excel, cette fonctionnalité a pris une nouvelle dimension. En effet, elle est plus conviviale et offre davantage de possibilités d'effets graphiques pour mettre en évidence les données importantes ou encore les tendances de vos tableaux.

Utiliser les mises en forme conditionnelles prédéfinies

Dans un premier temps, nous allons décrire les mises en forme conditionnelles prédéfinies.

Pour accéder à cette fonctionnalité :

1 Sélectionnez la plage à laquelle la mise en forme doit s'appliquer.

2 Dans l'onglet **Accueil**, cliquez sur le bouton **Mise en forme conditionnelle** du groupe **Style**.

Figure 12.1 : Les différents types de mises en forme conditionnelles

Règles de mise en surbrillance des cellules

Cette première catégorie de mises en forme conditionnelles permet de mettre en évidence des cellules en comparant leur contenu à des valeurs particulières.

Règles des valeurs plus/moins élevées

Cette catégorie de mises en forme conditionnelles permet de mettre en évidence des cellules en les situant par rapport à l'ensemble des valeurs de la plage. Ainsi, il est possible de mettre en évidence les cinq plus fortes valeurs, les 10 % de valeurs les plus faibles, ainsi que les valeurs supérieures ou inférieures à la moyenne.

Barres de données

Cette catégorie de mises en forme conditionnelles permet d'afficher dans chaque cellule de la plage une barre de couleur proportionnelle à la valeur de la cellule.

Nuances de couleurs

Cette catégorie de mises en forme conditionnelles permet de visualiser la distribution des valeurs à l'aide de dégradés de couleurs. Cela s'apparente à certaines cartes météorologiques où les zones à fortes températures sont affichées en rouges, celles à faibles températures en bleu et les zones intermédiaires en dégradé de couleurs selon la valeur de la température.

Jeux d'icônes

Cette dernière catégorie de mises en forme conditionnelles permet d'afficher dans chaque cellule de la plage une icône indiquant comment se situe la valeur de la cellule par rapport aux valeurs de la plage.

Créer des règles de mise en forme conditionnelles personnalisées

Si, malgré la diversité des choix proposés, vous ne trouvez pas de mise en forme conditionnelle prédéfinie satisfaisante, vous avez la possibilité de créer vos propres règles. Pour cela :

1 Sélectionnez la plage à laquelle la mise en forme doit s'appliquer.
2 Dans l'onglet **Accueil**, cliquez sur le bouton **Mise en forme conditionnelle** du groupe **Style**.
3 Sélectionnez **Nouvelle règle**.
4 Dans la boîte de dialogue **Nouvelle règle de mise en forme**, vous avez la possibilité de choisir parmi plusieurs thèmes :

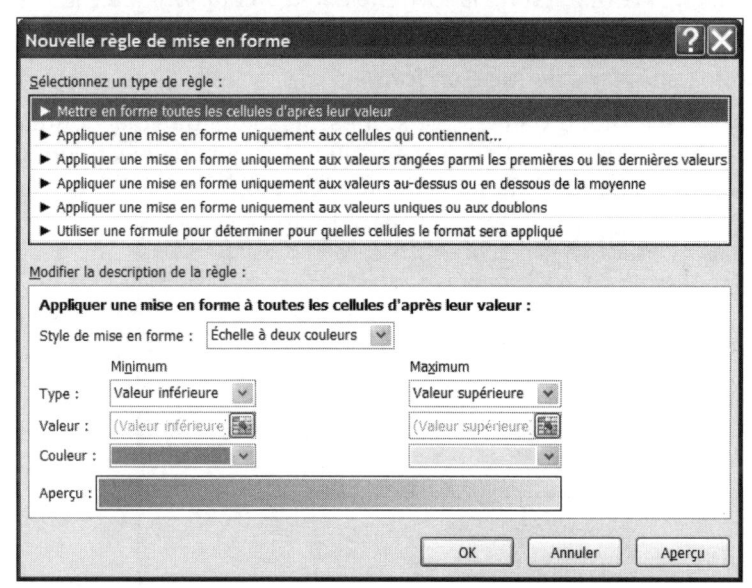

Figure 12.2 : La boîte de dialogue Nouvelle règle de mise en forme

— **Mettre en forme toutes les cellules d'après leur valeur** ;

— **Appliquer une mise en forme uniquement aux cellules qui contiennent…** ;

12.1. Définir des mises en forme conditionnelles

— Appliquer une mise en forme uniquement aux valeurs rangées parmi les premières ou les dernières valeurs ;

— Appliquer une mise en forme uniquement aux valeurs au-dessus ou en dessous de la moyenne ;

— Appliquer une mise en forme uniquement aux valeurs uniques ou aux doublons ;

— Utiliser une formule pour déterminer pour quelles cellules le format sera appliqué.

5 Cliquez sur un thème, définissez votre règle et validez par OK.

Nous allons à présent décrire en détail l'utilisation d'une formule pour définir une règle de mise en forme conditionnelle.

Utiliser une formule pour déterminer pour quelles cellules le format sera appliqué

Il s'agit ici de règles permettant d'appliquer une mise en forme aux cellules en fonction du résultat d'une formule. Si le résultat de la formule est la valeur logique VRAI, la mise en forme sera appliquée. En revanche, si le résultat de la formule est la valeur logique FAUX, la mise en forme ne sera pas appliquée.

Pour définir une règle de mise en forme :

1 Saisissez la formule dans la zone. Il est possible de sélectionner une cellule au lieu de saisir une formule. La cellule sélectionnée doit contenir une formule renvoyant VRAI ou FAUX.

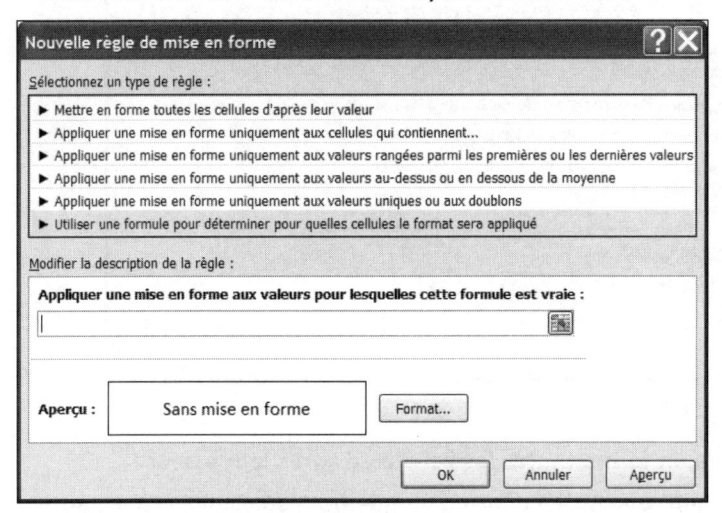

Figure 12.3 : Définition d'une règle de mise en forme

2 Cliquez sur le bouton **Format** afin de définir le format à appliquer si la règle est satisfaite.

3 Cliquez sur le bouton **Aperçu** si vous souhaitez visualiser le résultat sur la feuille de calcul.

4 Cliquez sur OK pour valider.

Créer des mises en forme conditionnelles

Nous allons à présent décrire quelques mises en forme conditionnelles relevant de problématiques classiques.

Mettre en évidence les nombres pairs

Pour mettre en évidence les nombres pairs dans une plage de cellules, vous devez faire appel à une mise en forme conditionnelle fondée sur une formule. Pour cela, sélectionnez la plage à laquelle doit être appliquée la mise en forme (par exemple *B2:D10*), puis définissez la condition suivante (en supposant que *B2* est la cellule active) : « La formule est =MOD(B2;2)=0 ».

La fonction MOD renvoie le reste de la division de *B2* par 2. Si le contenu de *B2* est pair, le reste est donc 0.

Notez l'utilisation d'une référence relative à la cellule *B2*. En effet, il faut considérer que la formule s'applique à la cellule active (ici à *B2*). L'utilisation de référence relative permet à la formule de « s'adapter » aux autres cellules de la sélection.

Mettre en évidence les doublons

Pour mettre en évidence les doublons dans une plage de cellules, il faut avoir recours à une formule. Sélectionnez la plage désirée (ici *B2:D10*), puis définissez la condition : « La formule est = NB.SI ($B$2:$D$10;B2)>1 ».

Comme précédemment, notez l'importance des références absolues et relatives. Pour la plage *B2:D10*, les références absolues permettent de « figer » la plage, puisque c'est toujours sur elle que doit porter la recherche par NB.SI.

Griser une ligne sur deux

Afin d'améliorer la lisibilité des grands tableaux, il peut s'avérer utile de griser une ligne sur deux. L'intérêt de la mise en forme conditionnelle par rapport à la mise en forme « classique » réside dans la possibilité de trier les lignes sans remettre en cause l'alternance de lignes grisées et non grisées.

Pour mettre en œuvre cette mise en forme, sélectionnez tout d'abord les cellules auxquelles elle doit s'appliquer, puis saisissez la condition suivante : « La formule est =MOD(LIGNE();2)=0 ».

La fonction LIGNE renvoie le numéro de la ligne de la cellule. La fonction MOD renvoie le reste de la division du numéro de la ligne par 2. Si le numéro est pair, le format est appliqué.

12.2. Définir des validations du contenu des cellules

Supposons que vous conceviez une feuille dans laquelle des utilisateurs saisiront des informations. Malgré toute leur bonne volonté, des erreurs de frappe surviendront inévitablement. Heureusement, il existe un outil, en l'occurrence la validation du contenu des cellules, qui permet de définir ce qui est autorisé et ce qui ne l'est pas dans une cellule.

Connaître le principe de la validation du contenu

Pour mettre en place une validation du contenu des cellules :

1 Sélectionnez la cellule ou la plage de cellules concernées.

2 Dans l'onglet **Données**, cliquez sur le bouton **Validation des données** du groupe **Outils de données**.

3 Dans l'onglet **Options** de la boîte de dialogue **Validation des données**, sélectionnez le type de validation à appliquer, à l'aide de la liste déroulante *Autoriser*.

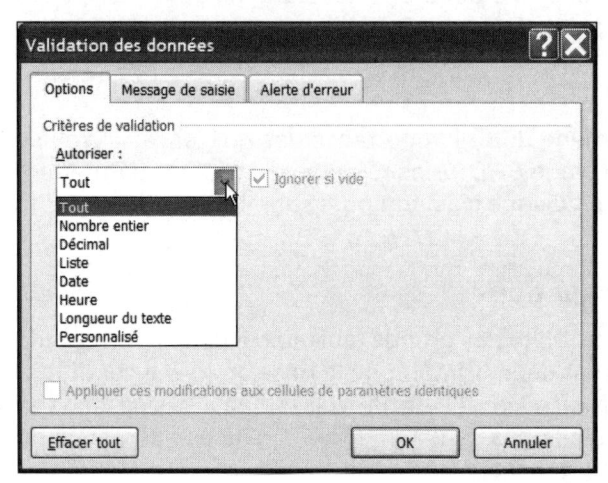

Figure 12.4 : Choix du type de validation

Tableau 12.1 : Les types de validations

Intitulé	Commentaires
Tout	Aucune restriction sur le contenu. C'est le paramétrage appliqué par défaut.
Nombre entier	Seuls les nombres entiers sont autorisés.
Décimal	Les nombres entiers et décimaux sont autorisés.
Liste	Les valeurs autorisées sont définies par une liste exhaustive. Il est possible de spécifier des valeurs séparées par des points-virgules dans la zone *Source* ou d'indiquer dans cette zone la référence à une plage de cellules contenant les valeurs autorisées. La deuxième méthode est évidemment beaucoup plus souple.
Date	Seules les dates sont autorisées.
Heure	Seules les heures sont autorisées.
Longueur de texte	Seules les données dont le nombre de caractères satisfait au critère choisi sont autorisées.
Personnalisé	Permet de définir une validation à l'aide d'une formule de calcul. Cette formule doit renvoyer une valeur VRAI ou FAUX. Si la valeur est VRAI, le contenu est considéré comme valide.

4 Une fois le type de validation choisi, il faut définir les critères de validation correspondants à l'aide de la liste déroulante *Données*.

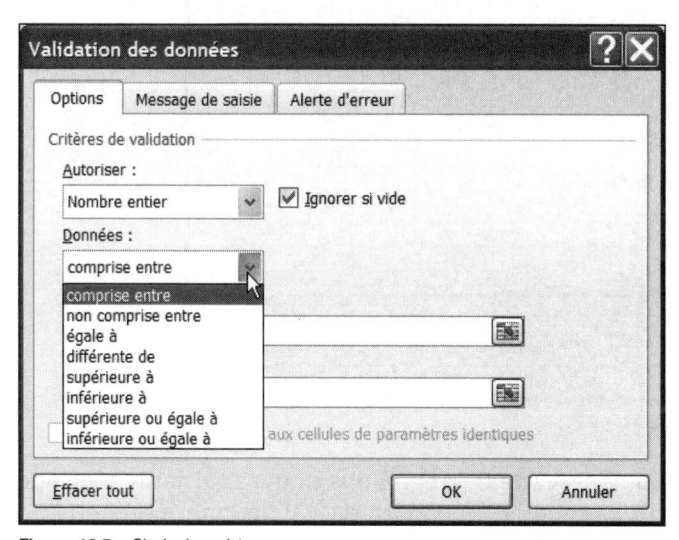

Figure 12.5 : Choix des critères

> **REMARQUE** — **Utiliser la plage de cellules d'une autre feuille**
> Si vous choisissez *Liste* dans la zone *Autoriser*, il est désormais possible, dans la zone *Source,* de sélectionner une plage de cellules située sur une autre feuille de calcul.

> **ASTUCE** — **Utilisation d'une plage nommée**
> Pour plus de clarté et de lisibilité, il peut être préférable de nommer la plage de cellules servant de liste de validation (*Source_validation* par exemple). Vous devrez alors saisir =Source_validation dans la zone *Source.*

5 La case à cocher *Ignorer si vide* permet d'indiquer que, si l'utilisateur ne saisit rien dans une cellule, Excel ne considère pas qu'il s'agit d'une erreur.

6 Cliquez sur l'onglet **Message de saisie**. Vous pouvez alors saisir un message qui apparaîtra lorsque la cellule sera sélectionnée.

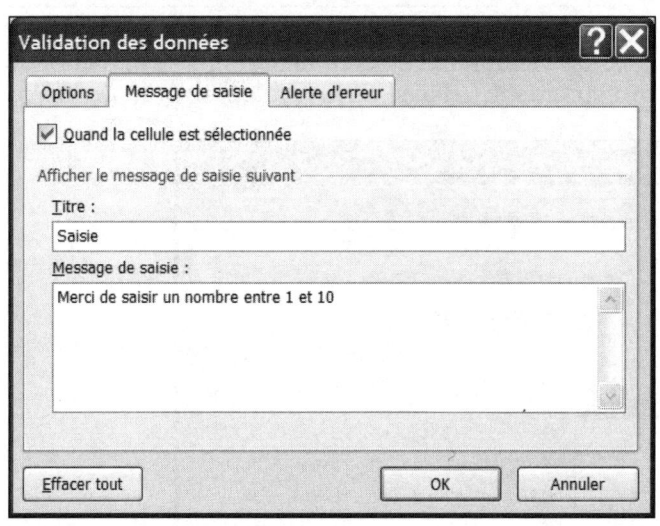

Figure 12.6 : Message d'information

7 Cliquez sur l'onglet **Alerte d'erreur**. Vous pouvez saisir un message qui apparaîtra lorsque la procédure de validation ne reconnaîtra pas la saisie (voir fig. 12.7).

8 Dans la zone *Style*, vous pouvez choisir entre *Arrêt*, *Avertissement* et *Informations*. Si vous choisissez *Arrêt*, l'utilisateur n'aura d'autre

choix que de se conformer à la validation. Si vous sélectionnez l'une des autres possibilités, il pourra passer outre (plus ou moins rapidement).

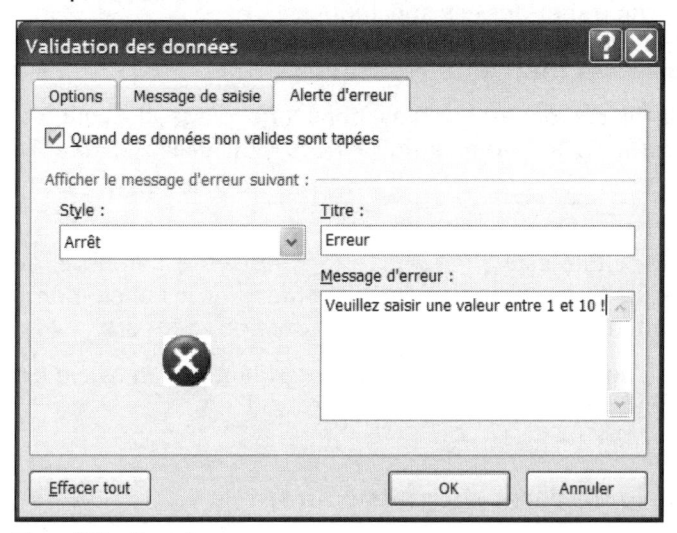

Figure 12.7 : Alerte d'erreur

9 Validez par OK.

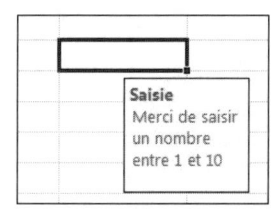

Figure 12.8 : L'affichage du message de saisie

Pour supprimer une validation, cliquez sur le bouton **Effacer tout** de la boîte de dialogue **Validation des données**.

Lorsque vous modifiez une validation de contenu de cellules, la case à cocher *Appliquer ces modifications aux cellules de paramètres identiques* permet d'indiquer que vous souhaitez que toutes les cellules de la feuille de calcul qui utilisent les mêmes paramètres de validation que la cellule courante héritent des modifications que vous êtes en train de faire. Ainsi, pour modifier la validation d'un ensemble de cellules très éloignées les unes des autres (mais utilisant strictement les mêmes paramètres), modifiez simplement la validation de l'une d'entre elles et activez cette case à cocher avant de valider les modifications.

Créer des validations

Les exemples suivants utilisent des validations de type *Personnalisé*, qui permettent de traiter des cas spécifiques.

Forcer la saisie en majuscules

Pour forcer la saisie en majuscules dans une plage de cellules, sélectionnez cette plage, par exemple *A1:C10*, puis saisissez dans la zone *Formule* :

=EXACT(A1;MAJUSCULE(A1))

Dans ce cas, la cellule active est *A1*. La fonction EXACT compare, en distinguant majuscules et minuscules, le contenu de *A1* et ce même contenu converti en majuscules grâce à la fonction MAJUSCULE.

Il est possible d'améliorer la validation en vérifiant que la saisie est bien un texte :

=ET(ESTTEXTE(A1);EXACT(A1;MAJUSCULE(A1)))

Forcer la saisie de dates du mois courant

Pour forcer la saisie de dates du mois courant dans une plage de cellules, sélectionnez la plage concernée, puis saisissez la formule :

=MOIS(A1)=MOIS(AUJOURDHUI())

La fonction MOIS permet d'isoler le mois de la date saisie et de le comparer au mois de la date du jour, renvoyée par la fonction AUJOURDHUI.

Pour forcer la saisie de dates de l'année et du mois courants, utilisez la formule suivante :

=ET(ANNEE(A1)=ANNEE(AUJOURDHUI());MOIS(A1)=MOIS(AUJOURDHUI()))

CHAPITRE 13

PROGRAMMER EN VBA

Connaître l'historique d'Excel	255
Découvrir l'évolution des macros et de la programmation	266
Respecter quelques principes de développement	269
Aperçu rapide des différents concepts et outils	274

VBA (*Visual Basic pour Application*) est le langage de programmation associé aux outils de la suite Office de Microsoft. Il permet d'automatiser un certain nombre de tâches et de traitement, à l'aide de "macros".

Le terme "macro" est l'abréviation de "macro-commande", qui peut se comprendre comme "suite de commandes". Aujourd'hui, cette appellation est un peu réductrice lorsque l'on se penche sur les possibilités offertes par ce véritable langage de développement. Il est en effet possible de réaliser de véritables applications d'entreprises, fiables et performantes. Il serait donc plus logique de parler de "programmes", mais les habitudes ont la vie dure !

Dans ce chapitre, nous ferons un rapide tour d'horizon de l'évolution d'Excel puis nous nous intéresserons plus spécifiquement à l'évolution des macros et de la programmation. Ensuite, nous tenterons de définir quelques principes de développement. Enfin, nous passerons en revue les principaux concepts et outils développés dans la suite de cet ouvrage.

13.1. Connaître l'historique d'Excel

Tableur est la traduction de l'expression anglaise *electronic spreadsheet*, le terme *spreadsheet* désignant une grande feuille de papier, divisée en lignes et en colonnes et utilisée pour présenter les comptes d'une entreprise. Un tableur est donc la version informatisée d'un tableau de calcul.

Les débuts du tableur

Les prémices du tableur remontent à 1961, avec la création par Richard Mattesich (professeur à l'université américaine de Berkeley) d'un *computerized spreadsheet* écrit en Fortran et fonctionnant sur un "gros" système. Les débuts du tableur, proprement dit, peuvent être datés de 1978 avec la mise au point, en Basic, de ce qui allait devenir Visicalc, par un étudiant de Harvard, Daniel Bricklin.

Ce dernier doit réaliser des tableaux comptables pour une étude de cas sur Pepsi-Cola. Il préfère se simplifier la vie en réalisant un programme lui permettant d'effectuer rapidement des calculs. En mai 1979, le logiciel VisiCalc, issu du prototype de Daniel Bricklin, fait son apparition sur le marché. Il est vendu 100 dollars et peut fonctionner sur l'Apple II. Le succès est rapide car ce logiciel met à la portée de tous ce qui était auparavant réservé aux seuls programmeurs. Son apparence est d'ailleurs voisine des tableurs actuels (la souris en moins).

En 1982, sort le premier tableur de Microsoft : Multiplan pour compatibles PC. Il ne connaît pas un grand succès aux États-Unis.

En 1983, Lotus 1-2-3 fait son apparition, développé par une équipe de programmeurs "dissidents" de VisiCorp, emmenés par Mitch Kapor. Lotus 1-2-3 supplante bientôt VisiCalc que ses concepteurs, englués dans des querelles internes, ne sauront pas faire évoluer suffisamment rapidement. Ce nouveau logiciel apportait des améliorations indéniables : possibilités graphiques, gestion de bases de données, macros.

L'année 1984 voit la mise sur le marché de la première version d'Excel pour le Macintosh d'Apple, dont il met à profit l'interface graphique et la souris. Cela rend ce logiciel plus populaire que son prédécesseur Multiplan. Excel contribue au très grand succès du Macintosh (et réciproquement).

En 1987, Microsoft met sur le marché la version PC d'Excel. Jusqu'en 1992, ce sera le seul tableur disponible sous Windows, lui assurant ainsi la domination du marché au détriment de Lotus 1-2-3, malgré quelques assauts de Borland (Quattro) et de Computer Associates (SuperCalc).

L'évolution d'Excel depuis Excel 2

La version actuelle d'Excel dont la dénomination commerciale est Excel 2013 a pour nom Excel 15. Pourtant, il ne s'agit que de la douzième version. Une petite mise au point s'impose.

Comme nous l'avons vu, la première version d'Excel pour Windows date de 1987 ; il s'agit d'Excel 2. Pourquoi Excel 2 ? Tout simplement pour correspondre à la version Macintosh (puisque Macintosh était précurseur).

Excel 3 voit le jour en 1990. Cette version bénéficie d'améliorations au niveau des fonctionnalités comme de l'ergonomie. Citons, entre autres, les barres d'outils, les graphiques en 3D, les dessins.

En 1992, accompagnant l'essor commercial de Windows, Excel 4 fait son apparition. Mettant l'accent sur la facilité d'utilisation, cette version est davantage accessible pour les novices.

La version Excel 5 apparaît, quant à elle, en 1994. Elle constitue un véritable bond en termes de fonctionnalités, avec notamment les classeurs multifeuilles. Le développement des macros est grandement amélioré grâce à l'apparition de VBA (*Visual Basic pour Application*).

Première version "millésimée", Excel 95 (en fait Excel 7) voit le jour en 1995. Sa principale nouveauté (peu visible pour l'utilisateur) est l'emploi du code 32 bits.

Excel 97 (Excel 8) constitue réellement une avancée par rapport aux précédentes. Les barres d'outils et les menus changent d'apparence. Le nombre de lignes maximal dans une feuille de calcul est multiplié par 4. L'aide en ligne et le langage VBA progressent également largement. Enfin, cette version introduit un nouveau format de fichier.

Excel 2000 (Excel 9), apparu en 1999, autorise, entre autres légères améliorations, l'enregistrement au format HTML.

Excel 2002 (Excel 10) est commercialisé en 2001 au sein de la suite Office XP. Cette version est axée sur la facilité de prise de main par le débutant (bouton d'options, balises actives...), le travail collaboratif (révision de documents en circuit, signature numérique...) et la fiabilité de récupération des données en cas de plantage. Le volet Office fait également son apparition.

Excel 2003 (Excel 11) prend la suite à partir d'octobre 2003. Cette version propose une ergonomie légèrement remaniée (barres d'outils redessinées). Les nouvelles fonctionnalités sont principalement :

- l'apparition de volets Office supplémentaires (accueil, gestion des classeurs, recherche...) ;
- la possibilité de créer et de gérer des listes de données (véritables "mini bases de données" au sein des feuilles de calcul) ;
- la comparaison de classeurs en côte à côte (défilement synchronisé de deux feuilles de calcul) ;
- l'amélioration de certaines fonctions statistiques (améliorations dans la précision et l'arrondi des résultats) ;
- la gestion de l'accès à l'information (gestion des droits d'accès aux données grâce au module *Information Rights Management*) ;
- le partage de documents (utilisation des sites Microsoft Windows SharePoint Services afin de faciliter le travail collaboratif autour d'un ensemble de documents Office) ;
- la prise en charge de XML (*eXtensible Markup Language*, langage de balisage extensible).

Excel 2007 : la rupture

La version 12 d'Excel, commercialisée sous le nom d'Excel 2007, marque une rupture avec les versions précédentes concernant l'ergonomie. Un nombre croissant d'utilisateurs estimait en effet que les menus devenaient parfois inextricables, rendant complexe l'accès à certaines fonctions. Les concepteurs d'Excel 2007 ont donc répondu à cette préoccupation en changeant radicalement l'accès aux diverses fonctions.

L'interface, qui reposait jusqu'alors sur des menus et des barres d'outils, a été remplacée par un Ruban constitué d'onglets organisés en fonction de l'action à accomplir. Excel dispose par exemple d'onglets tels que **Mise en page**, **Insertion** ou **Formules** qui regroupent les commandes selon les tâches que vous souhaitez accomplir.

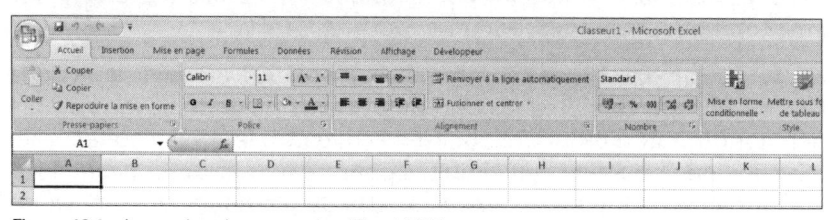

Figure 13.1 : Les onglets de commandes d'Excel 2007

Ces onglets sont associés aux galeries qui vous proposent de choisir parmi un ensemble de résultats potentiels, plutôt que de spécifier des paramètres dans des boîtes de dialogue.

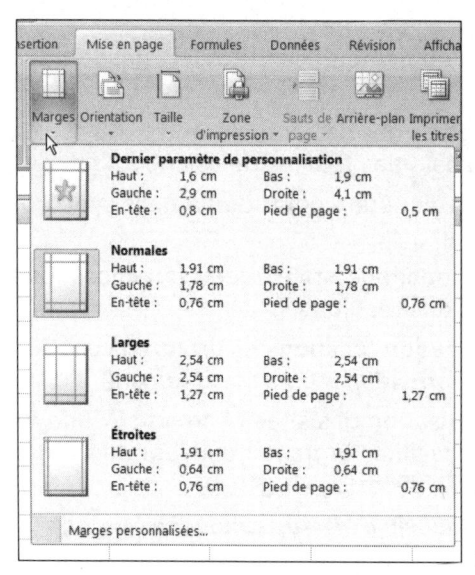

Figure 13.2 : Une galerie

Une fonction d'aperçu instantané permet de visualiser directement, sur le document, l'effet d'une modification ou d'une mise en forme lorsque vous déplacez le pointeur de votre souris sur les résultats proposés dans une galerie.

Excel 2007 recèle bon nombre d'autres nouveautés :

- Les feuilles de calcul comprennent désormais 1 048 576 lignes (contre 65 536 auparavant) et 16 384 colonnes (contre 256 auparavant). Cela multiplie la capacité de stockage d'une feuille par 1 024. Les colonnes sont à présent "numérotées" de *A* à *XFD*.

- Le tri des données a été également considérablement amélioré. Vous pouvez trier selon 64 critères (3 auparavant) et trier selon la couleur.

- Le filtre automatique est lui aussi plus performant, dans la mesure où vous pouvez, entre autres, spécifier plusieurs critères sur une même colonne.

- La fonction de mise en forme conditionnelle, déjà très performante, subit une véritable révolution. Cette fonction permet d'identifier encore plus facilement les tendances, les valeurs extrêmes d'un ensemble de données à l'aide de nuances de couleurs, de barres de données et même d'icônes. Bon nombre de conditions "classiques" sont déjà prédéfinies ; il suffit de les sélectionner dans une galerie pour les appliquer.

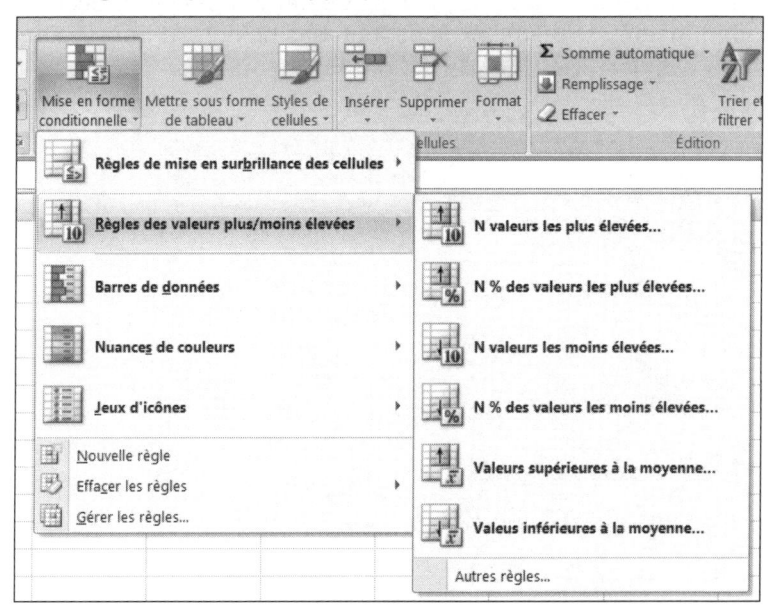

Figure 13.3 : La mise en forme conditionnelle a considérablement évolué

13.1. Connaître l'historique d'Excel

- La création et la mise en forme des graphiques ont été considérablement simplifiées et enrichies. La bibliothèque de graphiques prédéfinis a été très largement remaniée et étendue.
- Le nouveau format de fichiers est appelé Microsoft Office Open XML. Ainsi les classeurs Excel 2007 auront pour suffixe *.xlsx*. Ce nouveau format est fondé sur les formats *XML* et *ZIP*. Il autorise une meilleure intégration des données externes et permet de réduire la taille des classeurs. Si Excel 2007 permet d'ouvrir sans problèmes les fichiers créés avec les versions précédentes, il faudra en revanche installer des mises à jour sur ces versions pour ouvrir les fichiers enregistrés au format *Microsoft Office Open XML*.
- Excel 2007 vous permet également d'enregistrer vos classeurs au format *PDF* ou *XPS*. Vous créez ainsi rapidement des versions de vos tableaux non modifiables, simples à mettre en ligne et à transmettre par mail.

Excel 2010 : la continuité dans le changement

Excel 2010, nom commercial d'Excel 14, s'inscrit dans la lignée de la précédente version en ce qui concerne notamment l'ergonomie et les formats de fichiers. En effet, cette nouvelle version arbore toujours le Ruban, découvert avec 2007.

Le Ruban a été modifié pour intégrer un menu **Fichier**, qui permet d'accéder au nouveau mode Backstage. Ce dernier permet d'accéder aux fonctionnalités principales de gestion des fichiers, d'impression, de partage des documents et de définition des options.

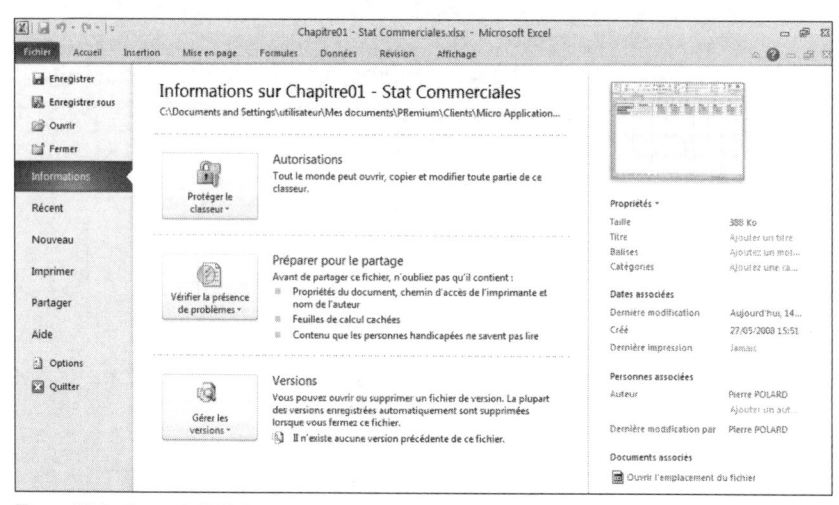

Figure 13.4 : Le mode Backstage

La personnalisation du Ruban est facilitée. Désormais, il est possible de créer des onglets personnalisés et d'y ajouter des commandes alors qu'auparavant, cette opération nécessitait de programmer les modifications désirées en langage *XML*.

La fonction Copier-coller s'enrichit d'un aperçu des données qui permet de visualiser le résultat des différentes options de collage avant de procéder à l'opération de collage proprement dite.

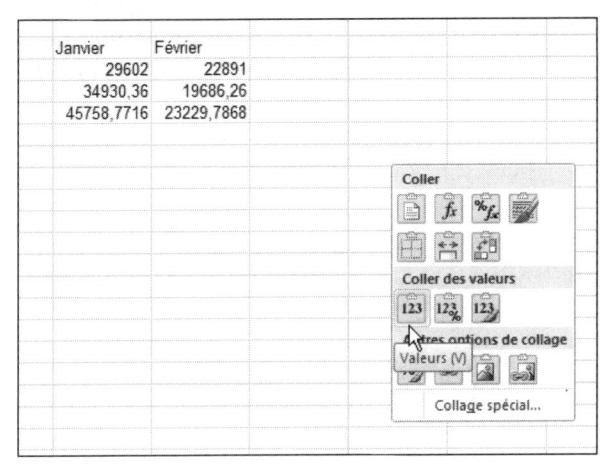

Figure 13.5 : L'aperçu des données de la fonction Copier-coller

Excel 2010 présente bien d'autres améliorations et fonctions nouvelles :

- L'exploitation des tableaux Excel (qui remplacent les listes Excel depuis Excel 2007) est facilitée. En cas de défilement vers le bas, les entêtes du tableau remplacent les entêtes de colonnes de feuille de calcul. Les boutons de filtre automatique restent donc toujours visibles, ce qui permet de trier et de filtrer les données sans avoir à revenir au début du tableau.

	Région	Ville	Famille	Produit	Exercice	Trimestre	Mois	CA	Unité
217	EST	STRASBOURG	RANGEMENT	TIROIR	2009	2	6	4 261,05	637,21
218	EST	STRASBOURG	ACCESSOIRES	FAUTEUIL	2009	3	7	4 267,73	349,80
219	EST	NANCY	ACCESSOIRES	CHAISE	2008	1	1	4 288,90	440,03
220	EST	NANCY	MOBILIER	ARMOIRE	2009	3	7	4 300,04	738,58
221	EST	STRASBOURG	RANGEMENT	CAISSON	2009	2	6	4 307,84	568,14
222	EST	STRASBOURG	ACCESSOIRES	CHAISE	2008	4	12	4 310,07	671,74
223	EST	STRASBOURG	RANGEMENT	CAISSON	2008	1	2	4 337,92	577,05
224	EST	NANCY	ACCESSOIRES	LUMINAIRE	2009	2	6	4 339,03	778,69
225	EST	STRASBOURG	ACCESSOIRES	DECORATION	2009	1	3	4 342,37	252,88
226	EST	NANCY	RANGEMENT	CAISSON	2009	1	1	4 342,37	378,76
227	EST	NANCY	MOBILIER	TABLE SALON	2008	2	5	4 343,49	387,67
228	EST	NANCY	RANGEMENT	ETAGERES	2008	1	2	4 352,40	412,18
229	EST	STRASBOURG	MOBILIER	ARMOIRE	2008	1	1	4 353,51	346,85

Figure 13.6 : Les en-têtes du tableau toujours visibles

13.1. Connaître l'historique d'Excel

- Les possibilités de mise en forme conditionnelle ont été enrichies avec de nouveaux jeux d'icônes, plus complets. Les barres de données ont également été améliorées pour être plus représentatives des données sous-jacentes. Lorsque vous spécifiez des critères pour les règles conditionnelles, vous pouvez désormais faire référence à des valeurs d'autres feuilles de calcul du classeur.

- Afin de faciliter l'exploitation des tableaux croisés dynamiques, les *slicers* ont été introduits. Ils permettent de filtrer les données de façon très intuitive et très visuelle. Une fois que vous avez inséré un slicer, vous utilisez des boutons pour segmenter et filtrer rapidement les données afin d'afficher uniquement les informations requises.

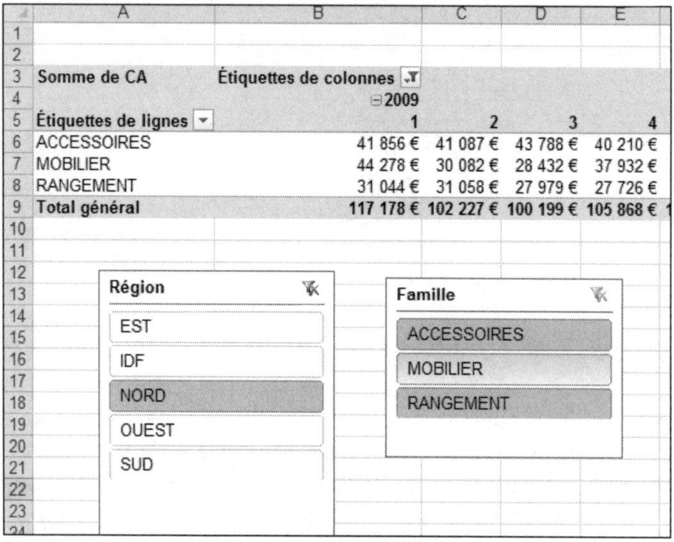

	A	B	C	D	E
1					
2					
3	Somme de CA	Étiquettes de colonnes			
4		⊟2009			
5	Étiquettes de lignes	1	2	3	4
6	ACCESSOIRES	41 856 €	41 087 €	43 788 €	40 210 €
7	MOBILIER	44 278 €	30 082 €	28 432 €	37 932 €
8	RANGEMENT	31 044 €	31 058 €	27 979 €	27 726 €
9	Total général	117 178 €	102 227 €	100 199 €	105 868 €

Région : EST, IDF, NORD, OUEST, SUD
Famille : ACCESSOIRES, MOBILIER, RANGEMENT

Figure 13.7 : Les slicers permettent de mieux exploiter les données

- Une nouveauté parmi les graphiques : les graphiques sparklines. Il s'agit de petits graphiques insérés dans une cellule qui permettent de visualiser des tendances en un coup d'œil.

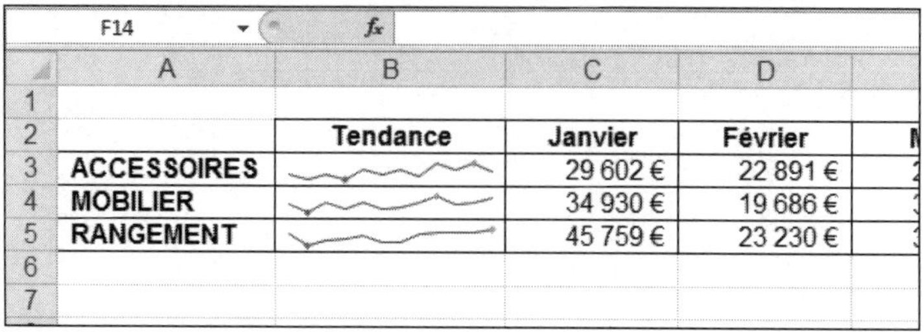

	A	B	C	D
1				
2		Tendance	Janvier	Février
3	ACCESSOIRES		29 602 €	22 891 €
4	MOBILIER		34 930 €	19 686 €
5	RANGEMENT		45 759 €	23 230 €
6				
7				

Figure 13.8 : Les graphiques sparklines donnent une vision des tendances

- Excel 2010 comprend une version améliorée du Solveur, que ce soit au niveau de l'ergonomie ou de la précision des résultats.
- Le complément Power Pivot (qui nécessite un téléchargement gratuit) permet d'accéder à des bases de données, de faire des requêtes sur ces données d'origine différente et d'exploiter le résultat dans Excel. Ce complément représente un pas de plus d'Excel en direction du monde de l'informatique décisionnelle d'entreprise.
- L'application Web Excel, compagnon en ligne d'Excel, permet d'accéder aux classeurs depuis un navigateur Internet. Dans le navigateur, il est par exemple possible de trier ou filtrer les données des feuilles de calcul Excel.

Excel 2013 en quelques mots

Excel 2013, nom commercial d'Excel 15, conserve bien évidemment les avancées d'Excel 2010, mais va plus loin dans l'accompagnement de l'utilisateur, dans l'utilisation *connectée* ainsi que dans l'exploitation des nouveaux outils de communication (smartphones, tablettes…).

Dès l'ouverture d'Excel, les changements par rapport aux versions précédentes sautent aux yeux. En effet, le logiciel ne s'ouvre plus sur un document vierge, mais propose une galerie de modèles de classeurs. Cette nouvelle version d'Excel bénéficie du design Modern (aussi connu sous le nom de Metro), sobre, discret et fonctionnel, popularisé notamment par les Windows Phone. Cette nouvelle interface sera désormais le standard des produits et services Microsoft.

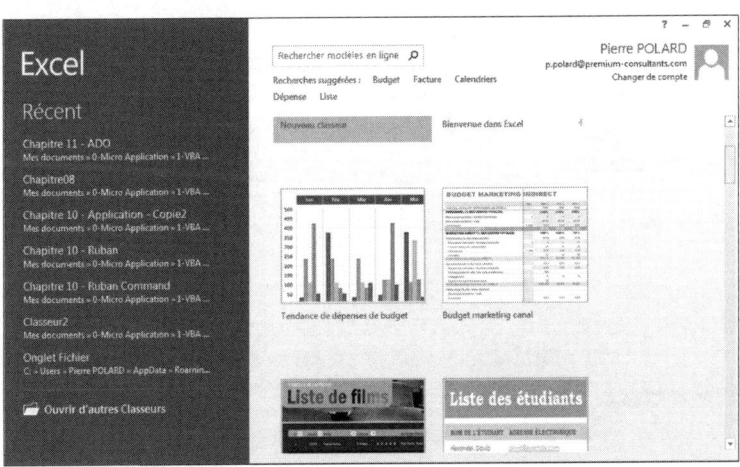

Figure 13.9 : La nouvelle interface

De plus, vous êtes connecté au Cloud grâce à votre identifiant sur Office 365 ou à votre Windows Live ID. Il est ainsi plus simple de partager les feuilles de calcul avec d'autres personnes. Quel que soit l'appareil qu'ils utilisent ou l'endroit où ils se trouvent, tous les utilisateurs accèdent à la version la plus récente d'une feuille de calcul. De plus, il est aussi possible de travailler ensemble en temps réel.

Le nouvel outil **Analyse rapide** permet d'exploiter au plus vite vos données en proposant un choix de mises en forme conditionnelles, de graphiques, de totaux ou de graphiques sparklines.

Figure 13.10 : Le nouvel outil Analyse rapide

Toujours dans le même esprit, les graphiques et tableaux croisés dynamiques recommandés vous proposent un ensemble de graphiques ou de tableaux les mieux à même de « faire parler » vos données.

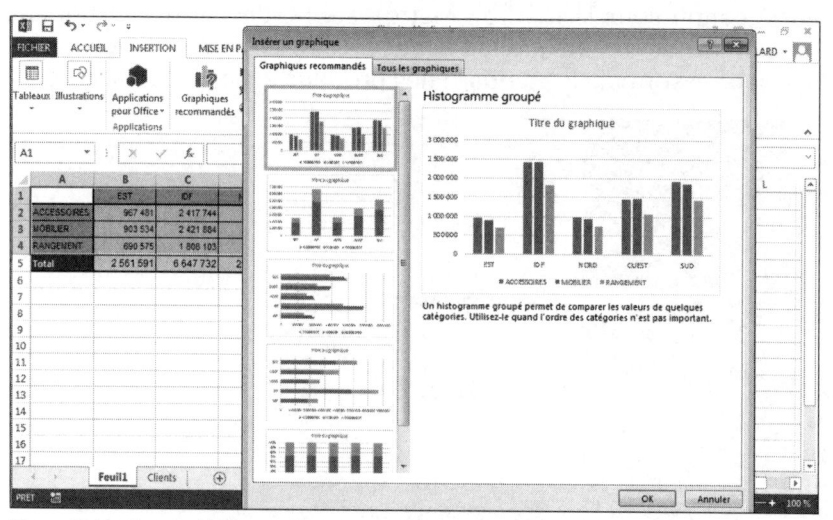

Figure 13.11 : Les graphiques et tableaux croisés dynamiques recommandés

La fonction **Remplissage instantané** détecte ce que vous souhaitez faire. Ce nouvel outil complète ensuite vos données, en suivant le modèle qu'il reconnaît dans celles-ci. Supposons par exemple que vous disposiez d'une liste de noms et de prénoms, et que vous souhaitiez séparer les noms et les prénoms dans des colonnes distinctes. Il vous suffira de commencer la saisie d'un prénom et d'un nom, puis d'étendre à l'ensemble de la colonne.

Figure 13.12 : La fonction Remplissage instantané

Il est désormais possible d'accéder à des fonctionnalités puissantes d'analyse auxquelles vous n'aviez auparavant accès qu'en installant le complément PowerPivot. Vous pouvez ainsi créer des tableaux croisés dynamiques basés sur plusieurs tableaux dans Excel, en créant des relations entre eux, à la manière des requêtes dans une base de données.

Concernant les graphiques, les fonctions du ruban **Outils de graphique** ont été simplifiées, avec seulement deux onglets : **Création** et **Format**. Les fonctionnalités sont plus facilement et plus directement accessibles.

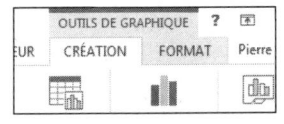

Figure 13.13 : Les nouveaux onglets Création et Format

Toujours pour simplifier la mise en forme des graphiques, trois nouveaux boutons de graphiques vous permettent de choisir et prévisualiser les modifications apportées à des éléments de graphique (comme des titres ou des étiquettes), l'aspect et le style de votre graphique ou les données qui y figurent.

13.1. Connaître l'historique d'Excel

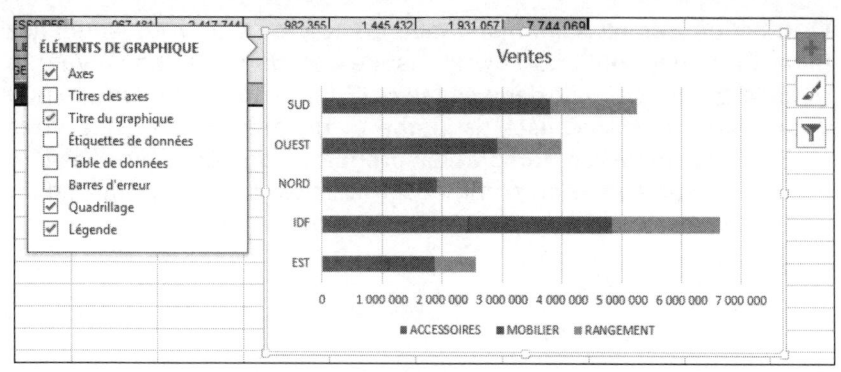

Figure 13.14 : Les trois nouveaux boutons de graphique

Dans Excel 2013, chaque classeur dispose de sa propre fenêtre (SDI ou *Single Document Interface*), ce qui permet d'utiliser plusieurs classeurs à la fois. Cela procure un confort de travail notamment lorsque vous travaillez avec deux écrans.

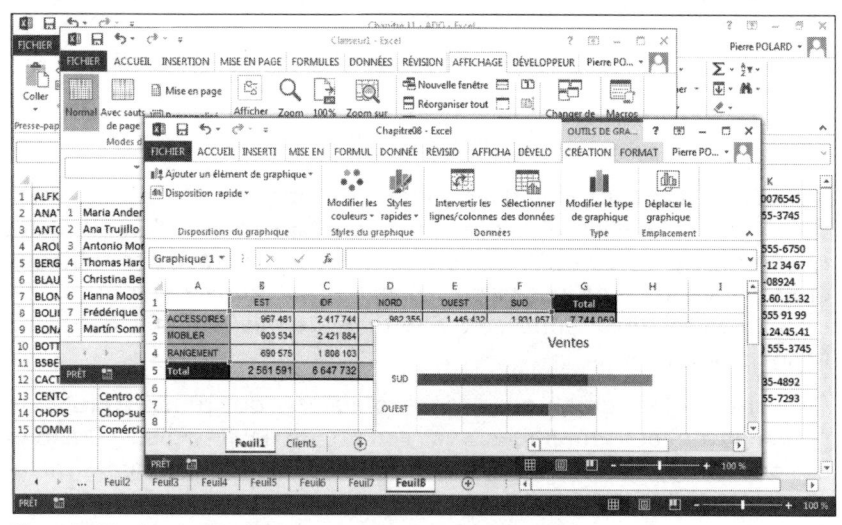

Figure 13.15 : Avec le SDI, chaque classeur dispose de sa propre fenêtre

13.2. Découvrir l'évolution des macros et de la programmation

Après avoir passé en revue l'évolution des fonctions "classiques" des tableurs et surtout d'Excel, intéressons-nous à présent à l'envers du décor, c'est-à-dire aux macros et à la programmation.

Lotus 1-2-3 est le premier tableur à proposer à ses utilisateurs la possibilité de réaliser des macros. Il s'agissait d'un langage rudimentaire, fondé sur les séquences de touches correspondant aux opérations réalisées manuellement. Les macros étaient saisies directement dans les feuilles de calcul, ce qui les rendait vulnérables aux erreurs de manipulations. Pourtant, les utilisateurs ont saisi cette occasion (inespérée) de s'émanciper de leurs services informatiques et d'acquérir une certaine autonomie pour automatiser leurs traitements. Ils devaient déployer des trésors d'astuces pour contourner les limitations du langage archaïque qui leur était proposé.

Les premières macros pour Excel étaient saisies dans des feuilles de macros, sauvegardées dans des fichiers *.xlm*. Elles ont fait leur apparition dans la version Excel 4, qui a entériné la suprématie d'Excel sur le monde des tableurs. Le langage XLM était certes rudimentaire, mais il s'agissait d'un langage à part entière. Il permettait de réaliser des tests, des boucles…

C'est avec la version 5 d'Excel qu'apparaît un changement fondamental : l'introduction de VBA (*Visual Basic pour Application*). D'abord réservé à Excel, ce langage a gagné progressivement l'ensemble des applications Office. VBA est un langage orienté objets, c'est-à-dire qu'il autorise la manipulation d'objets. Chaque application possède des objets qui lui sont propres (le modèle d'objet) ; en revanche, la structure du VBA est la même pour l'ensemble des applications Office. La compatibilité avec le langage XLM est toujours assurée.

Excel 97 introduit des changements majeurs dans la gestion des macros VBA. En effet, jusqu'alors les macros étaient stockées dans des modules qui étaient des feuilles du classeur Excel. Désormais, les modules sont stockés dans un projet VBA associé au classeur et visible dans un environnement spécifique : l'éditeur Visual Basic ou VBE. Les boîtes de dialogue personnalisées (*UserForm*) font également leur apparition en tant qu'objets du projet VBA associé au classeur. Le nombre d'événements gérés par chaque type d'objet augmente de façon importante. Les contrôles ActiveX font également leur apparition.

L'ergonomie du VBE est également largement améliorée, avec une aide en ligne revue et un Explorateur d'objets plus performant.

Excel 2000 n'a pas apporté de changements majeurs, si ce n'est l'apparition des boîtes de dialogue non modales (permettant la création d'écran d'accueil pour les applications).

Les versions 2002 et 2003 ont introduit uniquement des changements marginaux.

Excel 2007 a amené des changements importants dans l'interface utilisateur avec l'apparition du Ruban. En revanche, l'environnement de développement VBE conserve "l'ancienne" apparence avec menus et barres d'outils. Pourtant, le Ruban aura des répercussions dans la programmation : il faudra utiliser de nouvelles techniques pour le programmer avec VBA.

Les nouvelles fonctionnalités d'Excel se traduisent par l'apparition de nouveaux objets associés aux formats conditionnels, de nouvelles méthodes pour l'objet `WorkBook`, de nouvelles propriétés associées à l'objet `Application`.

L'aide en ligne de l'environnement de développement VBE a également été améliorée et enrichie.

VBA 7, la version de VBA associée à Excel 2010, permet le développement de code pouvant être exécuté indifféremment avec les version 32 bits et 64 bits d'Office.

Avec Excel 2010, il est désormais possible d'utiliser l'enregistreur de macros pour enregistrer les modifications apportées lors de la mise en forme de graphiques et des autres objets. Pour ce faire, de nouvelles propriétés ont été ajoutées aux objets graphiques du modèle d'objets d'Excel.

La propriété *PageSetup* des feuilles de calcul a été améliorée pour prendre en compte toutes les fonctionnalités de mise en page auparavant supportées par la fonction `PAGESETUP()` du langage XLM (le premier langage de programmation associé à Excel).

VBA 7.1, la version de VBA associée à Excel 2013, n'apporte pas de grands changements par rapport à la version précédente. De nouveaux objets, méthodes et propriétés font leur apparition permettant de piloter les nouvelles fonctionnalités.

Il est ainsi possible d'activer et de désactiver l'affichage de la nouvelle fonctionnalité d'**Analyse rapide** par programme en utilisant les méthodes *Show* et *Hide* de l'objet *QuickAnalysis*. De même, l'objet *Range* (cellule) dispose d'une méthode *FlashFill* permettant de piloter la fonction de *Remplissage instantané*.

Les objets *Timelines* autorisent le pilotage par programme des nouveaux outils dits *chronologies*, permettant de filtrer les dates de façon interactive dans les tableaux croisés dynamiques.

13.3. Respecter quelques principes de développement

Que ce soit en VBA ou dans n'importe quel autre langage, développer un programme requiert un peu de rigueur et le respect de quelques étapes importantes. Nous allons nous placer dans l'optique d'un développeur qui travaille pour d'autres utilisateurs, mais la problématique reste sensiblement la même si l'on travaille pour soi.

Voici, à titre indicatif, les étapes à respecter pour le développement d'une application Excel avec VBA :

- définir clairement le besoin des utilisateurs ;
- préciser les données requises, ainsi que leur emplacement ;
- construire les feuilles de calcul et développer les macros VBA ;
- définir l'interface utilisateur ;
- tester l'application ;
- documenter l'application ;
- installer l'application et former les utilisateurs.

Avant de détailler les différentes étapes mentionnées précédemment, il convient de combattre une idée reçue : les applications développées avec VBA et Excel ont parfois la réputation d'être des "usines à gaz" peu fiables. Cela n'est, bien sûr, pas dû à VBA, mais au non-respect des règles élémentaires de développement. En effet, Excel et VBA sont disponibles sur la plupart des ordinateurs si bien que certains utilisateurs s'improvisent développeurs d'applications avec plus ou moins de succès. La fiabilité d'une application repose, dans une large mesure, sur la rigueur de son développeur. Il ne s'agit pas d'être un informaticien chevronné mais de respecter, comme pour toute activité, un ensemble de bonnes pratiques. Celles que nous allons développer à présent n'ont pas la prétention d'être universelles mais constituent une base de travail.

Définir clairement le besoin des utilisateurs

En règle générale, on ne développe pas une application pour le plaisir, mais pour répondre aux besoins d'utilisateurs. Il s'agit souvent d'automatiser des tâches répétitives, de rendre plus rapide la synthèse de données, de faciliter la saisie et la restitution d'informations. Chaque problématique est spécifique mais il convient de la définir le plus précisément possible. Il s'agit de définir un cahier des charges, on parle aussi de "spécifications".

Une chose est sûre : une application développée à partir de spécifications imprécises donnera forcément des résultats insatisfaisants.

Avant de se lancer tête baissée dans le développement du code, il est donc impératif de prendre un minimum de recul, de dialoguer avec les utilisateurs pour les aider à formaliser leur besoin. La première étape consiste à recenser tous les utilisateurs : ceux qui vont utiliser l'application au quotidien, ceux qui seront destinataires des résultats... Excel étant un outil largement employé, de nombreux utilisateurs ont un point de vue sur la réalisation pratique de l'application ("*Il faudrait un fichier comme ça, une formule qui donne ce résultat...*"). Le développeur doit savoir faire abstraction de ces préconisations parfois hasardeuses pour se concentrer sur le réel besoin, qui peut parfois être implicite. Le temps passé à dialoguer avec les utilisateurs, loin d'être perdu, constituera par la suite un gain de temps considérable dans la mesure où il évitera de partir dans une mauvaise direction.

Cette phase d'écoute terminée, le développeur pourra utilement demander un *feed-back* aux utilisateurs pour s'assurer que ce qu'il a compris correspond à leurs attentes. Par expérience, on peut toutefois affirmer que les utilisateurs ne "*croient que ce qu'ils voient*" et que leur avis définitif sera prononcé uniquement lorsqu'ils recevront la première version de l'application. Pour autant, cette étape préparatoire évite les plus grosses déconvenues.

Une fois que tout le monde est d'accord sur les tenants et aboutissants de l'application, le développement peut commencer.

Préciser les données requises ainsi que leur emplacement

L'étape précédente aura permis de spécifier les modalités de traitement et les résultats attendus. Il faut maintenant rentrer dans le détail des données nécessaires au bon fonctionnement de l'application, en réaliser une sorte de cartographie :

- Quelle est leur nature ?
- Seront-elles saisies directement dans l'application ?
- Devront-elles être stockées dans l'application ou dans une base données annexe ?
- Proviendront-elles d'autres applications ?
- Comment se fera la liaison avec les applications qui fournissent les données (liens OLE ou ODBC, fichiers textes à importer...) ?

Les réponses à ces questions auront un lourd impact sur la structure de la future application, ainsi que la complexité de son développement.

Construire les feuilles de calcul et développer les macros VBA

Une fois le travail préparatoire terminé, il s'agit de bâtir la structure de l'application. La première question à se poser est celle du choix de la version d'Excel. Ce choix est d'autant plus crucial si vous souhaitez développer avec les nouveaux formats de fichiers proposés par Excel 2007 et 2010. Il faudra vous assurer que les utilisateurs pourront les lire. Plus généralement, cette question demeure pertinente quelle que soit la version d'Excel utilisée.

Une fois cette question primordiale réglée, il s'agit de construire les feuilles de calcul nécessaires au stockage et à la présentation des données. Ces feuilles de calcul constitueront l'ossature, la charpente de votre application. Les macros VBA représenteront quant à elle les "muscles" qui la mettront en mouvement. C'est la bonne imbrication de ces deux entités qui assurera le bon fonctionnement de votre application.

Cette étape est fondamentale et constitue le cœur du processus de développement. Il est important de respecter quelques principes simples :

- modularité ;
- recyclage ;
- simplicité ;
- fiabilité ;
- relecture.

Modularité

La modularité est un principe de développement qui consiste à découper le code en macros simples, réalisant des tâches élémentaires. Cela facilite grandement l'organisation et la lisibilité du code, en vue d'une maintenance future. Il est en effet beaucoup plus facile de relire et de mettre au point un programme composé de macros simples plutôt qu'une macro longue et complexe. De plus, une organisation modulaire évite les redondances dans les lignes de codes. Si vous devez réaliser plusieurs fois la même tâche, plutôt que de répéter les mêmes lignes de code, il est préférable d'en faire une macro que vous pourrez appeler en cas de besoin.

Recyclage

Les problématiques à traiter sont souvent similaires voire identiques d'une application à l'autre. Il ne faut donc pas hésiter à réutiliser des macros déjà écrites lors d'un précédent développement, en les adaptant si besoin.

Simplicité

Il n'existe pas de solution unique pour réaliser un traitement. Chaque développeur aura sa propre interprétation de la question à traiter et apportera sa touche personnelle quant à la réalisation. Il se peut également que vous trouviez plusieurs solutions pour une problématique donnée. Dans ce cas, il convient de privilégier la solution la plus simple. En effet, une solution astucieuse peut être satisfaisante intellectuellement mais s'avérer difficile à faire évoluer dans le futur.

Fiabilité

La fiabilité d'une application doit être une de ses principales qualités. C'est en effet une des attentes principales des utilisateurs, même si elle est souvent implicite. En effet, pour les utilisateurs, il est évident qu'une application ne doit jamais planter. Ce qui peut paraître évident pour l'utilisateur l'est beaucoup moins pour le développeur. Néanmoins, cela doit demeurer une préoccupation constante tout au long du développement. Le principe de base en la matière est de s'attendre au pire. Il est donc impératif de contrôler les saisies des utilisateurs pour s'assurer de leur conformité, de vérifier la présence et le format des éventuels fichiers d'entrée, de gérer les éventuelles erreurs d'exécution afin d'éviter l'apparition de messages déstabilisants pour l'utilisateur...

Relecture

La mise au point du code ne peut reposer entièrement sur les tests réalisés par les utilisateurs. Il est en effet difficilement envisageable de tester l'ensemble des situations possibles. La mise au point doit au contraire passer, dès le début du développement, par une relecture fréquente et critique du code.

Un développement modulaire se révèle ici d'une grande utilité. Il est possible de mettre au point chaque macro "élémentaire" indépendamment des autres. Il s'agit ensuite de les "assembler" pour construire l'application finale.

Définir l'interface utilisateur

L'interface utilisateur est un point fondamental du développement. Il s'agit en effet de la "vitrine" de l'application. Elle doit donc être suffisamment conviviale pour que l'utilisateur ait envie d'employer l'application, ou au moins ne soit pas effrayé au moment de s'en servir. Excel offre plusieurs possibilités pour bâtir des interfaces conviviales :

- les contrôles ActiveX (boutons, listes déroulantes...) ;
- les boîtes de dialogue personnalisées ;
- les menus, etc.

Il n'y a que l'embarras du choix. Il est de la responsabilité du développeur de proposer à l'utilisateur un environnement de travail simple, convivial et cohérent. Pour cela, il convient de veiller à uniformiser la présentation des écrans (taille, police, couleurs, etc.) et à éviter l'utilisation de couleurs trop voyantes (qui fatigueront rapidement l'utilisateur).

Il faut éviter d'afficher un trop grand nombre d'informations sur un même écran. Il est préférable dans ce cas de scinder l'écran initial en deux ou d'utiliser un contrôle *MultiPage* (permettant de naviguer à l'aide d'onglets).

Tester l'application

Pour tester une application, il est illusoire de prétendre créer des tests simulant l'intégralité des situations potentielles. C'est la raison pour laquelle la mise au point doit être une préoccupation constante dès le début du développement. Dans la mesure du possible, il est préférable d'installer l'application chez quelques utilisateurs "pilotes", convenablement formés, et de les laisser l'utiliser (principe du bêta-test).

La mise au point d'une application est rarement un long fleuve tranquille. Il faut s'attendre à devoir corriger un certain nombre de défauts ou d'erreurs (bogues). Les bogues ne se manifestent pas toujours par des erreurs d'exécution, ils peuvent être beaucoup plus insidieux : traitement qui ne donne pas le résultat escompté, opération qui ne se déclenche pas au moment prévu... Gardez à l'esprit que l'ordinateur ne prend pas d'initiative et qu'il fait toujours ce qu'on lui dit de faire : si ça ne se passe pas comme prévu, la responsabilité en incombe au développeur.

Documenter l'application

La documentation de l'application revêt deux aspects fondamentaux : la documentation du code et la documentation utilisateur. La documentation du code doit être réalisée au fur et à mesure du développement. Il s'agit d'insérer un maximum de commentaires dans les macros de façon à expliciter le code. Cela facilitera la maintenance ultérieure ou l'intervention d'autres développeurs.

Quant à la documentation utilisateur, elle peut prendre de multiples formes : un support papier, du texte dans une feuille de calcul, des commentaires de cellules, des boîtes de dialogues personnalisées...

Installer l'application et former les utilisateurs

Selon la complexité de l'application, son installation peut prendre plusieurs formes. Dans le cas le plus simple, il peut suffire de copier un fichier sur l'ordinateur de l'utilisateur. Pour les cas les plus complexes, il est possible de réaliser des Assistants d'installation prenant en charge le processus d'installation.

La formation des utilisateurs est un point fondamental pour leur permettre de s'approprier correctement l'application. Il peut être intéressant de former des utilisateurs "pilotes" qui ont une bonne "culture informatique" ; charge à eux de répercuter la formation aux autres utilisateurs. Ils sauront sans doute mieux que le développeur adapter la formation aux préoccupations opérationnelles.

13.4. Aperçu rapide des différents concepts et outils

Nous allons à présent rapidement passer en revue les principaux concepts et outils qui vous seront utiles pour développer en VBA.

Les modules de code

Les modules de code permettent de stocker et d'organiser le code VBA. Par "code VBA", nous entendons l'ensemble des instructions VBA composant vos procédures. Les modules de code sont stockés dans le projet VBA associé à chaque classeur Excel. Il est possible de créer autant de modules de code que vous le souhaitez dans chaque projet VBA.

Les procédures

Une procédure est un ensemble d'instructions réunies en une unité.

Il existe deux types de procédures :

- les procédures `Sub` permettent d'effectuer toutes sortes de traitements.
- les procédures `Function` renvoient une valeur issue d'un calcul.

Les procédures sont au cœur du développement en VBA. C'est en effet l'exécution de vos procédures qui permettra à votre application d'effectuer les traitements prévus.

Les objets

Tentative de définition

VBA est un langage orienté objets. Mais qu'est-ce qu'un objet ? Pour VBA, un classeur, une feuille de calcul, une cellule, un bouton ou un graphique sont par exemple des objets. Il existe une hiérarchie entre les objets. En effet, un objet "*classeur*" est composé d'objets "*feuilles de calcul*", eux-mêmes composés d'objets "*cellules*".

VBA peut ainsi identifier précisément chaque objet et lui appliquer des traitements.

Le modèle d'objets

VBA est un langage orienté objets. Contrairement à d'autres langages de ce type, il ne permet pas de créer vos propres objets, mais il vous permet de travailler avec les objets des applications Office. VBA est en effet associé à chacune des applications de la suite Office. Les instructions du langage VBA sont communes à toutes les applications. En revanche, chaque application possède ses propres objets. Pour maîtriser la programmation VBA dans une application Office, il faudra connaître et maîtriser la structure de ses objets. En d'autres termes, il faudra connaître son modèle d'objets.

Le modèle d'objets Excel comprend bien entendu les objets suivants : classeurs, feuilles de calcul, cellules, graphiques, tableaux croisés dynamiques...

Les collections

On parle de collection d'objets pour identifier plusieurs objets du même type (l'ensemble des classeurs ouverts par exemple ou l'ensemble des feuilles de calcul d'un classeur).

Pour vous référer à un objet membre d'une collection, vous pouvez l'identifier par sa position au sein de la collection (index dont la première valeur est égale à 1) ou par son nom.

Si vous souhaitez faire référence au classeur *Ventes.xlsx*, vous écrirez :

```
Workbooks("Ventes.xlsx")
```

Si vous souhaitez faire référence à la feuille **Données** du classeur actif (située en 3e position), vous pouvez utiliser l'une des deux possibilités suivantes :

```
Worksheets("Données")
Worksheets(3)
```

Si vous souhaitez faire référence à la plage de cellules *A1:C10* de la feuille de calcul **Données** du classeur actif, vous pouvez écrire :

```
Worksheets("Données").Range("A1:C10")
```

Ce dernier exemple illustre la hiérarchie des objets : une feuille est composée de cellules. Pour accéder aux cellules, il faut "passer" par la feuille.

Les propriétés

Un être humain est défini par son poids, sa taille, la couleur de ses cheveux, de ses yeux, etc. VBA considérerait ces caractéristiques comme les propriétés de l'objet "*homme*". Il s'agit en fait des caractéristiques définissant l'apparence et la position de l'objet. Une feuille de calcul possède par exemple une propriété qui définit son nom. Une cellule possède des propriétés permettant de définir son contenu, la couleur du fond, la police, la hauteur, etc.

La syntaxe est : *objet.propriété*.

Tableau 13.1 : Quelques exemples de propriétés

Exemple	Signification
`ActiveWorkbook.ActiveSheet`	Nom de la feuille active du classeur actif
`Worksheets(1).Name`	Nom de la première feuille du classeur actif
`Range("C17").Value`	Valeur de la cellule *C17*

Les méthodes

Un être humain peut marcher, courir, manger, dormir... et faire bien d'autres choses. Pour VBA, ces facultés seraient les méthodes de l'objet "*homme*". Il s'agit de l'ensemble des actions pouvant s'appliquer à l'objet. Ainsi, une feuille de calcul dispose d'une méthode permettant de calculer les formules qu'elle contient.

La syntaxe est : *objet.méthode.*

Tableau 13.2 : Quelques exemples de méthodes

Exemple	Signification
`Workbooks.Close`	Ferme tous les classeurs actifs.
`Worksheets(1).Calculate`	Calcule les formules de la première feuille du classeur actif.
`Range("C17").ClearContents`	Efface le contenu de la cellule *C17*.

Les événements

En plus d'être un langage orienté objets, VBA est un langage événementiel. En d'autres termes, il a la capacité de réagir aux événements que subissent les objets. Ainsi, il est possible d'exécuter une macro suite au clic sur un bouton, l'ouverture d'un classeur...

Chaque objet possède une batterie d'événements auxquels il est susceptible de réagir.

Les variables

Les variables sont utilisées dans les routines et les fonctions pour stocker des données. Elles peuvent être de plusieurs types :

- objets ;
- numériques ;
- chaînes de caractères ;
- booléennes (*Vrai* ou *Faux*) ;
- dates.

L'éditeur Visual Basic (VBE)

L'éditeur Visual Basic (*Visual Basic Editor* ou *VBE*) constituera votre environnement de travail lors du développement de vos applications en VBA. C'est une application à part entière mais elle ne peut "exister" qu'en collaboration avec une application de la suite Office. L'éditeur vous permettra d'écrire vos procédures, de les organiser et de les mettre au point.

Dès que vous lancez Excel, VBE est également activé mais il demeure "invisible" jusqu'à ce que vous décidiez de le faire apparaître. Pour accéder à VBE, vous avez deux solutions :

- Dans l'onglet **Développeur**, cliquez sur le bouton **Visual Basic** du groupe *Code*.
- Appuyez sur [Alt]+[F11].

L'environnement présente deux fenêtres principales :

- l'Explorateur de projets ;
- la fenêtre des modules.

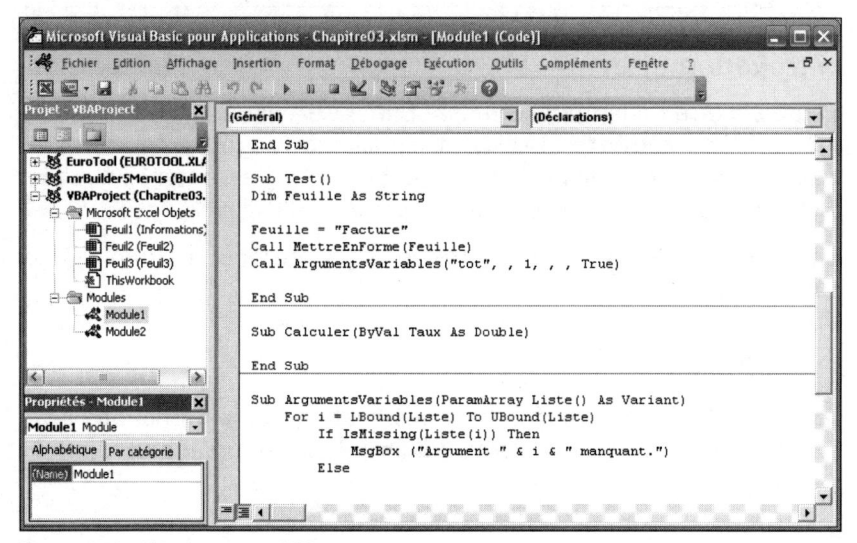

Figure 13.16 : L'environnement VBE

RENVOI Pour plus de détails sur VBE, reportez-vous au chapitre 14, *Utiliser l'environnement de développement (VBE)*.

CHAPITRE 14

UTILISER L'ENVIRONNEMENT DE DÉVELOPPEMENT (VBE)

Enregistrer une macro 281
Découvrir l'environnement VBE 294
Organiser les projets VBA 304
Saisir du code 305

Dans ce chapitre, nous allons aborder les fonctionnalités de l'environnement de développement dédié à VBA : l'éditeur Visual Basic, *Visual Basic Editor* ou encore *VBE*. Nous utiliserons indifféremment l'une de ces trois appellations dans la suite de ce chapitre.

VBE est une application à part entière mais qui ne peut fonctionner indépendamment des applications de la suite Office. Ainsi, lorsque vous démarrez Excel, VBE démarre également mais sans apparaître à l'écran. Il sera donc nécessaire de l'activer pour y travailler. VBE vous propose des fonctionnalités qui vous aideront à créer et organiser vos macros en VBA. À chaque classeur Excel est associé un projet VBA, visible dans l'Explorateur de projets de VBE.

Dans un premier temps, nous aborderons VBE de façon indirecte en utilisant une fonction d'Excel appelée l'enregistreur de macros. Une fois activé, cet outil vous permet de transcrire en instruction VBA chacune des manipulations que vous réalisez sur vos classeurs et feuilles de calcul. Une fois l'enregistrement terminé, il vous suffit d'exécuter la macro enregistrée pour qu'Excel réalise à nouveau, sans intervention de votre part, la séquence des opérations.

14.1. Enregistrer une macro

Nous allons demander à Excel d'enregistrer les manipulations nécessaires pour créer un planning hebdomadaire très simple.

Procédez ainsi :

1 Créez un nouveau classeur.

2 Dans la barre d'état, cliquez sur le bouton d'enregistrement de macro.

Figure 14.1 : Le bouton d'enregistrement de macro

3 Dans la boîte de dialogue **Enregistrer une macro**, saisissez le nom de la macro dans la zone *Nom de la macro*. Par défaut, Excel propose des noms du type *MacroN*. Saisissez *Planning_Hebdo*.

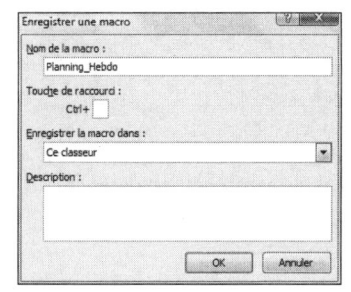

Figure 14.2 : La boîte de dialogue Enregistrer une macro

> **REMARQUE** — **Règles d'appellation des macros**
>
> Les noms des macros peuvent comporter des lettres et des chiffres, mais le premier caractère doit être une lettre. Si le nom est composé de plusieurs mots, ces derniers doivent être séparés par le caractère de soulignement (pas d'espace). Il vaut mieux éviter les caractères accentués ; ils peuvent occasionner des dysfonctionnements imprévisibles.

4 Vous pouvez attribuer un raccourci clavier à la macro en saisissant un caractère dans la zone *Touche de raccourci*. Saisissez P.

5 La zone *Enregistrer la macro dans* permet de définir l'endroit où la macro sera stockée. Vous avez plusieurs choix possibles :

   — *Classeur de macros personnelles* enregistre la macro dans le classeur *PERSONAL.XLSB*. Ce classeur est créé automatiquement dans le répertoire *XLStart*, qui contient tous les fichiers ouverts au lancement d'Excel. Cela permet ainsi de créer des macros utilisables dans tous les classeurs. Le classeur *PERSONAL.XLSB* est masqué par défaut.

   — *Nouveau classeur* crée un nouveau classeur et y enregistre la macro.

   — *Ce classeur* enregistre la macro dans le classeur en cours.

6 Sélectionnez *Classeur de macros personnelles* ; nous souhaitons réutiliser cette macro avec d'autres relevés téléchargés.

7 Vous pouvez saisir des commentaires dans la zone *Description*. Par défaut, cette zone contient la date du jour et le nom de l'utilisateur.

Figure 14.3 : Les paramètres de la macro

8 Validez par OK.

9 ![] Le bouton **Arrêter l'enregistrement** remplace le bouton d'enregistrement des macros dans la barre d'état. Toutes les opérations que vous effectuerez entre le moment où vous cliquez sur le bouton OK de la boîte de dialogue **Enregistrer une macro** et celui où vous cliquez sur ce bouton viendront s'ajouter à la macro.

Nous allons effectuer les opérations de saisie et de mise en forme nécessaires pour créer notre planning hebdomadaire :

1 En *B1*, saisissez Lundi.

2 En *C1*, saisissez Mardi.

3 En *D1*, saisissez Mercredi.

4 En *E1*, saisissez Jeudi.

5 En *F1*, saisissez Vendredi.

6 En *G1*, saisissez Samedi.

7 En *H1*, saisissez Dimanche.

8 En *A2*, saisissez Matin.

9 En *A3*, saisissez Après-midi.

10 Sélectionnez *A1:H3* et appliquez un encadrement de type quadrillage.

11 Sélectionnez *B1:H1* et mettez le texte en gras, puis centrez-le.

12 Sélectionnez les lignes *2* et *3*, puis augmentez leur hauteur.

13 Sélectionnez *A2:A3*, centrez le texte verticalement et mettez-le en gras.

14 Sélectionnez *A1*.

15 Une fois la mise en forme terminée, cliquez sur **Arrêter l'enregistrement**.

	A	B	C	D	E	F	G	H	I
1		Lundi	Mardi	Mercredi	Jeudi	Vendredi	Samedi	Dimanche	
2	Matin								
3	Après-Midi								

Figure 14.4 : Le planning hebdomadaire

Toutes les opérations de mise en forme que nous avons effectuées ont été enregistrées dans la macro *Planning_Hebdo*.

Pour utiliser cette dernière, sélectionnez une feuille vierge puis :

1 Dans l'onglet **Affichage**, cliquez sur le bouton **Macros** du groupe *Macros*.

2 Notre macro apparaît dans la liste des macros, précédée du nom du classeur dans lequel elle se trouve (en l'occurrence *PERSONAL .XLSB*).

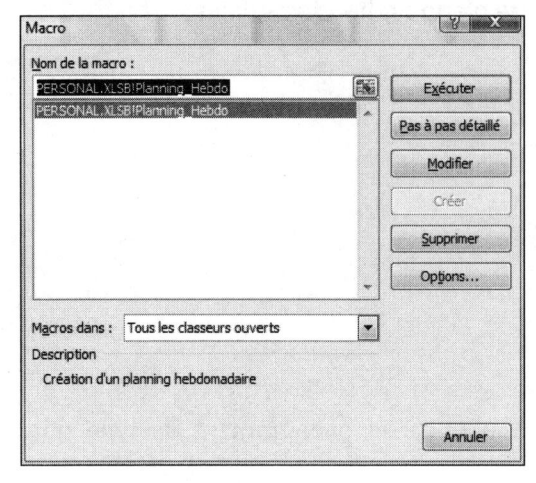

Figure 14.5 : La boîte de dialogue Macro

3 Cliquez sur **Exécuter**.

4 En un instant, un planning hebdomadaire a été créé et mis en forme selon la procédure que nous avons enregistrée.

Figure 14.6 : Le planning hebdomadaire mis en forme par la macro

Le résultat est identique à celui que nous avons obtenu lors de l'enregistrement de la macro. Pour créer un nouveau planning, il suffira d'exécuter la macro *Planning_Hebdo* ou d'appuyer sur [Ctrl]+[Maj]+[P]. Il faudra veiller à ce que le fichier brut soit exactement dans la même configuration de départ.

REMARQUE

Enregistrer un classeur contenant des macros

Lorsque vous avez créé des macros dans un classeur au format *.xlsx* (format standard depuis Excel 2007), un message d'avertissement apparaîtra vous indiquant qu'il n'est pas possible d'enregistrer les macros dans un classeur au format *.xlsx*.

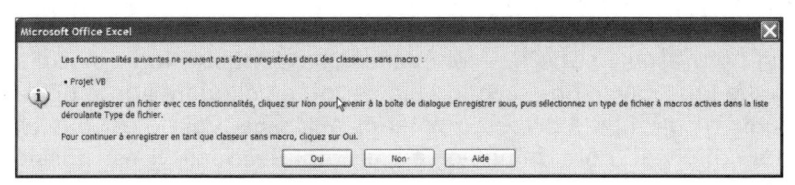

Figure 14.7 : Message d'avertissement

Si vous cliquez sur **Oui**, vos macros enregistrées seront détruites. Si vous souhaitez conserver vos macros, cliquez sur **Non** et enregistrez votre classeur au format *.xlsm* qui, lui, gère les macros.

Enregistrer en utilisant les références relatives

Avec la macro que nous avons enregistrée, le planning sera toujours positionné à partir de la cellule *A1* de la feuille active. Certes, il est toujours possible de le déplacer à l'aide d'un couper-coller, mais il serait plus pratique de pouvoir le créer à partir de la cellule sélectionnée.

Pour cela, vous devrez utiliser les références relatives lors de l'enregistrement. Par défaut, lors de l'enregistrement d'une macro, Excel enregistre l'adresse absolue des cellules que vous sélectionnez. C'est pourquoi, lorsque la macro est exécutée, le planning est positionné à partir de *A1*. Il est toutefois possible de spécifier un enregistrement des positions des cellules à partir de la cellule active. En d'autres termes, il s'agit d'utiliser les références relatives.

Pour cela :

1 Cliquez sur le bouton fléché situé sous le bouton **Macros** du groupe *Macros* de l'onglet **Affichage**.

2 Sélectionnez **Utiliser les références relatives**.

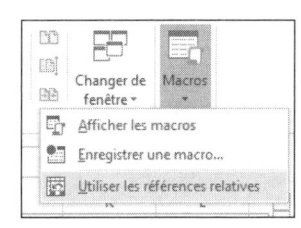

Figure 14.8 : Utiliser les références relatives

Désormais, les adresses des cellules seront définies à partir de la cellule active lors de l'enregistrement des macros. Pour revenir aux références absolues, sélectionnez à nouveau **Utiliser les références relatives**.

Affecter une macro à un bouton

Jusqu'à présent, nous pouvons lancer l'exécution d'une macro de deux façons : avec un raccourci clavier ou en cliquant sur le bouton **Macros** du groupe *Macros* de l'onglet **Affichage**. Cela n'est pas toujours convivial. Pour remédier à ces imperfections, il est possible d'associer une macro à un bouton que vous pourrez ajouter à la barre d'outils *Accès rapide*.

Procédez ainsi :

1 Cliquez sur le menu **Démarrer** puis sur **Options**. Sélectionnez la catégorie **Barre d'outils Accès rapide**.

2 Sélectionnez *Macros* dans la liste de choix des commandes.

3 Sélectionnez la macro à ajouter (ici *PERSONAL.XLSB !Planning _Hebdo*) à la barre d'outils *Accès rapide* et cliquez sur **Ajouter**.

4 Sélectionnez la macro dans la zone de droite et cliquez sur **Modifier**. Sélectionnez une nouvelle icône pour le bouton de la macro.

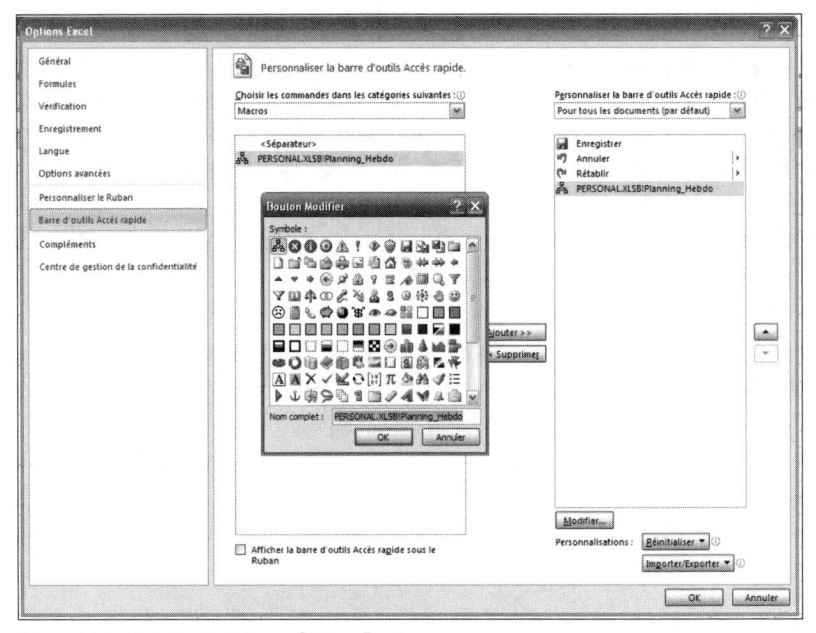

Figure 14.9 : La boîte de dialogue Options Excel

5 Validez par OK.

Le nouveau bouton est opérationnel.

> ⚠️ **ATTENTION**
>
> **Affectation de macros à des boutons**
>
> Lorsque vous ajoutez un bouton à la barre d'outils, il y demeurera jusqu'à ce que vous le supprimiez. Lorsque vous affectez à un bouton une macro d'un classeur autre que *PERSONAL.XLSB*, si le classeur contenant la macro n'est pas ouvert lorsque vous cliquez sur le bouton, Excel tentera de le charger. S'il y parvient, il exécutera la macro. Dans le cas contraire, un message d'erreur s'affichera.
>
> Lors de la personnalisation de la barre d'outils *Accès rapide*, vous avez la possibilité d'indiquer que vous souhaitez que la personnalisation s'applique uniquement au classeur en cours (liste de choix en haut à droite de la boîte de dialogue **Options Excel**). Le bouton d'accès à la macro sera donc présent uniquement dans ce classeur, ce qui limite les risques d'erreur.

Affecter une macro à un élément du Ruban

Dans cette nouvelle version d'Excel, la personnalisation du Ruban est grandement facilitée. Désormais, il est possible de créer des onglets personnalisés et d'y ajouter des commandes alors qu'auparavant, cette opération nécessitait de programmer les modifications désirées en langage XML.

Vous pouvez renommer et modifier l'ordre des onglets et groupes par défaut intégrés à Excel 2010. Toutefois, vous ne pouvez pas renommer les commandes par défaut, modifier les icônes qui leur sont associées ou changer leur ordre.

Vous pouvez donc, par exemple, ajouter un bouton à un onglet existant ou créer votre propre onglet avec des groupes et des boutons permettant de lancer l'exécution de vos macros.

Affecter une macro à un bouton dans un onglet existant

Procédez ainsi :

1 Cliquez du bouton droit sur un onglet du Ruban.

2 Dans le menu contextuel, sélectionnez **Personnaliser le Ruban**.

3 Sélectionnez l'onglet auquel ajouter le bouton (par exemple, **Mise en page**).

4 Cliquez sur le bouton **Nouveau groupe**.

5 Renommez ce nouveau groupe (par exemple, **Planning**).

6 Ajoutez une commande à ce groupe. (Cette commande sera un bouton permettant de lancer l'exécution de la macro *Planning_ Hebdo*.) Pour cela, sélectionnez *Macros* dans la liste de choix des commandes.

7 Sélectionnez la macro à ajouter (ici *PERSONAL.XLSB !Planning _Hebdo*) au groupe et cliquez sur **Ajouter**.

8 Sélectionnez la macro dans la zone de droite et cliquez sur **Renommer**. Saisissez le nom du bouton qui sera associé à la macro.

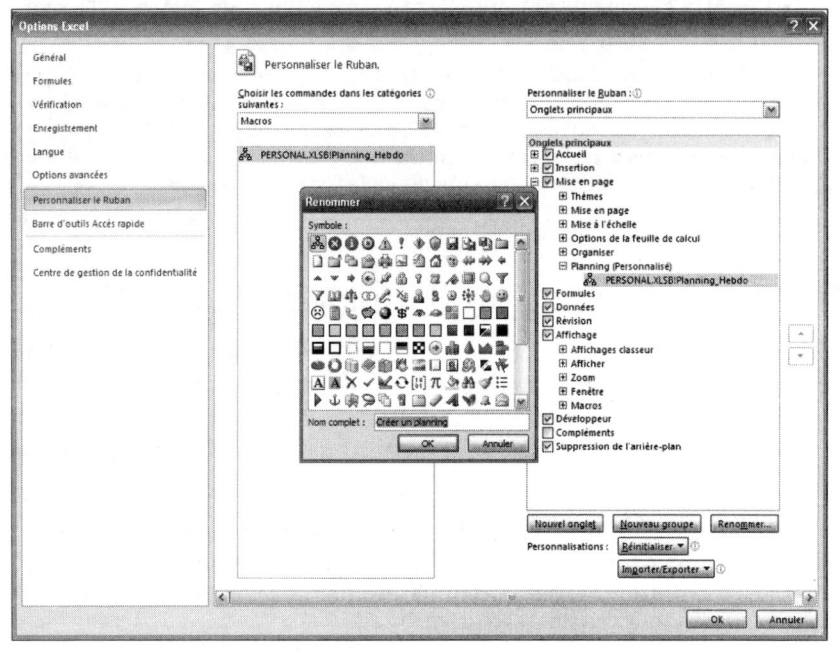

Figure 14.10 : La personnalisation du Ruban

9 Validez par OK.

Figure 14.11 : Le nouveau groupe de l'onglet Mise en page

Créer un nouvel onglet

Procédez ainsi :

1 Cliquez du bouton droit sur un onglet du Ruban.

2 Dans le menu contextuel, sélectionnez **Personnaliser le Ruban**.

3 Cliquez sur le bouton **Nouvel onglet**.

4 Le nouvel onglet est inséré après l'onglet sélectionné dans la liste.

5 Pour renommer ce nouvel onglet, cliquez sur le bouton **Renommer** ou cliquez du bouton droit sur le nom de l'onglet et sélectionnez **Renommer**.

6 Dans la boîte de dialogue **Renommer**, saisissez le nouveau nom de l'onglet.

7 Par défaut, le nouvel onglet est créé avec un seul groupe, qu'il faut d'abord renommer.

8 Ajoutez des commandes à ce groupe.

Une fois le nouvel onglet créé, la procédure pour ajouter des groupes et des commandes est la même que celle vue au paragraphe précédent.

Gérer les macros

Passons maintenant en revue les boutons de la boîte de dialogue **Macro**. Pour l'afficher, cliquez sur le bouton **Macros** du groupe *Macros* de l'onglet **Affichage**.

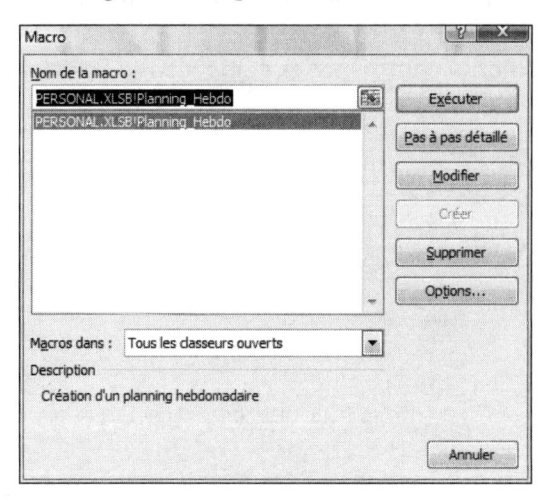

Figure 14.12 : La boîte de dialogue Macro

Cette boîte de dialogue est centrée sur la liste des macros. Vous pouvez sélectionner une macro et lui appliquer les opérations accessibles par les boutons. Le contenu de la liste est contrôlé par la zone *Macros dans*. Vous pouvez sélectionner les éléments suivants :

- *Tous les classeurs ouverts* affiche les macros de tous les classeurs ouverts.

- *Ce classeur* affiche les macros du classeur actif.
- *PERSONAL.XLSB* affiche les macros du classeur *PERSONAL.XLSB*.

Une fois la macro sélectionnée, utilisez les différents boutons :

- **Exécuter** exécute la macro sélectionnée.
- **Annuler** ferme la boîte de dialogue sans exécuter la macro.
- **Pas à pas détaillé** affiche les instructions de la macro et permet de les exécuter une par une.

> **RENVOI** Nous reviendrons en détail sur l'exécution en mode Pas à pas au chapitre 15 : *Maîtriser le langage VBA*.

- **Modifier** donne accès au code de la macro, afin de la modifier. Il est nécessaire de connaître le langage VBA pour modifier une macro.
- **Créer**. L'enregistrement n'est pas le seul moyen de créer une macro. Vous pouvez également saisir son nom dans la zone *Nom de la macro* puis cliquer sur **Créer**. Vous pouvez alors saisir des instructions en VBA. La macro sera enregistrée dans le classeur en cours.
- **Supprimer** supprime la macro. Attention, cette opération est irréversible.
- **Options** permet de modifier le commentaire et le raccourci clavier associé à la macro.

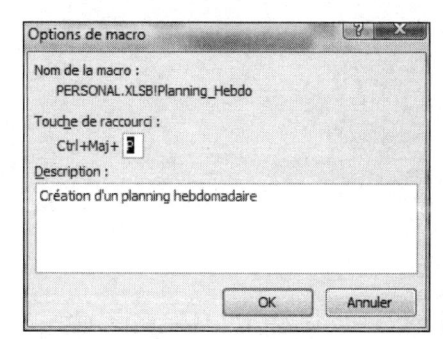

Figure 14.13 : La boîte de dialogue Options de macro

Modifier une macro

Nous allons afficher les instructions de la macro *Planning_Hebdo*. Pour cela, cliquez sur le bouton **Modifier**.

Dans notre cas, vous obtenez un message d'avertissement.

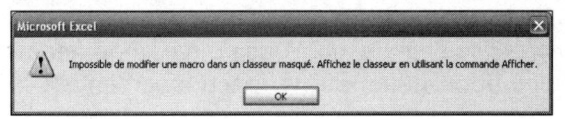

Figure 14.14 : Message d'avertissement

Le message d'avertissement indique qu'il est impossible de modifier une macro dans un classeur masqué, ce qui est le cas du classeur *PERSONAL.XLSB* (cela ne se serait pas produit avec un classeur "classique"). Nous allons donc l'afficher. Pour cela :

1 Cliquez sur **Annuler**.

2 Dans l'onglet **Affichage**, cliquez sur le bouton **Afficher** du groupe *Fenêtre*.

3 Sélectionnez *PERSONAL.XLSB*.

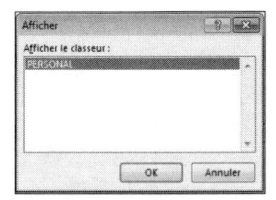

Figure 14.15 : La boîte de dialogue Afficher

4 Validez par OK.

Le classeur *PERSONAL.XLSB* apparaît à l'écran. Nous pouvons reprendre le fil de nos manipulations.

1 Dans l'onglet **Affichage**, cliquez sur le bouton **Macros** du groupe *Macros*.

2 Cliquez sur **Modifier**.

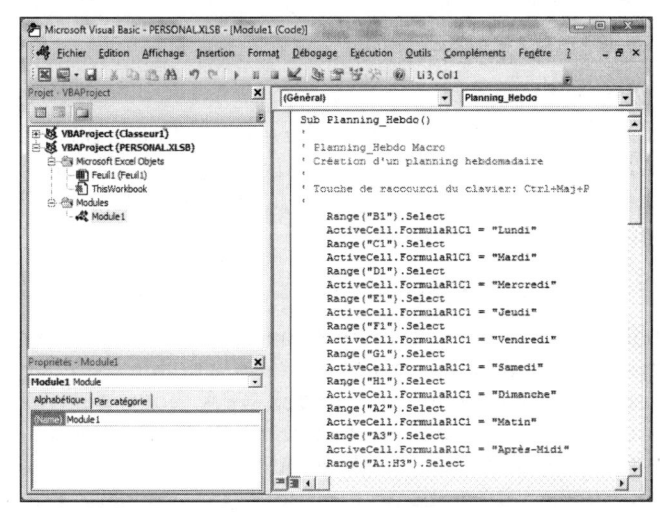

Figure 14.16 : L'environnement VBE

14.1. Enregistrer une macro | 291

3 L'environnement VBE fait son apparition. Vous pouvez accéder aux instructions de la macro *Planning_Hebdo*. Vous pouvez modifier ou ajouter des instructions pour influer sur le fonctionnement de la macro.

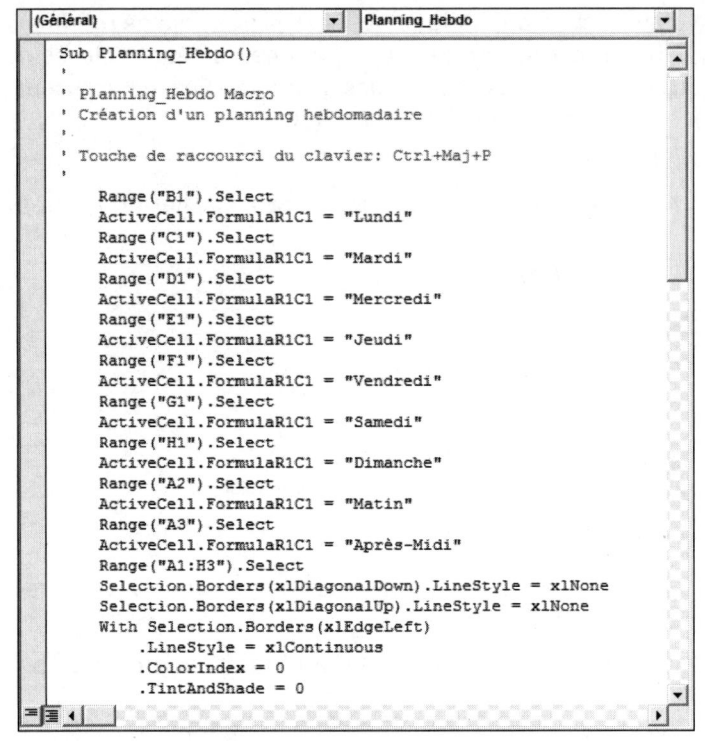

```
(Général)                              Planning_Hebdo
    Sub Planning_Hebdo()
    '
    ' Planning_Hebdo Macro
    ' Création d'un planning hebdomadaire
    '
    ' Touche de raccourci du clavier: Ctrl+Maj+P
    '
        Range("B1").Select
        ActiveCell.FormulaR1C1 = "Lundi"
        Range("C1").Select
        ActiveCell.FormulaR1C1 = "Mardi"
        Range("D1").Select
        ActiveCell.FormulaR1C1 = "Mercredi"
        Range("E1").Select
        ActiveCell.FormulaR1C1 = "Jeudi"
        Range("F1").Select
        ActiveCell.FormulaR1C1 = "Vendredi"
        Range("G1").Select
        ActiveCell.FormulaR1C1 = "Samedi"
        Range("H1").Select
        ActiveCell.FormulaR1C1 = "Dimanche"
        Range("A2").Select
        ActiveCell.FormulaR1C1 = "Matin"
        Range("A3").Select
        ActiveCell.FormulaR1C1 = "Après-Midi"
        Range("A1:H3").Select
        Selection.Borders(xlDiagonalDown).LineStyle = xlNone
        Selection.Borders(xlDiagonalUp).LineStyle = xlNone
        With Selection.Borders(xlEdgeLeft)
            .LineStyle = xlContinuous
            .ColorIndex = 0
            .TintAndShade = 0
```

Figure 14.17 : Les premières lignes de la macro Mise_en_forme

4 Sélectionnez l'option *Fermer et retourner à Microsoft Excel* du menu **Fichier** (ou appuyez sur [Alt]+[Q]).

Une fois les opérations sur les macros terminées, n'oubliez pas de masquer à nouveau le classeur *PERSONAL.XLSB* (onglet **Affichage**, bouton **Masquer** du groupe *Fenêtre*). Si vous ne le faites pas, il apparaîtra lors du prochain lancement d'Excel.

Intérêt et limites de l'enregistrement des macros

L'intérêt principal de l'enregistrement des macros est de pouvoir réaliser rapidement des macros sans connaître le langage VBA. De plus, lorsque vous maîtriserez un peu mieux VBA, vous pourrez utiliser l'enregistreur de macros pour découvrir de nouvelles instructions VBA. Par exemple, si vous vous demandez comment trier les données d'un tableau via VBA, vous pourrez utiliser l'enregistreur de macros afin de découvrir l'instruction nécessaire. Il vous suffit de lancer l'enregistrement d'une macro et de réaliser le tri du tableau normalement dans Excel. Une fois cela fait, allez consulter le code obtenu et identifiez l'instruction désirée. Vous pourrez ensuite l'adapter et la réutiliser dans vos propres programmes.

Vous l'aurez compris, l'enregistreur de macros ne peut enregistrer que des opérations de façon séquentielle. Vous ne pourrez donc pas réaliser de boucles, de tests... C'est là une de ses principales limites. De plus, lorsque vous maîtriserez VBA, vous vous rendrez compte que le code créé par l'enregistreur de macros n'est pas forcément optimisé. Vous devrez donc souvent le "nettoyer".

Quoiqu'il en soit, cette fonctionnalité est intéressante, même pour un utilisateur chevronné.

Gérer les niveaux de sécurité

Quand vous recevez des classeurs Excel dont vous ne connaissez pas l'émetteur, soyez prudent lorsque ce classeur contient des macros. En effet, une macro est un programme. Certains utilisateurs malveillants peuvent donc créer des macros qui sont des virus. Il est préférable de rester prudent avant d'ouvrir un classeur qui contient des macros. Il est possible de réaliser des macros qui s'exécutent automatiquement à l'ouverture d'un classeur. Il peut alors être trop tard pour réagir. Excel est capable de vous prévenir lorsqu'un classeur contient une macro.

Pour cela, vous devez spécifier un niveau de sécurité :

1 Cliquez sur le menu **Fichier** puis sur **Options**.

2 Dans la boîte de dialogue **Options Excel**, cliquez sur **Centre de gestion de la confidentialité** puis sur le bouton **Paramètres du centre de gestion de la confidentialité**.

3 Dans la boîte de dialogue **Centre de gestion de la confidentialité**, cliquez sur *Paramètres des macros* puis choisissez parmi les quatre niveaux de sécurité : (voir fig. 14.18)

— *Désactiver toutes les macros sans notification* permet de spécifier un niveau de sécurité maximal, puisque les macros sont ignorées.

— *Désactiver toutes les macros avec notification.* Excel vous informe que le classeur contient des macros mais il ne les exécutera pas.

— *Désactiver toutes les macros à l'exception des macros signées numériquement* permet l'exécution des macros signées par des sources fiables (définies dans la catégorie **Éditeurs approuvés**). Si les macros sont signées par une source inconnue, une boîte de dialogue s'affiche avec des informations sur le certificat. Vous pouvez alors décider de l'ajouter ou non aux sources fiables. Dans tous les autres cas, les macros sont désactivées.

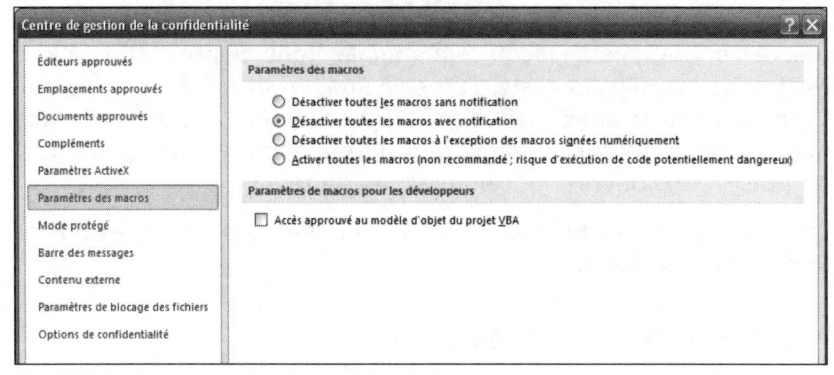

Figure 14.18 : Centre de gestion de la confidentialité

— *Activer toutes les macros* exécute toutes les macros, sans avertissement.

4   Dans la boîte de **Centre de gestion de la confidentialité**, vous avez la possibilité d'utiliser *Barre des messages* afin de spécifier si une barre de message doit s'afficher en haut de la fenêtre du classeur lorsque du contenu a été bloqué.

5   Validez par OK.

14.2. Découvrir l'environnement VBE

Nous allons décrire de façon plus détaillée les fonctionnalités de l'environnement VBE, notamment en ce qui concerne les possibilités d'organisation des projets et de saisie du code.

L'ergonomie du VBE n'est pas la même que celle d'Excel 2010 ou 2013. En effet, VBE utilise toujours les barres de menus et les barres d'outils et ne dispose donc pas du Ruban.

Afficher l'onglet Développeur

Pour bénéficier pleinement des possibilités de VBA dans Excel 2010 et 2013, vous devrez afficher un onglet supplémentaire dans le Ruban : l'onglet **Développeur**.

Procédez ainsi :

1 Cliquez sur le menu **Fichier** puis sur **Options**. Sélectionnez la catégorie **Personnalisez le Ruban**.

2 Cochez la case en regard de l'onglet **Développeur** dans la liste des onglets à afficher.

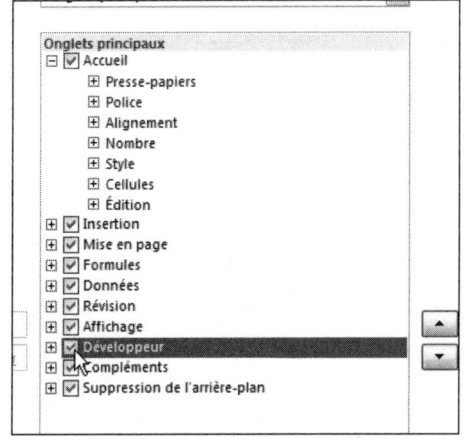

Figure 14.19 : Sélection de l'onglet Développeur

3 Cliquez sur OK.

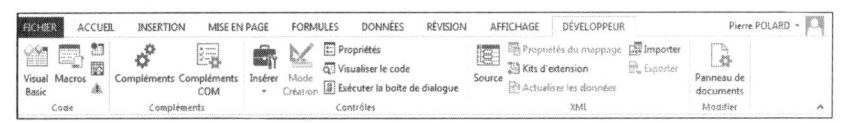

Figure 14.20 : L'onglet Développeur

L'onglet **Développeur** est composé des groupes suivants :

- **Code** permet d'accéder à l'éditeur VBA, à l'enregistrement et au lancement des macros.
- **Compléments** permet d'accéder à la gestion des modules complémentaires.
- **Contrôles** permet de créer et modifier des contrôles actifs (boutons, listes de choix, etc.).
- **XML** permet d'accéder aux fonctionnalités liées à XML.

Activer le VBE

Pour accéder à l'environnement VBE, vous avez deux solutions :

- Dans l'onglet **Développeur**, cliquez sur le bouton **Visual Basic** du groupe *Code*.

- Appuyez sur Alt+F11.

Une fois l'éditeur ouvert, vous pouvez y accéder en cliquant sur son bouton dans la barre des tâches.

L'environnement présente deux fenêtres principales :
- l'Explorateur de projets ;
- la fenêtre de code.

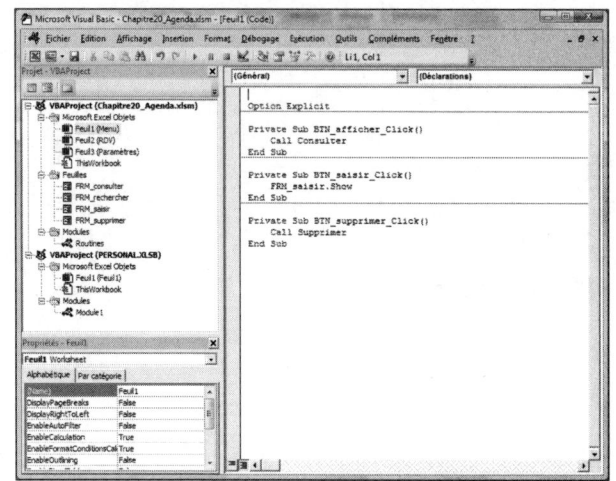

Figure 14.21 : L'environnement VBE

L'Explorateur de projets

Il présente, de manière hiérarchique, les éléments des projets en cours. À chaque classeur est associé un projet contenant :
- les feuilles de calcul et les graphiques ;
- les modules de code (éventuellement);
- les boîtes de dialogues personnalisées (éventuellement).

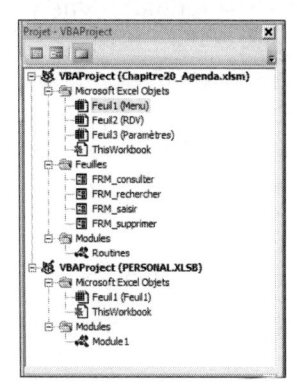

Figure 14.22 : L'Explorateur de projets

Pour ouvrir l'Explorateur de projets (si celui-ci n'est pas affiché), vous avez deux solutions :

- Dans le menu **Affichage**, choisissez **Explorateur de projets**.
- Appuyez sur [Ctrl]+[R].

Chaque projet est considéré comme une hiérarchie d'objets. Un projet est désigné par défaut par *VBAProject* suivi entre parenthèses par le nom du classeur. À gauche du nom se trouve un symbole plus (**+**) ou moins (**-**) permettant de déplier ou de replier l'arborescence associée. Cette arborescence est composée au minimum de l'élément *Microsoft Excel Objects*, c'est-à-dire de la collection des objets du classeur :

- les feuilles de calcul ;
- les feuilles de graphique ;
- le classeur lui-même (*ThisWorkbook*).

En cliquant sur le symbole situé à gauche de *Microsoft Excel Objects*, il est possible de déplier ou replier cette collection d'objets.

Dans certains projets, en plus de l'élément *Microsoft Excel Objects*, vous pourrez trouver l'un des éléments suivants (ou les deux) :

- *Feuilles*. Il s'agit des boîtes de dialogue personnalisées présentes dans le projet.
- *Modules*. Il s'agit des modules de code VBA présents dans le projet. Un projet peut comprendre plusieurs modules, permettant ainsi de regrouper de façon cohérente les diverses procédures.

> **RENVOI** Pour plus de détails sur les boîtes de dialogue personnalisées, reportez-vous au chapitre 21, *Créer des boîtes de dialogue personnalisées*.

Modifier les propriétés d'un projet

Pour modifier les propriétés d'un projet, cliquez du bouton droit sur un élément du projet et choisissez **Propriétés de VBAProject** dans le menu contextuel.

La boîte de dialogue **Propriétés du projet** fait son apparition, elle est composée de deux onglets :

- **Général**. Cet onglet permet de modifier le nom du projet, de spécifier une description du projet ainsi qu'un fichier d'aide. Si vous modifiez le nom du projet, ce n'est plus *VBAProject* qui apparaîtra dans l'arborescence de l'Explorateur de projets mais le nouveau nom saisi.

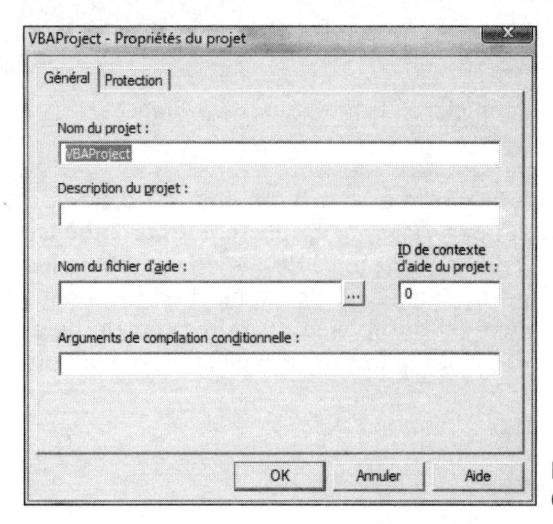

Figure 14.23 : Les propriétés du projet

- **Protection.** Saisissez un mot de passe pour empêcher la modification ultérieure des propriétés du projet. Si, de plus, vous cochez la case *Verrouillage du projet*, le code VBA du projet ne pourra plus être affiché sans saisir le mot de passe.

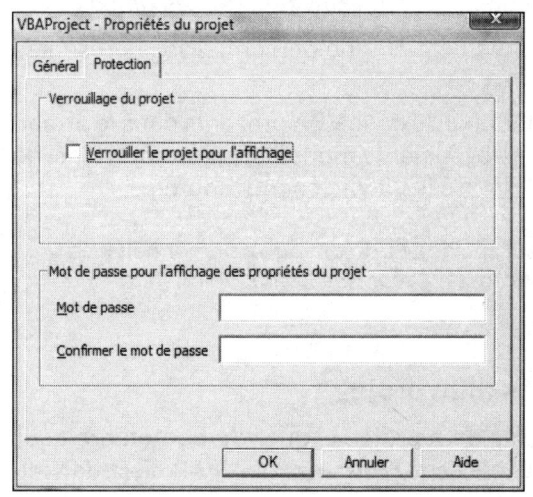

Figure 14.24 : La protection du projet

La fenêtre de code

Pour accéder au module de code VBA associé aux différents objets du projet (feuilles de calcul, modules, boîtes de dialogues personnalisées), double-cliquez sur l'objet désiré dans l'Explorateur de projets. Le code VBA associé apparaîtra dans la fenêtre de code. Le module actif est alors indiqué en grisé dans l'Explorateur de projets.

La fenêtre de code affiche toutes les procédures de l'objet sélectionné. Elle présente deux listes déroulantes au sommet :

- La première affiche les objets référencés dans le module (par exemple, les boutons sur une feuille de calcul).
- La seconde donne accès à une zone de déclaration (pour les variables publiques) ainsi qu'à chacune des procédures du module.

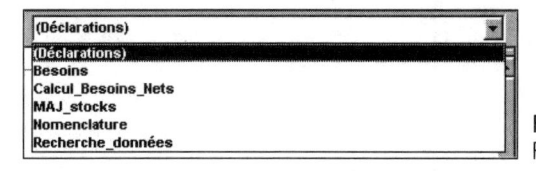

```
(Déclarations)
(Déclarations)
Besoins
Calcul_Besoins_Nets
MAJ_stocks
Nomenclature
Recherche_données
```

Figure 14.25 : Liste déroulante Procédures

La fenêtre de code affiche soit toutes les procédures séparées par un trait horizontal, soit une procédure à la fois. Le basculement entre ces deux affichages est réalisé à l'aide des deux boutons situés en bas à gauche de la fenêtre.

```
BTN_annuler                                    Click

Option Explicit

Private Sub BTN_annuler_Click()
    FRM_saisir.Hide
End Sub

Private Sub BTN_valider_Click()
    If LST_fin.Value < LST_debut.Value Then
        MsgBox ("Attention !!!" & Chr(13) & "L'heure de début est après l'heure de fin")
    Else
        FRM_saisir.Hide
        Worksheets("RDV").Select
        Range("A1").Select
        If ActiveCell.Offset(1, 0).Value <> "" Then Range("A1").End(xlDown).Select
        ActiveCell.Offset(1, 0).Select
        ActiveCell.Value = CLD_date.Value
        ActiveCell.Offset(0, 1).Value = TXT_intitule.Value
        ActiveCell.Offset(0, 2).Value = LST_categorie.Value
        ActiveCell.Offset(0, 3).Value = LST_debut.Value
        ActiveCell.Offset(0, 4).Value = LST_fin.Value
        ActiveCell.Offset(0, 5).FormulaR1C1 = "=+RC[-1]-RC[-2]"
        ActiveCell.Offset(0, 6).Value = TXT_commentaire.Value
        Worksheets("Menu").Select
    End If
End Sub

Private Sub LST_debut_Change()
    LST_debut.Value = CDate(LST_debut.Value)
End Sub

Private Sub LST_fin_Change()
    LST_fin.Value = CDate(LST_fin.Value)
End Sub
```

Figure 14.26 : La fenêtre de code

Tout comme les fenêtres de feuille de calcul dans Excel, il est possible de réduire, d'agrandir, de réorganiser les fenêtres de code. Il est ainsi possible d'afficher plusieurs fenêtres de code sur un même écran.

Cela vous sera utile pour comparer deux procédures, faire du copier-coller de lignes de code...

```
Option Explicit

Private Sub BTN_afficher_Click()
    Call Consulter
End Sub

Private Sub BTN_saisir_Click()
    FRM_saisir.Show
End Sub

Private Sub BTN_supprimer_Click()
    Call Supprimer
End Sub
```

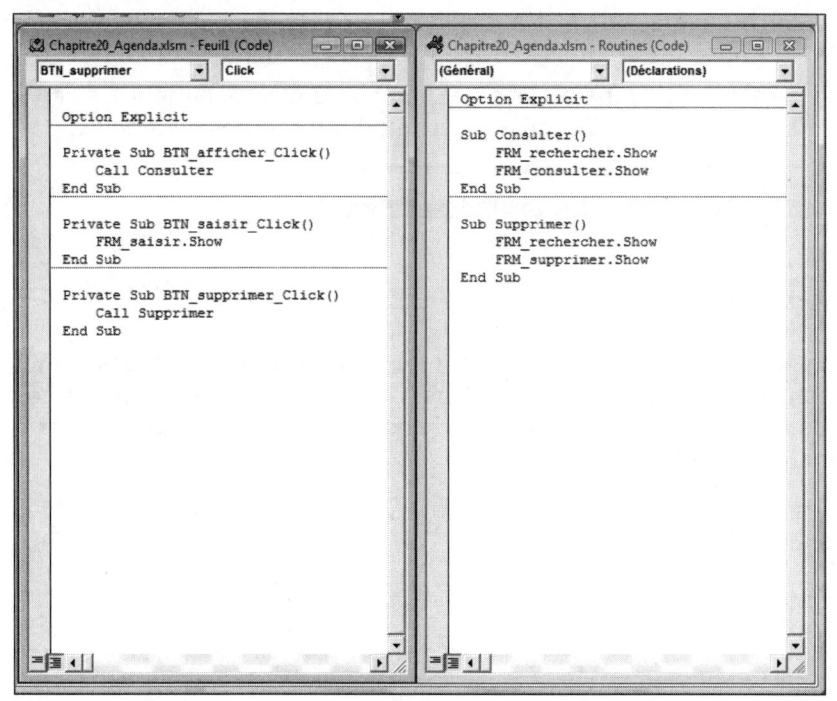

```
Option Explicit

Sub Consulter()
    FRM_rechercher.Show
    FRM_consulter.Show
End Sub

Sub Supprimer()
    FRM_rechercher.Show
    FRM_supprimer.Show
End Sub
```

Figure 14.27 : Réorganisation des fenêtres de code

Vous disposez des trois boutons habituels en haut à gauche de la fenêtre pour réduire, agrandir (ou restaurer) et fermer la fenêtre.

Figure 14.28 : Les boutons de contrôle de la taille de la fenêtre de code

Vous disposez également des commandes du menu **Fenêtre** de l'environnement VBE :

- **Fractionner** scinde en deux une fenêtre de code.
- **Mosaïque horizontale** réorganise les fenêtres de code horizontalement pour qu'elles occupent tout l'espace disponible.
- **Mosaïque verticale** réorganise les fenêtres de code verticalement pour qu'elles occupent tout l'espace disponible.
- **Cascade** superposent les feuilles de code pour que toutes les barres de titre soient visibles.

Personnaliser l'environnement VBE

À l'aide de la commande **Options** du menu **Outils**, vous avez la possibilité de personnaliser l'environnement VBE.

La boîte de dialogue **Options** présente quatre onglets :

- **Editeur ;**
- **Format de l'éditeur ;**
- **Général ;**
- **Ancrage.**

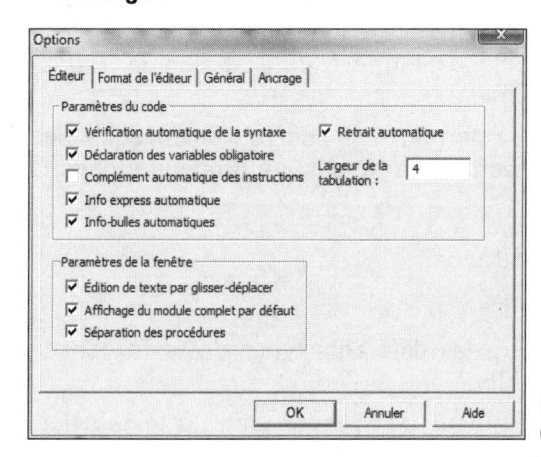

Figure 14.29 : La boîte de dialogue Options

Onglet Éditeur

Les options sont les suivantes :

- *Vérification automatique de la syntaxe* demande à Visual Basic de vérifier automatiquement si la syntaxe est correcte lorsque vous entrez une ligne de code.

- *Déclaration explicite des variables* détermine si des déclarations de variables explicites sont obligatoires dans les modules. Cela a pour effet d'ajouter l'instruction *Option Explicit* dans les déclarations générales de tout nouveau module.

- *Complément automatique des instructions* présente les informations qui sont le complément logique de l'instruction au niveau du point d'insertion.

- *Info express automatique* affiche des informations au sujet des fonctions et de leurs paramètres au fur et à mesure de la saisie.

- *Info-bulles automatiques* affiche la valeur de la variable sur laquelle le curseur est placé. Uniquement disponible en mode Arrêt.

- *Retrait automatique.* Si la première ligne de code est mise en retrait, les lignes suivantes sont automatiquement alignées par rapport à celle-ci.
- *Largeur de la tabulation* définit la largeur de la tabulation, comprise entre 1 et 32 espaces (par défaut, elle équivaut à 4 espaces).
- *Edition de texte par glisser-déplacer* permet de faire glisser des éléments au sein du code et de la fenêtre **Code** vers les fenêtres **Exécution** ou **Espions**.
- *Affichage complet du module par défaut* définit l'état par défaut des nouveaux modules. Vous pouvez ainsi consulter les procédures dans la fenêtre **Code** une à une ou sous la forme d'une seule liste que vous pouvez faire défiler. Le mode de consultation des modules ouverts n'est pas modifié.
- *Séparation des procédures* permet d'afficher ou de masquer les barres séparatrices situées à la fin de chaque procédure dans la fenêtre **Code**.

Onglet Format de l'éditeur

Les options sont les suivantes :

- *Couleurs du code* énumère les différents types de texte dont la couleur est personnalisable.
- *Premier plan* indique la couleur de premier plan du texte sélectionné dans la liste *Couleurs du code*.
- *Arrière-plan* indique la couleur d'arrière-plan du texte sélectionné dans la liste *Couleurs du code*.
- *Indicateur* indique la couleur des indicateurs en marge.
- *Police* définit la police utilisée dans tout le code.
- *Taille* définit la taille de la police utilisée dans le code.
- *Barre des indicateurs en marge* affiche ou masque la barre des indicateurs en marge.
- *Aperçu* affiche un exemple de texte dans la police, le corps et la couleur définis.

Onglet Général

Les options sont les suivantes :

- *Afficher la grille* permet d'afficher la grille lors de la création des boîtes de dialogue personnalisées.
- *Unités de la grille* affiche les unités de grille utilisées sur la feuille.

- *Largeur* définit la largeur des cellules de grille sur une feuille (de 2 à 60 points).
- *Hauteur* définit la hauteur des cellules de grille sur une feuille (de 2 à 60 points).
- *Aligner les contrôles sur la grille* place automatiquement les bords extérieurs des contrôles sur des lignes de la grille.
- *Afficher les infobulles* affiche les infobulles des boutons de barre d'outils.
- *Réduire le proj. masque les fenêtres* définit si les fenêtres de projet, boîtes de dialogue personnalisées, d'objet ou de module sont fermées automatiquement lors de la réduction du projet dans l'Explorateur de projets.
- *Avertir avant perte d'état* active l'affichage d'un message lorsque l'action demandée va entraîner la réinitialisation de toutes les variables de niveau module dans le projet en cours.
- *Arrêt sur toutes les erreurs*. En cas d'erreur, le projet passe en mode Arrêt, même si aucun gestionnaire d'erreurs n'est actif et si le code n'est pas dans un module de classe.
- *Arrêt dans les modules de classe*. En cas d'erreur non gérée survenue dans un module de classe, le projet passe en mode Arrêt à la ligne de code du module de classe où l'erreur s'est produite.
- *Arrêt sur les erreurs non gérées*. Si un gestionnaire d'erreurs est actif, l'erreur est interceptée sans passage en mode Arrêt. Si aucun gestionnaire d'erreurs n'est actif, le projet passe en mode Arrêt. Cependant, en cas d'erreur non gérée dans un module de classe, le projet passe en mode Arrêt à la ligne de code ayant appelé la procédure erronée de la classe.
- *Compilation sur demande* définit si un projet est entièrement compilé avant d'être exécuté ou si le code est compilé en fonction des besoins, ce qui permet à l'application de démarrer plus rapidement.
- *Compilation en arrière-plan* définit si les périodes d'inactivité sont mises à profit durant l'exécution pour terminer la compilation du projet en arrière-plan. L'option *Compilation en arrière-plan* permet d'accroître la vitesse d'exécution. Cette fonction est disponible uniquement si l'option *Compilation sur demande* est activée.

Onglet Ancrage

Cet onglet permet de choisir les fenêtres qui seront ancrables. On dit qu'une fenêtre est ancrée lorsqu'elle est fixée à un bord d'une fenêtre d'application ou d'une autre fenêtre ancrable. Une fenêtre ancrable se met en place automatiquement lorsque vous la déplacez. Une fenêtre n'est pas ancrable si vous pouvez la placer à n'importe quel endroit de l'écran et l'y laisser.

Sélectionnez les fenêtres que vous souhaitez rendre ancrables et supprimez les autres. Il est possible d'ancrer une ou plusieurs fenêtres de la liste, ou aucune.

14.3. Organiser les projets VBA

Une bonne organisation d'un projet VBA passe par la création et la gestion de modules VBA pour stocker vos procédures.

Créer un nouveau module

Pour créer un nouveau module :

1 Sélectionnez le projet dans lequel ce module doit se trouver.
2 Choisissez la commande **Module** du menu **Insertion**.

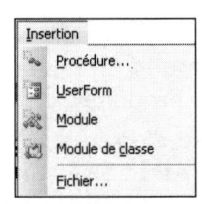

Figure 14.30 : Insertion d'un module

Renommer un module

Pour modifier le nom d'un module :

1 Sélectionnez ce module.
2 Choisissez la commande **Propriétés** du menu **Affichage** (ou appuyez sur [F4]).
3 Modifiez la propriété *Name*.

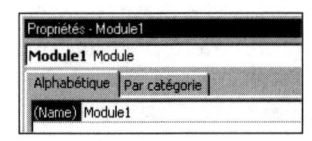

Figure 14.31 : Propriétés d'un module

Supprimer un module

Pour supprimer un module :

1 Sélectionnez ce module.

2 Cliquez du bouton droit.

3 Dans le menu contextuel, choisissez la commande **Supprimer**.

Une boîte de dialogue s'affiche pour demander si le module doit être exporté (sous forme de fichier texte) avant suppression.

Copier un module

Pour copier un module dans un autre projet :

1 Sélectionnez le module que vous souhaitez copier.

2 Faites-le glisser sur le projet de destination.

Figure 14.32 : Ajout d'un module par cliquer-glisser

14.4. Saisir du code

Pour commencer une nouvelle procédure :

1 Dans la fenêtre de code, saisissez l'instruction Sub ou Function suivie du nom de la procédure.

2 Saisissez le code. Pour ce faire, vous disposez des fonctionnalités classiques de **Copier/Coller** et de **Rechercher/Remplacer**.

Il est préférable de saisir le code entièrement en minuscules. En effet, une fois que vous avez validé votre ligne en appuyant sur la touche [←], l'éditeur VBE ajustera la casse (distinction majuscules/minuscules) lorsqu'il aura reconnu le nom d'un objet, d'une propriété ou une instruction VBA. Les instructions VBA sont d'ailleurs affichées en bleu. Si vous saisissez votre code en minuscules, vous pourrez vous apercevoir assez facilement des fautes de frappe : l'éditeur ne modifiera pas votre saisie.

Améliorer la lisibilité du code

Lors de la saisie, il est souhaitable de décaler les lignes de code (touche [⇥]) pour respecter le structure des blocs. Cela améliore la lisibilité.

```
For k = 1 To Nb_taches
    For i = Nb_taches To 1 Step -1
        For j = 1 To 3
            If Pred(i, j) = k Then Pred_Tard(k, i) = i
        Next j
    Next i
Next k
```

Figure 14.33 : Utilisation des tabulations dans le code

La combinaison de touches [Maj]+[⇥] permet de décaler le code vers la gauche.

Vous pouvez sélectionner plusieurs lignes de code en même temps et appuyer sur la touche [⇥] (ou [Maj]+[⇥]). Cela aura pour effet de décaler le bloc de lignes vers la droite (ou vers la gauche) en une seule opération.

Vous avez également la possibilité d'ajouter des commentaires à votre code, pour en faciliter la compréhension. Pour cela, il suffit de faire précéder le commentaire d'une apostrophe ('). Il apparaîtra alors en vert dès que vous aurez validé la ligne. Il est possible d'ajouter un commentaire à la fin d'une ligne de code.

Pour éviter d'avoir des lignes trop longues dans votre code, vous avez la possibilité de scinder une ligne à l'aide du caractère de soulignement (_) précédé d'un espace.

```
Do Until (ActiveCell.Value = Date_RDV) _
    And (ActiveCell.Offset(0, 1).Value = Intitule_RDV) ' cette instruction est écrite sur deux lignes
    ActiveCell.Offset(1, 0).Select
Loop
```

Figure 14.34 : Une instruction écrite sur deux lignes

Bénéficier d'assistance à la saisie

Au fur et à mesure de la frappe, l'éditeur analyse les instructions que vous saisissez. Dès qu'il reconnaît le nom d'un objet, il vous propose une liste déroulante des propriétés et méthodes disponibles pour cet objet. Il suffit de sélectionner ce qui vous convient et d'appuyer sur [↵].

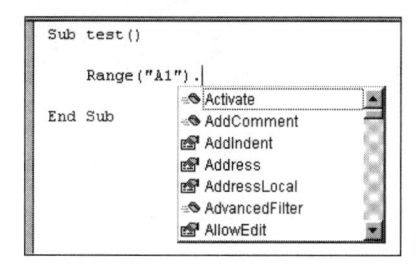

```
Sub test()
    Range("A1").|
End Sub
```
- Activate
- AddComment
- AddIndent
- Address
- AddressLocal
- AdvancedFilter
- AllowEdit

Figure 14.35 : Choix des méthodes et propriétés

Il est possible de forcer l'affichage de cette liste déroulante.

Pour ce faire :

1 Cliquez du bouton droit après l'objet souhaité.

2 Dans le menu contextuel, sélectionnez **Répertorier les propriétés /méthodes**.

Lors de la saisie d'une fonction, l'éditeur affiche une infobulle précisant la syntaxe de cette fonction.

```
Range("A1").offset(
    Offset([RowOffset], [ColumnOffset]) As Range
```

Figure 14.36 : Infobulle

Il est possible de forcer l'affichage de cette infobulle. Pour cela :

1 Cliquez du bouton droit après la fonction souhaitée.

2 Dans le menu contextuel, sélectionnez *Info express*.

CHAPITRE 15

MAÎTRISER LE LANGAGE VBA

Utiliser des variables et des constantes 311
Utiliser les opérateurs et les fonctions dans des expressions 325
Utiliser les structures de décisions 335
Travailler avec des boucles 339
Créer des procédures 343

Ce chapitre a pour but de présenter en détail les différents concepts utiles pour la maîtrise du langage VBA. Il ne s'agit pas ici de dresser une liste exhaustive des instructions et fonctions du langage. Il s'agit plutôt de vous faire découvrir les points-clés qui vous permettront de progresser dans les meilleures conditions. En faisant l'analogie avec l'apprentissage d'une langue vivante, nous pourrions dire qu'il s'agit de découvrir les règles fondamentales de la grammaire. L'apprentissage du vocabulaire viendra avec la pratique.

Nous traiterons donc successivement :

- des variables et constantes ;
- des opérateurs et expressions ;
- des structures de décision ;
- des boucles ;
- des procédures.

15.1. Utiliser des variables et des constantes

Dans un programme VBA, il est fréquent d'avoir à manipuler des données, parfois en grande quantité. Pour travailler avec les données, il est nécessaire de stocker ces dernières à des endroits clairement définis afin de pouvoir y accéder facilement. Les variables permettent de satisfaire ce besoin primordial. Schématiquement, une variable n'est autre qu'un emplacement de la mémoire auquel nous attribuons un nom pour pouvoir y accéder facilement.

Les variables peuvent contenir plusieurs types de données :

- numériques ;
- chaînes de caractères ;
- dates ;
- booléennes (*Vrai* ou *Faux*) ;
- objets ;
- types définis par l'utilisateur.

Appellation des variables

Il existe un certain nombre de règles concernant l'appellation des variables :

- Les noms des variables peuvent contenir des lettres (majuscules et minuscules), des chiffres et le caractère de soulignement.

- Le nom doit commencer par une lettre et posséder jusqu'à 255 caractères.
- VBA ne fait pas de distinction entre les majuscules et les minuscules. Ainsi NomUtilisateur et nomutilisateur représenteront la même variable. Toutefois, pour des raisons de lisibilité, il est préférable d'utiliser des majuscules et des minuscules (casse mélangée).
- L'utilisation d'espace dans les noms de variable n'est pas autorisée. En revanche, pour améliorer la lisibilité de vos noms de variables, vous pouvez utiliser le caractère de soulignement. Par exemple, la variable précédente pourrait avantageusement être nommée Nom_Utilisateur.
- Les noms de variable ne peuvent pas être des mots réservés du langage VBA (par exemple Sub, For, If, etc.).

Types de données

Comme nous l'avons déjà écrit, VBA permet de gérer plusieurs types de données, qui correspondent à la nature des informations à stocker : nombres, textes, dates... Le type de données choisi influe sur la quantité de mémoire nécessaire et donc sur la rapidité des programmes.

Numériques

Il existe plusieurs types de variables numériques. Elles dépendent de la précision et de l'étendue de la plage de valeurs :

Tableau 15.1 : Les types de données numériques

Type	Taille	Valeurs possibles
Byte	1 octet	0 à 255.
Integer	2 octets	−32 768 à 32 767.
Long	4 octets	−2 147 483 648 à 2 147 483 647.
Single	4 octets	−3.402823E38 à −1.401298E−45 pour les valeurs négatives, et 1.401298E−45 à 3.402823E38 pour les valeurs positives.
Double	8 octets	−1.79769313486231E308 à −4.94065645841247E−324 pour les valeurs négatives, et 4.94065645841247E−324 à 1.79769313486232E308 pour les valeurs positives.
Currency	8 octets	−922 337 203 685 477.5808 à 922 337 203 685 477.5807. Ce type de données est utilisé dans les calculs monétaires ou dans les calculs à virgule fixe pour lesquels une grande précision est requise.

Tableau 15.1 : Les types de données numériques

Type	Taille	Valeurs possibles
Decimal	14 octets	Pour les nombres qui ne comportent pas de décimales, la plage de valeurs est +/-79 228 162 514 264 337 593 543 950 335. Pour les nombres à 28 décimales, la plage est +/-7.9 228 162 514 264 337 593 543 950 335.

Le séparateur décimal est systématiquement le point.

Dans les feuilles de calcul, Excel donne la précision associée au type Double. Si vous ne souhaitez pas perdre de précision lorsque vous manipulez dans VBA des données stockées dans des feuilles de calcul, utilisez ce type de données pour vos variables.

Chaînes de caractères

Il existe deux types de chaînes de caractères :

Tableau 15.2 : Les types de chaînes de caractères

Type	Taille	Valeurs possibles
String	10 octets plus longueur de la chaîne	Chaînes de caractères à longueur variable qui peuvent contenir jusqu'à 2 milliards de caractères.
String * Nb caractères	Longueur de la chaîne	Chaînes de caractères à longueur fixe qui peuvent contenir jusqu'à 65 400 caractères.

Autres types

Tableau 15.3 : Les autres types de données

Type	Taille	Valeurs possibles
Boolean	2 octets	True ou False.
Date	8 octets	VBA accepte les dates jusqu'au 31 décembre 9999.
Object	4 octets	Une telle variable peut contenir une référence à une cellule, une feuille de calcul, etc.
Variant (avec des nombres)	16 octets	Toute valeur numérique (jusqu'au type Double)
Variant (avec des caractères)	22 octets plus longueur de la chaîne	Chaînes de caractères à longueur variable pouvant contenir jusqu'à 2 milliards de caractères.

Le type Variant est utilisé par défaut par VBA, si vous ne lui précisez pas explicitement le type de variable utilisé. Cette souplesse se paye par une dégradation des performances de vos programmes. En effet, en utilisant le type `Variant`, VBA mobilise une plus grande capacité mémoire, ce qui ralentit le déroulement de vos programmes.

> **REMARQUE**
>
> **Affectation de valeurs aux variables**
>
> Exemple d'affectation d'une valeur numérique à une variable :
>
> `Variable_Num=10`
>
> Exemple d'affectation d'une chaîne de caractères à une variable :
>
> `Variable_Chaine="Texte"`
>
> Exemple d'affectation d'une date à une variable :
>
> `Variable_Date=#16/10/71#`
>
> Exemple d'affectation d'une valeur booléenne à une variable :
>
> `Variable_Booleen=True`

Déclaration, portée et durée de vie des variables

Déclarer les variables

Il est préférable de déclarer les variables au début d'une procédure. La déclaration consiste à donner le nom de la variable et à spécifier le type de données qu'elle peut recevoir. Cela permet de visualiser rapidement les données utilisées par votre procédure et évite d'éventuelles erreurs. En effet, si vous déclarez une variable comme numérique, vous ne pourrez y affecter du texte.

L'instruction utilisée est `Dim`. Sa syntaxe est la suivante :

`Dim Nom_Variable As Type_de_Donnée`

Dans la syntaxe, *Type_de_Donnée* peut prendre les valeurs suivantes :

- `Object` ;
- `Byte` ;
- `Integer` ;
- `Long` ;
- `Single` ;
- `Double` ;
- `Currency` ;
- `String` : chaîne de caractères de longueur variable ;
- `String * Nb_Caractères` : chaîne de caractères de longueur égale à *Nb_Caractères* ;

- Boolean ;
- Date ;
- Variant.

> **Déclarations multiples**
> Il est possible de déclarer plusieurs variables avec une même instruction :
> ```
> Dim Taux as Double, Duree as Integer, Montant as Long
> ```
> Dans ce cas, vous devrez spécifier le type de chaque variable. Le code suivant déclare uniquement la variable `Montant` comme `Double`, les autres seront déclarées en `Variant` :
> ```
> Dim Taux , Duree , Montant as Double
> ```

Un autre avantage de la déclaration des variables réside dans la reconnaissance de la casse (distinction majuscules/minuscules) au moment de la saisie du code.

Prenons un exemple pour illustrer cet avantage :
```
Code_Postal = InputBox("Entrez le code postal")
If code_postal = "" Then Exit Sub
```

Lorsque vous validez la deuxième ligne, le nom de la variable dans la première ligne est modifié et transformé en `code_postal` (perte des majuscules). Cela s'applique à toutes les occurrences de la variable dans la procédure. À chaque fois que vous changerez la casse de la variable, la dernière saisie qui s'appliquera à l'ensemble des occurrences de la variable. En revanche, si vous déclarez la variable, la casse utilisée lors de la déclaration s'appliquera.

Si vous ajoutez la ligne suivante au début du code précédent :
```
Dim Code_Postal as Long
```

Lorsque vous validerez la dernière ligne, le nom de la variable deviendra `Code_Postal`.

> **La fonction** `TypeName`
> La fonction `TypeName` renvoie une chaîne de caractères correspondant au type de la variable fournie en tant qu'argument. Si vous utilisez une variable de type `Variant`, la fonction affichera le type correspondant au contenu actuel de la variable.
> ```
> Sub Test_TypeName()
>     Dim MaVariable As Variant
> 
>     MaVariable = "test"
> ```

15.1. Utiliser des variables et des constantes

> **REMARQUE**
>
> ```
> MsgBox TypeName(MaVariable)   ' Affichera String
>     MaVariable = 12
>     MsgBox TypeName(MaVariable)   ' Affichera Integer
> End Sub
> ```

Forcer la déclaration des variables

Par défaut, VBA vous autorise à ne pas déclarer vos variables. Nous avons vu précédemment que cela pouvait ralentir l'exécution de votre code. Ce n'est malheureusement pas le seul inconvénient de cette apparente souplesse. En effet, reprenons l'exemple précédent en y introduisant une faute de frappe :

```
Dim Code_Postal as Long
Code_Postal = InputBox("Entrez le code postal")
If CodePostal = "" Then Exit Sub
```

VBA ne verra aucune erreur dans votre code. Pourtant, celui-ci ne fonctionnera pas correctement. En effet, la saisie de l'utilisateur est stockée dans la variable `Code_Postal` et le test est effectué sur la variable `CodePostal` qui ne contient aucune valeur. Lors de l'exécution, VBA crée automatiquement une variable `CodePostal`, de type `Variant`, initialisée avec une chaîne de caractères vide. Ce type de problème est particulièrement difficile à détecter, surtout si votre programme compte un grand nombre de lignes.

Pour remédier à ces petits soucis, vous avez la possibilité de forcer la déclaration des variables dans vos programmes. Pour cela, ajoutez en début de module l'instruction suivante :

```
Option Explicit
```

Toute variable non déclarée au préalable provoquera une erreur au moment de l'exécution du code.

Figure 15.1 : Message d'erreur

> **ASTUCE**
>
> **Forcer systématiquement la déclaration des variables**
> Vous avez la possibilité de faire en sorte que l'instruction `Option Explicit` soit systématiquement ajoutée au début de chaque nouveau module VBA. Pour cela, sélectionnez la commande **Options** du menu **Outils** de l'éditeur VB.

> **ASTUCE** Dans la boîte de dialogue **Options**, cochez la case *Déclaration des variables obligatoire* dans l'onglet **Éditeur**.

Autres méthodes de déclaration des variables

Il existe deux autres techniques pour déclarer le type d'une variable :

- l'utilisation d'un suffixe ;
- l'utilisation des instructions `Def`...

L'utilisation d'un suffixe est une technique héritée des versions anciennes du Basic. Bien qu'elle fonctionne bien, il est préférable d'utiliser la méthode vue précédemment. Quoiqu'il en soit, voici son principe : pour spécifier le type d'un variable, ajoutez un caractère particulier à la fin de son nom. Par exemple, pour déclarer la variable `Nom` comme chaîne de caractères :

`Dim Nom$`

Dans la suite du code, il n'est pas nécessaire de rappeler le suffixe.

Tableau 15.4 : Signification des différents suffixes

Suffixe	Type de données
`%`	`Integer`
`&`	`Long`
`!`	`Single`
`#`	`Double`
`@`	`Currency`
`$`	`String`

Les instructions `Def`... permettent, quant à elle, de spécifier le type de données par défaut des variables dont les noms débutent par les lettres spécifiées.

Tableau 15.5 : Les instructions `Def`...

Instruction	Type de données
`DefBool`	`Boolean`
`DefByte`	`Byte`
`DefDate`	`Date`
`DefDbl`	`Double`
`DefCur`	`Currency`

Tableau 15.5 : Les instructions `Def...`

Instruction	Type de données
`DefInt`	`Integer`
`DefLng`	`Long`
`DefObj`	`Object`
`DefSng`	`Single`
`DefStr`	`String`
`DefVar`	`Variant`

Ces instructions sont utilisées dans la section de déclaration d'un module.

Par exemple, pour spécifier que les variables dont le nom débute par les lettres comprises entre `I` et `L` sont de type `Integer` et que les variables dont le nom débute par `A` et `C` sont de type `Boolean` :

```
DefInt I-L
DefBool A, C
```

Si vous choisissez une déclaration obligatoire des variables (`Option Explicit`), ces instructions seront sans objet puisque que vous devrez déclarer toutes vos variables.

La portée et la durée de vie des variables

La portée d'une variable est "*l'espace*" (l'ensemble des procédures) dans lequel elle est accessible. On distingue trois niveaux croissants de portée :

- procédure ;
- module ;
- ensemble des modules.

Lorsqu'une variable est déclarée à l'intérieur d'une procédure, elle est accessible dans cette procédure. Une telle variable est dite privée ou locale.

Dans l'exemple suivant, la variable *Nom_Client* existera et sera accessible uniquement dans la procédure `Exemple`. Cette variable "disparaîtra" à la fin de l'exécution de la procédure.

```
Sub Exemple1()
    Dim Nom_Client As String

    Nom_Client = "DUPOND"
```

```
' Suite du code

End Sub
```

Une variable locale conserve sa valeur durant l'exécution de la procédure dans laquelle elle a été déclarée. Pour qu'elle conserve sa valeur après la fin de la procédure, il faut la déclarer avec l'instruction `Static` (au lieu de `Dim`). Dans l'exemple suivant, lors de la première exécution, la variable *Compteur* contiendra `1`. Lors de la deuxième exécution, elle contiendra `2`, etc.

```
Sub Exemple()
    Static Compteur As Integer

    Compteur = Compteur + 1

    'Suite du code
End Sub
```

Pour qu'une variable soit accessible dans toutes les procédures d'un module, il faut la déclarer dans la section *Déclarations* du module (en haut du module, avant la première procédure).

Dans l'exemple suivant, la variable *Nom_Client* contiendra `DUPOND` après l'exécution de la procédure `Exemple1`. Ce contenu sera utilisable dans la procédure `Exemple2`.

```
Dim Nom_Client As String

Sub Exemple1()
    Nom_Client = "DUPOND"

    ' Suite du code

End Sub

Sub Exemple2()
    MsgBox (Nom_Client)

    ' Suite du code

End Sub
```

Pour qu'une variable soit accessible dans tous les modules, il faut la déclarer dans la section *Déclarations* du module à l'aide de `Public` (au lieu de `Dim`). Elle sera alors accessible pour l'ensemble des projets VBA ouverts.

Les tableaux

Dans certaines situations, il est nécessaire de stocker des listes de valeurs, une liste de noms par exemple. Le nom de la variable est unique mais chaque valeur est repérée par un numéro ou index.

Par exemple :

```
Dim Noms(10) As String
Nom(0)="Pierre"
Nom(1)="Paul"
Nom(2)="Jacques"
…
```

La numérotation débute par l'indice 0. Ainsi dans l'exemple précédent, il est possible de stocker onze noms dans notre liste.

Il est possible de spécifier les bornes du tableau. Dans l'exemple suivant, le tableau est composé de 14 éléments, numérotés de 2 (index inférieur) à 15 (index supérieur) :

```
Dim Noms(2 to 15) As String
```

> **ASTUCE** — **Spécifier l'index de début de vos tableaux**
> Il est possible d'indiquer à VBA la valeur par défaut de l'index inférieur de vos tableaux. Pour cela, utilisez l'instruction Option Base au début du module (avant la première procédure du module). Dans l'exemple suivant, l'index inférieur de tous les tableaux sera égal à 1 :
>
> ```
> Option Base 1
> ```

Le concept de portée présenté précédemment s'applique également aux tableaux.

Les tableaux multidimensionnels

Un tableau peut présenter plusieurs dimensions (jusqu'à 60) :

```
Dim Chiffre_Affaires(5,4) As Long
```

Le tableau *Chiffre_Affaires* peut contenir 6 x 5 = 30 valeurs. Par exemple, la première dimension peut correspondre aux commerciaux (6 commerciaux) et la deuxième aux produits (5 produits). Chiffre_Affaires(1,3) correspond au chiffre d'affaires du commercial 1 pour le produit 3.

Si vous ne connaissez pas a priori les dimensions de votre tableau, vous pouvez le déclarer de façon dynamique, comme dans l'exemple suivant :

```
Dim Chiffre_Affaires() As Long
```

Avant d'utiliser un tableau dynamique, vous devrez spécifier ses dimensions (une fois qu'elles seront connues), à l'aide de l'instruction `ReDim` :

```
ReDim Chiffre_Affaires(8,10)
```

Il n'est pas nécessaire de préciser le type de données lorsque vous utilisez l'instruction. En effet, c'est le type de données spécifié dans la déclaration initiale (avec `Dim`) qui est repris. Il n'est pas possible de modifier ce type avec `ReDim`.

Vous pouvez employer l'instruction `ReDim` autant de fois que vous le souhaitez durant le déroulement du programme. Mais sachez qu'à chaque fois, les données présentes dans le tableau seront perdues. Si vous souhaitez conserver les données déjà présentes, utilisez l'instruction `ReDim Preserve`.

Retrouver les dimensions d'un tableau

Avec l'instruction `ReDim`, nous avons vu qu'il était possible de modifier les dimensions d'un tableau. Il pourra donc être intéressant de disposer de fonctions permettant de connaître la valeur de l'index inférieur et de l'index supérieur dans chaque dimension.

Pour obtenir la valeur de l'index inférieur d'une dimension d'un tableau, utilisez la fonction `LBound` :

```
LBound (tableau,dimension)
```

Pour obtenir la valeur de l'index inférieur d'une dimension d'un tableau, utilisez la fonction `UBound` :

```
UBound (tableau,dimension)
```

Ainsi, pour le tableau *Chiffres_Affaires* de l'exemple précédent (après son redimensionnement), nous obtiendrons les résultats suivants :

- `LBound(Chiffres_Affaires, 1)` renverrait la valeur 0.
- `UBound(Chiffres_Affaires, 1)` renverrait la valeur 8.
- `LBound(Chiffres_Affaires, 2)` renverrait la valeur 0.
- `UBound(Chiffres_Affaires, 2)` renverrait la valeur 10.

Initialiser un tableau avec un autre tableau

Supposons que vous disposiez d'un tableau de valeurs (*Ventes1*) et que vous souhaitiez initialiser un deuxième tableau (*Ventes2*) de même taille avec les valeurs du premier.

Il peut paraître évident d'écrire la ligne de code suivante :

```
Ventes2 = Ventes1
```

C'est peut-être évident mais cela provoquera l'affichage d'un message d'erreur.

```
Sub InitTableau()
    Dim Ventes1(5, 7) As Long
    Dim Ventes2(5, 7) As Long

    For i = 1 To 5
        For j = 1 To 7
            Ventes1(i, j) = 2
        Next j
    Next i

    ' Initialisation de Ventes2 avec Ventes1
    Ventes2 = Ventes1
End Sub
```

Ainsi, l'exécution de la procédure précédente renverra le message d'erreur : *Erreur de compilation – Impossible d'affecter à un tableau.*

Pour remédier à cela, initialisez chacun des éléments du tableau avec l'élément correspondant du premier tableau.

```
Sub InitTableau()
    Dim Ventes1(5, 7) As Long
    Dim Ventes2(5, 7) As Long

    For i = 1 To 5
        For j = 1 To 7
            Ventes1(i, j) = 2
        Next j
    Next i

    ' Initialisation de Ventes2 avec Ventes1
    For i = 1 To 5
        For j = 1 To 7
            Ventes2(i, j) = Ventes1(i, j)
        Next j
    Next i

End Sub
```

Les variables objet

Une variable peut également contenir la référence à un objet, par exemple une cellule, une feuille de calcul ou un classeur. Pour cela, il suffit de déclarer la variable (avec `Dim` ou `Public`) en tant qu'objet, en précisant le type d'objet. Si vous ne connaissez pas le type d'objet, utilisez le type générique `Object`.

Par exemple :

```
Dim Cellule As Range
Dim Classeur As Workbook
Dim Feuille As Worksheet
Dim Objet As Object
```

Dans l'exemple précédent, la variable *Cellule* pourra représenter une cellule ou une plage de cellules, *Classeur* pourra représenter un classeur et *Feuille*, une feuille de calcul. La variable *Objet*, quant à elle, n'a pas de type précis.

Une fois la variable dimensionnée, il faut lui affecter un objet. Pour cela, vous utiliserez l'instruction Set.

```
Set Feuille = ThisWorkbook.Worksheets("Informations")
```

Désormais, la variable *Feuille* contiendra la feuille **Informations** du classeur en cours. Il sera possible de faire référence à toutes les propriétés et méthodes de la feuille en utilisant la variable *Feuille* et non plus `ThisWorkbook.Worksheets("Informations")`. Cela a l'avantage de rendre le code plus lisible et d'accélérer son exécution.

Dans l'exemple suivant, nous employons la variable *Feuille* pour écrire dans la cellule *A1* de la feuille **Informations**.

```
Feuille.Range("A1").Value = "Test"
```

> **RENVOI** Pour plus d'informations sur les objets d'Excel, reportez-vous au chapitre 17, *Travailler avec les objets Excel*.

Pour réinitialiser une variable objet (et libérer ainsi de la place mémoire), il suffit de lui attribuer l'objet Nothing. Il s'agit d'un objet qui ne représente rien. C'est en quelque sorte l'équivalent de la chaîne de caractères vide pour les variables de type texte ou le zéro pour les variables numériques.

```
Set Feuille = Nothing
```

Pour tester si une variable objet est vide, il faut utiliser également l'objet Nothing et non la chaîne de caractères vide :

```
If Feuille Is Nothing then
```

Les types utilisateur

Comme leur nom l'indique, les types utilisateur sont des types de données construits par l'utilisateur. Ces types de données sont construits à partir des types standard proposés par Excel. Ils permettent de mieux structurer vos informations.

Supposons que vous souhaitiez réaliser une application qui gère le fichier du personnel d'une entreprise. Vous aurez peut-être besoin de créer un type de données qui s'appellera, par exemple, *Informations*.

```
Type Informations
    Nom As String
    Prenom As String
    Date_Naissance As Date
    Sexe As String * 1
    Salaire As Double
End Type
```

La définition d'un type utilisateur débute par l'instruction `Type` et se termine par l'instruction `End Type`. Les définitions de types utilisateur doivent être effectuées dans la section de déclaration du module (en haut du module). Les types utilisateur sont accessibles dans l'ensemble des modules du projet en cours.

Une fois défini, un type utilisateur s'emploie de la même manière qu'un type "standard".

```
Dim MesInfos As Informations

MesInfos.Nom = "DUPOND"
MesInfos.Prenom = "Jean"
MesInfos.Date_Naissance = #10/16/1971#
MesInfos.Sexe = "M"
MesInfos.Salaire = 2000
```

Les types utilisateur facilitent la manipulation d'informations. Si *MesInfos1* et *MesInfos2* sont de type *Informations*, il est possible d'écrire :

```
MesInfos2=MesInfos1
```

L'ensemble des informations des *MesInfos1* (nom, prénom, etc.) sera ainsi attribué à *MesInfos2*.

Les constantes

Les constantes sont des variables dont la valeur est... constante. Il peut s'agir de valeurs fixes telles qu'un taux de TVA, par exemple. Si vous avez à vous référer plusieurs fois à une même valeur dans votre code, il est préférable d'utiliser une constante plutôt qu'une valeur écrite "en dur" dans le code. Cela améliorera la lisibilité et facilitera la mise à jour en cas de changement de la valeur.

Pour définir une constante, il faut faire précéder son nom de l'instruction `Const`. La problématique de la portée est la même que pour les variables :

- Pour déclarer une constante locale, c'est-à-dire utilisable dans une seule procédure, il faut la déclarer dans la procédure souhaitée.

- Pour déclarer une constante publique de niveau module, c'est-à-dire utilisable dans le module dans lequel elle est déclarée, il faut la déclarer dans la section *Déclarations* du module.
- Pour déclarer une constante publique de niveau projet, c'est-à-dire utilisable dans l'ensemble du projet dans lequel elle est déclarée, il faut la déclarer dans la section *Déclarations* du module à l'aide de l'instruction `Public Const`.

Exemples :

```
Const Taux_TVA As Double = 0.196
Public Const Nom As String = "Premium Consultants"
Const Date_Naissance As Date = #4/24/2005#
```

15.2. Utiliser les opérateurs et les fonctions dans des expressions

Les expressions combinent des valeurs fixes, des opérateurs, des variables et des fonctions pour aboutir à des résultats de type numérique, date, texte ou logique (booléen). Les expressions booléennes (ou logiques) sont très utiles notamment pour effectuer des tests à l'aide des structures `If...Then...Else`.

Les opérateurs

Les opérateurs permettent de réaliser des opérations entre deux valeurs appelées opérandes. Les opérateurs sont différents selon le type de données sur lequel ils agissent.

Les opérateurs numériques

Tableau 15.6 : Les opérateurs numériques

Opérateur	Type d'opération
^	Exposant
*	Multiplication
/	Division
\	Division avec résultat entier
Mod	Reste de la division
+	Addition
-	Soustraction

Dans le tableau précédent, les opérateurs sont triés par priorité décroissante. Ainsi, l'opérateur ^ sera évalué avant * et /, eux-mêmes évalués avant + et –.

Par exemple : 2+5*3 = 17 et non 21.

Il est possible de modifier l'ordre de priorité en utilisant des parenthèses : les expressions entre parenthèses seront évaluées en premier.

Les opérateurs + et – peuvent également s'appliquer aux dates. Les dates étant considérées comme des valeurs numériques, il est possible de leur ajouter ou de leur soustraire une valeur :

```
#15/04/2010# - 15
```

renvoie une date située 15 jours avant le 15 avril 2010 (c'est-à-dire le 31 mars 2010).

Les opérateurs de texte

Le seul opérateur possible pour le texte est l'opérateur &, qui permet de juxtaposer deux chaînes de caractères. L'opération qui consiste à juxtaposer deux chaînes de caractères s'appelle la concaténation.

Dans l'exemple suivant, la variable *Nom* contiendra la chaîne de caractères "Micro Application" :

```
Nom = "Micro " & "Application
```

Les opérateurs de comparaison

Les opérateurs de comparaison permettent d'effectuer des tests et renvoient la valeur *True* (vrai) ou *False* (faux).

Tableau 15.7 : Les opérateurs de comparaison

Opérateur	Type d'opération
=	Égal à
<>	Différent de
<	Inférieur (au sens strict)
>	Supérieur (au sens strict)
<=	Inférieur ou égal
>=	Supérieur ou égal

Si la variable *Marge* contient la valeur 50 000 :

- `Marge=55000` renvoie `False`.
- `Marge<>51000` renvoie `True`.
- `Marge>=50000` renvoie `True`.
- `Marge>50000` renvoie `False`.

Les opérateurs logiques

Les opérateurs logiques permettent de combiner deux expressions logiques (booléennes) et renvoient la valeur `True` (vrai) ou `False` (faux).

Ils sont au nombre de quatre : `And` (et), `Or` (ou), `Xor` (ou exclusif) et `Not` (non).

Voici les résultats obtenus avec l'opérateur `And` :

Tableau 15.8 : Opérateur logique And

Expression 1	Expression 2	And
True	True	True
True	False	False
False	True	False
False	False	False

Voici les résultats obtenus avec l'opérateur `Or` :

Tableau 15.9 : Opérateur logique Or

Expression 1	Expression 2	Or
True	True	True
True	False	True
False	True	True
False	False	False

Voici les résultats obtenus avec l'opérateur `Xor` :

Tableau 15.10 : Opérateur logique Xor

Expression 1	Expression 2	Xor
True	True	False
True	False	True
False	True	True

Tableau 15.10 : Opérateur logique Xor

Expression 1	Expression 2	Xor
False	False	False

Tableau 15.11 : Opérateur logique Not

Expression	Not
True	False
False	True

Les opérateurs logiques sont souvent utilisés pour combiner les résultats d'opérateurs de comparaison. Par exemple, si la variable *Montant* contient 1500 et la variable *TypeProduit* contient "C", l'expression suivante renvoie False :

(TypeProduit="C") and (Montant>=2000)

En effet (TypeProduit="C") renvoie True, mais (Montant>=2000) renvoie False, l'opérateur And renvoie donc False.

Les fonctions

Les fonctions agissent sur les données qui leur sont transmises et renvoient un résultat.

> **ASTUCE** **Obtenir la liste des fonctions de VBA**
> Pour obtenir rapidement la liste des fonctions VBA, il suffit de saisir VBA, suivi d'un point. Une liste apparaît alors, dans laquelle les fonctions sont précédées d'une icône verte.

Les fonctions de types de données

IsDate

Renvoie une valeur de type Boolean qui indique si une expression peut être convertie en date. La fonction IsDate renvoie la valeur True si l'expression est une date ou peut être reconnue en tant que date ; autrement, elle renvoie la valeur False.

Syntaxe :   IsDate(expression)

expression   Expression à tester.

IsNumeric

Renvoie une valeur de type `Boolean` qui indique si une expression peut être interprétée comme un nombre. La fonction `IsNumeric` renvoie la valeur `True` si l'ensemble de l'expression est reconnue comme étant un nombre ; sinon, elle renvoie la valeur `False`.

Syntaxe :   `IsNumeric(expression)`
`expression`   Expression à tester

IsObject

Renvoie une valeur de type `Boolean` qui indique si un identificateur représente une variable objet.

Syntaxe :   `IsObject(identificateur)`
`identificateur`   Nom de variable.

Les fonctions numériques

Abs

Renvoie une valeur de même type que celle transmise, indiquant la valeur absolue d'un nombre.

Syntaxe :   `Abs(nombre)`
`nombre`   Expression numérique.

Fix

Renvoie la partie entière d'un nombre. Différence entre les fonctions `Int` et `Fix` : si *nombre* est négatif, `Int` renvoie le premier entier négatif inférieur ou égal à *nombre*, alors que `Fix` renvoie le premier entier négatif supérieur ou égal à *nombre*. Par exemple, `Int` convertit -8,4 en -9 et `Fix` convertit -8,4 en -8.

Syntaxe :   `Fix(nombre)`
`nombre`   Expression numérique.

Int

Renvoie la partie entière d'un nombre. Différence entre les fonctions `Int` et `Fix` : si *nombre* est négatif, `Int` renvoie le premier entier négatif inférieur ou égal à *nombre*, alors que `Fix` renvoie le premier entier négatif supérieur ou égal à *nombre*. Par exemple, `Int` convertit `-8,4` en `-9` et `Fix` convertit `-8,4` en `-8`.

Syntaxe :	`Int(nombre)`
`nombre`	Expression numérique.

Les fonctions de texte

InStr

Renvoie une valeur de type `Variant` (`Long`) indiquant la position de la première occurrence d'une chaîne à l'intérieur d'une autre chaîne.

Syntaxe :	`InStr(chaîne1, chaîne2,[,début])`
`chaîne1`	Chaîne dans laquelle la recherche est effectuée
`chaîne2`	Expression de chaîne recherchée
`début`	Définit la position de départ de chaque recherche.

InStrRev

Renvoie une valeur de type `Variant` (`Long`) indiquant la position de la première occurrence d'une chaîne à l'intérieur d'une autre chaîne, à partir de la fin de la chaîne.

Syntaxe :	`InStrRev(chaîne1, chaîne2,[,début])`
`chaîne1`	Chaîne dans laquelle la recherche est effectuée
`chaîne2`	Expression de chaîne recherchée
`début`	Définit la position de départ de chaque recherche.

Left

Renvoie une valeur de type `Variant` (`String`) contenant le nombre indiqué de caractères d'une chaîne en partant de la gauche.

Syntaxe :	`Left(chaîne, longueur)`
`chaîne`	Chaîne dont les caractères situés les plus à gauche sont renvoyés.
`longueur`	Nombre de caractères à renvoyer. Si vous indiquez la valeur `0`, une chaîne de longueur nulle

("") est renvoyée. Si vous indiquez une valeur supérieure ou égale au nombre de caractères contenus dans l'argument chaîne, la totalité de la chaîne est renvoyée.

Len

Renvoie une valeur de type `Long` contenant le nombre de caractères d'une chaîne.

Syntaxe :	`Len(chaîne)`
`chaîne`	Variable ou chaîne de caractères.

LTrim

Renvoie une valeur de type `Variant` (`String`) contenant une copie d'une chaîne en supprimant les espaces de gauche.

Syntaxe :	`LTrim(chaîne)`
`chaîne`	Variable ou chaîne de caractères.

Mid

Renvoie une valeur de type `Variant` (`String`) contenant un nombre indiqué de caractères extraits d'une chaîne de caractères.

Syntaxe :	`Mid(chaîne, début[, longueur])`
`chaîne`	Chaîne dont les caractères à renvoyer sont extraits
`début`	Du caractère dans l'argument chaîne qui marque le début de la partie à extraire
`longueur`	Donnée de type `Variant` (`Long`). Nombre de caractères à renvoyer

Right

Renvoie une valeur de type `Variant` (`String`) contenant le nombre indiqué de caractères d'une chaîne en partant de la droite.

Syntaxe :	`Right(chaîne, longueur)`
`chaîne`	Chaîne dont les caractères situés les plus à droite sont renvoyés.
`longueur`	Nombre de caractères à renvoyer. Si vous indiquez la valeur `0`, une chaîne de longueur nulle ("")

est renvoyée. Si vous indiquez une valeur supérieure ou égale au nombre de caractères contenus dans l'argument chaîne, la totalité de la chaîne est renvoyée.

RTrim

Renvoie une valeur de type `Variant` (`String`) contenant une copie d'une chaîne en supprimant les espaces de droite.

Syntaxe :	`RTrim(chaîne)`
`chaîne`	Variable ou chaîne de caractères

Str

Renvoie une valeur de type `Variant` (`String`) représentant un nombre.

Syntaxe :	`Str(nombre)`
`nombre`	Expression numérique

Trim

Renvoie une valeur de type `Variant` (`String`) contenant une copie d'une chaîne en supprimant les espaces de gauche et de droite.

Syntaxe :	`Trim(chaîne)`
`chaîne`	Variable ou chaîne de caractères

Val

Renvoie le nombre contenu dans une chaîne de caractères sous la forme d'une valeur numérique d'un type approprié.

Syntaxe :	`Val(chaîne)`
`chaîne`	Expression de type chaîne

Les fonctions de dates

Date

Définit la date système actuelle.

Syntaxe :	`Date = date`
`date`	Expression de type `Date`

DateAdd

Renvoie une valeur de type `Variant` (`Date`) contenant une date à laquelle un intervalle de temps spécifié a été ajouté.

Syntaxe :	`DateAdd(intervalle, nombre, date)`
`intervalle`	Expression de type texte correspondant au type d'intervalle (`"yyyy"` est l'année, `"m"` le mois, `"d"` le jour)
`nombre`	Expression numérique correspondant au nombre d'intervalles à ajouter. Cette expression peut être positive ou négative.
`date`	Date à laquelle l'intervalle est ajouté

DatePart

Renvoie une valeur de type `Variant` (`Integer`) contenant l'élément spécifié d'une date donnée.

Syntaxe :	`DatePart(élément, date)`
`élément`	Expression de type texte correspondant au type d'élément (`"yyyy"` est l'année, `"m"` le mois, `"ww"` la semaine, `"y"` le jour de l'année, `"w"` le jour de la semaine)
`date`	Date à évaluer

DateSerial

Renvoie une valeur de type `Variant` (`Date`) correspondant à une année, un mois et un jour déterminés.

Syntaxe :	`DateSerial(année, mois, jour)`
`année`	Expression numérique
`mois`	Expression numérique
`jour`	Expression numérique

DateValue

Renvoie une valeur de type `Variant` (`Date`).

Syntaxe :	`DateValue(date)`

| date | Expression de type chaîne ("03/07/73" par exemple) |

Day

Renvoie une valeur de type Variant (Integer) indiquant un nombre entier compris entre 1 et 31 qui représente le jour du mois.

| *Syntaxe :* | Day(date) |
| date | Expression de type date |

Month

Renvoie une valeur de type Variant (Integer) indiquant un nombre entier compris entre 1 et 12, inclus, qui représente le mois de l'année.

| *Syntaxe :* | Month(date) |
| date | Expression de type date |

Now

Renvoie une valeur de type Variant (Date) indiquant la date et l'heure en cours fournies par la date et l'heure système de votre ordinateur.

| *Syntaxe :* | Now |

TimeSerial

Renvoie une valeur de type Variant (Date) contenant une heure précise (heure, minute et seconde).

Syntaxe :	TimeSerial(heure, minute, seconde)
heure	Expression numérique
minute	Expression numérique
seconde	Expression numérique

TimeValue

Renvoie une valeur de type Variant (Date) contenant une heure.

| *Syntaxe :* | TimeValue(heure) |
| heure | Expression de type chaîne ("12:15:30" par exemple) |

Weekday

Renvoie une valeur de type `Variant` (`Integer`) contenant un nombre entier qui représente le jour de la semaine (`1`=Dimanche, `2`=Lundi,...,`7`=Samedi).

Syntaxe :	`Weekday(date)`
`date`	Expression représentant une date

Year

Renvoie une valeur de type `Variant` (`Integer`) contenant un nombre entier qui représente l'année.

Syntaxe :	`Year(date)`
`date`	Expression représentant une date

15.3. Utiliser les structures de décisions

Un programme, aussi complexe soit-il, peut se résumer à une suite de décisions élémentaires de et de boucles de traitement. C'est le bon enchaînement de ces éléments qui constituera l'apparente "intelligence" du programme.

Il n'est donc pas étonnant que, parmi les instructions les plus utilisées en VBA, figurent justement les instructions de prise de décision :

- `If...Then...Else` ;
- `Select Case...End Select`.

If...Then...Else

Cette structure permet d'exécuter, de façon conditionnelle, des instructions en fonction du résultat d'une expression. Si l'expression est vraie, les instructions situées après le mot-clé `Then` seront exécutées. La clause `Else`, facultative, permet de spécifier les instructions à exécuter lorsque l'expression testée n'est pas vraie. Il est possible d'imbriquer plusieurs niveaux de tests.

La syntaxe de base est donc la suivante :

```
If expression Then instruction_si_vrai Else instruction_si_faux
```

Par exemple :

```
If Score > 100 Then MsgBox ("Bravo !") Else MsgBox ("Perdu !")
```

Avec cette syntaxe, il est également possible d'exécuter plusieurs instructions après `Then` et après `Else`. Pour cela, il suffit de les séparer par le caractère "deux-points".

```
If Score > 100 Then Toto = 10: MsgBox ("Bravo !") Else Beep:
✂ MsgBox ("Perdu !")
```

Pour des cas simples, cela peut être suffisant. En revanche, dès que les tâches à accomplir se compliquent un tant soit peu, cela peut devenir insuffisant. Il est donc nécessaire d'utiliser une autre syntaxe :

```
If expression Then
    instruction_si_vrai1
    instruction_si_vrai2
    ...
Else
    instruction_si_faux1
    instruction_si_faux2
    ...
End If
```

Dans l'exemple suivant, il s'agit de déterminer le taux de remise à diverses catégories de clients :

```
If Categorie_Client = "A" Then
    If Marge_Client > 10000 Then
        Remise_Client = 0.2
    Else
        Remise_Client = 0.15
    End If
Else
    Remise_Client = 0.05
End If
```

Les instructions situées après l'instruction `Then` sont elles-mêmes une structure `If…Then…Else`. On parle dans ce cas d'imbrication de structures `If…Then`.

Dans l'exemple suivant, plusieurs test sont effectués sur une variable, afin d'effectuer un choix en fonction de sa valeur :

```
If Marge_Client >= 0 Then Remise_Client = 0.05
If Marge_Client >= 1500 Then Remise_Client = 0.1
If Marge_Client >= 3000 Then Remise_Client = 0.15
If Marge_Client >= 10000 Then Remise_Client = 0.2
```

Le reproche que l'on peut adresser à cette structure est l'exécution systématique de l'ensemble des tests, même si la première condition est vérifiée. Dans ce cas, le ralentissement ne sera pas significatif, mais dans une procédure plus complexe, il pourra s'avérer plus important. Il pourra être préférable d'utiliser une seule structure `If…Then` mais avec des clauses `ElseIf`.

```
If expression1 Then
    instruction_si_vrai1
    instruction_si_vrai2
    …
ElseIf expression2 Then
    instruction_si_vrai1
    instruction_si_vrai2
    …
ElseIf expression3 Then
    instruction_si_vrai1
    instruction_si_vrai2
    …
Else
    instruction1
    instruction2
    …
End If
```

Appliquée à l'exemple précédent, cette syntaxe peut être écrite de la façon suivante :

```
If (Marge_Client >= 0) And (Marge_Client < 1500) Then
    Remise_Client = 0.05
ElseIf (Marge_Client >= 1500) And (Marge_Client < 3000) Then
    Remise_Client = 0.1
ElseIf (Marge_Client >= 3000) And (Marge_Client < 10000) Then
    Remise_Client = 0.15
ElseIf Marge_Client >= 10000 Then
    Remise_Client = 0.2
Else
    Remise_Client = 0
End If
```

Dans ce cas, dès qu'une condition est réalisée, la séquence d'instruction associée est exécutée et le programme poursuit son exécution à l'instruction suivant l'instruction `End If`.

> **REMARQUE**
>
> **La fonction** `IIf`
>
> Dans certains cas, il est possible d'utiliser la fonction *VBA* `IIf` à la place de la structure `If…Then`. La syntaxe de la fonction `IIf` est la suivante :
>
> `IIf(expression,valeur_si_vrai,valeur_si_faux)`
>
> Si expression est vraie (`True`), `IIf` renvoie *valeur_si_vrai*. Autrement, elle renvoie *valeur_si_faux*. Les trois arguments sont obligatoires :
>
> `Taux_TVA=IIf(Taux_Réduit=True,0.05,0.196)`
>
> Si la variable *Taux_Réduit* vaut `True`, *Taux_TVA* vaudra `0.05` et `0.196` autrement.

15.3. Utiliser les structures de décisions

Select Case...End Select

Dès lors qu'il s'agit de faire un choix entre plusieurs alternatives, la structure `If...Then` devient relativement lourde et peu lisible. Pour ce type de problématique, il est préférable d'utiliser la structure `Select Case`. Cette structure permet en effet d'exécuter des blocs d'instructions en fonction de la valeur d'une expression.

La syntaxe de base est la suivante :

```
Select Case expression
    Case valeur1
        Instruction
        Instruction
        ...
    Case valeur2
        Instruction
        Instruction
        ...
    Case Else
        Instruction
        Instruction
        ...
End Select
```

Dans l'exemple suivant, il s'agit de déterminer le taux de réduction en fonction de la catégorie du client :

```
Select Case Categorie_Client
    Case "A"
        Remise_Client = 0.2
    Case "B"
        Remise_Client = 0.15
    Case "C"
        Remise_Client = 0.05
    Case Else
        Remise_Client = 0
End Select
```

Plutôt que de fonder les alternatives sur des valeurs uniques, il est possible d'utiliser des groupes de valeurs, des plages de valeurs et des opérateurs de comparaison.

Les éléments des groupes de valeurs doivent être séparés par des virgules. Dans l'exemple suivant, le même taux de remise est attribué aux clients des catégories "B" et "C".

```
Select Case Categorie_Client
    Case "A"
        Remise_Client = 0.2
    Case "B", "C"
        Remise_Client = 0.15
    Case Else
```

```
            Remise_Client = 0
End Select
```

Les plages de valeurs doivent être spécifiées de la façon suivante :

`valeur_inférieure To valeur_supérieure`

Les opérateurs de comparaison doivent être précédés du mot-clé `Is`.

L'exemple suivant illustre l'utilisation de plages de valeurs et d'un opérateur de comparaison. Il s'agit de déterminer la catégorie des participants à une compétition sportive en fonction de l'âge :

```
Select Case Age
    Case 15 To 18
        Categorie = "Junior"
    Case 19 To 35
        Categorie = "Senior"
    Case Is > 35
        Categorie = "Senior"
    Case Else
        Categorie = "Enfant"
End Select
```

15.4. Travailler avec des boucles

Les boucles permettent d'exécuter plusieurs fois un ensemble d'instructions. Elles sont donc très utiles pour les traitements répétitifs. Le nombre de fois où la boucle est réalisée ou nombre d'itérations peut être fixé ou variable, selon la structure employé.

La structure `For...To...Next` permet de fixer a priori le nombre d'itérations. En revanche, la structure `Do...Loop` fait dépendre le nombre de passages dans la boucle de la réalisation (ou non) d'une condition.

For...To...Next

Examinons d'abord la structure `For...To...Next`. Sa syntaxe est la suivante :

```
For compteur = début To fin Step pas
    Instruction
    Instruction
    ...
Next compteur
```

La variable *compteur* prendra successivement les valeurs de *début* à *fin*, en ajoutant *pas* à chaque passage. Les valeurs *début*, *fin* et *pas* peuvent être positives ou négatives, entières ou décimales. Le mot-clé `Step` est facultatif ; s'il est omis, la valeur de *pas* sera égale par défaut à `1`.

La boucle suivante calcule la somme des entiers impairs entre 1 et 100 :

```
For i = 1 To 100 Step 2
    Somme = Somme + i
Next i
```

À l'issue de la boucle, *i* vaudra 101.

Les boucles peuvent être imbriquées les unes dans les autres. Cette possibilité est notamment utile pour travailler avec des tableaux multidimensionnels. Les boucles suivantes permettent d'initialiser l'ensemble des valeurs du tableau *Ventes* à 0.

```
Dim Ventes(5, 10) As Double

For i = 1 To 5
    For j = 1 To 10
        Ventes(i, j) = 0
    Next j
Next i
```

Il est possible d'utiliser l'instruction `Exit For` pour sortir par anticipation de la boucle. Cela se révèle utile lorsque les boucles sont utilisées pour des recherches dans un tableau. Une fois trouvée la valeur recherchée, il n'est pas nécessaire de passer en revue les autres valeurs. L'instruction `Exit For` permet donc de faire baisser le temps de traitement.

```
For i = 1 To Nb_Clients
    If Clients(i) = "DUPOND" Then
        MsgBox ("Le client a été trouvé")
        Exit For
    End If
Next i
```

Dès que le client a été trouvé, la boucle est interrompue. Notez l'utilisation d'une variable (*Nb_Clients*) comme borne de la boucle.

Cas particulier des collections d'objets

La structure `For Each…Next` répète un groupe d'instructions pour chaque élément d'un tableau ou d'une collection (cellules d'une feuille, feuilles d'un classeur, etc.).

La syntaxe est la suivante :

```
For Each élément In groupe
    Instruction
    Instruction
    …
Next élément
```

Le bloc `For...Each` entre dans la boucle si l'argument `groupe` contient au moins un élément. Une fois le bloc entré dans la boucle, toutes les instructions de cette dernière sont appliquées au premier élément de `groupe`. Si `groupe` comprend plusieurs éléments, la boucle continue de s'exécuter pour chaque élément. Une fois tous les éléments de `groupe` traités, la boucle est fermée et l'exécution se poursuit par l'instruction située après l'instruction `Next`.

`groupe` peut par exemple être une plage de cellules. Les instructions seront alors appliquées à chacune des cellules de la plage.

Cette boucle remplira la plage *A1:B3* avec la valeur `Test`.
```
For Each Cellule In Range("A1:B3")
    Cellule.Value="Test"
Next
```

Do...Loop

Les boucles du type `Do...Loop` permettent une plus grande souplesse que les boucles `For...To...Next`, dans la mesure où le critère de sortie de boucle est fondé sur une condition et non sur un nombre précis d'itérations. Il existe en fait quatre syntaxes, qui se différencient par le type de condition ("*tant que*" ou "*jusqu'à ce que*") ainsi que la position de la condition (au début ou à la fin de la boucle).

Syntaxe1 :

```
Do While condition
    Instruction
    Instruction
    ...
Loop
```

Les instructions sont exécutées tant que la condition est vraie. Si la condition n'est pas réalisée avant d'entrer dans la boucle, les instructions de la boucle ne seront pas exécutées.

Il existe une variante de cette syntaxe :

```
While condition
    Instruction
    Instruction
    ...
Wend
```

Syntaxe2 :

```
Do Until condition
    Instruction
    Instruction
    ...
Loop
```

Les instructions sont exécutées jusqu'à ce que la condition devienne vraie. Si la condition est réalisée avant d'entrer dans la boucle, les instructions de la boucle ne seront pas exécutées.

Syntaxe3 :

```
Do
    Instruction
    Instruction
    ...
Loop While condition
```

Les instructions sont exécutées tant que la condition est vraie. Même si la condition n'est pas réalisée avant d'entrer dans la boucle, les instructions seront exécutées au moins une fois puisque le test est en fin de boucle.

Syntaxe4 :

```
Do
    Instruction
    Instruction
    ...
Loop Until condition
```

Les instructions sont exécutées jusqu'à ce que la condition devienne vraie. Même si la condition est réalisée avant d'entrer dans la boucle, les instructions seront exécutées au moins une fois puisque le test est en fin de boucle.

Il est possible d'imbriquer des boucles `Do...Loop`. L'instruction `Exit Do` permet de sortir prématurément d'une boucle `Do...Loop`.

L'exemple suivant pose une question à l'utilisateur tant que sa réponse n'est pas satisfaisante, à moins qu'il entre une chaîne de caractères vide.

```
Do
    Reponse = InputBox("Confirmez-vous votre choix ?")
    If Reponse = "" Then
        Annuler = True
        Exit Do
    End If
Loop While (Reponse <> "Oui") And (Reponse <> "Non")
```

La boucle suivante réalise la même fonction :

```
Do
    Reponse = InputBox("Confirmez-vous votre choix ?")
    If Reponse = "" Then
        Annuler = True
        Exit Do
    End If
Loop Until (Reponse = "Oui") Or (Reponse = "Non")
```

15.5. Créer des procédures

Une procédure est un ensemble d'instructions VBA visant à obtenir un résultat déterminé : réaliser un calcul, manipuler des objets, traiter des données... Les procédures sont stockées dans des modules.

Il existe deux types de procédures :
- les procédures *Sub* qui réalisent une tâche ;
- les procédures *Function* qui renvoient une valeur.

Créer des procédures Sub

Une procédure *Sub* est construite de la façon suivante :

```
Sub Nom_Procedure (Arguments)
    Instruction
    Instruction
    …
End Sub
```

Les arguments sont des paramètres éventuellement transmis à la procédure pour qu'elle puisse les traiter. Une procédure *Sub* débute par l'instruction `Sub`, suivie du nom de la procédure.

> **Règles d'appellation des procédures Sub**
> Les noms des procédures *Sub* peuvent comprendre des lettres et des chiffres, mais le premier caractère doit être une lettre. Si le nom est composé de plusieurs mots, ces derniers doivent être séparés par le caractère de soulignement (pas d'espace ni de point). Mieux vaut éviter les caractères accentués ; ils peuvent occasionner des dysfonctionnements imprévisibles.

La procédure *Sub* se termine par l'instruction `End Sub`, mais il est possible de prévoir une sortie anticipée, dans certaines situations, grâce à l'instruction `Exit Sub`.

Portée des procédures Sub

Une procédure est dite publique lorsqu'elle peut être appelée depuis d'autres modules de code. Une procédure privée est quant à elle uniquement accessible depuis son propre module.

Par défaut, les procédures *Sub* sont publiques. Par souci de clarté, vous pouvez tout de même utiliser l'instruction `Public Sub`.

Pour créer une procédure privée, utilisez l'instruction `Private Sub`.

À la différence des procédures privées, les procédures publiques apparaissent dans la boîte de dialogue **Macro**.

Vous pouvez aussi utiliser l'instruction `Static Sub` pour spécifier que les variables de la procédure sont préservées entre les appels (variables *statiques*).

Appeler une procédure depuis une autre procédure

Il est possible d'appeler une procédure à partir d'une autre.

Il existe trois possibilités pour ce faire :

- Utiliser le nom de la procédure, suivi des arguments séparés par une virgule.
- Utiliser l'instruction `Call`, suivie du nom de la procédure appelée et des arguments entre parenthèses.
- Utiliser la méthode `Run` de l'objet `Application`. L'avantage de cette méthode réside dans la possibilité de transmettre le nom de la procédure à exécuter à l'aide d'une variable.

RENVOI — Pour plus de détails sur l'objet *Application*, reportez-vous au chapitre 17, *Travailler avec les objets Excel*.

VBA recherchera d'abord la procédure dans le module en cours, puis parmi les procédures publiques des autres modules du projet en cours. Vous pouvez toutefois préciser le module lors de l'appel :

```
AutreModule.NomProc
```

Ou

```
Call AutreModule.NomProc
```

Vous pouvez exécuter une procédure située dans un autre classeur avec la méthode `Run` de l'objet `Application` :

```
Application.Run "MonClasseur.xlsm!MaMacro"
```

RENVOI — Pour des exemples de procédures *Sub*, reportez-vous au chapitre 17, *Travailler avec les objets Excel*.

Passer des arguments à une procédure Sub

Pour fonctionner, une procédure peut nécessiter des arguments, c'est-à-dire des données spécifiques qui influeront sur le résultat. Par exemple, si vous réalisez une procédure visant à mettre en forme une feuille de calcul, elle pourra avoir besoin du nom de la feuille à traiter, du type de police à appliquer... Toutes ces informations pourront être transmises en tant qu'arguments à votre procédure. Cela permet une plus grande souplesse et une meilleure adaptabilité de votre code.

Lors de la création de votre procédure, les arguments, éventuellement leur type et leurs caractéristiques doivent être spécifiés dans l'en-tête de la procédure :

```
Sub MettreEnForme(Nom_Feuille As String, Police As Byte)
```

Si la procédure ne nécessite pas d'arguments, son nom doit être suivi d'un jeu de parenthèses : `()`.

Le nombre d'arguments peut être illimité. Si leur type n'est pas spécifié, VBA considérera qu'il s'agit du type `Variant`.

Lors de l'utilisation, les arguments peuvent être transmis à l'aide de variables ou de valeurs littérales :

```
Feuille = "Facture"
Call MettreEnForme(Feuille, 2)
```

Arguments optionnels

Il est possible de spécifier qu'un argument est facultatif en le faisant précéder du mot-clé `Optional` dans l'en-tête de la procédure. Les arguments facultatifs se trouvent à la fin de la liste des arguments. Il est possible de spécifier une valeur par défaut.

Dans l'exemple suivant, si l'argument `Police` est omis, sa valeur sera forcée à `1` :

```
Sub MettreEnForme(Nom_Feuille As String, Optional Police As Byte = 1)
```

Vous avez la possibilité de tester la présence d'un argument facultatif avec la fonction `IsMissing`. Dans ce cas, l'argument devra impérativement être déclaré avec le type `Variant` (sans valeur par défaut) :

```
Sub MettreEnForme(Nom_Feuille As String, Optional Police As Variant)
    If IsMissing(Police) Then MsgBox ("L'argument 'Police' est
    ✂ manquant")
    …)
End Sub
```

Arguments par référence ou par valeur

Par défaut, le passage d'arguments à une procédure s'effectue par référence ; c'est l'adresse mémoire de la variable qui est transmise. Il est possible de spécifier, à l'aide du mot-clé `ByVal`, un passage par valeur. Dans ce cas, une copie de la variable initiale est transmise à la procédure.

Si vous ne voulez pas que la procédure modifie le contenu de la variable passé en tant qu'argument, vous devrez passer cet argument par valeur plutôt que par référence. Dans l'exemple suivant, quelles que soient les modifications apportées au contenu de la variable *Taux* dans la procédure `Calculer`, la valeur initiale sera conservée.

```
Sub Calculer(ByVal Taux As Double)
```

Tableau d'arguments

En dernier lieu, il est possible de spécifier un tableau d'arguments de taille variable à l'aide du mot-clé `ParamArray`. Le tableau doit être spécifié en fin de listes des arguments. Il est toujours de type `Variant`. Il ne peut être utilisé en combinaison avec `ByVal` ou `Optional`.

La présence d'un argument peut être testée à l'aide de la fonction `IsMissing`.

```
Sub ArgumentsVariables(ParamArray Liste() As Variant)
    For i = LBound(Liste) To UBound(Liste)
        If IsMissing(Liste(i)) Then
            MsgBox ("Argument " & i & " manquant.")
        Else
        ...
        End If
    Next i
```

Créer des procédures Function

Les procédures *Function* ou fonctions sont également constituées d'un ensemble d'instructions, mais à la différence des procédures *Sub*, elles renvoient un résultat obtenu grâce à un calcul. Elles peuvent être utilisées dans le code VBA ou dans les formules de feuilles de calcul.

Une fonction est construite de la façon suivante :

```
Function Nom_Fonction (Arguments) As Type
    Instruction
    Instruction
    ...
    Nom_Fonction=Expression
End Function
```

Les arguments sont des paramètres éventuels transmis à la fonction pour qu'elle puisse les traiter. Une fonction débute par l'instruction `Function`, suivie du nom de la fonction. Il n'est pas obligatoire de spécifier le type de résultat. Par défaut, il est considéré de type `Variant`.

La fonction se termine par l'instruction `End Function` mais il est possible de prévoir une sortie anticipée, dans certaines situations, grâce à l'instruction `Exit Function`.

Tout ce qui a été écrit précédemment sur les procédures *Sub* est valable pour les fonctions : portée des procédures, passage d'arguments, arguments optionnels, etc. C'est pourquoi nous ne le répéterons pas.

La fonction suivante détermine le numéro du trimestre correspondant à la date fournie en tant qu'argument :

```
Function Trimestre(Jour As Date) As Byte
    Mois = Month(Jour)
    Select Case Mois
        Case 1 To 3
            Trimestre = 1
        Case 4 To 6
            Trimestre = 2
        Case 7 To 9
            Trimestre = 3
        Case 10 To 12
            Trimestre = 4
    End Select
End Function
```

Les fonctions (sauf celles déclarées avec `Private`) que vous créez à l'aide VBA sont accessibles dans la boîte de dialogue **Insérer une fonction**, rubrique *Personnalisées*.

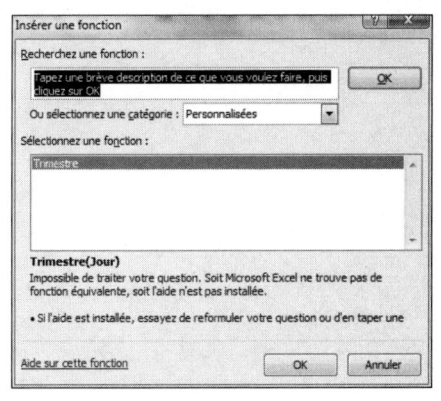

Figure 15.2 : La fonction apparaît dans la boîte de dialogue Insérer une fonction

Vous pouvez les utiliser, au même titre que les autres, dans vos formules de calcul.

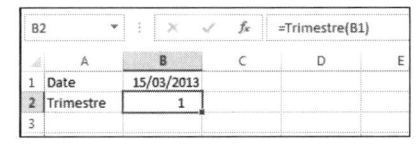

Figure 15.3 : La fonction est utilisée dans une formule de calcul

Les fonctions peuvent également être utilisées dans le code VBA :

```
Num_Trimestre=Timestre(#25/08/2012#)
```

CHAPITRE 16

METTRE AU POINT LE CODE ET GÉRER LES ERREURS

Les différents types d'erreur	351
Exécuter le code en pas à pas	354
Visualiser le contenu des variables	358
Gérer les erreurs d'exécution	361

Rares sont les programmeurs qui peuvent se vanter d'avoir élaboré un programme ayant fonctionné sans rencontrer le moindre problème. En règle générale, la mise au point d'un programme, aussi bien conçu soit-il, requiert plusieurs étapes :

- Le première étape de mise au point est l'affaire exclusive du programmeur. Il doit détecter et corriger les erreurs liées à l'exécution du programme. Cette étape est classiquement appelée débogage : il s'agit d'éliminer les bogues (ou bugs), c'est-à-dire tout ce qui fait planter le programme.
- Durant la deuxième étape de mise au point, on vérifie l'adéquation du résultat fourni avec les attentes de l'utilisateur. Cela nécessite fréquemment quelques allers-retours entre programmeur et utilisateur. Cette étape peut être l'occasion de mettre en évidence des erreurs de logique, autrement plus délicate à corriger que les erreurs de syntaxe ou d'exécution.
- Enfin, il est souvent nécessaire de prévoir, au sein même de votre programme, un traitement adéquat d'éventuelles erreurs d'exécution qui n'auraient pas été détectées lors des deux étapes précédentes. Cela évitera l'apparition de messages aussi intempestifs que désagréables pour l'utilisateur… souvent suivis du plantage de l'application.

L'éditeur VBE offre un arsenal d'outils efficaces, que nous aborderons en détail dans ce chapitre. Nous traiterons également de la gestion des erreurs par le programme, afin d'éviter à l'utilisateur de subir les désagréments évoqués précédemment.

16.1. Les différents types d'erreur

Il existe plusieurs types d'erreur, nous en distinguerons trois principaux :

- les erreurs de compilation ;
- les erreurs d'exécution ;
- les erreurs de programmation.

Les erreurs de compilation

Ce sont sans doute les plus faciles à détecter. Elles se produisent notamment lorsque vous ne respectez pas la syntaxe des instructions VBA. Dans ce cas, elles sont détectées lors de la saisie, dès que vous validez l'instruction.

```
Option Explicit

Sub Compte()
    For i = 1 To
End Sub
```

[Microsoft Visual Basic pour Applications]
Erreur de compilation :
Erreur de syntaxe

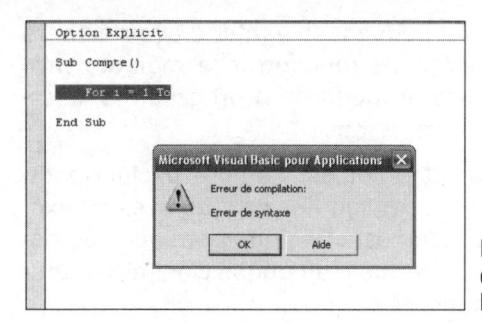

Figure 16.1 : Erreur
de syntaxe dans l'instruction
For To

L'instruction contenant une erreur apparaît en rouge.

> **REMARQUE** — **Paramétrage de la détection des erreurs**
> Si vous souhaitez déconnecter cette détection d'erreurs en cours de frappe, sélectionnez la commande **Options** du menu **Outils** de l'environnement VBE. Dans la boîte de dialogue **Options**, désélectionnez la case *Vérification automatique de la syntaxe* dans l'onglet **Éditeur**.

Avant d'exécuter une procédure, l'éditeur VBE procède à sa compilation, c'est-à-dire qu'il traduit le code Visual Basic, langage élaboré, en langage machine exécutable par le système.

Au cours de cette traduction, plusieurs points sont vérifiés :

- respect de la syntaxe ;
- définition des variables ;
- utilisation correcte des propriétés et méthodes des objets.

La compilation s'effectue toujours avant l'exécution, mais il est possible de forcer son exécution à tout moment (afin de détecter les problèmes). Pour cela, dans le menu **Débogage**, choisissez la commande **Compiler**.

```
Option Explicit

Sub Compte()
    For i = 1 To ThisWorkbook.Worksheets.Count
        MsgBox (Worksheets(i).Name)
    Next i
End Sub
```

[Microsoft Visual Basic pour Applications]
Erreur de compilation :
Variable non définie

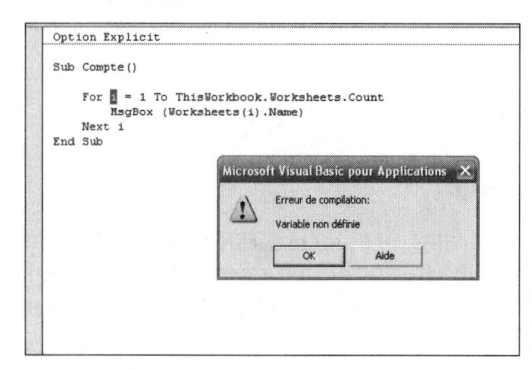

Figure 16.2 : Erreur
de compilation due à
une variable non déclarée

16. Mettre au point le code et gérer les erreurs

Les erreurs d'exécution

Comme leur nom l'indique, elles se produisent lorsque vous tentez d'exécuter votre programme. Il peut s'agir d'affectation incorrecte de valeur à une variable. Si, par exemple, vous tentez d'attribuer une chaîne de caractères à une variable déclarée en tant qu'entier. Un cas fréquent d'erreur d'exécution est la tentative d'accéder à un objet inexistant. Si vous tentez d'accéder à la cinquième feuille d'un classeur en contenant seulement quatre, cela provoquera inévitablement une erreur d'exécution.

```
Option Explicit

Sub Compte()
    Dim i As Integer

    For i = 1 To 5
        MsgBox (Worksheets(i).Name)
    Next i
End Sub
```

Microsoft Visual Basic

Erreur d'exécution '9':

L'indice n'appartient pas à la sélection.

[Continuer]   [Fin]   [Débogage]   [Aide]

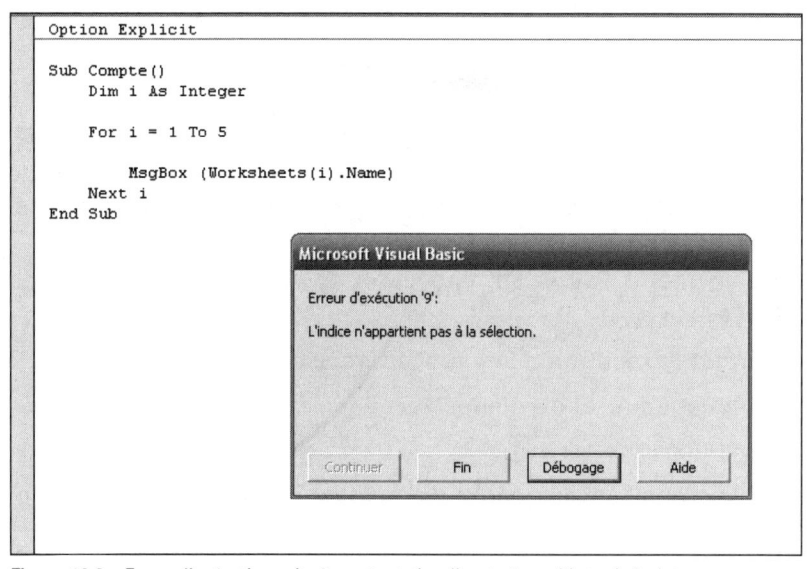

Figure 16.3 : Erreur d'exécution suite à une tentative d'accès à un objet qui n'existe pas

Les erreurs de programmation

Ce sont sans doute les plus insidieuses car, techniquement, le programme fonctionne. En d'autres termes, il n'y a pas eu de problèmes lors de la compilation, et il n'y a pas non plus d'erreur d'exécution. En revanche, le programme ne donne pas le résultat escompté : une action qui devrait se produire ne se produit pas, une action se produit alors qu'elle n'est pas attendue, le résultat d'un calcul est faux... La diversité de ces erreurs empêche d'en dresser une liste exhaustive. Quoi qu'il en soit, elles engendrent une distorsion entre le résultat attendu et le résultat fourni. Elles peuvent être dues à une mauvaise compréhension par le programmeur des spécifications de l'utilisateur, à un algorithme mal construit...

Pour les corriger, il faut faire preuve de rigueur et souvent de patience. Dans ces situations, les outils de débogage seront d'une grande utilité.

16.2. Exécuter le code en pas à pas

Afin de vous permettre de visualiser l'enchaînement des instructions de votre programme, vous avez la possibilité de l'exécuter en mode Pas à pas. Dans ce mode, vous pilotez le déroulement du programme en décidant de passer à l'instruction suivante.

Forcer l'exécution

Il est possible de demander l'exécution d'une procédure spécifique. Pour ce faire :

1 Placez le curseur dans la fenêtre de code, à l'intérieur de la procédure souhaitée.

2 Dans le menu **Exécution**, choisissez **Exécuter Sub/UserForm** ou appuyez sur [F5].

Pour arrêter l'exécution d'une procédure, il est possible d'utiliser :

- la commande **Arrêt** du menu **Exécution** ;
- la combinaison [Ctrl]+[Attn].

Il est également envisageable d'employer les boutons correspondants.

Tableau 16.1 : Gestion de l'exécution

Bouton	Fonction
▶	Exécute une procédure.
▬	Arrête l'exécution.

Exécuter en pas à pas

En cas d'erreur lors de l'exécution, l'éditeur affiche une boîte de dialogue indiquant le type d'erreur ainsi que quatre possibilités d'action :

- **Continuer** afin de poursuivre l'exécution sans tenir compte de l'erreur. Ce n'est pas toujours possible.

- **Fin** pour arrêter l'exécution.
- **Débogage.** L'éditeur est activé. La ligne où l'erreur s'est produite est surlignée en jaune.
- **Aide** pour afficher une description détaillée de l'erreur.

Débogage est le bouton le plus intéressant. Si vous cliquez dessus, l'exécution de la procédure est suspendue et non arrêtée. Une fois l'erreur corrigée, vous pouvez :

- reprendre l'exécution avec **Exécution/Continuer** (ou en cliquant sur le bouton **Exécuter Sub/UserForm**) ;
- ▣ arrêter la procédure avec **Exécution/Réinitialiser** (ou en cliquant sur le bouton **Réinitialiser**).

L'outil de base du débogage est l'exécution pas à pas, qui permet de suivre l'enchaînement des instructions. Pour cela, vous avez deux solutions :

- cliquer sur **Débogage/Pas à pas** ;
- utiliser la touche F8.

La ligne active (surlignée en jaune) se déplace au fil de l'exécution. Elle représente la prochaine ligne exécutée et non celle qui vient de l'être.

Vous pouvez "revenir en arrière" en déplaçant vers le haut, à l'aide de la souris, la flèche située en regard de la ligne active.

Il n'est pas obligatoire d'attendre qu'une erreur survienne pour passer en exécution pas à pas, il suffit de se positionner à l'intérieur d'une procédure et de cliquer sur **Débogage/Pas à pas**.

```
Option Explicit

Public Sub Calculs()
    Dim Pred(15, 3), Pred_Rang(15, 3), Pr
    Dim Nb_taches, Duree(15), Rang(15), 
    Dim Debut_projet, Date_Debut(15), Dat
    Dim Fin_projet, Date_Debut_Tard(15),
    Dim Marge(15) As Byte
    
    Dim i, j, k As Integer
    
    Sheets("Tâches").Select
    ActiveSheet.Unprotect
    Debut_projet = Range("C3").Value
    Nb_taches = Range("H3").Value
```

Figure 16.4 : Mode Pas à pas

Il est possible que l'instruction d'une procédure fasse appel à une autre procédure. Si vous êtes sûr de son bon fonctionnement, il est fastidieux d'avoir à passer ses instructions. Pour éviter cela, deux solutions :

- cliquer sur **Débogage/Pas à pas principal** ;
- utiliser la combinaison [Maj]+[F8].

La procédure appelée est alors considérée comme une boîte noire.

Si l'exécution pas à pas vous a aiguillé vers une procédure dont vous ne voulez pas détailler l'exécution, il est possible de la quitter rapidement. Deux solutions s'offrent à vous :

- cliquer sur **Débogage/Pas à pas sortant** ;
- utiliser la combinaison [Ctrl]+[Maj]+[F8].

Cela a pour effet de sortir de la procédure et d'atteindre l'instruction dans la procédure appelante.

Enfin, l'exécution jusqu'au curseur constitue une dernière variante de l'exécution pas à pas. En mode Pas à pas, positionnez le curseur à l'endroit souhaité, puis :

- Cliquez sur **Débogage/Exécuter jusqu'au curseur**.
- Ou utilisez la combinaison [Ctrl]+[F8].

Cela permet par exemple de passer rapidement par-dessus une boucle For...To...Next.

Placer des points d'arrêt

Un point d'arrêt permet d'indiquer à votre programme quand il doit s'arrêter et passer en mode Pas à pas. Cela se révèle particulièrement utile lorsque que vous êtes certain que le début de votre programme fonctionne. Il suffit alors de positionner un point d'arrêt au début de la séquence à mettre au point. Le code s'exécutera normalement jusqu'au point d'arrêt, puis vous pourrez prendre la main en mode Pas à pas.

Pour positionner un point d'arrêt :

1 Cliquez en regard de la ligne, sur la bande verticale grisée située à gauche de la fenêtre de code.

2 Positionnez le curseur sur la ligne et sélectionnez la commande **Basculer le point d'arrêt** du menu **Débogage**.

Vous pouvez définir autant de points d'arrêt que vous le souhaitez. Les lignes sur lesquelles vous aurez positionné un point d'arrêt apparaîtront surlignées en rouge foncé. Un point rouge foncé sera placé en regard de la ligne.

```
Option Explicit

Sub Compte()
    Dim i As Integer


    For i = 1 To 5
        Debug.Print i
        MsgBox (Worksheets(i).Name)
    Next i
End Sub
```

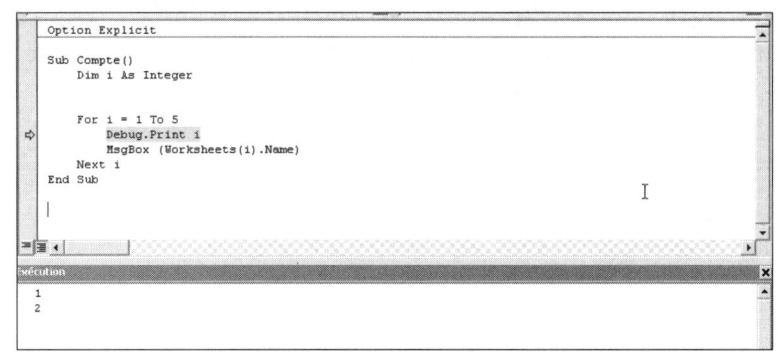

Figure 16.5 : Un point d'arrêt a été défini

Pour supprimer un point d'arrêt :

1 Cliquez sur le point rouge situé en regard de la ligne.
2 Positionnez le curseur sur la ligne et sélectionnez la commande **Basculer le point d'arrêt** du menu **Débogage**.

Pour supprimer tous les points d'arrêt du projet VBA en cours : sélectionnez la commande **Effacer tous les points d'arrêt** du menu **Débogage**.

Utiliser la fenêtre Exécution

La fenêtre **Exécution** permet d'exécuter des instructions, d'afficher ou de modifier les valeurs des variables.

Plus précisément, vous pouvez utiliser la fenêtre **Exécution** pour :

- Tester les nouvelles portions de code ou celles posant des problèmes.
- Consulter ou modifier la valeur d'une variable durant l'exécution d'une application ; pendant que l'exécution est interrompue, attribuez une nouvelle valeur à la variable de la même manière que dans le code.
- Consulter ou modifier la valeur d'une propriété durant l'exécution d'une application.
- Appeler des procédures comme vous le feriez dans le code.

Pour afficher cette fenêtre :

1 Sélectionnez la commande **Fenêtre Exécution** du menu **Affichage**.

2 Utilisez la combinaison de touches Ctrl+G.

Grâce à l'objet *Debug*, vous avez la possibilité d'afficher des données (notamment le contenu d'une variable) dans la fenêtre **Exécution** pendant le déroulement de cotre code. Pour cela, il suffit d'ajouter dans votre code l'instruction suivante :

```
Debug.Print Nom_Variable
```

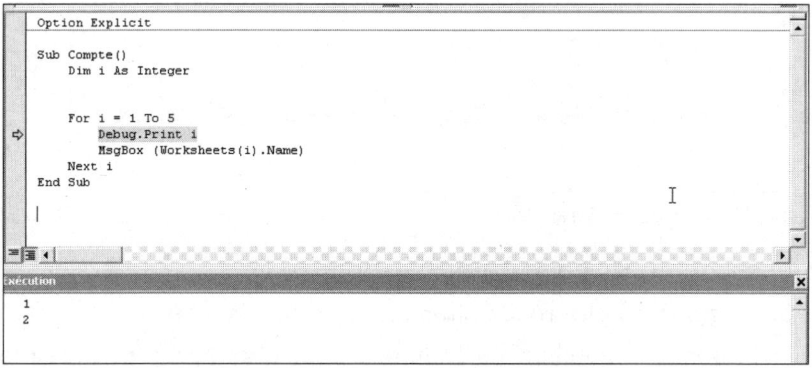

```
Option Explicit

Sub Compte()
    Dim i As Integer

    For i = 1 To 5
        Debug.Print i
        MsgBox (Worksheets(i).Name)
    Next i
End Sub
```

```
Exécution
1
2
```

Figure 16.6 : Utilisation de Debug.Print pour afficher des données dans la fenêtre Exécution

16.3. Visualiser le contenu des variables

Pendant l'exécution pas à pas, il est possible "d'ausculter" le contenu des variables. Pour cela, plusieurs possibilités s'offrent à vous :

- l'obtention d'infobulles ;
- l'affichage de la fenêtre **Variables locales** ;
- l'ajout d'espions.

Pour afficher rapidement le contenu d'une variable, positionnez le pointeur de la souris sur cette variable et attendez une seconde : une infobulle apparaît.

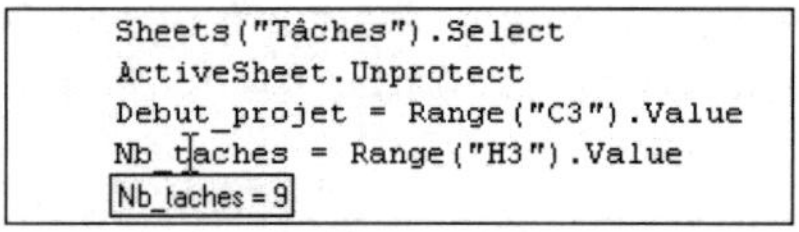

```
Sheets("Tâches").Select
ActiveSheet.Unprotect
Debut_projet = Range("C3").Value
Nb_taches = Range("H3").Value
 Nb_taches = 9 
```

Figure 16.7 : Infobulle indiquant le contenu d'une variable

Enfin, le dernier moyen de suivre de près le contenu des variables d'une procédure est d'afficher la fenêtre **Variables locales**. Pour cela, choisissez la commande **Fenêtre Variables locales** dans le menu **Affichage**. La fenêtre affiche alors le contenu des variables de la procédure en cours. Les tableaux sont présentés sous forme d'arborescences.

358   16. Mettre au point le code et gérer les erreurs

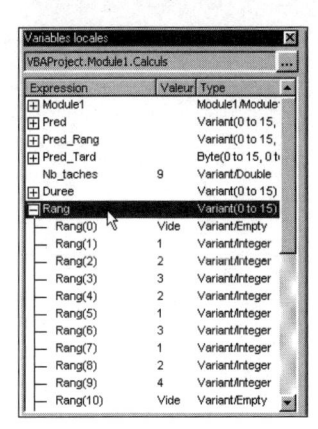

Figure 16.8 : La fenêtre Variables locales

Ajouter des espions

L'affichage d'espions permet de suivre l'évolution de variables stratégiques tout au long du déroulement du code, ou de créer des points d'arrêt conditionnels.

Pour créer un espion :

1. Placez le pointeur de la souris sur la variable concernée.
2. Dans le menu **Débogage**, sélectionnez la commande **Ajouter un espion**.
3. Dans la boîte de dialogue **Ajouter un espion**, vous pouvez définir les caractéristiques de votre espion :
   — *Expression*. Par défaut, le contenu de cette zone reprend le nom de la variable. Vous pouvez toutefois le modifier pour écrire une expression telle que i>2 ou i=3 (*i* étant le nom de la variable).
   — *Procédure*. Vous pouvez choisir dans quelle procédure doit être placé l'espion.
   — *Module*. Vous pouvez choisir dans quel module doit être placé l'espion.
   — *Type d'espion*. Si vous voulez seulement afficher le contenu de l'expression définie précédemment, sélectionnez *Expression espionne*. Si vous voulez que le code passe en mode Pas à pas lorsque l'expression est vraie (expression logique telle que i>2), choisissez *Arrêt si la valeur est vraie*. Si vous voulez que le code passe en mode Pas à pas lorsque la valeur de l'expression change, choisissez *Arrêt si la valeur change*. Les deux dernières possibilités permettent de créer des points d'arrêt conditionnels.

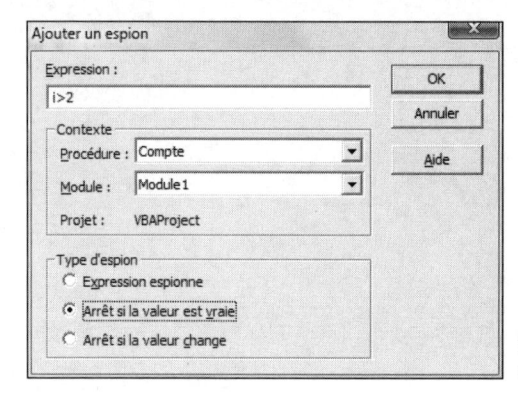

Figure 16.9 : Définition d'un espion

4 Validez par OK.

5 La fenêtre **Espions** apparaît en affichant l'espion nouvellement créé.

Pour ajouter rapidement un espion sur une variable :

1 Placez le pointeur de la souris sur cette variable.

2 Dans le menu **Débogage**, choisissez **Espion express** puis **Ajouter**.

3 La fenêtre **Espions** apparaît avec la variable et son contenu.

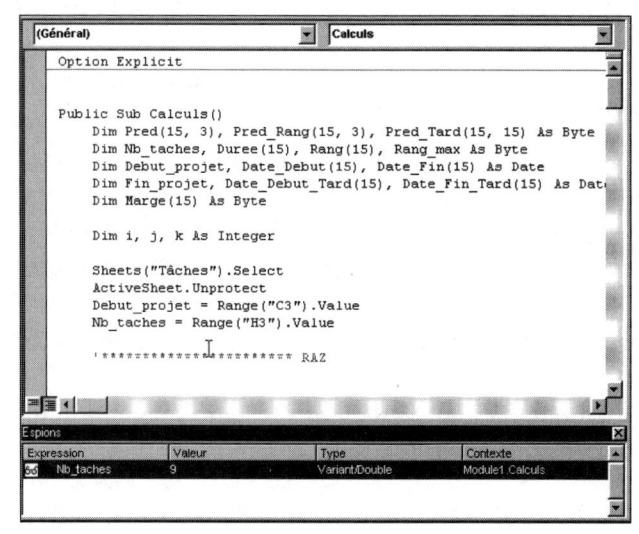

Figure 16.10 : La fenêtre Espions

Pour supprimer un espion, cliquer du bouton droit dessus (dans la fenêtre **Espions**) et choisissez la commande **Supprimer un espion**.

Pour afficher la fenêtre **Espions**, choisissez la commande **Affichage/ Fenêtre Espions**.

16.4. Gérer les erreurs d'exécution

Lorsqu'une erreur d'exécution se produit, l'utilisateur est souvent dérouté (et parfois effrayé) par les messages souvent peu explicites affiché par l'éditeur VBE. En effet, ces derniers affichent le numéro de l'erreur, ainsi qu'une description parfois un peu ésotérique. Pour éviter cela, il convient de mettre en place une gestion des erreurs au sein de votre programme.

Le plus simple est d'indiquer à votre programme qu'il doit continuer son déroulement et exécuter l'instruction suivante. Pour cela, il suffit d'insérer dans votre code l'instruction suivante, au début de la procédure (après les déclarations de variables) :

```
On Error Resume Next
```

Chaque fois que le programme occasionnera une erreur d'exécution, il poursuivra son exécution à l'instruction suivante. Ce genre de solution ne peut convenir qu'en cas d'erreur mineure. En effet, en cas d'erreur plus grave, le programme ne pourra pas continuer très longtemps à se "voiler la face".

Pour gérer de façon plus efficace les erreurs d'exécution, il convient de créer, à la fin de chaque procédure, une section de code dédiée à leur traitement. Pour identifier cette section, vous utiliserez une étiquette. Une étiquette permet d'identifier une ligne de code unique. Il peut s'agir de n'importe quelle combinaison de caractères commençant par une lettre et se terminant par le signe deux-points (:). L'exemple suivant montre la structure d'une procédure intégrant une telle gestion d'erreur :

```
Sub Nom_Feuilles()
    Dim i As Integer

    On Error GoTo Gestion_Erreur

    For i = 1 To 5
        MsgBox (Worksheets(i).Name)
    Next i

    Exit Sub

Gestion_Erreur:
    MsgBox ("Une erreur s'est produite!")
End Sub
```

Cet exemple appelle plusieurs commentaires. Au début de la procédure se trouve l'instruction qui redirige le déroulement du programme vers l'étiquette *Gestion_Erreur* :

```
On Error GoTo Gestion_Erreur
```

Ensuite, notez que la section destinée au traitement des erreurs (à partir de l'étiquette *Gestion_Erreur*) est précédée d'une instruction signifiant la fin anticipée de la procédure :

```
Exit Sub
```

En effet, cette instruction permet d'éviter que le code de gestion des erreurs soit exécuté systématiquement, même en l'absence d'erreur.

Enfin, le traitement en cas d'erreur est relativement simple, voire simpliste. Il serait plus intéressant de pouvoir obtenir plus d'informations sur l'erreur et son contexte. Pour cela, nous utiliserons l'objet Err et ses propriétés.

Nous emploierons les propriétés suivantes de cet objet :

- Number contient le numéro de l'erreur (tel qu'il apparaît dans le message d'erreur standard).
- Description contient une description de l'erreur (tel qu'elle apparaît dans le message d'erreur standard).
- Source contient le nom de l'objet ou de l'application qui a généré l'erreur (en règle générale, le nom du projet VBA, tel qu'il apparaît dans l'Explorateur de projets).

```
Sub Nom_Feuilles()
    Dim i As Integer

    On Error GoTo Gestion_Erreur

    For i = 1 To 5
        MsgBox (Worksheets(i).Name)
    Next i

    Exit Sub

Gestion_Erreur:
    MsgBox ("Une erreur est survenue dans la procédure "  _
        & "Nom_Feuilles " _
        & "de l'application " & Err.Source _
        & Chr(13) & "Erreur n° " & Err.Number & " " _
        & Err.Description)

End Sub
```

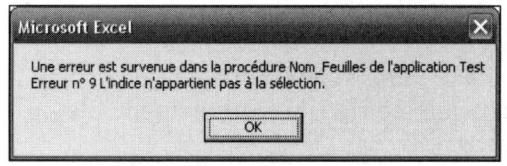

Figure 16.11 : Traitement d'erreur d'exécution

Il est bien sûr possible d'effectuer des tests sur le numéro de l'erreur pour réaliser des traitements différenciés en fonction du type d'erreur.

Il est possible d'utiliser l'instruction Resume à la fin de la section de traitement d'erreur, pour reprendre l'exécution du programme :

- Resume 0 reprend l'exécution à l'instruction où l'erreur s'est produite.
- Resume Next reprend l'exécution à l'instruction suivant celle où l'erreur s'est produite.
- Resume *Etiquette* reprend l'exécution à partir d'une étiquette définie dans la procédure.

Enfin, l'instruction suivante permet d'interrompre la gestion des erreurs :

On Error GoTo 0

Les erreurs entraînent alors l'apparition de la boîte de dialogue standard.

CHAPITRE 17

TRAVAILLER AVEC LES OBJETS EXCEL

Découvrir le modèle d'objets d'Excel 367
Utiliser l'Explorateur d'objets 371
Travailler avec l'application Excel 373
Travailler avec les classeurs 384
Travailler avec les feuilles de calcul 390
Travailler avec des plages de cellules 400

VBA est un langage commun à l'ensemble des applications de la suite Microsoft Office. Ce qui fait la spécificité du travail dans telle ou telle application, ce sont les objets qui sont manipulés. La pleine maîtrise du langage VBA pour une application particulière (en l'occurrence Excel, dans cet ouvrage) passe donc par une bonne connaissance des objets, de leur hiérarchie, de leurs propriétés, de leurs méthodes, etc. Cette organisation hiérarchique des objets se nomme le modèle d'objets.

Dans ce chapitre, nous allons décrire de façon détaillée les objets les plus utiles :

- `Application` représente l'application Excel.
- `Workbook` représente un classeur.
- `Worksheet` représente une feuille de calcul.
- `Range` représente une plage de cellules.

Grâce à ces objets, vous pourrez réaliser, via VBA, bon nombre d'opérations et de traitements qui s'avéreront très intéressants pour vos développements : créer un classeur, insérer une feuille de calcul, écrire dans des cellules, réaliser un copier-coller, etc.

17.1. Découvrir le modèle d'objets d'Excel

Les objets d'Excel sont organisés sous forme d'une hiérarchie nommée "modèle d'objets". Les objets de même type constituent des collections. Ainsi, l'ensemble des classeurs ouverts est une collection, de même que l'ensemble des feuilles d'un classeur. Le modèle d'objets est donc en fait constitué d'objets et de collections.

Principe du modèle d'objets

Au sommet de la hiérarchie des objets se trouve l'objet `Application`, qui représente l'application active, en l'occurrence Excel. Cet objet contient lui-même d'autres objets et collections.

Parmi les objets, on peut citer, à titre d'exemple :

- `AutoCorrect` : objet contenant les attributs de correction automatique.
- `CellFormat` : objet représentant les critères de recherche sur le format des cellules.
- `ErrorCheckingOptions` : objet contenant les options de vérification d'erreurs.

- `LanguageSettings` : objet contenant des informations sur les paramètres de langue.
- `WorkSheetFunction` : objet contenant toutes le fonctions disponibles dans Excel. Il permet d'obtenir le résultat d'une fonction appliquée à une plage de cellules.

Parmi les collections, on peut citer :

- `AddIns` : collection d'objets `AddIn` représentant toutes les macros complémentaires disponibles dans Microsoft Excel, qu'elles soient ou non installées. Cette liste correspond à la liste de macros complémentaires affichée dans la boîte de dialogue **Macro complémentaire**.
- `Charts` : collection de toutes les feuilles graphiques dans le classeur actif ou spécifié. Chaque feuille graphique est représentée par un objet `Chart`. Les graphiques incorporés dans des feuilles de calcul ou des boîtes de dialogue ne sont pas inclus.
- `Names` : collection de tous les objets `Name` dans l'application ou le classeur. Chaque objet `Name` représente un nom défini pour une plage de cellules.
- `Sheets` : collection de toutes les feuilles dans le classeur actif ou spécifié. La collection `Sheets` peut contenir des objets `Chart` ou `Worksheet`.
- `Workbooks` : collection de tous les objets `Workbook` (classeur) actuellement ouverts dans l'application Microsoft Excel.
- `Worksheets` : collection de toutes les feuilles de calcul (objet `Worksheet`) dans le classeur actif ou spécifié.

La hiérarchie des objets reflète l'organisation des classeurs et des feuilles de calcul telle qu'elle apparaît lorsque vous travaillez avec Excel de façon "classique" (sans VBA). Ainsi, vous pouvez ouvrir plusieurs classeurs : c'est la collection `Workbooks`. Chaque classeur ouvert (objet `Workbook`) contient des feuilles de calcul : c'est la collection `Worksheets` du classeur en question. Il peut aussi contenir des feuilles de graphique : c'est la collection `Charts` du classeur en question. L'ensemble des feuilles de calcul et de graphique est réuni dans la collection `Sheets`. Chaque feuille de calcul (objet `Worksheet` de la collection `Worksheets`) d'un classeur contient des cellules, des graphiques, des tableaux croisés dynamiques, etc. Ainsi, chaque objet `Worksheet` contient des collections d'objets :

- `ChartObjects` : collection de tous les graphiques (objets `ChartObject`) dans la feuille de calcul spécifiée.

- `Range` : cette collection représente une cellule, une ligne, une colonne ou une sélection de cellules contenant un ou plusieurs blocs contigus de cellules ou une plage 3D.
- `PivotTables` : collection de tous les tableaux croisés dynamiques (objets `PivotTable`) de la feuille de calcul spécifiée.

Les quelques exemples présentés précédemment ne constituent, bien sûr, qu'une infime partie du modèle d'objets Excel. Il serait de toute façon illusoire (et ennuyeux) de prétendre le détailler de façon exhaustive. En revanche, il est important de bien comprendre sa logique, notamment en ce qui concerne l'accès aux différents objets via les collections.

Les collections et objets

Pour accéder à un objet spécifique, vous devez l'identifier (le terme exact est "référencer") en le désignant par son nom (ou son numéro d'ordre) au sein de la collection dont il fait partie. Ainsi, pour accéder au classeur nommé *Ventes 2013.xlsx*, écrivez :

```
Workbooks("Ventes 2013.xlsx")
```

Pour référencer un objet de la collection `Workbooks`, vous devez spécifier son nom entre guillemets.

De même, pour référencer la feuille de calcul nommée **Janvier** du classeur actif, écrivez :

```
Worksheets("Janvier")
```

Si la feuille **Janvier** est la deuxième feuille de la collection, vous pouvez également écrire :

```
Worksheets(2)
```

Pour accéder à une feuille de calcul qui ne se trouve pas dans le classeur actif, identifiez d'abord le classeur, puis référencez la feuille. Ainsi, si *Ventes 2013.xlsx* n'est pas le classeur actif, écrivez le code suivant pour référencer sa feuille **Janvier** :

```
Workbooks("Ventes 2013.xlsx").Worksheets("Janvier")
```

Le point (.) matérialise la hiérarchie des objets et permet ainsi d'accéder à l'objet voulu à partir de l'objet parent. Dans l'exemple précédent, pour référencer la cellule *B12* de la feuille **Janvier**, écrivez :

```
Workbooks("Ventes 2013.xlsx").Worksheets("Janvier").Range("B12")
```

Les propriétés et méthodes

Les propriétés et les méthodes permettent d'interagir avec les objets et les collections. Les propriétés sont les caractéristiques des objets : contenu, couleur, taille, etc. Il est possible de consulter les propriétés ou de les modifier. Les méthodes sont des actions qu'il est possible d'appliquer aux objets : sélection, effacement du contenu, ajout d'un élément à une collection, etc. Le point (.) relie la propriété ou la méthode à l'objet référencé.

Propriétés

Pour consulter le contenu de la cellule *B12* de la feuille **Janvier** du classeur actif, écrivez :

```
MsgBox (Worksheets("Janvier").Range("B12").Value)
```

Le contenu de la cellule est stocké dans la propriété `Value` de l'objet `Range("B12")`.

> Pour plus d'informations sur la fonction `MsgBox`, reportez-vous au chapitre 20 : *Utiliser les boîtes de dialogue*.

Vous pouvez aussi stocker le contenu dans une variable :

```
Contenu = Worksheets("Janvier").Range("B12").Value
```

Il est également possible de modifier ce contenu :

```
Worksheets("Janvier").Range("B12").Value = 50
```

Méthodes

Les méthodes, quant à elles, permettent d'agir sur les objets en leur appliquant des actions.

Par exemple, pour effacer le contenu de la plage de cellules *A1:C10* de la feuille de calcul active, écrivez :

```
Range("A1:C10").ClearContents
```

La méthode `ClearContents` permet d'effacer le contenu d'un l'objet `Range`.

Pour sélectionner la plage *C1:E24* de la feuille de calcul **Février**, écrivez :

```
Worksheets("Février").Range("C1:E24").Select
```

Enfin, pour créer un nouveau classeur, il suffit d'ajouter un élément à la collection `Workbooks`, à l'aide de la méthode `Add` :

```
Workbooks.Add
```

17.2. Utiliser l'Explorateur d'objets

Le modèle d'objets Excel comprend une multitude de collections et d'objets. Nous n'en aborderons dans cet ouvrage qu'une petite partie, en l'occurrence les plus fréquemment utilisés. Pour obtenir des informations sur tous les objets et collections d'Excel, utilisez l'Explorateur d'objets. Il s'agit d'une fonctionnalité de l'environnement VBE. Une fois dans l'environnement VBE, sélectionnez la commande **Explorateur d'objets** du menu **Affichage** (ou appuyez sur la touche [F2]).

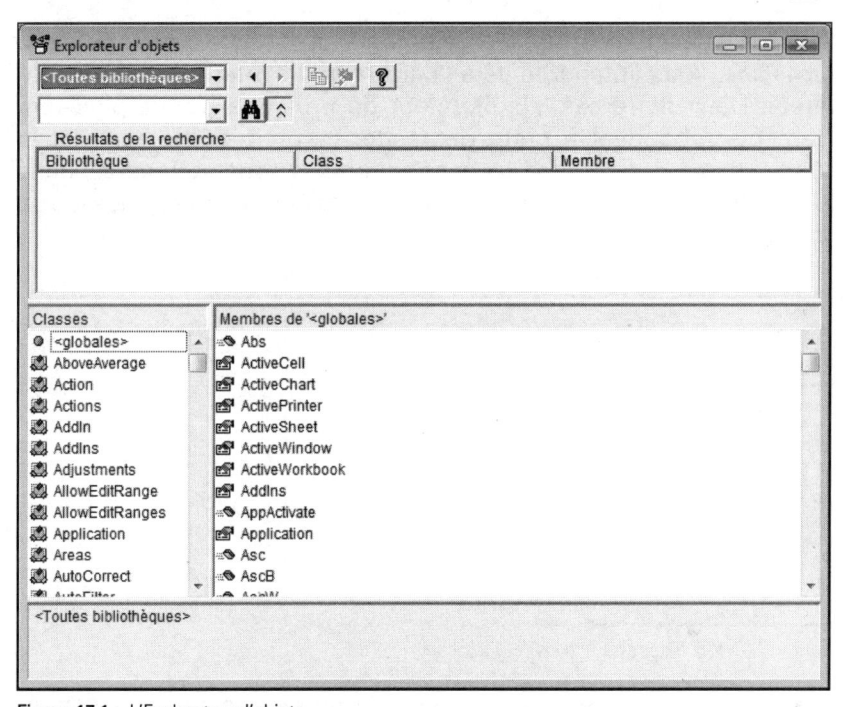

Figure 17.1 : L'Explorateur d'objets

Pour rechercher des informations sur une collection, un objet, une méthode, une propriété, etc., il suffit de saisir le texte à rechercher dans la zone correspondante et de cliquer sur le bouton **Rechercher**.

Figure 17.2 : Lancement de la recherche

La liste *Résultat de la recherche* affiche les différents éléments répondant au critère.

Bibliothèque	Class	Membre
Excel	Worksheets	
Excel	Application	Worksheets
Excel	Workbook	Worksheets
Excel	Workbook	Worksheets
Excel	Constants	xlWorksheetShort

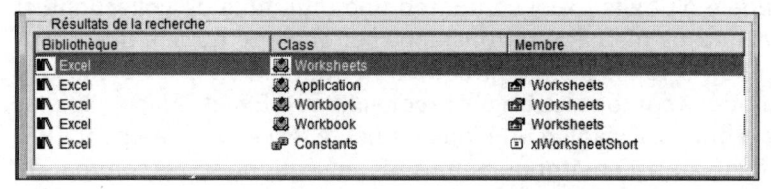

Figure 17.3 : Résultat de la recherche

Si vous sélectionnez l'un des éléments de la liste *Résultats de la recherche*, vous obtenez le détail dans la partie inférieure de l'Explorateur. Dans notre cas, l'Explorateur de projets a trouvé plusieurs éléments répondant à notre demande. Le premier élément est la collection `Worksheets`. Si vous la sélectionnez, vous obtiendrez, dans la partie inférieure, l'ensemble des propriétés et méthodes de la collection.

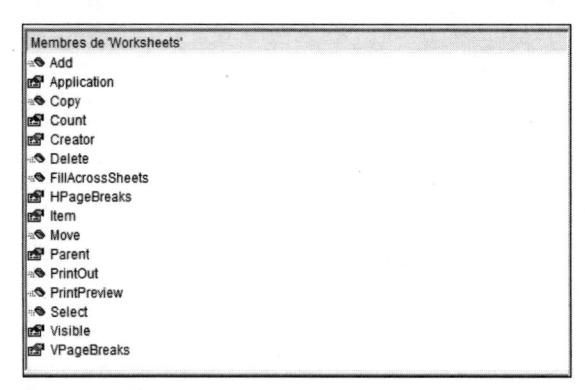

Membres de 'Worksheets'
- Add
- Application
- Copy
- Count
- Creator
- Delete
- FillAcrossSheets
- HPageBreaks
- Item
- Move
- Parent
- PrintOut
- PrintPreview
- Select
- Visible
- VPageBreaks

Figure 17.4 : Propriétés et méthodes de Worksheets

Des icônes permettent de visualiser le type d'élément correspondant :

Tableau 17.1 : Types d'éléments

Icône	Élément
	Méthode
	Propriété
	Événement
	Constante

> **RENVOI** Pour plus d'informations sur les événements, reportez-vous au chapitre 18 : *Gérer les événements d'Excel*.

Pour masquer la liste *Résultat de la recherche*, cliquez sur le bouton **Masquer les résultats de la recherche**.

Pour l'afficher à nouveau, cliquez une nouvelle fois sur **Masquer les résultats de la recherche**.

Lorsque vous avez sélectionné un élément, cliquez sur le bouton **Copier dans le Presse-papiers** pour pouvoir le coller ultérieurement dans votre code.

Vous pouvez naviguer dans les différents objets et collections, sans passer par une recherche préalable, à l'aide de la liste *Classes*, qui présente l'ensemble des objets et collections. Vous pouvez restreindre ce choix à l'aide de la liste des bibliothèques (en choisissant notamment *Excel*).

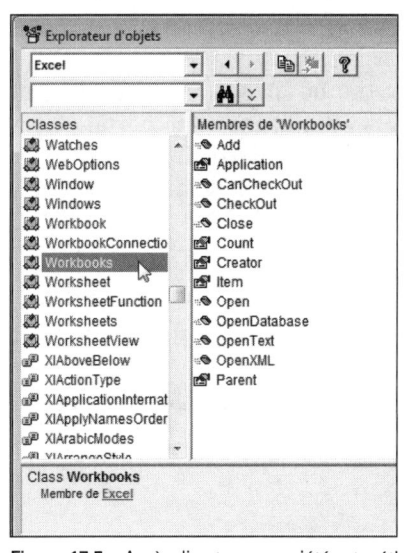

Figure 17.5 : Accès direct aux propriétés et méthodes de la collection Workbooks

17.3. Travailler avec l'application Excel

L'objet `Application` permet d'agir sur l'application Excel elle-même. Grâce à des propriétés particulièrement utiles, vous pouvez accéder directement à certains objets intéressants : le classeur actif, la feuille active, la cellule active, etc.

Accéder aux objets actifs

Nous allons passer en revue quelques propriétés de l'objet `Application` permettant d'accéder aux objets actifs (classeur actif, feuille active...).

Tableau 17.2 : Object actifs

Propriété	Objet renvoyé
`ActiveCell`	Cellule active de la feuille de calcul active ou spécifiée (objet `Range`)
`ActiveChart`	Graphique actif (objet `Chart`)
`ActivePrinter`	Nom de l'imprimante active
`ActiveSheet`	Feuille active du classeur actif ou spécifié (objet `Worksheet`)
`ActiveWindows`	Fenêtre active (objet `Window`)
`ActiveWorkbook`	Classeur actif (objet `Workbook`)
`Selection`	Objet sélectionné dans la fenêtre active. Le type d'objet renvoyé dépend de la sélection en cours.
`ThisWorkbook`	Classeur dans lequel s'exécute le code de la macro en cours (objet `Workbook`)

Ces propriétés ont la particularité de ne pas nécessiter l'objet `Application` pour être accessibles. En effet, elles font partie de la classe `<globales>`, qui se trouve au plus haut niveau de la hiérarchie du modèle d'objets. Ainsi, les deux lignes de code suivantes sont équivalentes :

```
Application.ActiveCell
ActiveCell
```

> **REMARQUE** — **Accès aux propriétés**
> Contrairement aux propriétés référençant les objets actifs, vues précédemment, les propriétés étudiées dans cette section nécessitent l'objet `Application` pour être accessibles. Ainsi le code suivant ne fonctionne pas correctement :
> ```
> DisplayAlerts = False
> ```

Modifier le titre de l'application

Lorsque vous créerez une application, vous serez peut-être tenté de la personnaliser dans les moindres détails. Ainsi, il est possible de modifier la barre de titre de la fenêtre d'Excel pour afficher le titre de votre application, en lieu et place de "Microsoft Excel".

Pour cela, utilisez la propriété `Caption` de l'objet `Application` :

```
Sub ModifierTitre()
    Application.Caption = "Mon application"

    '… Suite du code

End Sub
```

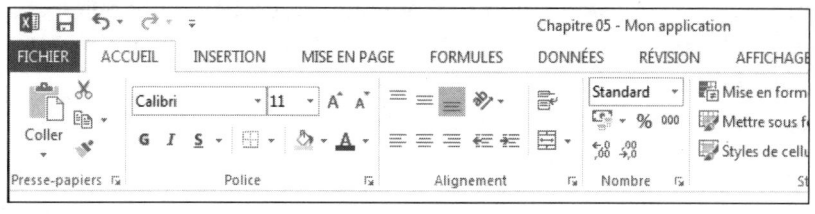

Figure 17.6 : Votre titre

Pour revenir au titre "officiel", écrivez :

```
Application.Caption = ""
```

Quoi qu'il en soit, Excel retrouvera son titre "normal" au prochain démarrage.

Écrire dans la barre d'état

La barre d'état située en bas de la fenêtre de l'application est un bon moyen pour afficher des informations brèves à destination de l'utilisateur : la nature du traitement en cours, le nombre d'éléments à traiter, etc. Pour écrire vos informations dans la barre d'état, utilisez la propriété `StatusBar` de l'objet `Application` :

```
Sub EcrireBarreEtat()
    Application.StatusBar = "Traitement en cours. Veuillez
 patienter…"

    ' Suite du code
    Application.StatusBar = False

End Sub
```

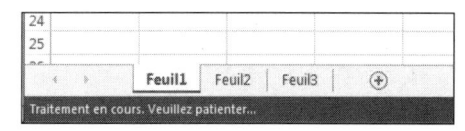

Figure 17.7 : Message dans la barre d'état

Pour effacer vos messages et revenir à l'état initial, écrivez :

```
Application.StatusBar = False
```

Déconnecter l'affichage des messages d'alerte

Si vous effectuez dans une macro des opérations telles que l'enregistrement d'un classeur, la suppression d'une feuille de calcul, etc. l'exécution de votre code sera interrompue par un message demandant la confirmation de l'action. Cela peut être perturbant pour l'utilisateur et produire des effets indésirables sur l'exécution de votre code si l'utilisateur choisit d'annuler l'opération. Pour éviter ces désagréments, vous pouvez employer la propriété DisplayAlerts de l'objet Application.

Pour désactiver les messages d'alerte :

```
Application.DisplayAlerts = False
```

Pour les réactiver :

```
Application.DisplayAlerts = True
```

Afficher la version d'Excel et le nom de l'utilisateur

Il est possible d'accéder au nom d'utilisateur (défini lors de l'installation de l'application et accessible par la boîte de dialogue **Options Excel**) ainsi qu'au numéro de version de l'application. Pour cela, vous pouvez utiliser les propriétés UserName et Version de l'objet Application :

```
Sub NomVersion()
    Dim test As Double
    
    MsgBox ("L'utilisateur est : " & Application.UserName)
    
    MsgBox ("N° Version : " & Application.Version)
End Sub
```

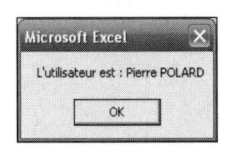

Figure 17.8 : Nom d'utilisateur

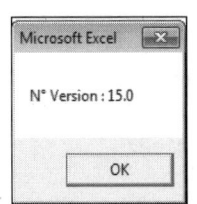

Figure 17.9 : Numéro de version

La propriété `Version` (non modifiable évidemment) renvoie une chaîne de caractères.

La propriété `UserName` est en lecture-écriture, c'est-à-dire que vous avez la possibilité de modifier son contenu :

```
Sub ModifierNom()
    Application.UserName = "Toto"

End Sub
```

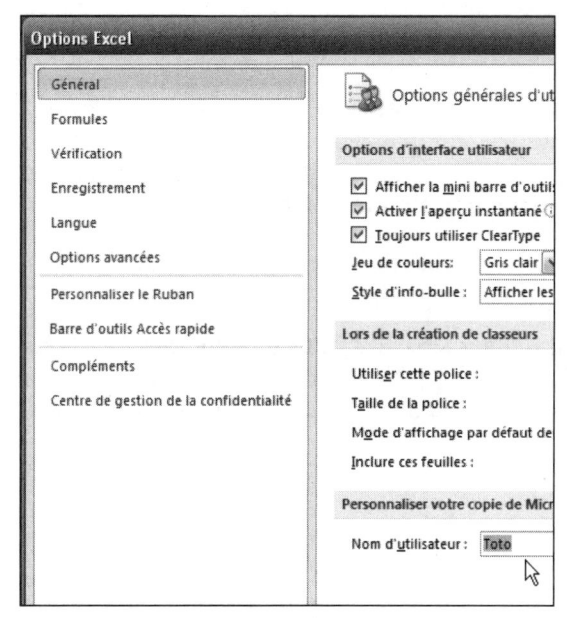

Figure 17.10 : Modification du nom d'utilisateur

Déconnecter la mise à jour de l'écran

Lorsque vous effectuez des traitements sur plusieurs feuilles de calcul, l'utilisateur peut être déstabilisé par l'affichage successif de plusieurs feuilles de calcul. De plus, le rafraîchissement de l'affichage des feuilles de calcul ralentit sensiblement l'exécution du code. Pour éviter ces deux types de désagréments, vous pouvez "geler" l'affichage pendant le déroulement de votre code. Pour cela, utilisez la propriété `ScreenUpdating` de l'objet `Application` :

`Application.ScreenUpdating = False`

Pour rétablir le rafraîchissement de l'écran :

`Application.ScreenUpdating = True`

Évaluer des expressions

Pour évaluer des expressions, vous disposez de la méthode `Evaluate` de l'objet `Application`. Cette méthode évalue une expression fournie entre guillemets. Il n'est pas nécessaire de faire explicitement référence à l'objet `Application`.

Pour écrire dans la cellule *A1* de la feuille active, vous pouvez utiliser :

```
Evaluate("A1").Value = 12
```

Il existe une syntaxe abrégée :

```
[A1].value=12
```

Si la seconde syntaxe présente l'avantage de la concision, la première est sans doute intéressante car plus flexible. En effet, l'argument fourni à la méthode `Evaluate` est une chaîne de caractères que vous pouvez construire dans votre code Visual Basic, notamment à l'aide de variables.

```
Adresse = "A1"
Evaluate(Adresse).Value = 12
```

Vous pouvez également utiliser `Evaluate` pour évaluer des fonctions de feuille de calcul. Dans l'exemple suivant, il s'agit d'afficher la somme des valeurs contenues dans la plage de cellules *A1:A10* de le feuille active.

```
Fonction = "SUM"
Cellules = "A1:A10"

MsgBox (Evaluate(Fonction & "(" & Cellules & ")"))
```

Les fonctions doivent être écrites dans leur version anglaise. La syntaxe abrégée est également utilisable :

```
MsgBox ([SUM(A1:A10)])
```

Exécuter des fonctions de feuille de calcul

La propriété `WorksheetFunction` de l'objet `Application` renvoie un objet dont les méthodes sont l'équivalent des fonctions de feuille de calcul. Pour calculer la mensualité d'un emprunt remboursé par mensualité constante, utilisez la méthode `Pmt`, qui est l'équivalent de la fonction de feuille de calcul `VPM`.

L'exemple suivant permet de calculer la mensualité d'un emprunt de 10 000 euros sur 5 ans (60 mois) au taux annuel de 5 % :

```
Sub Mensualite()
    Dim Capital As Integer
    Dim Taux As Double
```

```
    Dim Duree As Double

    Capital = 10000
    Taux = 0.05 / 12
    Duree = 5 * 12

    MsgBox ("Mensualité = " & Format(Application
    ➥ .WorksheetFunction.Pmt(Taux, Duree, Capital), "0.00 "))
End Sub
```

L'utilisation de la fonction `Format` permet de limiter le nombre de décimales du résultat dans la boîte de dialogue.

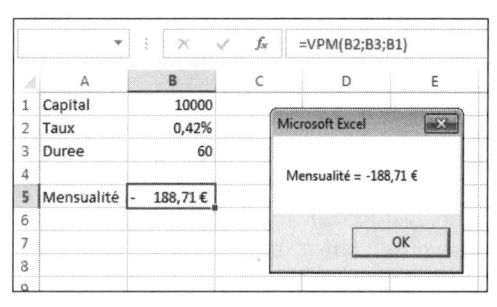

Figure 17.11 : Calcul de la mensualité par VBA et par la fonction de feuille de calcul VPM

Pour fournir le contenu de cellules comme argument d'une méthode de `WorksheetFunction`, utilisez des objets de type `Range`.

`Application.WorksheetFunction.Sum(Range("A1:A10"))`

Le code suivant ne fonctionne pas correctement :

`Application.WorksheetFunction.Sum("A1:A10")`

Exécuter des macros à une heure déterminée

Il est parfois utile d'exécuter des macros à une heure précise : mise à jour à partir d'une base de données, alarme, etc. Pour ce faire, vous pouvez utiliser la méthode `OnTime` de l'objet `Application`, qui permet de programmer l'exécution d'une macro à un instant précis. Vous avez la possibilité de travailler normalement avec Excel, d'exécuter d'autres macros en attendant que la macro ainsi programmée se déclenche. Dans l'exemple suivant, il s'agit d'afficher un message à 16 heures, ce jour :

```
Sub ProgrammeAlarme()
    Application.OnTime Date + TimeSerial(16, 0, 0), "Alarme"
End Sub

Sub Alarme()
    MsgBox ("Il est : " & Format(Time, "hh:mm"))
End Sub
```

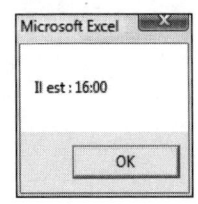

Figure 17.12 : Le déclenchement de l'alarme

La fonction `Date` permet d'obtenir la date du jour. Il suffit ensuite d'ajouter l'heure ad hoc obtenue à l'aide de la fonction `TimeSerial`. Pour obtenir un déclenchement, non pas à une heure déterminée, mais après un délai exprimé à partir de l'heure actuelle, utilisez la fonction `Now`, qui renvoie, non pas la date actuelle, mais l'heure actuelle. Il faut ensuite lui ajouter le délai souhaité avec `TimeSerial`. Ainsi pour un déclenchement dans 15 minutes :

`Now+TimeSerial(0,15,0)`

Créer un chronomètre

Vous allez à présent utiliser `OnTime` pour créer un chronomètre à l'aide d'Excel. Il faudra en effet "rafraîchir" automatiquement l'affichage toutes les secondes.

Le chronomètre se déclenchera grâce à l'exécution de la macro `Debut_Chrono` et s'arrêtera grâce à l'exécution de la macro `Stop_Chrono`. Il serait évidemment plus pratique d'associer ces macros à des boutons.

> **RENVOI** Pour plus de détails sur l'utilisation de boutons, reportez-vous au chapitre 19 : *Aller plus loin avec les feuilles de calcul*.

Voici le code nécessaire à la réalisation du chronomètre :

```
Dim Suivant As Date
Dim T As Double
```

- La variable `Suivant` recevra l'heure de la prochaine exécution de la macro `Aff_chrono`. La variable `T` permettra de stocker l'heure de déclenchement du chronomètre.

```
Sub Debut_Chrono()
    T = Time
    Call Aff_Chrono
End Sub
```

- La variable `T` stocke l'heure de déclenchement du chronomètre. En effet, la variable système `Time` contient l'heure actuelle.
- Première exécution de la macro `Aff_Chrono`.

```
Sub Aff_Chrono()
    Range("C7").Value = Time - T

    Suivant = Time + TimeValue("00:00:01")
    Application.OnTime Suivant, "Aff_chrono"
End Sub
```

La cellule *C7* est mise à jour avec la différence entre l'heure actuelle (variable système `Time`) et l'heure de déclenchement du chronomètre, stockée dans la variable `T` (voir macro `Debut _Chrono`).

La variable `Suivant` contient la prochaine échéance de déclenchement de la macro `Aff_Chrono`. Il s'agit de l'heure actuelle à laquelle on ajoute 1 seconde, car la fréquence de rafraîchissement est de 1 seconde.

- On programme la prochaine exécution de la macro `Aff_Chrono`.

```
Sub Stop_Chrono()
    Application.OnTime Suivant, "Aff_chrono", Schedule:=False
    Range("C7").Value = Time - T
End Sub
```

On arrête l'exécution programmée de la macro `Aff_Chrono` grâce à la valeur `False` du dernier paramètre, puis l'on fait une dernière mise à jour du chronomètre.

> **REMARQUE** — **Utilisation des arguments spécifiés par leur position ou par leur nom**
>
> Lorsqu'une méthode requiert plusieurs arguments (paramètres) facultatifs, il est possible de les spécifier par leur position ou leur nom. Si vous choisissez de les spécifier par leur position, il faudra le cas échéant ajouter des virgules pour chaque argument omis, afin que les arguments se trouvent à la bonne place. Dans l'exemple précédent, nous avons omis un argument de la méthode `OnTime`, il aurait donc fallu écrire :
>
> ```
> Application.OnTime Suivant, "Aff_chrono", , False
> ```
>
> Nous avons choisi de spécifier le dernier argument par son nom (`Schedule`). Pour attribuer la valeur choisie, il faut utiliser :=, et non =. L'avantage de cette solution est sa plus grande lisibilité. Toutefois, cela alourdit la saisie du code, puisqu'il faut saisir le nom de l'argument. Comme l'illustre l'exemple précédent, il est possible de mixer les deux approches dans une même instruction.

Affecter des actions aux touches du clavier

La méthode `OnKey` de l'objet `Application` permet de spécifier le traitement à effectuer lorsque vous appuyez sur telle ou telle touche. Vous pouvez également utiliser cette méthode pour désactiver les raccourcis clavier habituels (par exemple Ctrl+S pour enregistrer le classeur actif).

Si vous souhaitez diminuer de 1 le contenu de la cellule active lorsque vous appuyez sur la touche ↓, et de 10 lorsque vous appuyez sur Maj+↓, utilisez le code suivant :

```
Sub FlecheBas()
    Application.OnKey "{DOWN}", "MoinsUn"
    Application.OnKey "+{DOWN}", "MoinsDix"
End Sub

Sub MoinsUn()
    ActiveCell.Value = ActiveCell.Value - 1
End Sub

Sub MoinsDix()
    ActiveCell.Value = ActiveCell.Value - 10
End Sub
```

Pour revenir à la situation initiale :

```
Sub InitFlecheBas()
    Application.OnKey "{DOWN}"
    Application.OnKey "+{DOWN}"
End Sub
```

Pour désactiver le raccourci habituel Ctrl+S :

```
Sub StopCtrlS()
    Application.OnKey "^s", ""
End Sub
```

Pour réactiver le raccourci :

```
Sub InitCtrlS()
    Application.OnKey "^s"
End Sub
```

> **REMARQUE** — **Portée et durée des affectations**
> Les affectations d'action aux touches sont valables pour l'ensemble des classeurs ouverts et seront perdues lorsque vous fermerez Excel.

Chaque touche est représentée par un ou plusieurs caractères, par exemple "a" pour la lettre a ou "{ENTER}" pour la touche ↵.

Pour les touches spéciales du clavier, il faut utiliser des codes entre accolades :

Tableau 17.3 : Correspondance des touches spéciales

Touche	Code
Aide	{HELP}
Arrêt défil	{SCROLLLOCK}
↓	{DOWN}
↖	{HOME}
→	{RIGHT}
Échap	{ESCAPE} ou {ESC}
↵	~ (tilde)
↵ (pavé numérique)	{ENTER}
F1 à F15	{F1} à {F15}
Fin	{END}
←	{LEFT}
↑	{UP}
Inser	{INSERT}
Pause	{BREAK}
⇞	{PGUP}
⇟	{PGDN}
⌫	{BACKSPACE} ou {BS}
Suppr	{DELETE} ou {DEL}
⇥	{TAB}
VerrMaj	{CAPSLOCK}
VerrNum	{NUMLOCK}

Vous pouvez aussi spécifier des touches combinées avec Maj et/ou Ctrl et/ou Alt. Pour spécifier une combinaison de touches, utilisez le tableau suivant :

Tableau 17.4 : Combinaisons de touches

Pour combiner les touches avec	Avant le code de la touche, placez le caractère
Alt	% (signe de pourcentage)
Ctrl	^ (signe d'insertion)
Maj	+ (signe plus)

Quitter Excel

La méthode `Quit` de l'objet `Application` permet de fermer Excel. Toutefois, l'application vous demandera d'enregistrer les classeurs qui contiennent des modifications non encore enregistrées.

```
Application.Quit
```

17.4. Travailler avec les classeurs

Pour travailler avec les classeurs, vous disposez de la collection `Workbooks`, qui contient l'ensemble des classeurs ouverts, représentés par les objets de type `Workbook`. Vous pourrez ainsi créer des classeurs, les enregistrer, les fermer, les ouvrir, etc.

Créer un nouveau classeur

Pour créer un nouveau classeur, vous disposez de la méthode `Add` de la collection `Workbooks`.

Pour créer un nouveau classeur vierge :

```
Workbooks.Add
```

Pour créer un nouveau classeur à partir d'un classeur existant :

```
Workbooks.Add ("C:\Données\Ventes2013.xlsx")
```

Dans l'exemple précédent, on crée un nouveau classeur en prenant pour modèle le classeur *Ventes2013.xlsx*.

Le classeur nouvellement créé devient le classeur actif (référencé par la méthode `ActiveWorkbook`).

Vous avez la possibilité d'identifier le classeur créé à l'aide d'une variable :

```
Sub NouveauClasseur()
    Dim MonClasseur As Workbook

    Set MonClasseur = Workbooks.Add

    ' Suite du code

End Sub
```

Dans la suite du code, vous pourrez identifier le classeur à l'aide de la variable `MonClasseur`.

Ouvrir un classeur

Pour ouvrir un classeur, vous disposez de la méthode `Open` de la collection `Workbooks`.

Pour ouvrir un classeur :

```
Workbooks.Open ("C:\Ventes\Ventes2013.xlsx")
```

Le classeur ouvert devient le classeur actif (référencé par la méthode `ActiveWorkbook`).

Vous avez la possibilité d'identifier le classeur créé à l'aide d'une variable :

```
Sub OuvrirClasseur()
    Dim MonClasseur As Workbook

    Set MonClasseurWorkbooks.Open("C:\Ventes\Ventes2013.xlsx")

    ' Suite du code

End Sub
```

Dans la suite du code, vous pourrez identifier le classeur à l'aide de la variable `MonClasseur`.

Activer un classeur

Pour activer un classeur préalablement ouvert, utilisez la méthode `Activate` de l'objet `Workbook`.

Pour activer un classeur en l'identifiant au sein de la collection `Workbooks` :

```
Workbooks("Ventes2013.xlsx").Activate
```

Si vous avez au préalable identifié le classeur à l'aide de la variable `MonClasseur` :

```
MonClasseur.Activate
```

Afficher le nom d'un classeur

Un objet de type `Workbook` dispose de propriétés permettant d'obtenir des informations sur son nom, son répertoire. Il s'agit des propriétés `FullName` (nom du classeur incluant le chemin d'accès), `Path` (chemin d'accès) et `Name` (nom du classeur).

```
Sub InformationsClasseur()
    Dim MonClasseur As Workbook

    Set MonClasseurWorkbooks.Open("C:\Ventes\Ventes2013.xlsx")
```

```
        MsgBox ("Nom complet : " & MonClasseur.FullName)
        MsgBox ("Chemin d'accès : " & MonClasseur.Path)
        MsgBox ("Nom du classeur : " & MonClasseur.Name)
End Sub
```

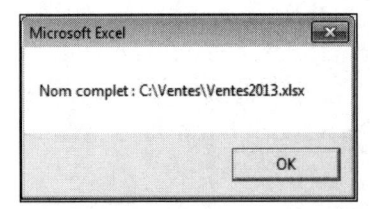

Figure 17.13 : Le nom complet du classeur

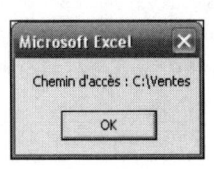

Figure 17.14 : Le chemin d'accès du classeur

Enregistrer un classeur

Pour enregistrer un classeur, vous disposez de plusieurs méthodes de l'objet `Workbook`. La première d'entre elles est `Save`, qui permet d'enregistrer les modifications apportées à un classeur. La méthode `Save` ne permet pas de préciser le nom du classeur ni son chemin d'accès ; elle n'est donc pas à utiliser avec les classeurs nouvellement créés. Dans ce cas, il est préférable d'employer la méthode `SaveAs`, qui permet de spécifier le nom et le chemin d'accès.

```
Sub EnregistrerClasseur()
    Dim MonClasseur As Workbook

    Set MonClasseur = Workbooks.Add
     MonClasseur.SaveAs Filename:="C:\Ventes\Ventes2013.xlsx"

    ' Suite du code

    ' Enregistrement des modifications
    MonClasseur.Save

End Sub
```

Dans l'exemple précédent, notez l'utilisation de l'argument `Filename`. Il aurait également été possible d'écrire :

```
MonClasseur.SaveAs ("C:\Ventes\Ventes2013.xlsx")
```

Enregistrer avec des mots de passe

La méthode `SaveAs` permet également d'attribuer des mots de passe au classeur enregistré. Pour cela, il faut utiliser les arguments `Password` (mot de passe de protection du fichier), `WriteResPassword` (mot de passe de protection en écriture) et `ReadOnlyRecommended` (`True` pour afficher un message qui conseille d'ouvrir le fichier en lecture seule).

```
Sub EnregistrerClasseurMDP()
    Dim MonClasseur As Workbook

    Set MonClasseur = Workbooks.Add
    MonClasseur.SaveAs Filename:="C:\Ventes\Ventes2013.xlsx", ",_
        Password:="AZERTY", WriteResPassword:="QSDFGH"

    ' Suite du code
End Sub
```

Si vous tentez d'ouvrir le classeur à l'aide de la méthode `Open` de la collection `Workbooks`, vous devez fournir en plus du nom du classeur, les mots de passe sous forme d'arguments supplémentaires. À défaut, une question est posée à l'utilisateur. En cas de saisie incorrecte de sa part, le déroulement de la macro est interrompu.

```
MonClasseur.Open Filename:="C:\Ventes\Ventes2013.xlsx", _
    Password:="AZERTY", WriteResPassword:="QSDFGH"
```

Enregistrer au format PDF

Pour enregistrer un classeur au format PDF, utilisez la méthode `ExportAsFixedFormat` de l'objet `Workbook`. Il est possible de spécifier les arguments suivants :

- `Type` : définit si le classeur est enregistré au format PDF (`xlTypePDF`) ou XPS (`xlTypeXPS`).
- `Filename` : nom du fichier (facultatif).
- `From` : à partir de la page spécifiée (facultatif).
- `To` : jusqu'à la page spécifiée (facultatif).
- `OpenAfterPublish` : `True` pour ouvrir le fichier exporté (facultatif).

```
MonClasseur.ExportAsFixedFormat Type:=xlTypePDF, _
    Filename:="C:\Ventes\Ventes2013.pdf", OpenAfterPublish:=True
```

Marquer un classeur comme enregistré

Si vous voulez fermer un classeur modifié sans l'enregistrer ou sans qu'un message vous propose de le faire, vous avez la possibilité d'utiliser la propriété `Saved` de l'objet `Workbook`. Cette propriété indique si le classeur contient des changements non enregistrés (valeur `False`).

```
ActiveWorkbook.Saved = True
```

Après cette instruction, même si des changements ont été apportés, Excel ne vous proposera pas de les enregistrer lors de la fermeture du classeur. Cette propriété doit être utilisée avec discernement.

Enregistrer tous les classeurs ouverts

Pour enregistrer tous les classeurs ouverts, passez en revue l'ensemble des objets de la collection `Workbooks`.

```
Sub EnregistrerTout()
    Dim Classeur As Workbook
    
    For Each Classeur In Workbooks
        Classeur.Save
    Next Classeur

End Sub
```

Fermer un classeur

Pour fermer un classeur, vous disposez de la méthode `Close` de l'objet `Workbook`.

```
MonClasseur.Close
```

Si des changements n'ont pas été enregistrés, une question est posée à l'utilisateur. Pour éviter l'affichage de cette question, vous avez la possibilité d'utiliser l'argument `SaveChanges` de la méthode `Close`. Si elle a la valeur `True`, les changements sont enregistrés automatiquement avant la fermeture du classeur. En revanche, si elle a la valeur `False`, les changements sont ignorés (sans que l'utilisateur en soit informé) et le classeur est fermé.

Pour fermer en enregistrant les changements :

```
MonClasseur.Close SaveChanges:=True
```

La méthode `Close` ne possédant qu'un seul argument, il est possible d'écrire simplement :

```
MonClasseur.Close True
```

Envoyer un classeur par email

Pour envoyer un classeur par email en tant que pièce jointe, vous disposez de la méthode `SendMail` de l'objet `Workbook`. Cette méthode requiert au moins un destinataire (adresse de messagerie ou contact du Carnet d'adresses). Il est également possible de spécifier l'objet du message sous forme d'une chaîne de caractères.

En cas de destinataires multiples, il faut fournir un tableau de chaînes de caractères contenant chaque destinataire.

```
Sub EnvoyerMail()
    Dim Destinataires(1 To 3) As String

    Destinataires(1) = "Jean-Louis ALBOUY"
    Destinataires(2) = "Daniel BOS"
    Destinataires(3) = "pp@premium-consultants.com"

    ActiveWorkbook.SendMail Destinataires, "Ventes 2013"
End Sub
```

Vérifier si un classeur est ouvert

La fonction suivante permet de savoir si un classeur est ouvert ou non. Elle renvoie la valeur `True` si le classeur dont le nom est fourni en argument est ouvert, `False` dans le cas contraire.

```
Function ClasseurOuvert(Nom As String)
    Dim Classeur As Workbook

    On Error Resume Next
    Set Classeur = Workbooks(Nom)
    ClasseurOuvert = Not (Classeur Is Nothing)

End Function
```

- `On Error Resume Next` permet de continuer l'exécution du code à la ligne suivant celle où l'erreur s'est produite.
- Il s'agit ici de tenter d'accéder au classeur identifié par son nom (contenu dans la variable `Nom`) dans la collection `Workbooks` et de l'affecter à la variable objet `Classeur`. Si le classeur n'est pas ouvert, cela provoque une erreur. Compte tenu de la ligne précédente (`On Error Resume Next`), l'exécution se poursuit à la ligne suivante.
- Si la ligne précédente a occasionné une erreur, `Classeur` contient `Nothing` (objet vide), ce qui signifie que le classeur n'est pas ouvert. Dans ce cas, `ClasseurOuvert` vaut `False` (puisque `Classeur Is Nothing` vaut `True`), et `True` dans le cas contraire. C'est bien le résultat attendu.

Vérifier si un classeur existe

Lorsque vous créez des macros qui utilisent des classeurs, il est préférable de vérifier que ces derniers existent avant de tenter de les ouvrir. Sinon, c'est l'erreur assurée. Voilà pourquoi nous allons nous attarder sur une fonction dont l'unique objectif est de dire si un fichier existe ou non.

```
Function Existe_Classeur(Nom_Classeur As String)
    Existe = Dir(Nom_Classeur)
    Existe_Classeur = (Existe <> "")
End Function
```

- La fonction `Dir` renvoie le nom d'un fichier, d'un répertoire ou d'un dossier correspondant à une chaîne de recherche (ici `Nom_Classeur`).
- La variable `Existe_Classeur` est le résultat d'un test logique dont l'objectif est de déterminer si la variable `Existe` obtenue à l'aide de la fonction `Dir` n'est pas vide. Si elle n'est pas vide, cela signifie que le fichier a été trouvé ; dans ce cas, `Existe_Classeur` est égal à `True`. C'est ce que nous attendions.

Ouvrir un classeur situé dans un même répertoire

Dans certaines applications, il peut être intéressant de scinder les données à traiter en plusieurs fichiers situés dans le même répertoire que l'application elle-même. Dans ce cas, il faut ouvrir ces fichiers de données depuis l'application.

Pour cela, utilisez la propriété `Path` du classeur dans lequel se déroule la macro, identifié par `ThisWorkbook`.

```
Sub OuvrirFichiers()
    Dim Classeur1 As Workbook, Classeur2 As Workbook
    Dim Nom1 As String, Nom2 As String
    Dim Chemin As String
    
    Nom1 = "VentesNord2013.xlsx"
    Nom2 = "VentesSud2013.xlsx"
    Chemin = ThisWorkbook.Path
    
    Set Classeur1 = Workbooks.Open(Chemin & "\" & Nom1)
    Set Classeur2 = Workbooks.Open(Chemin & "\" & Nom2)

End Sub
```

17.5. Travailler avec les feuilles de calcul

Pour travailler avec les feuilles de calcul d'un classeur, vous disposez de la collection `Worksheets`, qui contient l'ensemble des feuilles de calcul, représentées par les objets de type `Worksheet`. Vous pouvez ainsi insérer des feuilles, les copier, les déplacer, les supprimer, etc.

Insérer une feuille de calcul

Pour insérer une feuille de calcul dans un classeur actif, vous disposez de la méthode `Add` de la collection `Worksheets`.

`Worksheets.Add`

Par défaut, l'insertion s'effectue avant la feuille active.

Pour insérer une feuille dans un autre classeur ouvert :

```
Workbooks("Ventes2013.xlsx").Worksheets.Add
MonClasseur.Worksheets.Add
```

Vous avez la possibilité d'utiliser plusieurs arguments pour cette méthode :

- `Before` spécifie d'insérer la nouvelle feuille avant la feuille indiquée.
- `After` spécifie d'insérer la nouvelle feuille avant la feuille indiquée.
- `Count` indique le nombre de feuilles à insérer.

Pour insérer trois feuilles avant la feuille **Détail** du classeur actif :

`Worksheets.Add before:=Worksheets("Détail"), Count:=3`

Activer une feuille de calcul

Activer une feuille de calcul est l'opération correspondant au clic sur son onglet. La méthode permettant de réaliser cette action est `Activate` de l'objet `Worksheet`.

```
Worksheets("Détail").Activate
Worksheets(1).Activate
```

> **REMARQUE** **Repérage des feuilles de calcul**
>
> Dans la collection `Worksheets`, il est possible d'identifier les feuilles par leur index, c'est-à-dire leur ordre dans le classeur, ou par leur nom. Il est plus explicite de faire référence aux feuilles par leur nom.

Sélectionner plusieurs feuilles de calcul

Vous pouvez constituer des groupes de travail à l'aide de la méthode `Select` de la collection `Worksheets` ou de l'objet `Worksheet`. Un groupe de travail résulte de la sélection de plusieurs feuilles.

Pour sélectionner toutes les feuilles de calcul du classeur actif :

`Worksheets.Select`

Pour sélectionner plusieurs feuilles (ici **Détail, Synthèse** et **Stat**) :

```
Worksheets("Détail").Select
Worksheets("Synthèse").Select Replace:=False
Worksheets("Stat").Select Replace:=False
```

L'argument `Replace` de la méthode `Select` permet de spécifier si la sélection doit remplacer la précédente (valeur `True`, par défaut) ou s'y ajouter (valeur `False`).

Supprimer une feuille de calcul

Pour supprimer une feuille de calcul, utilisez la méthode `Delete` de l'objet `Worksheet`.

```
Worksheets("Stat").Delete
```

Aucune confirmation n'est demandée lors de l'exécution et cette opération est irréversible.

Rendre une feuille de calcul invisible

Pour rendre une feuille invisible, utilisez la propriété `Visible` de l'objet `Worksheet`. Contrairement à ce que l'on pourrait croire, cette propriété prend trois valeurs et non deux. Il existe une valeur qui correspond à un statut "super-masqué" c'est-à-dire qu'il n'est pas possible d'afficher la feuille avec la commande **Format** du groupe *Cellules* de l'onglet **Accueil**.

Pour masquer avec un statut "super-masqué" :

```
Worksheets("Détail").Visible = xlVeryHidden
```

Pour afficher à nouveau la feuille :

```
Worksheets("Détail").Visible = True
```

Pour masquer une feuille de façon classique, affectez la valeur `False` à la propriété `Visible`.

Afficher la liste des feuilles de calcul

La macro suivante permet d'afficher le nombre de feuilles de calcul dans le classeur actif, ainsi que la liste des noms dans une boîte de dialogue.

```
Sub AfficherListe()
    Dim Feuille As Worksheet
    Dim Message As String
    
    MsgBox ("Il y a " & Worksheets.Count & " feuilles de calcul ↵ dans le classeur.")
```

```
    Message = ""
    For Each Feuille In Worksheets
        Message = Message & Feuille.Name & Chr(10)
    Next Feuille

    MsgBox Message
End Sub
```

- La première boîte de dialogue permet d'afficher le nombre total de feuilles de calcul (propriété Count de la collection Worksheets).
- La variable Message est initialisée avec une chaîne de caractères vide.
- Il s'agit ensuite de passer en revue l'ensemble des éléments de la collection Worksheets, à l'aide de la séquence For... Each.
- Il s'agit ensuite d'ajouter au contenu de la variable Message le nom de l'objet (Feuille.Name), ainsi que le caractère de contrôle permettant de passer à la ligne (Chr(10)).
- Une fois la boucle terminée, il suffit d'afficher le message.

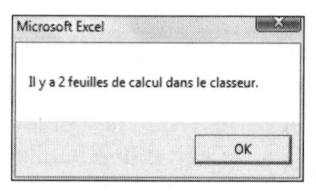

Figure 17.15 : Nombre de feuilles de calcul dans le classeur

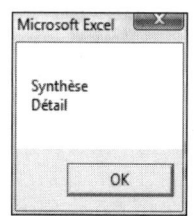

Figure 17.16 : Liste des feuilles de calcul du classeur

Si le classeur contient des feuilles de graphique, ces dernières sont ignorées par la macro car elles ne font pas partie de la collection Worksheets (ce sont des objets de type Chart). Elles font partie de la collection Sheets. Utilisons cette dernière et reprenons la macro précédente pour faire la distinction entre feuilles de calcul et feuilles de graphique (grâce à la fonction VBA TypeName).

```
Sub AfficherListe2()
    Dim Feuille As Object
    Dim Message As String

    MsgBox ("Il y a " & Sheets.Count & " feuilles dans le
    ⤦ classeur dont " _
        & Worksheets.Count & " feuilles de calcul.")
```

```
        Message = ""
        For Each Feuille In Sheets
            Select Case TypeName(Feuille)
                Case "Worksheet"
                    Message = Message & "Feuille de calcul : "
                Case "Chart"
                    Message = Message & "Feuille de graphique : "
            End Select
            Message = Message & Feuille.Name & Chr(10)
        Next Feuille

        MsgBox Message

    End Sub
```

- La première boîte de dialogue permet d'afficher le nombre total de feuilles dans le classeur (à l'aide de la propriété Count de la collection Sheets), ainsi que le nombre de feuilles de calcul (propriété Count de la collection Worksheets).
- La variable Message est initialisée avec une chaîne de caractères vide.
- Il s'agit ensuite de passer en revue l'ensemble des éléments de la collection Sheets, à l'aide de la séquence For… Each.
- La fonction TypeName permet de déterminer le type de l'objet contenu dans la variable Feuille : Worksheet s'il s'agit d'une feuille de calcul ou Chart s'il s'agit d'une feuille de graphique. La structure Select Case permet d'ajouter à la variable Message le texte correspondant au type.
- Il s'agit ensuite d'ajouter au contenu de la variable Message le nom de l'objet (Feuille.Name), ainsi que le caractère de contrôle permettant de passer à la ligne (Chr(10)).
- Une fois la boucle terminée, il suffit d'afficher le message.

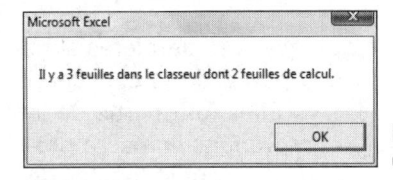

Figure 17.17 : Nombre total de feuilles dans le classeur

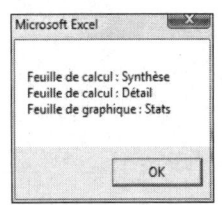

Figure 17.18 : Liste des feuilles du classeur

Déplacer et copier des feuilles de calcul

Il est souvent intéressant de pouvoir réorganiser les feuilles d'un classeur, en les déplaçant les unes par rapport aux autres, ou même en les dupliquant. Il est possible de réaliser ces opérations avec VBA grâce aux méthodes `Move` et `Copy` de l'objet `Worksheet`.

Déplacer une feuille de calcul

Pour déplacer la feuille active avant la feuille **Synthèse** :

```
ActiveSheet.Move Before:=Worksheets("Synthèse")
```

Pour déplacer la feuille **Détail** du classeur *Ventes2013.xlsx* après la feuille **Feuil1** du classeur dans lequel se déroule la macro :

```
Workbooks("Ventes2013.xlsx").Worksheets("Détail").Move _
    After:=ThisWorkbook.Worksheets("Feuil1")
```

Pour déplacer la feuille active après la dernière feuille de calcul du classeur, c'est-à-dire à la fin du classeur si le classeur ne contient que des feuilles de calcul :

```
ActiveSheet.Move After:=Worksheets(Worksheets.Count)
```

Copier une feuille de calcul

La syntaxe et l'utilisation de la méthode `Copy` sont identiques à celles de la méthode `Move`. Dans le cas de `Copy`, la feuille reste à son emplacement initial ; c'est une copie qui est placée à l'emplacement spécifié.

Exporter la feuille de calcul active

Si vous travaillez sur un classeur volumineux, contenant de nombreuses feuilles de calcul, il peut être intéressant d'obtenir, à la demande, une copie de la feuille active dans un nouveau classeur. Cela permet par exemple d'envoyer par messagerie uniquement les informations qui concernent vos interlocuteurs, sans les submerger d'informations inutiles.

Pour cela, utilisez à nouveau la méthode `Copy` de l'objet `Worksheets`. Toutefois, ne spécifiez aucun des arguments `After` et `Before`. Dans ce cas, la feuille est copiée dans un nouveau classeur.

La macro `Exporter_Feuille` crée une copie de la feuille active dans un nouveau classeur.

```
Sub Exporter_Feuille()

    Application.ScreenUpdating = False

    ActiveSheet.Copy
```

```
ActiveWorkbook.SaveAs Filename:=ActiveSheet.Name
ActiveWorkbook.Close

ThisWorkbook.Activate

ThisWorkbook.Activate
Application.ScreenUpdating = True

End Sub
```

Quelques explications :

- Afin d'accélérer l'exécution de la macro et d'éviter le scintillement de l'affichage, on désactive la mise à jour de l'écran.
- La feuille active est copiée dans un nouveau classeur. Ce dernier est affiché mais demeure invisible car l'écran n'est pas mis à jour.
- Le classeur est enregistré avec le nom de la feuille de calcul puis fermé.
- Le classeur initial (celui dans lequel se trouve cette macro) est à nouveau affiché.
- L'affichage est mis à jour.

> **REMARQUE** — **Utilisation de Move**
> Dans l'exemple précédent, vous pouvez remplacer Copy par Move si vous ne souhaitez pas conserver la feuille dans le classeur initial.

Protéger toutes les feuilles de calcul d'un classeur

Protéger une feuille de calcul est une opération relativement simple. Il suffit de cliquer sur le bouton **Protéger la feuille** du groupe *Modifications* de l'onglet **Révision**. Dans la boîte de dialogue **Protéger la feuille**, vous pouvez, si vous le souhaitez, spécifier un mot de passe puis valider pour activer la protection.

Si votre classeur contient un grand nombre de feuilles, cette opération doit être répétée pour chaque feuille et risque de devenir pénible. La macro suivante permet de protéger en une fois toutes les feuilles du classeur.

```
Sub Protection()
    For Each Feuille In WorkSheets
        Feuille.Protect Password:="toto"
    Next Feuille
End Sub
```

- La variable `Feuille` va représenter tour à tour chacune des feuilles de calcul du classeur.
- Il s'agit ensuite d'activer la protection de la feuille en utilisant la méthode `Protect`. Si vous ne précisez pas le paramètre `Password`, la protection sera effective mais pourra être supprimée facilement à l'aide du bouton **Ôter la protection** du groupe *Modifications* de l'onglet **Révision**.
- On passe à la feuille suivante.

Pour créer une macro qui supprime la protection de toutes les feuilles du classeur, remplacez `Protect` par `Unprotect` dans le code précédent.

Trier les feuilles d'un classeur par ordre alphabétique

Si vous travaillez sur des classeurs "alphabétique" comptant un grand nombre de feuilles, vous risquez d'avoir du mal à retrouver telle ou telle feuille. Pour vous y aider, voici une macro (`Trier_Alpha`) qui trie automatiquement les feuilles d'un classeur selon l'ordre alphabétique.

```
Sub Trier_Alpha()
    If Worksheets.Count<2 then Exit sub

    For i = 1 To Worksheets.Count - 1
        For j = i + 1 To Worksheets.Count
            If Worksheets(j).Name < Worksheets(i).Name Then _
                Worksheets(j).Move before:= Worksheets(i)
        Next j
    Next i

End Sub
```

Quelques explications :

- Si le classeur contient moins de 2 feuilles, l'exécution de la macro est interrompue car elle est inutile (`Worksheets.Count` permet d'obtenir le nombre de feuilles dans le classeur).
- La première boucle permet de passer en revue toutes les feuilles du classeur jusqu'à l'avant-dernière.
- La deuxième boucle permet de passer en revue les feuilles situées après la feuille en cours.
- Si le nom de la feuille située après la feuille en cours est plus petit (sous-entendu placé avant dans l'ordre alphabétique), la feuille est déplacée avant la feuille en cours (`Worksheets(j).Move before:= Worksheets(i)`).

Insérer une feuille de calcul par mois

Dans certains cas (suivi de dépenses, planning…), il est utile de créer à partir d'un modèle une feuille pour chaque mois de l'année. Voici une macro qui permet d'automatiser cette tâche souvent fastidieuse :

```
Sub Feuilles_Mois()
    For Mois = 12 To 1 Step -1
        Workshsheets.Add Before:=Sheets(1)
        ActiveSheet.Name = Format(DateSerial(2013, Mois, 1), "mmmm")
    Next Mois
End Sub
```

- La variable `Mois` va varier de 12 à 1 (on retranche 1 à chaque passage).

- On crée une nouvelle feuille de calcul, que l'on insère avant (à gauche) la première feuille du classeur, c'est-à-dire au début du classeur. C'est la raison pour laquelle `Mois` débute à 12 pour terminer à 1 : on insère la feuille correspondant au mois de décembre, puis à sa gauche, celle du mois de novembre, et ainsi de suite jusqu'à janvier. De cette façon, les mois sont dans l'ordre chronologique.

- Il s'agit à présent de modifier le nom de la feuille nouvellement insérée. L'objet `ActiveSheet` représente la feuille active (affichée) qui, dans ce cas, est justement la feuille nouvellement insérée. Il suffit donc de modifier sa propriété `Name`. Pour obtenir facilement le nom du mois, on utilise la fonction `DateSerial`, qui renvoie une date à partir d'une année, d'un mois (ici la variable `Mois`) et d'un jour. Une fois la date obtenue, on emploie la fonction `Format`, qui renvoie une chaîne de caractères correspondant à l'application d'un format (ici `mmmm`, c'est-à-dire le mois en toutes lettres) à une valeur numérique ou à une date.

- On passe à la valeur suivante de `Mois`.

L'exemple suivant est une variante de la macro précédente. Il s'agit ici, non pas de créer une nouvelle feuille par mois, mais d'insérer une copie d'une feuille nommée **Modèle**. Cela peut être intéressant si vous utilisez des relevés kilométriques, des notes de frais, etc. pour lesquels il existe un document préétabli à dupliquer chaque mois.

```
Sub Feuilles_Mois()
    For Mois = 12 To 1 Step -1
        Workshsheets("Modèle").Copy Before:=Sheets(1)
        ActiveSheet.Name = Format(DateSerial(2013, Mois, 1), "mmmm")
    Next Mois
End Sub
```

Créer un lien hypertexte vers chaque feuille d'un classeur

Dans un classeur qui contient un grand nombre de feuilles de calcul, il peut être intéressant de créer une feuille nommée, par exemple, **Menu** et d'y insérer automatiquement un lien hypertexte vers chaque autre feuille du classeur en question pour naviguer plus facilement.

La macro `Liens_Hypertextes` va faire cela pour vous :

```
Sub Liens_Hypertextes()
    Application.ScreenUpdating = False

    Workshsheets("Menu").Select
    Columns("B:B").Hyperlinks.Delete
    Columns("B:B").ClearContents

    Range("B3").Select

    For Each Feuille In WorkSheets
        If Feuille.Name <> "Menu" Then
            Emplacement = "'" & Feuille.Name & "'!A1"

            WorkSheets("Menu").Hyperlinks.Add Anchor:=Selection, _
            Address:="", SubAddress:= Emplacement, _
            TextToDisplay:=Feuille.Name

            ActiveCell.Offset(1, 0).Select
        End If
    Next Feuille

    Application.ScreenUpdating = True
End Sub
```

Quelques explications :

- Afin d'accélérer l'exécution de la macro et d'éviter le scintillement de l'affichage, on désactive la mise à jour de l'écran.
- La feuille **Menu** est sélectionnée.
- Les liens hypertextes (issus d'une précédente exécution de la macro) sont supprimés.
- Le contenu de la colonne *B* est effacé. Cette colonne contient les liens hypertextes. À l'étape précédente, ces derniers ont été supprimés mais les textes demeurent.
- La cellule *B3* est sélectionnée.
- Il s'agit maintenant de passer en revue chaque feuille du classeur. Elles sont représentées par la collection `Sheets`, qui contient des objets de type feuille de calcul (un objet par feuille du classeur).

- Si la feuille en cours n'est pas la feuille **Menu**...
- La variable `Emplacement` contient l'adresse de la cible du prochain lien hypertexte.
- Un nouveau lien hypertexte est créé sur la feuille **Menu** depuis la cellule active (*B3* pour le première feuille, puis *B4*, *B5*...). Sa cible est déterminée par la variable `Emplacement` et le texte affiché sera le nom de la feuille (`Feuille.Name`).
- On passe à la cellule suivante dans la colonne *B* de la feuille **Menu**.
- On passe à la feuille suivante.
- L'affichage est à nouveau mis à jour.

17.6. Travailler avec des plages de cellules

La manipulation de plages de cellules est sans doute l'une des opérations les plus courantes que voua aurez à réaliser avec VBA. Pour cela, vous disposez de l'objet `Range`, qui permet de référencer indifféremment des plages de cellules et des cellules uniques. Vous pouvez utiliser également la collection `Cells`, qui contient l'ensemble des cellules d'une feuille ou d'une plage de cellules.

Travailler avec des cellules et des plages de cellules

Pour sélectionner la cellule *A10* de la feuille active :

```
Range("A10").Select
```

Dans ce cas, les objets `ActiveCell` et `Selection` font référence à la cellule *A10*.

Pour sélectionner la plage *B1:D11* de la feuille active :

```
Range("B1:D11").Select
Range("B1", "D11").Select
```

Dans ce cas, l'objet `Selection` fait référence à la plage de cellules *B1:D11* et l'objet `ActiveCell` à la cellule *B1*. Par défaut, la cellule active est située en haut à gauche de la plage sélectionnée.

Pour sélectionner la plage *B1:D11* et activer la cellule *C5* :

```
Range("B1:D11").Select
Range("C5").Activate
```

Si la cellule n'est pas située dans la sélection, elle remplace la sélection. Si, dans l'exemple précédent, vous aviez tenté d'activer la cellule *D12*, elle aurait été sélectionnée en lieu et place de *B1:D11*.

Pour sélectionner des plages de cellules non contiguës, par exemple *B1:D11* et *H10:M15* :

```
Range("B1:D11,H10:M15").Select
```

Vous avez la possibilité d'identifier les cellules d'une feuille de calcul ou d'une plage à l'aide de la collection `Cells`. Ainsi, pour sélectionner la totalité des cellules de la feuille active :

```
Cells.Select
```

Vous pouvez également utiliser `Cells` si vous souhaitez identifier une cellule particulière de la feuille de calcul active. Par exemple, pour identifier la cellule *G10* :

```
Cells(10,7)
```

Le premier argument est le numéro de la ligne, et le second le numéro de la colonne. Cela se révèle particulièrement utile lorsque vous souhaitez travailler avec des boucles. Dans l'exemple suivant, il s'agit de remplir la plage de cellules *A1:J10* de la feuille active avec des valeurs aléatoires entières comprises entre 1 et 100.

```
For Colonne = 1 To 10
    For Ligne = 1 To 10
        Cells(Ligne, Colonne).Value = CInt(Rnd * 100)
    Next Ligne
Next Colonne
```

Vous pouvez aussi utiliser `Cells` pour référencer des cellules au sein d'une plage de cellules. Par exemple, l'expression suivante identifie la cellule *H7* :

```
Range("E5:L15").Cells(3, 4).Select
```

Il s'agit en effet de la cellule située sur la troisième ligne (*7*) et la quatrième colonne (*H*) de la plage.

Obtenir une plage décalée

La propriété `Offset` de l'objet `Range` renvoie une plage de cellules décalée d'un nombre spécifié de lignes et de colonnes par rapport à la plage initiale. La valeur du décalage peut être positive ou négative. Si la valeur du décalage en ligne est positive, le décalage se fait vers le bas (vers le haut dans le cas contraire). Si la valeur du décalage en colonne est positive, le décalage se fait vers la droite (vers la gauche dans le cas contraire).

Pour sélectionner une plage de cellules décalée de deux lignes vers le haut et trois colonnes vers la droite par rapport à la sélection actuelle :

```
Selection.Offset(-2,3).Select
```

Cela fonctionne même si la sélection est composée de plage de cellules non contiguës.

Pour sélectionner la cellule située juste en dessous de la cellule active :

```
ActiveCell.Offset(1,0).Select
```

Redimensionner une plage de cellules

La propriété `Resize` de l'objet `Range` renvoie une plage de cellules redimensionnée à partir de la plage initiale. Il suffit de préciser le nombre de lignes et de colonnes que doit contenir la plage redimensionnée.

Pour obtenir une plage composée de cinq lignes et deux colonnes à partir de la cellule active :

```
ActiveCell.Resize(5,2)
```

Pour sélectionner une plage de dix lignes et de cinq colonnes à partir de la plage *B2:Z500* (en l'occurrence la plage *B2:F11*) :

```
Range("B2:Z500").Resize(10, 5).Select
```

Sélectionner un bloc de cellules

La propriété `CurrentRegion` de l'objet `Range` permet de sélectionner un bloc de cellules situé autour d'une cellule. Un bloc de cellules est délimité soit par les bords de la feuille de calcul, soit par une ligne et/ou une colonne vide.

	A	B	C	D	E	F	G
1							
2							
3		Janvier	Février	Mars	Avril	Mai	Juin
4	Produit 1	71	5	52	83	11	30
5	Produit 2	53	41	77	82	100	38
6	Produit 3	58	86	5	59	68	30
7	Produit 4	29	79	59	99	2	95
8	Produit 5	30	37	47	91	58	98
9	Produit 6	77	96	30	23	10	40
10	Produit 7	1	87	62	70	10	28
11	Produit 8	76	6	65	98	80	16
12	Produit 9	81	95	26	24	28	16
13	Produit 10	71	36	28	53	5	65
14							

Figure 17.19 : Le bloc de cellules situé autour de la cellule D5 est la plage de cellules A3:G13

Pour sélectionner ce bloc, il existe un raccourci clavier : [Ctrl]+[*].

En VBA, il faut écrire le code suivant :

```
Range("D5").CurrentRegion.Select
```

Sélectionner jusqu'à la dernière cellule non vide

Au clavier, vous avez la possibilité d'accéder à la dernière cellule d'une colonne à l'aide de la combinaison de touches [Ctrl]+[↓]. Plus exactement, ce raccourci clavier sélectionne la cellule située immédiatement avant la première cellule vide rencontrée dans la colonne, à partir de la cellule active. En VBA, il existe un moyen d'émuler ce fonctionnement : c'est la propriété End de l'objet Range. Cette propriété renvoie en effet un objet référençant la dernière cellule vers le bas, vers le haut, vers la gauche, vers la droite, en fonction de l'argument fourni.

Considérons le tableau suivant :

	A	B	C	D	E	F	G
1							
2							
3		Janvier	Février	Mars	Avril	Mai	Juin
4	Produit 1	71	5	52	83	11	30
5	Produit 2	53	41	77	82	100	38
6	Produit 3	58	86	5	59	68	30
7	Produit 4	29	79	59	99	2	95
8	Produit 5	30	37	47	91	58	98
9	Produit 6	77	96	30	23	10	40
10	Produit 7	1	87	62	70	10	28
11	Produit 8	76	6	65	98	80	16
12	Produit 9	81	95	26	24	28	16
13	Produit 10	71	36	28	53	5	65
14							

Figure 17.20 : Un tableau

L'instruction suivante sélectionne la cellule *A13* :

`Range("A4").End(xlDown).Select`

Pour sélectionner les cellules à partir du début de la colonne, jusqu'à la fin :

`Range("A4", Range("A4").End(xlDown)).Select`

Dans l'exemple précédent, on fournit la cellule `Range("A4").End(xlDown)`, soit *A13*, en argument à `Range` pour définir l'extrémité de la sélection.

Pour sélectionner les valeurs du tableau, sans les en-têtes :

`Range("B5", Range("B5").End(xlToRight).End(xlDown)).Select`

Ici, on utilise `End(xlToRoght)` pour obtenir la cellule située à la fin de la ligne, puis à partir de cette cellule, on se déplace vers le bas avec `End(xlDown)`.

Sélectionner des lignes et des colonnes entières

Pour identifier des lignes ou des colonnes, vous disposez des propriétés `Rows` et `Columns` de l'objet `Worksheet`.

Pour sélectionner la colonne *C* de la feuille active :

```
Columns("C").Select
Columns(3).Select
```

Pour référencer les colonnes *E* à *G* de la feuille **Ventes** :

```
Worksheets("Ventes").Columns("E:G").Select
```

Pour sélectionner la ligne 10 de la feuille active :

```
Rows(10).Select
```

> **REMARQUE** — **Utilisation de l'objet Range pour référencer des lignes et des colonnes**
>
> Il est également possible d'utiliser l'objet `Range` pour référencer des lignes et des colonnes. Pour sélectionner la colonne C :
>
> ```
> Range("C:C").Select
> ```
>
> Pour sélectionner les lignes 15 à 17, 20 et 22 :
>
> ```
> Range("15:17,20:20,22:22").Select
> ```

Il est également possible de sélectionner la totalité de la ligne ou de la colonne à partir d'une cellule ou d'une plage de cellules, grâce aux propriétés `EntireRow` et `EntireColumn` de l'objet `Range`. Pour sélectionner la ligne dans laquelle se trouve la cellule active :

```
ActiveCell.EntireRow.Select
```

Pour sélectionner les colonnes de la plage *B10:F30* (c'est-à-dire les colonnes *B* à *F*) :

```
Range("B10:F30").EntireColumn.Select
```

Compter les cellules, lignes et colonnes d'une plage de cellules

Pour compter les cellules, les lignes et les colonnes, vous disposez de la propriété `Count` associée aux propriétés `Cells`, `Areas`, `Rows`, `Columns` de l'objet `Range`. La propriété `Areas` renvoie une collection correspondant aux plages de cellules contiguës dans la sélection, autrement appelées "blocs" ou "zones".

La macro suivante permet de compter le nombre de cellules, de zones, de lignes et de colonnes présentes dans la plage de cellules sélectionnée.

```
Sub CompteCellules()

    Message = ""

    Message = Message & "Nombre de cellules : " & Selection ↙
    .Cells.Count & Chr(10)
```

```
        Message = Message & "Nombre de zones : " & Selection.Areas
        ⌦ .Count & Chr(10)

        Num = 1
        For Each Bloc In Selection.Areas
            Message = Message & "Zone " & Num & " : " & Bloc.Rows
            ⌦ .Count & " lignes "
            Message = Message & " x " & Bloc.Columns.Count &
            ⌦ " colonnes" & Chr(10)
            Num = Num + 1
        Next Bloc

        MsgBox Message

End Sub
```

- La variable Message est initialisée avec une chaîne de caractères vide.
- Il s'agit d'ajouter à la variable Message le nombre de cellules et de zones.
- La variable Num est initialisée à 1. Elle servira à compter les blocs de la sélection.
- Pour chaque bloc de la sélection (collection Selection.Areas), on ajoute à la variable Message son numéro, son nombre de lignes et de colonnes.
- La variable Num est incrémentée d'une unité.
- Une fois la boucle terminée, il suffit d'afficher le message.

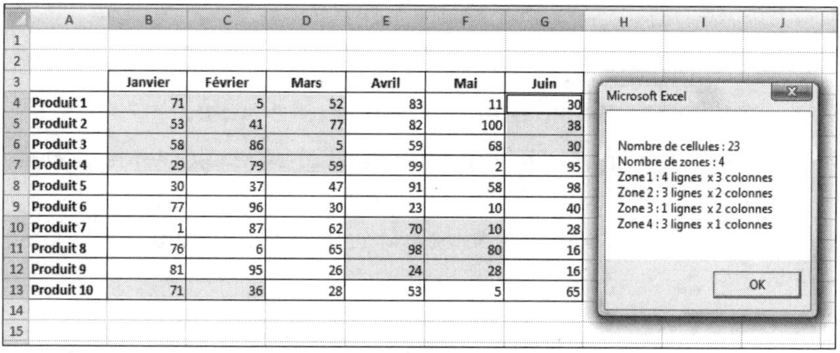

Figure 17.21 : Compter les cellules, lignes et colonnes

Modifier le contenu de cellules

Pour écrire dans des cellules ou des plages de cellules, vous disposez des propriétés Value et Formula de l'objet Range. La propriété Value permet d'attribuer une valeur fixe (numérique ou texte), tandis que la propriété `Formula` permet d'écrire une formule de calcul.

Pour écrire la chaîne de caractères `"Micro Application"` dans la cellule active :

```
ActiveCell.Value = "Micro Application"
```

Pour multiplier par 2 le contenu de la cellule active (à condition qu'il soit de type numérique, bien sûr) :

```
ActiveCell.Value = ActiveCell.Value * 2
```

Pour écrire la valeur 10 dans toutes les cellules de plage *C5:D15* :

```
Range("C5:D15").Value = 10
```

Pour écrire dans la cellule *A1* de la feuille **Synthèse** la somme des valeurs de la plage *C5:D15* de la feuille active :

```
Worksheets("Synthèse").Range("A1").Value = _
    Application.WorksheetFunction.Sum(Range("C5:D15"))
```

> **ASTUCE** — **Accélérer l'exécution des macros**
> Il n'est pas nécessaire de sélectionner au préalable une cellule ou une plage de cellules pour mettre à jour son contenu. La sélection d'une feuille de calcul, puis d'une cellule au sein de cette feuille ralentit considérablement l'exécution d'une macro. Pour optimiser les performances de vos applications, il est donc conseillé de ne pas sélectionner les cellules avant d'écrire un contenu. Soyez particulièrement vigilant lorsque vous utilisez l'Enregistreur de macros. En effet, ce dernier sélectionne systématiquement les objets sur lesquels il travaille. Vous devez donc "nettoyer" le code enregistré pour le rendre plus performant.

Déterminer la nature du contenu d'une cellule

Pour déterminer la nature du contenu d'une cellule, vous pouvez utiliser plusieurs fonctions :

- `IsDate` renvoie la valeur booléenne `True` si le contenu est de type Date.
- `IsEmpty` renvoie la valeur booléenne `True` si la cellule est vide.
- `IsError` renvoie la valeur booléenne `True` si le contenu est une valeur d'erreur.
- `IsNumeric` renvoie la valeur booléenne `True` si le contenu est de type numérique.

Écrire des formules

Pour écrire des formules dans une cellule, deux possibilités s'offrent à vous : la propriété `Formula` ou la propriété `FormulaLocal`. La différence entre les deux réside dans la langue dans laquelle sont écrites les fonctions : avec `Formula`, les fonctions sont écrites en anglais, avec `FormulaLocal`, elles sont écrites dans la langue correspondant à l'installation de Microsoft Office. Si `FormulaLocal` est pratique pour les non-anglophones, son utilisation rend le code moins universel puisqu'il ne fonctionne que sur des postes dont l'installation a été effectuée dans la même langue.

Même si la formule est écrite en anglais (avec `Formula`), elle apparaît dans la feuille de calcul dans la langue correspondant à l'installation de Microsoft Office.

Pour écrire dans la cellule active une formule totalisant le contenu de la plage *B4:B13* :

```
ActiveCell.Formula = "=SUM(B4:B13)"
ActiveCell.FormulaLocal = "=SOMME(B4:B13)"
```

Pour écrire une formule qui totalise le contenu des cellules de la colonne B dans la première cellule vide de la colonne :

```
Range("B4").End(xlDown).Offset(1, 0).Formula = _
    "=SUM(B4:B" & Range("B4").End(xlDown).Row & ")"
```

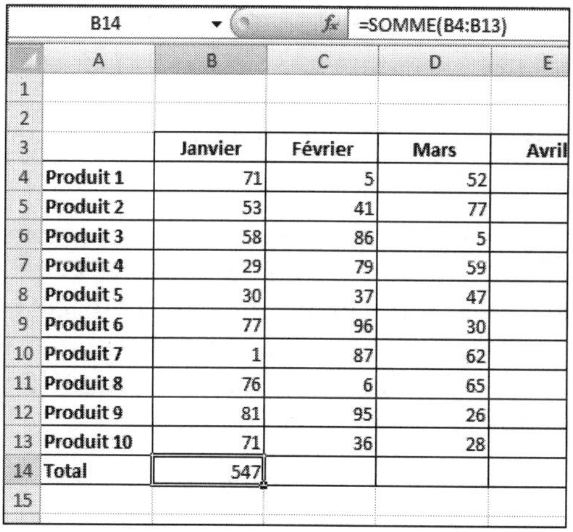

	A	B	C	D	E
1					
2					
3		Janvier	Février	Mars	Avril
4	Produit 1	71	5	52	
5	Produit 2	53	41	77	
6	Produit 3	58	86	5	
7	Produit 4	29	79	59	
8	Produit 5	30	37	47	
9	Produit 6	77	96	30	
10	Produit 7	1	87	62	
11	Produit 8	76	6	65	
12	Produit 9	81	95	26	
13	Produit 10	71	36	28	
14	Total	547			
15					

B14 =SOMME(B4:B13)

Figure 17.22 : Écriture d'une formule de calcul dans une cellule

Déterminer si une cellule contient une formule

La propriété `HasFormula` associée à une cellule renvoie la valeur `True` si la cellule contient une formule, et `False` sinon. Lorsqu'elle est utilisée avec une plage de cellules, cette propriété renvoie la valeur `True` si toutes les cellules de la plage contiennent des formules, la valeur `False` si aucune cellule ne contient de formules, et la valeur `Null` dans les autres cas.

Étendre une formule à une plage

À l'aide de la méthode `AutoFill` de l'objet `Range`, vous pouvez effectuer une recopie incrémentée du contenu d'une plage de cellules vers une autre.

Pour étendre la formule de la cellule *B14* à la plage *B14:G14* :

```
Range("B14").AutoFill Destination:=Range("B14:G14")
```

	A	B	C	D	E	F	G
1							
2							
3		Janvier	Février	Mars	Avril	Mai	Juin
4	Produit 1	71	5	52	83	11	30
5	Produit 2	53	41	77	82	100	38
6	Produit 3	58	86	5	59	68	30
7	Produit 4	29	79	59	99	2	95
8	Produit 5	30	37	47	91	58	98
9	Produit 6	77	96	30	23	10	40
10	Produit 7	1	87	62	70	10	28
11	Produit 8	76	6	65	98	80	16
12	Produit 9	81	95	26	24	28	16
13	Produit 10	71	36	28	53	5	65
14	Total	547	568	451	682	372	456

Figure 17.23 : Recopie incrémentée d'une formule

Utiliser des tableaux pour mettre à jour des plages de cellules

Pour traiter les données contenues dans une plage de cellules, il est souvent plus rapide d'affecter le contenu de la plage de cellules à un tableau, puis de travailler avec les données du tableau. Pour cela, utilisez une variable de type `Variant`. Lors de l'affectation, VBA dimensionne automatiquement un tableau dont la première dimension correspond aux lignes et la deuxième aux colonnes.

Pour affecter le contenu de la plage *B4:G13* à un tableau :

```
MonTableau = Range("B4:G13").Value
```

Dans l'exemple précédent, `MonTableau(5,3)` correspond à la cellule *D8*. La numérotation des dimensions du tableau commence à 1.

La macro suivante multiplie par 1.1 les valeurs de la plage *B4:G13* inférieures à 50 et écrit le résultat dans la plage à partir de *B16* :

```
Sub CalculTableau()
    Dim MonTableau As Variant

    MonTableau = Range("B4:G13").Value

    For Ligne = 1 To UBound(MonTableau, 1)
        For Colonne = 1 To UBound(MonTableau, 2)
            If MonTableau(Ligne, Colonne) < 50 Then _
                MonTableau(Ligne, Colonne) = MonTableau(Ligne, _
                Colonne) * 1.1
        Next Colonne
    Next Ligne

    Range("B16").Resize(UBound(MonTableau, 1), _
        UBound(MonTableau, 2)).Value = MonTableau
End Sub
```

Mettre en forme les cellules

Pour mettre en forme les cellules, utilisez les propriétés `Font` et `Interior` de l'objet `Range`.

Pour mettre en forme le texte d'une cellule ou d'une plage de cellules :

- `Font.Bold` **permet de spécifier (ou de savoir) si le texte est en gras (booléen).**
- `Font.ColorIndex` **permet de spécifier (ou de connaître) la couleur du texte.**
- `Font.Italic` **permet de spécifier (ou de savoir) si le texte est en italique (booléen).**
- `Font.Name` **permet de spécifier (ou de lire) le nom de la police.**
- `Font.Size` **permet de spécifier (ou de lire) la taille de la police.**
- `Font.Underline` **permet de spécifier (ou de savoir) si le texte est souligné (booléen).**

Pour mettre en forme le fond d'une cellule ou d'une plage de cellules :

- `Interior.ColorIndex` **permet de spécifier (ou de connaître) la couleur du fond.**
- `Interior.Pattern` **permet de spécifier (ou de connaître) le motif de fond.**
- `Interior.PatternColorIndex` **permet de spécifier (ou de connaître) la couleur du motif de fond.**

Ajouter des commentaires aux cellules

Pour ajouter un commentaire à une cellule, utilisez la méthode `AddComment` de l'objet `Range`. Pour effacer le commentaire, utilisez la méthode `ClearComments` de l'objet `Range`.

La macro suivante attribue un commentaire spécifique aux cellules contenant une valeur inférieure à la moyenne.

```
Sub Commentaires()
    Dim Tableau As Range

    Set Tableau = Range("B4:G13")

    Tableau.ClearComments

    Moyenne = Application.WorksheetFunction.Average(Tableau)

    For Each Cellule In Tableau
        If Cellule.Value < Moyenne Then Cellule.AddComment _
        "Inférieur à la moyenne"
    Next Cellule
End Sub
```

	Janvier	Février	Mars	Avril	Mai	Juin
Produit 1	71	5			11	30
Produit 2	53	41			100	38
Produit 3	58	86			68	30
Produit 4	29	79		2	95
Produit 5	30	37			58	98
Produit 6	77	96	30	23	10	40
Produit 7	1	87	62	70	10	28
Produit 8	76	6	65	98	80	16
Produit 9	81	95	26	24	28	16
Produit 10	71	36	28	53	5	65
Total	547	568	451	682	372	456

Figure 17.24 : Commentaires ajoutés avec VBA

Copier et coller des cellules

Pour copier et coller le contenu d'une plage de cellules vers une autre, vous disposez de la méthode `Copy` de l'objet `Range`. L'argument `Destination` permet de spécifier la cellule à partir de laquelle doit être collée la plage copiée.

Pour copier la plage *A4:G8* de la feuille active vers la cellule *A2* de la feuille **Synthèse** :

```
Range("A4:G8").Copy Destination:=Worksheets("Synthèse") _
.Range("A2")
```

Collage spécial

Pour effectuer un collage spécial afin de copier des données, utilisez la méthode `Copy` de la plage à copier. Ensuite, utilisez la méthode `PasteSpecial` de la plage de cellules de destination. Cette méthode

requiert les arguments suivants (qui sont les paramètres présents dans la boîte de dialogue **Collage spécial**) :
- `Paste` : type de données à coller.
- `Operation` : opération à effectuer.
- `SkipBlanks` : ne prend pas en compte les cellules vides si la valeur est `True`.
- `Transpose` : effectue un collage transposé si la valeur est `True`.

Pour ajouter les valeurs contenues dans la plage *B14:G14* à la plage de cellules débutant en *B17* :

```
Range("B14:G14").Copy
Range("B17").PasteSpecial Paste:=xlPasteValues, _
        Operation:=xlPasteSpecialOperationAdd
Application.CutCopyMode = False
```

La dernière instruction permet d'effacer la marque de sélection (les pointillés clignotants) autour de la plage copiée.

Travailler avec des cellules particulières

Pour travailler avec des cellules particulières, utilisez la méthode `SpecialCells` de l'objet `Range`. Cette méthode permet d'identifier des cellules présentant les caractéristiques spécifiées à l'aide de l'argument `Type`.

Tableau 17.5 : Argument `Type` **de la méthode** `SpecialCells`

Valeur de l'argument `Type`	Description
`xlCellTypeAllFormatConditions`	Cellules de n'importe quel format
`xlCellTypeAllValidation`	Cellules présentant des critères de validation
`xlCellTypeBlanks`	Cellules vides
`xlCellTypeComments`	Cellules contenant des commentaires
`xlCellTypeConstants`	Cellules contenant des constantes
`xlCellTypeFormulas`	Cellules contenant des formules
`xlCellTypeLastCell`	Dernière cellule dans la plage utilisée
`xlCellTypeSameFormatConditions`	Cellules de même format
`xlCellTypeSameValidation`	Cellules présentant les mêmes critères de validation
`xlCellTypeVisible`	Toutes les cellules visibles

Lorsque `Type` vaut `xlCellTypeConstants` ou `xlCellTypeFormulas`, il faut préciser un deuxième paramètre, nommé `Value`, qui peut prendre quatre valeurs :

- `xlErrors` : valeurs d'erreur ;
- `xlLogical` : valeurs logiques ;
- `xlNumbers` : nombres ;
- `xlTextValues` : texte.

Pour effacer le contenu de toutes les cellules de la plage *B4:G14* contenant des formules renvoyant une valeur numérique :

```
Range("B4:G14").SpecialCells(Type:=xlCellTypeFormulas, _
    Value:=xlNumbers).ClearContents
```

Travailler avec des plages nommées

Pour nommer une plage de cellules, vous avez deux possibilités : utiliser la méthode `Add` de la collection `Names` ou employer la propriété de la plage de cellules que vous souhaitez nommer.

Pour nommer *Produits* la plage *A4:A13*, utilisez l'une des deux syntaxes :

```
Names.Add Name:="Produits", RefersTo:="$A$4:$A$13"
Range("A4:A13").Name = "Produits"
```

De même, pour faire référence à la plage ainsi nommée, vous avez deux possibilités :

```
Range("Produits").Select
Names("Produits").RefersToRange.Select
```

Pour supprimer un nom :

```
Names("Produits").Delete
```

> **REMARQUE — Noms spécifiques d'une feuille de calcul**
>
> Lorsque vous créez un nom avec les méthodes précédentes, il est accessible dans tout le classeur. Si vous souhaitez créer un nom dont la portée est limitée à une feuille, il faut spécifier le nom de la feuille lors de la création du nom. Par exemple :
>
> ```
> Names.Add Name:="Synthèse!Produits", RefersTo:="$A$4:$A$13"
> ```
>
> Le nom créé sera accessible uniquement dans la feuille **Synthèse**.

Additionner en fonction de la couleur

La fonction SOMME est sans conteste l'une des plus utilisées d'Excel. Elle est d'un usage très simple et permet d'additionner tous les nombres contenus dans une plage de cellules. Dans certains cas, il est souhaitable d'être plus sélectif et de totaliser uniquement certaines cellules d'une plage, ces cellules étant par exemple identifiées par une couleur spécifique.

La fonction SOMME_COULEUR totalise les contenus des cellules de la plage dont la couleur est identique à une cellule "étalon".

```
Function SOMME_COULEUR(Plage As Range, Etalon As Range)
    Couleur = Etalon.Interior.ColorIndex
    SOMME_COULEUR = 0
    For Each Cellule In Plage
        If (Cellule.Interior.ColorIndex = Couleur) And _
            IsNumeric(Cellule.Value) _
            Then SOMME_COULEUR = SOMME_COULEUR + Cellule.Value
    Next Cellule
End Function
```

- La fonction SOMME_COULEUR a besoin de deux arguments de type Range (plage de cellules).
- On identifie la couleur de référence et on initialise la valeur de SOMME_COULEUR à 0.
- Pour chaque cellule de la plage fournie en argument...
- Si la couleur de fond de la cellule (Interior.ColorIndex) est identique à celle de la cellule "étalon" et si le contenu (Value) est numérique, on ajoute la valeur de la cellule à SOMME_COULEUR.
- On passe à la cellule suivante.

	A	B	C	D	E	F	G
1							
2							
3		Janvier	Février	Mars	Avril	Mai	Juin
4	Produit 1	71	5	52	83	11	30
5	Produit 2	53	41	77	82	100	38
6	Produit 3	58	86	5	59	68	30
7	Produit 4	2	79	59	99		95
8	Produit 5	30	37	47	91	58	98
9	Produit 6	77	96	30	23	10	40
10	Produit 7		87	62	70	10	28
11	Produit 8	76		65	98	80	16
12	Produit 9	81	95	26	24	28	16
13	Produit 10	71	36	21	53	5	65
14	Total	547	568	451	682	372	456
15							
16		712					

Cellule B16 : `=SOMME_couleur(B4:G13;C4)`

Figure 17.25 : Somme des cellules dont la couleur est identique à celle de C4

Si vous changez la couleur de la cellule étalon, vous devez mettre à jour les cellules contenant la fonction SOMME_COULEUR en appuyant sur la touche [F9] (calcul de la feuille active).

La fonction SOMME_COULEUR n'accepte pas les plages de cellules multiples, contrairement à la fonction SOMME.

Ajouter des informations dans la première ligne vide

Si vous développez des applications avec Excel, vous serez sûrement amené à dissocier les écrans de saisie des données et les feuilles de calcul destinées à stocker les données. En effet, il est souvent souhaitable de rendre les écrans de saisie attrayants et conviviaux, ce qui est relativement peu compatible avec les impératifs de rigueur liés au stockage des données.

Prenons l'exemple d'un gestionnaire de contacts élémentaire, qui permet d'enregistrer un nom, un prénom et un numéro de téléphone. Il est constitué de deux feuilles de calcul : **Saisie** et **Stockage**. La feuille **Saisie** présente un bouton qui permet de stocker les informations saisies dans la feuille **Stockage**. Ce bouton a pour effet de lancer l'exécution de la macro Ajout_Infos détaillée ci-après.

```
Sub Ajout_Infos()
    Nom = Range("B3").Value
    Prenom = Range("B5").Value
    Numero = Range("B7").Value

    Sheets("Stockage").Select
    Range("A1").Select
    If Range("A2").Value <> "" Then Range("A1").End(xlDown).Select
    ActiveCell.Offset(1, 0).Select
    ActiveCell.Value = Nom
    ActiveCell.Offset(0, 1).Value = Prenom
    ActiveCell.Offset(0, 2).Value = Numero

    Sheets("Saisie").Select
End Sub
```

- La variable Nom reçoit le contenu de la cellule *B3* de la feuille **Saisie**.
- La variable Prenom reçoit le contenu de la cellule *B5* de la feuille **Saisie**.
- La variable Numero reçoit le contenu de la cellule *B7* de la feuille **Saisie**.
- On sélectionne la feuille **Stockage**.

- On sélectionne la cellule *A1* de cette même feuille.
- Si la cellule *A2* n'est pas vide, on sélectionne la dernière cellule non vide de la colonne *A*. Si *A2* est vide, la dernière cellule non vide est *A1*. Il n'est donc pas nécessaire de se déplacer.
- On sélectionne la cellule située une ligne en dessous de la cellule active. En fait, on se positionne sur la première ligne vide de la feuille **Stockage** pour y stocker le contact qui vient d'être défini.
- La cellule active reçoit le nom.
- La cellule située une colonne à droite (`Offset(0, 1)`) reçoit le prénom.
- La cellule située deux colonnes à droite (`Offset(0, 2)`) reçoit le numéro.
- On sélectionne la feuille **Saisie** pour permettre à l'utilisateur de créer un nouveau contact.

> **REMARQUE** — **Autre méthode pour atteindre la première cellule vide**
> Vous avez la possibilité de partir du bas de la feuille de calcul et de "remonter" vers la première cellule vide.
> `Cells(Rows.Count, 1).End(xlUp).Offset(1, 0).Select`
> Le code précédent est valable pour la colonne *A*.

Cumuler des lignes selon un critère

La fonction `Sous-total` (bouton **Sous-total** du groupe *Plan* de l'onglet **Données**) permet de réaliser rapidement des synthèses sur une feuille de calcul, en totalisant des colonnes selon un critère.

Toutefois, les données détaillées sont toujours présentes dans la feuille de calcul. Cela peut être gênant si vous ne souhaitez travailler que sur les données synthétisées. Pour pallier le problème, vous allez élaborer la macro `Cumul`, qui permettra de totaliser les valeurs d'une colonne en fonction d'un critère, en ne laissant dans la feuille de calcul que les valeurs cumulées.

Pour l'exemple, supposons que vous disposez des ventes mensuelles de plusieurs produits. La structure de la feuille est simple : dans la colonne *A*, le nom du produit, dans la colonne *B*, ses ventes du mois. Vous souhaitez conserver uniquement le total des ventes par produit. Pour que la macro fonctionne, il faut que la feuille soit triée selon le critère de cumul, donc ici par produit.

	A	B
1	Produit	Quantité
2	Produit 1	71
3	Produit 1	5
4	Produit 1	79
5	Produit 2	53
6	Produit 2	41
7	Produit 2	37
8	Produit 3	58
9	Produit 3	86
10	Produit 3	96
11	Produit 3	95
12	Produit 4	29
13	Produit 4	87
14	Produit 4	36
15	Produit 5	30
16	Produit 5	6
17		

Figure 17.26 : Le tableau initial

```
Sub Cumul()
    Range("A2").Select
    Do While Not IsEmpty(ActiveCell.Value)
        Critere = (ActiveCell.Value= ActiveCell.Offset(1, 0) _
         .Value)
        If Critere = True Then
            ActiveCell.Offset(0, 1).Value = ActiveCell.Offset(0, _
             1).Value _
            + ActiveCell.Offset(1, 1).Value
            ActiveCell.Offset(1, 1).EntireRow.Delete shift:=xlUp
        Else
            ActiveCell.Offset(1, 0).Select
        End If
    Loop
End Sub
```

- On sélectionne la première cellule de données.
- Tant que (`Do While`) la cellule active n'est pas vide (`Not IsEmpty(ActiveCell.Value)`)...
- La variable `Critere` permet de tester si le contenu de la cellule est égal au contenu de la cellule située une ligne en dessous (même commercial). Dans ce cas, `Critere` vaut `True`, ce qui signifie qu'il faut ajouter la valeur de la ligne suivante et celle de la ligne en cours.
- Si `Critere` est vrai (`True`)...
- On ajoute à la valeur de la colonne *B* (`Offset(0,1)`), qui contient le chiffre d'affaires, la valeur de la colonne *B* pour la ligne située en dessous (`Offset(1,1)`).
- Une fois la valeur totalisée, il faut supprimer la ligne du dessous, c'est-à-dire la ligne (`EntireRow`) où se trouve la cellule précédemment totalisée. On évite ainsi de la comptabiliser plusieurs fois.

- Sinon, on se contente de passer à la ligne suivante.
- Après le `End If`, on boucle pour traiter la ligne suivante.

	A	B
1	Produit	Quantité
2	Produit 1	155
3	Produit 2	131
4	Produit 3	335
5	Produit 4	152
6	Produit 5	36
7		

Figure 17.27 : Le tableau cumulé

Soyez prudent avant d'utiliser cette macro, car les données brutes sont irrémédiablement perdues. Il serait judicieux de travailler sur une copie des données.

Vous pourrez facilement adapter cette macro à la structure de vos feuilles de calcul, en modifiant le critère, ainsi que les données totalisées.

Supprimer les doublons d'une liste

Si vous avez travaillé sur des listes de données, vous avez sûrement rencontré des problèmes de doublons, qui se posent quand une liste (de contacts, de clients...) contient plusieurs fois les mêmes éléments. Cela se révèle gênant dans le cadre de mailings ou de calculs statistiques. Il convient donc de "faire le ménage" en éliminant les éléments répétés plusieurs fois. L'opération peut vite s'avérer fastidieuse si la liste contient plusieurs centaines ou milliers d'éléments. Voici donc une macro qui va effectuer ce travail ingrat à votre place.

Supposons que vous disposiez d'une liste de produits dont le nom se trouve dans la colonne *A* (le premier se trouve en *A2*) :

```
Sub Supprimer_Doublons()

    Range("A2").CurrentRegion.Sort Key1:=Range("A1"), _
    Order1:=xlAscending, _
        Header:= xlGuess, OrderCustom:=1, MatchCase:=False, _
        Orientation:=xlTopToBottom

    Range("A2").Select
    Do While Not IsEmpty(ActiveCell.Value)
        If ActiveCell.Value = ActiveCell.Offset(1, 0).Value Then
            ActiveCell.EntireRow.Delete shift:=xlUp
        Else
            ActiveCell.Offset(1, 0).Select
        End If
    Loop

End Sub
```

Quelques explications :

- On considère que la liste est composée de la plus grande plage de cellules contenant des données à partir de *A2*. La plage de cellules sélectionnée est identique à celle que l'on aurait obtenue à l'aide de la combinaison de touches Ctrl+*. La plage de cellules est triée (méthode Sort) en fonction de la colonne *A* (contenant le nom des clients). Cela a pour effet de placer les uns au-dessus des autres les éventuels doublons.
- Le premier client est sélectionné.
- Tant que la cellule active n'est pas vide, c'est-à-dire tant que l'on n'a pas atteint la fin de la liste...
- Il s'agit de tester si le contenu de la cellule active (client en cours) est identique à celui de la cellule située en dessous (client suivant).
- Si tel est le cas, la ligne actuelle est supprimée.
- Sinon, on passe à la ligne suivante.
- Fin de la boucle.

GÉRER LES ÉVÉNEMENTS D'EXCEL

La gestion des événements 421
Les événements de l'objet Workbook 424
Les événements de l'objet Worksheet 432
Les événements de l'objet Application 440

VBA est un langage de programmation orienté objet, c'est-à-dire qu'il permet de manipuler des objets, en l'occurrence des classeurs, des feuilles de calcul, des graphiques, etc. La vie de ces objets n'est pas un long fleuve tranquille... Vos lignes de code auront pour effet de les modifier, de les faire changer d'état (sélectionné/non sélectionné, actif/non actif, imprimé, enregistré...). Tous ces changements sont, au sens propre du terme, des événements. Or, il est possible de détecter la survenance de certains événements de la vie d'un objet, de les "intercepter", puis de déclencher des procédures que vous aurez préalablement écrites.

Dans ce chapitre, nous traiterons uniquement des événements associés aux classeurs, aux feuilles de calcul et à l'application Excel.

RENVOI Pour plus détails sur les événements associés aux boîtes de dialogue personnalisées, reportez-vous au chapitre 21 : *Créer des boîtes de dialogue personnalisées*.

18.1. La gestion des événements

La gestion des événements par VBA, ou programmation événementielle, consiste à déclencher l'exécution d'une procédure en réponse à la survenue d'un événement précis : ouverture d'un classeur, changement de la feuille active, modification d'une cellule, enregistrement d'un classeur, etc. À chaque opération (ou presque) réalisée dans Excel correspond un événement que vous pourrez récupérer via VBA pour y associer votre propre code. Cela vous permettra de personnaliser vos applications et d'améliorer encore leur niveau d'interaction avec l'utilisateur.

Les procédures événementielles

Les procédures événementielles associées aux classeurs et feuilles de calcul sont accessibles dans l'environnement VBE grâce à des listes de choix. Le cas des événements de l'application Excel est un peu particulier ; nous y reviendrons dans la suite de ce chapitre.

Pour accéder aux procédures événementielles associées à un classeur :

1 Activez l'environnement VBE (bouton **Visual Basic** du groupe *Code* de l'onglet **Développeur** ou [Alt]+[F11]).

2 Dans l'arborescence des objets du projet VBA associé au classeur (*Microsoft Excel Objects*), double-cliquez sur l'objet `ThisWorkbook` représentant le classeur.

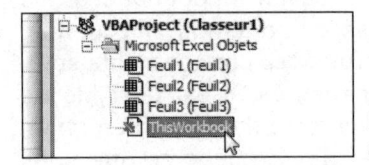

Figure 18.1 : L'objet ThisWorkbook dans l'arborescence du projet

Le module de code du classeur apparaît.

3 Dans la liste de choix située en haut à gauche du module, sélectionnez *Workbook*.

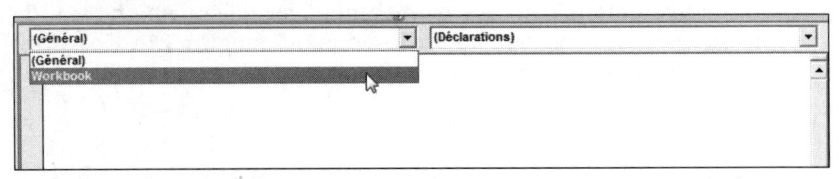

Figure 18.2 : La liste de choix du module

Par défaut, la procédure `Workbook_Open` est créée.

4 Pour choisir l'événement auquel vous souhaitez réagir, sélectionnez-le dans la liste de choix située en haut à droite du module.

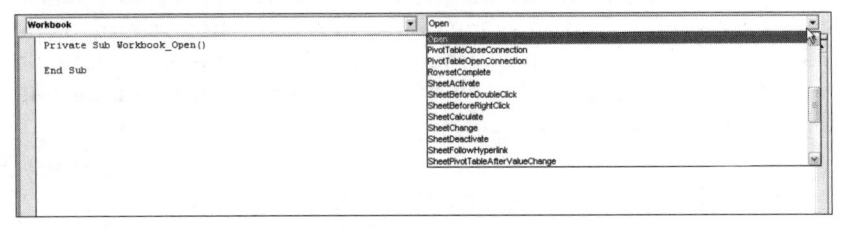

Figure 18.3 : Les événements gérés par le classeur

5 Il vous reste ensuite à écrire votre code.

Ce fonctionnement appelle plusieurs commentaires :

- Tout d'abord, les noms des procédures événementielles sont imposés par VBA. Le nom d'une telle procédure est composé du nom de l'objet suivi du nom de l'événement.
- Par défaut, les procédures événementielles sont déclarées à l'aide du mot-clé `Private`. Cela signifie qu'elles ne sont pas accessibles hors du module dans lequel elles ont été créées.

- Dans un module de code, des procédures événementielles peuvent cohabiter avec des procédures `Sub` ou `Function` "classiques". Lorsque vous sélectionnez *(Général)* dans la liste de choix en haut à gauche, la liste de droite affiche les procédures "classiques". À l'inverse, lorsque vous choisissez *Workbook* dans la liste de gauche, celle de droite affiche les procédures événementielles.

- Dans le code des procédures événementielles, vous pouvez faire appel (via l'instruction `Call`) à des procédures situées dans d'autres modules, à condition bien sûr qu'elles n'aient pas été déclarées avec le mot-clé `Private`.

> **ASTUCE** — **Identification des événements utilisés**
> Dans la liste de choix, les noms des événements apparaissent en gras lorsque les procédures événementielles associées contiennent du code VBA.

Pour accéder aux procédures événementielles associées à une feuille de calcul :

1 Activez l'environnement VBE (bouton du groupe de l'onglet **Développeur** ou [Alt]+[F11]).

2 Dans l'arborescence des objets du projet VBA associé au classeur (*Microsoft Excel Objects*), double-cliquez sur l'objet représentant la feuille de calcul avec laquelle vous souhaitez travailler.

Le module de code de la feuille de calcul apparaît.

3 Dans la liste de choix située en haut à gauche du module, sélectionnez *Worksheet*.

Par défaut, la procédure `Workbook_SelectionChange` est créée.

4 Pour choisir l'événement auquel vous souhaitez réagir, sélectionnez-le dans la liste de choix située en haut à droite du module.

5 Il vous reste ensuite à écrire votre code.

Pour le bon fonctionnement de votre application, veillez à bien saisir le code de vos procédures événementielles sur la bonne feuille de calcul.

Désactiver la gestion des événements

Vous avez la possibilité de désactiver la gestion des événements à l'aide de la propriété `EnableEvents` de l'objet `Application`.

Par défaut, cette gestion est activée. Pour la désactiver :

`Application.EnableEvents = False`

Pour la réactiver :

`Application.EnableEvents = True`

L'activation ou la désactivation est valable pour l'ensemble des classeurs ouverts. Si vous avez désactivé la gestion des événements, tout nouveau classeur ouvert verra ses événements désactivés.

Exploitez cette possibilité ponctuellement, de façon à éviter les "réactions" en chaîne lorsque, par exemple, le code de l'une de vos procédures événementielles est susceptible de déclencher une autre procédure événementielle, qui peut à son tour déclencher l'événement initial. Par exemple :

- L'événement `Worksheet_Change` (changement dans le contenu d'une cellule) est déclenché.
- Dans le code de la procédure, on procède à la sélection d'une autre cellule. Cela engendre l'événement `Worksheet_SelectionChange`.
- Dans le code de cette nouvelle procédure, on modifie le contenu d'une cellule. Cela engendre à nouveau l'événement `Worksheet_Change`, etc.

Pour remédier à cette situation inextricable, il suffit de désactiver les événements au début de la procédure `Worksheet_Change` et de les activer à la fin de la procédure.

18.2. Les événements de l'objet Workbook

Il s'agit des événements associés à un classeur.

La liste des principaux événements

Tableau 18.1 : Événements de l'objet `Workbook`

Événement	Action qui engendre l'événement
`Activate`	Le classeur est activé.
`AddinInstall`	Le classeur est installé comme une macro complémentaire.
`AddinUninstall`	Le classeur est désinstallé comme une macro complémentaire.
`AfterSave`	Le classeur a été enregistré.
`AfterXMLExport`	Un fichier XML a été exporté.
`AfterXMLImport`	Un fichier XML a été importé (ou une connexion à des données XML a été mise à jour).

Tableau 18.1 : Événements de l'objet `Workbook`

Événement	Action qui engendre l'événement
`BeforeClose`	Le classeur est sur le point d'être fermé. Cet événement se produit avant l'affichage de la boîte de dialogue demandant l'enregistrement des modifications.
`BeforePrint`	Le classeur est sur le point d'être imprimé (ou d'être visualisé sous forme d'aperçu avant impression).
`BeforeSave`	Le classeur est sur le point d'être enregistré.
`BeforeXMLExport`	Un fichier XML va être exporté.
`BeforeXMLImport`	Un fichier XML va être importé (ou une connexion à des données XML va être mise à jour).
`Deactivate`	Le classeur est désactivé (il ne sera plus le classeur actif).
`NewChart`	Une nouveau graphique est inséré dans le classeur.
`NewSheet`	Une nouvelle feuille est insérée dans le classeur.
`Open`	Cet événement se produit à l'ouverture du classeur.
`PivotTableCloseConnection`	Cet événement se produit lorsqu'un tableau croisé dynamique, basé sur des données externes, se déconnecte de sa source de données.
`PivotTableOpenConnection`	Cet événement se produit lorsqu'un tableau croisé dynamique, basé sur des données externes, se connecte à sa source de données.
`RowsetComplete`	Cet événement se produit lorsque l'utilisateur extrait le jeu d'enregistrements ou appelle l'action `Rowset` sur un tableau croisé dynamique OLAP.
`SheetActivate`	Une feuille est activée.
`SheetBeforeDelete`	Une feuille va être supprimée. Cet événement survient avant la suppression de la feuille.
`SheetBeforeDoubleClick`	Un double clic a été effectué sur une feuille de calcul. Cet événement survient avant l'exécution de l'action associée normalement au double clic. Ne se produit pas sur les feuilles de graphiques.
`SheetBeforeRightClick`	Un clic du bouton droit a été effectué sur une feuille de calcul. Cet événement survient avant l'exécution de l'action associée normalement au clic du bouton droit. Ne se produit pas sur les feuilles de graphiques.
`SheetCalculate`	Cet événement se produit après le recalcul d'une feuille de calcul (ou le traçage d'une feuille de graphiques).
`SheetChange`	Cet événement se produit lorsque les cellules d'une feuille de calcul sont modifiées. Il ne se produit pas sur les feuilles de graphiques.
`SheetDeactivate`	Une feuille est désactivée.
`SheetFollowHyperlink`	Un lien hypertexte a été suivi sur une feuille.
`SheetPivotTableUpdate`	Un tableau croisé dynamique a été mis à jour.

Tableau 18.1 : Événements de l'objet `Workbook`

Événement	Action qui engendre l'événement
`SheetSelection Change`	La sélection a changé sur une feuille de calcul. Il ne se produit pas sur les feuilles de graphique.
`Sync`	Le classeur a été synchronisé avec un espace de travail SharePoint.
`WindowActivate`	La fenêtre du classeur a été activée.
`WindowDeactivate`	La fenêtre du classeur a été désactivée.
`WindowResize`	La fenêtre du classeur a été redimensionnée.

La procédure événementielle correspondant à l'événement a pour nom :

`Workbook_NomEvenement`

Activate

L'événement `Activate` est déclenché lorsque le classeur est activé.

Dans l'exemple suivant, chaque fois que le classeur est activé, sa feuille **Menu** est affichée.

```
Private Sub Workbook_Activate()
    Sheets("Menu").Activate
End Sub
```

BeforeClose

L'événement `BeforeClose` est déclenché lorsque le classeur est sur le point d'être fermé. L'argument `Cancel` permet d'indiquer si le processus de fermeture doit aller à son terme. En spécifiant `Cancel=True`, vous pouvez interrompre le processus de fermeture.

Dans l'exemple suivant, une question est posée à l'utilisateur lorsqu'il veut fermer le classeur. S'il répond "*non*", la feuille **Réceptions** du classeur est affichée et ce dernier n'est pas fermé.

```
Private Sub Workbook_BeforeClose(Cancel As Boolean)
    Reponse = MsgBox("Avez-vous mis à jour les bons de
➜ réception du jour ?", _
            vbQuestion + vbYesNo, "Quitter l'application")
    If Reponse = vbNo Then
        Sheets("Réceptions").Activate
        Cancel = True
    End If
End Sub
```

BeforePrint

L'événement `BeforePrint` est déclenché lorsque le classeur est sur le point d'être imprimé (ou visualisé sous forme d'aperçu avant impression). L'argument `Cancel` permet d'indiquer si le processus d'impression doit aller à son terme.

Dans l'exemple suivant, un message s'affiche pour informer l'utilisateur de l'orientation de l'impression (Paysage ou Portrait). Ensuite, ce dernier doit vérifier que le bon format de papier a bien été chargé. Si ce n'est pas le cas, l'impression est interrompue.

```
Private Sub Workbook_BeforePrint(Cancel As Boolean)
    msg = ""
    Select Case ActiveSheet.PageSetup.Orientation
        Case xlPortrait
            msg = "Portrait"
        Case xlLandscape
            msg = "Paysage"
    End Select

    MsgBox ("Orientation du papier : " & msg)

    Reponse = MsgBox("Avez-vous chargé le bon format de papier
            dans l'imprimante ?", vbQuestion + vbYesNo, "Imprimer")
    If Reponse = vbNo Then Cancel = True
End Sub
```

BeforeSave

L'événement `BeforeSave` est déclenché lorsque le classeur est sur le point d'être enregistré. L'argument `SaveAsUI` permet d'indiquer si la boîte de dialogue **Enregistrer sous** doit ou non s'afficher (lors du premier enregistrement ou lors de l'utilisation de la commande **Enregistrer sous**). L'argument `Cancel` permet d'indiquer si le processus d'enregistrement doit aller à son terme.

Dans l'exemple suivant, l'utilisateur est informé qu'il doit enregistrer le classeur dans le répertoire *C:\Travail* si la boîte de dialogue **Enregistrer sous** est affichée.

```
Private Sub Workbook_BeforeSave(ByVal SaveAsUI As Boolean,
✂ Cancel As Boolean)
    If SaveAsUI = True Then
        MsgBox ("Merci d'enregistrer ce classeur dans le
        ✂ répertoire C:\Travail")
    End If
End Sub
```

NewSheet

L'événement `NewSheet` est déclenché lorsqu'une nouvelle feuille est insérée dans le classeur. L'argument `Sh` est un objet qui représente la feuille nouvellement insérée. Il peut s'agir d'une feuille de calcul ou d'une feuille de graphique.

Dans l'exemple suivant, lorsqu'une nouvelle feuille est créée dans le classeur, on vérifie qu'il s'agit d'une feuille de calcul. Dans ce cas, elle est déplacée en dernière position et renommée.

```
Private Sub Workbook_NewSheet(ByVal Sh As Object)
    If TypeName(Sh) = "Worksheet" Then
        ActiveSheet.Move after:=Worksheets(Worksheets.Count)
        ActiveSheet.Name = "Client " & Worksheets.Count
    End If
End Sub
```

Open

L'événement `Open` est déclenché lorsque le classeur est ouvert. Cet événement est particulièrement utile si vous souhaitez afficher un message d'accueil, vérifier la présence puis ouvrir des fichiers complémentaires, afficher une feuille de calcul, protéger certaines feuilles, etc.

Dans l'exemple suivant, un message de bienvenue est affiché, la feuille **Menu** apparaît et le classeur *Ventes.xlsx* est ouvert.

```
Private Sub Workbook_Open()
    MsgBox ("Bienvenue dans l'application de facturation")
    Sheets("Menu").Activate
    Workbooks.Open ("F:\Ventes.xlsx")
    ThisWorkbook.Activate
End Sub
```

> **ASTUCE** — **Désactivation de l'événement** Open
> Si vous maintenez la touche [Maj] appuyée lors de l'ouverture du classeur, la procédure `Workbook_Open` n'est pas exécutée.

SheetActivate

L'événement `SheetActivate` est déclenché lorsqu'une feuille est activée. L'argument `Sh` est un objet qui représente la feuille activée.

Dans l'exemple suivant, chaque fois qu'il active une feuille, l'utilisateur est informé du nom de la feuille, de son type. S'il s'agit d'une feuille de calcul, il obtient les références de la plage de cellules utilisées et de la zone d'impression si elle existe.

```
Private Sub Workbook_SheetActivate(ByVal Sh As Object)
    msg = ""
    If TypeName(Sh) = "Worksheet" Then
        msg = "Vous entrez sur la feuille de calcul " & Sh.Name
        msg = msg & Chr(10) & "Plage utilisée : " & Sh ✂
            .UsedRange.Address
        On Error Resume Next
        msg = msg & Chr(10) & "Zone d'impression : " & _
            Names(Sh.Name & "!Zone_d_impression") ✂
            .RefersToRange.Address

    Else
        msg = "Vous entrez sur la feuille " & Sh.Name & " de ✂
             type " & TypeName(Sh)
    End If
    MsgBox msg
End Sub
```

Figure 18.4 : Informations affichées lors de l'activation d'une feuille de calcul

> **ASTUCE**
> **Utilisation de** `On Error Resume Next`
> Dans l'exemple précédent, on utilise `On Error Resume Next` pour éviter l'affichage d'un message d'erreur quand la zone d'impression n'a pas été définie. Dans ce cas, le code poursuit son exécution, c'est-à-dire qu'il affiche le message sans afficher les références de la zone d'impression.

> **REMARQUE**
> **Noms de feuille de calcul**
> La portée du nom `Zone_d_impression` est limitée à une feuille de calcul. En effet, chaque feuille peut avoir une zone d'impression. C'est pourquoi il est

18.2. Les événements de l'objet Workbook

> **REMARQUE** : nécessaire de faire précéder le nom `Zone_d_impression` par le nom de la feuille (`Sh.Name`) pour l'identifier dans la collection `Names`.

SheetBeforeDoubleClick

L'événement `SheetBeforeDoubleClick` est déclenché lorsqu'un double clic a été effectué sur une feuille de calcul. L'argument `Sh` est un objet qui représente la feuille contenant la cellule sur laquelle le double clic a été effectué. L'argument `Target` est un objet qui représente la cellule sur laquelle le double clic a été effectué. L'argument `Cancel` permet d'indiquer si le double clic doit être exécuté à la fin de la procédure.

Dans l'exemple suivant, lorsque l'utilisateur effectue un double clic sur une cellule, le code vérifie s'il s'agit d'une valeur numérique. Si c'est le cas, une boîte de dialogue apparaît, affichant la valeur en francs du montant en euros se trouvant dans la cellule.

L'instruction `Cancel=True` permet d'indiquer que le double clic ne doit pas aller à son terme. Cela aurait pour effet d'activer le mode Édition dans la cellule.

```
Private Sub Workbook_SheetBeforeDoubleClick(ByVal Sh As Object,
 ByVal Target As Range, Cancel As Boolean)
    If IsNumeric(Target.Value) And Not (IsEmpty(Target.Value))
     Then
        MsgBox ("Valeur en Francs : " & Format(Target.Value *
         6.55957, "0.00"))
        Cancel = True
    Else
        MsgBox ("Veuillez choisir une valeur numérique")
    End If
End Sub
```

Figure 18.5 : Affichage de la valeur en francs

SheetFollowHyperlink

L'événement `SheetFollowHyperlink` est déclenché lorsqu'un lien hypertexte a été suivi sur une feuille. L'argument `Sh` est un objet qui représente la feuille dans laquelle le lien a été suivi. L'argument `Target` est un objet qui représente le lien hypertexte sur lequel l'utilisateur a cliqué.

Dans l'exemple suivant, un fichier texte baptisé *Journal.txt* est mis à jour à chaque fois que l'utilisateur clique sur un lien hypertexte. Il s'agit de construire un journal traçant l'activité de cette personne.

```
Private Sub Workbook_SheetFollowHyperlink(ByVal Sh As Object,
✂ ByVal Target As Hyperlink)
    Open "F:\Journal.txt" For Append As #1
    Ligne = ""
    Ligne = "Feuille : " & Sh.Name
    Ligne = Ligne & " / Destination : " & Target.Address
    Ligne = Ligne & " / Heure : " & Format(Now, "dd:mm:yy
✂ hh:mm:ss")
    Write #1, Ligne
    Close #1
End Sub
```

Figure 18.6 : Le fichier Journal.txt

WindowResize

L'événement `WindowResize` est déclenché lorsque la fenêtre du classeur a été redimensionnée.

Dans l'exemple suivant, une boîte de dialogue s'affiche pour indiquer à l'utilisateur la taille de la fenêtre une fois qu'il l'a redimensionnée :

- `Taille maximale` si elle occupe toute la fenêtre de l'application ;
- `Taille réduite` si elle a été réduite ;
- `Largeur x Hauteur` en pixels dans les autres cas.

```
Private Sub Workbook_WindowResize(ByVal Wn As Window)
    Select Case Wn.WindowState
        Case xlMaximized
            MsgBox ("Taille maximale")
        Case xlMinimized
            MsgBox ("Taille réduite")
```

```
            Case Else
                MsgBox ("Taille : " & Wn.Width & " x " & Wn.Height)
            End Select
        End Sub
```

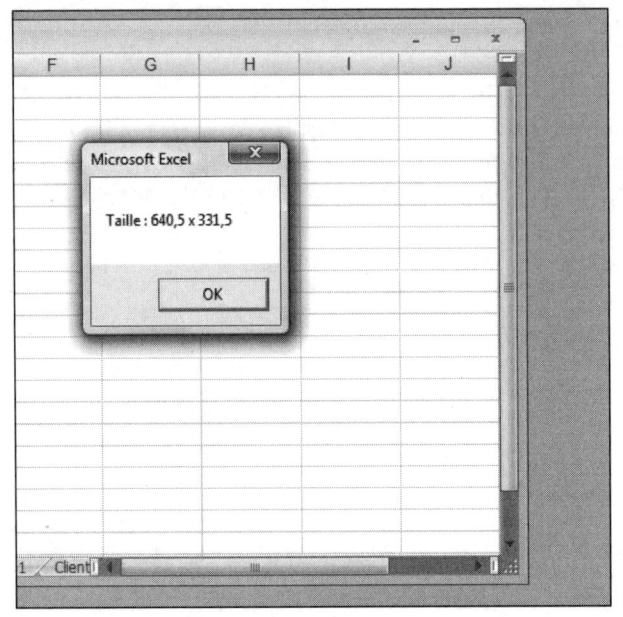

Figure 18.7 : Taille de la fenêtre

18.3. Les événements de l'objet Worksheet

Il s'agit des événements associés à une feuille de calcul.

La liste des principaux événements

Tableau 18.2 : Événements de l'objet `Worksheet`

Événement	Action qui engendre l'événement
`Activate`	La feuille de calcul a été activée.
`BeforeDelete`	La feuille va être supprimée. Cet événement survient avant la suppression de la feuille.
`BeforeDoubleClick`	Un double clic a été effectué sur la feuille de calcul. Cet événement survient avant l'exécution de l'action associée normalement au double clic.
`BeforeRightClick`	Un clic du bouton droit a été effectué sur la feuille de calcul. Cet événement survient avant l'exécution de l'action associée normalement au clic du bouton droit.
`Calculate`	La feuille de calcul a été recalculée.

Tableau 18.2 : Événements de l'objet `Worksheet`

Événement	Action qui engendre l'événement
`Change`	Des cellules de la feuille de calcul ont été modifiées.
`Deactivate`	La feuille de calcul a été désactivée.
`FollowHyperlink`	Un clic a été effectué sur un lien hypertexte de la feuille.
`PivotTableUpdate`	Un tableau croisé dynamique a été mis à jour.
`SelectionChange`	La sélection a changé sur la feuille.

La procédure événementielle correspondant à l'événement a pour nom :

`Worksheet_NomEvenement`

Cas pratique : échéancier de facturation

Vous allez utiliser des événements associés aux feuilles de calcul pour créer un échéancier de facturation rudimentaire, composé de deux feuilles :

- **Factures** : liste des factures avec montants et échéances ;

	A	B	C	D	E	F	G
1	N° Facture	Client	Montant H.T.	Montant T.T.C	Date	Échéance	Réglée
2	AB12	DUPOND	124,00 €	148,30 €	01/01/2013	02/03/2013	
3	AB13	DURAND	45,00 €	53,82 €	01/01/2013	02/03/2013	x
4	AB14	MARTIN	78,00 €	93,29 €	01/01/2013	02/03/2013	
5	AB15	PAUL	567,00 €	678,13 €	01/02/2013	02/04/2013	
6	AB16	DURAND	235,00 €	281,06 €	01/02/2013	02/04/2013	x
7	AB17	MARTIN	17,00 €	20,33 €	01/02/2013	02/04/2013	x
8	AB18	PAUL	1 567,00 €	1 874,13 €	01/02/2013	02/04/2013	
9	AB19	DURAND	178,00 €	212,89 €	01/02/2013	02/04/2013	
10	AB20	DUPOND	125,00 €	149,50 €	01/02/2013	02/04/2013	
11	AB21	PAUL	585,00 €	699,66 €	01/03/2013	30/04/2013	
12	AB22	MARTIN	634,00 €	758,26 €	01/03/2013	30/04/2013	
13	AB23	PAUL	84,00 €	100,46 €	01/03/2013	30/04/2013	
14	AB24	DURAND	45,00 €	53,82 €	01/03/2013	30/04/2013	
15							

Figure 18.8 : La feuille Factures

- **Clients** : liste des clients avec leur code postal.

	A	B	C	D
1	Nom	Prénom	Code Postal	
2	DURAND	Jean	12000	
3	DUPOND	Pierre	34000	
4	MARTIN	Alain	33000	
5	PAUL	Jacques	11000	
6				
7				
8				

Figure 18.9 : La feuille Clients

La feuille Factures

La feuille **Factures** contient le nom *Col_Clients* qui correspond à la plage de cellules *B2:B1048576*.

Le calcul des montants TTC fait référence au nom *Taux_TVA* qui correspond à la constante 0,196.

	A	B	C	D	
				=C2*(1+Taux_TVA)	
1	N° Facture	Client	Montant H.T.	Montant T.T.C	
2	AB12	DUPOND	124,00 €	148,30 €	01
3	AB13	DURAND	45,00 €	53,82 €	01

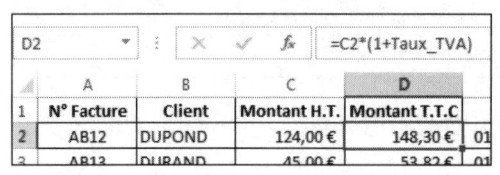

Figure 18.10 : Le calcul du montant TTC

La feuille Clients

La feuille **Clients** contient le nom *Liste_Clients* qui fait référence à une formule :

```
=DECALER(Clients!$A$2;0;0;NBVAL(Clients!$A:$A)-1;1)
```

Il s'agit en fait d'obtenir un nom qui fait référence à une plage de cellules "auto-extensible". En effet, la fonction DECALER permet ici de créer une plage débutant en *A2* et comprenant autant de lignes qu'il y a de valeurs saisies dans la colonne *A*, moins une pour tenir compte de l'en-tête de colonne (NBVAL($A:$A)-1). Les deux derniers arguments de la fonction DECALER permettent en effet de spécifier la taille de la plage de cellules résultante en fixant le nombre de lignes et de colonnes.

Activate

L'événement Activate est déclenché lorsque la feuille de calcul a été activée.

Dans cette application, vous utiliserez l'événement Activate de la feuille **Clients** pour afficher le nombre de clients enregistrés lorsque l'utilisateur accède à la feuille.

```
Private Sub Worksheet_Activate()
    MsgBox ("Nombre de clients : " & _
        Application.WorksheetFunction.CountA(Range("Liste_Clients")))
End Sub
```

La propriété WorksheetFunction de l'objet Application renvoie un objet dont les méthodes sont l'équivalent des fonctions de feuille de calcul. La méthode CountA est l'équivalent de la fonction NBVAL. Elle renvoie le nombre de cellules contenant des valeurs dans la plage *Liste_Clients*, donc le nombre de clients.

	A	B	C	D	E	F
1	Nom	Prénom	Code Postal			
2	DURAND	Jean	12000			
3	DUPOND	Pierre	34000			
4	MARTIN	Alain	33000			
5	PAUL	Jacques	11000			
6						
7					Nombre de clients : 4	
8						
9						
10					OK	
11						
12						
13						

Figure 18.11 : Affichage du nombre de clients

BeforeDoubleClick

L'événement `BeforeDoubleClick` est déclenché lorsqu'un double clic a été effectué sur la feuille de calcul. L'argument `Target` est un objet qui représente la cellule sur laquelle le double clic a été effectué. L'argument `Cancel` permet d'indiquer si le double clic doit être exécuté à la fin de la procédure.

Dans cette application, vous utiliserez l'événement `BeforeDoubleClick` de la feuille **Factures** pour afficher des informations sur le client, suite à un double clic sur une cellule contenant le nom d'un client.

```
Private Sub Worksheet_BeforeDoubleClick(ByVal Target As Range,
✂ Cancel As Boolean)
    If Not (Intersect(Target, Range("Col_Clients")) Is Nothing) Then
        Call Infos_Clients(Target.Value)
        Cancel = True
    End If
End Sub
```

La méthode `Intersect` renvoie un objet de type `Range` correspondant à l'intersection des deux plages fournies en tant qu'arguments. Elle permet de vérifier que la cellule sur laquelle a été effectué le double clic est incluse dans la plage *Col_Clients* (dans ce cas, l'intersection est réduite à la cellule elle-même et elle est donc différente de l'objet vide `Nothing`).

La procédure `Infos_Clients` est stockée dans un module de code (menu **Insertion/Module** de VBE). Elle reçoit en argument le contenu de la cellule sur laquelle le double clic a été effectué (`Target.Value`).

```
Sub Infos_Clients(Nom As String)
    Dim Rech_Client As Range
    Dim Msg As String, Prenom As String, CP As Long
```

```
        Msg = ""
        Set Rech_Client = Range("Liste_Clients").Find(Nom)
        If Not (Rech_Client Is Nothing) Then
            Prenom = Rech_Client.Offset(0, 1).Value
            CP = Rech_Client.Offset(0, 2).Value
            Msg = "Nom : " & Nom
            Msg = Msg & Chr(10) & "Prénom : " & Prenom
            Msg = Msg & Chr(10) & "Code postal : " & CP
        Else
            Msg = "Client non trouvé"
        End If
        MsgBox Msg

End Sub
```

La méthode Find de la plage *Liste_Clients* permet de rechercher la cellule contenant le nom du client, stocké dans l'argument Nom (cette dernière est stockée dans la variable Rech_Client). Si le nom du client est trouvé dans la plage *Liste_Clients*, il faut aller lire son prénom et son code postal dans les cellules voisines, à l'aide de la propriété Offset.

	A	B	C	D	E	F	G
1	N° Facture	Client	Montant H.T.	Montant T.T.C	Date	Échéance	Réglée
2	AB12	DUPOND	124,00 €	148,30 €	01/01/2013	02/03/2013	
3	AB13	DURAND	45,00 €	53,82 €	01/01/2013	02/03/2013	x
4	AB14	MARTIN	78,00 €	93,29 €	01/01/2013	02/03/2013	
5	AB15	PAUL	567,00 €	678,13 €	01/02/2013	02/04/2013	
6	AB16	DURAND	235,00 €	281,06 €	01/02/2013	02/04/2013	x
7	AB17	MARTIN	17,00 €			02/04/2013	x
8	AB18	PAUL	1 567,00 €			02/04/2013	
9	AB19	DURAND	178,00 €	Nom : MARTIN		02/04/2013	
10	AB20	DUPOND	125,00 €	Prénom : Alain		02/04/2013	
11	AB21	PAUL	585,00 €	Code postal : 33000		30/04/2013	
12	AB22	MARTIN	634,00 €			30/04/2013	
13	AB23	PAUL	84,00 €			30/04/2013	
14	AB24	DURAND	45,00 €			30/04/2013	
15							

Figure 18.12 : Affichage des informations sur le client

Calculate

L'événement Calculate est déclenché lorsque la feuille de calcul a été recalculée.

Dans cette application, vous utiliserez l'événement Calculate de la feuille **Factures** pour mettre à jour le taux de TVA au moment du recalcul de la feuille.

```
Private Sub Worksheet_Calculate()
    Call MAJ_TVA
End Sub
```

18. Gérer les événements d'Excel

La procédure `MAJ_TVA` est stockée dans un module de code.

```
Sub MAJ_TVA()
    Dim taux As String

    taux = InputBox("Taux de TVA: ", "Calcul", Names("Taux_TVA") _
        .RefersTo)
    If taux = "" Then Exit Sub
    Application.EnableEvents = False
    Names("Taux_TVA").RefersTo = taux
    Application.EnableEvents = True

End Sub
```

On demande à l'utilisateur de saisir le taux de TVA, en lui fournissant la valeur actuelle en guise de valeur par défaut. Il est nécessaire de désactiver la gestion des événements car la mise à jour de la valeur associée au nom `Taux_TVA` entraîne le déclenchement de l'événement `Calculate`.

	A	B	C	D	E	F	G	H
1	N° Facture	Client	Montant H.T.	Montant	Calcul			
2	AB12	DUPOND	124,00 €	148	Taux de TVA:		OK	
3	AB13	DURAND	45,00 €	53				
4	AB14	MARTIN	78,00 €	93			Annuler	
5	AB15	PAUL	567,00 €	678				
6	AB16	DURAND	235,00 €	281				
7	AB17	MARTIN	17,00 €	20	=0.196			
8	AB18	PAUL	1 567,00 €	1 874,13 €	01/02/2013	02/04/2013		
9	AB19	DURAND	178,00 €	212,89 €	01/02/2013	02/04/2013		

Figure 18.13 : Demande de confirmation du taux de TVA

Change

L'événement `Change` est déclenché lorsque des cellules ont été modifiées sur la feuille de calcul. L'argument `Target` est un objet qui représente la plage de cellules qui a été modifiée.

Dans cette application, vous utiliserez l'événement `Change` de la feuille **Factures** pour déclencher la validation du nom du client après sa saisie dans une cellule.

```
Private Sub Worksheet_Change(ByVal Target As Range)
    If Not (Intersect(Target, Range("Col_Clients")) Is Nothing) Then
        Call Valide_Client(Target.Value)
    End If
End Sub
```

La procédure `Valide_Client` est stockée dans un module de code. Elle reçoit en argument le contenu de la cellule dans laquelle la modification a été effectuée (`Target.Value`).

```
Sub Valide_Client(Nom As String)
    Dim Rech_Client As Range, Cell_Fin As Range
    Dim Rep As String

    If Nom = "" Then Exit Sub

    Set Rech_Client = Range("Liste_Clients").Find(Nom)
    If Rech_Client Is Nothing Then
        Rep = MsgBox("Le client n'existe pas. Voulez-vous le
        ✂ créer ?", vbYesNo, "Client")
        If Rep = vbYes Then
            Set Cell_Fin = Worksheets("Clients").Range("A1")
            If Not (IsEmpty(Cell_Fin.Offset(1, 0).Value)) Then
            ✂ Set Cell_Fin = Cell_Fin.End(xlDown)
            Cell_Fin.Offset(1, 0).Value = UCase(Nom)
        End If
    End If

End Sub
```

La méthode `Find` de la plage *Liste_Clients* permet de rechercher la cellule contenant le nom du client, stocké dans l'argument `Nom` (cette dernière est stockée dans la variable `Rech_Client`). Si le nom du client n'est pas trouvé dans la plage *Liste_Clients*, on demande à l'utilisateur s'il veut le créer. Si c'est le cas, on identifie, à l'aide de la variable `Cell_Fin`, l'emplacement du nom du dernier client. Le nom du nouveau client est alors écrit dans la cellule située immédiatement en dessous (`Cell_Fin.Offset(1, 0)`).

	A	B	C	D	E	F	G
1	N° Facture	Client	Montant H.T.	Montant T.T.C	Date	Échéance	Réglée
2	AB12	DUPOND	124,00 €	148,30 €	01/01/2013	02/03/2013	
3	AB13	DURAND	45,00 €	53,82 €	01/01/2013	02/03/2013	x
4	AB14	MARTIN	78,00 €	93,29 €	01/01/2013	02/03/2013	
5	AB15	PAUL	567,00 €	678,13 €	01/02/2013	02/04/2013	
6	AB16	DURAND	235,00 €	281,06 €	01/02/2013	02/04/2013	x
7	AB17	MARTIN	17,00 €	20,33 €	01/02/2013	02/04/2013	x
8	AB18	PAUL	1 567,00 €	1 87...	...	...	
9	AB19	DURAND	178,00 €	2...	Client		
10	AB20	DUPOND	125,00 €	1...	Le client n'existe pas. Voulez-vous le créer ?		
11	AB21	PAUL	585,00 €	6...			
12	AB22	MARTIN	634,00 €	7...			
13	AB23	PAUL	84,00 €	1...	Oui	Non	
14	AB24	DURAND	45,00 €	...			
15	AB25	DUJARDIN					
16							
17							

Figure 18.14 : Utilisation d'un client inexistant

	A	B	C
1	Nom	Prénom	Code Postal
2	DURAND	Jean	12000
3	DUPOND	Pierre	34000
4	MARTIN	Alain	33000
5	PAUL	Jacques	11000
6	DUJARDIN		
7			

Figure 18.15 : Le client a été créé

SelectionChange

L'événement `SelectionChange` est déclenché lorsque la sélection a changé sur la feuille. L'argument `Target` est un objet qui représente la nouvelle plage de cellules sélectionnée.

Dans cette application, vous utiliserez l'événement `SelectionChange` de la feuille **Factures** pour afficher le total des montants des factures sélectionnées (colonne *D*).

```
Private Sub Worksheet_SelectionChange(ByVal Target As Range)
    Dim Factures As Range, Cellule As Range
    Dim Echeance As Date, Regle As String
    Dim Montant_Total As Double, Montant_Retard As Double
    Dim Msg As String

    If Not (Intersect(Target, Columns("D:D")) Is Nothing) Then
        Set Factures = Intersect(Target, Columns("D:D"))

        Montant_Total = 0
        Montant_Retard = 0
        For Each Cellule In Factures
            Regle = Cellule.Offset(0, 3).Value

            If (Regle = "") And IsNumeric(Cellule.Value) Then
                Echeance = Cellule.Offset(0, 2).Value

                Montant_Total = Montant_Total + Cellule.Value
                If Echeance < Date Then Montant_Retard =_
                Montant_Retard + Cellule.Value
            End If
        Next Cellule

        Msg = ""
        Msg = "Montant total = " & Format(Montant_Total, "0.00 ")
        Msg = Msg & Chr(10) & "Dont en retard = " & _
                Format(Montant_Retard, "0.00 ")

        MsgBox Msg, vbOKOnly, "Factures à régler"
    End IfEnd Sub
```

Dans un premier temps, il s'agit de limiter, à l'aide de la méthode `Intersect`, la plage de cellules traitées aux cellules sélectionnées situées dans la colonne *D*. La colonne *D* est en effet celle qui contient les montants des factures. Pour chacune des cellules correspondantes, on va ensuite rechercher si la facture a été réglée (dans la colonne *G*, à l'aide de la propriété `Offset`). Si ce n'est pas le cas, on utilise le montant de la facture (`Cellule.Value`) pour mettre à jour le montant total et éventuellement le montant en retard (si l'échéance est antérieure à la date du jour obtenue avec `Date`). Le résultat est ensuite affiché à l'aide d'une boîte de dialogue.

	A	B	C	D	E	F	G
1	N° Facture	Client	Montant H.T.	Montant T.T.C	Date	Échéance	Réglée
2	AB12	DUPOND	124,00 €	148,30 €	01/01/2013	02/03/2013	
3	AB13	DURAND	45,00 €	53,82 €	01/01/2013	02/03/2013	x
4	AB14	MARTIN	78,00 €	93,29 €	01/01/2013	02/03/2013	
5	AB15	PAUL	567,00 €	678,13 €	01/02/2013	02/04/2013	
6	AB16	DURAND	235,00 €	281,06 €	01/02/2013	02/04/2013	x
7	AB17	MARTIN	17,00 €	20,33 €	01/02/		
8	AB18	PAUL	1 567,00 €	1 874,13 €	01/02/		
9	AB19	DURAND	178,00 €	212,89 €	01/02/		
10	AB20	DUPOND	125,00 €	149,50 €	01/02/		
11	AB21	PAUL	585,00 €	699,66 €	01/03/		
12	AB22	MARTIN	634,00 €	758,26 €	01/03/		
13	AB23	PAUL	84,00 €	100,46 €	01/03/		
14	AB24	DURAND	45,00 €	53,82 €	01/03/		
15	AB25	DUJARDIN					

Boîte de dialogue « Factures à régler » :
Montant total = 3006,74 €
Dont en retard = 241,59 €
[OK]

Figure 18.16 : Montant des factures sélectionnées

18.4. Les événements de l'objet Application

La gestion des événements associés à l'objet `Application` nécessite un traitement particulier. Nous allons à présent le détailler.

Activer la gestion des événements de l'objet Application

Afin de pouvoir travailler avec les événements de l'objet `Application`, vous devez au préalable effectuer les opérations suivantes :

1 Activez l'environnement VBE (bouton du groupe de l'onglet **Développeur** ou [Alt]+[F11]).

2 Dans votre projet VBA, insérez un module de classe (commande **Module de classe** du menu **Insertion**).

3 Renommez ce module de classe via la fenêtre **Propriétés** (commande **Fenêtre Propriétés** du menu **Affichage** ou ⌞F4⌝). Vous pouvez par exemple lui donner le nom `Appli`.

4 Dans le module de classe, déclarez une variable objet publique de type `Application` à l'aide du mot-clé `WithEvents` :

```
Public WithEvents MonExcel As Application
```

5 Il faut ensuite créer une variable que vous utiliserez pour faire référence à l'objet de type `Application` déclaré dans le module de classe. Cette opération doit être effectuée dans un module. Au besoin, insérez-en un (commande **Module** du menu **Insertion**).

```
Dim MonAppli As New Appli
```

6 Il reste à associer l'objet ainsi déclaré à l'objet `Application`. Cela peut être fait dans la procédure événementielle `Workbook_Open`.

```
Private Sub Workbook_Open()
    Call Init
End Sub
```

La procédure `Init` est écrite dans le module de code :

```
Sub Init()
    Set MonAppli.MonExcel = Application
End Sub
```

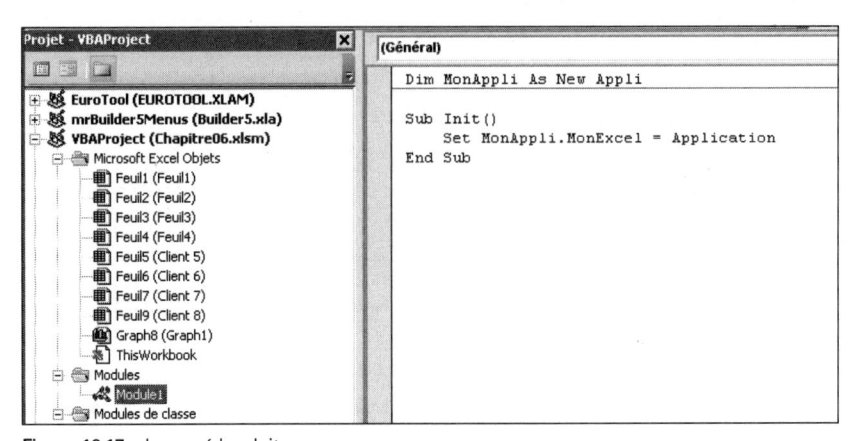

Figure 18.17 : La procédure Init

7 Il vous reste à écrire les procédures événementielles pour l'objet `MonExcel` dans le module de classe `Appli`. Pour cela, dans la liste de choix située en haut à gauche du module de classe, sélectionnez *MonExcel*. Dans la liste de choix située en haut à droite, sélectionnez l'événement à traiter.

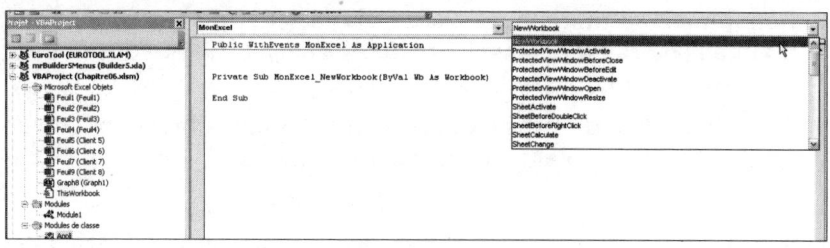

Figure 18.18 : Choix de la procédure événementielle

Nous ne rentrerons pas dans le détail des modules de classe. Sachez qu'ils permettent de créer de nouveaux objets et de les manipuler avec VBA.

> **REMARQUE** — **Portée de la gestion des événements de l'objet** Application
> La gestion des événements de l'objet Application dure tant que le classeur dans lequel a été créé le module de classe reste ouvert.

La liste des événements

Tableau 18.3 : Événements de l'objet Application

Événement	Action qui engendre l'événement
AfterCalculate	Un recalcul a été effectué.
NewWorkbook	Un nouveau classeur a été créé.
SheetActivate	Une feuille a été activée.
SheetBeforeDoubleClick	Un double clic a été effectué sur une feuille de calcul. Cet événement survient avant l'exécution de l'action associée normalement au double clic.
SheetBeforeRightClick	Un clic du bouton droit a été effectué sur une feuille de calcul. Cet événement survient avant l'exécution de l'action associée normalement au clic du bouton droit.
SheetCalculate	Une feuille de calcul a été recalculée.
SheetChange	Des cellules d'une feuille de calcul ont été modifiées.
SheetDeactivate	Une feuille de calcul a été désactivée.
SheetFollowHyperlink	Un clic a été effectué sur un lien hypertexte d'une feuille.
SheetPivotTableUpdate	Un tableau croisé dynamique a été mis à jour.
SheetSelectionChange	La sélection a changé sur la feuille.
WindowActivate	Une fenêtre est activée.
WindowDeactivate	Une fenêtre est désactivée.

Tableau 18.3 : Événements de l'objet Application

Événement	Action qui engendre l'événement
WindowResize	Une fenêtre est redimensionnée.
WorkbookActivate	Un classeur est activé.
WorkbookAddinInstall	Un classeur est installé comme une macro complémentaire.
WorkbookAddinUninstall	Un classeur est désinstallé comme une macro complémentaire.
WorkbookAfterSave	Un classeur a été enregistré.
WorkbookAfterXmlExport	Un fichier XML a été exporté.
WorkbookAfterXmlImport	Un fichier XML a été importé (ou une connexion à des données XML a été mise à jour).
WorkbookBeforeClose	Un classeur est sur le point d'être fermé. Cet événement se produit avant l'affichage de la boîte de dialogue demandant l'enregistrement des modifications.
WorkbookBeforePrint	Un classeur est sur le point d'être imprimé (ou d'être visualisé sous forme d'aperçu avant impression).
WorkbookBeforeSave	Un classeur est sur le point d'être enregistré.
WorkbookBeforeXmlExport	Un fichier XML va être exporté.
WorkbookBeforeXmlImport	Un fichier XML va être importé (ou une connexion à des données XML va être mise à jour).
WorkbookDeactivate	Un classeur est désactivé (il ne sera plus le classeur actif).
WorkbookNewSheet	Une nouvelle feuille est insérée dans un classeur.
WorkbookOpen	Cet événement se produit à l'ouverture d'un classeur.
WorkbookPivotTableCloseConnection	Cet événement se produit lorsqu'un tableau croisé dynamique, basé sur des données externes, se déconnecte de sa source de données.
WorkbookPivotTableOpenConnection	Cet événement se produit lorsqu'un tableau croisé dynamique, basé sur des données externes, se connecte à sa source de données.
WorkbookSync	Un classeur a été synchronisé avec un espace de travail SharePoint.

ALLER PLUS LOIN AVEC LES FEUILLES DE CALCUL

Insérer des contrôles ActiveX 447
Piloter les graphiques 450
Gérer des données 473
Manipuler les tableaux croisés dynamiques 480

Dans ce chapitre, nous traiterons de plusieurs sujets :

- Insérer des contrôles ActiveX. Ces contrôles permettent d'ajouter des éléments d'interactivité dans vos feuilles de calcul (boutons, cases à cocher, barres de défilement…).
- Piloter les graphiques. Nous verrons comme créer des graphiques à l'aide VBA, puis comment les modifier, les rendre dynamiques… Nous aborderons également les nouveaux graphiques *sparkline*.
- Gérer des données. Il s'agira de mettre en œuvre les outils permettant de trier, filtrer, organiser les données.
- Manipuler les tableaux croisés dynamiques. Nous verrons comment mettre en œuvre ces puissants outils d'analyse de données. Il est possible de les créer et de modifier leur structure à l'aide de procédures VBA. Nous verrons comment utiliser les *slicers*, ces nouveaux outils associés aux tableaux croisés dynamiques.

19.1. Insérer des contrôles ActiveX

Il est possible d'insérer des contrôles ActiveX dans une feuille de calcul. Ils permettent d'améliorer significativement l'ergonomie de vos tableaux.

Pour insérer un contrôle ActiveX :

1 Cliquez sur le bouton **Insérer** du groupe *Contrôles* de l'onglet **Développeur**.

2 Cliquez sur le contrôle ActiveX à insérer, par exemple une barre de défilement.

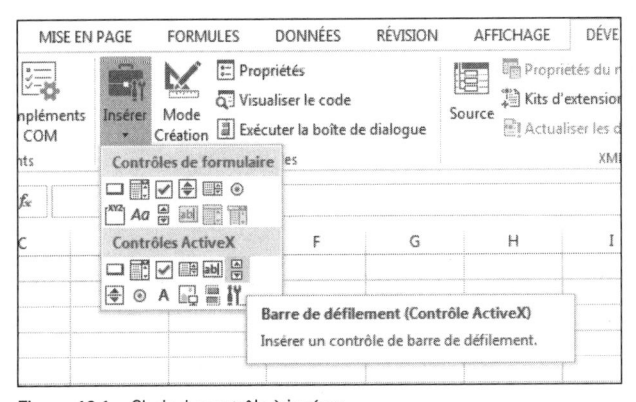

Figure 19.1 : Choix du contrôle à insérer

> **REMARQUE**
>
> **Contrôles de formulaires**
> À l'aide de la commande précédente, il est également possible d'insérer des contrôles de formulaire. Ils sont moins intéressants que les contrôles ActiveX car ils sont d'une utilisation plus rigide. Ils sont encore disponibles pour assurer la compatibilité avec les versions précédentes.

3 "Dessinez" le contrôle sur la feuille de calcul.

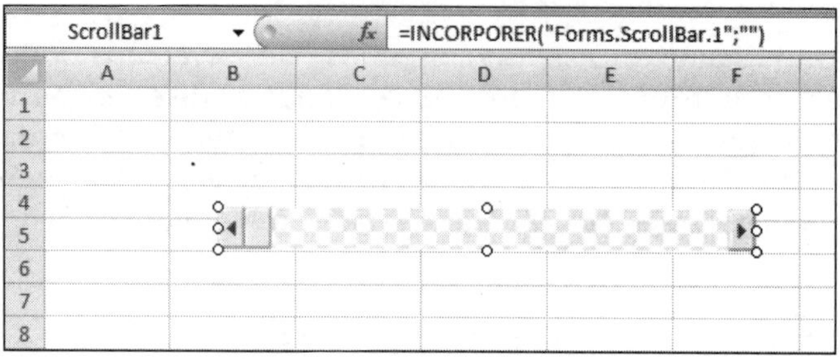

Figure 19.2 : Le contrôle a été inséré

Pour afficher la fenêtre **Propriétés**, cliquez du bouton droit sur le contrôle et sélectionnez **Propriétés** dans le menu contextuel (voir fig. 19.3).

> **RENVOI**
>
> Nous ne détaillerons pas ici les propriétés de contrôles ActiveX. Pour plus d'informations, reportez-vous au chapitre 21, *Créer des boîtes de dialogue personnalisées*.

Vous pouvez redimensionner le contrôle et le déplacer à l'aide de la souris.

Pour le rendre opérationnel, vous devrez programmer ses procédures événementielles.

> **RENVOI**
>
> Nous ne détaillerons pas ici les procédures événementielles de contrôles ActiveX. Pour plus d'informations, reportez-vous au chapitre 21, *Créer des boîtes de dialogue personnalisées*.

Pour accéder rapidement au code associé au contrôle, double-cliquez dessus. Vous accédez alors au module de code associé à la feuille de calcul dans la laquelle le contrôle se trouve. À l'aide de la liste déroulante située en haut à droite, vous pouvez choisir le ou les événements auxquels le contrôle doit réagir (voir fig. 19.4).

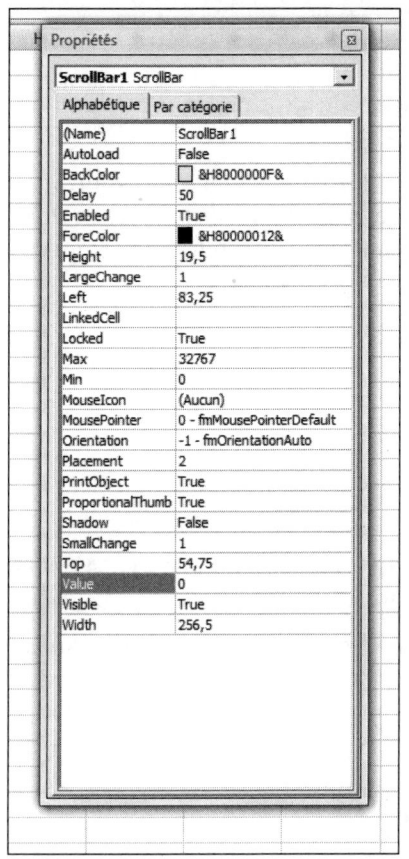

Figure 19.3 : La fenêtre Propriétés

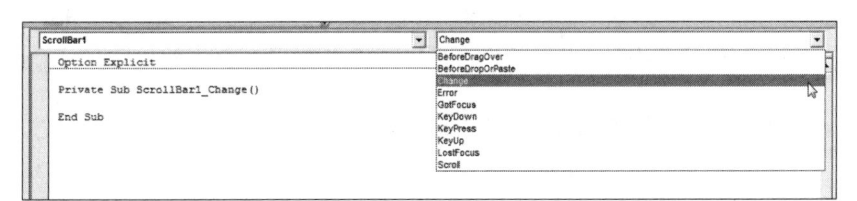

Figure 19.4 : Choix de l'événement

Dans notre exemple simple, nous travaillerons avec l'événement *Change* qui se produit à chaque changement de la valeur de la barre de défilement. Il s'agira d'écrire le contenu de la barre de défilement dans la cellule *A1* :

```
Private Sub ScrollBar1_Change()
    Range("A1").Value = ScrollBar1.Value

End Sub
```

Il vous reste à activer le contrôle. Pour cela :

1 Revenez à Excel ([Alt]+[F11]).
2 Cliquez sur le bouton **Mode Création** du groupe *Contrôles* de l'onglet **Développeur**.

Votre barre de défilement est à présent opérationnelle. Lorsque vous cliquez sur les boutons fléchés ou que vous déplacez le curseur, vous constatez que le contenu de la cellule *A1* évolue en même temps.

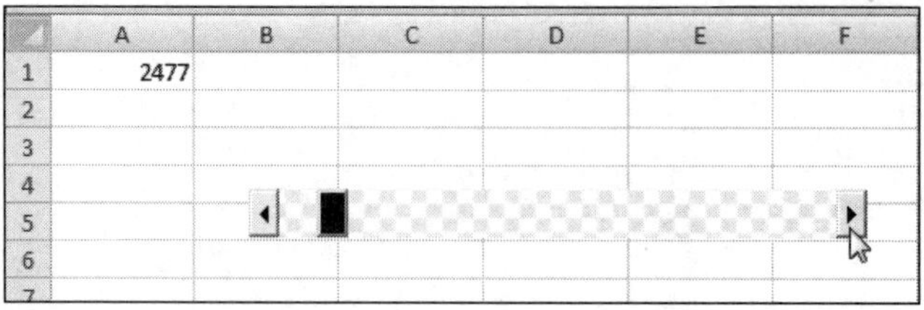

Figure 19.5 : La cellule A1 est mise à jour à l'aide de la barre de défilement

Bien entendu, vous pouvez utiliser le contenu de la cellule *A1* ainsi mise à jour dans vos formules de calcul.

Si vous souhaitez modifier le contrôle ActiveX, cliquez à nouveau sur le bouton **Mode Création** du groupe *Contrôles* de l'onglet **Développeur**. Ce bouton permet de passer du mode Création au mode Exécution.

19.2. Piloter les graphiques

Dans un premier temps nous allons aborder la création de graphiques dans des feuilles de graphiques. Ensuite, nous traiterons de la création de graphiques en tant qu'objets sur une feuille de calcul.

Créer un graphique dans une feuille de graphique

Les graphiques créés dans des feuilles de graphique font partie de la collection *Charts*.

Pour créer un graphique dans une feuille de graphique, utilisez la méthode *Add* de cette collection. Cela a pour effet de créer un objet de type *Chart*. Lors de sa création, cet objet est une coquille vide qu'il convient de compléter en spécifiant une source de données.

Nous allons mettre en œuvre ce processus en créant un graphique de type histogramme à partir d'un tableau simple. Ce tableau contient les ventes trimestrielles de trois familles de produits.

	A	B	C	D	E
1		Trim 1	Trim 2	Trim 3	Trim 4
2	ACCESSOIRES	974 202 €	981 362 €	954 839 €	995 979 €
3	MOBILIER	935 066 €	953 008 €	915 519 €	972 973 €
4	RANGEMENT	700 494 €	709 137 €	715 990 €	730 946 €
5					
6					

Figure 19.6 : Les données à représenter

La procédure suivante permet de créer le graphique dans la feuille **Graph_Familles** :

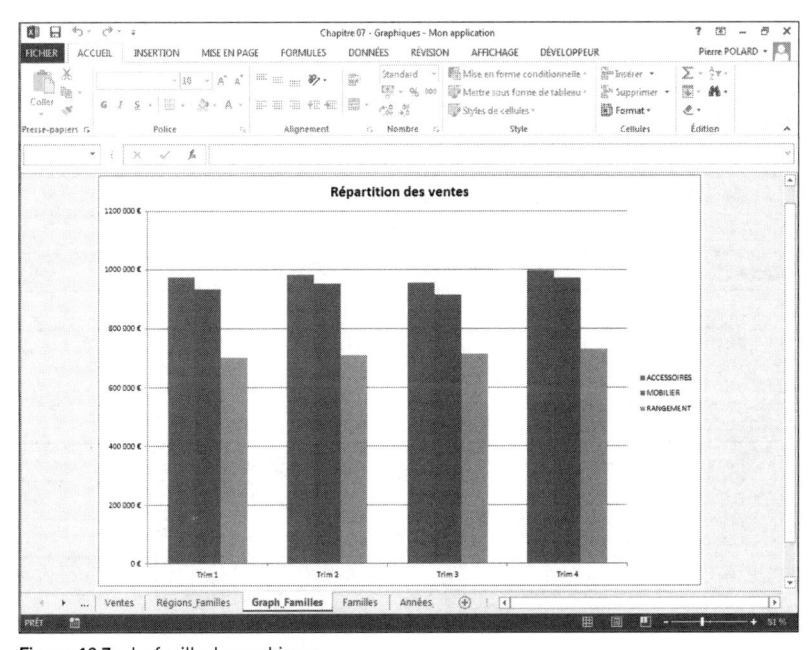

```
Sub Creer_Graphique()
    Dim Mon_Graphique As Chart

    Set Mon_Graphique = Charts.Add

    With Mon_Graphique
        .SetSourceData Worksheets("Familles").Range("A1:E4"),_
                        xlRows

        .ChartType = xlColumnClustered

        .HasTitle = True
        .ChartTitle.Text = "Répartition des ventes"

        .Name = "Graph_Familles"
    End With

End Sub
```

Figure 19.7 : La feuille de graphique

Quelques explications sur cette procédure :

- La variable *Mon_Graphique* est déclarée en tant qu'objet graphique.
- La variable *Mon_Graphique* référence désormais le graphique créé à l'aide de la méthode `Add` de la collection `Charts`.
- L'instruction `With` permet de spécifier que l'on va travailler avec les propriétés et les méthodes de l'objet *Mon_Graphique*.
- La méthode `SetSourceData` permet de spécifier la plage de données contenant les données sources du graphique, ainsi que le sens de représentation des données. `xlRows` trace les données par lignes et `xlColumns` par colonnes.
- La propriété `ChartType` permet de spécifier le type de graphique à représenter.
- La propriété `HasTitle` permet d'indiquer si le graphique doit comporter un titre (valeur `True`).
- La propriété `ChartTitle` permet d'accéder à l'objet représentant le titre du graphique. La propriété `Text` de cet objet contient le texte à afficher en tant que titre.
- La propriété `Name` représente le nom de la feuille de graphique, tel qu'il apparaît sur son onglet.

Le tableau suivant contient les différentes valeurs de la propriété `ChartType`, qui définit le type de graphique à représenter :

Tableau 19.1 : Liste des types de graphiques

Nom	Valeur	Description
`xl3DArea`	−4098	Aires 3D
`xl3DAreaStacked`	78	Aires 3D empilées
`xl3DAreaStacked100`	79	Aires empilées 100 %
`xl3DBarClustered`	60	Barres groupées 3D
`xl3DBarStacked`	61	Barres empilées 3D
`xl3DBarStacked100`	62	Barres empilées 100 % 3D
`xl3DColumn`	−4100	Histogramme 3D
`xl3DColumnClustered`	54	Histogramme groupé 3D
`xl3DColumnStacked`	55	Histogramme empilé 3D
`xl3DColumnStacked100`	56	Histogramme empilé 100 % 3D
`xl3DLine`	−4101	Courbe 3D
`xl3DPie`	−4102	Secteurs en 3D
`xl3DPieExploded`	70	Secteurs éclatés en 3D

Tableau 19.1 : Liste des types de graphiques

Nom	Valeur	Description
xlArea	1	Aires
xlAreaStacked	76	Aires empilées
xlAreaStacked100	77	Aires empilées 100 %
xlBarClustered	57	Barres groupées
xlBarOfPie	71	Barres de secteurs
xlBarStacked	58	Barres empilées
xlBarStacked100	59	Barres empilées 100 %
xlBubble	15	Bulles
xlBubble3DEffect	87	Bulles avec effet 3D
xlColumnClustered	51	Histogramme groupé
xlColumnStacked	52	Histogramme empilé
xlColumnStacked100	53	Histogramme empilé 100 %
xlConeBarClustered	102	Barres groupées à forme conique
xlConeBarStacked	103	Barres empilées à forme conique
xlConeBarStacked100	104	Barres empilées 100 % à forme conique
xlConeCol	105	Histogramme 3D à forme conique
xlConeColClustered	99	Histogramme groupé à formes coniques
xlConeColStacked	100	Histogramme empilé à formes coniques
xlConeColStacked100	101	Histogramme empilé 100 % à formes coniques
xlCylinderBarClustered	95	Barres groupées à formes cylindriques
xlCylinderBarStacked	96	Barres empilées à formes cylindriques
xlCylinderBarStacked100	97	Barres empilées 100 % à formes cylindriques
xlCylinderCol	98	Histogramme 3D à formes cylindriques
xlCylinderColClustered	92	Histogramme groupé à formes coniques
xlCylinderColStacked	93	Histogramme empilé à formes coniques
xlCylinderColStacked100	94	Histogramme empilé 100 % à formes cylindriques
xlDoughnut	−4120	Anneau
xlDoughnutExploded	80	Anneau éclaté
xlLine	4	Courbe
xlLineMarkers	65	Courbes avec marques
xlLineMarkersStacked	66	Courbe empilée avec marques
xlLineMarkersStacked100	67	Courbe empilée 100 % avec marques

Tableau 19.1 : Liste des types de graphiques

Nom	Valeur	Description
`xlLineStacked`	63	Courbe empilée
`xlLineStacked100`	64	Courbe empilée 100 %
`xlPie`	5	Secteurs
`xlPieExploded`	69	Secteurs éclatés
`xlPieOfPie`	68	Secteurs de secteurs
`xlPyramidBarClustered`	109	Histogramme groupé à formes pyramidales
`xlPyramidBarStacked`	110	Histogramme empilé à formes pyramidales
`xlPyramidBarStacked100`	111	Histogramme empilé 100 % à formes pyramidales
`xlPyramidCol`	112	Histogramme 3D à formes pyramidales
`xlPyramidColClustered`	106	Histogramme groupé à formes pyramidales
`xlPyramidColStacked`	107	Histogramme empilé à formes pyramidales
`xlPyramidColStacked100`	108	Histogramme empilé 100 % à formes pyramidales
`xlRadar`	−4151	Radar
`xlRadarFilled`	82	Radar plein
`xlRadarMarkers`	81	Radar avec marqueurs
`xlStockHLC`	88	Max-Min-Clôture
`xlStockOHLC`	89	Ouverture-Max-Min-Clôture
`xlStockVHLC`	90	Volume-Max-Min-Clôture
`xlStockVOHLC`	91	Volume-Ouverture-Max-Min-Clôture
`xlSurface`	83	Surface 3D
`xlSurfaceTopView`	85	Surface 3D avec structure apparente
`xlSurfaceTopViewWireframe`	86	Contour
`xlSurfaceWireframe`	84	Contour filaire
`xlXYScatter`	−4169	Nuage de points
`xlXYScatterLines`	74	Nuages de points avec courbes
`xlXYScatterLinesNoMarkers`	75	Nuages de points avec courbes et sans marqueurs
`xlXYScatterSmooth`	72	Nuages de points avec courbes lissées
`xlXYScatterSmoothNoMarkers`	73	Nuages de points avec courbes lissées et sans marqueurs

Intervertir les lignes et les colonnes

Si vous souhaitez intervertir les lignes et les colonnes d'un graphique de type histogramme ou barre, vous devrez utiliser la propriété

`PlotBy`. La procédure suivante permet, pour le graphique créé précédemment, de basculer d'un type de traçage à l'autre.

```
Sub Renverser_Gaphique()
    If Charts("Graph_Familles").PlotBy = xlColumns Then
        Charts("Graph_Familles").PlotBy = xlRows
    Else
        Charts("Graph_Familles").PlotBy = xlColumns
    End If

End Sub
```

Vous noterez l'utilisation du nom du graphique pour l'identifier au sein de la collections `Charts` (`Charts("Graph_Familles")`).

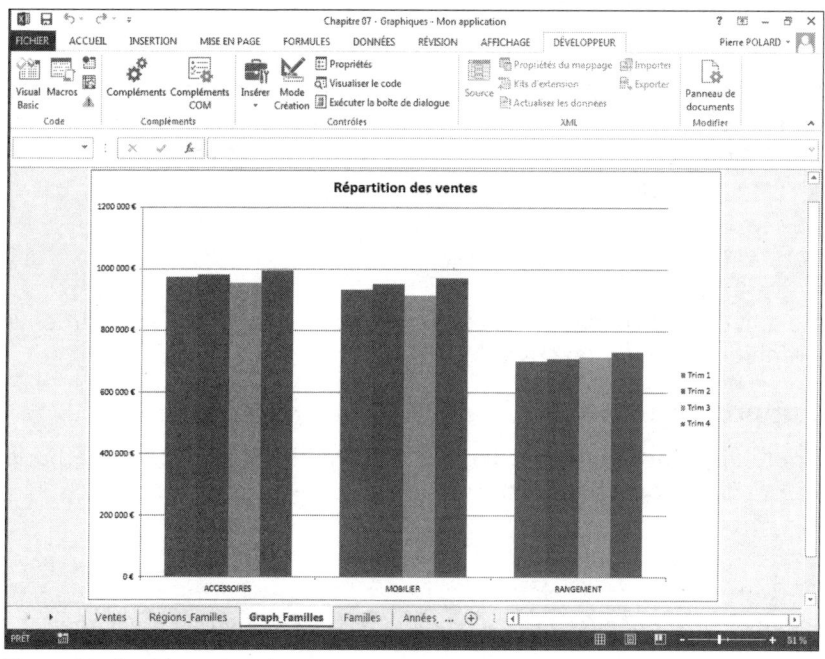

Figure 19.8 : Les lignes et les colonnes ont été interverties

Après l'exécution de la procédure, ce sont les colonnes (les trimestres) qui constituent la série de données.

Sélectionner une feuille de graphique

Pour sélectionner une feuille de graphique, vous devrez utiliser la méthode `Activate`. Cela revient à cliquer sur l'onglet de la feuille de graphique.

`Charts("Graph_Familles").Activate`

Le graphique est alors référencé par l'objet *ActiveChart*.

Supprimer une feuille de graphique

Pour supprimer une feuille de graphique, vous devrez utiliser la méthode `Delete` de l'objet *Chart* correspondant.

```
Charts("Graph_Familles").Delete
```

Lors de l'exécution de ce code, Excel vous demande confirmation de la suppression de la feuille.

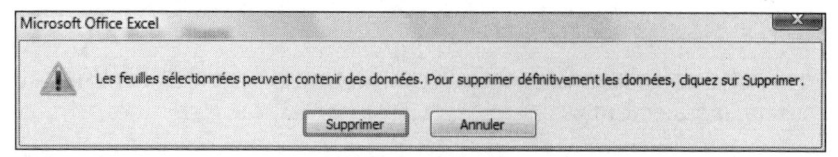

Figure 19.9 : Demande de confirmation lors de la suppression

Cela peut être gênant dans la mesure où le déroulement de votre code est interrompu tant que l'utilisateur ne clique pas sur l'un des deux boutons. Pour éviter cet inconvénient, utilisez la propriété `DisplayAlerts` de l'objet *Application* :

```
Application.DisplayAlerts = False
Charts("Graph_Familles").Delete
Application.DisplayAlerts = True
```

Il s'agit donc de désactiver l'affichage des messages, de supprimer le graphique puis de réactiver les messages.

Supprimer toutes les feuilles de graphique

Pour supprimer toutes les feuilles de graphique, utilisez la méthode `Delete` de la collection *Chart*s.

```
Application.DisplayAlerts = False
Charts.Delete
Application.DisplayAlerts = True
```

Ici aussi, il est nécessaire de désactiver l'affichage des messages.

Cette technique permet de supprimer seulement les graphiques contenus dans des feuilles de graphique. Les graphiques créés en tant qu'objets sur des feuilles de calcul ne seront pas affectés. Leur gestion est en effet un peu différente. C'est que nous allons détailler à présent.

Insérer un graphique dans une feuille de calcul

Les graphiques créés en tant qu'objets dans une feuille de calcul sont traités d'une manière particulière. En effet, ils sont placés dans un objet conteneur de type `ChartObject`, lui-même considéré comme un objet de type `Shape`. Les objets de type `Shape` peuvent également faire référence à des formes dessinées dans la feuille de calcul.

Pour créer un graphique dans une feuille de calcul (objet de type `Chart`), vous devrez au préalable créer l'objet de type `ChartObject` qui le contiendra. Pour cela, vous avez deux possibilités. Dans l'exemple suivant, la variable *Ma_Feuille* fait référence à la feuille dans laquelle vous souhaitez insérer le graphique.

Première possibilité pour créer le graphique

```
Ma_Feuille.ChartObjects.Add 100, 100, 350, 250
```

Dans ce cas, l'objet créé est de type `ChartObject`. La méthode `Add` de la collection `ChartObjects` nécessite quatre paramètres. Les deux premiers sont les coordonnées (gauche et haut) de l'angle supérieur gauche du graphique. Les deux autres sont la largeur et la hauteur du graphique.

Deuxième possibilité pour créer le graphique

```
Ma_Feuille.Shapes.AddChart
```

Cette deuxième possibilité est plus simple puisqu'elle ne requiert aucun paramètre. Elle crée un objet de type `Shape`, avec un emplacement et des dimensions par défaut. Il sera possible de les modifier par la suite.

Dans la suite de ce chapitre, nous utiliserons exclusivement la deuxième méthode.

Insérer un graphique dans une feuille de calcul

Nous allons illustrer la création d'un graphique de type camembert dans une feuille nommée *Régions_Familles* qui contient un tableau des ventes par région et par famille de produit.

	B	C	D	E	F
1		ACCESSOIRES	MOBILIER	RANGEMENT	Total général
2	EST	967 481 €	853 145 €	690 575 €	2 511 201 €
3	IDF	2 417 744 €	1 542 560 €	1 808 103 €	5 768 408 €
4	NORD	982 355 €	935 762 €	747 199 €	2 665 316 €
5	OUEST	1 445 432 €	1 235 698 €	1 066 843 €	3 747 973 €
6	SUD	1 547 223 €	1 870 130 €	1 437 642 €	4 854 994 €
7	Total général	7 360 235 €	6 437 295 €	5 750 362 €	19 547 893 €
8					

Figure 19.10 : Les données à représenter

La procédure suivante permet de créer un graphique en tant qu'objet dans la feuille *Régions_Familles* :

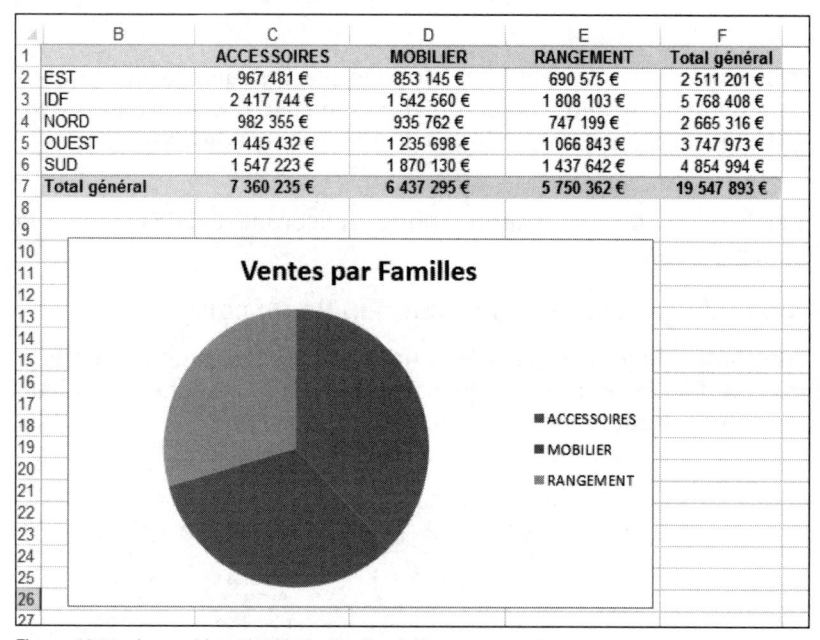

```
Sub Inserer_Graphique()
    Dim Mon_Graphique As Shape
    Dim Ma_Feuille As Worksheet
    
    Set Ma_Feuille = ThisWorkbook.Worksheets("Régions_Familles")
    Set Mon_Graphique = Ma_Feuille.Shapes.AddChart
    
    With Mon_Graphique
        .Name = "Graph_Familles"
        
        With .Chart
            .SetSourceData Union(Ma_Feuille.Range("C1:E1"), _
                    Ma_Feuille.Range("C7:E7")), xlRows
            .ChartType = xlPie
            .HasTitle = True
            .ChartTitle.Text = "Ventes par Familles"
        End With
    End With
    
End Sub
```

	B	C	D	E	F
1		ACCESSOIRES	MOBILIER	RANGEMENT	Total général
2	EST	967 481 €	853 145 €	690 575 €	2 511 201 €
3	IDF	2 417 744 €	1 542 560 €	1 808 103 €	5 768 408 €
4	NORD	982 355 €	935 762 €	747 199 €	2 665 316 €
5	OUEST	1 445 432 €	1 235 698 €	1 066 843 €	3 747 973 €
6	SUD	1 547 223 €	1 870 130 €	1 437 642 €	4 854 994 €
7	Total général	7 360 235 €	6 437 295 €	5 750 362 €	19 547 893 €

Figure 19.11 : Le graphique dans la feuille de calcul

Quelques explications sur cette procédure :

- La variable *Mon_Graphique* est déclarée en tant que forme.
- La variable *Ma_Feuille* est déclarée en tant que feuille de calcul.

- La variable *Ma_Feuille* référence désormais la feuille de calcul *Régions_Familles*.
- La variable *Mon_Graphique* référence désormais le graphique créé à l'aide de la méthode `AddChart` de la collection `Shapes`.
- L'instruction `With` permet de spécifier que l'on va travailler avec les propriétés et les méthodes de l'objet *Mon_Graphique*.
- La propriété `Name` représente le nom de l'objet graphique.
- L'instruction `With` permet de spécifier que l'on va travailler avec les propriétés et les méthodes de l'objet `Chart` contenu dans *Mon_Graphique*. Il s'agit du graphique à proprement parler.
- La méthode `SetSourceData` permet de spécifier la plage de données contenant les données sources du graphique, ainsi que le sens de représentation des données. `xlRows` trace les données par lignes et `xlColumns` par colonnes. Vous noterez l'utilisation de l'instruction `Union` pour fournir une plage de données composée de cellules non contiguës. En effet, les étiquettes de données se trouvent en *C1:E1*, alors que les données se trouvent en *C7:D7*.
- La propriété `ChartType` permet de spécifier le type de graphique à représenter.
- La propriété `HasTitle` permet d'indiquer si le graphique doit comporter un titre (valeur `True`).
- La propriété `ChartTitle` permet d'accéder à l'objet représentant le titre du graphique. La propriété `Text` de cet objet contient le texte à afficher en tant que titre.

Sélectionner un graphique

Pour sélectionner un graphique créé dans une feuille de calcul, vous devez utiliser la collection `ChartObjects` de la feuille. Par exemple, si la feuille *Régions_Familles* est la feuille active :

`ActiveSheet.ChartObjects("Graph_Familles").Activate`

Vérifier si un graphique est sélectionné

Le test suivant permet de vérifier si un graphique est sélectionné. Dans cet exemple, si un graphique est sélectionné, son nom sera affiché dans une boîte de dialogue. Autrement, il ne se passera rien.

`If Not (ActiveChart Is Nothing) Then MsgBox ActiveChart.Name`

Supprimer un graphique

Pour supprimer un graphique incorporé dans une feuille de calcul, vous devrez utiliser la méthode Delete de l'objet ChartObject. Par exemple, si la feuille *Régions_Familles* est la feuille active, l'instruction suivante supprime le graphique *Graph_Familles*.

ActiveSheet.ChartObjects("Graph_Familles").Delete

Supprimer tous les graphiques d'une feuille de calcul

Pour supprimer tous les graphiques incorporés dans une feuille de calcul, il faut utiliser la méthode Delete de la collection ChartObjects :

Worksheets("Régions_Familles").ChartObjects.Delete

Ajuster la taille d'un graphique à une plage de cellules

Lorsque des graphiques cohabitent avec des tableaux dans une même feuille de calcul, il peut être souhaitable d'harmoniser la taille des graphiques avec celles des tableaux. Pour optimiser la présentation, il peut être intéressant également de positionner précisément les graphiques à côté des tableaux.

La procédure suivante permet de positionner précisément le graphique incorporé *Graph_Familles* sur la plage de cellules *B9 :F26* :

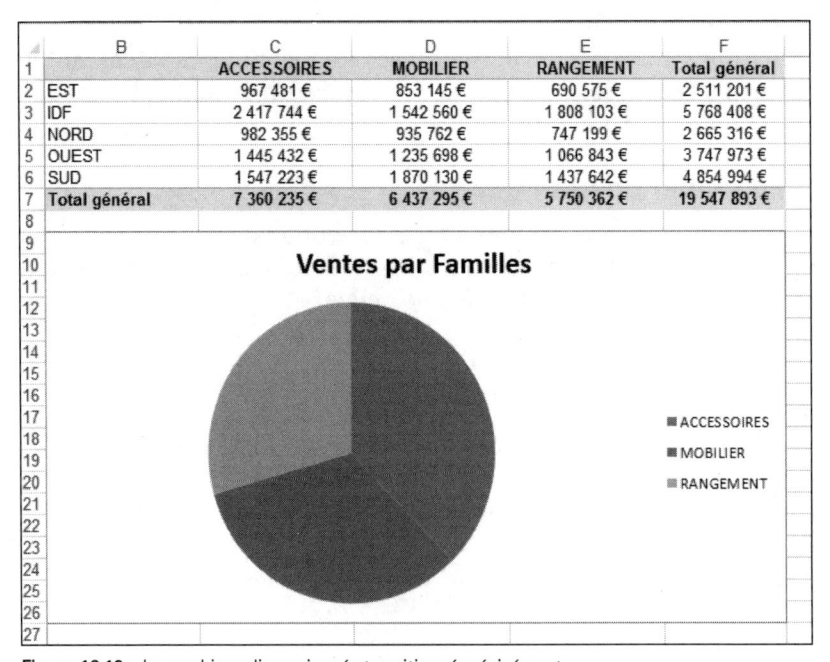

	B	C	D	E	F
1		ACCESSOIRES	MOBILIER	RANGEMENT	Total général
2	EST	967 481 €	853 145 €	690 575 €	2 511 201 €
3	IDF	2 417 744 €	1 542 560 €	1 808 103 €	5 768 408 €
4	NORD	982 355 €	935 762 €	747 199 €	2 665 316 €
5	OUEST	1 445 432 €	1 235 698 €	1 066 843 €	3 747 973 €
6	SUD	1 547 223 €	1 870 130 €	1 437 642 €	4 854 994 €
7	Total général	7 360 235 €	6 437 295 €	5 750 362 €	19 547 893 €

Figure 19.12 : Le graphique dimensionné et positionné précisément

```
Sub Ajuster_Graphique()
    Dim Mon_Graphique As ChartObject

    On Error Resume Next
    Set Mon_Graphique = ActiveSheet.ChartObjects(_
                        "Graph_Familles")
    On Error GoTo 0

    If Mon_Graphique Is Nothing Then Exit Sub

    With Mon_Graphique
        .Top = Range("B9").Top
        .Left = Range("B9").Left
        .Height = Range("B9:F26").Height
        .Width = Range("B9:F26").Width
    End With
End Sub
```

Quelques explications sur cette procédure :

- La variable *Mon_Graphique* est déclarée en tant qu'objet graphique.

- L'instruction `On Error Resume Next` permet de forcer l'exécution de l'instruction suivante en cas d'erreur.

- On tente d'attribuer le graphique *Graph_Familles* à la variable *Mon_Graphique*. Si le graphique n'existe pas ou a été supprimé, une erreur se produira et *Mon_Graphique* contiendra l'objet vide (*Nothing*).

- On rétablit la gestion normale des erreurs.

- Si le graphique n'existe pas, on sort de manière anticipée de la procédure.

- L'instruction `With` permet de spécifier que l'on va travailler avec les propriétés et les méthodes de l'objet *Mon_Graphique*.

- La propriété `Top` représente la position du graphique par rapport au bord supérieur de la feuille de calcul. On lui attribue la valeur correspondante de la cellule *B9*.

- La propriété `Left` représente la position du graphique par rapport au bord gauche de la feuille de calcul. On lui attribue la valeur correspondante de la cellule *B9*.

- La propriété `Height` représente la hauteur du graphique. On lui attribue la valeur correspondante de la plage *B9:F26*.

- La propriété `Width` représente la largeur du graphique. On lui attribue la valeur correspondante de la plage *B9:F26*.

Changer l'emplacement d'un graphique

Lorsque vous avez crée un graphique dans une feuille de calcul, vous pouvez le déplacer dans une feuille de graphique et réciproquement.

Graphique incorporé vers feuille de graphique

Par exemple, pour "transférer" le graphique précédemment créé dans la feuille *Régions_Familles* vers une feuille de graphique :

```
Worksheets("Régions_Familles").ChartObjects("Graph_Familles") _
    .Chart.Location _
        xlLocationAsNewSheet, "Feuille_Graph_Familles"
```

Il convient donc d'utiliser la méthode `Location` de l'objet `Chart` du graphique incorporé *Graph_Familles*. La constante `xlLocationAsNewSheet` permet d'indiquer que le graphique doit être positionné dans une feuille de graphique, dont le nom est fourni en second paramètre.

Feuille de graphique vers graphique incorporé

Inversement, il est possible de "rapatrier" un graphique placé dans une feuille de graphique vers une feuille de calcul :

```
Charts("Feuille_Graph_Familles").Location _
        xlLocationAsObject, "Régions_Familles"
```

Il convient donc d'utiliser la méthode `Location` de l'objet `Chart` du graphique situé dans la feuille *Feuille_Graph_Familles*. La constante `xlLocationAsObject` permet d'indiquer que le graphique doit être positionné comme un objet dans la feuille de calcul dont le nom est fourni en second paramètre.

Mettre à jour dynamiquement un graphique

Nous allons à présent décrire des techniques permettent de modifier la structure d'un graphique (données, titres...) à l'aide de VBA.

Mettre à jour en cliquant sur une cellule

Il s'agit désormais de mettre à jour le graphique incorporé *Graph_Familles* de façon à ce qu'il affiche uniquement les informations de la région sélectionnée. L'utilisateur devra cliquer sur la cellule contenant le nom de la région à représenter. Par exemple, s'il clique sur *B6*, le graphique devra afficher les données de la région Sud.

	B	C	D	E	F
1		ACCESSOIRES	MOBILIER	RANGEMENT	Total général
2	EST	967 481 €	853 145 €	690 575 €	2 511 201 €
3	IDF	2 417 744 €	1 542 560 €	1 808 103 €	5 768 408 €
4	NORD	982 355 €	935 762 €	747 199 €	2 665 316 €
5	OUEST	1 445 432 €	1 235 698 €	1 066 843 €	3 747 973 €
6	SUD	1 547 223 €	1 870 130 €	1 437 642 €	4 854 994 €
7	Total général	7 360 235 €	6 437 295 €	5 750 362 €	19 547 893 €

Ventes par Familles - Région SUD

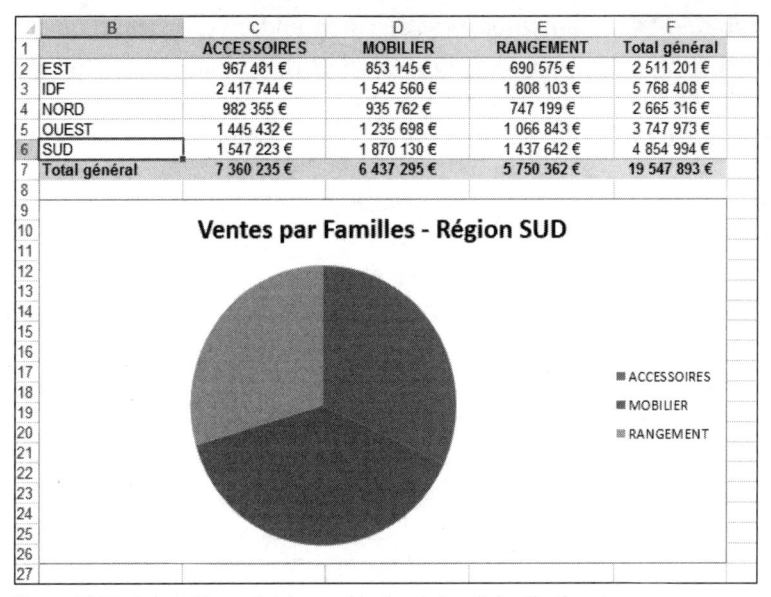

(Graphique en camembert avec légende : ACCESSOIRES, MOBILIER, RANGEMENT)

Figure 19.13 : Le graphique mis à jour en fonction de la cellule sélectionnée

Pour cela, nous allons créer la procédure MAJ_Graphique1 :

```
Sub MAJ_Graphique1(Region As Range)
    Dim Mon_Graphique As ChartObject
    Dim Mon_Camembert As Chart

    On Error Resume Next
    Set Mon_Graphique = ActiveSheet _
        .ChartObjects("Graph_Familles")
    On Error GoTo 0

    If Mon_Graphique Is Nothing Then Exit Sub

    Set Mon_Camembert = Mon_Graphique.Chart
    With Mon_Camembert
        .SetSourceData _
            Union(Range("C1:E1"), _
            Region.Offset(0, 1).Resize(1, 3)), _
            xlRows
        .ChartTitle.Text = "Ventes par Familles - Région " & _
            Region.Value
    End With

End Sub
```

Quelques explications sur cette procédure :

- La variable *Mon_Graphique* est déclarée en tant qu'objet graphique.

19.2. Piloter les graphiques | 463

- La variable *Mon_Camembert* est déclarée en tant que graphique.
- L'instruction `On Error Resume Next` permet de forcer l'exécution de l'instruction suivante en cas d'erreur.
- On tente d'attribuer le graphique *Graph_Familles* à la variable *Mon_Graphique*. Si le graphique n'existe pas ou a été supprimé, une erreur se produira et *Mon_Graphique* contiendra l'objet vide (*Nothing*).
- On rétablit la gestion normale des erreurs.
- Si le graphique n'existe pas, on sort de manière anticipée de la procédure.
- La variable *Mon_Camembert* identifie désormais le graphique contenu dans *Mon_Graphique*.
- L'instruction `With` permet de spécifier que l'on va travailler avec les propriétés et les méthodes de l'objet *Mon_Camembert*.
- La méthode `SetSourceData` permet de spécifier la plage de données contenant les données sources du graphique, ainsi que le sens de représentation des données. `xlRows` trace les données par lignes et `xlColumns` par colonnes. Vous noterez l'utilisation de l'instruction `Union` pour fournir une plage de données composée de cellules non contiguës. En effet les étiquettes de données se trouvent en *C1:E1*, alors que les données se trouvent dans la plage de 1 ligne et 3 colonnes (`Resize(1, 3)`) située à partir de la cellule immédiatement à droite (`Offset(0, 1)`) de la cellule sélectionnée représentée par la variable *Region*.
- La propriété `Text` du titre est modifiée pour intégrer le nom de la région sélectionnée.

Pour rendre ce traitement actif, il faut ajouter du code dans une procédure événementielle de la feuille de calcul concernée (ici *Régions_Familles*). La procédure événementielle est la procédure `Selection_Change`, qui est déclenchée à chaque fois que l'utilisateur sélectionne une nouvelle cellule ou plage de cellules.

> **RENVOI** Pour plus de détails sur les procédures événementielles, reportez-vous au chapitre 18, *Gérer les événements d'Excel*.

```
Private Sub Worksheet_SelectionChange(ByVal Target As Range)
    If Intersect(Target.Resize(1, 1), Range("B2:B6")) _
        Is Nothing Then Exit Sub

    Call MAJ_Graphique1(Target.Resize(1, 1))
End Sub
```

Quelques explications sur cette procédure :

- La plage sélectionnée est référencée par la variable *Target*.
- Dans un premier temps, il s'agit de vérifier que la cellule sélectionnée est incluse dans la plage contenant les noms de régions (*B2 :B6*). Vous noterez l'utilisation de la fonction `Intersect` qui renvoie un objet de type `Range` correspondant à l'intersection de plusieurs plages de cellules. Ici, nous l'utilisons pour vérifier que la cellule en haut à gauche de la sélection (`Target.Resize(1, 1)`) est incluse dans la plage *B2 :B6*. Si ce n'est pas le cas, la fonction `Intersect` renvoie *Nothing*, entraînant la fin anticipée de la procédure.
- La procédure *MAJ_Graphique1* est appelée.

Choisir les séries à afficher

À présent, il s'agit de mettre à jour le graphique incorporé "histogramme" *Graph_Region* de façon à ce qu'il affiche uniquement les informations des régions préalablement cochées. L'utilisateur devra saisir un "x" dans la cellule située à gauche du nom de la région à représenter.

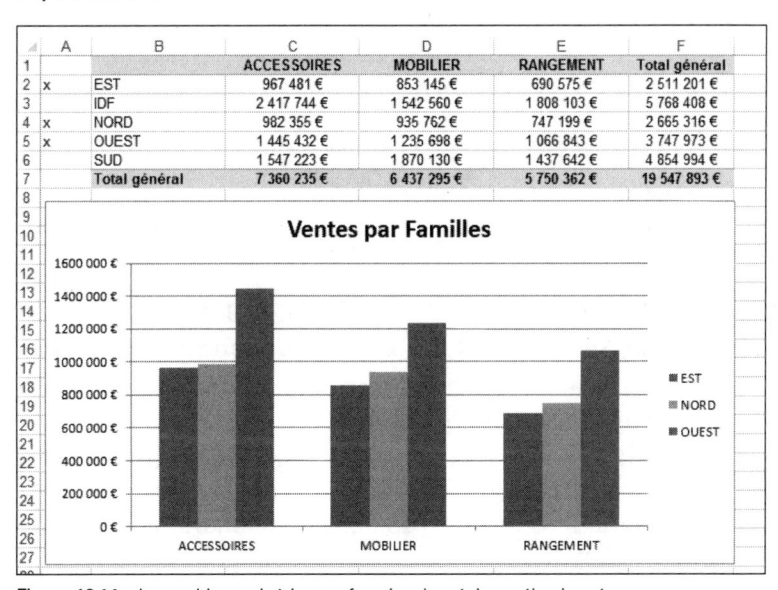

	A	B	C	D	E	F
1			ACCESSOIRES	MOBILIER	RANGEMENT	Total général
2	x	EST	967 481 €	853 145 €	690 575 €	2 511 201 €
3		IDF	2 417 744 €	1 542 560 €	1 808 103 €	5 768 408 €
4	x	NORD	982 355 €	935 762 €	747 199 €	2 665 316 €
5	x	OUEST	1 445 432 €	1 235 698 €	1 066 843 €	3 747 973 €
6		SUD	1 547 223 €	1 870 130 €	1 437 642 €	4 854 994 €
7		Total général	7 360 235 €	6 437 295 €	5 750 362 €	19 547 893 €

Ventes par Familles (histogramme : EST, NORD, OUEST pour ACCESSOIRES, MOBILIER, RANGEMENT)

Figure 19.14 : Le graphique mis à jour en fonction des régions sélectionnées

Pour cela, nous allons créer la procédure `MAJ_Graphique2` :

```
Sub MAJ_Graphique2()
    Dim Mon_Graphique As ChartObject
    Dim Mon_Histo As Chart
```

```
    Dim Ma_Serie As Series

    On Error Resume Next
    Set Mon_Graphique = ActiveSheet.ChartObjects("Graph_Region")
    On Error GoTo 0

    If Mon_Graphique Is Nothing Then Exit Sub

    Set Mon_Histo = Mon_Graphique.Chart

    With Mon_Histo

        For i = .SeriesCollection.Count To 1 Step -1
            .SeriesCollection(i).Delete
        Next i

        For i = 1 To 5
            If Range("A1").Offset(i, 0).Value <> "" Then
                Set Ma_Serie = .SeriesCollection.NewSeries
                Ma_Serie.Name = Range("A1").Offset(i, 1).Value
                Ma_Serie.XValues = Range("C1:E1")
                Ma_Serie.Values = Range("A1").Offset(i, 2)
                    .Resize(1, 3)
            End If

        Next i
    End With
End Sub
```

Quelques explications sur cette procédure :

- La variable *Mon_Graphique* est déclarée en tant qu'objet graphique.
- La variable *Mon_Histo* est déclarée en tant que graphique.
- La variable *Ma_Serie* est déclarée en tant que série de données.
- L'instruction `On Error Resume Next` permet de forcer l'exécution de l'instruction suivante en cas d'erreur.
- On tente d'attribuer le graphique *Graph_Region* à la variable *Mon _Graphique*. Si le graphique n'existe pas ou a été supprimé, une erreur se produira et *Mon_Graphique* contiendra l'objet vide (`Nothing`).
- On rétablit la gestion normale des erreurs.
- Si le graphique n'existe pas, on sort de manière anticipée de la procédure.
- La variable *Mon_Histo* identifie désormais le graphique contenu dans *Mon_Graphique*.

- L'instruction With permet de spécifier que l'on va travailler avec les propriétés et les méthodes de l'objet *Mon_Histo*.
- La propriété Count de la collection SeriesCollection permet d'obtenir le nombre de séries du graphique. La boucle va permettre de les passer en revue.
- Il s'agit de supprimer la série identifiée par son numéro dans la collection des séries.
- La deuxième boucle va permettre de passer en revue les 5 cellules de la plage *A2:A6*. Il s'agit des cases à cocher.
- Si la cellule n'est pas vide...
- La variable *Ma_Serie* contient une nouvelle série créée à l'aide de la méthode Add de la collection SeriesCollection. Il s'agit d'une nouvelle série vide ajoutée au graphique.
- Le nom de la série (la région) est obtenu à l'aide du contenu de la cellule correspondante de la colonne *B* (Range("A1").Offset(i, 1).Value).
- Les étiquettes de l'axe des abscisses se trouvent en *C1 :E1*.
- Les données à représenter se trouvent dans la plage de 1 ligne et 3 colonnes (Resize(1, 3)) située à partir de la cellule correspondante de la colonne *C* (Offset(i, 2)).

Pour rendre actif ce traitement, il faut ajouter du code dans une procédure événementielle de la feuille de calcul concernée (ici *Régions_Familles*). La procédure événementielle est la procédure Change, déclenchée à chaque fois que l'utilisateur modifie le contenu d'une cellule.

RENVOI Pour plus de détails sur les procédures événementielles, reportez-vous au chapitre 18, *Gérer les événements d'Excel*.

```
Private Sub Worksheet_Change(ByVal Target As Range)
    If Intersect(Target.Resize(1, 1), Range("A2:A6")) _
        Is Nothing Then Exit Sub

    Call MAJ_Graphique2
End Sub
```

Le principe du test est le même que pour la procédure SelectionChange vue précédemment.

Spécifier les étiquettes de données

La feuille *Années_Région* contient un tableau présentant, pour chacune des régions les ventes pour 2008 et 2009, ainsi que l'évolution en pourcentage correspondante.

	A	B	C	D	E	F
1		EST	IDF	NORD	OUEST	SUD
2	2011	1 296 074 €	3 031 589 €	1 336 386 €	1 981 209 €	2 614 863 €
3	2012	1 165 897 €	3 316 242 €	1 423 688 €	2 004 861 €	2 756 028 €
4	Evolution	-10,04%	9,39%	6,53%	1,19%	5,40%

Figure 19.15 : La feuille Années_Régions

Il s'agit de créer une graphique de type courbes, présentant les données pour 2008 et 2009 et, pour chaque point de la série des valeurs de 2009, une étiquette représentant le pourcentage d'évolution.

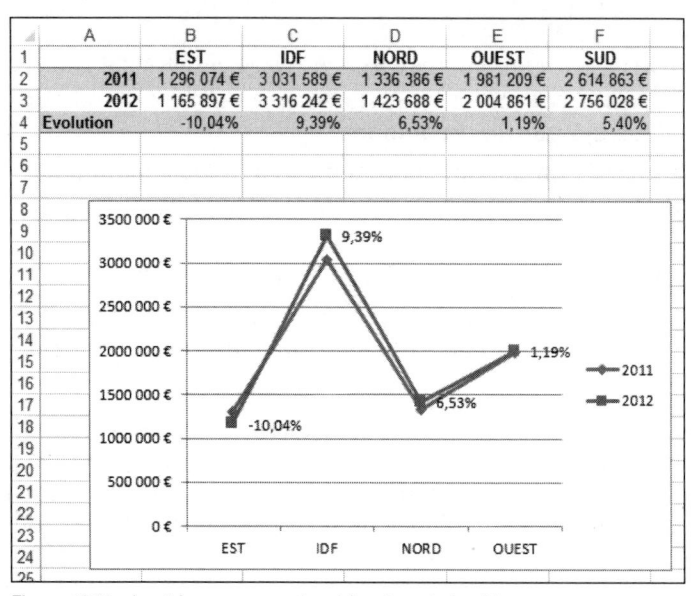

Figure 19.16 : Les étiquettes sont mises à jour à partir du tableau

Pour cela, nous allons créer la procédure *Etiquettes_Graph* :

```
Sub Etiquettes_Graph()
    Dim Mon_Graphique As Shape
    Dim Ma_Feuille As Worksheet
    Dim Ma_Serie As Series

    Set Ma_Feuille = ThisWorkbook.Worksheets("Années_Région")

    Set Mon_Graphique = Ma_Feuille.Shapes.AddChart

    With Mon_Graphique
        .Name = "Ventes_2007"

        With .Chart
            .SetSourceData Ma_Feuille.Range("A1:E3"), xlRows
            .ChartType = xlLineMarkers
```

```
        End With
    End With

    Set Ma_Serie = Mon_Graphique.Chart.SeriesCollection(2)

    Ma_Serie.HasDataLabels = True

    For i = 1 To Ma_Serie.Points.Count
        Ma_Serie.Points(i).DataLabel.Text = _
            Format(Range("A4").Offset(0, i).Value, "0.00%")
    Next i

End Sub
```

Quelques explications sur cette procédure :

- La variable *Mon_Graphique* est déclarée en tant qu'objet graphique.
- La variable *Ma_Feuille* est déclarée en tant que feuille de calcul.
- La variable *Ma_Serie* est déclarée en tant que série de données.
- La variable *Ma_Feuille* référence désormais la feuille de calcul *Années_Région*.
- La variable *Mon_Graphique* référence désormais le graphique créé à l'aide de la méthode *AddChart* de la collection *Shapes*.
- L'instruction With permet de spécifier que l'on va travailler avec les propriétés et les méthodes de l'objet *Mon_Graphique*.
- La propriété Name représente le nom de l'objet graphique.
- L'instruction With permet de spécifier que l'on va travailler avec les propriétés et les méthodes de l'objet Chart contenu dans *Mon_Graphique*. Il s'agit du graphique à proprement parler.
- La méthode SetSourceData permet de spécifier la plage de données contenant les données sources du graphique (*A1 :E3*), ainsi que le sens de représentation des données.
- La propriété ChartType permet de spécifier le type de graphique à représenter (ici de type courbes).
- La variable *Ma_Serie* référence désormais la deuxième série de données du graphique (valeurs de 2009).
- La propriété HasDataLabels permet de spécifier si la série possède des étiquettes de données (valeur True).
- La propriété Count de la collection Points de la série *Ma_Serie* permet d'obtenir le nombre de points tracés dans la série.
- Chaque point, identifié par son numéro dans la collection Points, est passé en revue. Il s'agit de définir le texte de l'étiquette

correspondante (`DataLabel.Text`). Pour cela, nous utilisons le contenu de la cellule correspondante dans la plage *B4 :F4*, formaté à l'aide de la fonction `Format`.

Découvrir d'autres propriétés et méthodes des objets Chart

Les objets de type `Chart` présentent une grande quantité de méthodes et de propriétés. Bon nombre de propriétés sont destinées à spécifier des paramètres de mise en forme (zone de traçage, axes, quadrillages, légende…). Il serait fastidieux de les décrire toutes ici. En fonction de vos besoins, vous pourrez les découvrir, notamment à l'aide de l'Explorateur d'objets (menu **Affichage/Explorateur d'objets**).

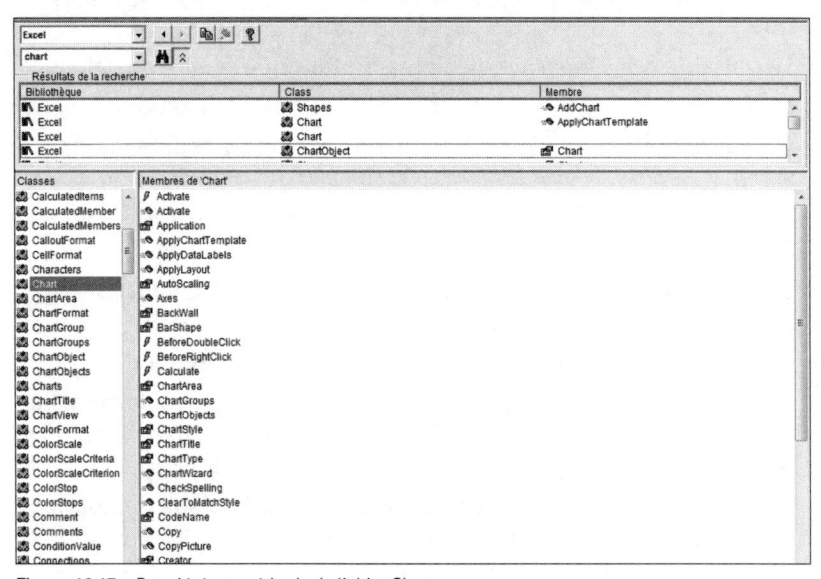

Figure 19.17 : Propriétés et méthode de l'objet Chart

Travailler avec les graphiques sparkline

Les graphiques sparkline, nouveautés d'Excel 2010, sont de petits graphiques que vous pouvez insérer à l'arrière-plan dans une plage de cellules de la feuille de calcul. Ils permettent une représentation visuelle des données et la mise en évidence des tendances d'une série de valeurs comme les variations saisonnières, les valeurs maximales et minimales, les cycles économiques… Pour en optimiser l'impact, placez un graphique sparkline près des données qu'il représente.

Créer des graphiques sparkline

Supposons que nous disposons du tableau des ventes mensuelles de trois succursales d'une entreprise, dont nous souhaitons visualiser les tendances.

	A	B	C	D	E	F	G	H	I	J	K	L	M	N
1														
2														
3	Ventes	Tendance	Janvier	Février	Mars	Avril	Mai	Juin	Juillet	Août	Septembre	Octobre	Novembre	Décembre
4	Lyon		338 837 €	630 614 €	969 451 €	1 411 822 €	1 534 180 €	1 524 767 €	1 101 221 €	527 080 €	461 195 €	423 547 €	282 364 €	207 067 €
5	Bordeaux		186 360 €	466 654 €	562 282 €	804 738 €	1 104 609 €	1 082 585 €	781 867 €	337 331 €	258 269 €	245 657 €	149 653 €	132 523 €
6	Tours		396 440 €	580 165 €	930 673 €	1 510 649 €	1 595 547 €	1 692 492 €	1 233 367 €	553 434 €	442 747 €	376 956 €	321 895 €	207 067 €
7														

Figure 19.18 : Le tableau des ventes

Les groupes de graphiques sparkline sont gérés à l'aide de la collection `SparklineGroups`, accessible via la propriété `SparklineGroups` de l'objet `Range`. En effet, les graphiques sparkline sont associés à des plages de cellules. Pour créer un graphique sparkline sur une plage de cellules, il faut donc utiliser la méthode `Add` de la collection `SparklineGroups`.

Dans notre exemple, nous allons créer un groupe de graphiques sparkline dans la plage de cellules *B4:B6*. Ces graphiques s'appuieront sur les données contenues dans la plage *C4:N6*.

```
Sub Creer_Sparkline()
    Range("B4:B6").SparklineGroups.Add xlSparkLine, "C4:N6"
End Sub
```

Après l'exécution de cette procédure, les graphiques ont été créés dans la plage *B4:B6*.

	A	B	C	D	E	F
1						
2						
3	Ventes	Tendance	Janvier	Février	Mars	Avril
4	Lyon	∿	338 837 €	630 614 €	969 451 €	1 411 822 €
5	Bordeaux	∿	186 360 €	466 654 €	562 282 €	804 738 €
6	Tours	∿	396 440 €	580 165 €	930 673 €	1 510 649 €
7						
8						

Figure 19.19 : Les graphiques sparkline

Le premier argument de la méthode `Add` permet de spécifier le type de graphique à créer. Il peut prendre trois valeurs.

Tableau 19.2 : Liste des valeurs possibles

Constante	Valeur	Description
`xlSparkColumn`	2	Graphique en histogramme
`xlSparkColumnStacked100`	3	Graphique conclusions/pertes
`xlSparkLine`	1	Graphique en courbe

Le deuxième argument de la méthode Add est la référence de la plage de cellules contenant les données à représenter.

Modifier des graphiques sparkline

Pour modifier l'apparence des graphiques sparkline, utilisez la propriété Type. Par exemple, pour transformer nos graphiques en histogrammes, le code est le suivant :

```
Range("B4:B6").SparklineGroups.Item(1).Type = xlSparkColumn
```

Pour modifier les données source, il faut mettre à jour la propriété SourceData.

```
Range("B4:B6").SparklineGroups.Item(1).SourceData = "C4:H6"
```

Pour déplacer des graphiques sparkline, il faut utiliser la méthode Modify en spécifiant le nouvel emplacement sous forme d'un objet de type Range faisant référence à la plage de cellules de destination. Il est également possible de spécifier un deuxième paramètre afin de modifier la source de données, sous la forme d'une chaîne de caractères indiquant la référence de la plage de cellules source. Avec le code suivant, nos graphiques seront déplacés en *B9:B11* et les données sources seront à nouveau *C4:N6*.

```
Range("B4:B6").SparklineGroups.Item(1).Modify Range("B9:B11"),
✂ "C4:N6"
```

	A	B	C	D	E
1					
2					
3	Ventes	Tendance	Janvier	Février	Mars
4	Lyon		338 837 €	630 614 €	969 451 €
5	Bordeaux		186 360 €	466 654 €	562 282 €
6	Tours		396 440 €	580 165 €	930 673 €
7					
8					
9		▁▂▃▅▆▂▁			
10		▁▂▃▅▆▂▁			
11		▁▂▃▅▆▂▁			
12					
13					

Figure 19.20 : Les graphiques sparkline à leur nouvel emplacement

Il est possible de mettre en évidence certains points des graphiques sparkline, en utilisant les propriétés correspondantes des objets Points, représentant les points des graphiques.

Pour afficher le point haut :

```
Range("B4:B6").SparklineGroups.Item(1).Points.Highpoint_
   .Visible = True
```

Pour afficher le point bas :

```
Range("B4:B6").SparklineGroups.Item(1).Points.Lowpoint_
   .Visible = True
```

Pour afficher le premier point :

```
Range("B4:B6").SparklineGroups.Item(1).Points.Firstpoint_
   .Visible = True
```

Pour afficher le dernier point :

```
Range("B4:B6").SparklineGroups.Item(1).Points.Lastpoint_
   .Visible = True
```

Pour afficher tous les marqueurs :

```
Range("B4:B6").SparklineGroups.Item(1).Points.Markers_
   .Visible = True
```

Supprimer des graphiques sparkline

Pour supprimer des graphiques, utilisez la méthode `Clear` de l'objet `SparklineGroups`.

```
Range("B4:B6").SparklineGroups.Clear
```

19.3. Gérer des données

Nous allons à présent aborder des outils permettant de gérer, organiser et analyser des données avec Excel.

Créer un tableau de données

Excel 2003 apportait une fonctionnalité nouvelle : la création de listes de données. Depuis Excel 2007, cette notion a été rebaptisée tableaux de données. Avant l'introduction de ce concept, les listes, ou plutôt les tableaux, n'étaient jamais que des plages de cellules "comme les autres". Désormais, ils s'apparentent à de réelles tables de données telles que celles présentes dans les systèmes de gestion de bases de données. Lorsque vous définissez un tableau, vous pouvez manipuler son contenu sans tenir compte des données se trouvant à l'extérieur. Cette séparation est matérialisée par un encadré bleu autour du tableau.

Vous pouvez définir plusieurs tableaux sur une même feuille.

Vous avez la possibilité de créer un tableau à partir d'une plage de cellules contenant déjà des données, à condition que ces données soient convenablement structurées en colonnes. Il est préférable (mais pas obligatoire) de nommer chaque colonne de la liste de façon explicite. La première ligne devrait donc contenir les titres (ou étiquettes) des colonnes.

Pour créer un tableau de données, vous disposez de la méthode `Add` de la collection `ListObjects` de la feuille de calcul. La syntaxe est la suivante :

`ListObjects.Add(TypeSource, Source, SourceLien, AEnTêtes,`
`✂ Destination)`

- `TypeSource` indique le type de source pour la requête. Facultatif.

Tableau 19.3 : Liste des valeurs possibles pour `TypeSource`

Constante	Valeur	Description
`xlSrcExternal`	0	Source de données externes (site Microsoft Windows SharePoint Services)
`xlSrcQuery`	3	Requête
`xlSrcRange`	1	Plage
`xlSrcXml`	2	XML

- Source. Quand `TypeSource = xlSrcRange`, objet `Range` représentant la source de données. S'il est omis, l'argument `Source` utilise par défaut la plage renvoyée par le code de détection de plage. Quand `TypeSource = xlSrcExternal`, tableau de valeurs `String` spécifiant une connexion à la source, avec les éléments suivants : *URL d'un site SharePoint, Nom de liste, GUID d'affichage*. Facultatif.

- `SourceLien` indique si une source de données externe doit être liée à l'objet `ListObject`. Si `TypeSource` a la valeur `xlSrcExternal`, la valeur par défaut est `True`. Non valide si `TypeSource` a la valeur `xlSrcRange`. Renvoie une erreur si l'argument n'est pas omis. Facultatif.

- `AEnTêtes` indique si les données importées ont des étiquettes de colonne. Si l'argument `Source` ne contient pas d'en-têtes, Excel produit automatiquement des en-têtes. Valeurs possibles : `xlGuess`, `xlYes`, `xlNo`. Facultatif.

- Destination. Objet `Range` spécifiant une référence à une cellule unique comme destination pour l'angle supérieur gauche du nouvel objet `Liste`. Si l'objet `Range` fait référence à plus d'une cellule, une erreur se produit. L'argument `Destination` doit être spécifié lorsque `TypeSource` a la valeur `xlSrcExternal`. L'argument `Destination` est ignoré si `TypeSource` a la valeur `xlSrcRange`. La plage de destination doit figurer dans la feuille de calcul qui contient la collection `ListObjects` spécifiée par l'argument expression. De nouvelles colonnes seront insérées à la `Destination` pour s'adapter à la nouvelle liste. Par conséquent, les nouvelles données ne seront pas écrasées.

Nous allons créer un tableau, que nous nommerons *Ventes*, dans la feuille active :

```
Dim Mon_Tableau As ListObject

Set Mon_Tableau = ActiveSheet.ListObjects.Add(xlSrcRange, _
    Range("A1").CurrentRegion, , xlYes)

Mon_Tableau.Name = "Ventes"
```

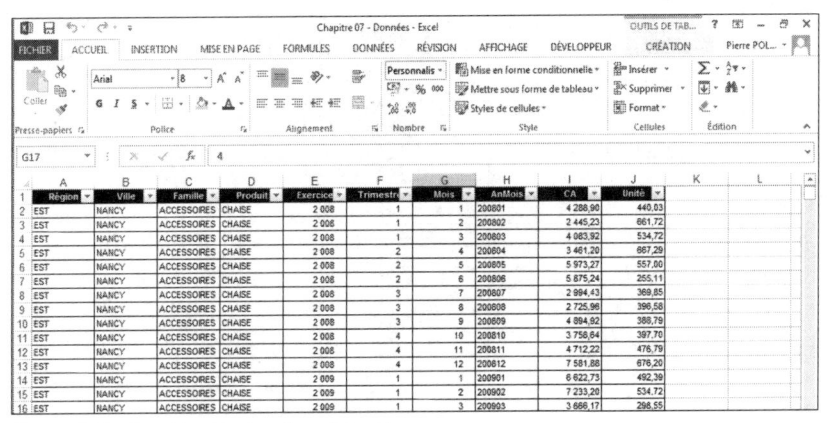

Figure 19.21 : Le tableau de données a été créé

Par la suite, nous pourrons faire référence à ce tableau de la manière suivante :

`ActiveSheet.ListObjects("Ventes")`

Pour redimensionner un tableau de données, vous disposez de la méthode `Resize` :

`ActiveSheet.ListObjects("Ventes").Resize Range("A1:J10")`

Pour transformer un tableau de données en plage normale, vous pouvez utiliser la méthode `Unlist` du tableau :

`ActiveSheet.ListObjects("Ventes").Unlist`

Trier des données

Le tri fait peau neuve avec cette nouvelle mouture d'Excel. En effet, il est désormais possible de trier des données en fonction d'un plus grand nombre de critères simultanés (3 maximum auparavant), de trier selon la couleur, selon l'icône de cellule...

Pour prendre en compte cette complexité, le modèle d'objet d'Excel s'est enrichi d'un nouvel objet baptisé `Sort` qui permet de définir les critères de tri. Les critères de tri sont eux-mêmes inclus dans une collection baptisée `SortFields`.

Pour illustrer ces concepts, nous allons les mettre en œuvre afin de trier un tableau selon deux critères. Il s'agit de trier par région puis par chiffre d'affaires décroissant.

	A	B	C
1			
2			
3	Région	Ville	C.A.
4	NORD	AMIENS	1 300 988 €
5	SUD	BORDEAUX	1 306 754 €
6	OUEST	CAEN	1 372 054 €
7	IDF	CRETEIL	1 320 667 €
8	IDF	LA DEFENSE	1 367 382 €
9	NORD	LILLE	1 364 328 €
10	SUD	MONTPELLIER	1 289 366 €
11	EST	NANCY	1 305 118 €
12	OUEST	NANTES	1 318 044 €
13	SUD	NICE	1 340 586 €
14	IDF	PARIS NORD	1 344 461 €
15	IDF	PARIS SUD	1 297 901 €
16	OUEST	RENNES	1 295 973 €
17	EST	STRASBOURG	1 256 473 €
18	SUD	TOULOUSE	1 302 121 €
19	IDF	VERSAILLES	1 317 321 €
20			
21			

Figure 19.22 : Les données à trier

Pour cela, créons la procédure *Trier* :

	A	B	C	D
1				
2				
3	Région	Ville	C.A.	
4	EST	NANCY	1 305 118 €	
5	EST	STRASBOURG	1 256 473 €	
6	IDF	LA DEFENSE	1 367 382 €	
7	IDF	PARIS NORD	1 344 461 €	
8	IDF	CRETEIL	1 320 667 €	
9	IDF	VERSAILLES	1 317 321 €	
10	IDF	PARIS SUD	1 297 901 €	
11	NORD	LILLE	1 364 328 €	
12	NORD	AMIENS	1 300 988 €	
13	OUEST	CAEN	1 372 054 €	
14	OUEST	NANTES	1 318 044 €	
15	OUEST	RENNES	1 295 973 €	
16	SUD	NICE	1 340 586 €	
17	SUD	BORDEAUX	1 306 754 €	
18	SUD	TOULOUSE	1 302 121 €	
19	SUD	MONTPELLIER	1 289 366 €	

Figure 19.23 : Le tri a été effectué

```
Sub Trier()
    With ActiveSheet.Sort
        .SortFields.Clear
        .SortFields.Add Range("A3"), xlSortOnValues, _
            xlAscending, xlSortNormal
        .SortFields.Add Range("C3"), xlSortOnValues, _
            xlDescending, xlSortNormal
        .SetRange Range("A3:C19")
        .Header = xlYes
        .MatchCase = False
        .Orientation = xlSortColumns
        .Apply
    End With
End Sub
```

Quelques explications sur cette procédure :

- L'instruction `With` permet de spécifier que l'on va travailler avec les propriétés de l'objet `Sort` de la feuille active.
- Il s'agit d'abord d'effacer les éventuels critères existants, à l'aide de la méthode `Clear` de la collection `SortFields`.
- Il s'agit ensuite d'ajouter le premier critère (le plus important), à l'aide de la méthode `Add` de la collection `SortFields`. Il faut d'abord spécifier :

    — l'emplacement du critère ;

    — sur quoi doit porter le tri.

Tableau 19.4 : Type de tri

Constantes	Valeur	Description
SortOnCellColor	1	Couleur de cellule
SortOnFontColor	2	Couleur de police
SortOnIcon	3	Icône
SortOnValues	0	Valeurs

— le sens du tri : croissant (`xlAscending`) ou décroissant (`xlDescending`) ;

— le traitement aux données de type texte.

Tableau 19.5 : Traitement des données de type texte

Constantes	Valeur	Description
xlSortNormal	0	Trie les données numériques et textuelles séparément.
xlSortTextAsNumbers	1	Traite le texte comme des données numériques pour le tri.

- Il s'agit ensuite d'ajouter le deuxième critère, à l'aide de la méthode `Add` de la collection `SortFields`.
- La méthode `SetRange` permet de spécifier la plage de donnée à trier.
- La propriété `Header` permet d'indiquer si la plage de cellules spécifiée précédemment contient des en-têtes (`xlGuess`, `xlYes`, `xlNo`).
- La propriété `MatchCase` permet de spécifier un tri qui respecte la casse (`True`).
- La propriété `Orientation` permet de spécifier la direction du tri.

Tableau 19.6 : Direction du tri

Constantes	Valeur	Description
`xlSortColumns`	1	Trie par colonne.
`xlSortRows`	2	Trie par ligne.

- La méthode `Apply` permet d'appliquer le tri selon les critères spécifiés.

Filtrer des données

Le filtre automatique permet d'afficher les données respectant certains critères. Lorsque vous créez un tableau de données, le filtre automatique est automatiquement activé. Cela se matérialise par les petits boutons fléchés situés à côté des en-têtes de colonnes. Vous pouvez également activer le filtre automatique sur une plage qui n'est pas un tableau de données.

Pour activer le filtre automatique sur une plage de cellules :

```
ActiveSheet.Range("A3:C19").AutoFilter
```

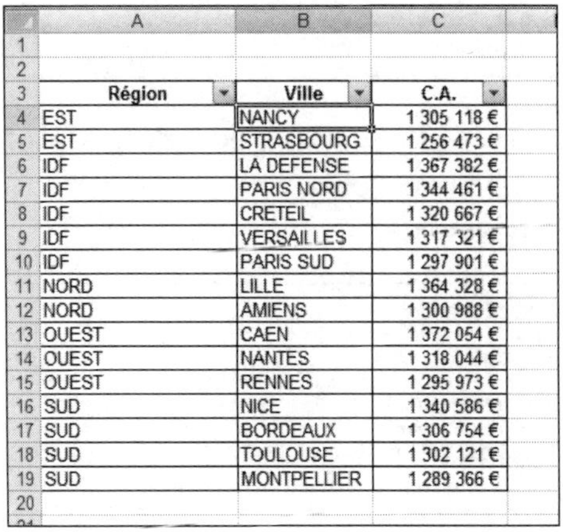

Région	Ville	C.A.
EST	NANCY	1 305 118 €
EST	STRASBOURG	1 256 473 €
IDF	LA DEFENSE	1 367 382 €
IDF	PARIS NORD	1 344 461 €
IDF	CRETEIL	1 320 667 €
IDF	VERSAILLES	1 317 321 €
IDF	PARIS SUD	1 297 901 €
NORD	LILLE	1 364 328 €
NORD	AMIENS	1 300 988 €
OUEST	CAEN	1 372 054 €
OUEST	NANTES	1 318 044 €
OUEST	RENNES	1 295 973 €
SUD	NICE	1 340 586 €
SUD	BORDEAUX	1 306 754 €
SUD	TOULOUSE	1 302 121 €
SUD	MONTPELLIER	1 289 366 €

Figure 19.24 : Activation du filtre automatique

Pour spécifier un critère sur un champ :

```
ActiveSheet.Range("A3:C19").AutoFilter Field:=1,_
   Criteria1:="OUEST"
```

	A	B	C
1			
2			
3	Région	Ville	C.A.
13	OUEST	CAEN	1 372 054 €
14	OUEST	NANTES	1 318 044 €
15	OUEST	RENNES	1 295 973 €
20			

Figure 19.25 : Les données filtrées

Pour ajouter un nouveau critère sur un autre champ :

```
ActiveSheet.Range("A3:C19").AutoFilter Field:=3,_
   Criteria1:=">1300000"
```

	A	B	C
1			
2			
3	Région	Ville	C.A.
13	OUEST	CAEN	1 372 054 €
14	OUEST	NANTES	1 318 044 €
20			

Figure 19.26 : Les données filtrées

Pour supprimer un critère sur un champ (ici le chiffre d'affaires) :

```
ActiveSheet.Range("A3:C19").AutoFilter Field:=3
```

Pour déterminer si le filtre automatique est actif dans la feuille active :

```
If ActiveSheet.AutoFilterMode Then _
   MsgBox "Filtre automatique activé"
```

La propriété `AutoFilterMode` vaut `True` si le filtre automatique est activé.

Pour désactiver le filtre automatique (s'il a été préalablement activé) :

```
ActiveSheet.Range("A3:C19").AutoFilter
```

Les tableaux de données

Tout ce que nous venons de voir pour les plages normales est également applicable aux tableaux de données. La différence réside dans le fait que la méthode `AutoFilter` s'applique cette fois à un objet de type `ListObject` :

```
ActiveSheet.ListObjects("Ventes").Range.AutoFilter Field:=1,
✂ Criteria1:="OUEST"
```

Vous noterez l'utilisation de la propriété `Range` du tableau de données.

La propriété `ShowAutoFilter` d'un tableau de données permet de spécifier si le filtre automatique doit être affiché pour le tableau (valeur `True`) :

```
ActiveSheet.ListObjects("Ventes").ShowAutoFilter = True
```

19.4. Manipuler les tableaux croisés dynamiques

Les tableaux croisés dynamiques constituent indéniablement de puissants outils d'analyse de données. Ils peuvent être rangés dans la catégorie des outils d'informatique décisionnelle. L'objectif est d'aider leurs utilisateurs à prendre les meilleures décisions possibles, en faisant ressortir l'essentiel à parti d'un volume important de données.

Nous allons d'abord décrire comment créer un tableau croisé dynamique puis comment l'organiser.

Créer un tableau croisé dynamique

Pour illustrer la création d'un tableau croisé dynamique, nous utiliserons un classeur contenant une feuille de calcul **Ventes**. Cette feuille contient le détail des ventes par région, ville, famille, produit pour les années 2008 et 2009.

	A	B	C	D	E	F	G	H	I	J
1	Région	Ville	Famille	Produit	Exercice	Trimestre	Mois	AnMois	CA	Unité
2	EST	NANCY	ACCESSOIRES	CHAISE	2 008	1	1	200601	4 288,90	440,03
3	EST	NANCY	ACCESSOIRES	CHAISE	2 008	1	2	200602	2 445,23	661,72
4	EST	NANCY	ACCESSOIRES	CHAISE	2 008	1	3	200603	4 083,92	534,72
5	EST	NANCY	ACCESSOIRES	CHAISE	2 008	2	4	200604	3 461,20	667,29
6	EST	NANCY	ACCESSOIRES	CHAISE	2 008	2	5	200605	5 973,27	557,00
7	EST	NANCY	ACCESSOIRES	CHAISE	2 008	2	6	200606	5 875,24	255,11
8	EST	NANCY	ACCESSOIRES	CHAISE	2 008	3	7	200607	2 994,43	369,85
9	EST	NANCY	ACCESSOIRES	CHAISE	2 008	3	8	200608	2 725,96	396,58
10	EST	NANCY	ACCESSOIRES	CHAISE	2 008	3	9	200609	4 894,92	388,79
11	EST	NANCY	ACCESSOIRES	CHAISE	2 008	4	10	200610	3 758,64	397,70
12	EST	NANCY	ACCESSOIRES	CHAISE	2 008	4	11	200611	4 712,22	476,79
13	EST	NANCY	ACCESSOIRES	CHAISE	2 008	4	12	200612	7 581,88	676,20
14	EST	NANCY	ACCESSOIRES	CHAISE	2 009	1	1	200701	6 622,73	492,39
15	EST	NANCY	ACCESSOIRES	CHAISE	2 009	1	2	200702	7 233,20	534,72
16	EST	NANCY	ACCESSOIRES	CHAISE	2 009	1	3	200703	3 666,17	298,55
17	EST	NANCY	ACCESSOIRES	CHAISE	2 009	2	4	200704	6 888,98	392,13
18	EST	NANCY	ACCESSOIRES	CHAISE	2 009	2	5	200705	5 587,82	311,92
19	EST	NANCY	ACCESSOIRES	CHAISE	2 009	2	6	200706	5 158,93	685,06
20	EST	NANCY	ACCESSOIRES	CHAISE	2 009	3	7	200707	5 427,41	392,13
21	EST	NANCY	ACCESSOIRES	CHAISE	2 009	3	8	200708	6 219,46	658,37
22	EST	NANCY	ACCESSOIRES	CHAISE	2 009	3	9	200709	7 360,20	402,15
23	EST	NANCY	ACCESSOIRES	CHAISE	2 009	4	10	200710	3 106,95	232,83
24	EST	NANCY	ACCESSOIRES	CHAISE	2 009	4	11	200711	4 424,81	758,63
25	EST	NANCY	ACCESSOIRES	CHAISE	2 009	4	12	200712	5 570,00	360,94
26	EST	NANCY	ACCESSOIRES	DECORATION	2 008	1	2	200602	7 487,19	257,33

Figure 19.27 : Les données brutes

Au préalable, nous avons créé un tableau de données (bouton **Tableau** du groupe *Tableaux* de l'onglet **Insertion**) *Ventes* englobant l'intégralité de la base de données.

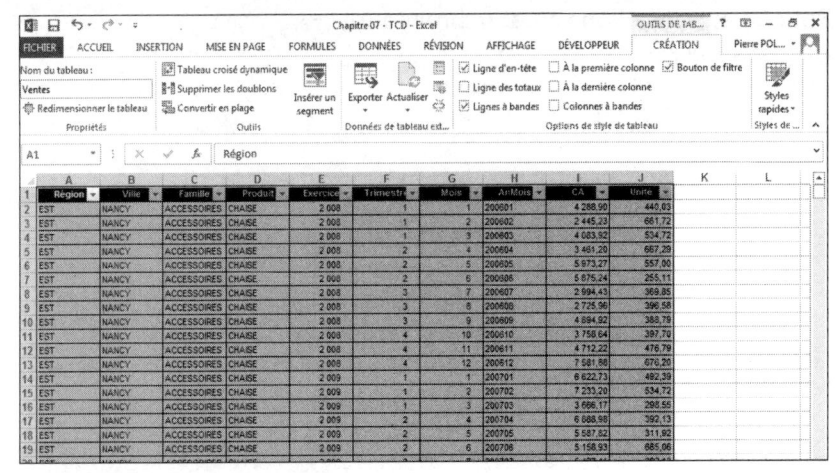

Figure 19.28 : Le tableau de données

> **ASTUCE**
>
> **Mise à jour des tableaux croisés dynamiques**
>
> Il n'est pas nécessaire de créer un tableau de données mais cela facilite la mise à jour des futurs tableaux croisés dynamiques. En effet, si vous créez un tableau croisé dynamique à partir d'une plage normale, lorsque vous ajouterez des données à votre base, celles-ci ne seront pas prises en compte dans le tableau croisé dynamique. En revanche, avec un tableau, ce sera le cas.

Nous allons à présent créer un tableau croisé dynamique dans une nouvelle feuille de calcul, à partir du tableau *Ventes*. Ce tableau croisé dynamique totalisera le chiffre d'affaires par région et par famille de produit.

	A	B	C	D	E
1					
2					
3	C.A.	Étiquettes de colonnes			
4	Étiquettes de lignes	ACCESSOIRES	MOBILIER	RANGEMENT	Total général
5	EST	967481 €	903534 €	690575 €	2561591 €
6	IDF	2417744 €	2421884 €	1808103 €	6647732 €
7	NORD	982355 €	935762 €	747199 €	2665316 €
8	OUEST	1445432 €	1473795 €	1066843 €	3986070 €
9	SUD	1931057 €	1870130 €	1437642 €	5238828 €
10	Total général	7744069 €	7605105 €	5750362 €	21099537 €

Figure 19.29 : Le tableau croisé dynamique

19.4. Manipuler les tableaux croisés dynamiques

Pour cela, nous allons créer la procédure `Creer_TCD` :

```
Sub Creer_TCD()
    Dim Ma_Feuille As Worksheet
    Dim Mon_Cache As PivotCache
    Dim Mon_TCD As PivotTable

    Set Ma_Feuille = Worksheets.Add

    Set Mon_Cache = ActiveWorkbook.PivotCaches _
        .Create(xlDatabase, "Ventes")

    Set Mon_TCD = Mon_Cache.CreatePivotTable(Ma_Feuille.Range("A3"))

    With Mon_TCD
        .PivotFields("Région").Orientation = xlRowField

        .PivotFields("Famille").Orientation = xlColumnField

        .AddDataField .PivotFields("CA"), "C.A.", xlSum
        .DataFields("C.A.").NumberFormat = "0   "
    End With

End Sub
```

Quelques explications sur cette procédure :

- La variable *Ma_Feuille* est déclarée en tant que feuille de calcul.
- La variable *Mon_Cache* est déclarée en tant que cache mémoire. Nous reviendrons par la suite sur cette notion.
- La variable *Mon_TCD* est déclarée en tant que tableau croisé dynamique.
- La variable *Ma_Feuille* fait désormais référence à la feuille nouvellement créée.
- Il s'agit ensuite de créer un cache mémoire à partir du tableau *Ventes* à l'aide de méthode `Create` de la collection `PivotCaches` du classeur actif. Le premier paramètre permet de spécifier le type de source de données (`xlDatabase` correspond à une plage de cellules).
- À partir du cache créé à l'étape précédente (référencé par la variable *Mon_Cache*), il s'agit de créer un tableau croisé dynamique. Pour cela, nous utilisons la méthode `CreatePivotTable` de l'objet `Cache`. Il suffit de lui fournir l'adresse de la cellule supérieure gauche de la plage de destination. Ici, nous créerons le tableau croisé dynamique dans la nouvelle feuille de calcul.
- L'instruction `With` permet de spécifier que l'on va travailler avec les propriétés et méthodes de l'objet `PivotTable` contenu dans *Mon_TCD*.

- Chaque colonne du tableau *Ventes* est un champ de données pour le tableau croisé dynamique. Ils font partie de la collection `Pivot-Fields`. Il s'agit ici de spécifier que le champ *Région* doit être placé en ligne (propriété `Orientation` égale à `xlRowField`).
- Il s'agit ensuite d'indiquer que le champ *Famille* doit être placé en colonne (propriété `Orientation` égale à `xlColumnField`).
- Après avoir positionné les champs d'analyse, il convient d'ajouter un champ de données, à l'aide de la méthode `AddDataField` de l'objet *Mon_TCD*. Cette méthode requiert le champ à utiliser (`.PivotFields("CA")`), l'étiquette qui doit apparaître (*"C.A."*) et la fonction de synthèse (ici la somme, `xlSum`).
- Une fois le champ de données ajouté, il est possible de spécifier son format à l'aide de sa propriété `NumberFormat`.

> **REMARQUE** **Autre méthode de création**
> Pour créer un tableau croisé dynamique, il est possible d'utiliser la méthode `Add` de la collection `PivotTables` d'une feuille de calcul. Il faut lui fournir un cache mémoire ainsi que l'adresse de destination.
> ```
> Set Mon_TCD = Ma_Feuille.PivotTables.Add(Mon_Cache, _
>                                           Range("A3"))
> ```
> Les deux méthodes sont aussi performantes l'une que l'autre. C'est une affaire de choix.

Les objets de type `PivotCache` sont des caches mémoire, c'est-à-dire des espaces de mémoire où les données sont stockées, en provenance de la base de données. Il s'agit d'une passerelle entre la base de données et les tableaux croisés dynamiques. Il est possible de créer plusieurs tableaux croisés dynamiques à partir d'un même cache.

> **REMARQUE** **Création d'un cache à partir de données externes**
> Il est possible de créer un cache à partir de données externes. Il faut le spécifier à la création :
> ```
> Set Mon_Cache = ActiveWorkbook.PivotCaches.Create(xlExternal)
> ```
> Il faudra ensuite mettre à jour la propriété `Recordset` du cache avec une connexion aux données, de type ADO par exemple.

Les différentes fonctions de synthèse des champs de données

Lorsque vous ajoutez un champ de données à l'aide de la méthode `AddDataField`, vous devez spécifier une fonction de synthèse, à l'aide d'un paramètre.

Le tableau suivant donne la liste des fonctions disponibles.

Tableau 19.7 : Liste des fonctions disponibles

Constante	Valeur	Fonction correspondante
`xlAverage`	`-4106`	Moyenne
`xlCount`	`-4112`	Décompte
`xlCountNums`	`-4113`	Compte uniquement les valeurs numériques
`xlMax`	`-4136`	Maximum
`xlMin`	`-4139`	Minimum
`xlProduct`	`-4149`	Multiplier
`xlStDev`	`-4155`	Écart-type sur la base d'un échantillon
`xlStDevP`	`-4156`	Écart-type sur la base du remplissage entier
`xlSum`	`-4157`	Somme
`xlUnknown`	`1000`	Aucune fonction de sous-total indiquée
`xlVar`	`-4164`	Variance sur la base d'un exemple
`xlVarP`	`-4165`	Variance sur la base du remplissage entier

Autre technique pour ajouter des champs à un tableau croisé dynamique

La procédure suivante permet de créer un nouveau tableau croisé dynamique à partir du tableau *Ventes*.

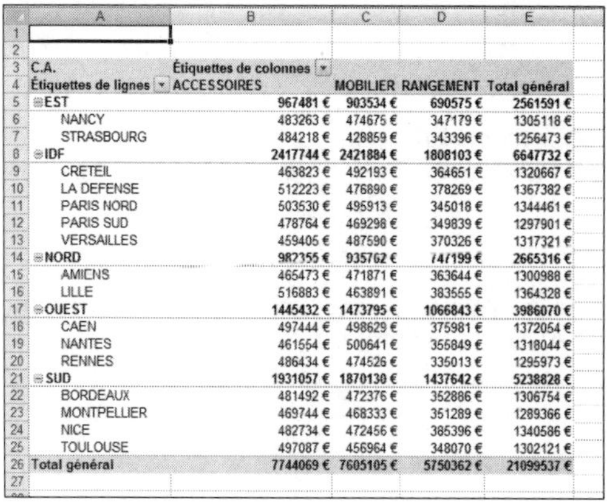

	A	B	C	D	E
1					
2					
3	C.A.	Étiquettes de colonnes			
4	Étiquettes de lignes	ACCESSOIRES	MOBILIER	RANGEMENT	Total général
5	EST	967481 €	903534 €	690575 €	2561591 €
6	NANCY	483263 €	474675 €	347179 €	1305118 €
7	STRASBOURG	484218 €	428859 €	343396 €	1256473 €
8	IDF	2417744 €	2421884 €	1808103 €	6647732 €
9	CRETEIL	463823 €	492193 €	364651 €	1320667 €
10	LA DEFENSE	512223 €	476890 €	378269 €	1367382 €
11	PARIS NORD	503530 €	495913 €	345018 €	1344461 €
12	PARIS SUD	478764 €	469298 €	349839 €	1297901 €
13	VERSAILLES	459405 €	487590 €	370326 €	1317321 €
14	NORD	982355 €	935762 €	747199 €	2665316 €
15	AMIENS	465473 €	471871 €	363644 €	1300988 €
16	LILLE	516883 €	463891 €	383555 €	1364328 €
17	OUEST	1445432 €	1473795 €	1066843 €	3986070 €
18	CAEN	497444 €	498629 €	375981 €	1372054 €
19	NANTES	461554 €	500641 €	355849 €	1318044 €
20	RENNES	486434 €	474526 €	335013 €	1295973 €
21	SUD	1931057 €	1870130 €	1437642 €	5238828 €
22	BORDEAUX	481492 €	472376 €	352886 €	1306754 €
23	MONTPELLIER	469744 €	468333 €	351289 €	1289366 €
24	NICE	482734 €	472456 €	385396 €	1340586 €
25	TOULOUSE	497087 €	456964 €	348070 €	1302121 €
26	Total général	7744069 €	7605105 €	5750362 €	21099537 €
27					

Figure 19.30 : Le tableau croisé dynamique

```
Sub Creer_TCD2()
    Dim Ma_Feuille As Worksheet
    Dim Mon_Cache As PivotCache
    Dim Mon_TCD As PivotTable

    Set Ma_Feuille = Worksheets.Add

    Set Mon_Cache = ActiveWorkbook.PivotCaches
        .Create(xlDatabase, "Ventes")

    Set Mon_TCD = Mon_Cache.CreatePivotTable(Ma_Feuille
        .Range("A3"))

    With Mon_TCD
        .Name = "TCD1"
        .AddFields Array("Région", "Ville"), "Famille"

        .AddDataField .PivotFields("CA"), "C.A.", xlSum
        .DataFields("C.A.").NumberFormat = "0   "
    End With

End Sub
```

Cette procédure est largement analogue à la procédure `Créer_TCD`, décrite en détail précédemment. Nous ne nous intéresserons donc qu'aux différences :

- Vous pouvez noter l'utilisation de la propriété `Name` du tableau croisé dynamique. Cela permettra d'y faire référence facilement par la suite, au sein de la collection `PivotTables` de la feuille.

    `ActiveSheet.PivotTables("TCD1")`

- Pour ajouter des champs d'analyse, nous avons utilisé la méthode `AddFields` du tableau croisé dynamique. Il faut lui fournir les champs de ligne, de colonne et de page. L'utilisation de `Array` permet de fournir un tableau de plusieurs éléments, pour ajouter plusieurs champs en une seule opération.

Actualiser un tableau croisé dynamique

Lorsque vous ajoutez des données à votre base de données ou que vous modifiez des données existantes, les tableaux croisés dynamiques qui s'y réfèrent ne sont pas automatiquement mis à jour. Vous devrez forcer cette mise à jour à l'aide de la méthode `RefreshTable`.

`ActiveSheet.PivotTables("TCD1").RefreshTable`

Modifier la structure d'un tableau croisé dynamique

Nous disposons à présent d'un tableau croisé dynamique fondé sur le même tableau *Ventes* et nommé *TCD_Ventes_Annuelles*.

	A	B	C	D
1				
2				
3	C.A.	Étiquettes de colonnes		
4	Étiquettes de lignes	2 008	2 009	Total général
5	⊟ EST	1296074 €	1265516 €	2561591 €
6	ACCESSOIRES	473042 €	494439 €	967481 €
7	MOBILIER	472024 €	431510 €	903534 €
8	RANGEMENT	351008 €	339567 €	690575 €
9	⊟ IDF	3331489 €	3316242 €	6647732 €
10	ACCESSOIRES	1203763 €	1213982 €	2417744 €
11	MOBILIER	1211844 €	1210040 €	2421884 €
12	RANGEMENT	915883 €	892220 €	1808103 €
13	⊟ NORD	1336386 €	1328931 €	2665316 €
14	ACCESSOIRES	492890 €	489465 €	982355 €
15	MOBILIER	479702 €	456060 €	935762 €
16	RANGEMENT	363793 €	383405 €	747199 €
17	⊟ OUEST	1981209 €	2004861 €	3986070 €
18	ACCESSOIRES	713803 €	731628 €	1445432 €
19	MOBILIER	728404 €	745391 €	1473795 €
20	RANGEMENT	539001 €	527842 €	1066843 €
21	⊟ SUD	2614863 €	2623965 €	5238828 €
22	ACCESSOIRES	954188 €	976869 €	1931057 €
23	MOBILIER	936565 €	933564 €	1870130 €
24	RANGEMENT	724110 €	713531 €	1437642 €
25	Total général	10560022 €	10539515 €	21099537 €
26				

Figure 19.31 : Le tableau croisé dynamique TCD_Ventes_Annuelles

Il comporte :

- en ligne : les champs *Région* et *Famille* ;
- en colonne : le champ *Exercice* ;
- en données : le total du chiffre d'affaires.

Nous allons lui apporter un certain nombre de modifications.

Modifier l'ordre des champs d'analyse

Une première manière de modifier la structure d'un tableau croisé dynamique consiste à changer l'ordre des champs d'analyse. Nous intervertirons les champs *Région* et *Famille*.

```
Dim Mon_TCD As PivotTable

Set Mon_TCD = ActiveSheet.PivotTables("TCD_Ventes_Annuelles")

Mon_TCD.PivotFields("Famille").Position = 1
```

	A	B	C	D
1				
2				
3	C.A.	Étiquettes de colonnes		
4	Étiquettes de lignes	2 008	2 009	Total général
5	⊟ACCESSOIRES	3837687 €	3906382 €	7744069 €
6	EST	473042 €	494439 €	967481 €
7	IDF	1203763 €	1213982 €	2417744 €
8	NORD	492890 €	489465 €	982355 €
9	OUEST	713803 €	731628 €	1445432 €
10	SUD	954188 €	976869 €	1931057 €
11	⊟MOBILIER	3828540 €	3776566 €	7605105 €
12	EST	472024 €	431510 €	903534 €
13	IDF	1211844 €	1210040 €	2421884 €
14	NORD	479702 €	456060 €	935762 €
15	OUEST	728404 €	745391 €	1473795 €
16	SUD	936565 €	933564 €	1870130 €
17	⊟RANGEMENT	2893795 €	2856567 €	5750362 €
18	EST	361008 €	339567 €	690575 €
19	IDF	915883 €	892220 €	1808103 €
20	NORD	363793 €	383405 €	747199 €
21	OUEST	539001 €	527842 €	1066843 €
22	SUD	724110 €	713531 €	1437642 €
23	Total général	10560022 €	10539515 €	21099537 €
24				

Figure 19.32 : Réorganisation des champs de ligne

La propriété Position du champ *Famille* est désormais égale à 1. Cela signifie que le champ *Famille* est le champ de ligne situé le plus à gauche. Plus la valeur de la propriété Position est faible, plus le champ est à un niveau élevé dans la hiérarchie des champs.

En modifiant la propriété Position, on peut réorganiser les champs de lignes et de colonnes.

Masquer un élément

Dans certaines analyses, il peut être intéressant de masquer des valeurs des champs de ligne et/ou de colonne. Nous allons masquer la valeur EST du champ *Région*.

```
Dim Mon_TCD As PivotTable

Set Mon_TCD = ActiveSheet.PivotTables("TCD_Ventes_Annuelles")

Mon_TCD.PivotFields("Région").PivotItems("EST").Visible = False
```

	A	B	C	D
1				
2				
3	C.A.	Étiquettes de colonnes		
4	Étiquettes de lignes	2 008	2 009	Total général
5	⊟ACCESSOIRES	3364644 €	3411944 €	6776588 €
6	IDF	1203763 €	1213982 €	2417744 €
7	NORD	492890 €	489465 €	982355 €
8	OUEST	713803 €	731628 €	1445432 €
9	SUD	954188 €	976869 €	1931057 €
10	⊟MOBILIER	3356515 €	3345056 €	6701571 €
11	IDF	1211844 €	1210040 €	2421884 €
12	NORD	479702 €	456060 €	935762 €
13	OUEST	728404 €	745391 €	1473795 €
14	SUD	936565 €	933564 €	1870130 €
15	⊟RANGEMENT	2542787 €	2516999 €	5059787 €
16	IDF	915883 €	892220 €	1808103 €
17	NORD	363793 €	383405 €	747199 €
18	OUEST	539001 €	527842 €	1066843 €
19	SUD	724110 €	713531 €	1437642 €
20	Total général	9263947 €	9273999 €	18537946 €
21				

Figure 19.33 : La valeur EST a été masquée

La collection `PivotItems` référence tous les éléments (valeurs possibles) d'un champ de ligne ou de colonne.

Pour afficher à nouveau tous les éléments d'un champ, vous pouvez utiliser la méthode `ClearManualFilter`.

```
Mon_TCD.PivotFields("Région").ClearManualFilter
```

Modifier l'affichage des champs de données

Pour certaines analyses, il peut s'avérer intéressant d'afficher les champs de données en pourcentage et non en valeur. Nous allons afficher le champ de données *C.A.* en pourcentage par rapport au total de chaque colonne.

```
Dim Mon_TCD As PivotTable

Set Mon_TCD = ActiveSheet.PivotTables("TCD_Ventes_Annuelles")

Mon_TCD.DataFields("C.A.").Calculation = xlPercentOfColumn
```

	A	B	C	D
1				
2				
3	C.A.	Étiquettes de colonnes		
4	Étiquettes de lignes	2 008	2 009	Total général
5	⊟ACCESSOIRES	36,34%	37,06%	36,70%
6	EST	4,48%	4,69%	4,59%
7	IDF	11,40%	11,52%	11,46%
8	NORD	4,67%	4,64%	4,66%
9	OUEST	6,76%	6,94%	6,85%
10	SUD	9,04%	9,27%	9,15%
11	⊟MOBILIER	36,26%	35,83%	36,04%
12	EST	4,47%	4,09%	4,28%
13	IDF	11,48%	11,48%	11,48%
14	NORD	4,54%	4,33%	4,43%
15	OUEST	6,90%	7,07%	6,98%
16	SUD	8,87%	8,86%	8,86%
17	⊟RANGEMENT	27,40%	27,10%	27,25%
18	EST	3,32%	3,22%	3,27%
19	IDF	8,67%	8,47%	8,57%
20	NORD	3,45%	3,64%	3,54%
21	OUEST	5,10%	5,01%	5,06%
22	SUD	6,86%	6,77%	6,81%
23	Total général	100,00%	100,00%	100,00%
24				

Figure 19.34 : Affichage du champ de données en pourcentage du total

La propriété `Calculation` du champ de données permet de spécifier le type d'affichage qui lui est appliqué.

Il est possible de réaliser des manipulations plus complexes. Par exemple, nous allons spécifier, pour le champ de données, un calcul de différence exprimée en pourcentage, à partir de la valeur correspondant à l'exercice 2008.

```
Mon_TCD.DataFields("C.A.").Calculation = xlPercentDifferenceFrom
Mon_TCD.DataFields("C.A.").BaseField = "Exercice"
Mon_TCD.DataFields("C.A.").BaseItem = "2008"
```

	A	B	C	D
1				
2				
3	C.A.	Étiquettes de colonnes ▼		
4	Étiquettes de lignes ▼	2 008	2 009	Total général
5	⊟ACCESSOIRES		1,79%	
6	EST		4,52%	
7	IDF		0,85%	
8	NORD		-0,69%	
9	OUEST		2,50%	
10	SUD		2,38%	
11	⊟MOBILIER		-1,36%	
12	EST		-8,58%	
13	IDF		-0,15%	
14	NORD		-4,93%	
15	OUEST		2,33%	
16	SUD		-0,32%	
17	⊟RANGEMENT		-1,29%	
18	EST		-3,26%	
19	IDF		-2,58%	
20	NORD		5,39%	
21	OUEST		-2,07%	
22	SUD		-1,46%	
23	Total général		-0,19%	
24				

Figure 19.35 : Affichage du champ de données en pourcentage du total

Dans ce cas, il faut utiliser les propriétés `BaseField` et `BaseItem` pour spécifier le champ et l'élément qui servent de comparaison (champ de base).

Rétablir l'affichage habituel

Pour rétablir l'affichage habituel (en valeur), il faut modifier la valeur de la propriété `Calculation` du champ de données.

```
Mon_TCD.DataFields("C.A.").Calculation =
    xlNoAdditionalCalculation
```

Liste des types d'affichage

Tableau 19.8 : Liste des valeurs possibles pour la propriété `Position`

Constante	Valeur	Description
`xlDifferenceFrom`	2	Différence par rapport à la valeur de l'élément de base du champ de base
`xlIndex`	9	Données calculées ainsi : ((valeur de la cellule) x (Total général des totaux généraux)) / ((Total général de ligne) x (Total général de colonne))
`xlNoAdditionalCalculation`	-4143	Aucun calcul
`xlPercentDifferenceFrom`	4	Différence de pourcentage par rapport à la valeur de l'élément de base du champ de base

Tableau 19.8 : Liste des valeurs possibles pour la propriété `Position`

Constante	Valeur	Description
`xlPercentOf`	3	Pourcentage de la valeur de l'élément de base du champ de base
`xlPercentOfColumn`	7	Pourcentage du total de la colonne ou de la série
`xlPercentOfParentColumn`	11	Permet, dans le cas d'un tableau croisé offrant plusieurs champs de lignes, d'afficher les valeurs du champ *fils* en pourcentage de la valeur du champ *père*. Par exemple, si vous disposez d'un tableau présentant le chiffre d'affaire par secteur (champs de ligne) et par trimestre (champs de colonne), puis au sein de chaque trimestre par mois, ce type d'affichage vous permettra d'afficher, pour chaque mois, le chiffre d'affaires de chaque secteur en pourcentage du total du trimestre auquel il appartient.
`xlPercentOfParentRow`	10	Permet, dans le cas d'un tableau croisé offrant plusieurs champs de lignes, d'afficher les valeurs du champ *fils* en pourcentage de la valeur du champ *père*. Par exemple, si vous disposez d'un tableau présentant le chiffre d'affaires par mois (champs de colonne) et par secteur (champs de ligne), puis au sein de chaque secteur par client, ce type d'affichage vous permettra d'afficher, pour chaque mois, le chiffre d'affaires de chaque client en pourcentage du total du secteur auquel il appartient.
`xlPercentOfParent`	12	Permet de combiner les deux options précédentes.
`xlPercentOfRow`	6	Pourcentage du total de la ligne ou de l'abscisse
`xlPercentOfTotal`	8	Pourcentage du total général de toutes les données ou des points de données du rapport
`xlPercentRunningTotal`	13	Cumul glissant (en pourcentage) dans le champ de base
`xlRankAscending`	14	Affiche les données sous forme de classement (1 correspond à la plus petite valeur, et ainsi de suite par ordre croissant).
`xlRankDecending`	15	Affiche les données sous forme de classement (1 correspond à la plus grande valeur, et ainsi de suite par ordre décroissant).
`xlRunningTotal`	5	Cumul glissant dans le champ de base.

Ajouter un champ de colonne

Afin d'affiner l'analyse, il peut être nécessaire d'ajouter un ou plusieurs champ de ligne et/ou de colonne à un tableau croisé dynamique. Dans cet exemple, nous ajouterons le champ *Trimestre* en colonne.

```
Dim Mon_TCD As PivotTable

Set Mon_TCD = ActiveSheet.PivotTables("TCD_Ventes_Annuelles")

Mon_TCD.AddFields ColumnFields:="Trimestre", addtotable:=True
```

Figure 19.36 : Ajout d'un champ de colonne

Nous avons utilisé la méthode `AddFields` en spécifiant la valeur *Trimestre* pour le paramètre `ColumnFields` (champs de colonne). Le paramètre `Addtotable` permet d'indiquer, lorsqu'il vaut `True`, que le champ doit s'ajouter aux champs existants et non les remplacer comme c'est le cas par défaut.

Créer un champ de page et afficher les pages

Nous allons à présent illustrer la création d'un champ de page. Pour cela, nous reconstruirons entièrement notre tableau en utilisant la méthode `AddFields`.

```
Dim Mon_TCD As PivotTable

Set Mon_TCD = ActiveSheet.PivotTables("TCD_Ventes_Annuelles")
Mon_TCD.AddFields Array("Famille", "Région"), "Trimestre", _
    "Exercice"

Mon_TCD.ShowPages ("Exercice")
```

19.4. Manipuler les tableaux croisés dynamiques

Figure 19.37 : Ajout d'un champ de page

Le dernier paramètre de la méthode `AddFields` est le champ de page (ici *Exercice*). Dans la mesure où nous n'avons pas spécifié de valeur pour le paramètre `Addtotable`, les champs spécifiés remplacent les champs existants.

La méthode `ShowPages` du tableau croisé dynamique permet de créer autant de feuilles de calcul qu'il y a de valeurs possibles pour le champ de page spécifié (ici *Exercice*). Dans ces feuilles de calcul, un tableau croisé dynamique identique à celui de départ est crée. Le filtre du champ de page est positionné à la valeur correspondante.

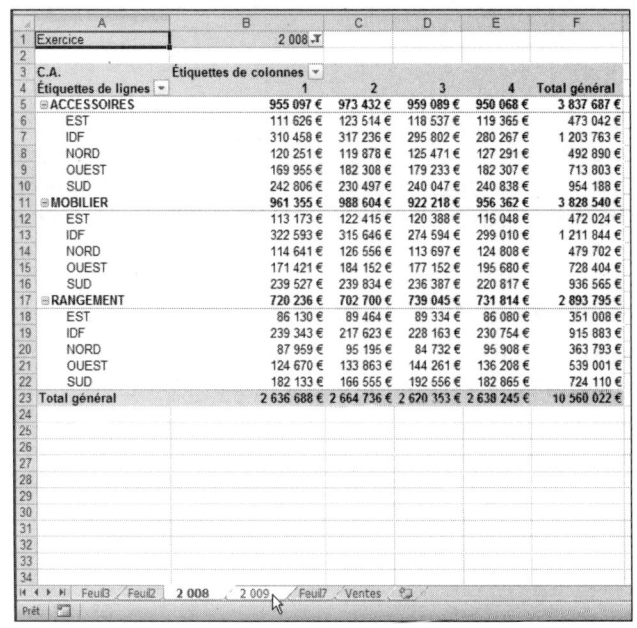

Figure 19.38 : Création des pages pour chaque valeur du champ de page

Utiliser les slicers

Les slicers sont de nouveaux outils de filtrage associés aux tableaux croisés dynamiques. Ils permettent de filtrer les données de façon conviviale et visuelle.

Ajouter des slicers

Nous continuerons à travailler avec le tableau croisé dynamique *TCD_Ventes_Annuelles*.

	A	B	C	D	E	F
1	Exercice	(Tous)				
2						
3	C.A.	Étiquettes de colonnes				
4	Étiquettes de lignes	1	2	3	4	Total général
5	⊟ACCESSOIRES	1 929 299 €	1 954 794 €	1 913 929 €	1 946 048 €	7 744 069 €
6	EST	239 005 €	250 778 €	238 959 €	238 739 €	967 481 €
7	IDF	626 353 €	625 923 €	577 417 €	588 051 €	2 417 744 €
8	NORD	246 982 €	233 913 €	249 497 €	251 963 €	982 355 €
9	OUEST	355 223 €	353 015 €	361 725 €	375 468 €	1 445 432 €
10	SUD	461 735 €	491 164 €	486 331 €	491 827 €	1 931 057 €
11	⊟MOBILIER	1 896 421 €	1 941 612 €	1 837 737 €	1 929 335 €	7 605 105 €
12	EST	226 737 €	222 827 €	223 428 €	230 542 €	903 534 €
13	IDF	627 242 €	623 147 €	570 351 €	601 143 €	2 421 884 €
14	NORD	217 433 €	250 789 €	223 465 €	244 075 €	935 762 €
15	OUEST	350 582 €	373 712 €	360 173 €	389 327 €	1 473 795 €
16	SUD	474 427 €	471 136 €	460 319 €	464 247 €	1 870 130 €
17	⊟RANGEMENT	1 420 730 €	1 411 837 €	1 455 036 €	1 462 760 €	5 750 362 €
18	EST	171 755 €	166 643 €	172 700 €	179 477 €	690 575 €
19	IDF	457 960 €	447 133 €	445 828 €	457 182 €	1 808 103 €
20	NORD	178 041 €	190 652 €	185 969 €	192 537 €	747 199 €
21	OUEST	259 256 €	264 731 €	271 932 €	270 925 €	1 066 843 €
22	SUD	353 718 €	342 678 €	378 606 €	362 639 €	1 437 642 €
23	Total général	5 246 450 €	5 308 242 €	5 206 701 €	5 338 143 €	21 099 537 €

Figure 19.39 : Le tableau croisé dynamique TCD_Ventes_Annuelles

Nous allons créer deux slicers, un sur le champ *Famille* et un sur le champ *Région*.

```
Sub Creer_Slicers()
    Dim Mon_Cache1, Mon_Cache2 As SlicerCache
    Dim Mon_Slicer1, Mon_Slicer2 As Slicer

    Set Mon_Cache1 = _
ActiveWorkbook.SlicerCaches.Add(ActiveSheet _
            .PivotTables("TCD_Ventes_Annuelles"), "Famille", _
            "Cache_Famille")

    Set Mon_Cache2 = _
ActiveWorkbook.SlicerCaches.Add(ActiveSheet _
            .PivotTables("TCD_Ventes_Annuelles"), "Région", _
            "Cache_Region")
```

```
        Set Mon_Slicer1 = _
            Mon_Cache1.Slicers.Add(ActiveSheet, , "Slicer_Famille", _
        ✂ "Famille")
        Set Mon_Slicer2 = _
            Mon_Cache2.Slicers.Add(ActiveSheet, , "Slicer_Region", _
        ✂ "Région")

        Mon_Slicer2.Left = 200
End Sub
```

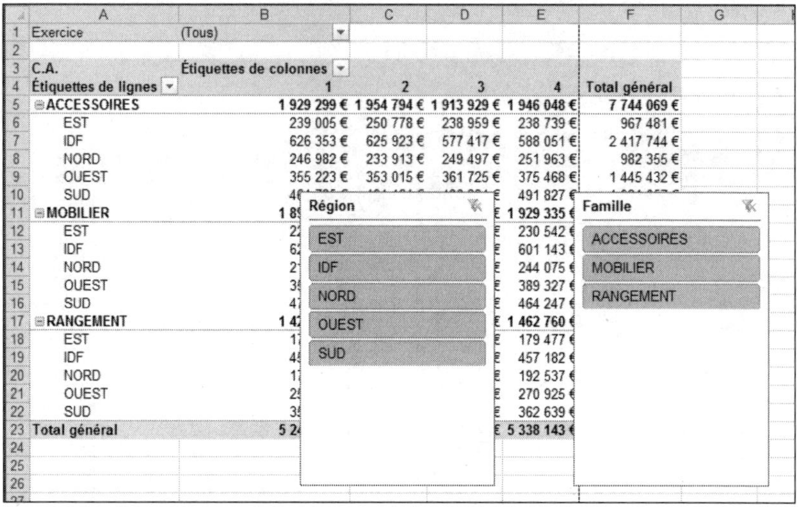

	A	B	C	D	E	F	G
1	Exercice	(Tous)					
2							
3	C.A.	Étiquettes de colonnes					
4	Étiquettes de lignes	1	2	3	4	Total général	
5	⊟ACCESSOIRES	1 929 299 €	1 954 794 €	1 913 929 €	1 946 048 €	7 744 069 €	
6	EST	239 005 €	250 778 €	238 959 €	238 739 €	967 481 €	
7	IDF	626 353 €	625 923 €	577 417 €	588 051 €	2 417 744 €	
8	NORD	246 982 €	233 913 €	249 497 €	251 963 €	982 355 €	
9	OUEST	355 223 €	353 015 €	361 725 €	375 468 €	1 445 432 €	
10	SUD				491 827 €		
11	⊟MOBILIER				1 929 335 €		
12	EST				230 542 €		
13	IDF				601 143 €		
14	NORD				244 075 €		
15	OUEST				389 327 €		
16	SUD				464 247 €		
17	⊟RANGEMENT				1 462 760 €		
18	EST				179 477 €		
19	IDF				457 182 €		
20	NORD				192 537 €		
21	OUEST				270 925 €		
22	SUD				362 639 €		
23	Total général				5 338 143 €		

Région: EST, IDF, NORD, OUEST, SUD
Famille: ACCESSOIRES, MOBILIER, RANGEMENT

Figure 19.40 : Les deux slicers

Quelques explications sur cette procédure :

- Les variables *Mon_Cache1* et *Mon_Cache1* sont déclarées en tant que caches mémoire.
- Les variables *Mon_Slicer1* et *Mon_Slicer2* sont déclarées en tant que slicers.
- Il s'agit ensuite de créer un cache mémoire à partir du tableau croisé dynamique *TCD_Ventes_Annuelles* de la feuille active (`ActiveSheet.PivotTables("TCD_Ventes_Annuelles")`), à l'aide de méthode `Add` de la collection `SlicerCaches` du classeur actif. Le deuxième paramètre permet de spécifier le champ sur lequel le cache doit porter, en l'occurrence *Famille*. Le dernier paramètre permet de nommer le slicer. La variable *Mon_Cache1* fait désormais référence au cache relatif au champ *Famille*.
- Il s'agit de répéter la même opération pour le champ *Région*.
- À partir du cache créé à l'étape précédente (référencé par la variable *Mon_Cache1*), il s'agit de créer un premier slicer. Pour cela, nous

utilisons la méthode Add de la collection Slicers. Il suffit de lui fournir la feuille sur laquelle le slicer doit être créé (ici la feuille active, ActiveSheet) puis d'indiquer le nom du slicer qui servira à l'identifier pour le modiier ultérierement (*Slicer_Famille*) et l'intitulé qui apparaîtra sur le slicer. La variable *Mon_Slicer1* fait désormais référence au slicer relatif au champ *Famille*.

- Il s'agit de répéter la même opération pour le champ *Région*. La variable *Mon_Slicer2* fait désormais référence au slicer relatif au champ *Famille*.

- Lors de leur création, les deux slicers sont superposés. La propriété Left permet de spécifier la position du bord gauche du slicer concerné.

Modifier l'apparence des slicers

Il est possible de changer la position d'un slicer en modifiant les valeurs des propriétés Left (position du bord gauche du slicer par rapport au bord gauche de la feuille de calcul) et Top (position du bord supérieur du slicer par rapport au bord supérieur de la feuille de calcul).

```
ActiveWorkbook.SlicerCaches("Cache_Famille").Slicers. _
        Item("Slicer_Famille").Top = 50
ActiveWorkbook.SlicerCaches("Cache_Famille").Slicers. _
        Item("Slicer_Famille").Left = 550
```

Il est possible de modifier la taille d'un slicer en modifiant les valeurs des propriétés Height (hauteur du slicer) et Width (largeur du slicer).

```
ActiveWorkbook.SlicerCaches("Cache_Famille").Slicers. _
        Item("Slicer_Famille").Height = 100
ActiveWorkbook.SlicerCaches("Cache_Famille").Slicers. _
        Item("Slicer_Famille").Width = 150
```

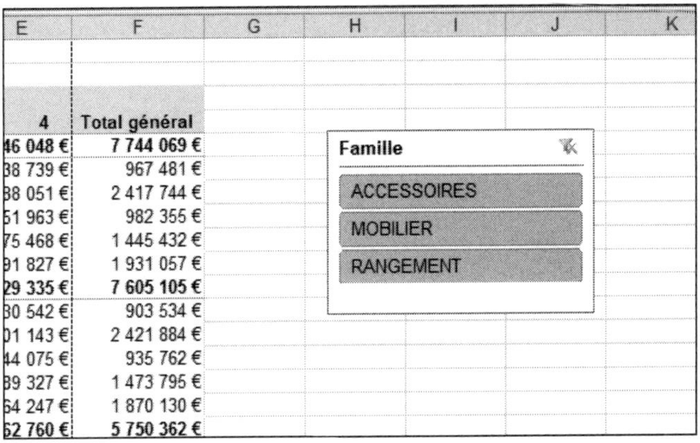

Figure 19.41 :
Le slicer modifié

Il est également possible de spécifier le nombre de colonnes d'affichage des éléments d'un slicer, via la propriété NumberOfColumns :

```
ActiveWorkbook.SlicerCaches("Cache_Region").Slicers. _
        Item("Slicer_Region").NumberOfColumns = 2
```

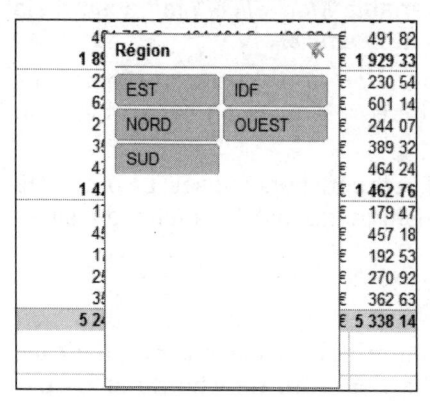

Figure 19.42 : Le slicer modifié

Dans tout ce qui précède, vous avez pu noter qu'il est nécessaire de faire référence au cache pour accéder au slicer qui en dépend.

Réinitialiser un slicer

Pour réinitialiser un slicer, c'est-à-dire annuler tous les filtres appliqués en cliquant sur les différents éléments du slicer, il faut utiliser la méthode ClearManualFilter du cache dont le slicer dépend. Par exemple, pour réinitialiser le slicer *Slicer_Region* :

```
ActiveWorkbook.SlicerCaches("Cache_Region").ClearManualFilter
```

Supprimer un slicer

Pour supprimer un slicer, il faut utiliser la méthode Delete de l'objet Slicer :

```
ActiveWorkbook.SlicerCaches("Cache_Famille").Slicers. _
        Item("Slicer_Famille").Delete
```

UTILISER LES BOÎTES DE DIALOGUE

Afficher des informations avec MsgBox 500
Recueillir des informations avec InputBox 509
Utiliser les méthodes GetOpenFilename et GetSaveAsFilename 515
Afficher les autres boîtes de dialogue intégrées 519

Les boîtes de dialogue constituent sans doute le procédé le plus convivial d'échange d'information avec l'utilisateur d'une application. En effet, elles peuvent être utilisées pour :

- afficher des messages à destination de l'utilisateur ;
- poser des questions à l'utilisateur ;
- demander confirmation des actions importantes (suppression, mise à jour...) ;
- obtenir des informations, etc.

Pour cela, vous disposez des boîtes de dialogue "prédéfinies" et "intégrées". Vous avez la possibilité de créer vos propres boîtes de dialogue. Ce sont les boîtes de dialogue "personnalisées".

RENVOI — Pour plus de détails sur les boîtes de dialogue personnalisées, reportez-vous au chapitre 21, *Créer des boîtes de dialogue personnalisées*.

Les boîtes de dialogue prédéfinies, comme leur nom l'indique, ont une apparence en grande partie imposée par VBA. Vous pouvez tout de même les paramétrer afin de les adapter à vos besoins. Les boîtes de dialogue prédéfinies sont de deux types :

- `MsgBox`. Elles permettent d'afficher des messages et de poser des questions appelant des réponses simples, via des boutons de réponse.
- `InputBox`. Elles permettent de répondre à des questions en saisissant du texte, des valeurs numériques ou d'autres types de données (références de cellules notamment).

Les boîtes de dialogue intégrées, quant à elles, sont les boîtes de dialogue d'Excel, telles qu'elles apparaissent lorsque vous utilisez les fonctions habituelles du logiciel : ouvrir un classeur, enregistrer un classeur, mettre en forme une cellule... Vous pouvez faire apparaître ces boîtes de dialogue depuis votre code VBA, pour vous en servir dans vos applications.

Nous nous attarderons d'abord sur les boîtes de dialogues prédéfinies. Nous traiterons en premier lieu les boîtes de dialogue de type `MsgBox`, puis celles de type `InputBox`. Ensuite, nous aborderons les boîtes de dialogue intégrées en nous attardant d'abord sur les méthodes `GetOpenFilename` et `GetSaveAsFilename`, qui permettent respectivement d'afficher les boîtes de dialogue **Ouvrir** et **Enregistrer sous**. Nous clôturerons ce chapitre par l'étude des autres boîtes de dialogue intégrées.

20.1. Afficher des informations avec MsgBox

Il existe deux possibilités pour afficher une boîte de dialogue de type MsgBox. Selon que vous souhaitez uniquement afficher un message à l'utilisateur ou que vous attendez une réponse de sa part, vous utiliserez l'instruction MsgBox ou la fonction MsgBox. La fonction, contrairement à l'instruction, permet d'obtenir une valeur correspondant au bouton sur lequel l'utilisateur aura cliqué.

MsgBox : instruction ou fonction

La syntaxe de l'instruction est la suivante :

MsgBox message[, boutons] [, titre] [, fic_aide, contexte]

La syntaxe de la fonction est la suivante :

MsgBox(message[, boutons] [, titre] [, fic_aide, contexte])

- *message*. Chaîne de caractères affichée comme message dans la boîte de dialogue. La longueur maximale de l'argument *message* est de 1 023 caractères.

- *boutons*. Expression numérique qui représente la somme des valeurs indiquant le nombre et le type de boutons à afficher, le style d'icône à utiliser, l'identité du bouton par défaut, ainsi que la modalité du message. Cet argument est facultatif : s'il est omis, sa valeur par défaut est 0.

- *titre*. Chaîne de caractères affichée dans la barre de titre de la boîte de dialogue. Cet argument est facultatif : s'il est omis, le nom de l'application est placé dans la barre de titre.

- *fic_aide*. Chaîne de caractères indiquant le fichier d'aide à utiliser pour fournir une aide contextuelle sur la boîte de dialogue. Cet argument est facultatif mais s'il est défini, l'argument *Contexte* doit l'être également.

- *contexte*. Numéro de contexte attribué par l'auteur de l'aide à la rubrique appropriée. Cet argument est facultatif mais doit être défini si l'argument *fichier_aide* a été spécifié.

Plus de détails sur l'argument message

Nous l'avons vu, l'argument message est une chaîne de caractères d'une longueur maximale de 1 023 caractères. Si la chaîne utilisée est plus longue, elle sera tronquée. Cela n'engendrera pas de message d'erreur.

Pour structurer votre message, vous pouvez utiliser des caractères spéciaux afin notamment d'insérer des tabulations et des sauts de ligne. Pour insérer une tabulation, utilisez le caractère `chr(9)`, représenté par la constante `vbTab`. Pour insérer un saut de ligne, utilisez la séquence de caractères `chr(13)+chr(10)`, représentés par la constante `vbCrLf`.

> **ASTUCE — Inclure des valeurs numériques formatées**
>
> Pour inclure des valeurs numériques dans le message affiché, vous pouvez utiliser la fonction VBA `Format`, qui permet d'appliquer un format à une valeur numérique. Lorsque vous devez afficher le résultat d'un calcul, il est fréquent qu'il comporte souvent un grand nombre de décimales, ce qui peut nuire à la lisibilité de votre boîte de dialogue. Pour éviter cela, utilisez la fonction `Format` avec les paramètres suivants :
>
> `Format(valeur, "0.00")`
>
> Vous obtiendrez ainsi un résultat avec seulement deux décimales.

Plus de détails sur l'argument Boutons

C'est l'argument qui permet de personnaliser la structure de la boîte de dialogue en agissant notamment sur le nombre et le type de boutons. Pour définir sa valeur, il se révèle pratique d'utiliser les différentes constantes que VBA met à votre disposition. Chacune d'elles permet d'indiquer un élément de personnalisation : nombre et type de boutons, style d'icône, bouton par défaut...

Tableau 20.1 : Nombre et type de boutons

Constante	Valeur	Signification
`vbOKOnly`	0	Affiche le bouton OK uniquement.
`vbOKCancel`	1	Affiche les boutons OK et **Annuler**.
`vbAbortRetryIgnore`	2	Affiche le bouton **Abandonner**, **Réessayer** et **Ignorer**.
`vbYesNoCancel`	3	Affiche les boutons **Oui**, **Non** et **Annuler**.
`vbYesNo`	4	Affiche les boutons **Oui** et **Non**.
`vbRetryCancel`	5	Affiche les boutons **Réessayer** et **Annuler**.

Tableau 20.2 : Style d'icône

Constante	Valeur	Signification	Icône correspondante
`vbCritical`	16	Affiche l'icône **Message critique**.	❌

Tableau 20.2 : Style d'icône

Constante	Valeur	Signification	Icône correspondante
vbQuestion	32	Affiche l'icône **Question**.	
vbExclamation	48	Affiche l'icône **Message d'avertissement**.	
vbInformation	64	Affiche l'icône **Message d'information**.	

Tableau 20.3 : Bouton par défaut

Constante	Valeur	Signification
vbDefaultButton1	0	Le premier bouton est le bouton par défaut.
vbDefaultButton2	256	Le deuxième bouton est le bouton par défaut.
vbDefaultButton3	512	Le troisième bouton est le bouton par défaut.
vbDefaultButton4	768	Le quatrième bouton est le bouton par défaut.

Tableau 20.4 : Autres paramètres

Constante	Valeur	Signification
vbApplication Modal	0	L'utilisateur doit répondre au message affiché dans la zone de message avant de pouvoir continuer de travailler dans l'application en cours.
vbSystemModal	4096	Toutes les applications sont interrompues jusqu'à ce que l'utilisateur réponde au message affiché dans la zone de message.
vbMsgBoxHelp Button	16384	Ajoute le bouton **Aide** à la zone de message.
VbMsgBoxSet Foreground	65536	Indique la fenêtre de zone de message comme fenêtre de premier plan.
vbMsgBoxRight	524288	Le texte est aligné à droite.
vbMsgBoxRtl Reading	1048576	Indique que le texte doit apparaître de droite à gauche sur les systèmes hébraïques et arabes.

La valeur de l'argument est définie en additionnant les différentes constantes correspondant à votre choix en matière d'apparence pour votre boîte de dialogue.

Ainsi, si vous souhaitez afficher une boîte de dialogue proposant :

- les boutons **Oui, Non** et **Annuler** (vbYesNoCancel) ;
- le bouton **Aide** (vbMsgBoxHelpButton) ;
- l'icône **Message critique** (vbCritical) ;
- le deuxième bouton (**Non**) comme bouton par défaut (vbDefaultButton2).

Vous définirez la valeur de l'argument *Boutons* en ajoutant les différentes constantes correspondantes, soit : vbYesNoCancel + vbMsgBoxHelpButton + vbCritical + vbDefaultButton2

Les résultats renvoyés par la fonction MsgBox

Lorsque MsgBox est utilisée en tant que fonction, elle renvoie une valeur correspondant au bouton sur lequel l'utilisateur a cliqué. Il est possible d'employer les constantes VBA suivantes pour l'identifier.

Tableau 20.5 : Valeurs renvoyées

Constante	Valeur	Signification
vbOK	1	Bouton OK
vbCancel	2	Bouton **Annuler**
vbAbort	3	Bouton **Abandonner**
vbRetry	4	Bouton **Réessayer**
vbIgnore	5	Bouton **Ignorer**
vbYes	6	Bouton **Oui**
vbNo	7	Bouton **Non**

Exemples de boîtes de dialogue de type MsgBox

Nous allons à présent décrire quelques exemples d'utilisation de boîtes de dialogue de type MsgBox.

Afficher un message d'information

Dans ce cas, l'application n'attend pas de réponse de la part de l'utilisateur. Il faut donc employer l'instruction MsgBox.

Dans l'exemple suivant, il s'agit d'afficher un message d'alerte suite à une erreur grave survenue dans le déroulement de l'application. Le paramètre *Boutons* est donc égal à vbCritical.

MsgBox "Une erreur s'est produite!", vbCritical, "Mon Application"

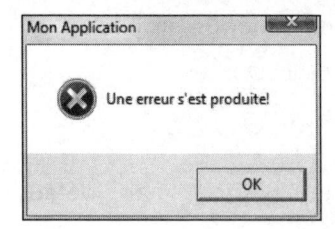

Figure 20.1 : Affichage d'un message d'information

Demander la confirmation d'une action

Dans ce cas, l'application attend une réponse de la part de l'utilisateur. Il faut donc employer la fonction `MsgBox`.

Dans l'exemple suivant, il s'agit de demander la confirmation avant la suppression de la feuille active. La boîte de dialogue doit proposer les boutons **Oui** et **Non**, ainsi que l'icône **Question**. De plus, le bouton **Non** doit être actif par défaut, afin d'éviter toute fausse manipulation. Le paramètre *Boutons* est donc égal à : vbQuestion + vbYesNo + vbDefaultButton2.

```
Sub Supprimer_feuille()
    Dim Reponse As Byte

    Reponse = MsgBox("Confirmez-vous la suppression de _
            la feuille active ?", _
            vbQuestion + vbYesNo + vbDefaultButton2, _
            "Suppression")

    If Reponse = vbNo Then Exit Sub

    Application.DisplayAlerts = False

    ActiveSheet.Delete
    Application.DisplayAlerts = True
End Sub
```

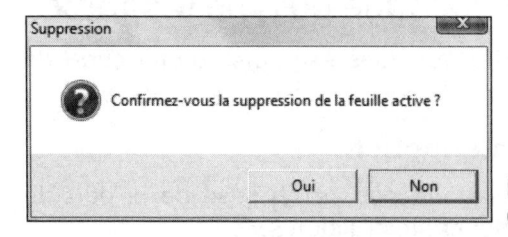

Figure 20.2 : Affichage d'un message d'information

Abandonner, Continuer ou Ignorer

Il s'agit ici de proposer trois choix à l'utilisateur. La procédure suivante doit rechercher une base de données (le code correspondant n'est pas indiqué). Si cette base de données n'a pas été trouvée

(`Base_Presente = False`), l'application demandera à l'utilisateur s'il souhaite abandonner l'opération, recommencer la recherche ou continuer sans la base de données.

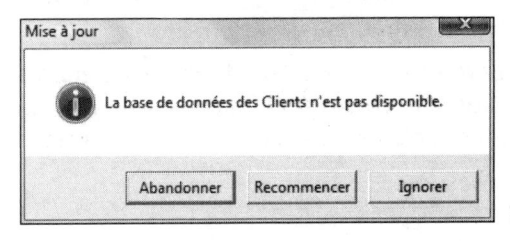

Figure 20.3 : Trois choix possibles

```
Sub Importer_Donnees()
    Dim Reponse As Byte
    Dim Base_Presente As Boolean

    Base_Presente = False
    Reponse = vbIgnore

    Do
        ' Recherche de la base de données

        If Base_Presente = False Then _
            Reponse = _
            MsgBox("La base de données des Clients n'est pas
        ✂ disponible.", _
                vbInformation + vbAbortRetryIgnore, "Mise à jour")

    Loop Until Reponse <> vbRetry

    If Reponse = vbAbort Then
        MsgBox "Abandon de la mise à jour.", vbCritical, "Mise
    ✂ à jour"
        Exit Sub
    End If

End Sub
```

Vous noterez l'utilisation des constantes *vbIgnore*, *vbRetry* pour tester la réponse de l'utilisateur.

Figure 20.4 : Message en cas d'abandon

20.1. Afficher des informations avec MsgBox

Compte-rendu de traitement

Dans ce cas, il s'agit d'afficher un message un peu plus complexe qu'un simple avertissement. Il peut s'agir, par exemple, d'afficher une liste d'anomalies, de données manquantes...

Dans l'exemple suivant, on parcourt une base de données de clients et on vérifie la présence de l'adresse email. À la fin du traitement, un récapitulatif des clients pour lesquels l'adresse email est manquante est affiché, le cas échéant.

	A	B
1	Client	E-Mail
2	DUPOND	Dupond@MonEmail.fr
3	PAUL	
4	DURAND	J.Durand@Durand.com
5	MARCHAND	
6	MARTIN	Paul.MARTIN@microapp.com
7	POLARD	p.polard@premium-consultants.com
8		
9		
10		
11		
12		
13		
14		

Figure 20.5 : La base de données

```
Sub Verif_Email()
    Dim Message As String

    Message = ""

    Worksheets("Clients").Activate

    Range("A2").Select
    Do Until IsEmpty(ActiveCell.Value)
        If IsEmpty(ActiveCell.Offset(0, 1).Value) Then _
            Message = Message & vbTab & ActiveCell.Value & vbCrLf

        ActiveCell.Offset(1, 0).Select
    Loop

    If Message = "" Then
        MsgBox "Fichier clients complet.", vbInformation, _
            "Fichier clients"
    Else
        Message = "Il manque les e-mails des clients suivants :" _
            & vbCrLf & Message
        MsgBox Message, vbExclamation, "Fichier clients"
    End If


End Sub
```

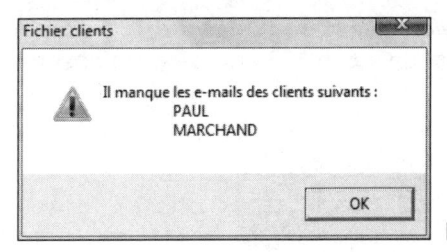

Figure 20.6 : Le compte-rendu du traitement

Vous noterez l'utilisation de la constante `vbTab` pour décaler le texte d'une tabulation vers la droite et de la constante `vbCrLf` pour passer à la ligne suivante.

S'il ne manque aucun email, un message simple en avertir l'utilisateur.

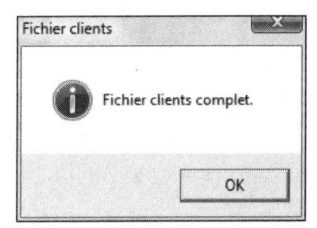

Figure 20.7 : Le fichier est complet

Informations complémentaires

Nous allons à présent utiliser l'instruction `MsgBox` pour afficher des informations complémentaires à partir d'un tableau situé sur une feuille de calcul.

Nous emploierons l'événement `BeforeRightClick` pour déclencher l'affichage d'un message précisant le pourcentage de chaque région dans les ventes d'une famille de produits. Pour cela, double-cliquez sur la cellule contenant l'intitulé de la famille choisie.

> **RENVOI** Pour plus de détails sur la gestion des événements des feuilles de calcul, reportez-vous au chapitre 18, *Gérer les événements d'Excel*.

	A	B	C	D	E	F	G
1		EST	IDF	NORD	OUEST	SUD	Total
2	ACCESSOIRES	967 481	2 417 744	982 355	1 445 432	1 931 057	7 744 069
3	MOBILIER	903 534	2 421 884	935 762	1 473 595	1 870 130	7 605 105
4	RANGEMENT	690 575	1 808 103	747 199	1 066 843	1 437 642	5 750 362
5	Total	2 561 591	6 647 732	2 665 316	3 986 070	5 238 828	21 099 537
6							

Figure 20.8 : Ventes par famille et par région

Par exemple, pour la famille *Mobilier*, la région *Nord* représente 12,3 % (935 762 euros sur un total de 7 605 105 euros pour l'ensemble des ventes de la famille).

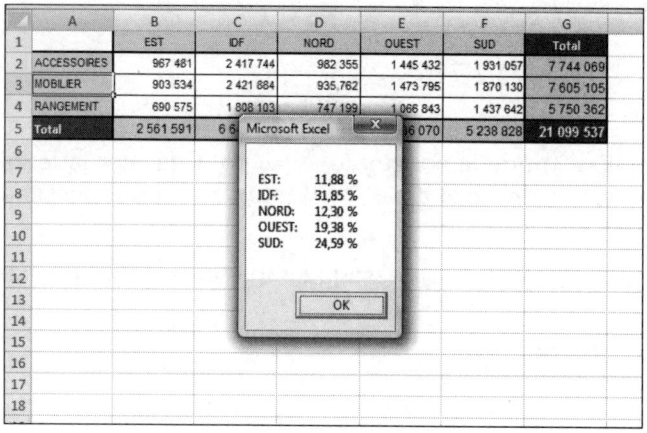

Figure 20.9 : Répartition des ventes de la famille Mobilier

```
Private Sub Worksheet_BeforeDoubleClick(ByVal Target As Range, ↲
    Cancel As Boolean)
    Dim Titre As Range
    Dim Plage As Range
    Dim Cellule As Range
    Dim Total As Double
    Dim Message As String

    If Intersect(Target, Range("A2:A4")) Is Nothing Then Exit Sub

    Set Titre = Range("B1:F1")
    Set Plage = Range(Target.Offset(0, 1), Target.Offset(0, 5))

    Total = Application.WorksheetFunction.Sum(Plage)
    Message = ""

    For Each Cellule In Plage

        Message = Message & Intersect(Cellule.EntireColumn, ↲
            Titre).Value & ":" & vbTab & _
            Format(Cellule.Value / Total, "0.00 %") & vbCrLf
    Next Cellule

    MsgBox Message
    Cancel = True

End Sub
```

Vous noterez l'utilisation de la fonction `Format` pour mettre en forme le résultat du calcul.

20.2. Recueillir des informations avec InputBox

Les boîtes de dialogue de type `InputBox` permettent à l'utilisateur de saisir les informations dont l'application a besoin pour fonctionner. Il existe en fait deux possibilités pour afficher de telles boîtes de dialogue.

La fonction `InputBox` permet d'afficher une boîte de dialogue demandant à l'utilisateur de saisir une valeur de type texte ou numérique.

La méthode `InputBox` de l'objet `Application`, quant à elle, permet de spécifier le type d'information attendu et de vérifier la conformité de la saisie avec le type attendu. De plus, elle permet de sélectionner des plages de cellules

La fonction InputBox

```
InputBox(message[, titre] [, defaut] [, xpos] [, ypos]
[, fic_aide, contexte])
```

- *message*. Chaîne de caractères affichée comme message dans la boîte de dialogue. La longueur maximale de l'argument *message* est d'environ 1 024 caractères, selon la largeur des caractères utilisés.

- *titre*. Chaîne de caractères affichée dans la barre de titre de la boîte de dialogue. Cet argument est facultatif : s'il est omis, le nom de l'application est placé dans la barre de titre.

- *defaut*. Expression de chaîne affichée par défaut dans la zone de texte en l'absence de toute autre valeur. Si l'argument *defaut* est omis, la zone de texte qui s'affiche est vide.

- *xpos*. Expression numérique indiquant la distance horizontale qui sépare le bord gauche de l'écran de la bordure gauche de la boîte de dialogue. Si l'argument *xpos* est omis, la boîte de dialogue est centrée horizontalement.

- *ypos*. Expression numérique indiquant la distance verticale qui sépare le haut de l'écran de la bordure supérieure de la boîte de dialogue. Si l'argument *ypos* est omis, la boîte de dialogue est positionnée verticalement, à environ un tiers de l'écran en partant du haut.

- *fic_aide*. Chaîne de caractères indiquant le fichier d'aide à utiliser pour fournir une aide contextuelle sur la boîte de dialogue. Cet argument est facultatif mais s'il est défini, l'argument *contexte* doit l'être également.

- *contexte*. Numéro de contexte attribué par l'auteur de l'aide à la rubrique appropriée. Cet argument est facultatif mais doit être défini si l'argument *fichier_aide* a été spécifié.

La boîte de dialogue possède un bouton OK et un bouton **Annuler**. Si l'utilisateur clique sur OK ou appuie sur ⏎ , la fonction **InputBox** renvoie le texte contenu dans la zone de texte. Si l'utilisateur clique sur le bouton **Annuler**, la fonction renvoie une chaîne de longueur nulle ("").

> **REMARQUE** **Structuration du message à afficher**
> Tout ce qui a été écrit pour les boîtes de dialogue de type *MsgBox*, relativement à l'argument message, reste valable. Il est notamment possible d'utiliser les constantes *vbCrLf* et *VbTab* pour passer à la ligne et insérer des tabulations.

La méthode InputBox

```
InputBox(message, titre, defaut, gauche, haut, fic_aide,
contexte, type)
```

- *message*. Chaîne de caractères affichée comme message dans la boîte de dialogue.

- *titre*. Chaîne de caractères affichée dans la barre de titre de la boîte de dialogue. Cet argument est facultatif : s'il est omis, le titre par défaut est **Entrée**.

- *defaut*. Expression de chaîne affichée par défaut dans la zone de texte en l'absence de toute autre valeur. Si l'argument *defaut* est omis, la zone de texte qui s'affiche est vide.

- *gauche*. Spécifie une position x pour la boîte de dialogue, exprimée en points et calculée à partir de l'angle supérieur gauche de l'écran.

- *haut*. Spécifie une position y pour la boîte de dialogue, exprimée en points et calculée à partir de l'angle supérieur gauche de l'écran.

- *fic_aide*. Chaîne de caractères indiquant le fichier d'aide à utiliser pour fournir une aide contextuelle sur la boîte de dialogue. Cet argument est facultatif mais s'il est défini, l'argument *contexte* doit l'être également.

- *contexte*. Numéro de contexte attribué par l'auteur de l'aide à la rubrique appropriée. Cet argument est facultatif mais doit être défini si l'argument *fichier_aide* a été spécifié.

- *type*. Spécifie le type des données renvoyées. Si vous n'indiquez pas cet argument, la boîte de dialogue renvoie du texte.

Tableau 20.6 : Valeurs possibles pour l'argument *type*

0	Une formule
1	Un nombre
2	Texte (une chaîne)
4	Une valeur logique (`True` ou `False`)
8	Une référence de cellule, sous la forme d'un objet `Range`
16	Une valeur d'erreur, telle que `#N/A`
64	Un tableau de valeurs

Vous pouvez utiliser une somme des valeurs autorisées pour l'argument *type*. Par exemple, pour une zone de saisie qui peut accepter du texte et des nombres, affectez la valeur 1+2 à *type*.

La boîte de dialogue possède un bouton OK et un bouton **Annuler**. Si vous cliquez sur le bouton OK, la méthode *InputBox* renvoie la valeur saisie dans la boîte de dialogue. Si vous cliquez sur le bouton **Annuler**, la méthode *InputBox* renvoie la valeur `False`.

Exemples de boîtes de dialogue de type InputBox

Nous allons à présent décrire quelques exemples d'utilisation de boîtes de dialogue de type *InputBox*.

Demander le nom de l'utilisateur

Il s'agit ici d'afficher une invite, par exemple au démarrage de l'application, pour demander à l'utilisateur de saisir son nom. Il pourra ensuite être employé pour afficher des messages personnalisés. Par défaut, le nom enregistré lors de l'installation d'Excel sera proposé.

```
Sub Invite()
    Dim Nom_util As String

    Nom_util = InputBox("Veuillez saisir votre nom:", "Accueil", _
        Application.UserName)

    If Nom_util = "" Then Exit Sub

    ' Suite du code

End Sub
```

Figure 20.10 : Saisie du nom de l'utilisateur

Si l'utilisateur ne saisit aucun nom ou clique sur le bouton **Annuler**, la procédure est interrompue.

Voici une variante avec la méthode `InputBox` de l'objet `Application` :

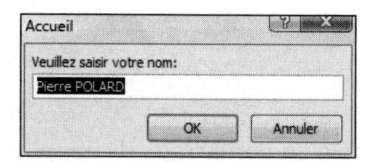

```
Sub Invite2()
    Dim Nom_util As String

    Nom_util = Application.InputBox("Veuillez saisir votre nom:", _
        "Accueil", Application.UserName)

    If Nom_util = False Then Exit Sub

    ' Suite du code

End Sub
```

Figure 20.11 : Variante avec la méthode InputBox

Forcer la saisie d'une valeur numérique

Si vous souhaitez obtenir une valeur numérique, il sera préférable d'utiliser la méthode `InputBox`.

```
Sub Entrer_Num()
    Dim Valeur As Double

    Do
        Valeur = Application.InputBox("Entrez le chiffre
    ⊁ d'affaires 2012 :", _
            "Bilan 2012", , , , , 1)
    Loop Until Valeur <> False

End Sub
```

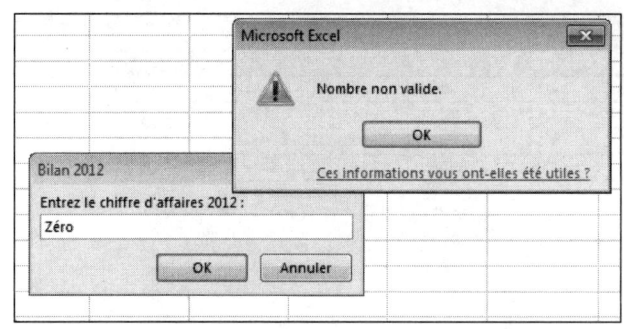

Figure 20.12 : Tentative de saisie erronée

L'avantage de la méthode `InputBox` réside dans le contrôle à la source de la validité de la saisie de l'utilisateur. Ici, nous avons indiqué la valeur 1 pour l'argument *type*, l'utilisateur devra donc saisir un nombre valide.

De plus, nous ne lui laissons pas le loisir de cliquer sur le bouton **Annuler** ; la clause `Until` de la boucle étant réalisée uniquement lorsque la valeur est différente de `False`.

Sélectionner une plage de cellules

La procédure suivante permet de :

- sélectionner une plage de cellules contenant des valeurs ;

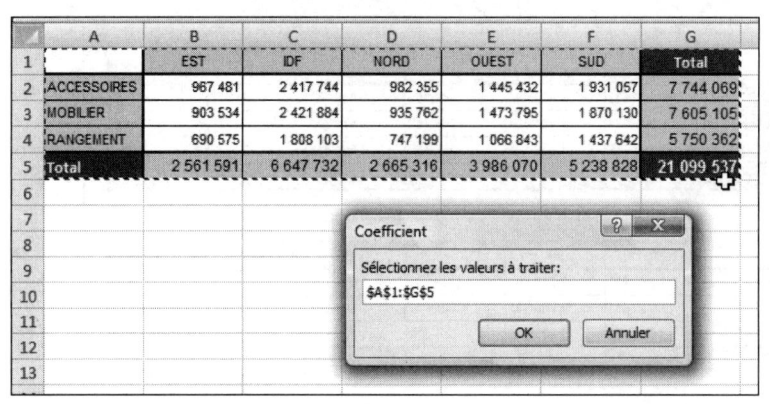

Figure 20.13 : Sélection de la plage initiale

- sélectionner un emplacement où copier ces valeurs ;

20.2. Recueillir des informations avec InputBox

	A	B	C	D	E	F	G	H
1		EST	IDF	NORD	OUEST	SUD	Total	
2	ACCESSOIRES	967 481	2 417 744	982 355	1 445 432	1 931 057	7 744 069	
3	MOBILIER	903 534	2 421 884	935 762	1 473 795	1 870 130	7 605 105	
4	RANGEMENT	690 575	1 808 103	747 199	1 066 843	1 437 642	5 750 362	
5	Total	2 561 591	6 647 732	2 665 316	3 986 070	5 238 828	21 099 537	

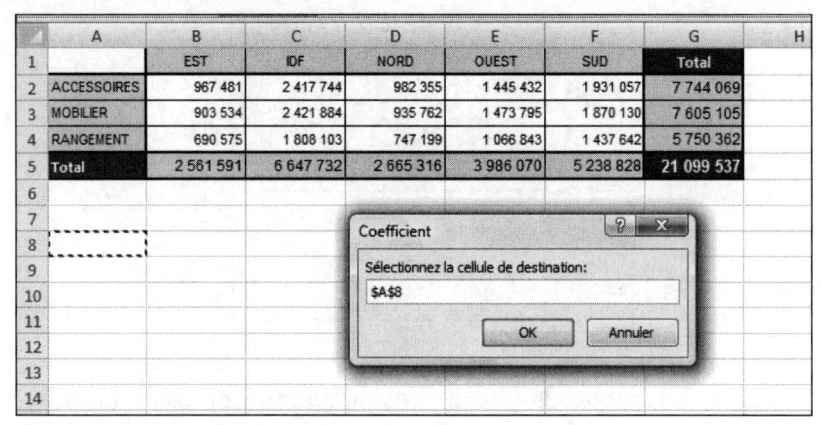

Figure 20.14 : Sélection de la cellule de destination

- saisir un coefficient à appliquer aux valeurs numériques copiées ;

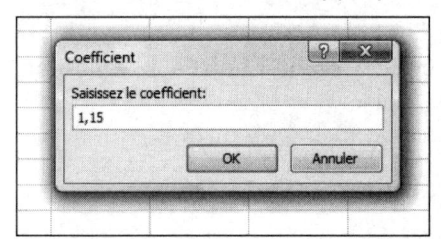

Figure 20.15 : Saisie du coefficient

- appliquer ce coefficient aux valeurs.

	A	B	C	D	E	F	G
1		EST	IDF	NORD	OUEST	SUD	Total
2	ACCESSOIRES	967 481	2 417 744	982 355	1 445 432	1 931 057	7 744 069
3	MOBILIER	903 534	2 421 884	935 762	1 473 795	1 870 130	7 605 105
4	RANGEMENT	690 575	1 808 103	747 199	1 066 843	1 437 642	5 750 362
5	Total	2 561 591	6 647 732	2 665 316	3 986 070	5 238 828	21 099 537
6							
7							
8		EST	IDF	NORD	OUEST	SUD	Total
9	ACCESSOIRES	1 112 603	2 780 406	1 129 709	1 662 246	2 220 715	8 905 679
10	MOBILIER	1 039 064	2 785 166	1 076 127	1 694 865	2 150 649	8 745 871
11	RANGEMENT	794 162	2 079 319	859 279	1 226 870	1 653 288	6 612 916
12	Total	2 945 829	7 644 891	3 065 114	4 583 981	6 024 652	24 264 467

Figure 20.16 : Résultat obtenu

```
Sub Appliquer_Coeff()
    Dim Plage As Range
    Dim Cell_Dest As Range
    Dim Cellule As Range
    Dim Coefficient As Double
```

```
    On Error Resume Next
    Set Plage = Application.InputBox("Sélectionnez les
✂ valeurs à traiter:", _
        "Coefficient", , , , , , 8)
    If Plage Is Nothing Then Exit Sub

    Set Cell_Dest = Application.InputBox("Sélectionnez la
✂ cellule de
        destination:", "Coefficient", , , , , , 8)
    If Cell_Dest Is Nothing Then Exit Sub

    Coefficient = Application.InputBox("Saisissez le
✂ coefficient:", _
        "Coefficient", , , , , , 1)
    If Coefficient = False Then Exit Sub

    Plage.Copy Destination:=Cell_Dest

    Set Cell_Dest = Cell_Dest.Resize(Plage.Rows.Count, Plage
✂ .Columns.Count)

    For Each Cellule In Cell_Dest
        If IsNumeric(Cellule.Value) And Not (IsEmpty(Cellule))
✂ Then _
            Cellule.Value = Cellule.Value * Coefficient
    Next Cellule

End Sub
```

Vous noterez l'utilisation de la méthode `Resize` pour obtenir, à partir de la cellule de destination, une plage de cellules aux mêmes dimensions que la plage initiale. Le but est ensuite de parvenir à traiter l'ensemble des valeurs à la l'aide d'une boucle `For Each...Next`.

> **RENVOI**
> Pour plus de renseignements sur la manipulation des plages de cellules, reportez-vous au chapitre 17, *Travailler avec les objets Excel*.

20.3. Utiliser les méthodes GetOpenFilename et GetSaveAsFilename

Ces méthodes de l'objet `Application` permettent d'afficher les boîtes de dialogue standard **Ouvrir** et **Enregistrer sous**. Elles renvoient le nom du fichier sélectionné ou spécifié par l'utilisateur, mais ne réalisent aucune autre action (ouverture du fichier ou enregistrement).

Elles vous seront très utiles si vous avez besoin de demander à l'utilisateur de fournir le nom exact d'un fichier.

La méthode GetOpenFilename

La syntaxe est la suivante :

`GetOpenFilename(filtre, index_filtre, titre, texte_bouton, multiselect)`

- *filtre*. Chaîne spécifiant les critères de filtrage des fichiers. Cet argument est facultatif
- *index_filtre* spécifie le numéro d'index des critères de filtrage de fichier par défaut, de 1 au nombre de filtres spécifiés dans *filtre*. Cet argument est facultatif. Le premier filtre de fichier est utilisé si l'argument n'a pas été spécifié ou s'il est plus grand que le nombre de filtres présents.
- *titre* spécifie le titre de la boîte de dialogue. Cet argument est facultatif. Si cet argument n'a pas été spécifié, le titre est **Ouvrir**.
- *texte_bouton*. Pour Macintosh uniquement.
- *multiselect*. Cet argument booléen permet d'indiquer s'il est possible de sélectionner plusieurs noms de fichiers (valeur `True`) ou un seul (valeur `False`). Cet argument est facultatif La valeur par défaut est `False`.

Plus de détails sur l'argument Filtre

Cet argument est constitué de paires de chaînes de caractères représentant le filtre de fichier suivies de la spécification de filtre de fichier (telle que *.xlsx*), dont chaque partie et chaque paire est séparée par une virgule. Chaque paire distincte est contenue dans la liste déroulante *Type de fichier*.

Par exemple, la chaîne suivante spécifie deux filtres de fichiers (fichiers texte et macros complémentaires) : *Fichiers texte (*.txt), *.txt, Macros complémentaires (*.xla),*.xla*.

Pour utiliser plusieurs spécifications de filtres pour un seul type de filtre de fichier, séparez les spécifications par des points-virgules.

Par exemple : *Fichiers Visual Basic (*.bas; *.txt),*.bas;*.txt*

Cet argument devient par défaut *Tous les fichiers (*.*),*.** s'il n'a pas été spécifié.

Exemple d'utilisation

Nous allons ici, à titre d'exemple, utiliser la méthode `GetOpenFilename` pour afficher les fichiers Excel ancien format, ainsi que tous les fichiers au format 2007-2013.

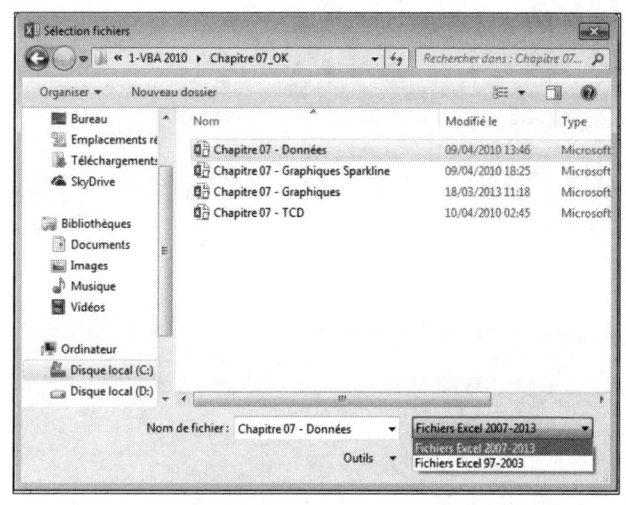

Figure 20.17 : Les filtres définis apparaissent dans la liste des filtres

Nous autoriserons l'utilisateur à sélectionner plusieurs fichiers. Pour sélectionner, maintenez la touche Ctrl appuyée pendant la sélection.

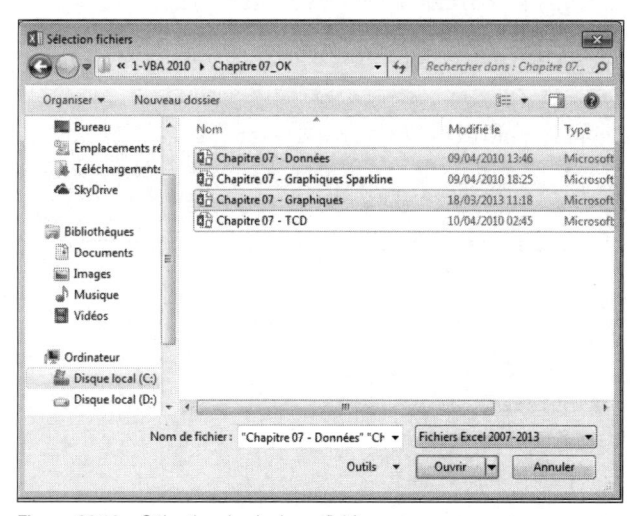

Figure 20.18 : Sélection de plusieurs fichiers

En dernier lieu, nous afficherons les fichiers sélectionnés dans une boîte de dialogue.

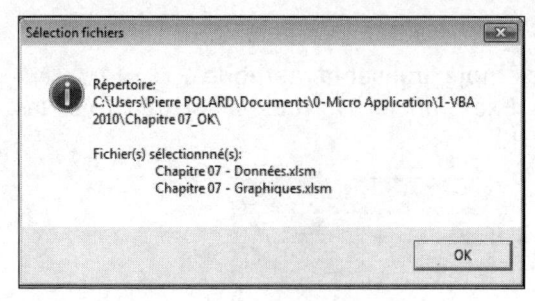

Figure 20.19 : Le répertoire et la liste des fichiers

```
Sub Selection_Fichiers()
    Dim Fichiers As Variant
    Dim Filtre As String
    Dim Message As String
    Dim i As Integer

    Filtre = "Fichiers Excel 2007-2013 (*.xlsx;*.xlsm),*.xlsx;*
          .xlsm," _
        & "Fichiers Excel 97-2003 (*.xls),*.xls"

    Fichiers = Application.GetOpenFilename(Filtre, 1, _
        "Sélection fichiers", , True)

    If IsArray(Fichiers) Then
        Message = "Répertoire:"
        Message = Message & vbCrLf & _
            Left(Fichiers(LBound(Fichiers)), _
                InStrRev(Fichiers(LBound(Fichiers)), "\"))

        Message = Message & vbCrLf & vbCrLf & "Fichier(s)
             sélectionnné(s):"

        For i = LBound(Fichiers) To UBound(Fichiers)
            Fichiers(i) = Right(Fichiers(i), Len(Fichiers(i)) - _
                InStrRev(Fichiers(i), "\"))

            Message = Message & vbCrLf & vbTab & Fichiers(i)
        Next i

        MsgBox Message, vbInformation, "Sélection fichiers"
    Else
        MsgBox "Aucun fichier sélectionné.", vbCritical, _
            "Sélection fichiers"
    End If

End Sub
```

Vous pouvez noter l'utilisation de la fonction `IsArray` pour vérifier que la valeur renvoyée par `GetOpenFilename` est un tableau. En effet, lorsque l'argument *multiselect* a la valeur `True`, le résultat renvoyé par la fonction est un tableau (même si un seul fichier est sélectionné). En revanche si aucun fichier n'est sélectionné, le résultat ne sera pas un tableau, de même si l'utilisateur a cliqué sur le bouton **Annuler** (dans ce cas, la méthode renvoie `False`).

La fonction `InStrRev` permet de repérer l'occurrence du caractère spécifié la plus proche de la fin de la chaîne de caractères. Ainsi, cette fonction nous permet d'identifier le dernier caractère \, en d'autres termes, de séparer le répertoire du nom du fichier.

La méthode GetSaveAsFilename

La syntaxe est la suivante :

`GetSaveAsFilename(nom_initial, filtre, index_filtre, titre, texte_bouton)`

- *nom_initial* spécifie le nom de fichier suggéré. Si cet argument n'est pas spécifié, Excel utilise le nom du classeur actif.
- *filtre*. Chaîne spécifiant les critères de filtrage des fichiers. Cet argument est facultatif
- *index_filtre* spécifie le numéro d'index des critères de filtrage de fichier par défaut, de 1 au nombre de filtres spécifiés dans *filtre*. Cet argument est facultatif. Le premier filtre de fichier est utilisé si l'argument n'a pas été spécifié ou s'il est plus grand que le nombre de filtres présents.
- *titre* spécifie le titre de la boîte de dialogue. Cet argument est facultatif. Si cet argument n'a pas été spécifié, le titre est **Enregistrer sous**.
- *texte_bouton*. Pour Macintosh uniquement.

Hormis l'argument *nom_initial*, la méthode `GetSaveAsFilename` est semblable à la précédente.

20.4. Afficher les autres boîtes de dialogue intégrées

La collection `Dialogs` de l'objet `Application` permet d'accéder à la plupart des boîtes de dialogue intégrées d'Excel. Pour identifier la boîte de dialogue souhaitée, il faut spécifier une valeur permettant d'identifier l'objet correspondant dans la collection. Pour afficher la boîte de dialogue, utilisez la méthode `Show` de l'objet.

Ainsi, pour afficher le **Gestionnaire de noms**, vous écrirez :

```
Application.Dialogs(xlDialogNameManager).Show
```

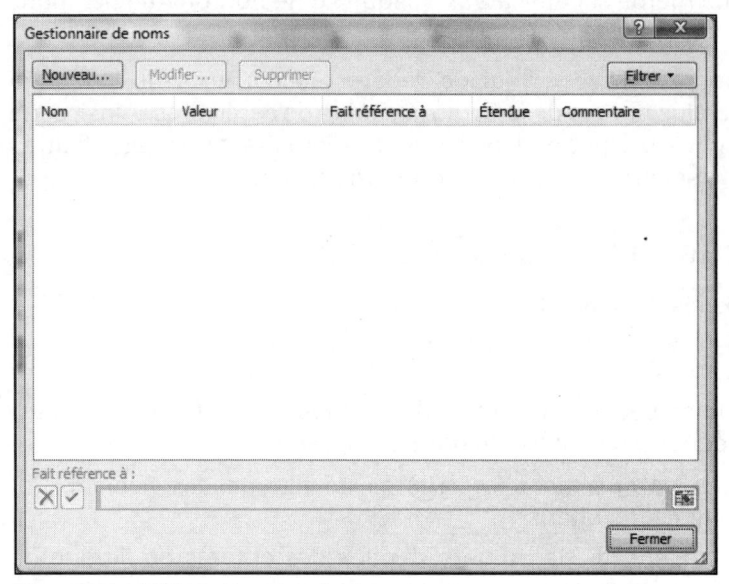

Figure 20.20 : Affichage du gestionnaire de noms

C'est la même boîte de dialogue que celle qui apparaît lorsque vous cliquez sur le bouton **Gestionnaire de noms** du groupe *Noms définis* de l'onglet **Formules**.

Excel compte environ 200 boîtes de dialogue intégrées, il y a donc autant de constantes du type *xlDialogXXXXXXX*. Il serait fastidieux de les énumérer toutes ici. En revanche, si vous souhaitez les consulter, vous pouvez utiliser l'Explorateur d'objets de l'environnement VBE :

Pour cela :

1 Activez l'environnement VBE par [Alt]+[F11].

2 Affichez l'**Explorateur d'objet** grâce à la commande **Explorateur d'objets** du menu **Affichage** (ou appuyez sur [F2]).

3 Dans la première liste déroulante sélectionnez `Excel`.

4 Dans la seconde liste déroulante, saisissez `xldialog`.

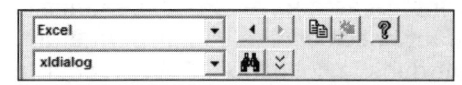

Figure 20.21 : Les critères de recherche

5 Cliquez sur le bouton **Rechercher**.

Figure 20.22 : Résultat de la recherche

> **Boîtes de dialogue contenant des onglets**
> Les boîtes de dialogue contenant des onglets (**Format de cellule**, par exemple) ne peuvent pas être affichées en entier. Vous pourrez en revanche afficher chacun des onglets de façon indépendante. En effet, à chaque onglet correspond un constante de type *xlDialogXXXXXXX*.

20.4. Afficher les autres boîtes de dialogue intégrées

CHAPITRE 21

CRÉER DES BOÎTES DE DIALOGUE PERSONNALISÉES

Découvrir les boîtes de dialogue personnalisées 525
Connaître les contrôles des boîtes de dialogue 529
Concevoir une boîte de dialogue personnalisée 541
Réagir aux événements 546
Aller plus loin avec les boîtes de dialogue personnalisées 548
Cas pratique : Réaliser des simulations d'emprunt 551
Cas pratique : Créer et archiver des devis 560

L'environnement de développement VBE vous donne la possibilité d'insérer dans vos projets VBA des boîtes de dialogue personnalisées. Comme leur nom l'indique, il s'agit de boîtes de dialogue que vous pouvez construire selon vos souhaits et vos besoins. Leur but est d'améliorer l'ergonomie de vos applications et de simplifier le travail de saisie d'informations de la part de l'utilisateur.

Pour cela, vous disposez d'objets spécifiques ou contrôles, qui permettent de remplir les fonctions habituelles des boîtes de dialogue de l'environnement Windows : listes de choix, cases à cocher, boutons…Vous pourrez les insérer, les modifier, les organiser et programmer des réactions aux différents événements : clics, doubles clics, changements, etc.

Dans ce chapitre, nous aborderons d'abord la création de telles boîtes de dialogue. Ensuite, nous étudierons les différents types de contrôles. Nous décrirons également les outils permettant d'organiser les différents contrôles au sein d'une boîte de dialogue. Nous aborderons quelques techniques pour aller un peu plus loin dans leur utilisation. Enfin, nous traiterons de deux cas pratiques, illustrant l'utilisation possible des boîtes de dialogue personnalisées.

21.1. Découvrir les boîtes de dialogue personnalisées

Nous allons à présent découvrir comment insérer une boîte de dialogue dans un projet VBA, ainsi que la boîte à outils permettant d'ajouter des contrôles.

Insérer une boîte de dialogue personnalisées

Pour insérer une boîte de dialogue personnalisée :

1 Activez l'environnement de développement VBE ([Alt]+[F11]) ou bouton **Visual Basic** du groupe *Code* de l'onglet **Développeur**).

2 Dans le menu **Insertion**, sélectionnez la commande **UserForm** (voir fig. 21.1).

Un nouveau groupe a fait son apparition dans l'arborescence des objets du projet VBA du classeur concerné. Ce groupe *Feuilles* comprend toutes les boîtes de dialogue personnalisées insérées dans le projet. Un projet peut contenir autant de boîtes de dialogue que nécessaire.

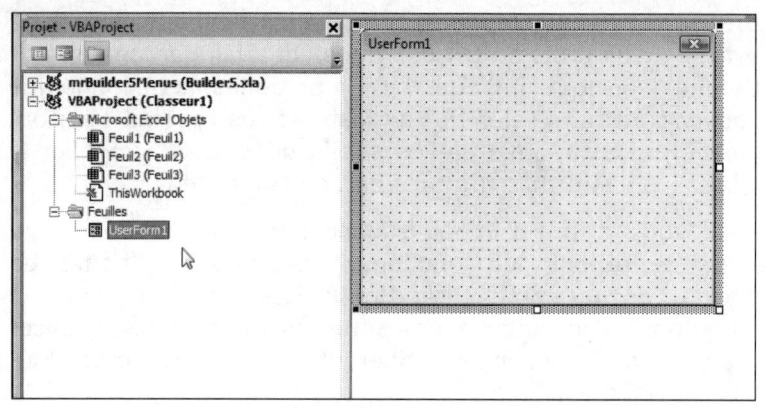

Figure 21.1 : Insertion d'une nouvelle boîte de dialogue

En appuyant sur la touche F4, vous provoquez l'apparition de la fenêtre **Propriétés**, qui vous permet de modifier les caractéristiques et l'apparence de la boîte de dialogue en saisissant des valeurs pour les propriétés correspondantes.

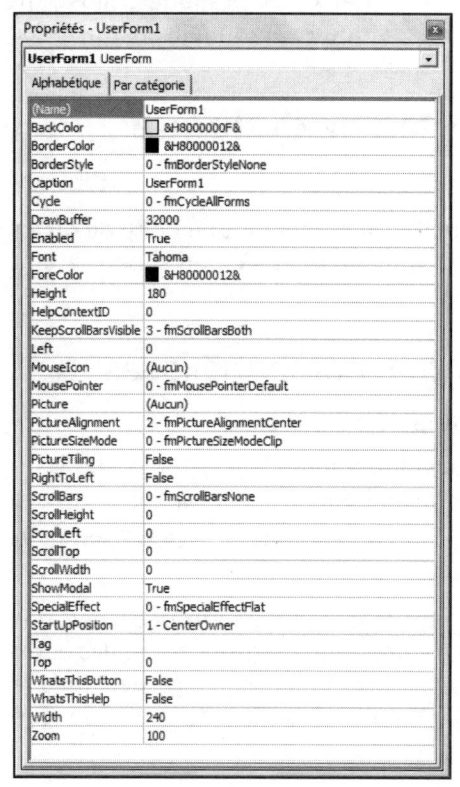

Figure 21.2 : La fenêtre Propriétés

La première opération à effectuer consiste à attribuer un nom explicite à votre boîte de dialogue. En effet, par défaut un nom du type *UserForm1* lui est attribué. Pour une meilleure lisibilité de votre projet, il est préférable de renommer votre boîte de dialogue. Pour cela, il suffit de modifier la propriété *(Name)*.

> **ASTUCE** **Appellation des boîtes de dialogue personnalisées**
> Les noms ne doivent pas comporter d'espaces ou de caractères spéciaux (. , ; / ? ! \ – + * = & @) et ne doivent pas débuter par des nombres. Pour bien identifier votre boîte de dialogue, vous pouvez systématiquement faire débuter leur appellation par une référence au type d'objet. Par exemple *FRM_XXXXXX* (FRM faisant référence à UserForm) ou *BDD_XXXXXX* (BDD faisant référence à boîte de dialogue).

Voici quelques propriétés fréquemment utilisées :

- BackColor permet de spécifier la couleur de fond.
- Caption. Texte qui apparaît dans le bandeau de la boîte de dialogue.
- Font permet de définir les caractéristiques du texte. Par défaut, tous les contrôles ajoutés sur la boîte de dialogue hériteront de la valeur de cette propriété.
- ForeColor permet de spécifier la couleur du texte.
- Height permet de spécifier la hauteur (en points) de la boîte de dialogue.
- Width permet de spécifier la largeur (en points) de la boîte de dialogue.

> **REMARQUE** **Redimensionner une boîte de dialogue**
> Pour redimensionner une boîte de dialogue, utilisez les poignées de dimensionnement qui apparaissent lorsque vous la sélectionnez avec la souris.

Découvrir la boîte à outils

Lorsque vous sélectionnez une boîte de dialogue, la boîte à outils fait son apparition. Si ce n'est pas le cas, vous pouvez la faire apparaître à l'aide de la commande **Boîte à outils** du menu **Affichage**.

Figure 21.3 : La boîte à outils

La boîte à outils permet d'insérer des contrôles dans vos boîtes de dialogue. Pour cela, il suffit de cliquer sur l'icône correspondante puis de sélectionner l'emplacement de destination. Vous pouvez ensuite renommer et redimensionner le contrôle ainsi créé.

Voici les icônes de la boîte à outils :

- **Sélection d'objets** permet de sélectionner les contrôles déjà créés.
- **Étiquette.**
- **Zone de texte.**
- **Zone de liste déroulante.**
- **Zone de liste.**
- **Case à cocher.**
- **Bouton d'option.**
- **Bouton bascule.**
- **Cadre.**
- **Bouton de commande.**
- **Onglet.**
- **Multipage.**
- **Barre de défilement.**
- **Toupie.**
- **Image.**
- **RefEdit.**

> **ASTUCE** — **Appellation des contrôles**
>
> Lorsque vous créez un contrôle, un nom par défaut lui est attribué. Ce nom est composé du type de contrôle, suivi d'un numéro d'ordre. Par exemple, le troisième bouton de commande sera nommé *CommandButton3*. Ces noms par défaut ne sont pas vraiment explicites. Il est préférable de renommer les contrôles de façon plus lisible. Vous pouvez par exemple faire débuter le nom par une référence au type de contrôle. Par exemple `BTN_XXXXX` pour les boutons, `LST_XXXXXX` pour les listes, `OPT_XXXXXX` pour les boutons d'options, `BAR_XXXXXXX` pour les barres de défilement, `TXT_XXXXXXX` pour les zones de textes. `BTN_Valider` ou `TXT_Quantite` seront plus explicites que `CommandButton12` et `TextBox23`.

> **REMARQUE** — **Référencer les contrôles d'une boîte de dialogue**
>
> Si vous saisissez votre code dans le module de code de la boîte de dialogue, vous pouvez référencer les contrôles uniquement à l'aide de leur nom. Par exemple, pour modifier la taille d'un bouton vous écrirez :
>
> `BTN_Clients.Height = 25`
>
> En revanche, si vous souhaitez référencer le contrôle à partir d'un autre module de code, vous devrez le faire précéder du nom de la boîte de dialogue. Vous écrirez alors :
>
> `FRM_Stat.BTN_Clients.Height=25`

21.2. Connaître les contrôles des boîtes de dialogue

Nous allons à présent passer en revue les différents types de contrôles proposés par défaut par la boîte à outils. Nous décrirons quelques-unes de leurs propriétés les plus utiles. Nous évoquerons également, pour certains d'entre eux, des méthodes.

> **REMARQUE** — **Propriétés communes à tous les contrôles**
>
> Les propriétés suivantes sont communes à tous les contrôles :

- `Name` permet de spécifier le nom du contrôle. C'est ce nom que vous utiliserez dans votre code VBA pour manipuler le contrôle.
- `BackColor` permet de spécifier la couleur de fond.

- `ControlTipText` **permet de spécifier le texte d'infobulle qui apparaît lorsque le pointeur de la souris passe sur le contrôle.**

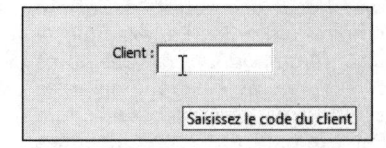

Figure 21.4 : Utilisation de la propriété ControlTipText

- `Enabled` **permet d'indiquer si le contrôle est actif. Cette propriété peut prendre la valeur** `True` **ou** `False`**. Si la valeur est** `False`**, il n'est pas possible d'accéder au contrôle pour modifier sa valeur. Le contrôle est grisé pour indiquer qu'il est désactivé.**
- `Height` **permet de spécifier la hauteur (en points) de la boîte de dialogue.**
- `Left` **permet de spécifier la position (en points) du contrôle par rapport au bord gauche de la boîte de dialogue.**
- `Tag`**. Cette propriété n'a pas d'attribution particulière. Vous pouvez l'utiliser pour stocker des informations relatives au contrôle.**
- `Top` **permet de spécifier la position (en points) du contrôle par rapport au bord supérieur de la boîte de dialogue.**
- `Visible` **permet de spécifier si le contrôle est visible ou non. Cette propriété peut prendre la valeur** `True` **ou** `False`**.**
- `Width` **permet de spécifier la largeur (en points) de la boîte de dialogue.**

> **ASTUCE**
>
> **Afficher de l'aide sur une propriété**
> Pour afficher des informations complémentaires sur une propriété, il suffit de sélectionner la propriété souhaitée dans la fenêtre **Propriétés** et d'appuyer sur la touche F1.

Les étiquettes

Ces contrôles permettent d'afficher du texte dans vos boîtes de dialogue.

Propriétés utiles

- `Caption` **permet de spécifier le texte affiché.**
- `TextAlign` **permet de spécifier l'alignement du texte (à gauche, centré, à droite).**

Les zones de texte

Ces contrôles permettent de saisir des informations au clavier, voire d'afficher des informations.

Propriétés utiles

- `Locked` permet de spécifier si le contenu de la zone peut être modifié.
- `Maxlength` permet de préciser le nombre maximal de caractères saisis.
- `MultiLine` permet de spécifier s'il est possible de saisir du texte sur plusieurs lignes.
- `PasswordChar` permet de spécifier le caractère qui apparaît à la place de ceux saisis au clavier. Cette propriété est utile pour des zones de texte réservées à la saisie de mots de passe. Dans ce cas, vous pouvez utiliser le caractère *.
- `TabStop` permet d'indiquer si la zone de texte peut recevoir le focus lorsque l'utilisateur utilise la touche ⭾.
- `TextAlign` permet de spécifier l'alignement du texte (à gauche, centré, à droite).
- `Value` est le contenu de la zone de texte.
- `Wordwrap` permet d'indiquer si un retour à la ligne s'ajoute automatiquement au contenu à la fin d'une ligne.

Les zones de liste déroulantes

Ces contrôles permettent d'afficher une liste de valeurs (éventuellement sur plusieurs colonnes) dans lesquelles l'utilisateur peut réaliser des sélections. Les différences avec les zones de liste vues précédemment résident dans l'affichage des données sous forme de liste déroulante, dans l'impossibilité de sélectionner plusieurs éléments simultanément, et dans la possibilité de saisir des valeurs non présentes dans la liste (selon le paramétrage).

Propriétés utiles

- `BoundColumn`. Dans le cas d'une liste à plusieurs colonnes, permet d'indiquer le numéro de la colonne dans lequel se trouve la liste des valeurs possibles pour la zone. Si vous spécifiez la valeur zéro, c'est le numéro de la ligne sélectionnée qui sera renvoyé.
- `ColumnCount` permet de spécifier le nombre de colonnes.

- `ColumnHeads` permet d'indiquer si un en-tête de colonnes doit être affiché (valeur `True` ou `False`).
- `ColumnWidths` permet de spécifier la largeur de chaque colonne d'une liste modifiable ou d'une zone de liste à plusieurs colonnes. Les valeurs doivent être séparées par des points-virgules. Par défaut, les largeurs sont spécifiées en points. Vous pouvez utiliser d'autres unités, à condition de les mentionner explicitement. Par exemple : `5 cm` (correspond à 5 centimètres).
- `List` permet de lire ou de définir la liste des entrées. Cette propriété n'est pas visible dans la fenêtre **Propriétés**. Cette propriété contient un tableau à deux dimensions : ligne et colonne. La numérotation des deux dimensions débute à zéro. Vous pouvez également affecter à cette propriété une variable contenant un tableau de valeur.
- `ListCount` renvoie le nombre de lignes dans la liste. Cette propriété est en lecture seule et n'est pas visible dans la fenêtre **Propriétés**.
- `ListIndex` permet d'identifier l'élément actuellement sélectionné (le premier élément a le numéro zéro). Si aucun élément n'est sélectionné, cette propriété prend la valeur -1. Cette propriété est en lecture seule et n'est pas visible dans la fenêtre **Propriétés**.
- `ListRows` permet de spécifier le nombre maximal de lignes à afficher dans la liste.
- `ListWidth` permet de spécifier la largeur de la liste. Par défaut, la largeur est spécifiée en points.
- `Locked` permet de spécifier si la valeur peut être modifiée.
- `MatchEntry` permet de définir la façon dont la zone de liste effectue des recherches dans ses listes pendant la saisie de l'utilisateur. Par défaut, pour la frappe de chaque caractère, le contrôle recherche une entrée correspondant à tous les caractères saisis. La recherche des entrées s'effectue dans la colonne spécifiée dans la propriété `TextColumn`.
- `MatchRequired` permet de spécifier si une valeur saisie dans la partie texte de la zone doit correspondre à une entrée de la liste. Si la valeur de cette propriété est `True`, l'utilisateur peut saisir des valeurs non correspondantes, mais ne peut pas quitter le contrôle sans qu'une valeur correspondante soit saisie.
- `Maxlength` permet de spécifier le nombre maximal de caractères saisis.
- `RowSource` permet de spécifier la source de données fournissant les valeurs de la liste. Il est possible de spécifier une plage de cellules (par exemple : `Feuil1!A1:C3` ou `=Nom_Plage`).

- `TabStop` permet d'indiquer si la zone de liste peut recevoir le focus lorsque l'utilisateur emploie la touche ⭾.
- `Text`. Si la valeur de cette propriété correspond à une entrée existant dans la liste, la valeur de la propriété `ListIndex` (index de la ligne courante) se règle sur la ligne correspondante. Si la valeur de la propriété `Text` ne correspond à aucune ligne, `ListIndex` prend la valeur -1.
- `TexColumn` permet d'identifier la colonne dont la valeur doit être stockée dans la propriété `Text` lorsque l'utilisateur sélectionne une ligne. La numérotation des colonnes débute à 1.
- `Value`. Valeur de la colonne correspondant à la propriété `BoundColumn` de la ligne actuellement sélectionnée.

Exemple : Liste modifiable à plusieurs colonnes

Cet exemple illustre l'utilisation des propriétés `BoundColumn`, `ColumnHeads`, `ColumnWidths`, `ColumnCount`, `ListIndex`, `ListWidht`, `RowSource`, `MatchEntry`, `MatchRequired`, `Text`, `TextColumn` **et** `Value`.

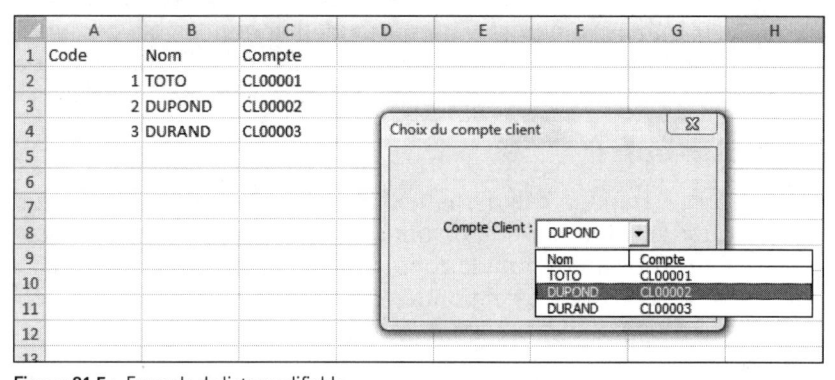

Figure 21.5 : Exemple de liste modifiable

Les propriétés de la zone de liste modifiable sont les suivantes :

- `BoundColumn` : **3 ;**
- `ColumnHeads` : **True ;**
- `ColumnWidths` : **0 ;2 cm ;3 cm ;**
- `ColumnCount` : **3 ;**
- `ListWidht` : **5 cm ;**
- `MatchRequired` : **False ;**
- `RowSource` : **Feuil1!A2:C4 ;**
- `TextColumn` : **2.**

Lorsque vous saisissez une valeur dans la zone de liste, la recherche s'effectue dans la deuxième colonne, correspondant au nom. Si vous saisissez DU, la ligne correspondant à DUPOND est sélectionnée (grâce à la propriété MatchEntry), DUPOND est affiché (correspondant à la valeur de TextColumn) et ListIndex vaudra 1 (la numérotation débuta à 0). La propriété Value contiendra CL0002 qui correspond au contenu de la colonne 3 (propriété BoundColumn) pour la ligne sélectionnée (propriété ListIndex).

Méthodes utiles

- AddItem permet d'ajouter un élément à la liste.
- RemoveItem permet de supprimer l'élément de la liste dont le numéro est fourni en argument. La numérotation débute à zéro.

Les zones de liste

Ces contrôles permettent d'afficher des listes de valeurs (éventuellement sur plusieurs colonnes) dans lesquelles l'utilisateur peut effectuer des sélections. Selon le paramétrage, il sera possible de sélectionner simultanément plusieurs éléments de la liste. Une plage de cellules peut être utilisée comme liste des éléments à afficher.

Propriétés utiles

- BoundColumn. Dans le cas d'une liste à plusieurs colonnes, permet d'indiquer le numéro de la colonne dans lequel se trouve la liste des valeurs possibles pour la zone. Si vous spécifiez la valeur zéro, le numéro de la ligne sélectionnée sera renvoyé.
- ColumnCount permet de spécifier le nombre de colonnes.
- ColumnHeads permet d'indiquer si un en-tête de colonnes doit être affiché (valeur True ou False).
- ColumnWidths permet de spécifier la largeur de chaque colonne d'une liste modifiable ou d'une zone de liste à plusieurs colonnes. Les valeurs doivent être séparées par des points-virgules. Par défaut, les largeurs sont spécifiées en points. Vous pouvez utiliser d'autres unités, à condition de les mentionner explicitement. Par exemple : 5 cm (correspond à 5 centimètres).
- List permet de lire ou de définir la liste des entrées. Cette propriété n'est pas visible dans la fenêtre **Propriétés**. Cette propriété contient un tableau à deux dimensions : ligne et colonne. La numérotation des deux dimensions débute à zéro. Vous pouvez également affecter à cette propriété une variable contenant un tableau de valeurs.

- `ListCount` renvoie le nombre de lignes dans la liste. Cette propriété est en lecture seule et n'est pas visible dans la fenêtre **Propriétés**.
- `ListIndex` permet d'identifier l'élément actuellement sélectionné (le premier élément a le numéro zéro). Si aucun élément n'est sélectionné, cette propriété prend la valeur `-1`. Cette propriété est en lecture seule et n'est pas visible dans la fenêtre **Propriétés**.
- `Locked` permet de spécifier si la valeur peut être modifiée.
- `Multiselect` permet d'indiquer si plusieurs éléments de la liste peuvent être sélectionnés simultanément.
- `RowSource` permet de spécifier la source de données fournissant les valeurs de la liste. Il est possible de spécifier une plage de cellules (par exemple : `Feuil1!A1:C3` ou `=Nom_Plage`).
- `Selected` permet, lorsque les utilisateurs peuvent effectuer plusieurs sélections, de déterminer les lignes sélectionnées. Vous pouvez également utiliser cette propriété pour sélectionner ou libérer des lignes d'une liste à partir de code.
- `TabStop` permet d'indiquer si la zone de liste peut recevoir le focus lorsque l'utilisateur emploie la touche [⇥].
- `Text`. La valeur de cette propriété doit correspondre à une entrée existant dans la liste. La valeur de la propriété `ListIndex` (index de la ligne courante) se règle sur la ligne correspondante.
- `TexColumn` permet d'identifier la colonne dont la valeur doit être stockée dans la propriété `Text` lorsque l'utilisateur sélectionne une ligne. La numérotation des colonnes débute à `1`.
- `Value`. Valeur de la colonne correspondant à la propriété `BoundColumn` de la ligne actuellement sélectionnée.

Exemple : Gestion de la multisélection

Les lignes de codes suivantes ont pour but d'identifier les clients sélectionnés à l'aide de la zone de liste *LST_Clients*, dont la propriété `MultiSelect` a la valeur `2` (correspondant à la possibilité de faire des sélections étendues avec [Ctrl] et/ou [Maj]). Les informations correspondant aux clients sélectionnés sont ensuite affichées.

```
Message = ""

For i = 0 To Me.LST_Clients.ListCount - 1
    If Me.LST_Clients.Selected(i) = True Then
        Message = Message _
            & Me.LST_Clients.List(i, Me.LST_Clients _
            .BoundColumn - 1) _
            & vbCrLf
    End If
Next i
```

MsgBox Message

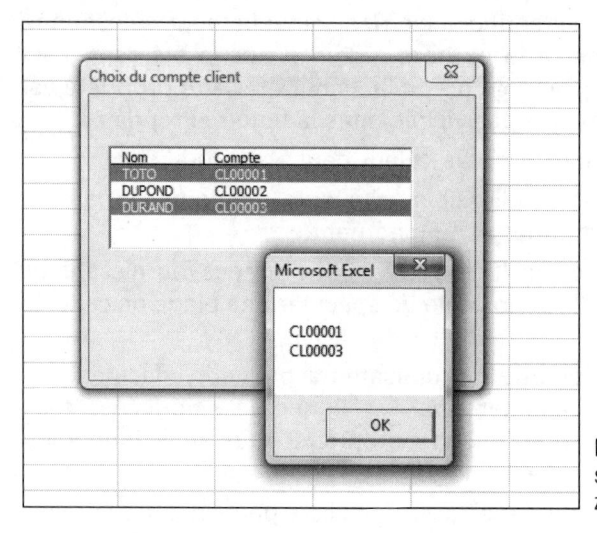

Figure 21.6 : Exemple de sélection multiple dans une zone de liste

Méthodes utiles

- `AddItem` permet d'ajouter un élément à la liste.
- `RemoveItem` permet de supprimer l'élément de la liste dont le numéro est fourni en argument. La numérotation débute à zéro.

Les cases à cocher

Ces contrôles donnent à l'utilisateur d'effectuer des choix binaires : Oui/Non, Activé/Désactivé... selon que la case est cochée ou non.

Propriétés utiles

- `Caption` permet de spécifier la "légende" de la case à cocher.
- `TabStop` permet d'indiquer si la case à cocher peut recevoir le focus lorsque l'utilisateur emploie la touche ⇥.
- `TripleState`. Lorsque la valeur de cette propriété est `True`, un utilisateur peut choisir entre les valeurs `Null`, `True` et `False`. La valeur `Null` est affichée sous forme d'une case ombrée.
- `Value`. Cette propriété peut prendre les valeurs (selon la valeur de la propriété `TripleState`) `Null`, `True` ou `False`, selon l'état de la case à cocher.
- `Wordwrap` permet d'indiquer si le texte affiché passe à la ligne quand il est plus large que la case à cocher.

Les boutons d'option

Ces contrôles permettent d'effectuer des choix entre plusieurs options en cliquant sur le bouton d'option voulu. Il est possible d'inclure plusieurs groupes de boutons d'option dans une boîte de dialogue : un seul bouton d'option par groupe peut être actif.

Propriétés utiles

- Caption permet de spécifier la "légende" du bouton d'option.
- GroupName. Tous les boutons d'option qui ont la même valeur pour la propriété GroupName s'excluent mutuellement. Cliquer sur un bouton d'un groupe change en False la valeur des autres boutons du même groupe.
- TabStop permet d'indiquer si le bouton d'option peut recevoir le focus lorsque l'utilisateur emploie la touche [⇥].
- TripleState. Lorsque la valeur cette propriété est True, un utilisateur peut choisir entre les valeurs Null, True et False. La valeur Null est affichée sous forme d'un bouton ombré.
- Value. Cette propriété peut prendre les valeurs (selon la valeur de la propriété TripleState) Null, True ou False, selon l'état du bouton d'option.
- Wordwrap permet d'indiquer si le texte affiché passe à la ligne quand il est plus large que le bouton.

Les boutons bascule

Ces contrôles sont des boutons qui présentent deux états : activé ou désactivé. L'apparence du contrôle change selon son état.

Propriétés utiles

- Caption permet de spécifier l'intitulé du bouton.
- TabStop permet d'indiquer si le bouton bascule peut recevoir le focus lorsque l'utilisateur emploie la touche [⇥].
- TripleState. Lorsque la valeur de cette propriété est True, un utilisateur peut choisir entre les valeurs Null, True et False. La valeur Null est affichée sous forme d'un bouton ombré.
- Value. Cette propriété peut prendre les valeurs (selon la valeur de la propriété TripleState) Null, True ou False, selon l'état du bouton.
- Wordwrap permet d'indiquer si le texte affiché passe à la ligne quand il est plus large que le bouton.

Les cadres

Ces contrôles permettent de regrouper des contrôles en les encadrant. Cela se révèle particulièrement utile pour les boutons d'option : chaque cadre correspond alors à un groupe de boutons d'option (un seul bouton peut alors être actif). Dans les autres cas, cela permet uniquement d'améliorer la présentation et l'organisation de votre boîte de dialogue.

Les boutons de commandes

Ce sont sans doute les contrôles les plus utilisés. Ils permettent notamment de déclencher des actions quand vous cliquez dessus.

Propriétés utiles

- `Caption` permet de spécifier l'intitulé du bouton.
- `TabStop` permet d'indiquer si le bouton de commande peut recevoir le focus lorsque l'utilisateur emploie la touche ⇥.
- `Wordwrap` permet d'indiquer si le texte affiché passe à la ligne quand il est plus large que le bouton.

Les onglets

Ces contrôles sont analogues aux contrôles *Multipage* que nous décrivons plus loin.

Les multipages

Ces contrôles permettent de créer des boîtes de dialogue à onglets. Les onglets permettent d'accéder à une page pouvant contenir des contrôles. Par défaut, un contrôle Multipage contient deux pages. Il est possible d'en ajouter en cliquant du bouton droit sur l'un des onglets et en choisissant la commande **Nouvelle page** du menu contextuel.

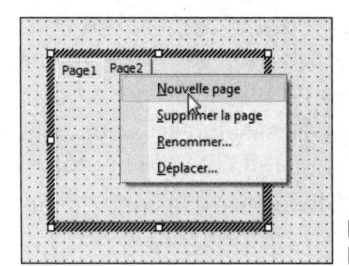

Figure 21.7 : Ajout d'une page à un contrôle Multipage

Propriétés utiles

- `MultiRow` permet de spécifier si le contrôle accepte plusieurs rangées d'onglets.
- `TabOrientation` permet de spécifier l'emplacement des onglets (haut, bas, gauche ou droite).
- `Value`. Nombre entier indiquant la page actuellement active.

Les barres de défilement

Les barres de défilement permettent de choisir une valeur entre deux bornes. Leur apparence et leur fonctionnement sont semblables aux "ascenseurs" présents dans les fenêtres Windows. Un clic sur les boutons fléchés aux extrémités permet de modifier précisément la valeur. Il est possible également de déplacer le curseur pour une modification plus rapide.

Propriétés utiles

- `LargeChange` permet de spécifier la valeur ajoutée ou retranchée à la propriété `Value` lorsque l'utilisateur clique entre le curseur de défilement et une flèche de défilement.
- `Max` permet de spécifier la valeur maximale de la propriété `Value`.
- `Min` permet de spécifier la valeur minimale de la propriété `Value`.
- `Orientation` permet de spécifier si la barre de défilement est orientée verticalement ou horizontalement.
- `ProportionalThumb` permet de spécifier si la taille du curseur de défilement est proportionnelle à la zone de défilement ou si elle est fixe.
- `SmallChange` permet de spécifier la valeur ajoutée ou retranchée à la propriété `Value` lorsque l'utilisateur clique sur l'une des deux flèches. Si vous spécifiez une orientation automatique (valeur -1), la hauteur et la largeur du contrôle déterminent son aspect horizontal ou vertical. Par exemple, si le contrôle est plus large que haut, il apparaît horizontalement ; s'il est plus haut que large, le contrôle apparaît verticalement.
- `TabStop` permet d'indiquer si la barre de défilement peut recevoir le focus lorsque l'utilisateur emploie la touche ⭾.
- `Value` permet de renvoyer ou de définir la valeur de la barre défilement. Il s'agit d'un nombre entier compris entre `Min` et `Max`.

Les toupies

Les toupies permettent de choisir une valeur entre deux bornes. Pour cela, cliquez sur les boutons fléchés : l'un des boutons permet d'augmenter la valeur, l'autre de la diminuer.

Propriétés utiles

- `Max` permet de spécifier la valeur maximale de la propriété `Value`.
- `Min` permet de spécifier la valeur minimale de la propriété `Value`.
- `Orientation` permet de spécifier si la toupie est orientée verticalement ou horizontalement.
- `SmallChange` permet de spécifier la valeur ajoutée ou retranchée à la propriété `Value` lorsque l'utilisateur clique sur l'une des deux flèches. Si vous spécifiez une orientation automatique (valeur -1), la hauteur et la largeur du contrôle déterminent son aspect horizontal ou vertical. Par exemple, si le contrôle est plus large que haut, il apparaît horizontalement ; s'il est plus haut que large, le contrôle apparaît verticalement.
- `TabStop` permet d'indiquer si la toupie peut recevoir le focus lorsque l'utilisateur emploie la touche [⇥].
- `Value` permet de renvoyer ou de définir la valeur de la toupie. Il s'agit d'un nombre entier compris entre `Min` et `Max`.

Les images

Ces contrôles permettent d'intégrer des images dans les boîtes de dialogue. Ces images peuvent provenir du Presse-papiers ou de fichiers. Lorsque l'image provient d'un fichier, une copie de l'image est incluse dans le classeur. Cela vous permet de diffuser le classeur seul, sans copie du fichier image. En revanche, si le fichier image est d'un volume important, la taille de votre classeur augmentera de façon importante.

Propriétés utiles

- `Picture` permet de spécifier le chemin d'accès vers l'image. Dans la fenêtre **Propriétés**, un bouton affichant trois points apparaît à droite lorsque cette propriété est sélectionnée. En cliquant dessus, vous faites apparaître la boîte de dialogue **Charger une image** (voir fig. 21.8).
- `PictureSizeMode` permet de spécifier comment afficher l'image (normale, étirée, zoom).

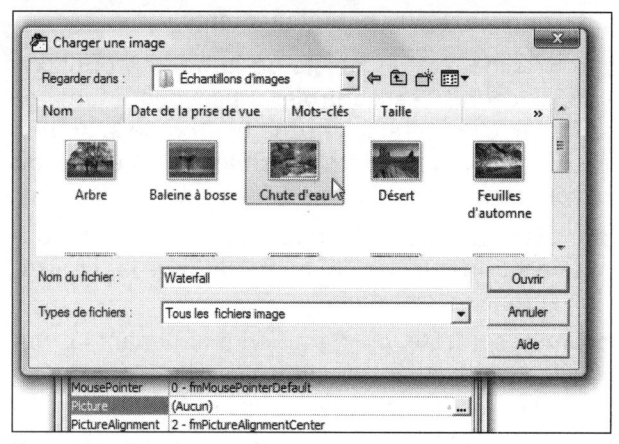

Figure 21.8 : Sélectionner une image

Les contrôles RefEdit

Ces contrôles permettent de sélectionner une plage de cellules dans une feuille de calcul.

Propriétés utiles

- `Value` contient une chaîne de caractères correspondant à la référence de la plage de cellules sélectionnée.

21.3. Concevoir une boîte de dialogue personnalisée

Une boîte de dialogue constitue la vitrine de votre application. Il est donc impératif d'apporter le plus grand soin à sa conception et à sa finition. En effet, des contrôles mal positionnés, mal alignés et de taille disparate donneront aux utilisateurs un désagréable sentiment d'être en présence d'une application "bricolée". Inconsciemment, cela diminuera la confiance qu'ils auront dans la qualité des résultats de votre application.

Voici quelques méthodes pour peaufiner la conception des vos boîtes de dialogue.

Sélectionner des contrôles

Pour sélectionner un contrôle, cliquez dessus. Des poignées de dimensionnement font leur apparition.

Pour sélectionner plusieurs contrôles simultanément :

- Cliquez sur l'icône **Sélectionner les objets** de la boîte à outils. À l'aide de la souris, encadrez les contrôles que vous souhaitez sélectionner. Une fois que vous relâcherez le bouton de la souris, les contrôles dont au moins une partie est située à l'intérieur du cadre seront tous sélectionnés.
- Sélectionnez le premier contrôle, puis, tout en maintenant la touche [Maj] appuyée, sélectionnez le dernier contrôle. Tous les contrôles situés entre eux seront sélectionnés.
- Sélectionnez le premier contrôle, puis, tout en maintenant la touche [Ctrl] appuyée, sélectionnez d'autres contrôles. Contrairement à l'utilisation de la touche [Maj], seuls les contrôles sur lesquels vous aurez cliqué seront sélectionnés.

Redimensionner des contrôles

Pour redimensionner un contrôle, il faut au préalable le sélectionner. Vous avez alors deux possibilités :

- utiliser les poignées de dimensionnement ;
- spécifier une valeur pour les propriétés Height et Width à l'aide de la fenêtre **Propriétés**.

Pour attribuer une taille rigoureusement identique à plusieurs contrôles, vous devrez au préalable les sélectionner. Utilisez ensuite la fenêtre **Propriétés**, elle affichera les propriétés communes aux contrôles sélectionnés. Les propriétés Height et Width seront donc visibles. En attribuant une valeur à ces propriétés, vous ferez en sorte que tous les contrôles sélectionnés reçoivent ces valeurs.

Organiser les contrôles

Par défaut, lorsque vous déplacez des contrôles dans une boîte de dialogue, ils se positionnent sur la grille, matérialisée par des petits points. Vous avez la possibilité de modifier la précision de cette grille. Pour cela :

1 Sélectionnez la commande **Options** du menu **Outils**.
2 Dans la boîte de dialogue **Options**, cliquez sur l'onglet **Général**.
3 Vous avez la possibilité de spécifier l'espacement horizontal et vertical de la grille à l'aide des zones *Largeur* et *Hauteur*. Les valeurs spécifiées sont en points.

4 Vous pouvez également masquer la grille en désélectionnant la case *Afficher la grille*.

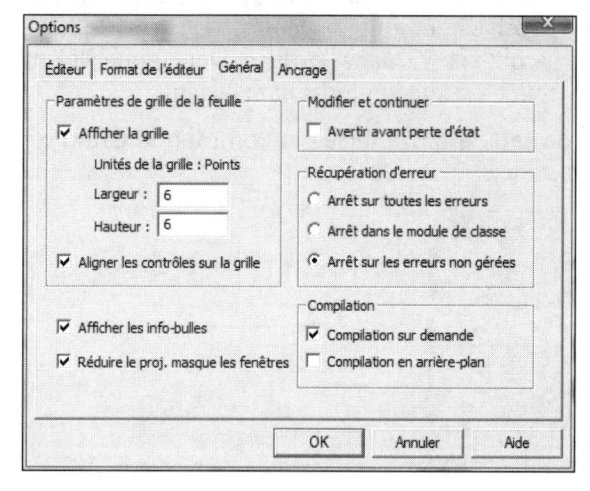

Figure 21.9 : Paramétrage de la grille

Dans le même onglet, vous avez la possibilité de désactiver l'alignement des contrôles sur la grille en désélectionnant la case *Aligner les contrôles sur la grille*.

Pour organiser vos contrôles, vous avez également la possibilité d'utiliser les commande du menu **Format** :

- *Aligner* permet d'aligner les objets dans la direction sélectionnée. C'est le dernier contrôle sélectionné qui sert de référence pour l'alignement. Les poignées de dimensionnement de ce contrôle de référence apparaissent en blanc.

- *Uniformiser la taille* permet la même taille aux contrôle sélectionnés. C'est le dernier contrôle sélectionné qui sert de référence pour l'uniformisation.

- *Espacement horizontal* permet d'ajuster l'espacement horizontal entre les contrôles sélectionnés.

- *Espacement vertical* permet d'ajuster l'espacement horizontal entre les contrôles sélectionnés.

- *Centrer sur la feuille* permet de positionner les contrôles au centre de la feuille.

- *Réorganiser les boutons* permet de positionner en bas ou à droite de la boîte de dialogue tous les boutons sélectionnés.

Définir l'ordre de tabulation

L'ordre de tabulation permet de déterminer dans quel ordre les contrôles seront activés lorsque l'utilisateur emploie la touche [↹] ou [Maj]+[↹]. Par défaut, les contrôles seront activés dans l'ordre suivant lequel ils ont été créés. Évidemment, cela n'est pas toujours satisfaisant.

Pour modifier l'ordre de tabulation, utilisez la commande **Ordre de tabulation** du menu **Affichage**.

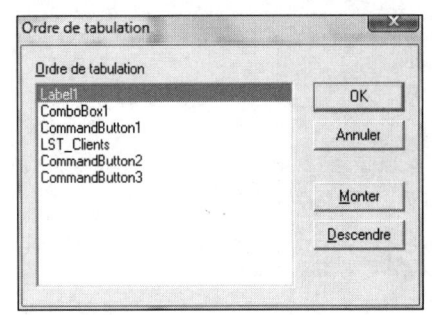

Figure 21.10 : La boîte de dialogue Ordre de tabulation

La boîte de dialogue **Ordre de tabulation** présente la liste de tous les contrôles susceptibles d'être activés. Les boutons **Monter** et **Descendre** permettent de déplacer le contrôle sélectionné dans la liste.

> **REMARQUE** — **Cadres et contrôles Multipage**
> Les contrôles de type *Cadre* ou *Multipage* peuvent eux-mêmes contenir des contrôles. Pour définir l'ordre de tabulation des contrôles inclus, vous devrez d'abord sélectionner le *Cadre* ou le *Multipage* avant d'afficher la boîte de dialogue **Ordre de tabulation**.

Pour définir l'ordre de tabulation, vous avez également la possibilité de modifier la valeur de la propriété `TabIndex` de chaque contrôle à l'aide de la fenêtre **Propriétés**. Lorsque vous modifiez la valeur de la propriété `TabIndex` d'un contrôle, celle des autres contrôles est modifiée de façon à éviter que plusieurs contrôles présentent la même valeur pour `TabIndex`. Le premier contrôle doit avoir la valeur zéro.

Tester une boîte de dialogue

Pour afficher une boîte de dialogue afin de la tester, vous devez la sélectionner puis utiliser :

- la touche [F5] ;

- la commande **Exécuter Sub/UserForm** du menu **Execution** ;
- le bouton **Exécuter Sub/UserForm** de la barre d'outils.

La boîte de dialogue apparaîtra alors en mode Exécution et vous pourrez tester son bon fonctionnement. Vous pourrez aussi vérifier l'ordre de tabulation.

Enregistrer une boîte de dialogue personnalisée

Vous avez la possibilité d'enregistrer une boîte de dialogue dans un fichier indépendant. Vous pourrez ensuite placer la boîte de dialogue ainsi enregistrée dans une autre projet.

Pour enregistrer une boîte de dialogue :

1 Sélectionnez-la dans l'arborescence du projet.

2 Cliquez du bouton droit et sélectionnez la commande **Exporter un fichier** du menu contextuel.

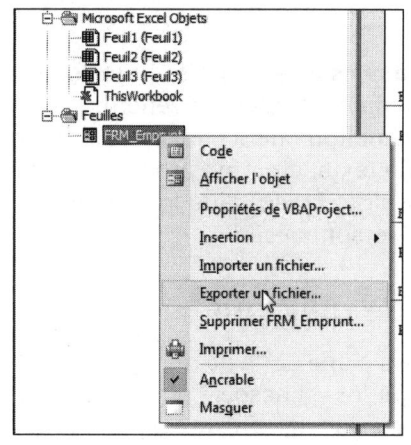

Figure 21.11 : Exporter une boîte de dialogue

3 Dans la boîte de dialogue **Exporter un fichier**, choisissez un dossier puis saisissez le nom du fichier.

4 Cliquez sur **Enregistrer**.

Pour importer une boîte de dialogue :

1 Cliquez du bouton droit sur l'arborescence du projet dans lequel vous souhaitez importer la boîte de dialogue.

2 Sélectionnez la commande **Importer un fichier** du menu contextuel.

3 Dans la boîte de dialogue **Importer un fichier**, sélectionnez le fichier de type *.frm contenant la boîte de dialogue.

4 Cliquez sur **Ouvrir**.

21.4. Réagir aux événements

Une fois la boîte de dialogue conçue, il convient de définir la réaction aux divers événements. En effet, la boîte de dialogue elle-même, ainsi que les contrôles qui la composent, sont susceptibles de réagir à un certain nombre d'événements : changement de la valeur d'une zone de texte, clic sur un bouton, etc. Le code VBA des différentes procédures de gestion des événements est situé dans le module de code associé à la boîte de dialogue. Pour l'afficher, cliquez du bouton droit sur la boîte de dialogue et sélectionnez **Code** (ou double-cliquez). Vous pouvez sélectionner le contrôle voulu dans la liste située en haut à gauche. Vous pouvez ensuite sélectionner, dans la liste de droite, l'événement pour lequel vous souhaitez saisir du code VBA.

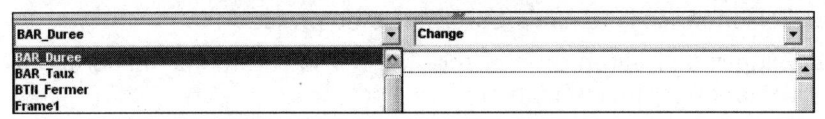

Figure 21.12 : Choix du contrôle et de l'événement

Vous pouvez également double-cliquer sur le contrôle pour lequel vous souhaitez programmer un événement. C'est l'événement par défaut du contrôle qui est alors automatiquement choisi : *Click* pour un bouton, *Change* pour une zone de texte, etc. Une procédure vide nommée *NomObjet_Evenement* est alors créée dans le module de code associé à la boîte de dialogue personnalisée.

Les événements des boîtes de dialogue

Pour afficher les événements associés à une boîte de dialogue, il faut se placer dans le module de code qui lui est associé et sélectionner **UserForm** dans la liste de choix située à gauche. Ensuite, vous pouvez utiliser la liste de choix située à droite pour sélectionner l'événement auquel vous souhaitez réagir.

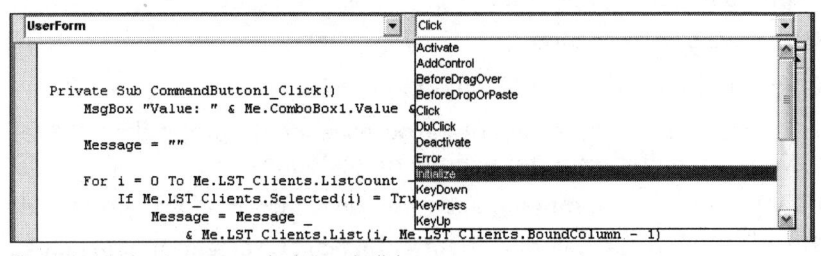

Figure 21.13 : Les événements des boîtes de dialogue

- *Activate* se produit lorsque la boîte de dialogue devient la fenêtre active.
- *Click* se produit lorsqu'on clique sur la boîte de dialogue.
- *Deactivate* se produit lorsque la boîte de dialogue cesse d'être la fenêtre active.
- *Initialize* se produit lorsque la boîte de dialogue est chargée, avant son affichage.
- *MouseDown* se produit lorsque l'on appuie sur un bouton de la souris.
- *MouseMove* se produit lorsque le pointeur de la souris se déplace sur la boîte de dialogue.
- *MouseUp* se produit lorsque l'on relâche un bouton de la souris.
- *QueryClose* se produit lorsque l'on tente de fermer la boîte de dialogue.
- *Terminate* se produit lorsque la boîte de dialogue est effectivement fermée.

Lorsque vous affichez une boîte de dialogue à l'aide de la méthode `Show`, deux événements se produisent successivement : *Initialize* et *Activate*.

Lorsque vous fermez la boîte de dialogue (avec l'instruction `Unload` ou avec la croix en haut à droite), c'est d'abord *QueryClose* puis *Terminate* qui sont déclenchés.

Les événements des contrôles

Chaque type de contrôle propose des événements qui lui sont propres, mais certains d'entre eux sont gérés par la plupart des contrôles

- *AfterUpdate* se produit après la modification du contenu (propriété `Value`) d'un contrôle (zone de texte, zone de liste, barre de défilement…).
- *BeforeUpDate* se produit avant la modification du contenu (propriété `Value`) d'un contrôle (zone de texte, zone de liste, barre de défilement…).

> **ASTUCE** — **Contrôle de la validité**
> Vous pourrez utiliser cet événement pour contrôler la validité des données saisies. En effet, la valeur du contrôle n'a pas encore été modifiée. Cela vous permet d'éviter à la source les erreurs de saisie.

- *Change* se produit lorsque la valeur du contenu (propriété `Value`) change.
- *Click* se produit lorsqu'on clique sur le contrôle.
- *DblClick* se produit lorsqu'un double clic est effectué sur le contrôle.
- *Enter* se produit avant que le contrôle ne reçoive le focus (c'est-à-dire devienne actif).
- *Exit* se produit avant que le contrôle ne perde le focus (c'est-à-dire cesse d'être le contrôle actif).
- *MouseDown* se produit lorsque l'on appuie sur un bouton de la souris.
- *MouseMove* se produit lorsque le pointeur de la souris se déplace sur le contrôle.
- *MouseUp* se produit lorsque l'on relâche un bouton de la souris.

Nous illustrerons l'utilisation des événements dans les deux cas pratiques, à la fin de ce chapitre.

21.5. Aller plus loin avec les boîtes de dialogue personnalisées

Nous allons à présent décrire quelques techniques permettant d'exploiter d'autres possibilités des boîtes de dialogue personnalisées.

Créer des boîtes de dialogue non modales

Par défaut, les boîtes de dialogue personnalisées sont modales. C'est-à-dire que l'utilisateur doit fermer la boîte de dialogue avant de pouvoir effectuer une autre opération. Depuis la version 2000, Excel permet de créer des boîtes de dialogue non modales, c'est-à-dire qu'il est possible d'effectuer d'autres opérations tout en conservant la boîte de dialogue affichée.

Ces boîtes de dialogue peuvent être utilisées pour afficher un message de bienvenue pendant le démarrage de votre application. Ce message pourra être affiché pendant que votre application effectue des opérations d'initialisation (chargement de bases de données, etc.).

Pour afficher une boîte de dialogue non modale, il suffit d'ajouter l'argument `vbModeless` à la méthode **Show**. Ainsi pour afficher de façon non modale la boîte de dialogue *FRM_Accueil*, vous écrirez :

```
FRM_Accueil.Show vbModeless
```

Pour la fermer, vous utiliserez toujours l'instruction `Unload`, comme pour une boîte de dialogue modale :

```
Unload FRM_Accueil
```

Créer un indicateur d'avancement

Lors de certains traitements particulièrement longs, il peut être intéressant d'afficher un indicateur d'avancement pour informer l'utilisateur. Cela nécessite bien sûr de pouvoir mesurer précisément l'avancement du traitement. Lors de traitements réalisés à l'aide de boucles, c'est relativement aisé. Cela peut être plus compliqué autrement. Nous supposerons que nous pouvons quantifier l'avancement de notre traitement.

Nous allons dans un premier temps créer une boîte de dialogue contenant trois étiquettes : une étiquette affichant le pourcentage d'avancement (*ETQ_Pourcent*), une autre utilisée comme indicateur (*ETQ_Avancement*), une troisième superposée à la seconde et employée comme encadrement.

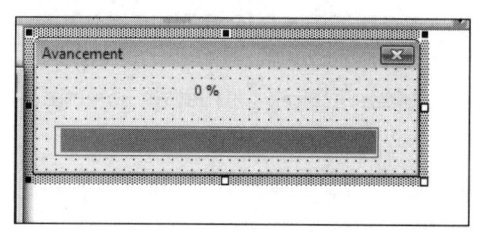

Figure 21.14 : La boîte de dialogue FRM_Avancement

Au début du traitement, il suffit d'afficher la boîte de dialogue **FRM_Avancement** de façon non modale. La mise à jour s'effectuera à l'aide de la procédure *MAJ_Avancement* qui nécessite un argument correspondant au pourcentage d'avancement (compris entre 0 et 1).

```
Sub Traitement()
    FRM_Avancement.Show vbModeless
    Call MAJ_Avancement(0)

    ...Suite du code

    Call MAJ_Avancement(0.1)

    ...Suite du code

    Call MAJ_Avancement(0.9)

    ...Suite du code

    Unload FRM_Avancement
```

```
End Sub
Sub MAJ_Avancement(Valeur As Double)
    FRM_Avancement.ETQ_Pourcent.Caption = Format(Valeur, "0%")
    FRM_Avancement.ETQ_Avancement.Width = 200 * Valeur
End Sub
```

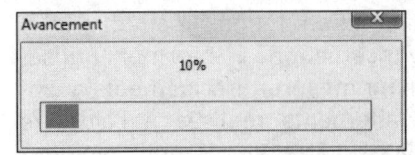

Figure 21.15 : Avancement de 10 %

Utiliser des contrôles supplémentaires

La boîte à outils contient des contrôles très utiles, voire de première nécessité. Toutefois, il existe une multitude de contrôles ActiveX supplémentaires. En fonction de vos besoins, vous pourrez les ajouter à la boîte à outils.

Pour cela, il suffit d'utiliser la commande **Contrôles supplémentaires** du menu **Outils**. Cette commande n'est active que lorsque la boîte à outils est affichée.

La boîte de dialogue **Contrôles supplémentaires** permet de sélectionner les contrôles à inclure dans la boîte à outils.

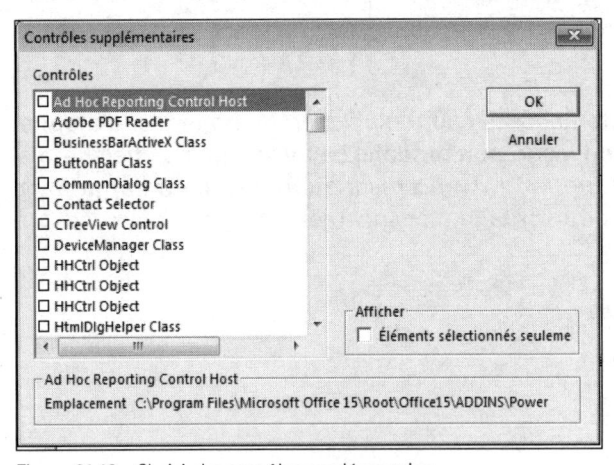

Figure 21.16 : Choisir des contrôles supplémentaires

Vous pouvez cocher la case *Eléments sélectionnés seulement* pour visualiser les contrôles actuellement présents dans la boîte à outils.

Ajouter des pages à la Boîte à outils

Afin d'organiser la boîte à outils, vous avez la possibilité d'y ajouter des pages supplémentaires.

Pour cela :

1. Cliquez du bouton droit sur la boîte à outils.
2. Dans le menu contextuel, sélectionnez **Nouvelle page**.
3. Cliquez du bouton droit sur l'onglet de la nouvelle page et sélectionnez **Renommer**.
4. Saisissez le nom de la page.

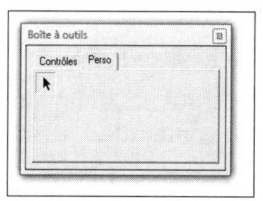

Figure 21.17 : Ajout d'une nouvelle page dans la boîte à outils

21.6. Cas pratique : Réaliser des simulations d'emprunt

Nous allons créer une boîte de dialogue qui permettra d'effectuer des simulation d'emprunts. L'utilisateur devra saisir le capital emprunté, puis à l'aide de barres de défilement, il spécifiera le taux annuel et la durée (en années) de l'emprunt. Enfin, il choisira, à l'aide de boutons d'options la périodicité de remboursement (mois, trimestre, semestre ou année). La boîte de dialogue affichera le montant à rembourser pour chaque période, ainsi que le coût de l'emprunt.

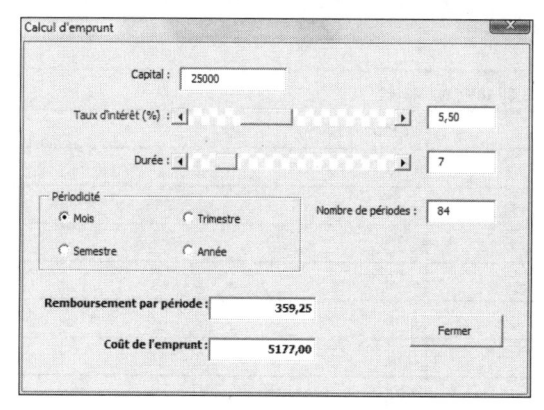

Figure 21.18 : Simulation d'emprunt

À chaque modification d'un des paramètres, le montant du remboursement et le coût de l'emprunt seront remis à jour.

Pour fermer la boîte de dialogue, cliquez sur le bouton **Fermer**.

L'affichage de la boîte de dialogue peut être déclenché, par exemple, à l'ouverture du classeur en plaçant l'instruction `FRM_Emprunt.Show` dans le code de l'événement *Workbook_Open*.

Créer la boîte de dialogue personnalisée

Pour créer la boîte de dialogue :

1. Activez l'environnement de développement VBE (`Alt`+`F11` ou bouton **Visual Basic** du groupe *Code* de l'onglet **Développeur**).
2. Dans le menu **Insertion**, sélectionnez la commande **UserForm**.
3. Affichez la fenêtre **Propriétés** (`F4` ou clic droit sur la boîte de dialogue et commande **Propriétés** dans le menu contextuel).
4. Saisissez le nom de la boîte de dialogue dans la propriété (Name) : ici `FRM_Emprunt`.
5. Saisissez le tire de la boîte de dialogue dans la propriété `Caption` : ici `Calcul d'emprunt`.
6. Agrandissez la boîte de dialogue (Propriétés `Height` = 320 et `Width` = 450).

Ajout des contrôles

Il s'agit à présent d'ajouter, à l'aide de la boîte à outils, les différents contrôles. Pour chacun d'eux, nous indiquerons les valeurs des propriétés importantes. Nous ne détaillerons pas la création des étiquettes qui serviront de légende aux contrôles actifs.

Les barres de défilement

Tableau 21.1 : Barre de défilement du taux d'intérêt

Propriété	Valeur
(Name)	BAR_Taux
Height	12
LargeChange	50
Max	150
Min	5
SmallChange	5
Width	185

Tableau 21.2 : Barre de défilement de la durée

Propriété	Valeur
(Name)	BAR_Duree
Height	12
LargeChange	5
Max	40
Min	1
SmallChange	1
Width	185

Les zones de texte

Tableau 21.3 : Capital emprunté

Propriété	Valeur
(Name)	TXT_Capital
Height	15
Locked	False
Width	85

Tableau 21.4 : Taux d'intérêt

Propriété	Valeur
(Name)	TXT_Taux
Height	15
Locked	True
Width	85

Tableau 21.5 : Durée en années

Propriété	Valeur
(Name)	TXT_Duree
Height	15
Locked	True
Width	85

Tableau 21.6 : Nombre de périodes

Propriété	Valeur
(Name)	TXT_NB
Height	15
Locked	True
Width	85

Tableau 21.7 : Montant du remboursement par période

Propriété	Valeur
(Name)	TXT_Montant
Height	15
Locked	True
Width	85

Tableau 21.8 : Coût de l'emprunt

Propriété	Valeur
(Name)	TXT_Cout
Height	15
Locked	True
Width	85

Les boutons d'option

Les boutons d'option sont inclus dans un cadre, qu'il convient de créer en premier. Ils seront ensuite créés à l'intérieur du cadre.

Tableau 21.9 : Mois

Propriété	Valeur
(Name)	OPT_Mois
Caption	Mois
Height	15
Value	True
Width	85

Tableau 21.10 : Trimestre

Propriété	Valeur
(Name)	OPT_Trim
Caption	Trimestre
Height	15
Width	85

Tableau 21.11 : Semestre

Propriété	Valeur
(Name)	OPT_Sem
Caption	Semestre
Height	15
Width	85

Tableau 21.12 : Année

Propriété	Valeur
(Name)	OPT_Annee
Caption	Année
Height	15
Width	85

Le bouton de commande

Tableau 21.13 : Bouton Ajout

Propriété	Valeur
(Name)	BTN_Ferme
Caption	Fermer
Height	25
Width	75

Code VBA associé aux contrôles

Pour afficher le module de code associé à la boîte de dialogue **FRM_Emprunt**, cliquez du bouton droit sur elle et sélectionnez **Code** (ou double-cliquez). Vous pouvez alors sélectionner le contrôle voulu dans la liste située en haut à gauche. Vous pouvez ensuite sélectionner, dans la liste de droite, l'événement pour lequel vous souhaitez saisir du code VBA.

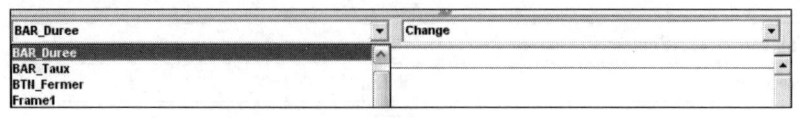

Figure 21.19 : Choix du contrôle et de l'événement

Variable publique

```
Public NB_Per As Integer
```

La variable *NB_Per* sera utilisée pour stocker le nombre de périodes dans une année (en fonction de la périodicité choisie). Elle est déclarée comme variable publique (mot-clé `Public`) au niveau du module de code, car elle devra être accessible depuis plusieurs procédures.

Sur changement de la valeur de la barre de défilement BAR_Duree

```
Private Sub BAR_Duree_Change()
    Me.TXT_Duree.Value = Me.BAR_Duree.Value
    Me.TXT_NB.Value = Me.TXT_Duree.Value * NB_Per

    Call MAJ_Montant
End Sub
```

1 Mettez à jour la zone de texte *TXT_Duree* avec la valeur de la barre de défilement.

2 Mettez à jour le nombre de période (*TXT_NB*) en multipliant la durée (en années) par le nombre de périodes dans une année (*NB_Per*).

3 Mettez à jour le montant du remboursement et le coût de l'emprunt, grâce à la procédure *MAJ_Montant*.

Sur changement de la valeur de la barre de défilement BAR_Taux_Change

```
Private Sub BAR_Taux_Change()
    Me.TXT_Taux.Value = Format(Me.BAR_Taux.Value / 10, "0.00")
    Call MAJ_Montant

End Sub
```

1 Mettez à jour la zone de texte *TXT_Taux* avec la valeur de la barre de défilement. Cette valeur est divisée par 10 car les barres de défilement ne gèrent pas les valeurs décimales. La valeur est ensuite formatée à l'aide de la fonction `Format`.

> **ASTUCE — Utilisation du mot-clé Me**
>
> Dans ce cas, le mot-clé `Me` précédent *TXT_Taux* est facultatif. Nous aurions pu écrire seulement *TXT_Taux* car le code est saisi dans le module de code de la boîte de dialogue. Toutefois, l'utilisation du mot-clé `Me`, qui fait référence à la boîte de dialogue, permet de bénéficier de la fonctionnalité de complément automatique des instructions. Vous pouvez ainsi choisir le contrôle dans la liste de choix qui apparaît. Cela évite les erreurs de saisie.

2 Mettez à jour le montant du remboursement et le coût de l'emprunt, grâce à la procédure *MAJ_Montant*.

Sur clic sur le bouton BTN_Fermer

```
Private Sub BTN_Fermer_Click()
    Unload Me
End Sub
```

L'instruction `Unload` permet de fermer la boîte de dialogue et de la décharger de la mémoire. Le mot-clé `Me` fait référence à la boîte de dialogue dans son propre module de code.

Sur clic sur le bouton d'option OPT_Annee

```
Private Sub OPT_Annee_Click()
    If Me.TXT_Duree.Value = "" Then Exit Sub

    Me.TXT_NB.Value = Me.TXT_Duree.Value
    NB_Per = 1

    Call MAJ_Montant

End Sub
```

1 Si la zone de texte *TXT_Duree* est vide (aucune durée n'a été saisie), la procédure s'interrompt.

2 Le nombre de période est ici égale au nombre d'année.

3 La variable *NB_Per* est mise à jour avec le nombre de périodes contenues dans une année.

4 Mettez à jour le montant du remboursement et le coût de l'emprunt, grâce à la procédure *MAJ_Montant*.

Sur clic sur le bouton d'option OPT_Mois

```
Private Sub OPT_Mois_Click()
    If Me.TXT_Duree.Value = "" Then Exit Sub

    Me.TXT_NB.Value = Me.TXT_Duree.Value * 12
    NB_Per = 12

    Call MAJ_Montant

End Sub
```

1 Si la zone de texte *TXT_Duree* est vide (aucune durée n'a été saisie), la procédure s'interrompt.

2 Le nombre de période est ici égal au nombre d'années multiplié par 12.

3 La variable *NB_Per* est mise à jour avec le nombre de périodes contenues dans une année.

4 Mettez à jour le montant du remboursement et le coût de l'emprunt, grâce à la procédure *MAJ_Montant*.

Sur clic sur le bouton d'option OPT_Sem

```
Private Sub OPT_Sem_Click()
    If Me.TXT_Duree.Value = "" Then Exit Sub

    Me.TXT_NB.Value = Me.TXT_Duree.Value * 2
    NB_Per = 2

    Call MAJ_Montant

End Sub
```

1 Si la zone de texte *TXT_Duree* est vide (aucune durée n'a été saisie), la procédure s'interrompt.

2 Le nombre de période est ici égale au nombre d'années multiplié par 2.

3 La variable *NB_Per* est mise à jour avec le nombre de périodes contenues dans une année.

4 Mettez à jour le montant du remboursement et le coût de l'emprunt, grâce à la procédure *MAJ_Montant*.

Sur clic sur le bouton d'option OPT_Trim

```
Private Sub OPT_Trim_Click()
    If Me.TXT_Duree.Value = "" Then Exit Sub

    Me.TXT_NB.Value = Me.TXT_Duree.Value * 4
    NB_Per = 4
```

```
    Call MAJ_Montant
End Sub
```

1 Si la zone de texte *TXT_Duree* est vide (aucune durée n'a été saisie), la procédure s'interrompt.

2 Le nombre de période est ici égale au nombre d'année multiplié par 4.

3 La variable *NB_Per* est mise à jour avec le nombre de période contenues dans une année.

4 Mettez à jour le montant du remboursement et le coût de l'emprunt, grâce à la procédure *MAJ_Montant*.

Après la mise à jour de la zone de texte TXT_Capital

```
Private Sub TXT_Capital_AfterUpdate()
    Call MAJ_Montant
End Sub
```

Il s'agit uniquement de mettre à jour le montant du remboursement et le coût de l'emprunt, grâce à la procédure *MAJ_Montant*.

Sur chargement de la boîte de dialogue

```
Private Sub UserForm_Initialize()
    NB_Per = 12
End Sub
```

À l'ouverture de la boîte de dialogue, la variable *NB_Per* est initialisée à la valeur 12, car la périodicité par défaut est mensuelle (*OPT_Mois* a pour valeur True par défaut).

Procédure MAJ_Montant

```
Sub MAJ_Montant()
    On Error Resume Next

    Capital = Me.TXT_Capital.Value
    Taux = Me.TXT_Taux.Value / 100 / NB_Per
    Periodes = Me.TXT_NB.Value

    Me.TXT_Montant.Value = Format(Application.WorksheetFunction _
        .Pmt(Taux, _
        Periodes, -Capital), "0.00")
    Me.TXT_Cout.Value = Format(Me.TXT_Montant.Value _
        * Me.TXT_NB.Value - Me.TXT_Capital.Value, "0.00")

End Sub
```

1 L'instruction `On Error Resume Next` permet, en cas d'erreur, de poursuivre l'exécution de la procédure. Cela évite l'apparition de messages d'erreur en cas de saisie incorrecte ou d'information manquante. Dans ce cas, les zones de texte ne sont pas mises à jour.

2 La variable *Capital* est mise à jour avec le contenu de la zone de texte *TXT_Capital*.

3 La variable *Taux* est mise à jour avec le contenu de la zone de texte *TXT_Taux*, divisé par 100, puis comme le taux est annuel, il faut le diviser par *NB_Per* pour tenir compte de la périodicité de remboursement.

4 La variable *Periodes* est mise à jour avec le contenu de la zone de texte *TXT_NB*.

5 La zone de texte *TXT_Montant* est mise à jour à l'aide de la fonction de feuille de calcul `Pmt` (permettant de calculer la mensualité d'un emprunt).

6 La zone de texte *TXT_Cout* est mise à jour en faisant la différence entre le total des remboursements (Montant x Nombre de périodes) et le capital emprunté.

21.7. Cas pratique : Créer et archiver des devis

Nous allons à présent bâtir une petite application des création et d'archivage de devis, à partir d'une liste de produits. Pour cela, nous aurons besoin de trois feuilles de calcul et d'une boîte de dialogue personnalisée.

Les feuilles de calcul :

- **Menu** permet d'accéder aux différentes fonctions de l'application.
- **Produits** permet de saisir la liste des produits et leur tarif.
- **Modèle** servira de modèle pour les devis archivés.

La boîte de dialogue personnalisée (baptisée **FRM_Devis**) sera utilisée pour établir les devis de manière interactive, à partir de la liste des produits.

Nous utiliserons également un module de code pour stocker des procédures et une variable publique.

Créer les feuilles de calcul

Nous allons à présent donner quelques précisions sur la structure et le contenu de ces feuilles de calcul.

La feuille Menu

La feuille **Menu** permet d'accéder aux fonctionnalités de l'application : affichage de la boîte de dialogue (configurateur) permettant de créer les devis en choisissant les produits, affichage de la liste des produits, affichage des différents devis archivés.

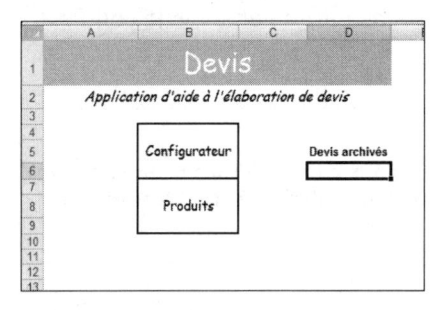

Figure 21.20 : La feuille Menu

L'accès aux différentes fonctionnalités s'effectuera grâce à des liens hypertextes.

1 En *B5*, saisissez `Configurateur`.

2 En *B8*, saisissez `Produits`.

3 En *D5*, saisissez `Devis`.

4 Mettez la feuille en forme selon votre convenance (titres, encadrement, etc.).

5 Sélectionnez la cellule *B5* et appuyez sur [Ctrl]+[K] pour créer un lien hypertexte.

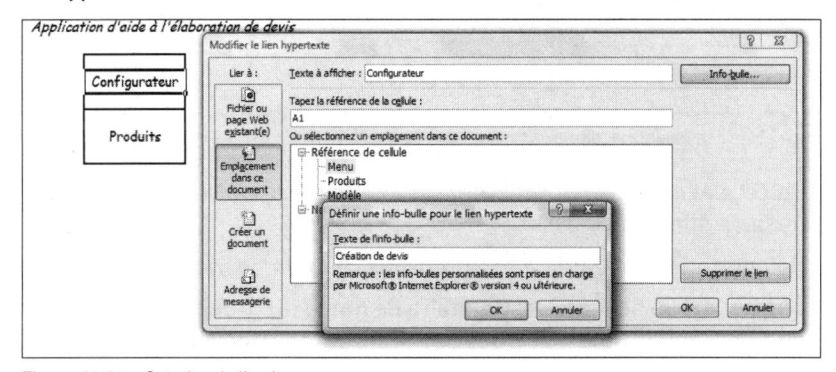

Figure 21.21 : Création du lien hypertexte

6 Dans la boîte de dialogue **Insérer un lien hypertexte**, cliquez sur **Emplacement dans ce document**. Dans l'arborescence *Référence de cellule*, sélectionnez *Menu*.

7 Cliquez sur le bouton **Info-bulle...** et saisissez `Création de devis`.

8 Validez par OK.

9 Par défaut, le style *Lien hypertexte* est appliqué à la cellule. Cliquez sur le bouton **Styles de cellule** du groupe *Style* de l'onglet **Accueil**. Sélectionnez le style *Normal* et modifiez la mise en forme de la cellule *B5*.

10 Répétez l'opération en *B8*, en établissant un lien avec la cellule *A1* de la feuille **Produits**.

> **REMARQUE**
> **Lien hypertexte de la cellule** *B5*
> Pour l'instant, ce lien n'est pas utile. Nous interviendrons ultérieurement sur son comportement, afin qu'il nous permette d'afficher la boîte de dialogue personnalisée.

La feuille Produits

La feuille **Produits** est une simple liste des produits, avec leur tarif. Le pourcentage correspondant au coût de la maintenance sera saisi dans la cellule *F3*.

	A	B	C	D	E	F
1	Désignation	Tarif		Retour		
2	PDA 1	235				
3	PDA 2	469		% Maintenance :		15%
4	Ordinateur bureau 1	479				
5	Ordinateur bureau 2	649				
6	Ordinateur portable 1	539				
7	Ordinateur portable 2	999				
8	Imprimante 1	149				
9	Imprimante 2	589				
10						
11						
12						

Figure 21.22 : La feuille Produits

1 En *D1*, saisissez `Retour` et créez un lien hypertexte vers la cellule *A1* de la feuille **Menu**.

2 Sélectionnez la cellule *F3* et nommez-la *Maintenance*.

3 Cliquez sur le bouton **Gestionnaire de noms** du groupe *Noms définis* de l'onglet **Formules**. Cliquez sur le bouton **Nouveau**.

4 Dans la boîte de dialogue **Nouveau nom**, saisissez `Liste_Produits` dans la zone *Nom*. Dans la zone *Fait référence à*, saisissez
`=DECALER(Produits!$A$2;0;0;NBVAL(Produits!$A:$A)-1;2)`.

5 Validez par OK.

> **Nom de plage évolutif**
>
> La fonction `DECALER` permet ici de créer une plage sur deux colonnes, débutant en *A2*, et comprenant autant de lignes qu'il y a de données saisies dans la colonne *A* (`NBVAL(Produits!$A:$A)-1`). Les deux derniers arguments de la fonction `DECALER` permettent en effet de spécifier la taille de la plage de cellules résultante en fixant le nombre de lignes et de colonnes. Cette formule permet au nom *Liste_Produits* de s'adapter aux ajouts et/ou aux suppressions de produits. Bien entendu, il ne doit pas y avoir de cellules vides dans la liste.

La feuille Modèle

La feuille **Modèle** servira de trame pour les devis archivés. Une fois validé, le devis créé à l'aide de la boîte de dialogue **FRM_Devis** sera archivé dans une feuille de calcul qui sera une copie de la feuille **Modèle**.

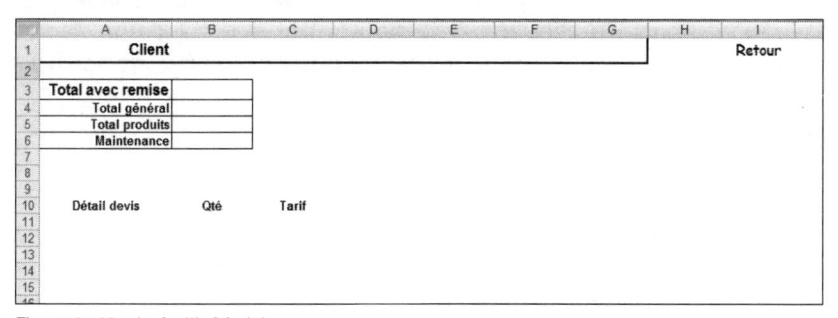

Figure 21.23 : La feuille Modèle

Il n'y a pas de spécificité, hormis dans la cellule *I1*, un lien hypertexte vers la cellule *A1* de la feuille **Menu**.

Créer la boîte de dialogue personnalisée

C'est le cœur de l'application, puisqu'elle nous permettra, à partir de la liste des produits, de constituer le devis en ajoutant ou en retirant des produits, en spécifiant la prise en compte de la maintenance, en indiquant éventuellement un taux de remise et enfin en permettant d'archiver le devis dans une feuille de calcul portant le nom du client.

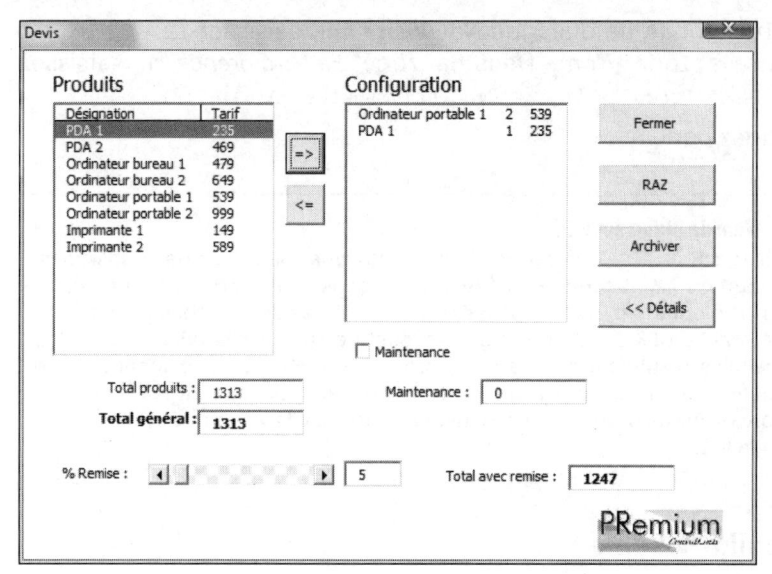

Figure 21.24 : La boîte de dialogue FRM_Devis

La liste des produits, ainsi que leur tarif, apparaît dans la liste située à gauche. La liste située à droite contiendra la configuration relative au devis. Pour ajouter un produit, il suffit de le sélectionner dans la liste de gauche, puis de cliquer sur le bouton représentant une flèche orientée vers la droite. Une boîte de dialogue permettra de saisir la quantité.

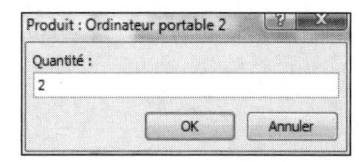

Figure 21.25 : Saisie de la quantité

Le produit apparaîtra alors dans la liste de droite, ainsi que son prix et son tarif. Le montant total sera remis à jour, ainsi que le montant de la maintenance, si la case correspondante est cochée.

Pour modifier la quantité d'un produit du devis, il suffit de double-cliquer sur ce produit. Une boîte de dialogue permettra alors de saisir la nouvelle quantité.

Pour supprimer un produit du devis, il suffit de le sélectionner dans la liste de droite et de cliquer sur le bouton représentant une flèche orientée vers la gauche.

Le bouton **Fermer** permet de fermer la boîte de dialogue. Si le devis n'a pas été archivé, une confirmation sera demandée à l'utilisateur.

Le bouton **RAZ** permet d'effacer les informations contenues dans le devis en cours.

Le bouton **Archiver** permet de conserver les informations saisies dans une feuille de calcul.

Le bouton **Détails** permet d'afficher ou de masquer le taux de remise, ainsi que le montant total déduction faite de la remise.

Création de la boîte de dialogue FRM_Devis

Pour créer la boîte de dialogue :

1 Activez l'environnement de développement VBE (Alt+F11) ou bouton **Visual Basic** du groupe *Code* de l'onglet **Développeur**).

2 Dans le menu **Insertion**, sélectionnez la commande **UserForm**.

3 Affichez la fenêtre **Propriétés** (F4) ou clic du bouton droit sur la boîte de dialogue et commande **Propriétés** dans le menu contextuel).

4 Saisissez le nom de la boîte de dialogue dans la propriété *(Name)* : ici `FRM_Devis`.

5 Saisissez le tire de la boîte de dialogue dans la propriété *Caption* : ici `Devis`.

6 Vous pouvez également modifier la couleur de fond à l'aide de la propriété *BackColor*. Choisissez par exemple la couleur blanche à l'aide de l'onglet **Palette**.

7 Agrandissez la boîte de dialogue (Propriétés *Height* = 320 et *Width* = 450).

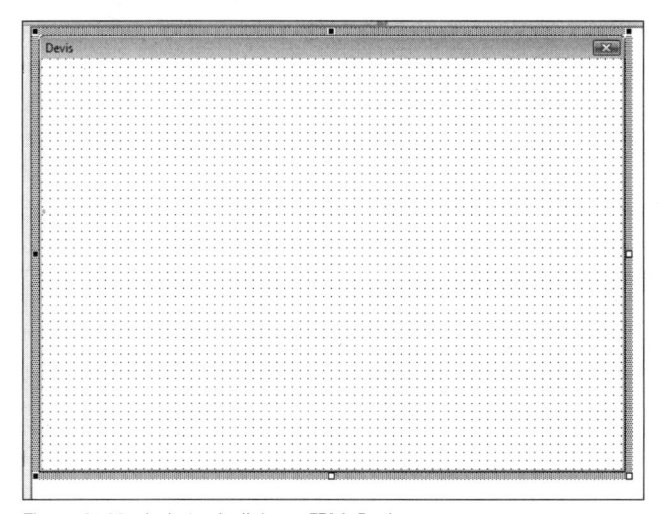

Figure 21.26 : La boîte de dialogue FRM_Devis

Ajout des contrôles

Il s'agit à présent d'ajouter, à l'aide de la boîte à outils, les différents contrôles. Pour chacun d'eux, nous indiquerons les valeurs des propriétés importantes. Nous ne détaillerons pas la création des étiquettes qui serviront de légende aux contrôles actifs.

Les zones de liste

Tableau 21.14 : Liste des produits

Propriété	Valeur
(Name)	LST_Produits
BoundColumn	1
ColumnCount	2
ColumnHeads	True
ColumnWidths	90 pt ; 15 pt
Height	150
RowSource	=Liste_Produits
Width	140

Tableau 21.15 : Produits sélectionnés

Propriété	Valeur
(Name)	LST_Config
BoundColumn	1
ColumnCount	3
ColumnWidths	90 pt ; 15 pt ; 15 pt
Height	130
Width	140

Les zones de texte

Tableau 21.16 : Montant des produits sélectionnés

Propriété	Valeur
(Name)	TXT_Mt_Produits
Height	15
Locked	True
Width	66

Tableau 21.17 : Montant de la maintenance

Propriété	Valeur
(Name)	TXT_Mt_Maintenance
Height	15
Locked	True
Width	66

Tableau 21.18 : Montant total

Propriété	Valeur
(Name)	TXT_Mt_Total
Height	15
Locked	True
Width	66

Tableau 21.19 : Montant total, déduction faite de la remise

Propriété	Valeur
(Name)	TXT_Mt_Remise
Height	15
Locked	True
Width	66

> **ASTUCE — Spécifier des propriétés communes à plusieurs objets**
>
> Dans le cas des zones de texte précédentes, qui ont toutes les mêmes dimensions, il est préférable de les sélectionner toutes (en maintenant la touche [Ctrl] appuyée lors de la sélection) puis de saisir les valeurs des dimensions. Ainsi, tous les contrôles sélectionné auront rigoureusement la même dimension.

Tableau 21.20 : Taux de remise

Propriété	Valeur
(Name)	TXT_Remise
Height	15
Locked	True
Width	36

Les boutons

Tableau 21.21 : Bouton Ajout

Propriété	Valeur
(Name)	BTN_Plus
Caption	=>
Height	24
Width	24

Tableau 21.22 : Bouton Suppression

Propriété	Valeur
(Name)	BTN_Moins
Caption	=>
Height	24
Width	24

Tableau 21.23 : Bouton de fermeture de la boîte de dialogue

Propriété	Valeur
(Name)	BTN_Fermer
Caption	Fermer
Height	24
Width	72

Tableau 21.24 : Bouton de remise à zéro

Propriété	Valeur
(Name)	BTN_RAZ
Caption	RAZ
Height	24
Width	72

Tableau 21.25 : Bouton d'archivage du devis en cours

Propriété	Valeur
(Name)	BTN_Archiver
Caption	Archiver
Height	24
Width	72

Tableau 21.26 : Bouton d'affichage des détails

Propriété	Valeur
(Name)	BTN_Detail
Caption	<< Détails
Height	24
Width	72

La barre de défilement

Tableau 21.27 : Barre de défilement du taux de remise

Propriété	Valeur
(Name)	BAR_Remise
Height	12
LargeChange	5
Max	100
Min	0
SmallChange	1
Width	115

La case à cocher

Tableau 21.28 : Case à cocher pour choisir la maintenance

Propriété	Valeur
(Name)	CHK_Maintenance
Caption	Maintenance
Height	16
Width	70

Code VBA associé aux contrôles

Pour afficher le module de code associé à la boîte de dialogue **FRM_Devis**, cliquez du bouton droit sur elle et sélectionnez *Code*. Vous pouvez choisir le contrôle voulu dans la liste située en haut à gauche.

Vous pouvez ensuite sélectionner, dans la liste de droite, l'événement pour lequel vous souhaitez saisir du code VBA.

Sur changement de la valeur de la barre de défilement

```
Private Sub BAR_Remise_Change()
    Me.TXT_Remise.Value = Me.BAR_Remise.Value
    Me.TXT_Mt_Remise.Value = Format(Me.TXT_Mt_Total.Value * _
        (1 - Me.TXT_Remise.Value / 100), "0")
    If Me.CHK_Maintenance.Value = True Then Me
    ⊁ .TXT_Mt_Maintenance.Value = _
        Me.TXT_Mt_Produits.Value * Range("Maintenance").Value

End Sub
```

1 La zone de texte *TXT_Remise* (taux de remise) est mise à jour à l'aide de la valeur de la barre de défilement.

2 La zone de texte *TXT_Mt_Remise* (montant de la remise) est remise à jour pour tenir compte du changement de taux de remise. L'instruction `Format` permet d'arrondir le résultat.

3 Si la maintenance a été choisie (`CHK_Maintenance = True`), le montant de la maintenance est également réactualisé. `Range("Maintenance")` permet de faire référence à la cellule nommée correspondante.

Sur clic sur le bouton BTN_Archiver

```
Private Sub BTN_Archiver_Click()
    If (Me.LST_Config.ListCount = 0) Then Exit Sub

    If Archive = True Then
        rep = MsgBox("Le devis a déjà été archivé, voulez-vous
        ⊁ vraiment continuer ?", vbYesNo + vbQuestion + 
        ⊁ vbDefaultButton2, "Configuration")
        If rep = vbNo Then Exit Sub
    End If

    Do
        Nom_Client = InputBox("Nom du client:", "Archiver le
        ⊁ devis")
        If Nom_Client = "" Then Exit Sub

        On Error Resume Next
        Sheets("Modèle").Name = Nom_Client
        If Err.Number = 1004 Then
            MsgBox ("Le client existe déjà !")
        Else
            Sheets(Nom_Client).Name = "Modèle"
            On Error GoTo 0
        End If
    Loop Until Err.Number = 0
```

```
Sheets("Modèle").Copy Before:=Sheets(ThisWorkbook.Sheets
.Count - 1)
ActiveSheet.Name = Nom_Client

Range("B1").Value = Nom_Client
Range("B3").Value = Me.TXT_Mt_Remise.Value
Range("B4").Value = Me.TXT_Mt_Total.Value
Range("B5").Value = Me.TXT_Mt_Produits.Value
Range("B6").Value = Me.TXT_Mt_Maintenance.Value

Range("A11").Select
For i = 0 To LST_Config.ListCount - 1
    ActiveCell.Value = LST_Config.List(i, 0)
    ActiveCell.Offset(0, 1).Value = LST_Config.List(i, 1)
    ActiveCell.Offset(0, 2).Value = LST_Config.List(i, 2)
    ActiveCell.Offset(1, 0).Select
Next i

Range("A10").Select
Selection.CurrentRegion.Select
Selection.Borders(xlDiagonalDown).LineStyle = xlNone
Selection.Borders(xlDiagonalUp).LineStyle = xlNone
With Selection.Borders(xlEdgeLeft)
    .LineStyle = xlContinuous
    .Weight = xlThin
    .ColorIndex = xlAutomatic
End With
With Selection.Borders(xlEdgeTop)
    .LineStyle = xlContinuous
    .Weight = xlThin
    .ColorIndex = xlAutomatic
End With
With Selection.Borders(xlEdgeBottom)
    .LineStyle = xlContinuous
    .Weight = xlThin
    .ColorIndex = xlAutomatic
End With
With Selection.Borders(xlEdgeRight)
    .LineStyle = xlContinuous
    .Weight = xlThin
    .ColorIndex = xlAutomatic
End With
With Selection.Borders(xlInsideVertical)
    .LineStyle = xlContinuous
    .Weight = xlThin
    .ColorIndex = xlAutomatic
End With
With Selection.Borders(xlInsideHorizontal)
    .LineStyle = xlContinuous
    .Weight = xlThin
    .ColorIndex = xlAutomatic
End With
```

```
Call MAJ_Menu
Archive = True
Sheets("Menu").Activate
```
```
End Sub
```

1. Si le devis ne contient aucun produit, la procédure s'interrompt.
2. Si le devis a déjà été archivé, on demande à l'utilisateur de confirmer son choix
3. S'il ne confirme pas, la procédure s'interrompt.
4. S'il confirme, une boîte de dialogue lui demande de saisir le nom du client.
5. S'il clique sur le bouton **Annuler**, la procédure s'interrompt.
6. Autrement, on impose au programme de continuer en cas d'erreur (`On Error Resume Next`).
7. On tente de renommer la feuille **Modèle** avec le nom du client.
8. Si une erreur de type 1004 se produit, cela signifie qu'une feuille portant le même nom existe déjà.
9. En revanche, si aucune erreur ne s'est produite, il faut restaurer le nom de la feuille **Modèle** et reprendre la détection normale des erreurs.
10. Tant qu'il y a une erreur, on pose la question à l'utilisateur.
11. On crée ensuite une copie de la feuille **Modèle**, en avant-dernière position (avant la feuille **Modèle**).
12. On renomme la feuille nouvellement créée à l'aide du nom du client.
13. Les différentes informations du devis sont écrites dans la feuille de calcul.
14. À l'aide d'une boucle, on écrit les différentes informations des produits, à partir de la cellule *A1*.
15. Il s'agit de sélectionner le tableau à partir de la cellule *A10* et de lui affecter une mise en forme.

ASTUCE

Gagner du temps pour la mise en forme

La mise en forme d'un tableau à l'aide de VBA peut s'avérer fastidieuse. Pour gagner du temps, vous pouvez utiliser l'enregistreur de macros. Lancez l'enregistreur et effectuez manuellement la mise en forme du tableau. Lorsque

> **ASTUCE** — le résultat vous convient, arrêtez l'enregistrement et copiez le code produit par l'enregistreur. Collez-le dans votre procédure et adaptez-le au besoin.

16 La procédure *MAJ_Menu* permet de créer un lien hypertexte sur la feuille **Menu**, vers la nouvelle feuille.

17 La variable *Archive* permet d'indiquer que le devis a été archivé.

18 La feuille **Menu** est affichée.

Sur clic sur le bouton BTN_Details

```
Private Sub BTN_Details_Click()
    If Me.BTN_Details.Caption = "<< Détails" Then
        Me.Height = 263
        Me.BTN_Details.Caption = "Détails >>"
        Me.IMG_Premium.Top = 204
    Else
        Me.Height = 322
        Me.BTN_Details.Caption = "<< Détails"
        Me.IMG_Premium.Top = 264
    End If
End Sub
```

1 Si le texte du bouton correspond à **Masquer les détails**, on diminue la hauteur de la boîte de dialogue, on change le texte du bouton et on déplace le logo situé en bas à droite. Cette opération a pour effet de masquer le taux de remise, ainsi que le montant remisé.

2 Si le texte du bouton correspond à **Afficher les détails**, on augmente la hauteur de la boîte de dialogue, on change le texte du bouton et on déplace le logo situé en bas à droite. Cette opération a pour effet de faire apparaître le taux de remise ainsi que le montant remisé.

Sur clic sur le bouton BTN_Fermer

```
Private Sub BTN_Fermer_Click()
    If (Archive = False) And (LST_Config.ListCount > 0) Then
        rep = MsgBox("Le devis n'a pas été archivé, voulez-vous
        ✂ vraiment fermer ?", vbYesNo + vbQuestion +
        ✂ vbDefaultButton2, "Archiver le devis")
        If rep = vbNo Then Exit Sub
    End If
    Unload Me
End Sub
```

1 Si le devis n'a pas été archivé et s'il contient des produits, on demande à l'utilisateur de confirmer.

> Pour plus de détails sur les arguments de la fonction *MsgBox*, reportez-vous au chapitre 20, *Utiliser les boîtes de dialogue*.

2 S'il ne confirme pas, la procédure s'interrompt.

3 Autrement, l'instruction `Unload` permet de fermer la boîte de dialogue et de la décharger de la mémoire. Le mot-clé `Me` fait référence à la boîte de dialogue dans son propre module de code.

Sur clic sur le bouton BTN_Moins

```
Private Sub BTN_Moins_Click()

    If Me.LST_Config.ListIndex = -1 Then Exit Sub

    Qte = Me.LST_Config.List(, 1)
    Tarif = Me.LST_Config.List(, 2)


    Me.TXT_Mt_Produits.Value = Me.TXT_Mt_Produits.Value - Qte *
 Tarif
    If CHK_Maintenance.Value = True Then Me.TXT_Mt_Maintenance
 .Value = _
        Me.TXT_Mt_Produits.Value * Range("Maintenance").Value
    Me.TXT_Mt_Total.Value = CDbl(Me.TXT_Mt_Produits.Value) + _
        CDbl(Me.TXT_Mt_Maintenance.Value)
    Me.TXT_Mt_Remise.Value = Format(Me.TXT_Mt_Total.Value * _
        (1 - Me.TXT_Remise.Value / 100), "0")

    If Me.LST_Config.ListCount = 1 Then Me.CHK_Maintenance =
 False
    Me.LST_Config.RemoveItem LST_Config.ListIndex

End Sub
```

1 Si le devis ne contient aucun produit, la procédure s'interrompt.

2 La variable *Qte* est mise à jour avec la quantité du produit sélectionné (deuxième colonne de la liste).

3 La variable *Tarif* est mise à jour avec le prix du produit sélectionné (troisième colonne de la liste).

4 La valeur de la zone de texte *TXT_Mt_Produit* est diminuée du montant correspondant au produit supprimé (`Qte * Tarif`).

5 Si la maintenance a été choisie (`CHK_Maintenance = True`), le montant de la maintenance est également réactualisé. `Range("Maintenance")` permet de faire référence à la cellule nommée correspondante.

6 Le montant total et le montant de la remise sont également réactualisés.

> **Additions de zones de textes**
> En ce qui concerne le montant total, il est nécessaire d'utiliser la fonction CDbl. Autrement, les contenus des deux zones de texte seraient seulement juxtaposés (considérés comme des chaînes de caractères).

7 Si le devis ne contient qu'un produit, la maintenance est annulée. En effet, cela signifie qu'après la suppression du produit, le devis sera vide. La maintenance n'a plus de raison d'être.

8 Le produit sélectionné est supprimé du devis.

Sur clic sur le bouton BTN_Plus

```
Private Sub BTN_Plus_Click()
    Dim Ligne_Config(2) As Variant

    If LST_Produits.ListIndex = -1 Then Exit Sub

    Ligne_Config(0) = Me.LST_Produits.List(, 0)

    Ligne_Config(1) = Application.InputBox("Quantité :", _
        "Produit : " & Ligne_Config(0), Type:=1)
    If Ligne_Config(1) = False Then
        MsgBox "Ajout du produit " & Ligne_Config(0) & " annulé _
 .", _
            vbCritical, "Ajout produit"
        Exit Sub
    End If

    Ligne_Config(2) = Me.LST_Produits.List(, 1)

    Me.TXT_Mt_Produits.Value = Me.TXT_Mt_Produits.Value + _
 Ligne_Config(1) * _
        Ligne_Config(2)
    If CHK_Maintenance.Value = True Then Me.TXT_Mt_Maintenance _
 .Value = _
        Me.TXT_Mt_Produits.Value * Range("Maintenance").Value
    Me.TXT_Mt_Total.Value = CDbl(Me.TXT_Mt_Produits.Value) + _
        CDbl(Me.TXT_Mt_Maintenance.Value)
    Me.TXT_Mt_Remise.Value = Format(Me.TXT_Mt_Total.Value * _
        (1 - Me.TXT_Remise.Value / 100), "0")

    LST_Config.AddItem

    For i = 0 To 2
        Me.LST_Config.List(Me.LST_Config.ListCount - 1, i) = _
 Ligne_Config(i)
    Next i

End Sub
```

1. On dimensionne un tableau à trois éléments, qui servira à stocker les informations du produits ajouté.
2. Si aucun produit n'est sélectionné, la procédure s'interrompt.
3. On stocke la valeur de la première colonne de la liste *LST_Produit* dans le premier élément du tableau. Il s'agit de la désignation du produit.
4. Une boîte de dialogue permet de saisir la quantité voulue.
5. Si l'utilisateur a cliqué sur **Annuler**, l'ajout du produit est abandonné.
6. On stocke la valeur de la deuxième colonne de la liste *LST_Produit* dans le troisième élément du tableau. Il s'agit du prix du produit.
7. La valeur de la zone de texte *TXT_Mt_Produit* est augmentée du montant correspondant au produit ajouté.
8. Si la maintenance a été choisie (CHK_Maintenance = True), le montant de la maintenance est également réactualisé. Range("Maintenance") permet de faire référence à la cellule nommée correspondante.
9. Le montant total et le montant de la remise sont également réactualisés.
10. Un nouvel élément est ajouté à la liste *LST_Config*, contenant les produits du devis.
11. Les informations du produit ajouté sont stockées dans la nouvelle ligne créée dans *LST_Config*.

Sur clic sur le bouton BTN_RAZ

```
Private Sub BTN_RAZ_Click()
    If Me.LST_Config.ListCount = 0 Then Exit Sub

    rep = MsgBox("Confirmez-vous la remise à zéro ?", _
        vbYesNo + vbQuestion + vbDefaultButton2, "Configuration")
    If rep = vbNo Then Exit Sub

    If (Archive = False) Then
        rep = MsgBox("Le devis n'a pas été archivée,
        ✂ voulez-vous vraiment le remettre à zéro ?", vbYesNo +
        ✂ vbQuestion + vbDefaultButton2, "RAZ devis")
        If rep = vbNo Then Exit Sub
    End If

    Call RAZ

    Do While Me.LST_Config.ListCount > 0
        Me.LST_Config.RemoveItem 0
    Loop

End Sub
```

1 Si le devis ne contient aucun produit, la procédure s'interrompt.
2 On demande à l'utilisateur de confirmer son choix.
3 Si le devis n'a pas encore été archivé, on demande à nouveau à l'utilisateur de confirmer son choix.
4 En cas de confirmation, on procède à la remise à zéro des différents éléments de la boîte de dialogue, à l'aide de la procédure *RAZ*
5 Une boucle permet d'effacer les lignes de la liste *LST_Config*.

Sur clic sur la case à cocher CHK_Maintenance

```
Private Sub CHK_Maintenance_Click()
    If Me.CHK_Maintenance.Value = True Then
        Me.TXT_Mt_Maintenance.Value = Me.TXT_Mt_Produits.Value * _
            Range("Maintenance").Value
    Else
        Me.TXT_Mt_Maintenance.Value = 0
    End If

    Me.TXT_Mt_Total.Value = CDbl(Me.TXT_Mt_Produits.Value) + _
        CDbl(Me.TXT_Mt_Maintenance.Value)
    Me.TXT_Mt_Remise.Value = Me.TXT_Mt_Total.Value * _
        (1 - Me.TXT_Remise.Value / 100)
End Sub
```

1 Si la maintenance a été choisie (CHK_Maintenance = True), **le montant de la maintenance est également réactualisé.** Range("Maintenance") permet de faire référence à la cellule nommée correspondante.
2 Autrement, le montant de la maintenance est remis à zéro.
3 Le montant total et le montant de la remise sont également réactualisés.

Sur double-clic sur un élément de la zone de liste LST_Config

```
Private Sub LST_Config_DblClick(ByVal Cancel As MSForms
✂.ReturnBoolean)

    Ligne_Devis = Me.LST_Config.ListIndex
    Designation = Me.LST_Config.List(Ligne_Devis, 0)
    Qte = Me.LST_Config.List(Ligne_Devis, 1)
    Tarif = Me.LST_Config.List(Ligne_Devis, 2)

    Nouv_Qte = Application.InputBox("Quantité :", "Produit : " _
        & Designation, Qte, Type:=1)

    If Nouv_Qte = False Then Exit Sub

    Me.LST_Config.List(Ligne_Devis, 1) = Nouv_Qte

    Me.TXT_Mt_Produits.Value = Me.TXT_Mt_Produits.Value + _
```

```
            (Nouv_Qte - Qte) * Tarif
        If CHK_Maintenance.Value = True Then Me.TXT_Mt_Maintenance _
        .Value = _
            Me.TXT_Mt_Produits.Value * Range("Maintenance").Value
        Me.TXT_Mt_Total.Value = CDbl(Me.TXT_Mt_Produits.Value) + _
            CDbl(Me.TXT_Mt_Maintenance.Value)
        Me.TXT_Mt_Remise.Value = Format(Me.TXT_Mt_Total.Value _
            * (1 - Me.TXT_Remise.Value / 100), "0")
    End Sub
```

1 La variable *Ligne_Devis* permet de stocker le numéro de la ligne sur laquelle le double-clic a été effectué.

2 La variable *Designation* permet de stocker la désignation du produit (première colonne de la liste).

3 La variable *Qte* permet de stocker la quantité du produit (deuxième colonne de la liste).

4 La variable *Tarif* permet de stocker la prix du produit (troisième colonne de la liste).

5 On demande à l'utilisateur de saisir une nouvelle quantité, grâce à une boîte de dialogue.

6 Si l'utilisateur a cliqué sur le bouton **Annuler**, la procédure s'interrompt.

7 La nouvelle quantité est stockée dans la deuxième colonne de l'élément sélectionné, en remplacement de la précédente.

8 La valeur de la zone de texte *TXT_Mt_Produit* est augmentée de la différence de montant (`(Nouv_Qte - Qte) * Tarif`) correspondant au changement de quantité.

9 Si la maintenance a été choisie (`CHK_Maintenance = True`), le montant de la maintenance est également réactualisé. `Range("Maintenance")` permet de faire référence à la cellule nommée correspondante.

10 Le montant total et le montant de la remise sont également réactualisés.

Sur chargement de la boîte de dialogue

```
Private Sub UserForm_Initialize()
    Call RAZ
End Sub
```

À l'ouverture de la boîte de dialogue, on procède à la remise à zéro de ses différents éléments, à l'aide de la procédure `RAZ`.

Sur tentative de fermeture de la boîte de dialogue

```
Private Sub UserForm_QueryClose(Cancel As Integer, CloseMode As
⤦ Integer)
    If CloseMode = vbFormControlMenu Then
        MsgBox "Veuillez utiliser le bouton Fermer."
        Cancel = True
    End If
End Sub
```

1 La fermeture a été provoquée par un clic sur la croix située en haut à droite de la boîte de dialogue.

2 Un message apparaît pour l'utilisateur, lui demandant d'employer le bouton **Fermer**.

3 La fermeture est abandonnée.

Affichage de la boîte de dialogue à partir d'un lien hypertexte

Dans le module de code de la feuille **Menu**, saisissez le code suivant pour l'événement *FollowHyperlink* :

```
Private Sub Worksheet_FollowHyperlink(ByVal Target As Hyperlink)
    If Target.Range.Address = "$B$5" Then FRM_Devis.Show
End Sub
```

Si l'adresse de la cellule de départ du lien hypertexte est *B5*, la boîte de dialogue *FRM_Devis* est affichée.

Le module de code

Pour l'insérer, utilisez la commande **Module** du menu **Insertion**.

Variable publique

```
Public Archive As Boolean
```

La variable *Archive* sera utilisée pour indiquer si le devis en cours a déjà été archivé. Elle est déclarée comme variable publique (mot-clé `Public`) au niveau du module de code, car elle devra être accessible depuis plusieurs procédures.

Procédure RAZ

```
Sub RAZ()
    FRM_Devis.TXT_Mt_Produits.Value = 0
    FRM_Devis.TXT_Mt_Maintenance.Value = 0
    FRM_Devis.TXT_Mt_Total.Value = 0
    FRM_Devis.TXT_Mt_Remise.Value = 0
```

```
        FRM_Devis.TXT_Remise.Value = 0

        FRM_Devis.BAR_Remise.Value = 0

        Archive = False

End Sub
```

1 Il s'agit ici de remettre à zéro l'ensemble des contrôles de la boîte de dialogue **FRM_Devis**.

2 La variable archive est initialisée à False.

Procédure MAJ_Menu

```
Sub MAJ_Menu()
    Application.ScreenUpdating = False
    ThisWorkbook.Activate

    Sheets("Menu").Activate
    Columns("D:D").Hyperlinks.Delete
    Columns("D:D").ClearContents
    Range("D5").Value = "Devis archivés"

    Range("D6").Select

    For Each Feuille In Sheets
        If (Feuille.Name <> "Menu") And (Feuille.Name <> _
    ✂ "Produits") _
                And (Feuille.Name <> "Modèle") Then
            Emplacement = "'" & Feuille.Name & "'!A1"

                Sheets("Menu").Hyperlinks.Add Anchor:=Selection,
    ✂ Address:="", _
                    SubAddress:= Emplacement, TextToDisplay:=Feuille
    ✂ .Name

            ActiveCell.Offset(1, 0).Select
        End If
    Next Feuille

    Application.ScreenUpdating = True
End Sub
```

1 Dans un premier temps, il s'agit de désactiver la mise à jour de l'affichage.

2 Ensuite, il s'agit d'afficher ce classeur.

3 La feuille **Menu** est activée.

4 Tous les liens hypertextes sont supprimés et son contenu est effacé.

5 Écrivez Devis dans la cellule *D5* puis sélectionnez la cellule *D6*.

6 L'ensemble des feuilles de calcul du classeur sont parcourues.

7 Si le nom de la feuille est différent de Menu, de Produits et de Modèle, créez un lien hypertexte dans la cellule active vers la cellule *A1* de la feuille en cours (variable *Emplacement*).

8 Passez à la cellule suivante dans la feuille **Menu** (pour écrire le prochain lien hypertexte).

9 Passez à la feuille suivante.

10 La mise à jour de l'affichage est réactivée.

CHAPITRE 22

PERSONNALISER L'INTERFACE UTILISATEUR

Personnaliser le Ruban 586
Créer des barres de menus et des barres d'outils 620

C'est sans doute un des changements majeurs de cette version d'Office : le remplacement des traditionnelles barres de menus et barres d'outils par le Ruban. Ce dernier a pour but d'organiser les fonctions d'Excel par tâches à accomplir : mise en page, élaboration de formules, traitement des données. Cette organisation se matérialise à l'aide d'onglets, divisées en groupes regroupant des boutons, des listes, des galeries...

Dans ce chapitre, nous décrirons les moyens à votre disposition pour personnaliser le Ruban. Le principe repose sur l'utilisation du langage XML. En effet, depuis la version 2007 de Microsoft Office, le format des fichiers s'appuie sur le langage XML (*Microsoft Office Open XML*).

Sans rentrer dans les détails, XML (*Extensible Markup Language*) est, comme HTML, un langage de description de documents qui présente l'information encadrée par des balises. Une balise est une portion de texte spécialement délimitée et donnant un "ordre" au navigateur web : c'est un mot du langage. La différence entre XML et HTML réside dans la nature et le nombre des balises. Alors que les balises HTML sont en nombre limité et qu'elles sont orientées vers la présentation du contenu (titre, paragraphe...), il est possible de créer de nouvelles balises XML en fonction des besoins (d'où le nom de langage extensible). De plus, les balises XML sont orientées vers l'organisation et la structuration du contenu et non vers sa présentation.

Le nouveau format Microsoft Office Open XML combine en fait les possibilités d'XML en matière de gestion des informations avec la technologie de compression ZIP (popularisée par le logiciel WinZip). Un classeur est constitué d'un ensemble de fichiers au format XML. La programmation du Ruban passe donc par la création d'un fichier supplémentaire, inclus dans l'archive ZIP constituant le classeur, et nommé */customUI/customUI.xml*. C'est ce fichier XML qui va permettre de définir la personnalisation du Ruban associé au classeur. La programmation de l'apparence du Ruban ne s'effectue donc pas à l'aide de VBA mais à l'aide d'un éditeur XML.

Après un état des lieux détaillé des techniques de personnalisation du Ruban, nous décrirons pour mémoire quelques techniques permettant de créer des barres de menus et des barres d'outils "ancienne génération". Ces dernières seront affichées sous forme de groupes dans l'onglet **Compléments**.

22.1. Personnaliser le Ruban

Comme nous l'avons écrit en introduction, la personnalisation du Ruban nécessite d'intervenir sur la structure même du fichier au format Open XML en ajoutant un répertoire contenant un fichier *customUI.xml*. Cela peut paraître un peu complexe au premier abord, surtout si vous n'êtes pas familier avec les concepts liés à XML. Heureusement, pour vous simplifier la tâche, Microsoft a conçu un utilitaire baptisé Custom UI Editor. Il vous permettra d'accéder facilement au mécanisme de personnalisation du Ruban de vos classeurs. L'ensemble des outils de personnalisation du Ruban a pour nom *RibbonX* (ou "RubanX" pour les francophones, mais nous utiliserons l'appellation RibbonX dans la suite de cet ouvrage).

Découvrir le principe du RibbonX

Pour découvrir le principe du RibbonX, nous allons l'illustrer par un exemple très simple : la création d'un onglet supplémentaire **Fichier**, qui regroupera quelques fonctionnalités du défunt menu **Fichier** des versions précédentes.

Télécharger l'utilitaire Custom UI Editor

Il convient d'abord de télécharger et installer l'utilitaire Custom UI Editor :

1 À l'aide de votre navigateur Internet, allez à l'adresse suivante :
   http://openxmldeveloper.org/blog/b/openxmldeveloper/archive/2009/08/07/7293.aspx

2 Cliquez sur le lien OfficeCustomUIEditorSetup.zip.

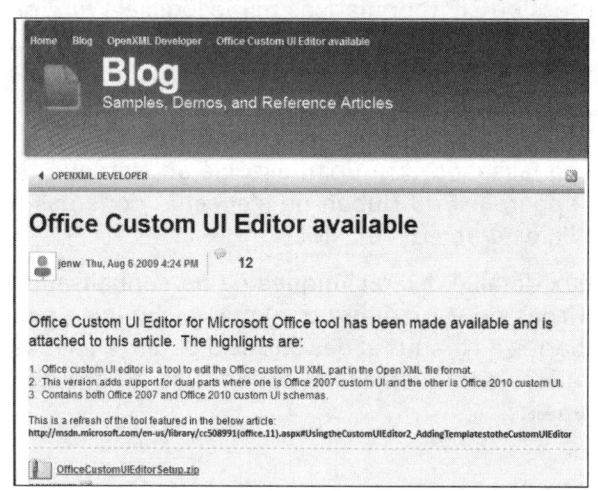

Figure 22.1 : Lien vers le fichier d'installation

3 Cliquez sur **Ouvrir**.

4 Une fois le fichier téléchargé, double-cliquez sur *OfficeCustom UIEditorSetup*.

5 Suivez les instructions de l'Assistant d'installation.

Une fois l'utilitaire installé, vous pouvez le lancer en cliquant sur le bouton **Démarrer** de Windows puis en sélectionnant **Tous les programmes** et enfin **Custom UI Editor For Microsoft Office**.

> **REMARQUE** **Mise à jour pour Excel 2013**
> Au moment de la rédaction de cet ouvrage, il n'existait pas à notre connaissance de mise à jour de cet utilitaire pour Excel 2013. Toutefois, les développements réalisés sont compatibles avec Excel 2013.

Personnaliser le Ruban d'un classeur

L'utilitaire précédemment installé va permettre de faciliter la personnalisation du Ruban de vos classeurs.

Pour cela :

1 Lancez l'utilitaire Custom UI Editor.

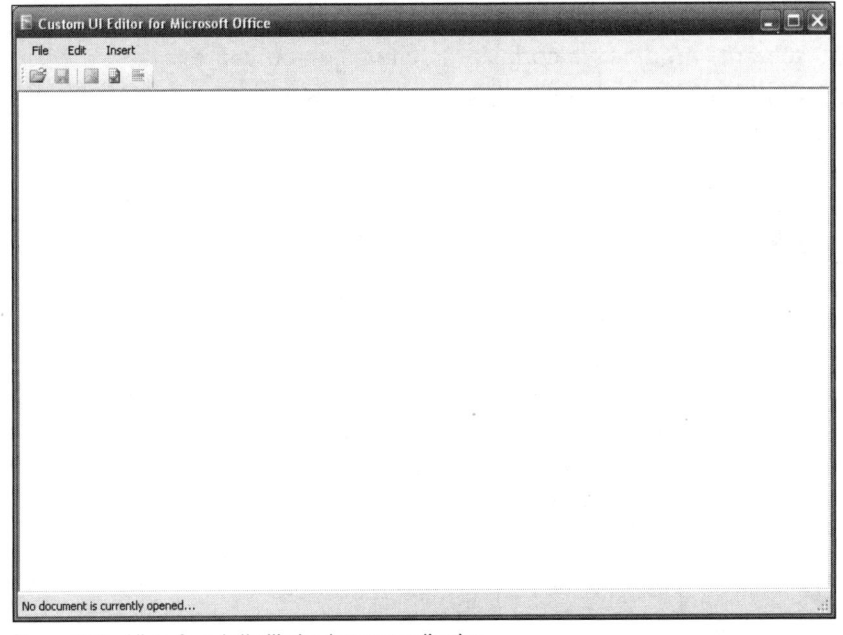

Figure 22.2 : L'interface de l'utilitaire de personnalisation

Cet utilitaire présente assez peu de fonctionnalités. Le menu **File** permet d'ouvrir, enregistrer et fermer des fichiers. Le menu **Edit** regroupe les fonctions d'annulation, et de copier/coller. Enfin, le menu **Insert** vous permet de choisir de personnaliser le Ruban pour Excel 2007 ou 2010 et d'accéder à des exemples standard de programmation du Ruban (**Sample XML**).

2 Dans le menu **File**, sélectionnez la commande **Open** (ou cliquez sur le bouton **Open**).

3 Dans la boîte de dialogue **Open OOXML Document**, sélectionnez le classeur dont vous voulez personnaliser le Ruban. Cliquez ensuite sur **Ouvrir**.

> **REMARQUE** **Conflits d'accès**
> Pour éviter les conflits d'accès, le classeur utilisé ne doit par être ouvert dans Excel.

4 Le nom du classeur apparaît dans la partie gauche de l'écran. Dans le menu **Insert**, sélectionnez **Office 2010 Custom UI Part**. Vous allez pouvoir saisir le code XML destiné à personnaliser le Ruban du classeur. Vous êtes en train de créer le fichier *customUI.xml* évoqué précédemment.

5 Dans le menu **Insert**, sélectionnez **Sample XML**, choisissez **Custom tab** puis modifiez le code créé de la façon suivante :

```
<customUI xmlns="http://schemas.microsoft.com/office/2009/07
/customui">
    <ribbon startFromScratch="false">
        <tabs>
            <tab id="tabFichier" label="Fichier">
                <group id="group_Fichier1" label="Ouvrir /
Enregistrer">
                    <button idMso="FileNew" />
                    <button idMso="FileOpen" />
                    <button idMso="FileSave" />
                </group>
                <group id="group_Fichier2" label="Imprimer">
                    <button idMso="FilePrintQuick" />
                    <button idMso="FilePrint" />
                    <button idMso="FilePrintPreview" />
                </group>
            </tab>
        </tabs>
    </ribbon>
</customUI>
```

6 Cliquez sur le bouton **Validate** (représentant une coche rouge) pour vérifier que vous avez respecté la syntaxe XML. Soyez particulièrement vigilant en ce qui concerne le respect des majuscules et minuscules. En effet, dans le langage XML, cela a une grande importance. Une majuscule à la place d'une minuscule (ou l'inverse) entraînera un dysfonctionnement.

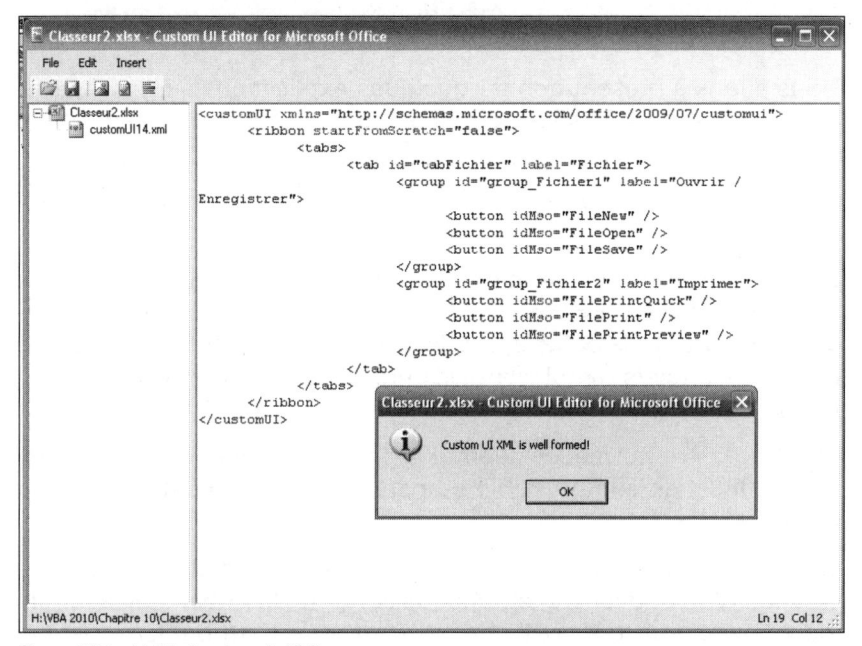

Figure 22.3 : Validation du code XML

7 Une fois votre code validé, sélectionnez la commande **Save** du menu **File** (ou cliquez sur le bouton **Save**).

8 Fermez le fichier à l'aide de la commande **Close** du menu file (ou (Ctrl)+(W)).

9 Quittez Custom UI Editor.

Ouvrez à présent le classeur avec Excel. Un nouvel onglet a fait son apparition : il s'agit de l'onglet **Fichier** qui présente deux groupes de trois boutons (**Ouvrir/Enregistrer** et **Imprimer**).

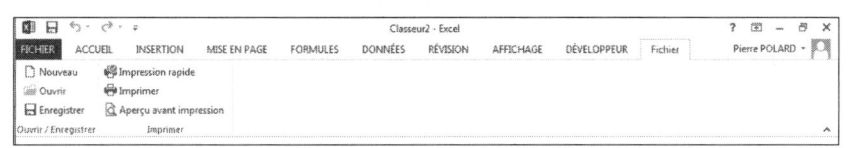

Figure 22.4 : Apparition du nouvel onglet

22.1. Personnaliser le Ruban | 589

Les boutons de ce nouvel onglet permettent d'accéder aux fonctions correspondantes d'Excel. Cet onglet est visible uniquement dans le classeur dans lequel il a été défini. Dès que vous fermez le classeur ou que vous en affichez un autre, l'onglet **Fichier** disparaît. Nous verrons dans la suite de ce chapitre comment faire en sorte que vos onglets personnalisés restent affichés en permanence.

Quelques explications

Nous allons à présent donner quelques explications sur les instructions (ou balises) utilisées pour la personnalisation du Ruban.

La balise `<customUI…>` permet de spécifier que les lignes suivantes constituent le paramétrage de l'interface utilisateur. Elle est indispensable.

La balise `<ribbon>` permet de débuter la personnalisation du Ruban. L'expression `startFromScratch="false"` indique que les nouveaux onglets viendront s'ajouter après les onglets existants. Pour que les nouveaux onglets remplacent les onglets standard, il faudrait spécifier `startFromScratch="true"`.

La balise `<tabs>` permet de débuter la personnalisation des onglets du Ruban. Il est en effet possible de personnaliser également le menu **Office**.

La balise `<tab id="tabFichier" label="Fichier">` permet de spécifier la création d'un nouvel onglet. Chaque contrôle du Ruban doit avoir un identifiant unique défini à l'aide de l'attribut `id`. L'attribut `label` permet de spécifier le texte affiché.

La balise `<group id="group_Fichier1" label="Ouvrir / Enregistrer">` permet de spécifier la création du premier groupe de boutons. Le principe est le même que pour les onglets : chaque groupe doit être désigné par un identifiant unique.

La balise `<button idMso="FileNew" />` permet d'ajouter un bouton au premier groupe créé à l'aide de la balise précédente. L'emploi de l'attribut `idMso` (attention à la majuscule) permet d'accéder à un bouton prédéfini. Tous les éléments des onglets prédéfinis (groupes, boutons…) ont des identifiants prédéfinis. Il est ainsi possible, en utilisant la bonne valeur pour `idMso`, d'intégrer dans vos onglets l'ensemble des fonctions d'Excel. À la différence de `idMso`, l'attribut `id` est à réserver à vos propres éléments.

> **Indiquer la fin d'une balise**
>
> Lorsque la définition d'une balise s'étend sur plusieurs lignes, par exemple ici `<group...>`, il est nécessaire de la clôturer avec une autre balise débutant par le caractère / (`</group>` dans notre exemple). En revanche, si la définition de votre balise est effectuée sur une seule ligne, vous utiliserez uniquement le caractère / pour signifier la fin, par exemple ici `<button idMso=… />`.

Les autres balises `<button…/>` ont le même rôle que la précédente.

La balise `</group>` permet d'indiquer que la définition du premier groupe de boutons est terminée.

La définition du deuxième groupe est en tous points identiques à celle du premier.

La balise `</tab>` permet d'indiquer que la définition de l'onglet est terminée.

Les balises `</tabs>`, `</ribbon>`, `</customUI>` permettent respectivement de clôturer les définitions des onglets, du Ruban et de l'interface utilisateur.

Les groupes prédéfinis

Vous pouvez télécharger un classeur qui contient l'ensemble des identifiants (`idMso`) des onglets, groupes, boutons, …prédéfinis à l'adresse suivante :

http://www.excel-downloads.com/forum/attachments/forum-excel/132902d1257191 055-macro-excel-2000-inactive-sur-excel-2007-excelribboncontrols.xlsm

Nous nous limiterons ici à reproduire les informations concernant les onglets et les groupes.

Les onglets

Tableau 22.1 : Liste des identifiants des onglets prédéfinis

idMso	Nom de l'onglet
`Backstage`	**Fichier**
`TabHome`	**Accueil**
`TabInsert`	**Insertion**
`TabPageLayoutExcel`	**Mise en page**
`TabFormulas`	**Formules**
`TabData`	**Données**

Tableau 22.1 : Liste des identifiants des onglets prédéfinis

idMso	Nom de l'onglet
TabReview	Révision
TabView	Affichage
TabDeveloper	Développeur
TabAddIns	Compléments

Les groupes

Tableau 22.2 : Liste des identifiants des groupes prédéfinis

idMso	Nom du groupe	Onglet
GroupClipboard	Presse-papiers	Accueil
GroupFont	Police	Accueil
GroupAlignmentExcel	Alignement	Accueil
GroupNumber	Nombre	Accueil
GroupStyles	Style	Accueil
GroupCells	Cellules	Accueil
GroupEditingExcel	Edition	Accueil
GroupInsertTablesExcel	Tableaux	Insertion
GroupInsertIllustrations	Illustrations	Insertion
GroupInsertChartsExcel	Graphiques	Insertion
GroupInsertLinks	Liens	Insertion
GroupInsertText	Texte	Insertion
GroupThemesExcel	Thèmes	Mise en page
GroupPageSetup	Mise en page	Mise en page
GroupPageLayoutScaleToFit	Mise à l'échelle	Mise en page
GroupPageLayoutSheetOptions	Options de la feuille de calcul	Mise en page
GroupArrange	Organiser	Mise en page
GroupFunctionLibrary	Bibliothèque de fonctions	Formules
GroupNamedCells	Noms définis	Formules
GroupFormulaAuditing	Audit de formules	Formules
GroupCalculation	Calcul	Formules
GroupGetExternalData	Données externes	Données
GroupConnections	Connexions	Données
GroupSortFilter	Trier et filtrer	Données
GroupDataTools	Outils de données	Données

Tableau 22.2 : Liste des identifiants des groupes prédéfinis

idMso	Nom du groupe	Onglet
`GroupOutline`	Plan	**Données**
`GroupProofing`	Vérification	**Révision**
`GroupComments`	Commentaires	**Révision**
`GroupChangesExcel`	Modifications	**Révision**
`GroupWorkbookViews`	Affichages classeur	**Affichage**
`GroupViewShowHide`	Afficher/Masquer	**Affichage**
`GroupZoom`	Zoom	**Affichage**
`GroupWindow`	Fenêtre	**Affichage**
`GroupMacros`	Macros	**Affichage**
`GroupCode`	Code	**Développeur**
`GroupControls`	Contrôles	**Développeur**
`GroupXml`	XML	**Développeur**
`GroupAddInsMenuCommands`	Commandes de menu	**Compléments**
`GroupAddInsToolbarCommands`	Barres d'outils	**Compléments**
`GroupAddInsCustomToolbars`	Barres d'outils personnalisées	**Compléments**
`GroupPrintPreviewPrint`	Imprimer	**Aperçu avant impression**
`GroupPrintPreviewZoom`	Zoom	**Aperçu avant impression**
`GroupPrintPreviewPreview`	Aperçu	**Aperçu avant impression**

Si vous souhaitez inclure dans votre onglet personnalisé le groupe *Bibliothèque de fonctions* de l'onglet **Formules,** vous utiliserez la balise suivante :

```
<group idMso="GroupFunctionLibrary" />
```

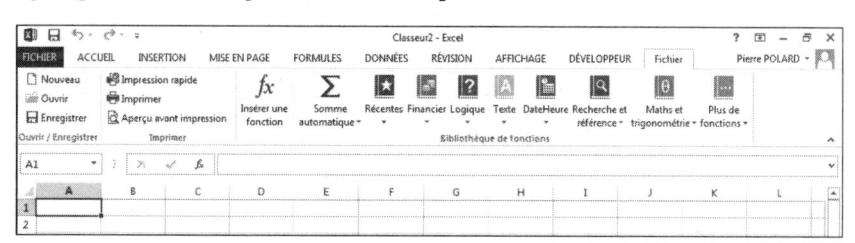

Figure 22.5 : Ajout du groupe Bibliothèque de fonctions

Gestion des erreurs

Que se passe-t-il si vous avez fait une erreur dans votre programmation RibbonX ? Par défaut, rien de particulier, mais vos onglets personnalisés ne s'afficheront pas. Si vous souhaitez qu'Excel affiche un message d'erreur à l'ouverture du classeur, activez un paramètre spécifique :

1. Cliquez sur le menu **Fichier** puis sur **Options**. Sélectionnez la catégorie **Options avancées**.

2. Dans la rubrique *Options avancées*, activez le paramètre *Afficher les erreurs du complément d'interface utilisateur* dans la catégorie *Général*.

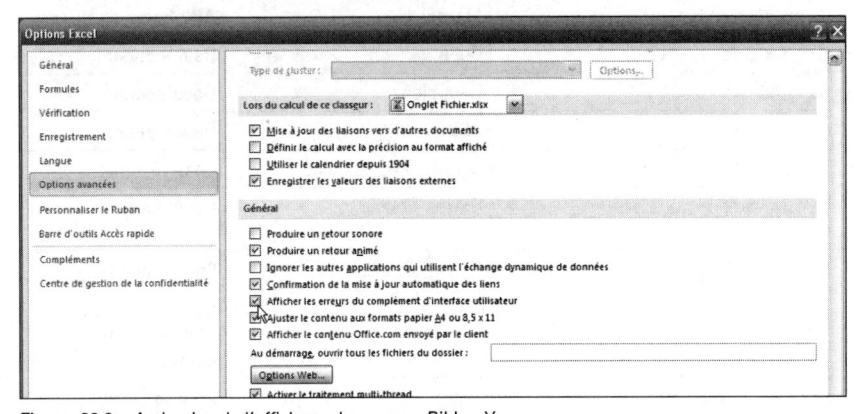

Figure 22.6 : Activation de l'affichage des erreurs RibbonX

3. Validez par OK.

Lors de l'ouverture d'un classeur contenant des erreurs RibbonX, un message d'erreur s'affichera pour chacune d'entre elles.

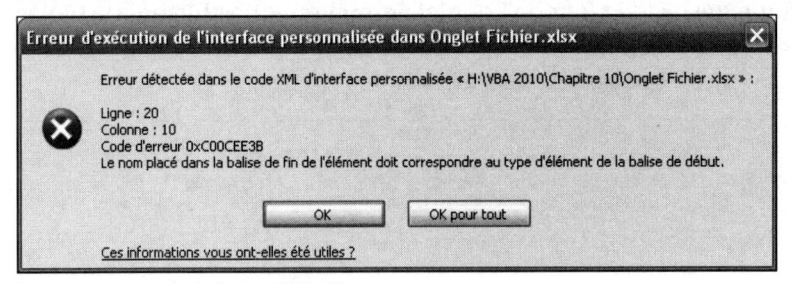

Figure 22.7 : Message d'erreur RibbonX

Découvrir les différents types de contrôles

Nous allons décrire les différents types de contrôles que vous pouvez utiliser pour personnaliser le Ruban.

Les contrôles prédéfinis

Il s'agit des onglets, groupes, boutons... présents dans le Ruban tel qu'il est proposé en standard par Excel. Vous pouvez les utiliser en les identifiant à l'aide de leur attribut `idMso`.

Pour intégrer ce type de contrôle, vous devrez utiliser la balise XML suivante :

`<control.../>`

Les étiquettes

Ces contrôles permettent d'afficher un texte. Ils peuvent être utilisés en tant qu'en-tête. Ils ne déclenchent aucune action.

Figure 22.8 : Exemple d'étiquette

Pour intégrer ce type de contrôle, vous devrez utiliser la balise XML suivante :

`<labelControl.../>`

Les boutons

Les boutons sont les contrôles les plus utilisés. Ils déclenchent une action suite à un clic. Ils présentent un texte et une image.

Figure 22.9 : Exemple de bouton

Pour intégrer ce type de contrôle, vous devrez utiliser la balise XML suivante :

`<button.../>`

Les boutons bascule

Les boutons bascule sont des boutons qui restent "enfoncés" et changent d'apparence lorsque l'on clique dessus. Ils peuvent être utilisés dans des groupes où un seul d'entre eux peut être actif en même temps.

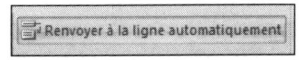

Figure 22.10 : Exemple de bouton bascule

Pour intégrer ce type de contrôle, vous devrez utiliser la balise XML suivante :

`<toggleButton.../>`

Les cases à cocher

Les cases à cocher permettent d'effectuer des choix binaires : Oui/Non, Activé/désactivé...

Figure 22.11 : Exemple de case à cocher

Pour intégrer ce type de contrôle, vous devrez utiliser la balise XML suivante :

`<checkbox.../>`

Les zones de saisie

Les zones de saisie permettent à l'utilisateur de saisir une valeur.

Figure 22.12 : Exemple de zone de saisie

Pour intégrer ce type de contrôle, vous devrez utiliser la balise XML suivante :

`<editBox.../>`

Les galeries

Les galeries permettent d'afficher une liste déroulante composée d'autres contrôles.

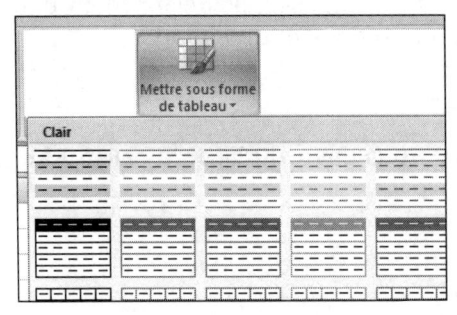

Figure 22.13 : Exemple de galerie

Pour intégrer ce type de contrôle, vous devrez utiliser la balise XML suivante :

`<gallery.../>`

Les menus dynamiques

Il s'agit de menus dont le contenu est mis à jour à l'aide de code VBA, au moment de l'exécution.

Pour intégrer ce type de contrôle, vous devrez utiliser la balise XML suivante :

```
<dynamicMenu.../>
```

Les éléments de liste

Ces contrôles sont des éléments qui apparaissent dans les listes déroulantes et les listes déroulantes modifiables.

Pour intégrer ce type de contrôle, vous devrez utiliser la balise XML suivante :

```
<item.../>
```

Les listes déroulantes

Ces contrôles affichent une liste d'éléments entre lesquels l'utilisateur peut faire un choix. Les éléments peuvent être de type `<item>` ou `<buttton>`.

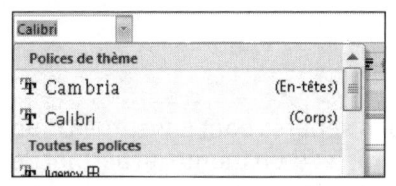

Figure 22.14 : Exemple de liste déroulante

Pour intégrer ce type de contrôle, vous devrez utiliser la balise XML suivante :

```
<dropdown.....>
    Contenu
</dropDown>
```

Les listes déroulantes modifiables

Ces contrôles affichent une liste d'éléments entre lesquels l'utilisateur peut faire un choix. Contrairement aux listes déroulantes, l'utilisateur a la possibilité de saisir une valeur qui n'est pas présente dans la liste. Les éléments peuvent être uniquement de type `<item>`.

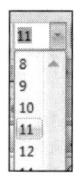

Figure 22.15 : Exemple de liste déroulante modifiable

Pour intégrer ce type de contrôle, vous devrez utiliser la balise XML suivante :

```
<comboBox...>
    Contenu
</comboBox>
```

Les menus

Il s'agit de menus déroulants qui peuvent contenir des contrôles ou d'autres menus, de façon à créer une hiérarchie. Les menus peuvent contenir tous les types de contrôles, à l'exception des <separator>, <dropDown> et <comboBox>.

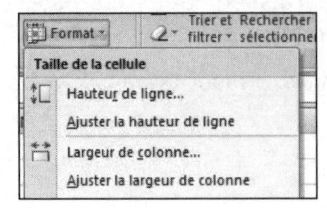

Figure 22.16 : Exemple de menu

Pour intégrer ce type de contrôle, vous devrez utiliser la balise XML suivante :

```
<menu...>
    Contenu
</menu>
```

Les boutons séparés

Comme leur nom l'indique, les boutons séparés sont constitués d'un bouton, qui détermine l'action par défaut, et d'un menu qui permet de choisir d'autres actions. Les boutons séparés peuvent comporter un bouton classique (<button>) ou un bouton bascule (<toggleButton>).

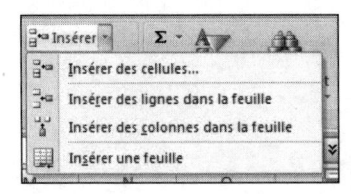

Figure 22.17 : Exemple de bouton séparé

Pour intégrer ce type de contrôle, vous devrez utiliser la balise XML suivante :

```
<splitButton...>
<button.../>
<menu...>
    Contenu
</menu>
</splitButton>
```

Les séparateurs verticaux

Les séparateurs verticaux sont des contrôles sans action. Ils permettent uniquement de structurer vos

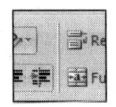

Figure 22.18 : Exemple de séparateur vertical

onglets en affichant une séparation verticale au sein d'un groupe.

Pour intégrer ce type de contrôle, vous devrez utiliser la balise XML suivante :

`<separator.../>`

Les séparateurs de menus

Comme leurs homologues verticaux, ils n'engendrent aucune action. Ils sont utilisés dans les menus déroulants (`<menu>`) pour structurer la liste des actions. Ils peuvent afficher un texte ou à défaut, un trait.

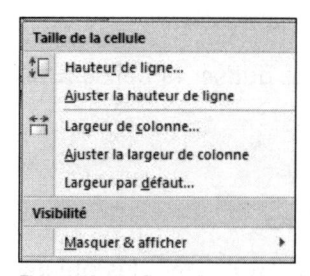

Figure 22.19 : Exemple de séparateur de menu

Pour intégrer ce type de contrôle, vous devrez utiliser la balise XML suivante :

`<menuSeparator.../>`

Les cadres

Les cadres permettent de regrouper d'autres contrôles. Ils peuvent contenir tous les types de contrôles.

Figure 22.20 : Exemple de cadre

Pour intégrer ce type de contrôle, vous devrez utiliser la balise XML suivante :

```
<box...>
    Contenu
</box>
```

Les groupes de boutons

Les groupes de boutons permettent d'afficher un contour autour d'un ensemble de contrôles, de façon à montrer qu'ils font partie d'un même ensemble. Les groupes de boutons peuvent contenir des contrôles de type `<control>`, `<button>`, `<toggleButton>`, `<gallery>`, `<menu>`, `<dynamicMenu>` et `<splitButton>`.

Figure 22.21 : Exemple de groupe de boutons

Pour intégrer ce type de contrôle, vous devrez utiliser la balise XML suivante :

```
<buttonGroup...>
    Contenu
</buttonGroup>
```

Les lanceurs de boîte de dialogue

Ces contrôles permettent d'afficher un lanceur de boîte de dialogue. Ils permettent d'afficher les boîtes de dialogue prédéfinies telles que **Format de cellule**.

Figure 22.22 : Exemple de lanceur de boîte de dialogue

Pour intégrer ce type de contrôle, vous devrez utiliser la balise XML suivante :

```
<dialogBoxLauncher.../>
```

Découvrir les attributs des contrôles

Les attributs des contrôles s'apparentent aux propriétés des objets, telles que nous avons pu les décrire dans les précédents chapitres. En effet, les attributs permettent de contrôler l'apparence et le comportement de contrôles inclus dans les onglets.

Lorsque vous utiliserez ces attributs, soyez vigilant en ce qui concerne le respect des majuscules et minuscules. En effet, dans le langage XML, cela a une grande importance.

Tableau 22.3 : Liste des attributs des contrôles

Attribut	Valeurs possibles	Contrôles	Description
`boxStyle`	`horizontal`, `vertical`	cadres	Spécifie si les contrôles inclus dans le cadre doivent être organisés horizontalement ou verticalement.
`columns`	1 à 1024	galeries	Spécifie le nombre de colonnes de la galerie.

Tableau 22.3 : Liste des attributs des contrôles

Attribut	Valeurs possibles	Contrôles	Description
description	1 à 4096 caractères	boutons, boutons bascule, boutons séparés, cases à cocher, menus, menus dynamiques, galeries	description détaillée du contrôle lorsqu'il est inclus dans un menu et que l'attribut itemSize de ce menu a pour valeur large.
enabled	true, false	tous	Spécifie si le contrôle est actif ou non.
id	1 à 1 024 caractères	tous	identifiant (unique) du contrôle.
idMso	1 à 1 024 caractères	tous	identifiant du contrôle prédéfini.
image	1 à 1 024 caractères	tous ceux qui peuvent afficher une image	Spécifie le nom de l'image du contrôle.
imageMso	1 à 1 024 caractères	tous ceux qui peuvent afficher une image	Permet d'afficher l'image d'un contrôle prédéfini en spécifiant le nom de ce contrôle. Par exemple FileSave pour afficher la disquette.
itemHeight	1 à 4 096	galeries	Spécifie la hauteur de l'élément de galerie.
itemSize	normal, large	menu	Spécifie si la description détaillée des éléments du menu doit être affichée ou non.
itemWidth	1 à 4 096	galeries	Spécifie la largeur de l'élément de galerie.
keytip	1 à 3 caractères	tous	Spécifie le raccourci clavier du contrôle.
label	1 à 1 024 caractères	tous	Spécifie le texte visible sur le contrôle.
maxLength	1 à 1 024	zones de saisie, zones de listes modifiables	Spécifie le nombre de caractères maximum qu'il est possible de saisir dans la zone.

Tableau 22.3 : Liste des attributs des contrôles

Attribut	Valeurs possibles	Contrôles	Description
`rows`	1 à 1 024	galeries	Spécifie le nombre de lignes dans la galerie.
`screentip`	1 à 1 024 caractères	tous	Spécifie l'infobulle qui apparaît lorsque le pointeur de la souris passe sur le contrôle.
`showImage`	true, false	tous ceux qui peuvent afficher une image	Spécifie si l'image du contrôle doit être affichée.
`showItemImage`	true, false	zones de liste, zone de listes modifiables, galeries	Spécifie si l'image des éléments doit être affichée.
`showItemLabel`	true, false	zones de liste, zone de listes modifiables, galeries	Spécifie si le texte des éléments doit être affiché.
`showLabel`	true, false	tous	Spécifie si le texte du contrôle doit être affiché.
`size`	normal, large	tous	Spécifie la taille du contrôle.
`sizeString`	1 à 1 024 caractères	zones de saisie, zones de listes, zones de listes modifiables	Spécifie la taille du contrôle.
`supertip`	1 à 1 024 caractères	tous	Spécifie un complément à l'infobulle qui apparaît lorsque le pointeur de la souris passe sur le contrôle.
`tag`	1 à 1 024 caractères	tous	Cet attribut n'a pas de rôle particulier, vous pouvez l'utiliser à votre convenance.
`title`	1 à 1 024 caractères	menu, séparateurs de menus	Spécifie le titre du menu.
`visible`	true, false	tous	Spécifie si le contrôle est visible ou non.

Découvrir les procédures liées

Jusqu'à présent, la personnalisation du Ruban peut vous sembler un peu statique dans la mesure où la définition de la structure XML est définie une fois pour toutes par le concepteur de l'application. Nous allons à présent décrire comment assurer la jonction avec VBA, afin de pouvoir notamment déclencher des actions en fonction de l'utilisation de tel ou tel contrôle du Ruban. Nous verrons également comment modifier l'apparence du Ruban au moyen de procédures VBA associées à divers attributs des contrôles. Ces procédures sont "liées" (*callback*, en anglais).

Utiliser une procédure liée pour modifier le nom d'un groupe

Nous allons illustrer l'utilisation d'une procédure liée pour mettre à jour le nom de groupe de commandes. Il s'agit d'intégrer le nom de l'utilisateur au moment de l'affichage du Ruban.

Pour indiquer le nom d'un groupe, nous utilisons jusqu'à présent l'attribut `label` :

```
<group id="group_Res" label="Résultats">
```

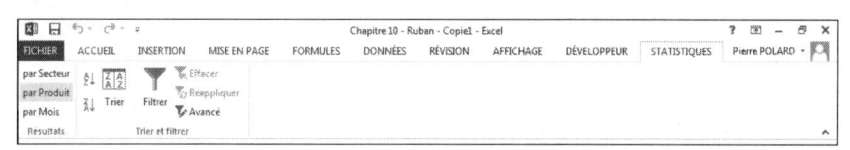

Figure 22.23 : Le groupe Résultats

Cela ne répond pas à notre problématique qui consiste à intégrer le nom de l'utilisateur au nom du groupe *Résultats* de façon à afficher "*Résultats de Jean Dupond*". Pour cela, nous utiliserons de nouveaux attributs qui font appel à des procédures VBA stockées dans des classeurs Excel. À chacun des attributs que nous avons détaillés au paragraphe précédent correspond un attribut commençant par *get* et permettant de déterminer la valeur de l'attribut correspondant à l'aide d'une procédure VBA.

Dans notre exemple, nous utiliserons l'attribut `getLabel` qui nous permettra de modifier le nom du groupe à l'aide de VBA. Nous écrirons donc :

```
<group id="group_Res" getLabel="Nom_Groupes">
```

`Nom_Groupes` correspond ici au nom d'une procédure VBA qui renvoie la bonne valeur pour l'attribut `label`. Nous allons donc insérer un module de code dans le projet VBA associé au classeur. Dans ce module, nous écrirons la procédure suivante :

```
Sub Nom_Groupes(control As IRibbonControl, ByRef returnedVal)
    returnedVal = "Résultats de " & Application.UserName
End Sub
```

Une fois que vous avez saisi ce code, enregistrez votre classeur puis fermez-le. Lorsque vous l'ouvrirez à nouveau, vous constaterez que le nom du groupe a été modifié.

```
par Secteur
par Produit
par Mois
Résultats de Pierre POLARD
```

Figure 22.24 : Le nom du groupe a été modifié

La procédure *Nom_Groupes* nécessite un en-tête particulier. Chaque attribut de type *getXXXXXX* nécessite une procédure avec un en-tête particulier, correspondant à la spécificité de l'attribut qui lui associé. En règle générale, ces procédures utilisent un argument *control* de type IRibbonControl qui correspond à la référence au contrôle qui a déclenché l'appel à la procédure. Dans notre cas, le contrôle en question était le groupe *group_Res*.

Les objets de type IRibbonControl ne possèdent que trois propriétés :

- id : attribut *id* du contrôle ;
- tag : attribut *tag* du control ;
- context : non utilisé dans Excel.

La propriété id est utile lorsque plusieurs contrôles utilisent la même procédure liée. Cette propriété permet en effet de les distinguer puisque l'identifiant est unique.

Supposons par exemple que nous souhaitions déterminer les noms de deux groupes à l'aide de notre procédure *Nom_Groupes*. Dans la structure XML, nous ajoutons un deuxième groupe avec la balise suivante :

```
<group id="group_Imp" getLabel="Nom_Groupes">
```

Nous allons donc modifier la procédure *Nom_Groupes* dans le module de code du classeur :

```
Sub Nom_Groupes(control As IRibbonControl, ByRef returnedVal)
    If control.ID = "group_Res" Then _
        returnedVal = "Résultats de " & Application.UserName

    If control.ID = "group_Imp" Then _
        returnedVal = "Impressions de " & Application.UserName

End Sub
```

Une fois que vous avez modifié le code, enregistrez votre classeur puis fermez-le. Lorsque vous l'ouvrirez à nouveau, vous pourrez constater que les noms des deux groupes ont été attribués et ce, avec la même procédure.

par Secteur	Impression rapide
par Produit	Imprimer
par Mois	Aperçu avant impression
Résultats de Pierre POLARD	Impressions de Pierre POLARD

Figure 22.25 : Les noms des deux groupes

> **REMARQUE**
>
> **Appel des procédures liées**
> Si un autre classeur ouvert contient une procédure VBA nommée comme une procédure liée d'un contrôle, le résultat peut être aléatoire. Dans notre exemple, si un autre classeur ouvert contenait une procédure *Nom_Groupes*, il est possible que ce soit cette dernière qui soit exécutée et non celle du classeur contenant la structure XML de personnalisation de l'onglet. Soyez vigilant dans l'appellation de vos procédures.

Les procédures liées

Nous l'avons vu, à chaque attribut correspond un attribut de type *getXXXXX* permettant de spécifier au moment de l'exécution sa valeur à l'aide d'une procédure VBA. En plus de ces derniers, il existe d'autres attributs pouvant être liés à des procédures VBA. Ils ont la particularité de pouvoir être mis à jour uniquement par des procédures VBA, au moment de l'exécution.

En voici la liste :

Tableau 22.4 : Les attributs accessibles via des procédures VBA

Attribut	Contrôles concernés	Description
getContent	menus dynamiques	Spécifie la structure XML du contenu.
getItemCount	zones de liste, zones de listes modifiables, galeries	Spécifie le nombre d'éléments.
getItemID	zones de liste, zones de listes modifiables, galeries	Spécifie l'identifiant de l'élément.
getItemLabel	zones de liste, zones de listes modifiables, galeries	Spécifie le texte de l'élément.
getItemImage	zones de liste, zones de listes modifiables, galeries	Spécifie l'image de l'élément.

Tableau 22.4 : Les attributs accessibles via des procédures VBA

Attribut	Contrôles concernés	Description
getItemScreenTip	zones de liste, zones de listes modifiables, galeries	Spécifie l'infobulle de l'élément.
getItemSupertip	zones de liste, zones de listes modifiables, galeries	Spécifie l'infobulle détaillée de l'élément.
getPressed	boutons bascule, cases à cocher	Spécifie si le contrôle est actif ou non.
getSelectedItemID	zones de liste, galeries	Spécifie l'élément sélectionné (à l'aide de son identifiant).
getSelectedItemIndex	zones de liste, galeries	Spécifie l'élément sélectionné (à l'aide de son numéro dans la liste).
getText	zones de liste modifiables, zones de texte	Spécifie le texte affiché.
onAction	boutons, boutons bascule, cases à cocher, zones de liste, galerie	Déclenche la procédure VBA lorsque l'on clique sur le contrôle.
onChange	zones de texte, zones de liste modifiables	Déclenche la procédure VBA lorsque la valeur change.

Les en-têtes des procédures liées

Chaque procédure liée nécessite une définition précise en ce qui concerne son en-tête. Les arguments varient en fonction des attributs.

Le tableau suivant fournit l'en-tête nécessaire pour chacun d'eux.

Tableau 22.5 : En-têtes des procédures liées

Attribut	En-tête de la procédure liée
getContent getDescription getEnabled getImage getItemCount getItemHeight getItemWidth getKeytip getLabel getPressed getSize getScreentip getSelectedItemID getSelectedItemIndex getShowImage getShowLabel	Sub *Nom_Proc*(*control* as IRibbonControl, ByRef *returnedVal*)

Tableau 22.5 : En-têtes des procédures liées

Attribut	En-tête de la procédure liée
getSupertip getText getTitle getVisible	Sub *Nom_Proc*(*control* as IRibbonControl, ByRef *returnedVal*)
getItmemID getItemImage getItemLabel getItmeScrentip getItemSupertip	Sub *Nom_Proc* (*control* as IRibbonControl, *index* as Integer, ByRef *returnedVal*)
onAction	Sub *Nom_Proc* (*control* as IRibbonControl)
onAction	Sub *Nom_Proc* (*control* as IRibbonControl, *pressed* as Boolean)
onAction	Sub *Nom_Proc* (*control* as IRibbonControl, *id* as String, *index* as Integer)
onChange	Sub *Nom_Proc* (*control* as IRibbonControl, *text* as String)

Afficher la liste des procédures liées à l'aide Custom UI Editor

Lorsque vous avez défini une structure XML avec Custom UI Editor, vous pouvez afficher la liste des en-têtes des procédures liées associées à votre structure. Il vous reste à copier cette liste et à la coller dans le module de code du classeur. Vous n'aurez plus qu'à compléter le code VBA des procédures. Ce processus vous évitera les oublis et les fautes de frappe.

Pour cela, cliquez sur le bouton **Generate Callbacks** du *Custom UI Editor*.

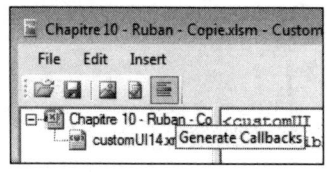

Figure 22.26 : Le bouton Generate Callbacks

La liste apparaît mais elle est fugitive. Vous n'avez d'autre choix que de la sélectionner puis de la copier avec la combinaison de touches [Ctrl]+[C] (ou clic droit et **Copier**).

```
'Callback for customUI.onLoad
Sub Sur_Chargement(ribbon As IRibbonUI)
End Sub

'Callback for spbtStat1_Btn getLabel
Sub spbtStat1_Label(control As IRibbonControl, ByRef returnedVal)
End Sub

'Callback for spbtStat1_Btn onAction
Sub spbtStat1_Sur_Clic(control As IRibbonControl)
End Sub

'Callback for menuStat1 getLabel
Sub menuStat1_Label(control As IRibbonControl, ByRef returnedVal)
End Sub

'Callback for menuStat1 getVisible
Sub menuStat1_Visible(control As IRibbonControl, ByRef returnedVal)
End Sub

'Callback for menuStat1_Menu1 onAction
Sub menuStat1_Sur_Clic(control As IRibbonControl)
End Sub

'Callback for editAnnee onChange
Sub editAnnee_Change(control As IRibbonControl, text As String)
End Sub
```

Figure 22.27 : Liste des procédures liées

Personnaliser durablement le Ruban

Jusqu'à présent, la personnalisation du Ruban n'est disponible que lorsque le classeur contenant la programmation RibbonX est ouvert. De surcroît, elle est visible uniquement lorsqu'il est actif. Il peut être intéressant de faire en sorte que vos onglets personnalisés restent disponibles en permanence, pour tous les classeurs ouverts. Vous devrez enregistrer le classeur contenant la programmation RibbonX, ainsi que les éventuelles procédures liées, sous forme de macro complémentaire. Ensuite, il vous restera à installer la macro complémentaire à l'aide du gestionnaire de Compléments.

Prenons l'exemple du classeur contenant la création de l'onglet **Fichier** :

1 Enregistrez-le au format *Macro complémentaire Excel* à l'aide de la commande **Enregistrer sous** du menu **Fichier**.

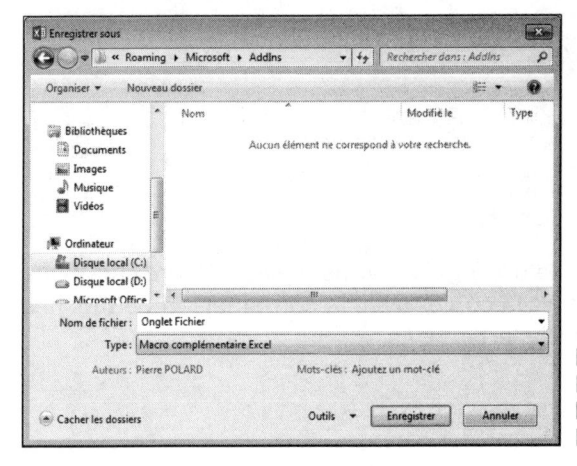

Figure 22.28 : Enregistrement au format Macro complémentaire Excel

2 Fermez le classeur.

3 Cliquez sur le menu **Fichier** puis **Options**. Sélectionnez la catégorie **Compléments**.

4 Dans la liste des compléments inactifs, vous pouvez voir votre macro complémentaire apparaître.

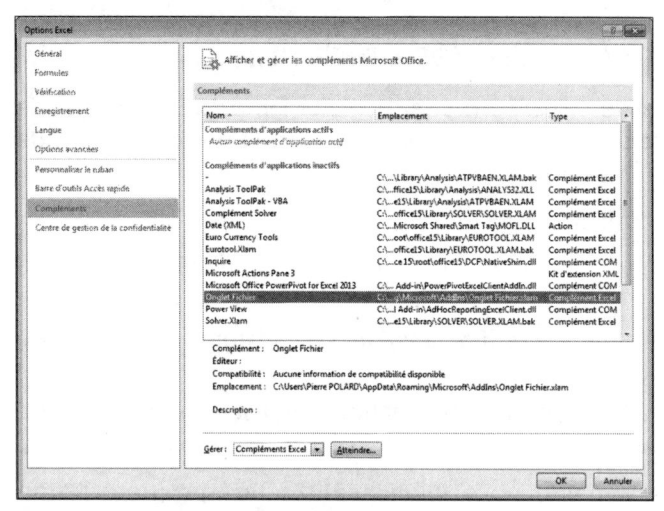

Figure 22.29 : Liste des compléments inactifs

5 Cliquez sur le bouton **Atteindre**.

6 Dans la boîte de dialogue **Macro complémentaire**, sélectionnez votre macro complémentaire en cochant la case correspondante.

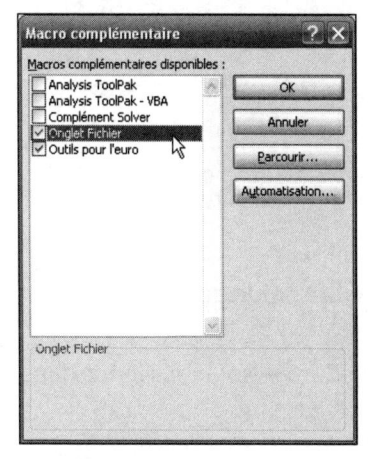

Figure 22.30 : Sélection de la macro complémentaire

7 Validez par OK.

Désormais, l'onglet **Fichier** sera accessible dès que vous ouvrirez Excel et pour tous les classeurs ouverts.

Pour annuler l'opération précédente et faire en sorte de ne plus afficher l'onglet **Fichier**, il suffit de désélectionner la case dans la boîte de dialogue **Macro complémentaire**.

Détourner des commandes prédéfinies

Il existe une balise XML permettant d'intercepter une commande prédéfinie, voire de remplacer l'action prévue par votre propre code VBA. Il s'agit de la balise <command.../>.

Elle dispose de trois attributs :

- `enabled` permet de spécifier si la commande est disponible ou non (`true` ou `false`).
- `getEnabled` permet de spécifier la valeur de l'attribut `enabled` à l'aide d'une procédure liée.
- `onAction` permet de programmer l'action à réaliser, au moyen d'une procédure liée.

Dans l'exemple suivant, nous allons réaliser une programmation RibbonX visant à :

- demander confirmation à l'utilisateur lorsqu'il veut masquer des colonnes.
- désactiver le menu **Mise en forme conditionnelle** du groupe *Style* de l'onglet **Accueil**.

Voici le code RibbonX :

```
<customUI xmlns="http://schemas.microsoft.com/office/2009/07/customui">
    <commands>
        <command idMso="ColumnsHide" onAction="Sur_Masquer_Colonne" />
        <command idMso="ConditionalFormattingMenu" enabled="false" />
    </commands>
</customUI>
```

Les différentes commandes sont référencées à l'aide de leur identifiant *idMso*.

Il reste à saisir le code de la procédure liée *Sur_Masquer_Colonne* dans un module de code du classeur :

```
Sub Sur_Masquer_Colonne(control As IRibbonControl, ByRef cancelDefault)
    Dim Reponse As Variant
```

```
        cancelDefault = False

    Reponse = MsgBox("Vous allez masquer une ou plusieurs
    ✂ colonnes. " _
            & "Voulez-vous continuer ?", vbQuestion + vbYesNo,
            ✂ "Masquer")

    If Reponse = vbNo Then cancelDefault = True
End Sub
```

Vous noterez la présence de la variable *cancelDefault* qui permet d'abandonner l'exécution de la commande.

Lorsque vous ouvrez à nouveau votre classeur, le menu **Mise en forme conditionnelle** est désactivé.

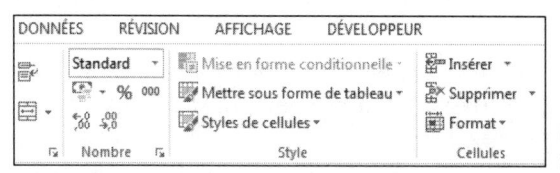

Figure 22.31 : Désactivation de la mise en forme conditionnelle

Lorsque vous tentez de masquer des colonnes, une confirmation vous est demandée.

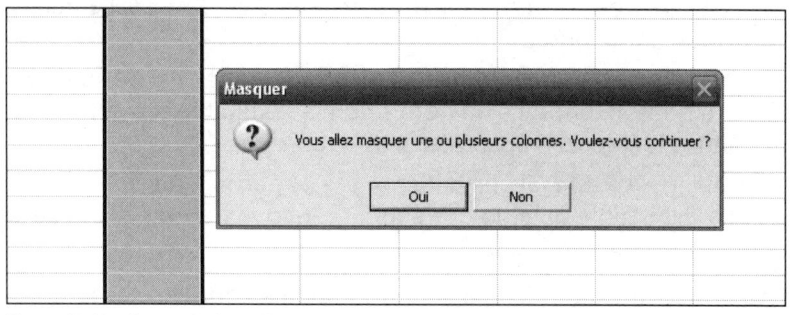

Figure 22.32 : Demande de confirmation avant de masquer des colonnes

Personnaliser dynamiquement le Ruban

Nous allons à présent modifier la structure du Ruban lors de l'utilisation d'un classeur Excel. En effet, nous ferons en sorte qu'un bouton bascule d'un nouvel onglet **Gestion Ruban** permette à l'utilisateur de masquer ou d'afficher l'onglet prédéfini **Accueil**.

Voici la programmation RibbonX à mettre en œuvre :

```
<customUI xmlns="http://schemas.microsoft.com/office/2009/07
✂ /customui" onLoad="Sur_Chargement" >
    <ribbon>
```

```
        <tabs>
          <tab id="Gest" label="Gestion Ruban">
            <group id="Groupe1" label="Affichage" >
              <toggleButton id="Bascule1"
              imageMso="AcceptInvitation" label="Masquer Accueil"
              onAction="Bascule1_Sur_Clic"
              getPressed="Bascule1_Presse" />
            </group>

          </tab>

          <tab idMso="TabHome" getVisible="Aff_Accueil" />
        </tabs>
      </ribbon>
</customUI>
```

Quelques explications :

- L'attribut `onLoad` de la balise `<custom…/>` permet de spécifier le nom d'une procédure qui sera exécutée à l'ouverture du classeur (en l'occurrence *Sur_Chargement*).

- L'attribut `imageMso` de la balise `<togglbutton…/>` permet d'afficher une image prédéfinie à l'aide de son identifiant.

- L'attribut `onAction` de la balise `<togglbutton…/>` permet de déclencher une procédure (en l'occurrence *Bascule1_Sur_Clic*) lorsque l'on clique sur le bouton.

- L'attribut `getPressed` de la balise `<togglbutton…/>` permet de spécifier l'état du bouton (enfoncé ou non) selon le résultat renvoyé par une procédure (en l'occurrence *Bascule1_Presse*).

- L'attribut `getVisible` de la balise `<tab…/>` permet de spécifier si l'onglet est visible à l'aide du résultat renvoyé par une procédure (en l'occurrence *Aff_Accueil*).

Il reste à saisir le code VBA dans un module de code du classeur :

```
Dim MonRuban As IRibbonUI
Dim Accueil_Masque As Boolean
```

La variable *MonRuban*, de niveau module, est de type `IRibbonUI`. Elle sera utilisée pour référencer le Ruban.

```
'Callback for customUI.onLoad
Sub Sur_Chargement(ribbon As IRibbonUI)
    Set MonRuban = ribbon
End Sub
```

La procédure *Sur_Chargement* est exécutée à l'ouverture du classeur. La variable *MonRuban* fait désormais référence au Ruban Excel.

```
'Callback for Bascule1 onAction
Sub Bascule1_Sur_Clic(control As IRibbonControl, pressed As ✄
 Boolean)
    Accueil_Masque = pressed
    MonRuban.Invalidate
End Sub
```

La procédure *Bascule1_Sur_Clic* est exécutée lorsque l'on clique sur le bouton bascule. La variable *pressed* contient l'état du bouton (`true` correspond à "enfoncé"). On affecte la valeur de la variable *pressed* à la variable booléenne de niveau module *Accueil_Masque*. Cette variable sera utilisée dans d'autres procédures du module.

La variable *MonRuban*, qui représente le Ruban, est de type `IRibbonUI`. Ce type d'objet possède deux méthodes :

- `Invalidate` spécifie que le Ruban doit être redessiné intégralement.
- `InvalidateControl` spécifie que le contrôle dont l'identifiant est fourni comme argument à la méthode doit être redessiné.

La méthode `Invalidate` permet ici de redessiner le Ruban, donc de prendre en compte la nouvelle valeur de l'attribut visible de l'onglet **Accueil**.

```
'Callback for Bascule1 getPressed
Sub Bascule1_Presse(control As IRibbonControl, ByRef returnedVal)
    returnedVal = Accueil_Masque
End Sub
```

Cette procédure, exécutée lorsque l'on clique sur le bouton bascule, permet de renvoyer une valeur qui spécifiera l'état du bouton : enfoncé ou non. Nous utiliserons donc la valeur stockée dans *Accueil_Masque*.

```
'Callback for TabHome getVisible
Sub Aff_Accueil(control As IRibbonControl, ByRef returnedVal)
    returnedVal = Not Accueil_Masque
End Sub
```

Cette procédure permet de spécifier la valeur de l'attribut visible de l'onglet **Accueil**. Nous utilisons la négation du contenu de *Accueil_Masque*. En effet, si *Accueil_Masque* vaut `true`, l'attribut visible doit être égal à `false`. Lors de l'exécution de la méthode `Invalidate` de la procédure *Bascule1_Sur_Clic*, l'onglet **Accueil** sera redessiné en tenant compte de cette nouvelle valeur.

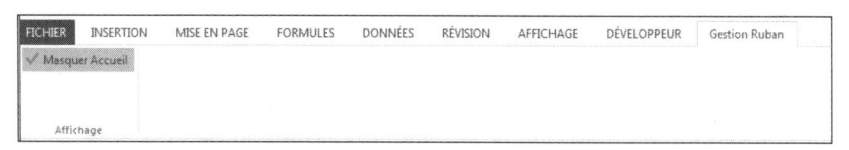

Figure 22.33 : L'onglet Accueil est masqué

Cas pratique : structure d'une application

Dans ce cas pratique, nous allons créer la structure d'une application fictive de statistiques commerciales. Elle offrira trois onglets :

- **Statistiques.** Il s'agit de réaliser deux types de statistiques (détaillées par secteur ou globales par commercial). Il est possible de spécifier la période à l'aide du groupe *Paramètres*. Une case à cocher permet d'afficher ou non le menu permettant de réaliser les statistiques par commercial.
- **Données.** Il s'agit de choisir les fichiers à mettre à jour.
- **Outils.** Cet onglet intègre des fonctions standard d'Excel.

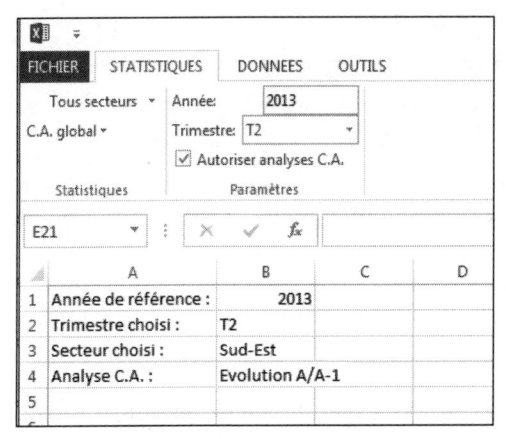

Figure 22.34 : Le Ruban personnalisé

Cette application ne comporte aucun des onglets standard d'Excel. Cela est possible par l'utilisation de l'attribut `startFromScratch` de la balise `<ribbon.../>`. En spécifiant la valeur `true` pour cet attribut, on peut construire notre Ruban personnalisé à partir de zéro.

Les actions se limiteront à l'inscription des valeurs choisies dans la feuille **Menu** du classeur. L'intérêt de ce cas pratique réside dans la construction du Ruban.

Programmation RibbonX

```
<customUI xmlns="http://schemas.microsoft.com/office/2009/07
✂ /customui"
onLoad="Sur_Chargement" >

<ribbon startFromScratch="true">
    <tabs>
        <tab id="tabStat" label="Statistiques">
            <group id="groupStat1" label="STATISTIQUES">
                <splitButton id="spbtStat1" >
```

```xml
            <button id="spbtStat1_Btn"
                getLabel="spbtStat1_Label"
                onAction="spbtStat1_Sur_Clic"
                screentip="Stat. détaillée par secteur" />
            <menu id="spbtStat1_Menu" >
                <button id="spbtStat1_Menu1"
                    getLabel="spbtStat1_Label"
                    onAction="spbtStat1_Sur_Clic" />
                <button id="spbtStat1_Menu2"
                    getLabel="spbtStat1_Label"
                    onAction="spbtStat1_Sur_Clic" />
                <button id="spbtStat1_Menu3"
                    getLabel="spbtStat1_Label"
                    onAction="spbtStat1_Sur_Clic" />
                <button id="spbtStat1_Menu4"
                    getLabel="spbtStat1_Label"
                    onAction="spbtStat1_Sur_Clic" />
            </menu>
        </splitButton>
        <menu id="menuStat1"
            getLabel="menuStat1_Label"
            getVisible="menuStat1_Visible"
            screentip="Stat. par commercial"    >
                <button id="menuStat1_Menu1"
                    getLabel="menuStat1_Label"
                    onAction="menuStat1_Sur_Clic" />
                <button id="menuStat1_Menu2"
                    getLabel="menuStat1_Label"
                    onAction="menuStat1_Sur_Clic" />
        </menu>
    </group>

    <group id="groupStat2" label="Paramètres">
        <editBox id="editAnnee"
            label="Année:"
            onChange="editAnnee_Change"
            getText="editAnnee_Defaut"/>
        <dropDown id="dropTrim"
            label="Trimestre:"
            onAction="dropTrim_Sur_Choix"
            getItemCount="dropTrim_Nb_Item"
            getItemLabel="dropTrim_Label_Item"
            getSelectedItemIndex="dropTrim_Defaut" />
        <checkBox id="chk_CA"
            label="Autoriser analyses C.A."
            onAction="chk_CA_Change"
            getPressed="chk_CA_Coche"/>
    </group>

</tab>

<tab id="tabDonnees" label="DONNEES">
```

```xml
            <group id="groupDonnees1" label="Mise à jour">
              <splitButton id="spbtDonnees1" >
                <button id="spbtDonnees1_Btn"
                  getLabel="spbtDonnees1_Label"
                  onAction="spbtDonnees1_Sur_Clic"
                  screentip="Mise à jour des fichiers" />
                <menu id="spbtDonnees1_Menu" >
                  <button id="spbtDonnees1_Menu1"
                    getLabel="spbtDonnees1_Label"
                    onAction="spbtDonnees1_Sur_Clic" />
                  <button id="spbtDonnees1_Menu2"
                    getLabel="spbtDonnees1_Label"
                    onAction="spbtDonnees1_Sur_Clic" />
                </menu>
              </splitButton>
            </group>
        </tab>

        <tab id="tabOutils" label="OUTILS">
            <group id="groupOutils1" label="Outils">
              <button idMso="FilePrintQuick" />
              <button idMso="FilePrint" />
              <button idMso="FilePrintPreview" />
              <button idMso="FileSave" />
            </group>
        </tab>
      </tabs>
    </ribbon>
</customUI>
```

Code VBA des procédures liées

Déclarations

```
Dim MonRuban As IRibbonUI
Dim Analyse_CA As Boolean
```

Sur chargement du classeur

```
Sub Sur_Chargement(ribbon As IRibbonUI)
    Set MonRuban = ribbon
    Analyse_CA = True
End Sub
```

Onglet Statistiques/Groupe Statistiques

```
Sub spbtStat1_Label(control As IRibbonControl, ByRef returnedVal)
    Select Case control.id
        Case "spbtStat1_Btn"
            returnedVal = "Tous secteurs"
        Case "spbtStat1_Menu1"
            returnedVal = "Nord-Est"
```

```
            Case "spbtStat1_Menu2"
                returnedVal = "Nord-Ouest"
            Case "spbtStat1_Menu3"
                returnedVal = "Sud-Est"
            Case "spbtStat1_Menu4"
                returnedVal = "Sud-Ouest"
        End Select

End Sub

Sub spbtStat1_Sur_Clic(control As IRibbonControl)
        Select Case control.id
            Case "spbtStat1_Btn"
                Secteur = "Tous secteurs"
            Case "spbtStat1_Menu1"
                Secteur = "Nord-Est"
            Case "spbtStat1_Menu2"
                Secteur = "Nord-Ouest"
            Case "spbtStat1_Menu3"
                Secteur = "Sud-Est"
            Case "spbtStat1_Menu4"
                Secteur = "Sud-Ouest"
        End Select
        ThisWorkbook.Worksheets("Menu").Range("B3").Value = Secteur
End Sub

Sub menuStat1_Visible(control As IRibbonControl, ByRef
⊱ returnedVal)
        returnedVal = Analyse_CA
End Sub
```

Le contrôle *menuStat2* est visible si la variable *Analyse_CA* vaut true. Elle est mise à jour à l'aide la case à cocher *chk_CA* du groupe *Paramètres*.

```
Sub menuStat1_Label(control As IRibbonControl, ByRef returnedVal)
        Select Case control.id
            Case "menuStat1"
                returnedVal = "C.A. global"
            Case "menuStat1_Menu1"
                returnedVal = "Evolution A/A-1"
            Case "menuStat1_Menu2"
                returnedVal = "Réalisé / Objectif"
        End Select
End Sub

Sub menuStat1_Sur_Clic(control As IRibbonControl)
        Select Case control.id
            Case "menuStat1_Menu1"
                Analyse = "Evolution A/A-1"
            Case "menuStat1_Menu2"
                Analyse = "Réalisé / Objectif"
        End Select
```

```
    ThisWorkbook.Worksheets("Menu").Range("B4").Value = Analyse
End Sub
```

Onglet Statistiques / Groupe Paramètres

```
Sub editAnnee_Defaut(control As IRibbonControl, ByRef returnedVal)
    returnedVal = CStr(Year(Date))
    ThisWorkbook.Worksheets("Menu").Range("B1").Value = Year(Date)
End Sub
```

L'année par défaut est l'année en cours.

```
Sub editAnnee_Change(control As IRibbonControl, text As String)
    ThisWorkbook.Worksheets("Menu").Range("B1").Value = Val(text)
End Sub
```

Lorsqu'une nouvelle valeur est saisie dans *editAnnee*, on la stocke dans la feuille *B1*.

```
Sub dropTrim_Nb_Item(control As IRibbonControl, ByRef returnedVal)
    returnedVal = ThisWorkbook.Worksheets("Paramètres")
    ✂ .Range("A2").Value
End Sub
```

Le nombre d'éléments de la zone de liste *dropTrim* se trouve dans la cellule *A2* de la feuille **Paramètres**.

```
Sub dropTrim_Label_Item(control As IRibbonControl, index As
✂ Integer, ByRef returnedVal)
    returnedVal = ThisWorkbook.Worksheets("Paramètres").Cells(3
    ✂ + index, 1).Value
End Sub
```

Le texte des éléments de la zone de liste *dropTrim* se trouve dans la colonne *A* de la feuille **Paramètres**.

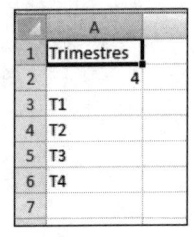

	A
1	Trimestres
2	4
3	T1
4	T2
5	T3
6	T4
7	

Figure 22.35 : Le paramétrage des éléments de la liste dropTrim

```
Sub dropTrim_Defaut(control As IRibbonControl, ByRef returnedVal)
    returnedVal = 0
    ThisWorkbook.Worksheets("Menu").Range("B2").Value = _
        ThisWorkbook.Worksheets("Paramètres").Cells(3 +
        ✂ returnedVal, 1).Value
End Sub
```

Le premier élément est sélectionné par défaut.

```
Sub dropTrim_Sur_Choix(control As IRibbonControl, id As String, _
    index As Integer)
    ThisWorkbook.Worksheets("Menu").Range("B2").Value = _
        ThisWorkbook.Worksheets("Paramètres").Cells(3 + index, 1) _
        .Value
End Sub
```

Il s'agit d'aller écrire, dans la feuille **Menu**, la valeur correspondant à l'élément choisi.

```
Sub chk_CA_Change(control As IRibbonControl, pressed As Boolean)
    Analyse_CA = pressed
    MonRuban.InvalidateControl ("menuStat1")
End Sub
```

À chaque modification de la case à cocher *chk_CA*, le menu **menuStat1** est redessiné pour tenir compte de la nouvelle valeur de *Analyse_CA* qui conditionne la valeur de son attribut *visible*.

```
Sub chk_CA_Coche(control As IRibbonControl, ByRef returnedVal)
    returnedVal = Analyse_CA
End Sub
```

Onglet Données/Groupe Mise à jour

```
Sub spbtDonnees1_Label(control As IRibbonControl, ByRef _
    returnedVal)
    Select Case control.id
        Case "spbtDonnees1_Btn"
            returnedVal = "Tout"
        Case "spbtDonnees1_Menu1"
            returnedVal = "Fichier Clients"
        Case "spbtDonnees1_Menu2"
            returnedVal = "Fichier C.A."
    End Select
End Sub
Sub spbtDonnees1_Sur_Clic(control As IRibbonControl)
    Select Case control.id
        Case "spbtDonnees1_Btn"
            MsgBox ("Tout mettre à jour")
        Case "spbtDonnees1_Menu1"
            MsgBox ("Mettre à jour le fichier clients")
        Case "spbtDonnees1_Menu2"
            MsgBox ("Mettre à jour le fichier C.A.")
    End Select
End Sub
```

22.2. Créer des barres de menus et des barres d'outils

Nous l'avons vu, le nouveau standard de l'interface utilisateur repose sur le Ruban et ses onglets. Pour autant, afin d'assurer notamment la compatibilité avec les développements réalisés avec les versions précédentes, il est possible de paramétrer les anciennes barres de menu et barres d'outils.

Elles seront alors affichées sous forme de groupes dans l'onglet **Compléments**.

Pour les gérer à l'aide de VBA, vous disposez de la collection `CommandBars` et `CommandBarsControls`.

Les barres de commande

La notion de barre de commande est un terme générique pour désigner les barres de menus et les barres d'outils.

Créer une barre de commande

Pour créer une barre de commande, utilisez la méthode `Add` de la collection `CommandBars`. La syntaxe est la suivante :

`CommandBars.Add(Nom,Position,Menu,Temporaire)`

- *Nom* : Nom de la barre de commande.
- *Position* : Position spécifiée à l'aide de constantes (`msoBarLeft` : à gauche, `msoBarTop` : en haut, `msoBarRight` : à droite, `msoBarBottom` : en bas, `msoBarFloating` : non ancrée, `msoBarPopup` : menu contextuel).
- *Menu* : Spécifie si la barre doit remplacer la barre de menu (valeur `True`).
- *Temporaire* : Spécifie si la barre de commande doit être supprimée à la fermeture du classeur (valeur `True`).

Supprimer une barre de commande

Pour supprimer une barre de commande, utilisez la méthode `Delete` de la collection `CommandBars`. La syntaxe est la suivante :

`CommandBars("ma barre").Delete`

ou

`Ma_Barre.Delete`

La première syntaxe identifie la barre à supprimer à l'aide de son nom. La deuxième suppose que la barre ait été au préalable référencée à l'aide d'une variable de type `CommandBar` :

`Set Ma_Barre = CommandBars("ma barre")`

Afficher une barre de commande

Lorsque vous créez une barre de commande, cette dernière n'est pas visible. Pour l'afficher utilisez sa propriété `Visible`.

`CommandBars("ma barre").Visible=True`

ou

`Ma_Barre.Visible=True`

La propriété `Enabled` permet de rendre inactive une barre d'outils. Lorsqu'elle a la valeur `False`, la barre de commande est considérée comme supprimée. La propriété `Visible` n'a alors plus d'effet.

Les contrôles

Lorsque vous créez une barre de commande, elle ne contient aucun contrôle. Vous devrez donc ajouter des contrôles pour la rendre opérationnelle.

Ajouter un contrôle

Pour ajouter un contrôle, vous devrez utiliser la propriété `Controls` de la barre de commande. Elle permet d'accéder à la collection `CommandBarControls`, afin d'y ajouter un élément à l'aide de la méthode `Add`.

`CommandBars("ma barre").Controls.Add(Type,Id,Parametre,`
`✂ Avant,Temporaire)`

ou

`Ma_Barre.Controls.Add(Type,Id,Parametre,Avant,Temporaire)`

- *Type* : Type du contrôle spécifié à l'aide de constantes (`msoControlButton` : bouton ou option de menu, `msoControlEdit` : zone de saisie, `msoControlDropdown` : zone de liste, `msoControlComboBox` : zone de liste modifiable ou `msoControlPopup` : menu).

- *Id* : Nombre entier qui spécifie un contrôle prédéfini. Si la valeur de l'argument est 1, ou si vous n'indiquez pas cet argument, un contrôle personnalisé vide du type précisé est alors ajouté à la barre de commande.

- *Parametre* : Pour les contrôles prédéfinis, cet argument est utilisé par l'application conteneur pour exécuter la commande. Dans le cas de contrôles personnalisés, vous pouvez utiliser cet argument pour envoyer des informations à des procédures Visual Basic ou stocker des informations relatives aux contrôles.

- *Avant* : Numéro qui indique la position du nouveau contrôle dans la barre de commande. Le nouveau contrôle s'insère avant celui qui occupe déjà cette position dans la barre. Si vous n'indiquez pas cet argument, le contrôle est ajouté à la fin de la barre de commande spécifiée.
- *Temporaire* : Permet de spécifier s'il s'agit d'un contrôle temporaire (valeur `True`). Ces contrôles sont automatiquement supprimés lors de la fermeture.

Supprimer un contrôle

Pour supprimer un contrôle, il convient de l'identifier puis d'utiliser la méthode `Delete`.

Ainsi, pour supprimer le premier contrôle de la barre *ma barre* :

```
CommandBars("ma barre").Controls(1).Delete
```

Associer une procédure à un contrôle

L'ajout d'un contrôle à une barre de commande n'a de sens que si ce dernier permet de déclencher une action lorsqu'on l'actionne (en cliquant dessus). Pour cela, il faut utiliser la propriété `OnAction` qui permet de spécifier la procédure à exécuter.

Dans l'exemple suivant, on crée un bouton en l'affectant à une variable de type `CommandBarControl`. On emploie ensuite cette variable pour définir la propriété `OnAction` du bouton.

```
Dim Ma_Barre As CommandBar
Dim Bouton As CommandBarButton

Set Ma_Barre = CommandBars("ma barre")

Set Bouton = Ma_Barre.Controls.Add(msoControlButton)
Bouton.OnAction = "Nom_Proc"
```

Modifier l'apparence d'un contrôle

Pour modifier l'apparence d'un contrôle, vous disposez de deux propriétés principales :

- `Caption` permet de spécifier le texte affiché par un menu (type de contrôle `msoControlPopup`) ou l'infobulle d'un bouton (type de contrôle `msoControlButton`).
- `FaceId` permet de spécifier le type d'image d'un bouton.

L'exemple suivant montre la création d'une barre d'outils puis l'ajout d'un menu et la mise à jour du texte du menu :

```
Dim Ma_Barre As CommandBar
Dim Menu As CommandBarPopup

Set Ma_Barre = CommandBars.Add("ma barre")

Set Menu = Ma_Barre.Controls.Add(msoControlPopup)
Menu.Caption = "Mon menu"
Ma_Barre.Visible = True
```

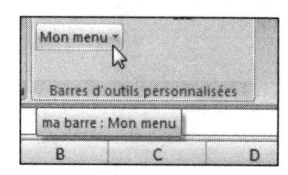

Figure 22.36 : Un menu dans une barre de commande

Obtenir les images correspondant aux valeurs de FaceId

La procédure suivante permet d'obtenir la liste des images, ainsi que le numéro correspondant (il y en a plus de 16 000) :

```
Sub Affiche_FaceId()
    Dim Ma_Barre As CommandBar
    Dim Bouton As CommandBarButton
    On Error Resume Next

    Set Ma_Barre = CommandBars.Add("ma barre", , False, True)

    Set Bouton = Ma_Barre.Controls.Add(msoControlButton)

    Application.ScreenUpdating = False

    Ligne = 1
    Num_FaceId = 0

    Do
        For Colonne = 1 To 10
            Num_FaceId = Num_FaceId + 1
            Bouton.FaceId = Num_FaceId
            Bouton.CopyFace

            If Err.Number <> 0 Then Exit Do

            ActiveSheet.Paste Cells(Ligne, Colonne + 1)
            Cells(Ligne, Colonne) = Num_FaceId
        Next Colonne

        Ligne = Ligne + 1
    Loop
```

```
    Ma_Barre.Delete

    Application.ScreenUpdating = True

End Sub
```

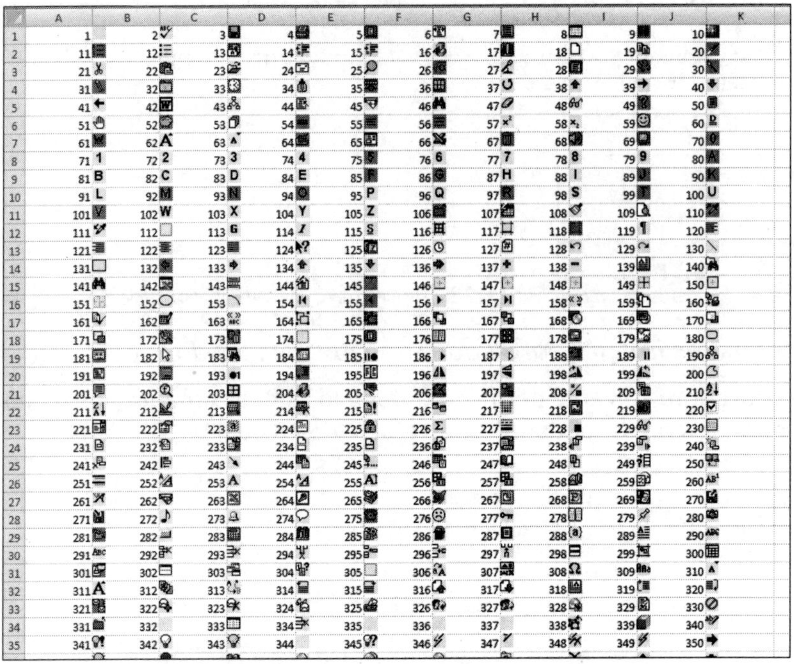

Figure 22.37 : Liste des images

TRAVAILLER AVEC D'AUTRES APPLICATIONS

Utiliser des fichiers texte 627
Communiquer avec Word 633
Communiquer avec Outlook 638
Accéder à des données à l'aide de la technologie ADO 644

Le niveau d'exigence des utilisateurs en matière de performances ne cesse de grandir. Il convient donc d'être capable de mobiliser le meilleur outil en fonction de l'opération à réaliser. C'est pourquoi il s'avère parfois nécessaire de faire appel à une autre application, afin de bénéficier de ses fonctionnalités spécifiques. Ainsi, il est peut être nécessaire de produire des courriers, auquel cas il sera nécessaire de faire appel à Word. L'envoi de messages électroniques rendra incontournable l'utilisation d'Outlook.

Il peut être intéressant d'utiliser les capacités de présentation d'Excel (graphiques par exemple) pour mettre en forme des données stockées dans une base de données. Pour cela, nous aborderons la technologie ADO (*ActiveX Data Objects*) qui permet d'établir des connexions à des bases de données, d'accéder aux tables, d'exécuter des requêtes SQL depuis Excel.

Dans un premier temps, nous traiterons de l'utilisation des bons vieux fichiers texte.

23.1. Utiliser des fichiers texte

À l'heure de la montée en puissance des formats de fichiers très élaborés, il peut paraître désuet d'évoquer les fichiers texte. Pour autant, ces fichiers rudimentaires ne doivent pas être relégués aux oubliettes. En effet, ils peuvent être utiles pour transférer des données entre deux applications dont les formats de données sont incompatibles. Ils sont également très utilisés pour réaliser des journaux d'activité, des comptes-rendus d'exécution...

Ouvrir un fichier texte

Pour ouvrir un fichier texte avec VBA, vous disposez de l'instruction `Open` dont la syntaxe est la suivante :

```
Open nom_fichier For mode As [#]numero
```

- *nom_fichier* : Expression de chaîne indiquant un nom de fichier incluant un nom de répertoire ou de dossier et un nom de lecteur.
- *mode* : Mot-clé indiquant le mode d'ouverture du fichier : `Append`, `Input` ou `Output`.
- *numero* : Numéro de fichier valide compris entre `1` et `511`, inclus.

Avant de pouvoir exécuter une opération sur un fichier, vous devez l'ouvrir. Si le fichier indiqué par l'argument *nom_fichier* n'existe pas, il est créé au moment où un fichier est ouvert en mode *Append* et *Output*.

Si vous ouvrez un fichier en mode *Output* et si un fichier portant ce nom existe déjà, ce dernier sera purement et simplement écrasé. En revanche, en spécifiant le mode *Append*, vous pouvez ajouter des informations à un fichier existant. Le mode Input permet quant à lui de lire des informations.

Si vous travaillez avec plusieurs fichiers, utilisez la fonction `FreeFile` pour obtenir le prochain numéro de fichier disponible.

Écrire des informations dans un fichier texte

Pour écrire des informations dans un fichier texte préalablement ouvert, vous disposez des instructions `Write #` et `Print #`. La différence entre elles réside dans la structure des données écrites. L'instruction `Write #` écrit des lignes de données séparées par des virgules. Les dates sont entourées de symbole dièse (#), les chaînes de caractères dont entourées de guillemets. L'instruction `Print` écrit des lignes dont les données sont structurées en colonnes, à l'aide d'espaces.

Syntaxe de l'instruction Write

`Write #numero, [liste_valeurs]`

- *numero* : Numéro de fichier valide.
- *liste_valeurs* : Une ou plusieurs expressions numériques ou expressions de chaîne délimitées par des séparateurs virgules. Argument facultatif.

Les données écrites à l'aide de l'instruction `Write #` sont généralement lues dans un fichier avec l'instruction `Input #`.

Si vous omettez l'argument *liste_valeurs* et si vous insérez un séparateur virgule après l'argument *numero*, une ligne vierge est imprimée dans le fichier.

Lorsque l'instruction `Write #` est utilisée pour écrire des données dans un fichier, certaines conventions universelles sont respectées afin que les données puissent être lues et correctement interprétées à l'aide de l'instruction `Input #`, quels que soient les paramètres régionaux :

- Les données numériques sont toujours écrites avec un point en tant que séparateur décimal.

- Pour les données de type *Boolean*, la valeur `#TRUE#` ou `#FALSE#` est imprimée. Les mots-clés `True` et `False` ne sont jamais traduits, quels que soient les paramètres régionaux.
- Les données de type *Date* sont écrites dans le fichier conformément au format de date universel.

Contrairement à l'instruction `Print #`, l'instruction `Write #` insère des virgules entre les éléments et des guillemets doubles de part et d'autre des chaînes de caractères au moment de leur écriture dans le fichier. Vous n'avez donc pas à placer de séparateurs explicites dans la liste. L'instruction `Write #` insère un caractère de passage à la ligne, c'est-à-dire un retour chariot ainsi qu'un saut de ligne (`Chr(13)` + `Chr(10)`), après l'écriture dans le fichier du dernier caractère contenu dans l'argument *liste_valeurs*.

Syntaxe de l'instruction Print

`Print #numero, [liste_valeurs]`

- *numero* : Numéro de fichier valide.
- *liste_valeurs* : Expression ou liste d'expressions à écrire. Argument facultatif.

Si l'argument *liste_valeurs* est omis, une ligne vide est écrite dans le fichier.

Si vous souhaitez lire ultérieurement un fichier à l'aide de l'instruction `Input #`, utilisez l'instruction `Write #` plutôt que l'instruction `Print #` pour écrire les données dans ce fichier. L'emploi de l'instruction `Write #` garantit l'intégrité de chaque champ de données grâce à une délimitation précise, de sorte que le fichier peut ensuite être relu à l'aide de l'instruction `Input #`. L'instruction `Write #` permet également une lecture correcte du fichier, quels que soient les paramètres régionaux.

L'instruction `Print #` doit être réservée à des cas particuliers, par exemple la nécessité d'utiliser des séparateurs particuliers. Dans la majorité des cas, l'instruction `Write #` est plus simple d'emploi et facilite la lecture des données avec `Input #`.

Lire des informations dans un fichier texte

Pour lire des informations depuis un fichier texte préalablement ouvert, vous disposez des instructions `Input #` et `Line Input #`. L'instruction `Input #` permet de lire des données selon l'ordre dans lequel elles ont été écrites avec l'instruction `Write #`, et de les stocker dans des variables. En revanche, l'instruction `Line Input #` lit la ligne entière dans une seule variable. C'est au code VBA d'effectuer le traitement visant à isoler chaque information.

Syntaxe de l'instruction Input

```
Input #numero, liste_var
```

- *numero* : Numéro de fichier valide.
- *liste_var* : Liste, délimitée par des virgules, de variables auxquelles sont attribuées les valeurs lues dans le fichier.

Lorsqu'elles sont lues, les chaînes de caractères ou les données numériques sont affectées aux variables sans être modifiées. Les autres données d'entrée sont traitées de la façon suivante :

- `#TRUE#` ou `#FALSE#` deviennent `True` ou `False`.
- `#aaaa-mm-jj hh:mm:ss#` devient la date et/ou l'heure représentées par l'expression.

Les éléments de données d'un fichier doivent apparaître dans le même ordre que les variables de l'argument *liste_var* et doivent correspondre à des variables possédant le même type de données. Si une variable est numérique et si les données ne le sont pas, la valeur zéro est attribuée à la variable.

Syntaxe de l'instruction Line input

```
Line Input # numero, variable
```

- *numero* : Numéro de fichier valide.
- *variable* : Nom de variable de type `Variant` ou `String`.

Cas pratique : journal d'utilisation d'un classeur Excel

Nous allons créer une procédure qui met à jour un fichier texte à chaque ouverture et à chaque fermeture d'un classeur. Les données inscrites dans le journal sont :

- l'action : **Ouverture** ou **Fermeture** ;
- le nom de l'utilisateur ;
- l'heure de l'action.

Pour cela, nous créerons d'abord la procédure *MAJ_Journal* :

```
Sub MAJ_Journal(Action As String, Utilisateur As String, Heure
↪ As Date)
    Fichier_Journal = ThisWorkbook.Path & "\Journal.txt"
```

```
    Num_Fichier = FreeFile
    Open Fichier_Journal For Append As #Num_Fichier
    Write #Num_Fichier, Action, Utilisateur, Heure
    Close #Num_Fichier
End Sub
```

Quelques explications sur cette procédure :

1 La variable *Fichier_Journal* contient le chemin d'accès au journal. Ici, le répertoire du classeur.

2 Le numéro de fichier est obtenu à l'aide de la fonction `FreeFile`.

3 Le journal est ouvert en mode Append pour pouvoir y ajouter des informations. Le fichier sera créé lors de la première utilisation.

4 On écrit, à l'aide de l'instruction `Write #`, les différentes informations transmises lors de l'appel de la procédure : *Action*, *Utilisateur* et *Heure*.

5 Le fichier est fermé.

Il faut maintenant faire en sorte que la procédure soit appelée à chaque ouverture et à chaque fermeture du classeur Pour cela, nous utiliserons les événements *Open* et *BeforeClose* de l'objet `Workbook` (classeur).

```
Private Sub Workbook_Open()
    Call MAJ_Journal("Ouverture", Application.UserName, Now)
End Sub
Private Sub Workbook_BeforeClose(Cancel As Boolean)
    Call MAJ_Journal("Fermeture", Application.UserName, Now)
End Sub
```

RENVOI Pour plus de détails sur la gestion des événements, reportez-vous au chapitre 18, *Gérer les événements d'Excel*.

Il s'agit de déclencher l'exécution de la procédure *MAJ_Journal*, définie précédemment, en lui fournissant l'intitulé de l'action, le nom de l'utilisateur (propriété `UserName` de l'objet `Application`) et l'heure (variable système `Now`) (voir fig. 23.1).

Nous allons définir une procédure qui lit puis affiche les informations contenues dans le journal et datant de moins de 3 jours :

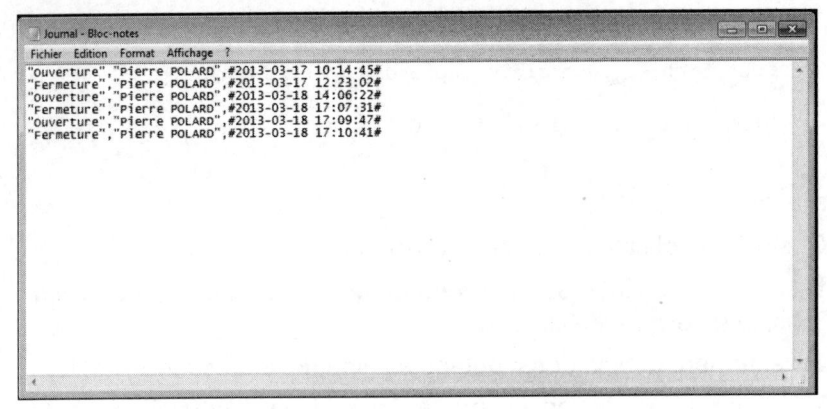

```
"Ouverture","Pierre POLARD",#2013-03-17 10:14:45#
"Fermeture","Pierre POLARD",#2013-03-17 12:23:02#
"Ouverture","Pierre POLARD",#2013-03-18 14:06:22#
"Fermeture","Pierre POLARD",#2013-03-18 17:07:31#
"Ouverture","Pierre POLARD",#2013-03-18 17:09:47#
"Fermeture","Pierre POLARD",#2013-03-18 17:10:41#
```

Figure 23.1 : Le journal mis à jour

```
Sub Lire_Journal()
    Dim Action As String
    Dim Utilisateur As String
    Dim Heure As Date
    Dim Message As String


    Fichier_Journal = ThisWorkbook.Path & "\Journal.txt"
    Num_Fichier = FreeFile

    Open Fichier_Journal For Input As #Num_Fichier

    Message = ""
    Do While Not EOF(Num_Fichier)
        Input #Num_Fichier, Action, Utilisateur, Heure

        If Heure > (Now - 3) Then _
            Message = Message & Action & " par " & Utilisateur & _
                " le " & Heure & vbCrLf
    Loop

    Close #Num_Fichier

    If Message <> "" Then MsgBox Message
End Sub
```

Quelques explications sur cette procédure :

1 La variable *Fichier_Journal* contient le chemin d'accès au journal.

2 Le numéro de fichier est obtenu à l'aide de la fonction `FreeFile`.

3 Le journal est ouvert en mode Input pour pouvoir lire des informations.

4 La variable *Message* est initialisée avec une chaîne vide.

5 Tant que la fin du fichier, détectée par la fonction `EOF`, n'est pas atteinte...

6 À l'aide de l'instruction `Input #`, on lit les informations du journal. Les informations de la ligne lue sont stockées dans les variables *Action*, *Utilisateur*, *Heure*.

7 On teste si l'action date de moins de 3 jours.

8 Si oui, la variable *Message* est mise à jour avec les informations lues précédemment. Vous noterez l'utilisation de `VbCrLf` pour forcer un passage à ligne.

> **RENVOI** Pour plus de détails sur l'affichage de messages à destination de l'utilisateur, reportez-vous au chapitre 20, *Utiliser les boîtes de dialogue*.

9 L'instruction `Loop` permet de terminer la boucle de lecture et d'aller lire la ligne suivante du journal.

10 On ferme le journal.

11 Si la variable *Message* n'est pas vide, elle est affichée à l'aide de `MsgBox`.

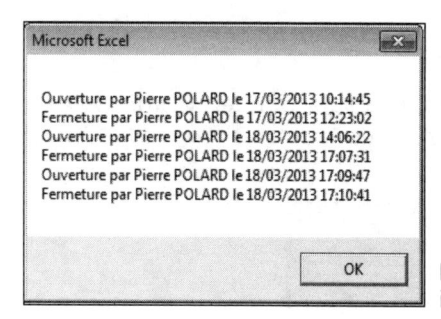

```
Microsoft Excel

Ouverture par Pierre POLARD le 17/03/2013 10:14:45
Fermeture par Pierre POLARD le 17/03/2013 12:23:02
Ouverture par Pierre POLARD le 18/03/2013 14:06:22
Fermeture par Pierre POLARD le 18/03/2013 17:07:31
Ouverture par Pierre POLARD le 18/03/2013 17:09:47
Fermeture par Pierre POLARD le 18/03/2013 17:10:41

                    OK
```

Figure 23.2 : Lecture et affichage des informations du journal

23.2. Communiquer avec Word

Nous allons voir comment Excel peut piloter Word. À partir d'une procédure stockée dans un classeur Excel, nous lancerons en effet Word, créerons un nouveau document, le compléterons avec des données présentes dans le classeur (un tableau et un graphique), l'enregistrerons et fermerons Word. Toutes ces opérations seront effectuées de façon transparente pour l'utilisateur (voir fig. 23.3).

Au préalable, il est toutefois nécessaire de faire référence à la bibliothèque d'objets de Word. Si vous ne le faites pas, vous ne pourrez pas accéder aux objets de Word depuis Excel.

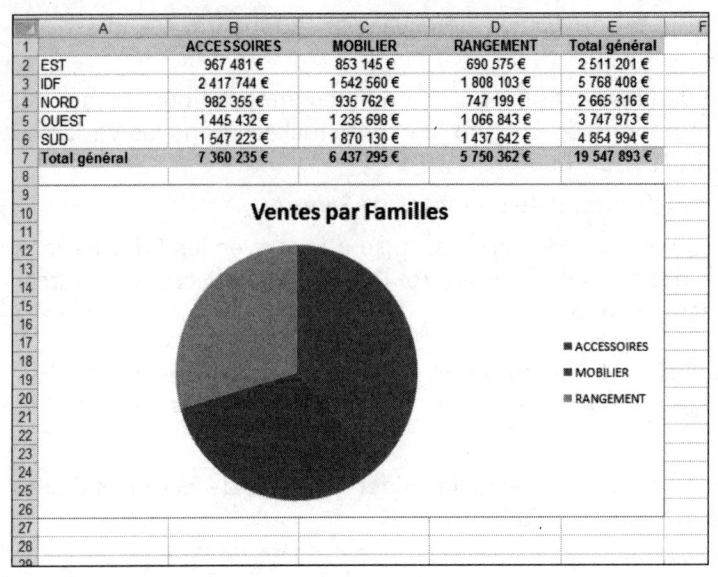

Figure 23.3 : Le contenu du classeur

Pour faire référence à la bibliothèque d'objets de Word :

1 Dans l'environnement VBE, sélectionnez la commande **Références** du menu **Outils**.

2 Dans la boîte de dialogue **Références**, sélectionnez *Microsoft Word 15.0 Object Library* pour Word 2013 et *Microsoft Word 14.0 Object Library* pour Word 2010.

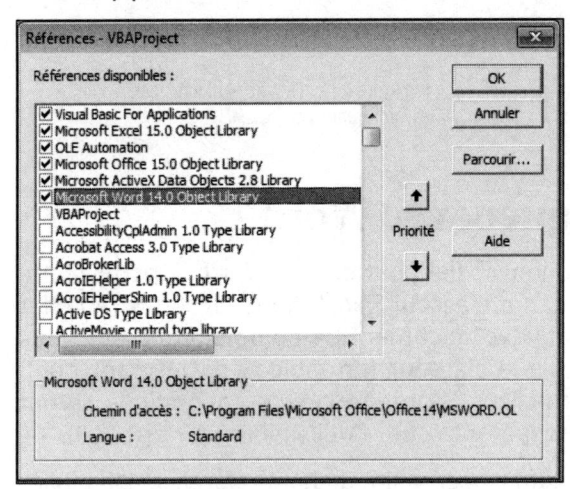

Figure 23.4 : Sélection de la bibliothèque d'objets Word

3 Validez par OK.

634 | 23. Travailler avec d'autres applications

> **Validité de la référence**
> Cette opération est valable uniquement pour le classeur en cours. Vous devrez la répéter pour chaque nouvelle application devant accéder aux objets Word.

Voici la procédure permettant de créer et de mettre à jour le document Word :

```
Sub Creer_Doc()
    Dim Mon_Word As New Word.Application
    Dim Mon_Doc As Word.Document
    Dim Plage As Range

    Set Mon_Doc = Mon_Word.Documents.Add

    With Mon_Word.Selection
        .TypeText "Rapport de Ventes"
        .HomeKey wdLine
        .EndKey wdLine, wdExtend
        .ParagraphFormat.Alignment = wdAlignParagraphCenter
        With .Font
            .Name = "Comic sans MS"
            .Size = 20
            .Bold = True
        End With
        .EndKey wdLine

        .TypeParagraph

        .TypeText "Document émis par " & Application.UserName
        .HomeKey wdLine
        .EndKey wdLine, wdExtend
        .ParagraphFormat.Alignment = wdAlignParagraphCenter
        With .Font
            .Name = "Arial"
            .Size = 12
            .Bold = False
        End With

        Range("A1:E7").Copy
        .EndKey wdLine
        .TypeParagraph
        .TypeParagraph

        .PasteSpecial , True, wdInLine, False

        ActiveSheet.ChartObjects("Graph_Familles").Select
        ActiveSheet.ChartObjects("Graph_Familles").Copy

        .TypeParagraph
```

```
        .TypeParagraph
        .Paste
    
    End With
    
    Mon_Doc.SaveAs ThisWorkbook.Path & "\Rapport Ventes 2012
    ↙ .docx"
    Mon_Doc.Close
    Mon_Word.Quit
    
    
    Set Mon_Doc = Nothing
    Set Mon_Word = Nothing

End Sub
```

Vous pourrez constater qu'un nouveau fichier, nommé *Rapport Ventes 2012.docx* a fait son apparition dans le répertoire du classeur Excel. Vous pouvez l'ouvrir avec Word.

Rapport de Ventes

Document émis par Pierre POLARD

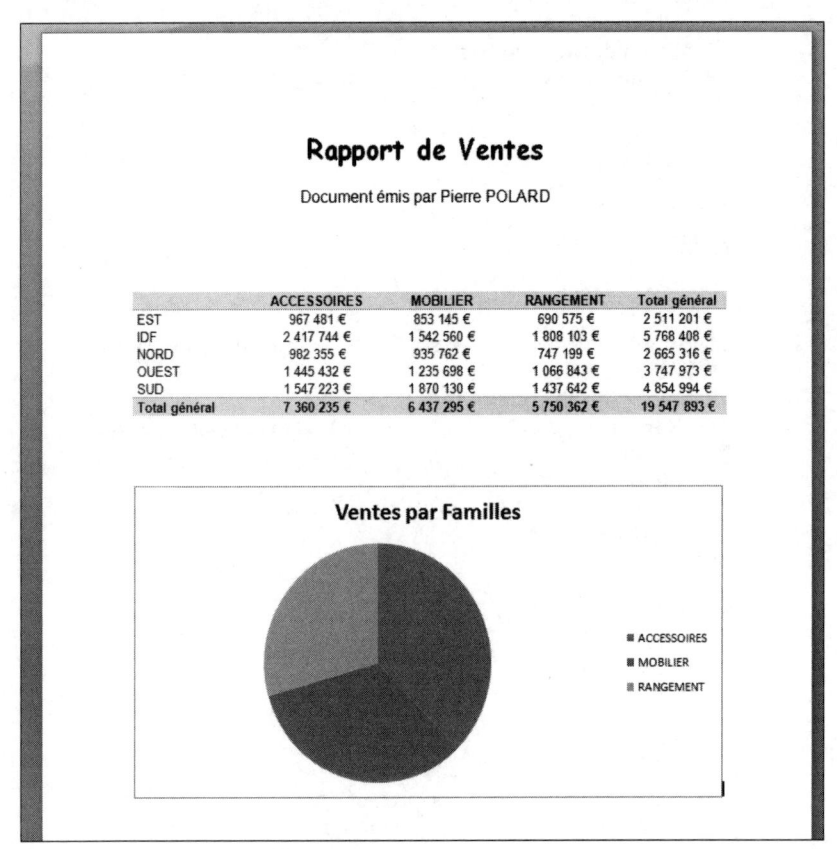

	ACCESSOIRES	MOBILIER	RANGEMENT	Total général
EST	967 481 €	853 145 €	690 575 €	2 511 201 €
IDF	2 417 744 €	1 542 560 €	1 808 103 €	5 768 408 €
NORD	982 355 €	935 762 €	747 199 €	2 665 316 €
OUEST	1 445 432 €	1 235 698 €	1 066 843 €	3 747 973 €
SUD	1 547 223 €	1 870 130 €	1 437 642 €	4 854 994 €
Total général	7 360 235 €	6 437 295 €	5 750 362 €	19 547 893 €

Ventes par Familles

- ACCESSOIRES
- MOBILIER
- RANGEMENT

Figure 23.5 : Le document Word mis à jour

Nous n'allons pas décrire ici le modèle d'objets de Word. Cela sort très largement du cadre de cet ouvrage. En revanche, nous allons apporter quelques précisions et commentaires sur la procédure *Créer_Doc* :

1 La variable *Mon_Word* est déclarée en tant qu'objet `Word`, de type `Application`. L'utilisation du mot-clé `New` crée une nouvelle instance de l'objet `Application Word`. En d'autres termes, cela revient à démarrer Word. La variable *Mon_Word* fait donc référence à l'application Word nouvellement ouverte.

2 La variable *Mon_Doc* est déclarée en tant qu'objet `Word` de type `Document`.

3 L'utilisation de la méthode `Add` de la collection `Documents` a pour effet de créer un nouveau document. La collection `Documents` représente en effet l'ensemble des documents ouverts dans Word. La variable *Mon_Doc* fait désormais référence à un nouveau document.

4 Il s'agit de travailler avec l'objet `Selection` qui représente la sélection en cours.

5 La méthode `Typetext` permet d'écrire dans le document actif. Ici, il s'agit du titre.

6 Les méthodes `HomeKey` et `EndKey` simulent l'utilisation des touches ⟵ et Fin.

7 Il s'agit de mettre le texte en forme (objets `ParagraphFormat` et `Font`).

8 La méthode `Typetext` permet d'écrire dans le document actif. Ici, il s'agit du nom de l'auteur.

9 Il s'agit de mettre le texte en forme (objets `ParagraphFormat` et `Font`).

10 La plage *A1 :E7* de la feuille active est copiée.

11 La méthode `TypeParagraph` permet de créer un nouveau paragraphe.

12 La méthode `PasteSpecial` permet d'effectuer un collage spécial en spécifiant si un lien doit être fait avec les données copiées, si les données collées doivent être positionnées dans le texte ou au-dessus et enfin si les données doivent être affichées sous forme d'icônes.

13 Il s'agit de sélectionner le graphique *Graph_Familles* inclus dans la feuille active.

> **RENVOI** Pour plus de détail sur la création de graphiques à l'aide de VBA, reportez-vous au chapitre 19, *Aller plus loin avec les feuilles de calcul*.

14 Le graphique est copié.

15 La méthode `TypeParagraph` permet de créer un nouveau paragraphe.

16 La méthode `Paste` permet de coller le graphique.

17 Le document est enregistré dans le même répertoire que le classeur actif, sous le nom *Rapport Ventes 2012.docx*.

18 Le document et l'application Word sont successivement fermés.

19 En affectant `Nothing` aux variables objets, on libère l'espace mémoire qui leur avait été attribué.

> **REMARQUE** — **Afficher Word**
> Si vous souhaitez voir l'application Word pendant le traitement, il suffit d'ajouter l'instruction suivante au début de la procédure :
> `Mon_Word.Visible = True`

23.3. Communiquer avec Outlook

Nous allons à présent aborder la communication avec une autre application Microsoft très classique. Il s'agit du logiciel de messagerie Outlook. Nous décrirons successivement comment créer et envoyer un message électronique puis comment planifier un rendez-vous.

Avant toute chose, il est toutefois nécessaire de faire référence à la bibliothèque d'objets d'Outlook.

Pour cela :

1 Dans l'environnement VBE, sélectionnez la commande **Références** du menu **Outils**.

2 Dans la boîte de dialogue **Références**, sélectionnez *Microsoft Outlook 14.0 Object Library* et *Microsoft Outlook Social Provider Extensibility* (voir fig. 23.6).

3 Validez par OK.

Une fois cette bibliothèque chargée, vous pouvez désormais accéder aux différents objets gérés par Outlook :

- `AppointmentItem` : Rendez-vous ;
- `ContactItem` : Contact ;
- `MailItem` : Message électronique ;
- `NoteItem` : Note ;

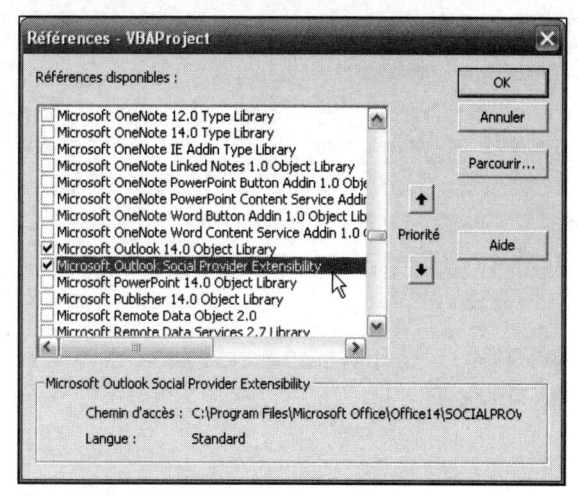

Figure 23.6 : Sélection des bibliothèques d'objets Outlook

- `TaskItem` : **Tâche**.

Créer et envoyer un courrier électronique

La procédure *E_Mail* permet de créer un message électronique, de compléter l'objet et le corps du message, de créer la liste des destinataires à partir d'une liste de contacts saisis dans la feuille **Destinataires**, puis de placer le classeur en pièce jointe du message.

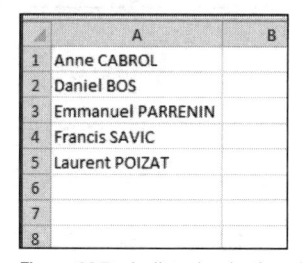

	A	B
1	Anne CABROL	
2	Daniel BOS	
3	Emmanuel PARRENIN	
4	Francis SAVIC	
5	Laurent POIZAT	
6		
7		
8		

Figure 23.7 : La liste des destinataires

> **REMARQUE** — **Liste des destinataires**
> La liste des destinataires doit contenir uniquement des noms de contacts présents dans le carnet d'adresses Outlook.

Le message ainsi créé est ensuite envoyé.

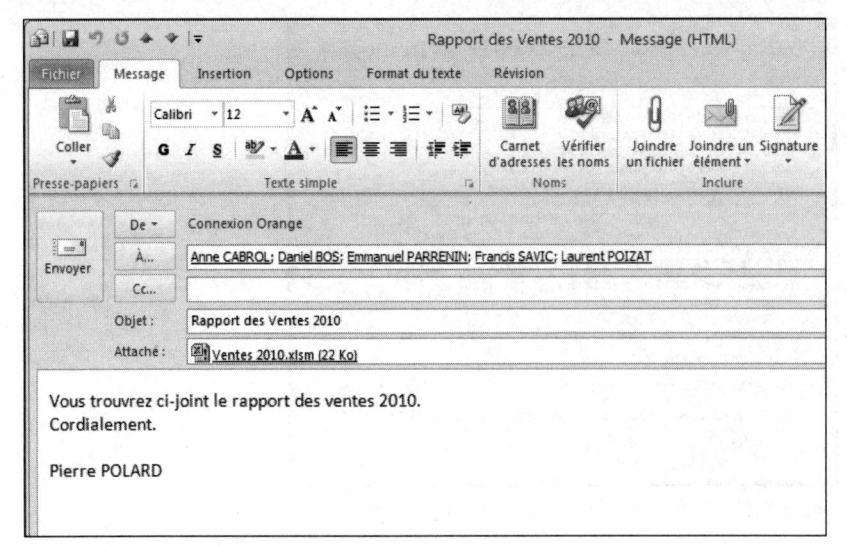

Figure 23.8 : Le message créé, prêt à être envoyé

> **Avertissements**
> Il est vraisemblable que, lors de l'exécution de la procédure, un message s'affiche vous informant qu'un programme tente d'accéder à Outlook et vous demande de confirmer l'action. C'est une protection pour éviter la diffusion automatique de certains virus.

Voici le code de la procédure *E_Mail* :

```
Sub E_Mail()
    Dim Mon_Outlook As New Outlook.Application
    Dim Mon_Message As Outlook.MailItem
    Dim Liste_Dest As Worksheet
    
    Set Liste_Dest = ThisWorkbook.Worksheets("Destinataires")
    
    Set Mon_Message = Mon_Outlook.CreateItem(olMailItem)
    
    With Mon_Message
        .Subject = "Rapport des Ventes 2012"
        .Body = "Vous trouvez ci-joint le rapport des ventes _
            2012." _
                & vbCrLf & "Cordialement." & vbCrLf & vbCrLf _
                & "Pierre POLARD"
        .BodyFormat = olFormatHTML
        
        Liste_Dest.Range("A1").Select
        Do While ActiveCell.Value <> ""
```

```
        .Recipients.Add (ActiveCell.Value)
        ActiveCell.Offset(1, 0).Select
    Loop

    .Attachments.Add ThisWorkbook.Path & "\" & ThisWorkbook _
        .Name

    .Send

End With

Mon_Outlook.Quit

Set Mon_Outlook = Nothing
Set Mon_Message = Nothing
Set Liste_Dest = Nothing

End Sub
```

Quelques explications sur cette procédure :

1 La variable *Mon_Outlook* est déclarée en tant qu'objet `Outlook`, de type `Application`. L'utilisation du mot-clé `New` crée une nouvelle instance de l'objet `Application Outlook`. En d'autres termes, cela revient à démarrer Outlook. La variable *Mon_Outlook* fait donc référence à l'application Outlook nouvellement ouverte.

2 La variable *Mon_Message* est déclarée en tant qu'objet `Outlook` de type `MailItem` (message électronique).

3 La variable *Liste_Dest* est déclarée en tant qu'objet `Worksheet` (feuille de calcul).

4 La variable *Liste_Dest* fait référence à la feuille de calcul **Destinataires** du classeur actif.

5 La méthode `CreateItem` permet de créer un objet Outlook du type spécifié. La variable *Mon_Message* fait donc référence à un nouveau message électronique.

6 Il s'agit de travailler avec l'objet *Mon_Message*.

7 la propriété `Subject` contient l'objet du message.

8 La propriété `Body` contient le corps du message.

9 La propriété `BodyFormat` permet de spécifier le format du corps de texte (HTML, texte brut…).

10 On sélectionne la cellule *A1* de la feuille **Destinataires**.

11 Tant que la cellule active n'est pas vide…

12 La méthode Add de la collection Recipients permet d'ajouter un nouveau destinataire au message. Son nom se trouve dans la cellule active.

13 On passe à la cellule suivante.

14 La méthode Add de la collection Attachments permet d'ajouter une nouvelle pièce jointe au message. Il s'agit ici de ce classeur, identifié par son chemin d'accès complet.

15 La méthode Send permet d'envoyer le message.

16 L'application Outlook est fermée.

17 En affectant Nothing aux variables objets, on libère l'espace mémoire qui leur avait été attribué.

Planifier un rendez-vous

La procédure suivante permet de réaliser une tâche très simple : planifier un rendez-vous dans le calendrier Outlook.

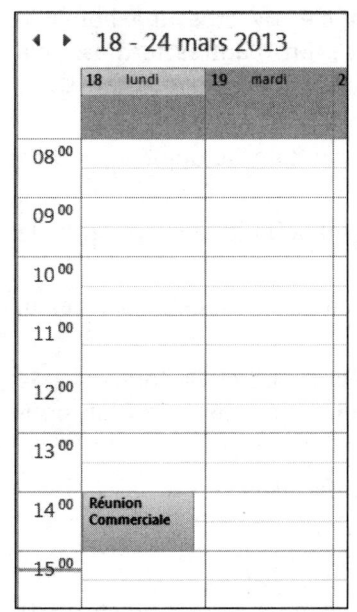

Figure 23.9 : Le rendez-vous planifié

Voici le code de la procédure *Rendez_vous* :

```
Sub Rendez_vous()
    Dim Mon_Outlook As New Outlook.Application
    Dim Mon_RDV As Outlook.AppointmentItem

    Set Mon_RDV = Mon_Outlook.CreateItem(olAppointmentItem)
```

```
With Mon_RDV
    .Subject = "Réunion Commerciale"
    .Categories = "Professionnel"
    .Start = DateSerial(2013, 3, 18) + TimeSerial(14, 0, 0)
    .Duration = 60
    .ReminderSet = True
    .Save
End With

Mon_Outlook.Quit

Set Mon_Outlook = Nothing
Set Mon_RDV = Nothing

End Sub
```

Quelques explications sur cette procédure :

1 La variable *Mon_Outlook* est déclarée en tant qu'objet Outlook, de type Application. L'utilisation du mot-clé New crée une nouvelle instance de l'objet Application Outlook. En d'autres termes, cela revient à démarrer Outlook. La variable *Mon_Outlook* fait donc référence à l'application Outlook nouvellement ouverte.

2 La variable *Mon_RDV* est déclarée en tant qu'objet Outlook de type AppointmentItem (rendez-vous).

3 La méthode CreateItem permet de créer un objet Outlook du type spécifié. La variable *Mon_RDV* fait donc référence à un rendez-vous.

4 Il s'agit de travailler avec l'objet *Mon_RDV*.

5 la propriété Subject contient l'objet du rendez-vous.

6 La propriété Categories contient les catégories auxquelles le rendez-vous a été affecté.

7 La propriété Start permet de spécifier la date et l'heure de début. Nous avons utilisé les fonctions DateSerial et TimeSerial qui renvoient respectivement une date et une heure.

8 La propriété Duration permet de spécifier la durée en minutes du rendez-vous.

9 La propriété ReminderSet permet de spécifier si le rendez-vous doit faire l'objet d'un rappel.

10 La méthode Save permet d'enregistrer le rendez-vous dans le calendrier.

11 L'application Outlook est fermée.

12 En affectant `Nothing` aux variables objets, on libère l'espace mémoire qui leur avait été attribué.

23.4. Accéder à des données à l'aide de la technologie ADO

ADO (ActiveX Data Objects) est une technologie d'accès aux données en mode Client-serveur. Cette technologie est privilégiée par Microsoft pour remplacer les technologies vieillissantes, notamment DAO (*Data Access Objects*). Elle permet d'accéder, de modifier et de mettre à jour par programme un grand nombre de sources de données via les interfaces système OLE DB. L'utilisation la plus fréquente d'ADO consiste à exécuter des requêtes sur une ou plusieurs tables d'une base de données relationnelle, à extraire et à afficher les résultats dans une application et, le cas échéant, à permettre aux utilisateurs de modifier les données et d'enregistrer ces modifications. ADO permet également d'effectuer d'autres opérations par programme :

- exécuter des requêtes SQL dans une base de données et afficher les résultats correspondants ;
- permettre aux utilisateurs d'examiner et modifier les données dans des tables de bases de données ;
- créer et réutiliser des commandes de base de données paramétrées ;
- créer dynamiquement une structure flexible appelée jeu d'enregistrements pour le stockage, la navigation et la manipulation des données.

Nous utiliserons la technologie ADO pour accéder à des données situées dans une base de données Access. Pour cela, il est toutefois conseillé de faire référence à la bibliothèque d'objets d'Outlook.

> **REMARQUE** **Bibliothèque d'objets Access**
> Il est parfaitement possible d'utiliser la bibliothèque d'objets Access, baptisée *Microsoft Access 15.0 Object Library* (ou *Microsoft Access 15.0 Object Library* pour Access 2010). Mais en règle générale, vous aurez surtout besoin de vous connecter aux données et non d'utiliser les fonctionnalités d'Access. C'est pourquoi il est plus performant d'utiliser ADO.

Pour cela :

1 Dans l'environnement VBE, sélectionnez la commande **Références** du menu **Outils**.

2 Dans la boîte de dialogue **Références**, sélectionnez *Microsoft ActiveX Data Objects 6.1 Library*.

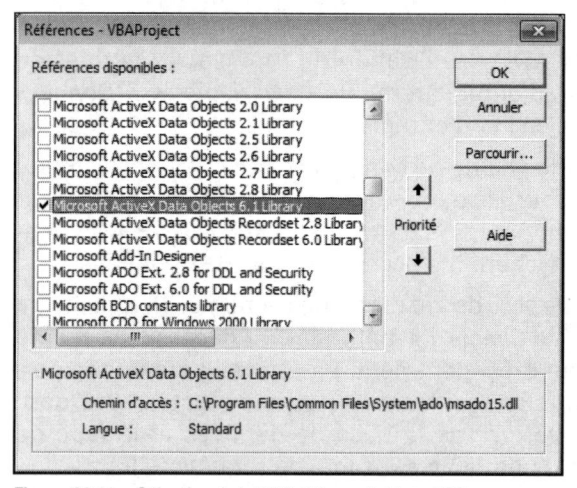

Figure 23.10 : Sélection de la bibliothèque d'objets ADO

3 Validez par OK.

Stocker dans une feuille de calcul les données d'une table ou d'un requête

Pour illustrer l'utilisation de la technologie ADO, nous allons établir une connexion à une base Access, située dans le même répertoire que le classeur Excel. Ensuite, nous accèderons à la table *Clients* dont nous copierons le contenu dans la feuille active.

Nous utiliserons la procédure *Copier_Table* :

```
Sub Copier_Table()
    Dim Mes_Donnees As New ADODB.Recordset

    Connexion = "Provider=Microsoft.ACE.OLEDB.12.0;" _
            & "Data Source=" & ThisWorkbook.Path & "\GesCom.accdb"

    Mes_Donnees.Open "Clients", Connexion, adOpenForwardOnly, _
            adLockReadOnly, adCmdTable

    If Mes_Donnees.RecordCount > 0 Then _
        ActiveSheet.Range("A1").CopyFromRecordset Mes_Donnees
```

```
Mes_Donnees.Close

   Set Mes_Donnees = Nothing
End Sub
```

Quelques explications sur cette procédure :

1. La variable *Mes_Données* est déclarée en tant qu'objet `ADODB`, de type `Recordset`. Il s'agit d'un jeu d'enregistrements (ensemble de données) au format ADO. L'utilisation du mot-clé `New` permet de créer un nouveau jeu d'enregistrements. La variable *Mes_Données* fait donc référence à ce jeu d'enregistrements.

2. Il s'agit ici de définir la chaîne de connexion ADO. Pour cela, il faut d'abord spécifier le fournisseur de données. Ici il s'agit du moteur OLEDB de Microsoft Access 12 (*Microsoft.ACE.OLEDB.12.0*). Ensuite, il faut fournir le chemin d'accès à la base de données.

3. À l'aide de la méthode `Open` du jeu d'enregistrements, il s'agit de lire les données de la table *Clients*. La méthode `Open` nécessite la chaîne de connexion définie précédemment. Les autres paramètres permettent de spécifier successivement le type de lecture des données, le mode d'ouverture de la base de données et le type de commande (lecture d'une table existante ou requête SQL).

4. À l'aide de la méthode `CopyFromRecordset` de l'objet `Range`, les informations contenues dans *Mes_Donnees* sont collées dans la feuille de calcul active, à partir de *A1*.

5. Le jeu d'enregistrements est fermé.

6. En affectant `Nothing` aux variables objets, on libère l'espace mémoire qui leur avait été attribué.

	A	B	C	D	E	F	G	H	I	J	K	L
1	ALFKI	Alfreds Futte	Maria Ander	Représentar	Obere Str. 5	Berlin		12209	Allemagne	030-0074321	030-0076545	
2	ANATR	Ana Trujillo	Ana Trujillo	Propriétaire	Avda. de la C	México D.F.		05021	Mexique	(5) 555-4729	(5) 555-3745	
3	ANTON	Antonio Mor	Antonio Mor	Propriétaire	Mataderos 2	México D.F.		05023	Mexique	(5) 555-3932		
4	AROUT	Around the	Thomas Harc	Représentar	120 Hanover	London		WA1 1DP	Royaume-Ur	(71) 555-7788	(71) 555-6750	
5	BERGS	Berglunds sr	Christina Ber	Acheteur	Berguvsväge	Luleå		S-958 22	Suède	0921-12 34 65	0921-12 34 67	
6	BLAUS	Blauer See D	Hanna Moos	Représentar	Forsterstr. 57	Mannheim		68306	Allemagne	0621-08460	0621-08924	
7	BLONP	Blondel père	Frédérique C	Directeur du	24, place Klé	Strasbourg		67000	France	03.88.60.15.3	03.88.60.15.32	
8	BOLID	Bólido Comi	Martín Som	Propriétaire	C/ Araquil, 6	Madrid		28023	Espagne	(91) 555 22 8	(91) 555 91 99	
9	BONAP	Bon app'	Laurence Le	Propriétaire	12, rue des B	Marseille		13008	France	04.91.24.45.4	04.91.24.45.41	
10	BOTTM	Bottom-Doll	Elizabeth Lin	Chef compta	23 Tsawasser	Tsawassen	BC	T2F 8M4	Canada	(604) 555-47;	(604) 555-3745	
11	BSBEV	B's Beverage	Victoria Ash	Représentar	Fauntleroy C	London		EC2 5NT	Royaume-Ur	(71) 555-1212		
12	CACTU	Cactus Comi	Patricio Sim	Assistant(e)	Cerrito 333	Buenos Aires		1010	Argentine	(1) 135-5555	(1) 135-4892	
13	CENTC	Centro come	Francisco Ch	Directeur du	Sierras de Gr	México D.F.		05022	Mexique	(5) 555-3392	(5) 555-7293	
14	CHOPS	Chop-suey C	Yang Wang	Propriétaire	Hauptstr. 29	Bern		3012	Suisse	0452-076545		
15	COMMI	Comércio Mi	Pedro Afons	Assistant(e)	Av. dos Lusía	São Paulo	SP	05432-043	Brésil	(11) 555-7647		
16	CONSH	Consolidated	Elizabeth Brc	Représentar	Berkeley Gardens 12 Brewery	London		WX1 6LT	Royaume-Ur	(71) 555-228;	(71) 555-9199	
17	DRACD	Drachenblut	Sven Ottlieb	Acheteur	Walserweg 2	Aachen		52066	Allemagne	0241-039123	0241-059428	
18	DUMON	Du monde e	Janine Labru	Propriétaire	67, rue des C	Nantes		44000	France	02.40.67.88.6	02.40.67.89.89	
19	EASTC	Eastern Conr	Ann Devon	Assistant(e)	35 King Geor	London		WX3 6FW	Royaume-Ur	(71) 555-029	(71) 555-3373	

Figure 23.11 : Les données de la table Clients ont été collées

Stocker dans une feuille de calcul le résultat d'une requête SQL

Dans l'exemple précédent, nous avons utilisé la technologie ADO pour accéder à une table d'une base Access. Nous aurions également pu accéder à une requête définies dans cette base. Nous allons à présent un peu plus loin en définissant dans notre code VBA une requête SQL (*Structured Query Language*) pour lire uniquement les données qui nous intéressent.

Quelques précisions sur SQL

Le langage SQL est un langage structuré d'interrogation et de gestion des bases de données relationnelles. Nous n'allons pas le décrire en détail. Sachez qu'il existe bon nombre d'ouvrages qui lui sont consacrés.

Toutefois, voici la description succincte de quelques mots-clés de ce langage largement répandu dans l'univers des bases de données.

- SELECT. Cette instruction permet d'extraire des données depuis une base de données. Elle crée un jeu d'enregistrements dont elle permet de spécifier les champs.
- FROM. La clause FROM est utilisée pour spécifier les tables ou requêtes dont les données sont extraites.
- WHERE. La clause WHERE permet de spécifier des critères sur les données.
- ORDER BY. La clause ORDER BY permet de trier les enregistrements en fonction des champs spécifiés selon l'ordre croissant (ASC) ou décroissant (DESC).
- GROUP BY. La clause GROUP BY permet de grouper des données selon un ou plusieurs champs.
- DELETE. Cette instruction permet de supprimer des données dans une base de données.
- UPDATE. Cette instruction permet de modifier des données dans une base de données.
- INSERT INTO. Cette instruction permet d'ajouter des données à une base de données.

Le code de la procédure

La procédure suivante effectue une requête sur une base de données Access. Il s'agit d'extraire, depuis la table *Produits*, la liste des produits (ainsi que leur prix) dont le prix unitaire est supérieur à la moyenne. Les données doivent être triées par ordre décroissant de prix :

```
Sub Requete_SQL()
    Dim Mes_Donnees As New ADODB.Recordset

    Connexion = "Provider=Microsoft.ACE.OLEDB.12.0;" _
            & "Data Source=" & ThisWorkbook.Path & "\GesCom.accdb"

    Sql = "SELECT Produits.[Nom du produit], Produits.[Prix
 unitaire] " _
            & "FROM Produits " _
            & "WHERE Produits.[Prix unitaire]>(SELECT AVG([Prix
 unitaire])
                From Produits) " _
            & "ORDER BY Produits.[Prix unitaire] DESC;"

    Mes_Donnees.Open Sql, Connexion, adOpenForwardOnly,
 adLockReadOnly, adCmdText

    ActiveSheet.Range("A1").CopyFromRecordset Mes_Donnees

    Mes_Donnees.Close

    Set Mes_Donnees = Nothing

End Sub
```

Quelques explications sur cette procédure :

1 La variable *Mes_Données* est déclarée en tant qu'objet `ADODB`, de type `Recordset`. Il s'agit d'un jeu d'enregistrements (ensemble de données) au format ADO. L'utilisation du mot-clé `New` permet de créer un nouveau jeu d'enregistrements. La variable *Mes_Données* fait donc référence à ce jeu d'enregistrements.

2 Il s'agit ici de définir la chaîne de connexion ADO. Pour cela, il faut d'abord spécifier le fournisseur de données. Ici, le moteur OLEDB de Microsoft Access 12 (*Microsoft.ACE.OLEDB.12.0*). Ensuite, il faut fournir le chemin d'accès à la base de données.

3 La variable *Sql* contient le code SQL de la requête. Il s'agit de sélectionner (`SELECT`) les noms des produits et les prix unitaires depuis (`FROM`) la table *Produits* en retenant uniquement les produits dont le prix est supérieur à la moyenne (`WHERE`). Les données sont triées (`ORDER BY`) par ordre décroissant (`DESC`) de prix.

4 À l'aide de la méthode `Open` du jeu d'enregistrements, il s'agit d'exécuter la requête. La méthode `Open` requiert le code SQL de la requête, ainsi que la chaîne de connexion définie précédemment.

Les autres paramètres permettent de spécifier successivement le type de lecture des données, le mode d'ouverture de la base de données et le type de commande (ici, une requête SQL).

5 À l'aide de la méthode `CopyFromRecordset` de l'objet `Range`, les informations contenues dans *Mes_Donnees* sont collées dans la feuille de calcul active, à partir de *A1*.

6 Le jeu d'enregistrements est fermé.

7 En affectant `Nothing` aux variables objets, on libère l'espace mémoire qui leur avait été attribué.

	A	B
1	Côte de Blaye	263,5
2	Thüringer Rostbratwurst	123,79
3	Mishi Kobe Niku	97
4	Sir Rodney's Marmalade	81
5	Carnarvon Tigers	62,5
6	Raclette Courdavault	55
7	Manjimup Dried Apples	53
8	Tarte au sucre	49,3
9	Ipoh Coffee	46
10	Rössle Sauerkraut	45,6
11	Vegie-spread	43,9
12	Schoggi Schokolade	43,9
13	Northwoods Cranberry Sauce	40
14	Alice Mutton	39
15	Gnocchi di nonna Alice	38
16	Queso Manchego La Pastora	38
17	Gudbrandsdalsost	36
18	Mozzarella di Giovanni	34,8
19	Camembert Pierrot	34
20	Wimmers gute Semmelknödel	33,25
21	Perth Pasties	32,8
22	Mascarpone Fabioli	32
23	Gumbär Gummibärchen	31,23
24	Ikura	31
25	Uncle Bob's Organic Dried Pears	30
26		

Figure 23.12 : Les données issues de la requête ont été collées

CHAPITRE 24

ANNEXES

Découvrir les nouveautés 653
Liste des fonctions 662
Raccourcis clavier 729

Dans un premier temps, vous pourrez découvrir ce qui change en matière de fonctions dans les versions 2010 et 2013. Les changements sont de trois ordres : des modifications d'appellation, des améliorations de la précision de calcul et de nouvelles fonctions.

Vous trouverez dans ce qui suit la liste des fonctions d'Excel, classées par catégories. Dans chaque catégorie, les fonctions sont triées par ordre alphabétique.

Vous trouverez également un inventaire des principaux raccourcis clavier.

24.1. Découvrir les nouveautés

Ces nouvelles versions d'Excel proposent des améliorations quant à la précisons de certaines fonctions. Certaines fonctions ont été renommées pour assurer une plus grande homogénéité dans leur dénomination. De nouvelles fonctions font également leur apparition.

Changements d'appellations

Depuis la version 2010 d'Excel, certaines fonctions statistiques ont été renommées pour être plus cohérentes avec les définitions de fonctions de la communauté scientifique et les autres noms de fonctions dans Excel. Les nouveaux noms des fonctions en décrivent également plus précisément la fonctionnalité. Par exemple, puisque la fonction CRITERE.LOI.BINOMIALE renvoie l'inverse de la distribution binomiale, elle est devenue LOI.BINOMIALE.INVERSE.

Pour ce qui est de la compatibilité descendante avec les versions précédentes d'Excel, les fonctions sont toujours disponibles sous leur ancien nom dans la catégorie *Fonctions de compatibilité* dans la boîte de dialogue **Insérer une fonction**.

Tableau 24.1 : Les fonctions statistiques renommées

Fonction renommée	Fonction de compatibilité
LOI.BETA.N	LOI.BETA
BETA.INVERSE.N	BETA.INVERSE
LOI.BINOMIALE.N	LOI.BINOMIALE
LOI.BINOMIALE.INVERSE	CRITERE.LOI.BINOMIALE
LOI.KHIDEUX.DROITE	LOI.KHIDEUX
LOI.KHIDEUX.INVERSE.DROITE	KHIDEUX.INVERSE

Tableau 24.1 : Les fonctions statistiques renommées

Fonction renommée	Fonction de compatibilité
CHISQ.TEST	TEST.KHIDEUX
INTERVALLE.CONFIANCE.NORMAL	INTERVALLE.CONFIANCE
COVARIANCE.PEARSON	COVARIANCE
LOI.EXPONENTIELLE.N	LOI.EXPONENTIELLE
LOI.F.DROITE	LOI.F
INVERSE.LOI.F.DROITE	INVERSE.LOI.F
F.TEST	TEST.F
LOI.GAMMA.N	LOI.GAMMA
LOI.GAMMA.INVERSE.N	LOI.GAMMA.INVERSE
LOI.HYPERGEOMETRIQUE.N	LOI.HYPERGEOMETRIQUE
LOI.LOGNORMALE.N	LOI.LOGNORMALE
LOI.LOGNORMALE.INVERSE.N	LOI.LOGNORMALE.INVERSE
MODE.SIMPLE	MODE
LOI.BINOMIALE.NEG.N	LOI.BINOMIALE.NEG
LOI.NORMALE.N	LOI.NORMALE
LOI.NORMALE.INVERSE.N	LOI.NORMALE.INVERSE
LOI.NORMALE.STANDARD.N	LOI.NORMALE.STANDARD
LOI.NORMALE.STANDARD.INVERSE.N	LOI.NORMALE.STANDARD.INVERSE
CENTILE.INCLURE	CENTILE
RANG.POURCENTAGE.INCLURE	RANG.POURCENTAGE
LOI.POISSON.N	LOI.POISSON
QUARTILE.INCLURE	QUARTILE
EQUATION.RANG	RANG
ECARTYPE.PEARSON	ECARTYPEP
ECARTYPE.STANDARD	ECARTYPE
LOI.STUDENT.BILATERALE	LOI.STUDENT
LOI.STUDENT.DROITE	LOI.STUDENT
LOI.STUDENT.INVERSE.BILATERALE	LOI.STUDENT.INVERSE
T.TEST	TEST.STUDENT
VAR.P.N	VAR.P
VAR.S	VAR
LOI.WEIBULL.N	LOI.WEIBULL
Z.TEST	TEST.Z

Fonctions améliorées

Depuis la version 2010 d'Excel, les algorithmes des fonctions suivantes ont été modifiés pour améliorer leur précision et leur performance. Par exemple, puisque la fonction LOI.BETA était inexacte, un nouvel algorithme a été implémenté pour améliorer la précision de cette fonction. La fonction MOD fait désormais appel à de nouveaux algorithmes dont l'utilisation se traduit par une précision et une vitesse accrues tandis que la fonction ALEA utilise maintenant un nouvel algorithme numérique aléatoire.

Tableau 24.2 : Les fonctions améliorées

Fonction améliorée	Catégorie
ASINH	Fonctions mathématiques et trigonométriques
LOI.BETA.N, LOI.BETA	Fonctions statistiques, fonctions de compatibilité
BETA.INVERSE.N, BETA.INVERSE	Fonctions statistiques, fonctions de compatibilité
LOI.BINOMIALE.N, LOI.BINOMIALE	Fonctions statistiques, fonctions de compatibilité
LOI.BINOMIALE.INVERSE, CRITERE.LOI.BINOMIALE	Fonctions statistiques, fonctions de compatibilité
LOI.KHIDEUX.INVERSE.DROITE, KHIDEUX.INVERSE	Fonctions statistiques, fonctions de compatibilité
CHISQ.TEST, TEST.KHIDEUX	Fonctions statistiques, fonctions de compatibilité
CONVERT	Fonctions d'ingénierie
CUMUL.INTER	Fonctions financières
CUMUL.PRINCPER	Fonctions financières
ERF	Fonctions d'ingénierie
ERFC	Fonctions d'ingénierie
LOI.F.DROITE, LOI.F	Fonctions statistiques, fonctions de compatibilité
INVERSE.LOI.F.DROITE, INVERSE.LOI.F	Fonctions statistiques, fonctions de compatibilité
FACTDOUBLE	Fonctions mathématiques et trigonométriques
LOI.GAMMA.N, LOI GAMMA	Fonctions statistiques, fonctions de compatibilité
LOI.GAMMA.INVERSE.N, LOI.GAMMA.INVERSE	Fonctions statistiques, fonctions de compatibilité

Tableau 24.2 : Les fonctions améliorées

Fonction améliorée	Catégorie
LNGAMMA	Fonctions statistiques
MOYENNE.GEOMETRIQUE	Fonctions statistiques
LOI.HYPERGEOMETRIQUE.N, LOI.HYPERGEOMETRIQUE	Fonctions statistiques, fonctions de compatibilité
COMPLEXE.LOG2	Fonctions d'ingénierie
COMPLEXE.PUISSANCE	Fonctions d'ingénierie
INTPER	Fonctions financières
TRI	Fonctions financières
DROITEREG	Fonctions statistiques
LOI.LOGNORMALE.N, LOI.LOGNORMALE	Fonctions statistiques, fonctions de compatibilité
LOI.LOGNORMALE.INVERSE.N, LOI.LOGNORMALE.INVERSE	Fonctions statistiques, fonctions de compatibilité
MOD	Fonctions mathématiques et trigonométriques
LOI.BINOMIALE.NEG.N, LOI.BINOMIALE.NEG	Fonctions statistiques, fonctions de compatibilité
LOI.NORMALE.N, LOI.NORMALE	Fonctions statistiques, fonctions de compatibilité
LOI.NORMALE.INVERSE.N, LOI.NORMALE.INVERSE	Fonctions statistiques, fonctions de compatibilité
LOI.NORMALE.STANDARD.N, LOI.NORMALE.STANDARD	Fonctions statistiques, fonctions de compatibilité
LOI.NORMALE.STANDARD.INVERSE.N, LOI.NORMALE.STANDARD.INVERSE	Fonctions statistiques, fonctions de compatibilité
VPM (En anglais)	Fonctions financières
PRINCPER	Fonctions financières
LOI.POISSON.N, LOI.POISSON	Fonctions statistiques, fonctions de compatibilité
ALEA	Fonctions mathématiques et trigonométriques
ECARTYPE.STANDARD, ECARTYPE	Fonctions statistiques, fonctions de compatibilité
LOI.STUDENT.DROITE, LOI.STUDENT	Fonctions statistiques, fonctions de compatibilité
LOI.STUDENT.BILATERALE	Fonctions statistiques
LOI.STUDENT.INVERSE.BILATERALE, LOI.STUDENT.INVERSE	Fonctions statistiques, fonctions de compatibilité

Tableau 24.2 : **Les fonctions améliorées**

Fonction améliorée	Catégorie
`VAR.S`, `VAR`	Fonctions statistiques, fonctions de compatibilité
`TRI.PAIEMENTS`	Fonctions financières

Nouvelles fonctions

Les fonctions suivantes ont été ajoutées à la bibliothèque de fonctions Excel. Ces fonctions peuvent être utilisées dans la version correspondante d'Excel, mais elles sont incompatibles avec les versions précédentes d'Excel.

Si vous devez assurer la compatibilité descendante, vous pouvez exécuter l'utilitaire **Vérificateur de compatibilité** afin d'apporter dans votre feuille de calcul les modifications requises et éviter ainsi les erreurs :

1 Cliquez sur le menu **Fichier**, puis sélectionnez la commande *Informations*.

2 Cliquez sur le bouton **Vérifier l'absence de problèmes**.

3 Sélectionnez *Vérifier la comptabilité*.

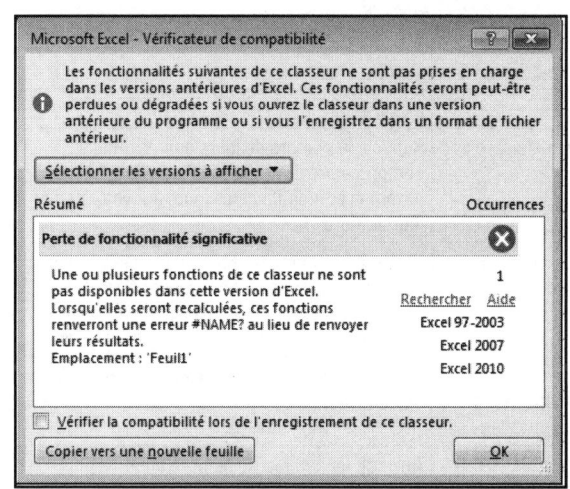

Figure 24.1 : Vérification de la compatibilité

En cliquant sur **Sélectionner les versions à afficher**, vous avez la possibilité de choisir les versions pour lesquelles s'effectue la vérification.

En cochant *Vérifier la compatibilité lors de l'enregistrement de ce classeur*, vous pouvez forcer la vérification à chaque enregistrement.

Enfin, en cliquant sur **Copier vers une nouvelle feuille**, le rapport de vérification est placé dans une feuille de calcul créée à cet effet dans le classeur.

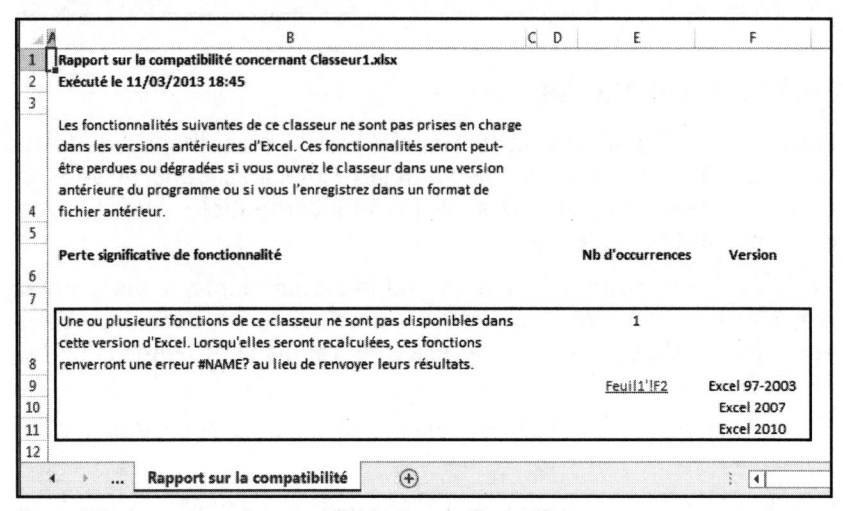

Figure 24.2 : Le rapport sur la comptabilité dans une feuille spécifique

Nouvelles fonctions d'Excel 2010

Tableau 24.3 : Les nouvelles fonctions d'Excel 2010

Nouvelle fonction	Catégorie	Descriptif
NB.JOURS.OUVRES.INTL	Fonctions de date et d'heure	Renvoie le nombre de jours ouvrés entiers compris entre deux dates à l'aide de paramètres identifiant les jours du week-end et leur nombre.
SERIE.JOUR.OUVRE.INTL	Fonctions de date et d'heure	Renvoie le numéro de série de la date avant ou après un nombre spécifié de jours ouvrés, en spécifiant des paramètres qui identifient et dénombrent les jours inclus dans le week-end.
AGREGAT	Fonctions mathématiques et trigonométriques	Renvoie un agrégat dans une liste ou une base de données.
ISO.PLAFOND	Fonctions mathématiques et trigonométriques	Arrondit un nombre au nombre entier le plus proche ou au multiple le plus proche de l'argument précision en s'éloignant de zéro.
LOI.KHIDEUX	Fonctions statistiques	Renvoie la fonction de densité de distribution de la probabilité suivant une loi bêta cumulée.

Tableau 24.3 : Les nouvelles fonctions d'Excel 2010

Nouvelle fonction	Catégorie	Descriptif
LOI.KHIDEUX.INVERSE	Fonctions statistiques	Renvoie la fonction de densité de distribution de la probabilité suivant une loi bêta cumulée.
INTERVALLE.CONFIANCE.STUDENT	Fonctions statistiques	Renvoie l'intervalle de confiance pour la moyenne d'une population, à l'aide d'une distribution t de Student.
COVARIANCE.STANDARD	Fonctions statistiques	Renvoie la covariance d'échantillon, moyenne des produits des écarts pour chaque paire de points de deux jeux de données.
LOI.F.N	Fonctions statistiques	Renvoie la distribution de probabilité F.
INVERSE.LOI.F.N	Fonctions statistiques	Renvoie l'inverse de la distribution de probabilité F.
MODE.MULTIPLE	Fonctions statistiques	Renvoie une matrice verticale des valeurs les plus fréquentes ou répétitives dans une matrice ou une plage de données.
CENTILE.EXCLURE	Fonctions statistiques	Renvoie le $k^{\text{ème}}$ centile des valeurs d'une plage, où k se trouve dans la plage comprise entre 0 et 1, exclues.
RANG.POURCENTAGE.EXCLURE	Fonctions statistiques	Renvoie le rang d'une valeur d'un jeu de données sous forme de pourcentage (valeurs 0 et 1, exclues).
QUARTILE.EXCLURE	Fonctions statistiques	Renvoie le quartile d'un jeu de données en fonction des valeurs du centile comprises entre 0 et 1, exclus.
MOYENNE.RANG	Fonctions statistiques	Renvoie le rang d'un nombre contenu dans une liste.
LOI.STUDENT.N	Fonctions statistiques	Renvoie la probabilité d'une variable aléatoire suivant la loi de t de Student.
LOI.STUDENT.INVERSE.N	Fonctions statistiques	Renvoie la valeur d'une variable aléatoire suivant la loi de t de Student, en fonction de la probabilité et du nombre de degrés de liberté.

Nouvelles fonctions d'Excel 2013

Tableau 24.4 : Les nouvelles fonctions d'Excel 2013

Nouvelle fonction	Catégorie	Descriptif
NO.SEMAINE.ISO	Fonctions de date et d'heure	Renvoie le numéro de la semaine ISO de l'année pour une date donnée.
PDUREE	Fonctions financières	Renvoie le nombre de périodes requises pour qu'un investissement atteigne une valeur spécifiée.

Tableau 24.4 : Les nouvelles fonctions d'Excel 2013

Nouvelle fonction	Catégorie	Descriptif
TAUX.INT.EQUIV	Fonctions financières	Renvoie un taux d'intérêt équivalent pour la croissance d'un investissement.
ESTFORMULE	Fonctions d'information	Vérifie s'il existe une référence à une cellule qui contient une formule et renvoie VRAI ou FAUX.
FEUILLE	Fonctions d'information	Renvoie le numéro de feuille de la feuille référencée.
FEUILLES	Fonctions d'information	Renvoie le nombre de feuilles dans une référence.
BITDECALD	Fonctions d'ingénierie	Renvoie un nombre décalé vers la droite du nombre de bits spécifié.
BITDECALG	Fonctions d'ingénierie	Renvoie un nombre décalé vers la gauche du nombre de bits spécifié.
BITET	Fonctions d'ingénierie	Renvoie une opération binaire ET de deux nombres.
BITOU	Fonctions d'ingénierie	Renvoie une opération binaire OU de deux nombres.
BITOUEXCLUSIF	Fonctions d'ingénierie	Renvoie une opération binaire XOU de deux nombres.
COMPLEXE.COSH	Fonctions d'ingénierie	Renvoie le cosinus hyperbolique d'un nombre complexe au format texte x+yi ou x+yj.
COMPLEXE.COT	Fonctions d'ingénierie	Retourne la cotangente d'un nombre complexe au format texte x+yi ou x+yj.
COMPLEXE.CSC	Fonctions d'ingénierie	Retourne la cosécante d'un nombre complexe au format texte x+yi ou x+yj.
COMPLEXE.SEC	Fonctions d'ingénierie	Retourne la sécante d'un nombre complexe au format texte x+yi ou x+yj.
COMPLEXE.SECH	Fonctions d'ingénierie	Retourne la sécante hyperbolique d'un nombre complexe au format texte x+yi ou x+yj.
COMPLEXE.SINH	Fonctions d'ingénierie	Retourne le sinus hyperbolique d'un nombre complexe au format texte x+yi ou x+yj.
COMPLEXE.TAN	Fonctions d'ingénierie	Retourne la tangente d'un nombre complexe au format texte x+yi ou x+yj.
OUX	Fonctions d'information	Renvoie un OU exclusif logique de tous les arguments.
SI.NON.DISP	Fonctions d'information	Renvoie la valeur que vous spécifiez si la formule retourne une valeur d'erreur #N/A ; dans le cas contraire retourne le résultat de la formule.
ACOT	Fonctions mathématiques et trigonométriques	Renvoie la valeur principale de l'arc cotangente, ou cotangente inverse, d'un nombre.

Tableau 24.4 : Les nouvelles fonctions d'Excel 2013

Nouvelle fonction	Catégorie	Descriptif
ACOTH	Fonctions mathématiques et trigonométriques	Renvoie la cotangente hyperbolique inverse d'un nombre.
BASE	Fonctions mathématiques et trigonométriques	Convertit un nombre en une représentation textuelle avec la base donnée.
CHIFFRE.ARABE	Fonctions mathématiques et trigonométriques	Convertit un chiffre romain en chiffre arabe.
COMBINA	Fonctions mathématiques et trigonométriques	Renvoie le nombre de combinaisons (avec répétitions) pour un nombre d'éléments donné.
COT	Fonctions mathématiques et trigonométriques	Renvoie la cotangente d'un angle spécifié en radians.
COTH	Fonctions mathématiques et trigonométriques	Renvoie la cotangente hyperbolique d'un angle hyperbolique.
CSC	Fonctions mathématiques et trigonométriques	Renvoie la cosécante d'un angle spécifié en radians.
CSCH	Fonctions mathématiques et trigonométriques	Renvoie la cosécante hyperbolique d'un angle spécifié en radians.
DECIMAL	Fonctions mathématiques et trigonométriques	Convertit une représentation textuelle d'un nombre dans une base donnée en nombre décimal.
MATRICE.UNITAIRE	Fonctions mathématiques et trigonométriques	Renvoie la matrice unitaire pour la dimension spécifiée.
PLAFOND.MATH	Fonctions mathématiques et trigonométriques	Arrondit un nombre au nombre entier supérieur le plus proche ou au multiple le plus proche de l'argument précision en s'éloignant de zéro.
PLANCHER.MATH	Fonctions mathématiques et trigonométriques	Arrondit un nombre au nombre entier inférieur le plus proche ou au multiple le plus proche de l'argument précision en tendant vers zéro.
SEC	Fonctions mathématiques et trigonométriques	Renvoie la sécante d'un angle.
SECH	Fonctions mathématiques et trigonométriques	Renvoie la sécante hyperbolique d'un angle.
FORMULETEXTE	Fonctions de recherche	Renvoie une formule sous forme de chaîne.

Tableau 24.4 : Les nouvelles fonctions d'Excel 2013

Nouvelle fonction	Catégorie	Descriptif
COEFFICIENT.ASYMETRIE.P	Fonctions statistiques	Renvoie l'asymétrie d'une distribution en fonction d'une population : la caractérisation du degré d'asymétrie d'une distribution par rapport à sa moyenne.
GAMMA	Fonctions statistiques	Renvoie la valeur de fonction gamma.
GAUSS	Fonctions statistiques	Calcule la probabilité qu'un membre d'une population normale standard se situe entre la moyenne et les z déviations standard par rapport à la moyenne.
LOI.BINOMIALE.SERIE	Fonctions statistiques	Renvoie la probabilité d'un résultat d'essai à l'aide d'une distribution binomiale.
PERMUTATIONA	Fonctions statistiques	Renvoie le nombre de permutations pour un nombre d'objets donné (avec répétitions) pouvant être sélectionnés à partir du nombre total d'objets.
PHI	Fonctions statistiques	Renvoie la valeur de la fonction de densité pour une distribution normale standard.
UNICAR	Fonctions texte	Renvoie le caractère Unicode référencé par la valeur numérique donnée.
UNICODE	Fonctions texte	Renvoie le nombre Unicode (point de code) qui correspond au premier caractère du texte.
VALEURNOMBRE	Fonctions texte	Convertit un texte en nombre en fonction des paramètres régionaux.

24.2. Liste des fonctions

Excel 2013 dispose de nombreuses fonctions (plus de trois cents) réparties en catégories :

- les fonctions de recherche et de référence ;
- les fonctions de texte ;
- les fonctions de date et d'heure ;
- les fonctions logiques ;
- les fonctions d'information ;
- les fonctions de base de données ;
- les fonctions mathématiques ;
- les fonctions statistiques ;

- les fonctions financières ;
- les fonctions d'ingénierie.

Les fonctions de recherche et référence

Les fonctions de recherche et référence traitent des problématiques telles que la détermination des adresses de cellules, la recherche de données dans des plages de cellules, le choix de valeurs parmi plusieurs possibilités, etc.

ADRESSE

`ADRESSE(no_lig;no_col;no_abs;a1;feuille_texte)`

Crée une adresse de cellule sous forme de texte, à partir des numéros de ligne et de colonne spécifiés.

CHOISIR

`CHOISIR(no_index;valeur1;valeur2;…)`

Utilise l'argument `no_index` pour renvoyer l'une des valeurs de la liste des arguments `valeur`. Recourez à la fonction `CHOISIR` pour sélectionner l'une des 29 valeurs possibles à partir du rang donné par l'argument `no_index`.

COLONNE

`COLONNE(référence)`

Renvoie le numéro de colonne de l'argument `référence` spécifié.

COLONNES

`COLONNES(tableau)`

Renvoie le nombre de colonnes d'une matrice ou d'une référence.

DECALER

`DECALER(réf;lignes;colonnes;hauteur;largeur)`

Renvoie une référence à une plage décalée d'un nombre déterminé de lignes et de colonnes par rapport à une cellule ou à une plage de cellules. La référence qui est renvoyée peut être une cellule unique ou une plage de cellules. Vous pouvez spécifier le nombre de lignes et de colonnes à renvoyer.

EQUIV

`EQUIV(valeur_cherchée;matrice_recherche;type)`

Renvoie la position relative d'un élément d'une matrice qui équivaut à une valeur spécifiée dans un ordre donné.

FORMULETEXTE

`FORMULETEXTE(référence)`

Renvoie une formule sous forme de chaîne.

INDEX

`INDEX(tableau;no_lig;no_col)`

`INDEX(réf.;no_lig;no_col;no_zone)`

Renvoie une valeur ou une référence à une valeur provenant d'un tableau ou d'une plage de valeurs. La fonction `INDEX` existe sous deux formes, matricielle et référentielle. La forme matricielle renvoie une valeur ou une matrice de valeurs, tandis que la forme référentielle renvoie une référence.

INDIRECT

`INDIRECT(réf_texte;a1)`

Renvoie la référence spécifiée par une chaîne de caractères. Les références sont immédiatement évaluées en vue de l'affichage de leur contenu.

LIEN_HYPERTEXTE

`LIEN_HYPERTEXTE(emplacement_lien;nom_convivial)`

Crée un raccourci permettant d'ouvrir un document stocké sur un serveur réseau, un réseau intranet ou sur Internet. Lorsque vous cliquez sur la cellule contenant la fonction `LIEN_HYPERTEXTE`, Excel ouvre le fichier stocké à l'adresse spécifiée.

LIGNE

LIGNE(référence)

Renvoie le numéro de ligne de l'argument référence spécifié.

LIGNES

LIGNES(référence)

Renvoie le nombre de lignes d'une matrice ou d'une référence.

LIREDONNEESTABCROISDYNAMIQUE

LIREDONNEESTABCROISDYNAMIQUE(champ_données,tableau_croisé_dyn, champ1,élément1,champ2,élément2,...)

Renvoie les données stockées dans un rapport de tableau croisé dynamique.

RECHERCHE

RECHERCHE(valeur_cherchée;vecteur_recherche;vecteur_résultat)

RECHERCHE(valeur_cherchée;tableau)

Renvoie une valeur provenant soit d'une plage à une ligne ou à une colonne, soit d'une matrice. La fonction RECHERCHE a deux formes de syntaxe, vectorielle et matricielle. La forme vectorielle cherche une valeur dans une plage à une ligne ou à une colonne (appelée *vecteur*) et renvoie une valeur à partir de la même position dans une seconde plage à une ligne ou à une colonne. La forme matricielle cherche la valeur spécifiée dans la première ligne ou colonne d'une matrice et renvoie une valeur à partir de la même position dans la dernière ligne ou colonne de la matrice.

RECHERCHEH

RECHERCHEH(valeur_cherchée,table_matrice,no_index_lig,valeur_proche)

Recherche une valeur dans la ligne supérieure d'une table ou d'une matrice de valeurs, puis renvoie une valeur, dans la même colonne, à partir d'une ligne que vous spécifiez dans la table ou la matrice.

RECHERCHEV

`RECHERCHEV(valeur_cherchée;table_matrice;no_index_col;valeur_proche)`

Recherche une valeur dans la colonne de gauche d'une table ou d'une matrice de valeurs, puis renvoie une valeur, dans la même ligne, d'une colonne que vous spécifiez dans la table ou la matrice.

TRANSPOSE

`TRANSPOSE(tableau)`

Renvoie une plage verticale de cellules sous forme de plage horizontale, ou vice versa.

ZONES

`ZONES(référence)`

Renvoie le nombre de zones dans une référence. Une zone se compose d'une plage de cellules adjacentes ou d'une cellule unique.

Les fonctions de texte

Bien qu'Excel soit avant tout dédié à la manipulation des chiffres, ce logiciel dispose d'un nombre important de fonctions destinées à traiter les chaînes de caractères, autrement dit du texte. Ces fonctions permettent, entre autres, de rechercher un mot dans un texte, de tronquer une chaîne de caractères, de convertir du texte en nombre, et inversement...

BAHTTEXT

`BAHTTEXT(nombre)`

Convertit un nombre en texte thaï et ajoute le suffixe « Baht » (monnaie thaïlandaise).

CAR

`CAR(nombre)`

Renvoie le caractère spécifié par un nombre.

CHERCHE

CHERCHE(texte_cherché;texte;no_départ)

Renvoie la position du caractère dans une chaîne correspondant au caractère recherché ou au premier caractère d'une chaîne de caractères recherchée. La recherche dans la chaîne débute au niveau du caractère que vous indiquez ou au début de la chaîne en l'absence d'indication. CHERCHE ne tient pas compte de la casse.

CNUM

CNUM(texte)

Convertit en nombre une chaîne de caractères représentant un nombre.

CODE

CODE(texte)

Renvoie le numéro de code du premier caractère du texte.

CONCATENER

CONCATENER (texte1;texte2;...)

Assemble plusieurs chaînes de caractères de façon à n'en former qu'une seule.

DEVISE

DEVISE(nombre, [décimales])

Cette fonction convertit un nombre en texte utilisant un format monétaire et l'arrondit au nombre de décimales spécifié. Le format utilisé est -# ##0,00 ;# ##0,00 .

CTXT

CTXT(nombre;décimales;no_séparateur)

Arrondit un nombre au nombre de décimales spécifié, lui applique le format décimal, à l'aide d'une virgule et d'espaces, et renvoie le résultat sous forme de texte.

DROITE

`DROITE(texte;no_car)`

Renvoie le(s) dernier(s) caractère(s) d'une chaîne de texte, en fonction du nombre de caractères spécifié.

EPURAGE

`EPURAGE(texte)`

Supprime tous les caractères de contrôle du texte.

EXACT

`EXACT(texte1;texte2)`

Compare deux chaînes de caractères et renvoie la valeur VRAI si elles sont identiques ou la valeur FAUX dans le cas contraire. EXACT respecte la casse (minuscules/majuscules) mais ne tient pas compte des différences de mise en forme.

FRANC

`FRANC(nombre;décimales)`

Convertit un nombre en texte selon un format monétaire et l'arrondit au nombre de décimales spécifié. Le format utilisé est -# ##0,00 F;# ##0,00 F.

GAUCHE

`GAUCHE(texte;no_car)`

Renvoie le(s) premier(s) caractère(s) d'une chaîne en fonction du nombre de caractères que vous spécifiez.

MAJUSCULE

`MAJUSCULE(texte)`

Convertit un texte en majuscules.

MINUSCULE

`MINUSCULE(texte)`

Convertit un texte en minuscules.

NBCAR

`NBCAR(texte)`

Renvoie le nombre de caractères contenus dans une chaîne. Les espaces sont comptés comme des caractères.

NOMPROPRE

`NOMPROPRE(texte)`

Met en majuscule la première lettre de chaque chaîne de caractères et toute lettre d'un texte qui suit un caractère non alphabétique. Les autres lettres sont converties en minuscules.

REMPLACER

`REMPLACER(ancien_texte;no_départ;no_car;nouveau_texte)`

Remplace une chaîne de caractères par une autre, en fonction du nombre de caractères spécifié.

REPT

`REPT(texte;no_fois)`

Répète un texte un certain nombre de fois.

STXT

`STXT(texte;no_départ;no_car)`

Renvoie un nombre donné de caractères extraits d'une chaîne à partir de la position que vous avez spécifiée, en fonction du nombre de caractères indiqué.

SUBSTITUE

`SUBSTITUE(texte;ancien_texte;nouveau_texte;no_position)`

Remplace un texte par nouveau texte dans une chaîne de caractères.

SUPPRESPACE

SUPPRESPACE(texte)

Supprime tous les espaces de texte à l'exception des espaces simples entre les mots.

T

T(valeur)

Renvoie le texte auquel l'argument valeur fait référence.

TEXTE

TEXTE(valeur;format_texte)

Convertit une valeur en texte selon un format de nombre spécifique.

TROUVE

TROUVE(texte_cherché;texte;no_départ)

Recherche une chaîne de caractères (texte_cherché) au sein d'une autre chaîne de caractères (texte) et renvoie la position de départ de l'argument texte_cherché, à partir du premier caractère du texte.

UNICAR

UNICAR(nombre)

Renvoie le caractère Unicode référencé par la valeur numérique donnée.

UNICODE

UNICODE(texte)

Renvoie le nombre Unicode (point de code) qui correspond au premier caractère du texte.

VALEURNOMBRE

VALEURNOMBRE(Texte, [séparateur_décimal], [séparateur_groupe])

Convertit un texte en nombre en fonction des paramètres régionaux.

Les fonctions de date et d'heure

ANNEE

`ANNEE(numéro_de_série)`

Renvoie l'année correspondant à une date, sous la forme d'un nombre entier dans la plage 1900-9999.

AUJOURDHUI

`AUJOURDHUI( )`

Renvoie le numéro de série de la date courante.

DATE

`DATE(année,mois,jour)`

Renvoie le numéro de série séquentiel qui représente une date particulière.

DATEVAL

`DATEVAL(date_texte)`

Renvoie le numéro de série de la date représentée par une chaîne de caractères.

FIN.MOIS

`FIN.MOIS(date_départ;mois)`

Renvoie le numéro de série du dernier jour du mois précédant ou suivant une date spécifiée du nombre de mois indiqué.

FRACTION.ANNEE

`FRACTION.ANNEE(date_début;date_fin;base)`

Calcule la fraction correspondant au nombre de jours séparant deux dates (la date de début et la date de fin) par rapport à une année complète.

HEURE

```
HEURE(numéro_de_série)
```

Renvoie l'heure correspondant à la valeur de l'heure fournie. L'heure est un nombre entier compris entre 0 (12:00 AM) et 23 (11:00 PM).

JOUR

```
JOUR(numéro_de_série)
```

Renvoie le jour du mois correspondant au code de date du jour spécifié. Ce jour est représenté sous la forme d'un nombre entier compris entre 1 et 31.

JOURS360

```
JOURS360(date_début;date_fin;méthode)
```

Renvoie le nombre de jours compris entre deux dates sur la base d'une année de 360 jours (12 mois de 30 jours). Fonction utilisée dans certains calculs comptables.

JOURSEM

```
JOURSEM(numéro_de_série;type_retour)
```

Renvoie le jour de la semaine correspondant à une date. Par défaut, le jour est donné sous forme d'un nombre entier compris entre 0 et 7.

MAINTENANT

```
MAINTENANT()
```

Donne le numéro de série de la date et de l'heure courantes.

MINUTE

```
MINUTE(numéro_de_série)
```

Renvoie les minutes correspondant à une valeur d'heure, sous la forme d'un nombre entier compris entre 0 et 59.

MOIS

`MOIS(numéro_de_série)`

Renvoie le mois d'une date représentée par le code de date du mois spécifié. Le mois est donné sous la forme d'un nombre entier compris entre `1` (janvier) et `12` (décembre).

MOIS.DECALER

`MOIS.DECALER(date_départ;mois)`

Renvoie le numéro de série qui représente la date correspondant à une date spécifiée, corrigée en plus ou en moins du nombre de mois indiqué.

NB.JOURS.OUVRES

`NB.JOURS.OUVRES(date_début;date_fin;jours_fériés)`

Renvoie le nombre de jours ouvrés entiers compris entre une date de début et une date de fin. Les jours ouvrés excluent les fins de semaine et toutes les dates identifiées comme des jours fériés.

NB.JOURS.OUVRES.INTL

`NB.JOURS.OUVRES.INTL(date_début, date_fin,[weekend],[jours_fériés])`

Renvoie le nombre de jours ouvrés entiers compris entre deux dates, à l'aide de paramètres identifiant les jours du week-end et leur nombre. Les jours du week-end et ceux qui sont désignés comme des jours fériés ne sont pas considérés comme des jours ouvrés.

NO.SEMAINE

`NO.SEMAINE(numéro_de_série;méthode)`

Renvoie le numéro d'ordre de la semaine dans l'année. (Nécessite la macro complémentaire *Utilitaire d'analyse.*)

NO.SEMAINE.ISO

`NO.SEMAINE.ISO(date)`

Renvoie le numéro de la semaine ISO de l'année pour une date donnée.

SECONDE

SECONDE(numéro_de_série)

Renvoie les secondes d'une valeur de temps, sous forme d'un nombre entier compris entre 0 et 59.

SERIE.JOURS.OUVRES

SERIE.JOURS.OUVRE(date_début;nb_jours;jours_fériés)

Renvoie un nombre qui représente une date correspondant à une date (date de début) plus ou moins le nombre de jours ouvrés spécifié. Les jours ouvrés excluent les fins de semaine et les dates identifiées comme des jours fériés. (Nécessite la macro complémentaire *Utilitaire d'analyse*.)

SERIE.JOURS.OUVRES.INTL

SERIE.JOURS.OUVRES(date_début;nb_jours;jours_fériés)

Renvoie le numéro de série d'une date située un nombre de jours ouvrés avant ou après une date donnée, avec des paramètres de week-end personnalisés. Les paramètres de week-end indiquent les jours de la semaine qui correspondent au week-end et leur nombre. Les jours correspondant au week-end et tous les jours spécifiés en tant que jours fériés ne sont pas considérés comme des jours ouvrés. (Ceci nécessite la macro complémentaire *Utilitaire d'analyse*.)

TEMPSVAL

TEMPSVAL(heure_texte)

Renvoie le nombre décimal de l'heure représentée par une chaîne de texte. Ce nombre décimal est une valeur comprise entre 0 et 0,99999999, cet intervalle représentant la plage horaire de 0:00:00 (12:00:00 AM) à 23:59:59 (11:59:59 PM).

Les fonctions logiques

ET

ET(valeur_logique1;valeur_logique2;...)

Renvoie VRAI si tous les arguments sont VRAI ; renvoie FAUX si au moins l'un des arguments est FAUX.

FAUX

`FAUX( )`

Renvoie la valeur logique FAUX.

NON

`NON(valeur_logique)`

Inverse la valeur logique de l'argument.

OU

`OU(valeur_logique1;valeur_logique2,...)`

Renvoie la valeur VRAI si un argument est VRAI et FAUX si tous les arguments sont FAUX.

OUX

`OUX(valeur_logique1;valeur_logique2,...)`

Renvoie la valeur VRAI si un seul des arguments est VRAI et FAUX dans les autres cas.

SI

`SI(test_logique;valeur_si_vrai;valeur_si_faux)`

Renvoie une valeur si la condition que vous spécifiez est VRAI et une autre si cette valeur est FAUX.

SI.NON.DISP

`SI.NON.DISP(valeur, valeur_if_na)`

Renvoie la valeur que vous spécifiez si la formule retourne une valeur d'erreur `#N/A` ; dans le cas contraire retourne le résultat de la formule.

VRAI

`VRAI( )`

Renvoie la valeur logique VRAI.

Les fonctions d'information

Ces fonctions permettent d'obtenir des informations sur le contenu des cellules, par exemple de déterminer si une cellule est vide, si elle contient du texte, un message d'erreur...

CELLULE

`CELLULE(type_info;référence)`

Renvoie des informations sur la mise en forme, la position ou le contenu de la cellule supérieure gauche d'une référence.

EST.IMPAIR

`EST.IMPAIR(nombre)`

Renvoie la valeur VRAI si le nombre spécifié est impair et FAUX s'il est pair.

EST.PAIR

`EST.PAIR(nombre)`

Renvoie la valeur VRAI si le nombre spécifié est pair et FAUX s'il est impair.

ESTERR

`ESTERR(valeur)`

Renvoie la valeur VRAI si l'argument fait référence à l'un des messages d'erreur, à l'exception de #N/A.

ESTERREUR

`ESTERREUR(valeur)`

Renvoie la valeur VRAI si l'argument fait référence à l'un des messages d'erreur (#N/A, #VALEUR!, #REF!, #DIV/0!, #NOMBRE!, #NOM? ou #NULL!).

ESTFORMULE

`ESTFORMULE(référence)`

Vérifie s'il existe une référence à une cellule qui contient une formule et renvoie VRAI ou FAUX.

ESTLOGIQUE

`ESTLOGIQUE(valeur)`

Renvoie la valeur `VRAI` si l'argument fait référence à une valeur logique.

ESTNA

`ESTNA(valeur)`

Renvoie la valeur `VRAI` si l'argument fait référence au message d'erreur `#N/A` (valeur non disponible).

ESTNONTEXTE

`ESTNONTEXTE(valeur)`

Renvoie la valeur `VRAI` si l'argument fait référence à tout élément qui n'est pas du texte ou à une cellule vide.

ESTNUM

`ESTNUM(valeur)`

Renvoie la valeur `VRAI` si l'argument fait référence à un nombre.

ESTREF

`ESTREF(valeur)`

Retourne la valeur `VRAI` si l'argument renvoie à une référence de cellule ou de plage de cellules.

ESTTEXTE

`ESTTEXTE(valeur)`

Renvoie la valeur `VRAI` si l'argument fait référence à du texte.

ESTVIDE

`ESTVIDE(valeur)`

Renvoie la valeur `VRAI` si l'argument fait référence à une cellule vide.

FEUILLE

`FEUILLE(valeur)`

Renvoie le numéro de feuille de la feuille référencée.

FEUILLES

`FEUILLES(référence)`

Renvoie le nombre de feuilles dans une référence.

INFORMATIONS

`INFORMATIONS(no_type)`

Renvoie des informations sur l'environnement d'exploitation en cours.

N

`N(valeur)`

Renvoie une valeur convertie en nombre.

NA

`NA( )`

Renvoie le message d'erreur `#N/A` (aucune valeur n'est disponible).

NB.VIDE

`NB.VIDE(plage)`

Compte le nombre de cellules vides à l'intérieur d'une plage de cellules spécifiée.

TYPE

`TYPE(valeur)`

Renvoie le type de valeur.

TYPE.ERREUR

TYPE.ERREUR(valeur)

Renvoie un nombre correspondant à l'un des messages d'erreur de Microsoft Excel ou #N/A s'il n'y a pas d'erreur.

Les fonctions de base de données

BDECARTYPE

BDECARTYPE(base de données;champ;critères)

Calcule l'écart type d'une population sur la base d'un échantillon, en utilisant les valeurs contenues dans la colonne d'une liste ou d'une base de données qui répondent aux conditions spécifiées.

BDECARTYPEP

BDECARTYPEP(base de données;champ;critères)

Calcule l'écart type d'une population en prenant en compte toute la population et en utilisant les valeurs contenues dans la colonne d'une liste ou d'une base de données qui répondent aux conditions spécifiées.

BDLIRE

BDLIRE(base de données;champ;critères)

Extrait une seule valeur répondant aux conditions spécifiées à partir d'une colonne d'une liste ou d'une base de données.

BDMAX

BDMAX(base de données;champ;critères)

Renvoie le plus grand nombre de valeurs de la colonne d'une liste ou d'une base de données qui répondent aux conditions spécifiées.

BDMIN

BDMIN(base de données;champ;critères)

Renvoie le plus petit nombre de valeurs de la colonne d'une liste ou d'une base de données qui répondent aux conditions spécifiées.

BDMOYENNE

```
BDMOYENNE(base de données;champ;critères)
```

Fait la moyenne des valeurs contenues dans la colonne d'une liste ou d'une base de données qui répondent aux conditions spécifiées.

BDNB

```
BDNB(base de données;champ;critères)
```

Compte les cellules présentes dans la colonne d'une liste ou d'une base de données qui contiennent des nombres répondant aux conditions spécifiées.

BDNBVAL

```
BDNBVAL(base de données;champ;critères)
```

Compte les cellules non vides contenues dans la colonne d'une liste ou d'une base de données qui répondent aux conditions spécifiées.

BDPRODUIT

```
BDPRODUIT(base de données;champ;critères)
```

Multiplie les valeurs contenues dans la colonne d'une liste ou d'une base de données qui répondent aux conditions spécifiées.

BDSOMME

```
BDSOMME(base de données;champ;critères)
```

Additionne les valeurs contenues dans la colonne d'une liste ou d'une base de données qui répondent aux conditions spécifiées.

BDVAR

```
BDVAR(base de données;champ;critères)
```

Calcule la variance d'une population sur la base d'un échantillon, en utilisant les valeurs contenues dans la colonne d'une liste ou d'une base de données qui répondent aux conditions spécifiées.

BDVARP

`BDVARP(base de données;champ;critères)`

Calcule la variance d'une population en prenant en compte toute la population et en utilisant les valeurs contenues dans la colonne d'une liste ou d'une base de données qui répondent aux conditions spécifiées.

Les fonctions mathématiques

Les fonctions mathématiques se divisent en plusieurs catégories :

- les fonctions trigonométriques (sinus, cosinus, tangente et fonctions réciproques) ;
- les fonctions hyperboliques (sinus hyperbolique, cosinus hyperbolique, tangente hyperbolique et fonctions réciproques) ;
- les fonctions logarithmiques et de puissance ;
- les fonctions d'arrondi ;
- les fonctions liées aux matrices.

ABS

`ABS(nombre)`

Renvoie la valeur absolue d'un nombre. La valeur absolue d'un nombre est le nombre sans son signe.

ACOS

`ACOS(nombre)`

Renvoie l'arc cosinus d'un nombre. L'arc cosinus, ou inverse du cosinus, est l'angle dont le cosinus est le nombre spécifié. L'angle renvoyé, exprimé en radians, est compris entre 0 et π.

ACOSH

`ACOSH(nombre)`

Renvoie le cosinus hyperbolique inverse du nombre spécifié qui doit être supérieur ou égal à 1.

ACOT

ACOT(nombre)

Renvoie la valeur principale de l'arc cotangente, ou cotangente inverse, d'un nombre.

ACOTH

ACOTH(nombre)

Renvoie la cotangente hyperbolique inverse d'un nombre.

AGREGAT

AGREGAT(no_fonction,options,réf1,[réf2],…)

Renvoie un agrégat dans une liste ou une base de données.

La fonction AGREGAT règle les problèmes de limitation propres à la mise en forme conditionnelle. Les barres de données, les jeux d'icônes et les nuances de couleurs ne peuvent afficher la mise en forme conditionnelle en présence d'erreurs dans la plage. Ceci est dû au fait que les fonctions MIN, MAX et CENTILE ne peuvent pas produire de calculs en présence d'une erreur dans la plage de calculs. Pour les mêmes raisons, les fonctions GRANDE, PETITE et ECARTYPEP ont également une influence sur la fonctionnalité correcte de certaines règles de mise en forme conditionnelle. En utilisant AGREGAT, vous pouvez appliquer ces fonctions, car les erreurs seront ignorées. En outre, la fonction AGREGAT peut appliquer diverses fonctions d'agrégation à une liste ou à une base de données en proposant l'option d'ignorer les lignes masquées et les valeurs d'erreur.

ALEA

ALEA()

Renvoie un nombre aléatoire supérieur ou égal à 0 et inférieur à 1. Un nouveau nombre aléatoire est renvoyé chaque fois que la feuille de calcul est recalculée.

ALEA.ENTRE.BORNES

ALEA.ENTRE.BORNES(min;max)

Renvoie un nombre aléatoire situé dans l'intervalle spécifié. Un nouveau nombre aléatoire est renvoyé à chaque fois que la feuille de calcul est recalculée. (Nécessite la macro complémentaire *Utilitaire d'analyse*.)

ARRONDI

ARRONDI(nombre;no_chiffres)

Arrondit un nombre au nombre de chiffres indiqué.

ARRONDI.AU.MULTIPLE

ARRONDI.AU.MULTIPLE(nombre;multiple)

Donne l'arrondi d'un nombre au multiple spécifié. (Nécessite la macro complémentaire *Utilitaire d'analyse*.)

ARRONDI.INF

ARRONDI.INF(nombre;no_chiffres)

Arrondit un nombre en tendant vers 0.

ARRONDI.SUP

ARRONDI.SUP(nombre;no_chiffres)

Arrondit un nombre en s'éloignant de 0.

ASIN

ASIN(nombre)

Renvoie l'arc sinus, ou le sinus inverse, d'un nombre. L'arc sinus est l'angle dont le sinus est le nombre spécifié. L'angle renvoyé, exprimé en radians, est compris entre $-\pi/2$ et $\pi/2$.

ASINH

ASINH(nombre)

Renvoie le sinus hyperbolique inverse d'un nombre. Le sinus hyperbolique inverse est la valeur dont le sinus hyperbolique est l'argument nombre, de sorte que ASINH(SINH(nombre)) égale nombre.

ATAN

ATAN(nombre)

Renvoie l'arc tangente, ou la tangente inverse, d'un nombre. L'arc tangente est l'angle dont la tangente est le nombre spécifié. L'angle renvoyé, exprimé en radians, est compris entre $-\pi/2$ et $\pi/2$.

ATAN2

ATAN2(no_x;no_y)

Renvoie l'arc tangente, ou la tangente inverse, des coordonnées x et y spécifiées. L'arc tangente est l'angle formé par l'axe des abscisses (x) et une droite passant par l'origine (0,0) et un point dont les coordonnées sont (no_x,no_y). Cet angle, exprimé en radians, est compris entre $-\pi$ et π, $-\pi$ non compris.

ATANH

ATANH(nombre)

Renvoie la tangente hyperbolique inverse d'un nombre.

BASE

BASE(Nombre, Base [longueur_min])

Convertit un nombre en une représentation textuelle avec la base donnée.

Chiffre.Arabe

Chiffre.Arabe(texte)

Convertit un chiffre romain en chiffre arabe.

COMBIN

COMBIN(nombre_éléments;no_éléments_choisis)

Renvoie le nombre de combinaisons pour un nombre donné d'éléments.

COMBINA

COMBINA(nombre_éléments;no_éléments_choisis)

Renvoie le nombre de combinaisons (avec répétitions) pour un nombre d'éléments donné.

COS

COS(nombre)

Renvoie le cosinus de l'angle spécifié.

COSH

COSH(nombre)

Renvoie le cosinus hyperbolique d'un nombre.

COT

COT(nombre)

Renvoie la cotangente d'un angle spécifié en radians.

COTH

COTH(nombre)

Renvoie la cotangente hyperbolique d'un angle hyperbolique.

CSC

CSC(nombre)

Renvoie la cosécante d'un angle spécifié en radians.

CSCH

CSCH(nombre)

Renvoie la cosécante hyperbolique d'un angle spécifié en radians.

DECIMAL

`DECIMAL(texte, base)`

Convertit une représentation textuelle d'un nombre dans une base donnée en nombre décimal.

DEGRES

`DEGRES(angle)`

Convertit les radians en degrés.

DETERMAT

`DETERMAT(matrice)`

Donne le déterminant d'une matrice.

ENT

`ENT(nombre)`

Arrondit un nombre à l'entier immédiatement inférieur.

EXP

`EXP(nombre)`

Renvoie la constante e élevée à la puissance du nombre spécifié. La constante e est égale à $2,71828182845904$, soit la base du logarithme népérien.

FACT

`FACT(nombre)`

Donne la factorielle d'un nombre. La factorielle de l'argument nombre est égale à $1 \times 2 \times 3 \times \ldots \times$ nombre.

FACTDOUBLE

`FACTDOUBLE(nombre)`

Renvoie la factorielle double d'un nombre. La factorielle double de l'argument nombre est égale à $2 \times 4 \times 6 \times \ldots \times$ nombre pour les nombres pairs et 1 × 3 × 5 ×... × nombre pour les nombres impairs. (Nécessite la macro complémentaire *Utilitaire d'analyse*.)

IMPAIR

`IMPAIR(nombre)`

Renvoie le nombre spécifié après l'avoir arrondi à la valeur du nombre entier impair le plus proche en s'éloignant de 0.

INVERSEMAT

`INVERSEMAT(matrice)`

Renvoie la matrice inverse de la matrice spécifiée.

ISO.PLAFOND

`ISO.PLAFOND(nombre, [précision])`

Renvoie un nombre arrondi au nombre entier le plus proche ou au multiple le plus proche de l'argument précision en s'éloignant de zéro. Quel que soit son signe, ce nombre est arrondi à l'entier supérieur. Toutefois, si le nombre ou l'argument précision est égal à zéro, zéro est retourné.

LN

`LN(nombre)`

Donne le logarithme népérien d'un nombre. Les logarithmes népériens sont ceux dont la base est la constante e (2,71828182845904). `LN` est la fonction réciproque de `EXP`.

LOG

`LOG(nombre;base)`

Renvoie le logarithme d'un nombre dans la base spécifiée.

LOG10

`LOG(nombre)`

Calcule le logarithme en base 10 d'un nombre.

MATRICE.UNITAIRE

`MATRICE.UNITAIRE(dimension)`

Renvoie la matrice unitaire pour la dimension spécifiée.

MOD

`MOD(nombre;diviseur)`

Renvoie le reste de la division d'un nombre par un autre (le diviseur). Le résultat est du même signe que le diviseur.

MULTINOMIALE

`MULTINOMIALE(nombre1;nombre2;...)`

Renvoie le rapport de la factorielle d'une somme de valeurs sur le produit des factorielles. (Nécessite la macro complémentaire *Utilitaire d'analyse*.)

PAIR

`PAIR(nombre)`

Renvoie le nombre spécifié après l'avoir arrondi au nombre entier pair le plus proche.

PGCD

`PGCD(nombre1;nombre2;...)`

Renvoie le plus grand commun diviseur de plusieurs nombres entiers. Le plus grand commun diviseur est le nombre entier le plus grand qui puisse diviser les arguments sans qu'il y ait de reste.

PI

`PI()`

Renvoie la valeur 3,14159265358979, la constante mathématique π, avec une précision de quinze décimales.

PLAFOND

`PLAFOND(nombre;précision)`

Renvoie l'argument nombre après l'avoir arrondi au multiple de l'argument précision en s'éloignant de 0.

PLAFOND.MATH

`PLAFOND.MATH(nombre, [précision], [mode])`

Arrondit un nombre au nombre entier supérieur le plus proche ou au multiple le plus proche de l'argument précision en s'éloignant de zéro.

PLAFOND.PRECIS

`PLAFOND.PRECIS(nombre, [précision])`

Renvoie un nombre arrondi au nombre entier supérieur le plus proche ou au multiple le plus proche de l'argument précision en s'éloignant de zéro. Quel que soit son signe, ce nombre est arrondi à l'entier supérieur. Toutefois, si le nombre ou l'argument précision est égal à zéro, zéro est retourné.

PLANCHER

`PLANCHER(nombre;précision)`

Arrondit l'argument nombre au multiple de l'argument précision immédiatement inférieur (tendant vers 0).

PLANCHER.MATH

`PLANCHER.MATH(nombre, précision, mode)`

Arrondit un nombre au nombre entier inférieur le plus proche ou au multiple le plus proche de l'argument précision en tendant vers zéro.

PLANCHER.PRECIS

`PLANCHER.PRECIS(nombre; [précision])`

Renvoie un nombre arrondi au nombre entier inférieur le plus proche ou au multiple le plus proche de l'argument précision en s'éloignant de zéro. Quel que soit son signe, ce nombre est arrondi à l'entier inférieur. Toutefois, si le nombre ou l'argument précision est égal à zéro, zéro est retourné.

PPCM

`PPCM(nombre1;nombre2;...)`

Renvoie le plus petit commun multiple des nombres entiers spécifiés. Le plus petit commun multiple est le plus petit nombre entier positif et multiple commun à tous les nombres entiers utilisés comme arguments. (Nécessite la macro complémentaire *Utilitaire d'analyse*.)

PRODUIT

`PRODUIT(nombre1;nombre2;...)`

Renvoie le produit de tous les nombres donnés comme arguments.

PRODUITMAT

`PRODUITMAT(matrice1;matrice2)`

Calcule le produit de deux matrices. Le résultat est une matrice comportant le même nombre de lignes que `matrice1` et le même nombre de colonnes que `matrice2`.

PUISSANCE

`PUISSANCE(nombre;puissance)`

Renvoie la valeur du nombre élevé à une puissance.

QUOTIENT

`QUOTIENT(numérateur;dénominateur)`

Renvoie la partie entière du résultat d'une division. Utilisez cette fonction lorsque vous voulez ignorer le reste d'une division. (Nécessite la macro complémentaire *Utilitaire d'analyse*.)

RACINE

`RACINE(nombre)`

Donne la racine carrée d'un nombre.

RACINE.PI

`RACINE.PI(nombre)`

Renvoie la racine carrée de (nombre × π). (Nécessite la macro complémentaire *Utilitaire d'analyse*.)

RADIANS

`RADIANS(angle)`

Convertit des degrés en radians.

ROMAIN

`ROMAIN(nombre;type)`

Convertit un nombre arabe en nombre romain, sous forme de texte.

SEC

`SEC(nombre)`

Renvoie la sécante d'un angle.

SECH

`SECH(nombre)`

Renvoie la sécante hyperbolique d'un angle.

SIGNE

`SIGNE(nombre)`

Détermine le signe d'un nombre. Renvoie 1 si le nombre est positif, 0 si le nombre est égal à 0 et −1 si le nombre est négatif.

SIN

`SIN(nombre)`

Renvoie le sinus d'un nombre.

SINH

SINH(nombre)

Renvoie le sinus hyperbolique d'un nombre.

SOMME

SOMME(nombre1;nombre2;...)

Additionne tous les nombres contenus dans une plage de cellules.

SOMME.CARRES

SOMME.CARRES(nombre1;nombre2;...)

Renvoie la somme des carrés des arguments.

SOMME.SERIES

SOMME.SERIES(x;n;m;coefficients)

Renvoie la somme d'une série géométrique en s'appuyant sur la formule suivante : $a_1 \times x^n + a_2 \times x^{(n+m)} + a_3 \times x^{(n+2m)} + \ldots + a_i \times x^{(n+(i-1)m)}$.

SOMME.SI

SOMME.SI(plage;critère;somme_plage)

Additionne des cellules spécifiées si elles répondent à un critère donné.

SOMME.SI.ENS

Additionne des cellules spécifiées si elles répondent à plusieurs critères.

SOMME.X2MY2

SOMME.X2MY2(matrice_x;matrice_y)

Renvoie la somme de la différence des carrés des valeurs correspondantes de deux matrices.

SOMME.X2PY2

SOMME.X2PY2(matrice_x;matrice_y)

Renvoie la somme de la somme des carrés des valeurs correspondantes de deux matrices.

SOMME.XMY2

SOMME.XMY2(matrice_x;matrice_y)

Renvoie la somme des carrés des différences entre les valeurs correspondantes de deux matrices.

SOMMEPROD

SOMMEPROD(matrice1;matrice2;matrice3,...)

Multiplie les valeurs correspondantes des matrices spécifiées et calcule la somme de ces produits.

SOUS.TOTAL

SOUS.TOTAL(no_fonction;réf1;réf2;...)

Renvoie un sous-total dans une liste ou une base de données.

TAN

TAN(nombre)

Renvoie la tangente de l'angle donné.

TANH

TANH(nombre)

Donne la tangente hyperbolique d'un nombre.

TRONQUE

TRONQUE(nombre;no_chiffres)

Tronque un nombre en supprimant sa partie décimale, de sorte que la valeur renvoyée par défaut soit un nombre entier.

Les fonctions statistiques

Les fonctions statistiques constituent l'un des groupes de fonctions les plus étoffés dans Excel. On peut les subdiviser en trois sous-groupes :

- les fonctions de statistique descriptive ;
- les fonctions de régression ;
- les fonctions relatives aux lois de probabilités.

AVERAGEA

AVERAGEA(valeur1;valeur2;...)

Calcule la moyenne (arithmétique) des valeurs contenues dans la liste des arguments. Outre des nombres, le calcul peut se faire sur du texte ou des valeurs logiques telles que VRAI et FAUX.

BETA.INVERSE.N

BETA.INVERSE.N(probabilité;alpha;bêta;A;B)

Renvoie l'inverse de la fonction de densité de probabilité bêta cumulée. Si probabilité = LOI.BETA.N(x,…), BETA.INVERSE.N(probabilité,…) = x.

CENTILE.EXCLURE

CENTILE.EXCLURE(matrice;k)

Renvoie le $k^{ème}$ centile des valeurs d'une plage, où k se trouve dans la plage comprise entre 0 et 1 exclus.

CENTILE.INCLURE

CENTILE.INCLURE(matrice;k)

Renvoie le $k^{ème}$ centile des valeurs d'une plage.

CENTREE.REDUITE

CENTREE.REDUITE(x;moyenne;écart_type)

Renvoie une valeur centrée réduite d'une distribution caractérisée par les arguments moyenne et écart_type.

CHISQ.TEST

CHISQ.TEST(plage_réelle;plage_attendue)

Renvoie le test d'indépendance. CHISQ.TEST renvoie la valeur de la distribution khi-deux pour la statistique et les degrés de liberté appropriés.

COEFFICIENT.ASYMETRIE

COEFFICIENT.ASYMETRIE(nombre1;nombre2;...)

Renvoie l'asymétrie d'une distribution. Cette fonction caractérise le degré d'asymétrie d'une distribution par rapport à sa moyenne.

COEFFICIENT.ASYMETRIE.P

COEFFICIENT.ASYMETRIE.P(nombre 1; [nombre 2];...)

Renvoie l'asymétrie d'une distribution en fonction d'une population : la caractérisation du degré d'asymétrie d'une distribution par rapport à sa moyenne.

COEFFICIENT.CORRELATION

COEFFICIENT.CORRELATION(matrice1;matrice2)

Renvoie le coefficient de corrélation des plages de cellules pour les arguments matrice1 et matrice2.

COEFFICIENT.DETERMINATION

COEFFICIENT.DETERMINATION(y_connus;x_connus)

Renvoie la valeur du coefficient de détermination R^2 d'une régression linéaire ajustée aux observations contenues dans les arguments y_connus et x_connus.

COVARIANCE.PEARSON

COVARIANCE.PEARSON(matrice1;matrice2)

Renvoie la covariance, moyenne des produits des écarts pour chaque série d'observations.

COVARIANCE.STANDARD

COVARIANCE.STANDARD(matrice1;matrice2)

Renvoie la covariance d'échantillon, moyenne des produits des écarts pour chaque paire de points de deux jeux de données.

CROISSANCE

CROISSANCE(y_connus;x_connus;x_nouveaux;constante)

Calcule la croissance exponentielle prévue à partir des données existantes.

DROITEREG

DROITEREG(y_connus;x_connus;constante;statistiques)

Calcule les statistiques pour une droite par la méthode des moindres carrés, afin de calculer une droite qui s'ajuste au plus près à vos données, puis renvoie une matrice décrivant cette droite. Dans la mesure où cette fonction renvoie une matrice de valeurs, elle doit être saisie sous la forme d'une formule matricielle.

ECART.MOYEN

ECART.MOYEN(nombre1;nombre2;...)

Renvoie la moyenne des écarts absolus des observations par rapport à leur moyenne arithmétique. ECART.MOYEN mesure la dispersion dans un ensemble de données.

ECARTYPE.PEARSON

ECARTYPE.PEARSON(nombre1;nombre2;...)

Calcule l'écart type d'une population à partir de la population entière telle que la déterminent les arguments.

ECARTYPE.STANDARD

ECARTYPE.STANDARD(nombre1;nombre2;...)

Évalue l'écart type d'une population en s'appuyant sur un échantillon de cette population. L'écart type est une mesure de la dispersion des valeurs par rapport à la moyenne (valeur moyenne).

EQUATION.RANG

`EQUATION.RANG(nombre;référence;ordre)`

Renvoie le rang d'un nombre dans une liste d'arguments.

ERREUR.TYPE.XY

`ERREUR.TYPE.XY(y_connus;x_connus)`

Renvoie l'erreur type de la valeur y prévue pour chaque x de la régression. L'erreur type est une mesure du degré d'erreur dans la prévision de y à partir d'une valeur individuelle x.

F.TEST

`F.TEST(matrice1;matrice2)`

Renvoie le résultat d'un test F. Un test F renvoie la probabilité unilatérale que les variances des arguments `matrice1` et `matrice2` ne présentent pas de différences significatives.

FISHER

`FISHER(x)`

Renvoie la transformation de Fisher de x. Cette transformation produit une fonction qui est normalement distribuée au lieu d'une fonction asymétrique.

FISHER.INVERSE

`FISHER.INVERSE(y)`

Renvoie l'inverse de la transformation de Fisher. Si y = `FISHER(x)`, `FISHER.INVERSE(y)` = x.

FREQUENCE

`FREQUENCE(tableau_données;matrice_intervalles)`

Calcule la fréquence d'apparition des valeurs dans une plage de valeurs, puis renvoie des nombres sous forme de matrice verticale.

GAMMA

GAMMA(nombre)

Renvoie la valeur de fonction Gamma.

GAUSS

GAUSS(z)

Calcule la probabilité qu'un membre d'une population normale standard se situe entre la moyenne et les z déviations standard par rapport à la moyenne.

GRANDE.VALEUR

GRANDE.VALEUR(matrice;k)

Renvoie la k^e plus grande valeur d'une série de données.

INTERVALLE.CONFIANCE.NORMAL

INTERVALLE.CONFIANCE.NORMAL(alpha;standard_dev;taille)

Renvoie l'intervalle de confiance pour une moyenne de population. L'intervalle de confiance est une plage située de part et d'autre d'une moyenne d'échantillonnage.

INTERVALLE.CONFIANCE.STUDENT

INTERVALLE.CONFIANCE.STUDENT(alpha,écart_type,taille)

Renvoie l'intervalle de confiance pour la moyenne d'une population, à l'aide d'une distribution normale.

INVERSE.LOI.F.DROITE

INVERSE.LOI.F.DROITE(probabilité;degrés_liberté1;degrés_liberté2)

Renvoie l'inverse de la distribution de probabilité F.

INVERSE.LOI.F.N

INVERSE.LOI.F.N(probabilité;degrés_liberté1;degrés_liberté2)

Renvoie l'inverse de la distribution de probabilité F.

KURTOSIS

KURTOSIS(nombre1;nombre2;...)

Renvoie le kurtosis d'une série de données Le kurtosis caractérise la forme de pic ou l'aplatissement relatif d'une distribution comparée à une distribution normale. Un kurtosis positif indique une distribution relativement pointue, tandis qu'un kurtosis négatif signale une distribution relativement aplatie.

LNGAMMA

LNGAMMA(x)

Renvoie le logarithme népérien de la fonction Gamma.

LNGAMMA.PRECIS)

LNGAMMA.PRECIS(x)

Renvoie le logarithme népérien de la fonction Gamma, $\Gamma(x)$.

LOGREG

LOGREG(y_connus;x_connus;constante;statistiques)

En analyse de régression, calcule une courbe exponentielle ajustée à vos données et renvoie une matrice de valeurs décrivant cette courbe. Dans la mesure où cette fonction renvoie une matrice de valeurs, elle doit être saisie sous la forme d'une formule matricielle.

LOI.BETA.N

LOI.BETA.N(x;alpha;bêta;A;B)

Renvoie la fonction de densité de probabilité bêta cumulée.

LOI.BINOMIALE.N

`LOI.BINOMIALE.N(nombre_s;essais;probabilité_s;cumulative)`

Renvoie la probabilité d'une variable aléatoire discrète suivant la loi binomiale.

LOI.BINOMIALE.INVERSE

`LOI.BINOMIALE.INVERSE(essais;probabilité_s;alpha)`

Renvoie la plus petite valeur pour laquelle la distribution binomiale cumulée est supérieure ou égale à une valeur de critère.

LOI.BINOMIALE.NEG.N

`LOI.BINOMIALE.NEG.N(nombre_échecs;nombre_succès;probabilité_succès)`

Renvoie la probabilité d'une variable aléatoire discrète suivant une loi binomiale négative. La fonction `LOI.BINOMIALE.NEG.N` renvoie la probabilité d'obtenir un nombre d'échecs égal à l'argument `nombre_échecs` avant de parvenir au succès dont le rang est donné par l'argument `nombre_succès`, lorsque la probabilité de succès, définie par l'argument `probabilité_succès`, est constante. Cette fonction est identique à la loi binomiale, à la différence que le nombre de succès est fixe et le nombre d'essais variable. Comme pour la loi binomiale, les essais sont supposés indépendants.

LOI.BINOMIALE.SERIE

`LOI.BINOMIALE.SERIE(essais,probabilité_succès,nombre_succès,[nombre_succès2])`

Renvoie la probabilité d'un résultat d'essai à l'aide d'une distribution binomiale.

LOI.EXPONENTIELLE.N

`LOI.EXPONENTIELLE.N(x;lambda;cumulative)`

Renvoie la distribution exponentielle.

LOI.F.DROITE

LOI.F.DROITE(x;degrés_liberté1;degrés_liberté2)

Renvoie la distribution de probabilité F.

LOI.F.N

LOI.F.N(x;degrés_liberté1;degrés_liberté2)

Renvoie la distribution de probabilité F.

LOI.GAMMA.N

LOI.GAMMA.N(x; alpha;bêta;cumulative)

Renvoie la probabilité d'une variable aléatoire suivant une loi Gamma.

LOI.GAMMA.INVERSE.N

LOI.GAMMA.INVERSE.N(probabilité;alpha;bêta)

Renvoie, pour une probabilité donnée, la valeur d'une variable aléatoire suivant une loi Gamma. Si l'argument p = LOI.GAMMA.N(x;…), la fonction LOI.GAMMA.INVERSE.N(p;…) = x.

LOI.HYPERGEOMETRIQUE.N

LOI.HYPERGEOMETRIQUE.N(succès_échantillon;nombre_échantillon; succès_population;nombre_population)

Renvoie la probabilité d'une variable aléatoire discrète suivant une loi hypergéométrique.

LOI.KHIDEUX

LOI.KHIDEUX(x;degrés_liberté,cumulative)

Renvoie la probabilité de la distribution khi-deux.

LOI.KHIDEUX.DROITE

LOI.KHIDEUX.DROITE(x;degrés_liberté)

Renvoie la probabilité unilatérale à droite de la distribution khi-deux.

LOI.KHIDEUX.INVERSE

LOI.KHIDEUX.INVERSE (probabilité;degrés_liberté)

Renvoie l'inverse de la probabilité de la distribution khi-deux.

LOI.KHIDEUX.INVERSE.DROITE

LOI.KHIDEUX.INVERSE.DROITE(probabilité;degrés_liberté)

Renvoie l'inverse de la probabilité unilatérale de la distribution khi-deux.

LOI.LOGNORMALE.N

LOI.LOGNORMALE.N(x;moyenne;écart_type)

Renvoie la distribution de x suivant une loi log-normale cumulée, où ln(x) est normalement distribué à l'aide des paramètres moyenne et écart_type.

LOI.LOGNORMALE.INVERSE.N

LOI.LOGNORMALE.INVERSE.N(probabilité;moyenne;écart_type)

Renvoie l'inverse de la fonction de distribution de x suivant la loi log-normale cumulée, où ln(x) est normalement distribué avec les paramètres espérance et écart_type. Si p = LOI.LOGNORMALE(x;...), LOI.LOGNORMALE.INVERSE(p;...) = x.

LOI.NORMALE.N

LOI.NORMALE.N(x;moyenne;écart_type;cumulative)

Renvoie la distribution normale pour la moyenne et l'écart type spécifiés.

LOI.NORMALE.INVERSE.N.N

LOI.NORMALE.INVERSE.N(probabilité;moyenne;écart_type)

Renvoie, pour une probabilité donnée, la valeur d'une variable aléatoire suivant une loi normale pour la moyenne et l'écart type spécifiés.

LOI.NORMALE.STANDARD.N

LOI.NORMALE.STANDARD.N(z)

Renvoie la probabilité d'une variable aléatoire continue suivant une loi normale standard (ou centrée réduite). Cette distribution a une moyenne égale à 0 et un écart type égal à 1.

LOI.NORMALE.STANDARD.INVERSE.N

LOI.NORMALE.STANDARD.INVERSE.N(probabilité)

Renvoie, pour une probabilité donnée, la valeur d'une variable aléatoire suivant une loi normale standard (ou centrée réduite). Cette distribution a une moyenne égale à 0 et un écart type égal à 1.

LOI.POISSON.N

LOI.POISSON.N(x;moyenne;cumulative)

Renvoie la probabilité d'une variable aléatoire suivant une loi de Poisson.

LOI.STUDENT.BILATERALE

LOI.STUDENT.BILATERALE(x;degrés_liberté)

Renvoie la probabilité d'une variable aléatoire suivant la loi de *t* de Student, dans laquelle une valeur numérique est une valeur calculée de t dont il faut calculer la probabilité.

LOI.STUDENT.DROITE

LOI.STUDENT.DROITE(x;degrés_liberté)

Renvoie la probabilité d'une variable aléatoire suivant la loi de *t* de Student, dans laquelle une valeur numérique est une valeur calculée de t dont il faut calculer la probabilité.

LOI.STUDENT.INVERSE.BILATERALE

LOI.STUDENT.INVERSE.BILATERALE(probabilité;degrés_liberté)

Renvoie la valeur d'une variable aléatoire suivant la loi de *t* de Student, en fonction de la probabilité et du nombre de degrés de liberté.

LOI.STUDENT.INVERSE.N

`LOI.STUDENT.INVERSE.N(probabilité;degrés_liberté)`

Renvoie la valeur d'une variable aléatoire suivant la loi de *t* de Student, en fonction de la probabilité et du nombre de degrés de liberté.

LOI.STUDENT.N

`LOI.STUDENT.N(x;degrés_liberté)`

Renvoie la probabilité d'une variable aléatoire suivant la loi de t de Student, dans laquelle une valeur numérique est une valeur calculée de t dont il faut calculer la probabilité.

LOI.WEIBULL.N

`LOI.WEIBULL.N(x;alpha;bêta;cumulée)`

Renvoie la probabilité d'une variable aléatoire suivant une loi Weibull.

MAX

`MAX(nombre1;nombre2;...)`

Renvoie le plus grand nombre de la série de valeurs.

MAXA

`MAXA(valeur1;valeur2;...)`

Renvoie la plus grande valeur contenue dans une liste d'arguments. Outre des nombres, la comparaison peut se faire sur du texte ou des valeurs logiques telles que VRAI et FAUX.

MEDIANE

`MEDIANE(nombre1;nombre2;...)`

Renvoie la valeur médiane des nombres. La médiane est la valeur qui se trouve au centre d'un ensemble de nombres. En d'autres termes, les nombres appartenant à la première moitié de l'ensemble ont une valeur inférieure à la médiane, tandis que ceux appartenant à l'autre moitié ont une valeur supérieure à la médiane.

MIN

`MIN(nombre1;nombre2;...)`

Renvoie le plus petit nombre de la série de valeurs.

MINA

`MINA(nombre1;nombre2;...)`

Renvoie la plus petite valeur contenue dans une liste d'arguments. Outre des nombres, la comparaison peut se faire sur du texte ou des valeurs logiques telles que VRAI et FAUX.

MODE.MULTIPLE

`MODE.MULTIPLE(nombre1;nombre2;...)`

Renvoie une matrice verticale des valeurs les plus fréquentes, ou répétitives, dans une matrice ou une plage de données.

MODE.SIMPLE

`MODE.SIMPLE(nombre1;nombre2;...)`

Renvoie la valeur la plus fréquente ou la plus répétitive dans une matrice ou une plage de données.

MOYENNE

`MOYENNE(nombre1;nombre2;...)`

Renvoie la moyenne (arithmétique) des arguments.

MOYENNE.GEOMETRIQUE

`MOYENNE.GEOMETRIQUE(nombre1;nombre2;...)`

Renvoie la moyenne géométrique d'une matrice ou d'une plage de données positives.

MOYENNE.HARMONIQUE

`MOYENNE.HARMONIQUE(nombre1;nombre2;...)`

Renvoie la moyenne harmonique d'une série de données. La moyenne harmonique est l'inverse de la moyenne arithmétique des inverses des observations.

MOYENNE.RANG

`MOYENNE.RANG(nombre,référence,[ordre]))`

Renvoie le rang d'un nombre dans une liste de nombres : sa taille par rapport aux autres valeurs de la liste. Si deux valeurs, ou plus, possèdent le même rang, le rang moyen est renvoyé.

MOYENNE.REDUITE

`MOYENNE.REDUITE(matrice;pourcentage)`

Renvoie la moyenne de l'intérieur d'une série de données. La fonction `MOYENNE.REDUITE` calcule la moyenne d'une série de données après avoir éliminé un pourcentage d'observations aux extrémités inférieure et supérieure de la distribution. Vous pouvez utiliser cette fonction lorsque vous voulez exclure de votre analyse les observations extrêmes.

NB

`NB(valeur1;valeur2;...)`

Détermine le nombre de cellules contenant des nombres et les nombres compris dans la liste des arguments.

NB.SI

`NB.SI(plage;critère)`

Compte le nombre de cellules à l'intérieur d'une plage qui répondent à un critère donné.

NB.SI.ENS

Compte le nombre de cellules à l'intérieur d'une plage qui répondent plusieurs critères.

NBVAL

NBVAL(valeur1;valeur2;...)

Compte le nombre de cellules qui ne sont pas vides et les valeurs comprises dans la liste des arguments.

ORDONNEE.ORIGINE

ORDONNEE.ORIGINE(y_connus;x_connus)

Calcule le point auquel une droite doit couper l'axe des ordonnées en utilisant les valeurs x et y existantes. On détermine l'ordonnée à l'origine en traçant une droite de régression linéaire qui passe par les valeurs x et y connues.

PEARSON

PEARSON(matrice1;matrice2)

Renvoie le coefficient de corrélation d'échantillonnage de Pearson r, indice dont la valeur varie entre $-1,0$ et $1,0$ (inclus) et qui reflète le degré de linéarité entre deux séries de données.

PENTE

PENTE(y_connus,x_connus)

Renvoie la pente d'une droite de régression linéaire à l'aide de données sur les points d'abscisse et d'ordonnée connus. La pente est la distance verticale divisée par la distance horizontale séparant deux points d'une ligne ; elle exprime le taux de changement le long de la droite de régression.

PERMUTATION

PERMUTATION(nombre;nombre_choisi)

Renvoie le nombre de permutations pour un nombre donné d'objets pouvant être sélectionnés à partir d'un nombre d'objets déterminé par l'argument nombre.

PERMUTATIONA

PERMUTATIONA(nombre, nombre-choisi)

Renvoie le nombre de permutations pour un nombre d'objets donné (avec répétitions) pouvant être sélectionnés à partir du nombre total d'objets.

PETITE.VALEUR

PETITE.VALEUR(matrice;k)

Renvoie la k^e plus petite valeur d'une série de données.

PHI

PHI(x)

Renvoie la valeur de la fonction de densité pour une distribution normale standard.

PREVISION

PREVISION(x;y_connus;x_connus)

Calcule ou prévoit une valeur capitalisée à partir de valeurs existantes. La valeur prévue est une valeur y pour une valeur x donnée. Les valeurs connues sont des valeurs x et y existantes, et la nouvelle valeur prévue est calculée par la méthode de régression linéaire.

PROBABILITE

PROBABILITE(plage_x;plage_probabilité;limite_inf;limite_sup)

Renvoie la probabilité que des valeurs d'une plage soient comprises entre deux limites. Si l'argument limite_sup n'est pas fourni, la fonction renvoie la probabilité que les valeurs de l'argument plage_x soient égales à limite_inf.

QUARTILE.EXCLURE

QUARTILE.EXCLURE(matrice;quart)

Renvoie le quartile du jeu de données, en fonction des valeurs de centiles entre 0 et 1 exclus..

QUARTILE.INCLURE

QUARTILE.INCLURE(matrice;quart)

Renvoie le quartile d'une série de données.

RANG.POURCENTAGE.EXCLURE

RANG.POURCENTAGE.EXCLURE(matrice;x;précision)

Renvoie le rang d'une valeur d'une série de données sous forme de pourcentage.

RANG.POURCENTAGE.INCLURE

RANG.POURCENTAGE.INCLURE(matrice;x;précision)

Renvoie le rang d'une valeur d'une série de données sous forme de pourcentage.

SOMME.CARRES.ECARTS

SOMME.CARRES.ECARTS(nombre1;nombre2;...)

Renvoie la somme des carrés des déviations des observations à partir de leur moyenne d'échantillonnage.

STDEVA

STDEVA(valeur1;valeur2;...)

Calcule l'écart type sur la base d'un échantillon. L'écart type mesure la dispersion des valeurs par rapport à la moyenne (valeur moyenne). Outre des nombres, le calcul peut se faire sur du texte ou des valeurs logiques telles que VRAI et FAUX.

STDEVPA

STDEVPA(valeur1;valeur2;...)

Calcule l'écart type d'une population en prenant en compte toute la population et en utilisant les arguments spécifiés, y compris le texte et les valeurs logiques. L'écart type mesure la dispersion des valeurs par rapport à la moyenne (valeur moyenne).

T.TEST

T.TEST(matrice1;matrice2;uni/bilatéral;type)

Renvoie la probabilité associée à un test *t* de Student. Utilisez la fonction TEST.STUDENT pour déterminer dans quelle mesure deux échantillons sont susceptibles de provenir de deux populations sous-jacentes ayant la même moyenne.

TENDANCE

`TENDANCE(y_connus;x_connus;x_nouveaux;constante)`

Calcule les valeurs par rapport à une tendance linéaire. Ajuste une droite (calculée selon la méthode des moindres carrés) aux valeurs des matrices définies par les arguments `y_connus` et `x_connus`. Renvoie, le long de cette droite, les valeurs y correspondant aux valeurs x de la matrice définie par l'argument `x_nouveau`.

VAR.S

`VAR.S(nombre1;nombre2;...)`

Calcule la variance sur la base d'un échantillon.

VAR.P.N

`VAR.P.N(nombre1;nombre2;...)`

Calcule la variance sur la base de l'ensemble de la population.

VARA

`VARA(valeur1;valeur2;...)`

Calcule la variance sur la base d'un échantillon. Outre des nombres, le calcul peut se faire sur du texte ou des valeurs logiques telles que `VRAI` et `FAUX`.

VARPA

`VARPA(valeur1;valeur2;...)`

Calcule la variance sur la base de l'ensemble de la population. Outre des nombres, le calcul peut se faire sur du texte ou des valeurs logiques telles que `VRAI` et `FAUX`.

Z.TEST

`Z.TEST(matrice;x;sigma)`

Renvoie la valeur bilatérale P du test Z. Le test Z génère une cote centrée réduite de x pour la série de données définie par l'argument matrice et renvoie la probabilité bilatérale de la loi normale. Cette fonction permet d'évaluer la probabilité qu'une observation donnée soit tirée d'une population spécifique.

Les fonctions financières

Les fonctions financières permettent différents types de calculs :

- les calculs d'amortissement ;
- les calculs liés aux emprunts ;
- les calculs liés aux valeurs mobilières de placement.

AMORDEGRC

AMORDEGRC(coût;achat;première_pér;valeur_rés;durée;taux;base)

Renvoie l'amortissement correspondant à chaque période comptable. Si un bien est acquis en cours de période comptable, la règle du prorata temporis s'applique au calcul de l'amortissement. Cette fonction est similaire à AMORLINC, à ceci près qu'un coefficient d'amortissement est pris en compte dans le calcul en fonction de la durée de vie du bien. (Nécessite la macro complémentaire *Utilitaire d'analyse*.)

AMORLIN

AMORLIN(coût;valeur_rés;durée)

Calcule l'amortissement linéaire d'un bien pour une période donnée.

AMORLINC

AMORLINC(coût;achat;première_pér;valeur_rés;durée;taux;base)

Renvoie l'amortissement linéaire complet d'un bien à la fin d'une période fiscale donnée. Si une immobilisation est acquise en cours de période comptable, la règle du prorata temporis s'applique au calcul de l'amortissement. (Nécessite la macro complémentaire *Utilitaire d'analyse*.)

CUMUL.INTER

CUMUL.INTER(taux;npm;va;période_début;période_fin;type)

Renvoie l'intérêt cumulé payé sur un emprunt entre l'argument période_début et l'argument période_fin. (Nécessite la macro complémentaire *Utilitaire d'analyse*.)

CUMUL.PRINCPER

CUMUL.PRINCPER(taux;npm;va;période_début;période_fin;type)

Renvoie le montant cumulé des remboursements du capital d'un emprunt effectués entre l'argument période_début et l'argument période_fin. (Nécessite la macro complémentaire *Utilitaire d'analyse*.)

DATE.COUPON.PREC

DATE.COUPON.PREC(liquidation;échéance;fréquence;base)

Renvoie un nombre qui représente la date du coupon précédant la date de liquidation. (Nécessite la macro complémentaire *Utilitaire d'analyse*.)

DATE.COUPON.SUIV

DATE.COUPON.SUIV(liquidation;échéance;fréquence;base)

Renvoie un nombre qui représente la date du coupon suivant la date de liquidation. (Nécessite la macro complémentaire *Utilitaire d'analyse*.)

DB

DB(coût;valeur_rés;durée;période;mois)

Renvoie l'amortissement d'un bien pour une période spécifiée en utilisant la méthode de l'amortissement dégressif à taux fixe.

DDB

DDB(coût;valeur_rés;durée;période;facteur)

Renvoie l'amortissement d'un bien pour toute période spécifiée, en utilisant la méthode de l'amortissement dégressif à taux double ou selon un coefficient à spécifier.

DUREE

DUREE(liquidation;échéance;taux;rendement;fréquence;base)

Renvoie la durée de Macauley pour une valeur nominale supposée égale à 100 euros. La durée se définit comme la moyenne pondérée de la valeur actuelle des flux financiers. Elle est utilisée pour mesurer la variation du prix d'un titre en fonction des évolutions du taux de rendement. (Nécessite la macro complémentaire *Utilitaire d'analyse*.)

DUREE.MODIFIEE

DUREE.MODIFIEE(règlement;échéance;taux;rendement;fréquence;base)

Renvoie la durée de Macauley modifiée pour un titre ayant une valeur nominale hypothétique de 100 euros. (Nécessite la macro complémentaire *Utilitaire d'analyse*.)

INTERET.ACC

INTERET.ACC(émission;prem_coupon;règlement;taux;val_nominale;fréquence;base)

Renvoie l'intérêt couru non échu d'un titre dont l'intérêt est perçu périodiquement. (Nécessite la macro complémentaire *Utilitaire d'analyse*.)

INTERET.ACC.MAT

INTERET.ACC.MAT(émission;échéance;taux;val_nominale;base)

Renvoie l'intérêt couru non échu d'un titre dont l'intérêt est perçu à l'échéance. (Nécessite la macro complémentaire *Utilitaire d'analyse*.)

INTPER

INTPER(taux;pér;npm;va;vc;type)

Renvoie, pour une période donnée, le montant des intérêts dus pour un emprunt remboursé par des versements périodiques constants, avec un taux d'intérêt constant.

ISPMT

ISPMT(taux;pér;npm;va)

Calcule le montant des intérêts d'un investissement pour une période donnée. Cette fonction est fournie pour assurer une compatibilité avec Lotus 1-2-3.

NB.COUPONS

NB.COUPONS(liquidation;échéance;fréquence;base)

Renvoie le nombre de coupons dus entre la date de liquidation et la date d'échéance, arrondi au nombre entier de coupons immédiatement supérieur. (Nécessite la macro complémentaire *Utilitaire d'analyse*.)

NB.JOURS.COUPON.PREC

NB.JOURS.COUPON.PREC(liquidation;échéance;fréquence;base)

Calcule le nombre de jours entre le début de la période de coupon et la date de liquidation. (Nécessite la macro complémentaire *Utilitaire d'analyse*.)

NB.JOURS.COUPON.SUIV

NB.JOURS.COUPON.SUIV(liquidation;échéance;fréquence;base)

Calcule le nombre de jours entre la date de liquidation et la date du coupon suivant la date de liquidation. (Nécessite la macro complémentaire *Utilitaire d'analyse*.)

NB.JOURS.COUPONS

NB.JOURS.COUPONS(liquidation;échéance;fréquence;base)

Affiche le nombre de jours pour la période du coupon contenant la date de liquidation. (Nécessite la macro complémentaire *Utilitaire d'analyse*.)

NPM

NPM(taux;vpm;va;vc;type)

Renvoie le nombre de versements nécessaires pour rembourser un emprunt à taux d'intérêt constant, sachant que ces versements doivent être constants et périodiques.

PDUREE

PDUREE(taux, va, vc)

Renvoie le nombre de périodes requises pour qu'un investissement atteigne une valeur spécifiée.

PRINCPER

PRINCPER(taux;pér;npm;va;vc;type)

Calcule, pour une période donnée, la part de remboursement du principal d'un investissement sur la base de remboursements périodiques et d'un taux d'intérêt constants.

PRIX.BON.TRESOR

PRIX.BON.TRESOR(liquidation;échéance;taux_escompte)

Renvoie le prix d'un bon du Trésor d'une valeur nominale de 100 euros. (Nécessite la macro complémentaire *Utilitaire d'analyse*.)

PRIX.DCOUPON.IRREG

PRIX.DCOUPON.IRREG(règlement;échéance;dernier_coupon;taux; rendement;valeur_échéance;fréquence;base)

Renvoie le prix par tranches de valeur nominale de 100 euros d'un titre dont la dernière période de coupon est irrégulière (courte ou longue). (Nécessite la macro complémentaire *Utilitaire d'analyse*.)

PRIX.DEC

PRIX.DEC(prix_fraction;fraction)

Convertit un prix en euros exprimé sous forme de fraction, en un prix en euros exprimé sous forme de nombre décimal. Utilisez la fonction PRIX.DEC pour convertir les montants fractionnaires, tels que les prix des titres, en montants décimaux. (Nécessite la macro complémentaire *Utilitaire d'analyse*.)

PRIX.FRAC

PRIX.FRAC(prix_décimal;fraction)

Convertit un prix en euros exprimé sous forme de nombre décimal, en un prix en euros exprimé sous forme de fraction. Utilisez la fonction PRIX.FRAC pour convertir des montants décimaux en montants fractionnaires, tels que les prix de titres. (Nécessite la macro complémentaire *Utilitaire d'analyse*.)

PRIX.PCOUPON.IRREG

PRIX.PCOUPON.IRREG(liquidation;échéance;émission;premier_coupon; taux;rendement;valeur_échéance;fréquence;base)

Renvoie le prix par tranches de valeur nominale de 100 euros d'un titre dont la première période est irrégulière (courte ou longue). (Nécessite la macro complémentaire *Utilitaire d'analyse*.)

PRIX.TITRE

PRIX.TITRE(règlement;échéance;taux;rendement;valeur_échéance; fréquence;base)

Renvoie le prix d'un titre rapportant des intérêts périodiques, pour une valeur nominale de 100 euros. (Nécessite la macro complémentaire *Utilitaire d'analyse*.)

PRIX.TITRE.ECHEANCE

PRIX.TITRE.ECHEANCE(règlement;échéance;émission;taux; rendement;base)

Renvoie le prix d'un titre dont la valeur nominale est 100 euros et qui rapporte des intérêts à l'échéance. (Nécessite la macro complémentaire *Utilitaire d'analyse*.)

REND.DCOUPON.IRREG

REND.DCOUPON.IRREG(règlement;échéance;dernier_coupon;taux; valeur_nominale;valeur_échéance;fréquence;base)

Renvoie le taux de rendement d'un titre dont la dernière période de coupon est irrégulière (courte ou longue). (Nécessite la macro complémentaire *Utilitaire d'analyse*.)

REND.PCOUPON.IRREG

REND.PCOUPON.IRREG(règlement;échéance;émission;premier_coupon;
taux;émission;valeur_échéance;fréquence;base)

Renvoie le taux de rendement d'un titre dont la première période de coupon est irrégulière (courte ou longue). (Nécessite la macro complémentaire *Utilitaire d'analyse*.)

RENDEMENT.BON.TRESOR

RENDEMENT.BON.TRESOR(liquidation;échéance;valeur_nominale)

Calcule le taux de rendement d'un bon du Trésor. (Nécessite la macro complémentaire *Utilitaire d'analyse*.)

RENDEMENT.SIMPLE

RENDEMENT.SIMPLE(règlement;échéance;valeur_nominale;
valeur_échéance;base)

Calcule le taux de rendement d'un emprunt à intérêt simple. (Nécessite la macro complémentaire *Utilitaire d'analyse*.)

RENDEMENT.TITRE

RENDEMENT.TITRE(règlement;échéance;taux;valeur_nominale;
valeur_échéance;fréquence;base)

Calcule le rendement d'un titre rapportant des intérêts périodiquement. (Nécessite la macro complémentaire *Utilitaire d'analyse*.)

RENDEMENT.TITRE.ECHEANCE

RENDEMENT.TITRE.ECHEANCE(règlement;échéance;émission;taux;
valeur_nominale;base)

Calcule le rendement d'un titre rapportant des intérêts à l'échéance. (Nécessite la macro complémentaire *Utilitaire d'analyse*.)

SYD

SYD(coût;valeur_rés;durée;période)

Calcule l'amortissement d'un bien pour une période donnée sur la base de la méthode américaine *Sum-of-Years Digits* (amortissement dégressif à taux décroissant appliqué à une valeur constante).

TAUX

`TAUX(npm;vpm;va;vc;type;estimation)`

Calcule le taux d'intérêt par périodes d'un investissement donné. La fonction `TAUX` est calculée par itération et peut n'avoir aucune solution ou en avoir plusieurs. Elle renvoie le message d'erreur `#NOMBRE!` si, après vingt itérations, les résultats ne convergent pas à `0,0000001` près.

TAUX.EFFECTIF

`TAUX.EFFECTIF(taux_nominal;nb_périodes)`

Renvoie le taux d'intérêt annuel effectif, calculé à partir du taux d'intérêt annuel nominal et du nombre de périodes par an que vous indiquez pour le calcul des intérêts composés. (Nécessite la macro complémentaire *Utilitaire d'analyse*.)

TAUX.ESCOMPTE

`TAUX.ESCOMPTE(liquidation;échéance;valeur_nominale; valeur_échéance;base)`

Calcule le taux d'escompte d'une transaction. (Nécessite la macro complémentaire *Utilitaire d'analyse*.)

TAUX.ESCOMPTE.R

`TAUX.ESCOMPTE.R(liquidation, échéance, taux_escompte)`

Renvoie le taux d'escompte rationnel d'un bon du Trésor.

TAUX.INT.EQUIV

`TAUX.INT.EQUIV(npm, va, vf)`

Renvoie un taux d'intérêt équivalent pour la croissance d'un investissement.

TAUX.INTERET

TAUX.INTERET(liquidation;échéance;investissement;
valeur_échéance;base)

Affiche le taux d'intérêt d'un titre totalement investi. (Nécessite la macro complémentaire *Utilitaire d'analyse*.)

TAUX.NOMINAL

TAUX.NOMINAL(taux_effectif;nb_périodes)

Renvoie le taux d'intérêt nominal annuel calculé à partir du taux effectif et du nombre de périodes par an pour le calcul des intérêts composés. (Nécessite la macro complémentaire *Utilitaire d'analyse*.)

TRI

TRI(valeurs;estimation)

Calcule le taux de rentabilité interne d'un investissement, sans tenir compte des coûts de financement et des plus-values de réinvestissement. Les mouvements de trésorerie sont représentés par les nombres inclus dans valeurs. Contrairement aux annuités, ces cash-flows ne sont pas nécessairement constants. Les mouvements de trésorerie doivent, cependant, avoir lieu à intervalles réguliers, par exemple une fois par mois ou par an.

TRI.PAIEMENTS

TRI.PAIEMENTS(valeurs;dates;estimation)

Calcule le taux de rentabilité interne d'un ensemble de paiements. (Nécessite la macro complémentaire *Utilitaire d'analyse*.)

TRIM

TRIM(valeurs;taux_emprunt;taux_placement)

Renvoie le taux interne de rentabilité modifié, pour une série de flux financiers périodiques. TRIM prend en compte le coût de l'investissement et l'intérêt perçu sur le placement des liquidités.

VA

VA(taux;npm;vpm;vc;type)

Calcule la valeur actuelle d'un investissement. La valeur actuelle correspond à la somme que représente aujourd'hui un ensemble de remboursements futurs.

VALEUR.ENCAISSEMENT

VALEUR.ENCAISSEMENT(règlement;échéance;taux;valeur_échéance;base)

Renvoie la valeur d'encaissement d'un escompte commercial, pour une valeur nominale de 100 euros. (Nécessite la macro complémentaire *Utilitaire d'analyse*.)

VALEUR.NOMINALE

VALEUR.NOMINALE(règlement;échéance;investissement;taux;base)

Renvoie la valeur nominale d'un effet de commerce. (Nécessite la macro complémentaire *Utilitaire d'analyse*.)

VAN

VAN(taux;valeur1;valeur2;...)

Calcule la valeur actuelle nette d'un investissement en utilisant un taux d'escompte ainsi qu'une série de décaissements (valeurs négatives) et d'encaissements (valeurs positives) futurs.

VAN.PAIEMENTS

VAN.PAIEMENTS(taux;valeurs;dates)

Donne la valeur actuelle nette d'un ensemble de paiements. (Nécessite la macro complémentaire *Utilitaire d'analyse*.)

VC

VC(taux;npm;vpm;va;type)

Renvoie la valeur capitalisée d'un investissement à remboursements périodiques et constants, et à un taux d'intérêt constant.

VC.PAIEMENTS

`VC.PAIEMENTS(va,taux)`

Calcule la valeur capitalisée d'un investissement en appliquant une série de taux d'intérêt composites.

VDB

`VDB(coût;valeur_rés;durée;période_début;période_fin;facteur;valeur_log)`

Calcule l'amortissement d'un bien pour toute période spécifiée, y compris une période partielle, en utilisant la méthode de l'amortissement dégressif à taux double ou selon un coefficient à préciser.

VPM

`VPM(taux;npm;va;vc;type)`

Calcule le remboursement d'un emprunt sur la base de remboursements et d'un taux d'intérêt constants.

Les fonctions d'ingénierie

Les fonctions d'ingénierie permettent deux types de calculs :
- les calculs sur les nombres complexes ;
- les conversions entre les bases.

BESSELI

`BESSELI(x;n)`

Renvoie la fonction de Bessel modifiée $I_n(x)$ qui équivaut à la fonction de Bessel évaluée pour des arguments imaginaires.

BESSELJ

`BESSELJ(x;n)`

Renvoie la fonction de Bessel $J_n(x)$.

BESSELK

BESSELK(x;n)

Renvoie la fonction de Bessel modifiée Kn(x) qui équivaut aux fonctions de Bessel Jn et Yn, évaluées pour des arguments imaginaires.

BESSELY

BESSELY(x;n)

Renvoie la fonction de Bessel Yn(x), également appelée « fonction de Weber » ou « fonction de Neumann ».

BINDEC

BINDEC(nombre)

Convertit un nombre binaire en nombre décimal.

BINHEX

BINHEX(nombre;nb_car)

Convertit un nombre binaire en nombre hexadécimal.

BINOCT

BINOCT(nombre;nb_car)

Convertit un nombre binaire en nombre octal.

BITDECALD

BITDECALD(nombre, décalage)

Renvoie un nombre décalé vers la droite du nombre de bits spécifié.

BITDECALG

BITDECALG(nombre, décalage)

Renvoie un nombre décalé vers la gauche du nombre de bits spécifié.

BITET

BITET(nombre1, nombre2)

Renvoie une opération binaire ET de deux nombres.

BITOU

BITOU(nombre1, nombre2)

Renvoie une opération binaire OU de deux nombres.

BITOUEXCLUSIF

BITOUEXCLUSIF(nombre1, nombre2)

Renvoie une opération binaire XOU de deux nombres.

COMPLEXE

COMPLEXE(partie_réelle;partie_imaginaire;suffixe)

Convertit des coefficients réels et imaginaires en un nombre complexe de la forme x + yi ou x + yj.

COMPLEXE.ARGUMENT

COMPLEXE.ARGUMENT(nombre_complexe)

Renvoie l'argument thêta d'un nombre complexe exprimé en radians.

COMPLEXE.CONJUGUE

COMPLEXE.CONJUGUE(nombre_complexe)

Renvoie le nombre complexe conjugué d'un nombre complexe au format texte x + yi ou x + yj, c'est-à-dire x − yi ou x − yj.

COMPLEXE.COS

COMPLEXE.COS(nombre_complexe)

Renvoie le cosinus d'un nombre complexe au format texte x + yi ou x + yj. On a $\cos(x + yi) = \cos(x) \times \cosh(y) - \sinh(x) \times \sin(y)i$.

COMPLEXE.COSH

COMPLEXE.COSH(nombre_complexe)

Renvoie le cosinus hyperbolique d'un nombre complexe au format texte x+yi ou x+yj.

COMPLEXE.COT

COMPLEXE.COT(nombre_complexe)

Renvoie la cotangente d'un nombre complexe au format texte x+yi ou x+yj.

COMPLEXE.CSC

COMPLEXE.CSC(nombre_complexe)

Renvoie la cosécante d'un nombre complexe au format texte x+yi ou x+yj.

COMPLEXE.DIFFERENCE

COMPLEXE.DIFFERENCE(nombre_complexe1;nombre_complexe2)

Renvoie la différence entre deux nombres complexes au format texte x + yi ou x + yj.

COMPLEXE.DIV

COMPLEXE.DIV(nombre_complexe1;nombre_complexe2)

Renvoie le quotient de deux nombres complexes au format texte x + yi ou x + yj. On a (x + yi) / (z + ti) = ((xz + yt) + (yz − xt)i) / (z^2 + t^2).

COMPLEXE.EXP

COMPLEXE.EXP(nombre_complexe)

Renvoie la fonction exponentielle d'un nombre complexe au format texte x + yi ou x + yj. On a e^(x + yi) = e^x × (cos(y) + sin(y)i).

COMPLEXE.IMAGINAIRE

COMPLEXE.IMAGINAIRE(nombre_complexe)

Renvoie le coefficient imaginaire d'un nombre complexe au format texte x + yi ou x + yj, c'est-à-dire y.

COMPLEXE.LN

COMPLEXE.LN(nombre_complexe)

Renvoie le logarithme népérien d'un nombre complexe au format texte x + yi ou x + yj.

COMPLEXE.LOG10

COMPLEXE.LOG10(nombre_complexe)

Renvoie le logarithme en base 10 d'un nombre complexe au format texte x + yi ou x + yj.

COMPLEXE.LOG2

COMPLEXE.LOG2(nombre_complexe)

Renvoie le logarithme en base 2 d'un nombre complexe au format texte x + yi ou x + yj.

COMPLEXE.MODULE

COMPLEXE.MODULE(nombre_complexe)

Renvoie la valeur absolue (le module) d'un nombre complexe au format texte x + yi ou x + yj, c'est-à-dire la racine carrée de $(x^2 + y^2)$.

COMPLEXE.PRODUIT

COMPLEXE.PRODUIT(nombre_complexe1;nombre_complexe2;...)

Renvoie le produit de 2 à 29 nombres complexes au format texte x + yi ou x + yj. On a (x + yi) × (z + ti) = (xz − yt) + (yz + xt)i.

COMPLEXE.PUISSANCE

`COMPLEXE.PUISSANCE(nombre_complexe;nombre)`

Renvoie un nombre complexe au format texte $x + yi$ ou $x + yj$, après l'avoir élevé à une puissance.

COMPLEXE.RACINE

`COMPLEXE.RACINE(nombre_complexe)`

Renvoie la racine carrée d'un nombre complexe au format texte $x + yi$ ou $x + yj$.

COMPLEXE.REEL

`COMPLEXE.REEL(nombre_complexe)`

Renvoie le coefficient réel d'un nombre complexe au format texte $x + yi$ ou $x + yj$, c'est-à-dire x.

COMPLEXE.SEC

`COMPLEXE.SEC(nombre_complexe)`

Renvoie la sécante d'un nombre complexe au format texte $x+yi$ ou $x+yj$.

COMPLEXE.SECH

`COMPLEXE.SECH(nombre_complexe)`

Renvoie la sécante hyperbolique d'un nombre complexe au format texte $x+yi$ ou $x+yj$.

COMPLEXE.SIN

`COMPLEXE.SIN(nombre_complexe)`

Renvoie le sinus d'un nombre complexe au format texte $x + yi$ ou $x + yj$. On a $\sin(x + yi) = \sin(x) \times \cosh(y) - \cos(x) \times \sinh(y)i$.

COMPLEXE.SINH

`COMPLEXE.SINH(nombre_complexe)`

Renvoie le sinus hyperbolique d'un nombre complexe au format texte $x+yi$ ou $x+yj$.

COMPLEXE.SOMME

`COMPLEXE.SOMME(nombre_complexe1;nombre_complexe2;...)`
Renvoie la somme de deux ou plusieurs nombres complexes au format texte `x + yi` ou `x + yj`.

COMPLEXE.TAN

`COMPLEXE.TAN(nombre_complexe)`
Renvoie la tangente d'un nombre complexe au format texte `x+yi` ou `x+yj`.

CONVERT

`CONVERT(nombre;de_unité;à_unité)`
Convertit un nombre d'une unité à une autre unité.

DECBIN

`DECBIN(nombre;nb_car)`
Convertit un nombre décimal en nombre binaire.

DECHEX

`DECHEX(nombre;nb_car)`
Convertit un nombre décimal en nombre hexadécimal.

DECOCT

`DECOCT(nombre;nb_car)`
Convertit un nombre décimal en nombre octal.

DELTA

`DELTA(nombre1;nombre2)`
Teste l'égalité de deux nombres. Renvoie `1` si l'argument `nombre1` est égal à l'argument `nombre2` ; sinon, renvoie `0`.

ERF

`ERF(limite_inf;limite_sup)`

Renvoie la valeur de la fonction d'erreur entre `limite_inf` et `limite_sup`.

ERFC

`ERFC(x)`

Renvoie la fonction d'erreur complémentaire intégrée entre x et l'infini.

HEXBIN

`HEXBIN(nombre;nb_car)`

Convertit un nombre hexadécimal en nombre binaire.

HEXDEC

`HEXDEC(nombre)`

Convertit un nombre hexadécimal en nombre décimal.

HEXOCT

`HEXOCT(nombre;nb_car)`

Convertit un nombre hexadécimal en nombre octal.

OCTBIN

`OCTBIN(nombre;nb_car)`

Convertit un nombre octal en nombre binaire.

OCTDEC

`OCTDEC(nombre)`

Convertit un nombre octal en nombre décimal.

OCTHEX

`OCTHEX(nombre;nb_car)`

Convertit un nombre octal en nombre hexadécimal.

SUP.SEUIL

SUP.SEUIL(nombre;seuil)

Renvoie 1 si l'argument nombre est supérieur ou égal à l'argument seuil et 0 dans le cas contraire.

24.3. Raccourcis clavier

Voici les principaux raccourcis clavier, classés par thèmes.

Utiliser les onglets

Tableau 24.5 : Raccourcis clavier

Touches	Fonction
F10 ou Alt	Active les raccourcis clavier associés aux onglets et aux boutons.
Tab ou Maj+Tab	Lorsqu'un onglet est sélectionné, sélectionne le bouton précédent ou suivant dans la barre d'outils.
Entrée	Ouvre le menu sélectionné ou exécute l'action pour le bouton ou la commande sélectionné.
Maj+F10	Affiche le menu contextuel pour l'élément sélectionné.
Alt+Barre d'espace	Affiche le menu **Contrôle** pour la fenêtre Excel.
↑ ou ↓	Lorsqu'un menu ou sous-menu est ouvert, sélectionne la commande précédente ou suivante.
← ou →	Sélectionne l'onglet de gauche ou de droite. Lorsqu'un onglet est sélectionné, sélectionne le bouton de gauche ou de droite.
⌂ ou Fin	Sélectionne le premier ou le dernier bouton de l'onglet.
Echap	Ferme un menu. Permet de quitter le mode « raccourcis clavier ».

Utiliser les boîtes de dialogue

Tableau 24.6 : Raccourcis clavier

Touches	Fonction
Tab	Vous déplace vers l'option ou le groupe d'options suivant.
Maj+Tab	Vous déplace vers l'option ou le groupe d'options précédent.
Ctrl+Tab ou Ctrl+⇞	Bascule vers l'onglet suivant dans une boîte de dialogue.
Ctrl+Maj+Tab ou Ctrl+⇟	Bascule vers l'onglet précédent dans une boîte de dialogue.
Touches de direction	Passe d'une option à l'autre dans une liste déroulante ouverte ou dans un groupe d'options.

Tableau 24.6 : Raccourcis clavier

Touches	Fonction
[Barre d'espace]	Exécute l'action du bouton sélectionné ou active/désactive la case à cocher sélectionnée.
Première lettre d'une option dans une liste déroulante	Ouvre la liste si elle est fermée et passe à cette option dans la liste.
[Alt]+la lettre soulignée dans l'option	Sélectionne une option ou active/désactive une case à cocher.
[Alt]+[Flèche][↓]	Ouvre la liste déroulante sélectionnée.
[←]	Exécute l'action affectée au bouton de commande par défaut de la boîte de dialogue (le bouton affiché en gras, généralement le bouton OK).
[Echap]	Annule la commande et ferme la boîte de dialogue.

Travailler avec les feuilles de calcul

Tableau 24.7 : Raccourcis clavier

Touches	Fonction
[Maj]+[F11] ou [Alt]+[Maj]+[F1]	Insère une nouvelle feuille de calcul.
[Ctrl]+[↓]	Passe à la feuille suivante dans le classeur.
[Ctrl]+[↑]	Passe à la feuille précédente dans le classeur.
[Maj]+[Ctrl]+[↓]	Sélectionne la feuille courante et la feuille suivante. Pour annuler la sélection de feuilles multiples, appuyez sur [Ctrl]+[↓] ou, pour sélectionner une feuille différente, appuyez sur [Ctrl]+[↑].
[Maj]+[Ctrl]+[↑]	Sélectionne la feuille courante et la feuille suivante.

Se déplacer dans les feuilles de calcul

Tableau 24.8 : Raccourcis clavier

Touches	Fonction
Touches de direction	Vous déplace d'une cellule vers le haut, le bas, la gauche ou la droite.
[Ctrl]+touches de direction	Vous déplace vers le bord de la région de données courante.
[↖]	Atteint le début de la ligne.
[Ctrl]+[↖]	Atteint le début de la feuille de calcul.
[Ctrl]+[Fin]	Passe à la dernière cellule de la feuille de calcul, sur la dernière ligne du bas utilisée de la dernière colonne de droite utilisée.
[↓]	Vous déplace d'un écran vers le bas.

Tableau 24.8 : Raccourcis clavier

Touches	Fonction
[⇞]	Vous déplace d'un écran vers le haut.
[Alt]+[⇞]	Vous déplace d'un écran vers la droite.
[Alt]+[⇞]	Vous déplace d'un écran vers la gauche.
[F6]	Bascule vers le volet suivant d'une feuille de calcul fractionnée (menu **Fenêtre/Fractionner**).
[Maj]+[F6]	Bascule vers le volet précédent d'une feuille de calcul fractionnée.
[Ctrl]+[⌫]	Fait défiler le contenu afin d'afficher la cellule active.
[F5]	Affiche la boîte de dialogue **Atteindre**.
[Maj]+[F5]	Affiche la boîte de dialogue **Rechercher**.
[Maj]+[F4]	Répète la dernière action **Rechercher** (identique à **Suivant**).
[Tab]	Permet de se déplacer entre des cellules non verrouillées dans une feuille de calcul protégée.

Se déplacer au sein d'une plage de cellules sélectionnée

Tableau 24.9 : Raccourcis clavier

Touches	Fonction
[↵]	Vous déplace de haut en bas au sein de la plage sélectionnée.
[Maj]+[↵]	Vous déplace de bas en haut au sein de la plage sélectionnée.
[Tab]	Vous déplace de gauche à droite au sein de la plage sélectionnée. Si des cellules dans une seule colonne sont sélectionnées, vous déplace vers le bas.
[Maj]+[Tab]	Vous déplace de droite à gauche au sein de la plage sélectionnée. Si des cellules dans une seule colonne sont sélectionnées, vous déplace vers le haut.
[Ctrl]+[.] (point)	Vous déplace dans le sens des aiguilles d'une montre vers le coin suivant de la plage sélectionnée.
[Ctrl]+[Alt]+[→]	Dans des sélections non adjacentes, passe à la sélection suivante à droite.
[Ctrl]+[Alt]+[←]	Passe à la sélection non adjacente suivante à gauche.

Sélectionner les cellules, lignes, colonnes ou objets

Tableau 24.10 : Raccourcis clavier

Touches	Fonction
[Ctrl]+[Barre d'espace]	Sélectionne toute la colonne.
[Maj]+[Barre d'espace]	Sélectionne toute la ligne.
[Ctrl]+[A]	Sélectionne toute la feuille de calcul.
[Maj]+[←]	Sélectionne uniquement la cellule active si plusieurs cellules sont sélectionnées.
[Ctrl]+[Maj]+[Barre d'espace]	Sélectionne tous les objets d'une feuille lorsqu'un objet est sélectionné.
[Ctrl]+[6]	Alterne entre le masquage des objets, l'affichage des objets et l'affichage des indicateurs de position des objets.

Sélectionner des cellules présentant des caractéristiques particulières

Tableau 24.11 : Raccourcis clavier

Touches	Fonction
[Ctrl]+[*]	Sélectionne la zone courante autour de la cellule active. Dans un rapport de tableau croisé dynamique, sélectionne tout le rapport.
[Ctrl]+[/]	Sélectionne la matrice qui contient la cellule active.
[Ctrl]+[Maj]+[O]	Sélectionne toutes les cellules contenant des commentaires.
[Ctrl]+[\]	Dans une ligne active, sélectionne les cellules qui ne correspondent pas à la valeur de la cellule active.
[Ctrl]+[Maj]+[|]	Dans une colonne active, sélectionne les cellules qui ne correspondent pas à la valeur de la cellule active.
[Ctrl]+[[] (crochet ouvrant)	Sélectionne toutes les cellules auxquelles les formules font référence dans la sélection.
[Ctrl]+[Maj]+[{] (accolade ouvrante)	Sélectionne toutes les cellules auxquelles les formules font référence directement ou indirectement dans la sélection.
[Ctrl]+[]] (crochet fermant)	Sélectionne les cellules contenant les formules qui font directement référence à la cellule active.
[Ctrl]+[Maj]+[}] (accolade fermante)	Sélectionne les cellules contenant les formules qui font référence directement ou indirectement à la cellule active.
[Alt]+[;] (point-virgule)	Sélectionne les cellules visibles dans la sélection courante.

Étendre une sélection

Tableau 24.12 : Raccourcis clavier

Touches	Fonction
[F8]	Active ou désactive le mode étendu. En mode étendu, *EXT* apparaît dans la barre d'état et les touches de direction étendent la sélection.
[Maj]+[F8]	Ajoute une plage de cellules à la sélection. Vous pouvez également utiliser les touches pour aller au début de la plage que vous voulez ajouter, puis appuyer sur la touche [F8] et sur les touches de direction pour sélectionner la plage suivante.
[Maj]+touche de direction	Étend la sélection à une autre cellule.
[Ctrl]+[Maj]+touche de direction	Étend la sélection à la dernière cellule non vide contenue dans la même colonne ou ligne que la cellule active.
[Maj]+[⇐]	Étend la sélection jusqu'au début de la ligne.
[Maj]+[⇐]	Étend la sélection jusqu'au début de la feuille de calcul.
[Ctrl]+[Maj]+[Fin]	Étend la sélection à la dernière cellule utilisée dans la feuille de calcul (angle inférieur droit).
[Maj]+[↓]	Étend la sélection d'un écran vers le bas.
[Maj]+[↑]	Étend la sélection d'un écran vers le haut.
[Fin]+[Maj]+touche de direction	Étend la sélection à la dernière cellule non vide contenue dans la même colonne ou ligne que la cellule active.
[Fin]+[Maj]+[⇐]	Étend la sélection à la dernière cellule utilisée dans la feuille de calcul (angle inférieur droit).
[Fin]+[Maj]+[↵]	Étend la sélection à la dernière cellule de la ligne courante. Cette séquence de touches ne fonctionne pas si vous avez désactivé d'autres touches de déplacement (menu **Outils**, commande **Options**, onglet **Transition**).
[Défilement]+[Maj]+[⇐]	Étend la sélection à la cellule située dans l'angle supérieur gauche de la fenêtre. (La touche [Défilement] ce situe sur les claviers standards entre les touches [Impr.Ecran] et [Pause], au dessus de la touche [⇐]).
[Défilement]+[Maj]+[Fin]	Étend la sélection à la cellule située dans l'angle inférieur droit de la fenêtre.

Entrer des données

Tableau 24.13 : Raccourcis clavier

Touches	Fonction
[↵]	Valide la saisie de données dans la cellule et sélectionne la cellule située en dessous.
[Alt]+[↵]	Commence une nouvelle ligne dans la même cellule.

Tableau 24.13 : Raccourcis clavier

Touches	Fonction
Ctrl+↵	Recopie l'entrée courante dans la plage de cellules sélectionnée.
Maj+↵	Valide la saisie de données dans la cellule et sélectionne la cellule précédente située au-dessus.
↹	Valide la saisie de données dans la cellule et sélectionne la cellule suivante située à droite.
Maj+↹	Valide la saisie de données dans la cellule et sélectionne la cellule précédente située à gauche.
Echap	Annule la saisie de données dans une cellule.
Touches de direction	Vous déplace d'un caractère vers le haut, le bas, la gauche ou la droite.
⌂	Atteint le début de la ligne.
F4 ou Ctrl+Y	Répète la dernière action.
Ctrl+Maj+F3	Crée des noms à partir d'étiquettes de lignes et de colonnes.
Ctrl+D	Recopie vers le bas.
Ctrl+R	Recopie vers la droite.
Ctrl+F3	Affiche le Gestionnaire de noms.
Ctrl+K	Insère un lien hypertexte.
↵ (dans une cellule contenant un lien hypertexte)	Active un lien hypertexte.
Ctrl+; (point-virgule)	Saisit la date.
Ctrl+Maj+: (deux-points)	Saisit l'heure.
Alt+↓	Affiche une liste déroulante des valeurs dans la colonne courante d'une liste.
Ctrl+Z	Annule la dernière action.

Saisir et calculer des formules

Tableau 24.14 : Raccourcis clavier

Touches	Fonction
F3	Colle un nom défini dans une formule.
Alt+= (égal)	Insère une formule utilisant la fonction SOMME.
F9	Calcule toutes les feuilles de calcul dans tous les classeurs ouverts. Lorsqu'une partie de la formule est sélectionnée, calcule la partie sélectionnée. Vous pouvez alors appuyer sur ↵ ou Ctrl+Maj+↵ (pour les formules matricielles) pour remplacer la partie sélectionnée par la valeur calculée.

Tableau 24.14 : Raccourcis clavier

Touches	Fonction
[Maj]+[F9]	Calcule la feuille de calcul active.
[Ctrl]+[Alt]+[F9]	Calcule toutes les feuilles de calcul de tous les classeurs ouverts, qu'elles aient ou non changé depuis le dernier calcul.
[Ctrl]+[Alt]+[Maj]+[F9]	Contrôle à nouveau les formules dépendantes, puis calcule toutes les formules de tous les classeurs ouverts, y compris les cellules non marquées comme ayant besoin d'être calculées.

Modifier des données

Tableau 24.15 : Raccourcis clavier

Touches	Fonction
[F2]	Positionne le point d'insertion à la fin du contenu de la cellule active.
[Alt]+[↵]	Commence une nouvelle ligne dans la même cellule.
[←]	Efface ou supprime le caractère précédent dans la cellule active tandis que vous en modifiez le contenu.
[Suppr]	Supprime le caractère à droite du point d'insertion ou supprime la sélection.
[Ctrl]+[Suppr]	Supprime le texte du point d'insertion à la fin de la ligne.
[F7]	Affiche la boîte de dialogue **Orthographe**.
[Maj]+[F2]	Permet de modifier un commentaire de cellule.
[↵]	Valide la saisie de données dans la cellule et sélectionne la cellule située en dessous.
[Ctrl]+[Z]	Annule la dernière action.
[Echap]	Annule la saisie de données dans une cellule.
[Ctrl]+[Maj]+[Z]	Lorsque les balises actives de correction automatique sont affichées, annule ou rétablit la dernière correction automatique.

Insérer, supprimer et copier des cellules

Tableau 24.16 : Raccourcis clavier

Touches	Fonction
[Ctrl]+[C]	Copie les cellules sélectionnées.
[Ctrl]+[C], immédiatement suivi d'un autre [Ctrl]+[C]	Affiche le Presse-papiers de Microsoft Office (collecte et colle plusieurs éléments).
[Ctrl]+[X]	Coupe les cellules sélectionnées.

Tableau 24.16 : Raccourcis clavier

Touches	Fonction
Ctrl+V	Colle les cellules copiées.
Suppr	Efface le contenu des cellules sélectionnées.
Ctrl+- (trait d'union)	Supprime les cellules sélectionnées.
Ctrl+Maj++ (plus)	Insère des cellules vides.

Mettre en forme des données

Tableau 24.17 : Raccourcis clavier

Touches	Fonction
Alt+' (apostrophe)	Affiche la boîte de dialogue **Style**.
Ctrl+1	Affiche la boîte de dialogue **Format de cellule**.
Ctrl+Maj+~	Applique le format de nombre *Général*.
Ctrl+Maj+$	Applique le format monétaire avec deux positions décimales (les nombres négatifs sont mis entre parenthèses).
Ctrl+Maj+%	Applique le format pourcentage sans position décimale.
Ctrl+Maj+^	Applique le format numérique exponentiel, avec deux décimales.
Ctrl+Maj+#	Applique le format de date, avec le jour, le mois et l'année.
Ctrl+Maj+@	Applique le format horaire, avec les heures et les minutes, et AM ou PM.
Ctrl+Maj+!	Applique le format numérique, avec deux décimales, un séparateur de milliers et un signe moins pour les valeurs négatives.
Ctrl+B	Applique ou enlève la mise en forme « gras ».
Ctrl+I	Applique ou enlève la mise en forme « italique ».
Ctrl+U	Applique ou enlève le soulignement.
Ctrl+Maj+5	Applique ou enlève le mise en forme « barré ».
Ctrl+9	Masque les lignes sélectionnées.
Ctrl+Maj+((parenthèse ouvrante)	Affiche les lignes masquées au sein de la sélection.
Ctrl+0 (zéro)	Masque les colonnes sélectionnées.
Ctrl+Maj+) (parenthèse fermante)	Affiche les colonnes masquées au sein de la sélection.
Ctrl+Maj+&	Applique un contour aux cellules sélectionnées.

Index thématique des fonctions

Fonctions d'information
- CELLULE 676
- EST.IMPAIR 676
- EST.PAIR 676
- ESTERR 238, 676
- ESTERREUR 238, 676
- ESTFORMULE 676
- ESTLOGIQUE 237, 677
- ESTNA 135, 238, 677
- ESTNONTEXTE 237, 677
- ESTNUM 237, 677
- ESTREF 237, 677
- ESTTEXTE 238, 677
- ESTVIDE 238, 677
- FEUILLE 678
- FEUILLES 678
- INFORMATIONS 678
- N 678
- NA 678
- NB.VIDE 678
- TYPE 678
- TYPE.ERREUR 679

Fonctions d'ingénierie
- BESSELI 721
- BESSELJ 721
- BESSELK 722
- BESSELY 722
- BINDEC 722
- BINHEX 722
- BINOCT 722
- BITDECALD 722
- BITDECALG 722
- BITET 723
- BITOU 723
- BITOUEXCLUSIF 723
- COMPLEXE 723
- COMPLEXE.ARGUMENT 723
- COMPLEXE.CONJUGUE 723
- COMPLEXE.COS 723
- COMPLEXE.COSH 724
- COMPLEXE.COT 724
- COMPLEXE.CSC 724
- COMPLEXE.DIFFERENCE 724
- COMPLEXE.DIV 724
- COMPLEXE.EXP 724
- COMPLEXE.IMAGINAIRE 725
- COMPLEXE.LN 725
- COMPLEXE.LOG10 725
- COMPLEXE.LOG2 725
- COMPLEXE.MODULE 725
- COMPLEXE.PRODUIT 725
- COMPLEXE.PUISSANCE 726
- COMPLEXE.RACINE 726
- COMPLEXE.REEL 726
- COMPLEXE.SEC 726
- COMPLEXE.SECH 726
- COMPLEXE.SIN 726
- COMPLEXE.SINH 726
- COMPLEXE.SOMME 727
- COMPLEXE.TAN 727
- CONVERT 727
- DECBIN 727
- DECHEX 727
- DECOCT 727
- DELTA 727
- ERF 727
- ERFC 728
- HEXBIN 728
- HEXDEC 728
- HEXOCT 728
- OCTBIN 728
- OCTDEC 728
- OCTHEX 728
- SUP.SEUIL 729

Fonctions de base de données
- BDECARTYPE 679
- BDECARTYPEP 679
- BDLIRE 679
- BDMAX 679
- BDMIN 679
- BDMOYENNE 680
- BDNB 680
- BDNBVAL 680
- BDPRODUIT 680
- BDSOMME 680
- BDVAR 680
- BDVARP 681

Fonctions de date et d'heure
- ANNEE 671
- AUJOURDHUI 671
- DATE 79, 168, 332, 671
- DATEVAL 671
- FIN.MOIS 170, 671
- FRACTION.ANNEE 671

HEURE	170, 672
JOUR	171, 672
JOURS360	672
JOURSEM	171, 672
MAINTENANT	172, 672
MINUTE	672
MOIS	172, 252, 673
MOIS.DECALER	673
NB.JOURS.OUVRES	673
NB.JOURS.OUVRES.INTL	673
NO.SEMAINE	673
NO.SEMAINE.ISO	673
SECONDE	674
SERIE.JOURS.OUVRES	674
SERIE.JOURS.OUVRES.INTL	674
TEMPSVAL	674

Fonctions de recherche et de référence

ADRESSE	663
CHOISIR	89, 663
COLONNE	663
COLONNES	106, 663
DECALER	123, 140, 663
EQUIV	124, 136, 664
FORMULETEXTE	664
INDEX	125, 136, 664
INDIRECT	664
LIEN_HYPERTEXTE	664
LIGNE	248, 665
LIGNES	106, 665
LIREDONNEESTABCROISDYNAMIQUE	665
RECHERCHE	665
RECHERCHEH	665
RECHERCHEV	666
TRANSPOSE	666
ZONES	666

Fonctions de texte

BAHTTEXT	666
CAR	666
CHERCHE	149, 158, 667
CNUM	150, 667
CODE	667
CONCATENER	667
CTXT	150, 667
DEVISE	667
DROITE	151, 668
EPURAGE	668
EXACT	79, 151, 252, 668
FRANC	668
GAUCHE	151, 668
MAJUSCULE	152, 252, 668

MINUSCULE	152, 669
NBCAR	669
NOMPROPRE	669
REMPLACER	669
REPT	669
STXT	669
SUBSTITUE	669
SUPPRESPACE	670
T	670
TEXTE	670
TROUVE	670
UNICAR	670
UNICODE	670
VALEURNOMBRE	670

Fonctions financières

AMORDEGRC	711
AMORLIN	711
AMORLINC	711
CUMUL.INTER	186, 711
CUMUL.PRINCPER	187, 199, 712
DATE.COUPON.PREC	712
DATE.COUPON.SUIV	712
DB	712
DDB	712
DUREE	713
DUREE.MODIFIEE	713
INTERET.ACC	713
INTERET.ACC.MAT	713
INTPER	187, 713
ISPMT	713
NB.COUPONS	714
NB.JOURS.COUPON.PREC	714
NB.JOURS.COUPON.SUIV	714
NB.JOURS.COUPONS	714
NPM	714
PDUREE	715
PRINCPER	715
PRIX.BON.TRESOR	715
PRIX.DCOUPON.IRREG	715
PRIX.DEC	715
PRIX.FRAC	715
PRIX.PCOUPON.IRREG	716
PRIX.TITRE	716
PRIX.TITRE.ECHEANCE	716
REND.DCOUPON.IRREG	716
REND.PCOUPON.IRREG	717
RENDEMENT.BON.TRESOR	717
RENDEMENT.SIMPLE	717
RENDEMENT.TITRE	717
RENDEMENT.TITRE.ECHEANCE	717
SYD	717
TAUX	718

TAUX.EFFECTIF	718
TAUX.ESCOMPTE	718
TAUX.ESCOMPTE.R	718
TAUX.INT.EQUIV	718
TAUX.INTERET	719
TAUX.NOMINAL	719
TRI	719
TRI.PAIEMENTS	719
TRIM	719
VA	720
VALEUR.ENCAISSEMENT	720
VALEUR.NOMINALE	720
VAN	720
VAN.PAIEMENTS	720
VC	720
VC.PAIEMENTS	721
VDB	721
VPM	721

Fonctions logiques

ET	83, 674
FAUX	675
NON	675
OU	675
OUX	675
SI	675
SI.NON.DISP	675
VRAI	675

Fonctions mathématiques

ABS	681
ACOS	681
ACOSH	681
ACOT	682
ACOTH	682
AGREGAT	682
ALEA	682
ALEA.ENTRE.BORNES	683
ARRONDI	683
ARRONDI.AU.MULTIPLE	683
ARRONDI.INF	683
ARRONDI.SUP	683
ASIN	683
ASINH	683
ATAN	684
ATAN2	684
ATANH	684
BASE	684
Chiffre.Arabe	684
COMBIN	684
COMBINA	685
COS	685
COSH	685
COT	685

COTH	685
CSC	685
CSCH	685
DECIMAL	686
DEGRES	686
DETERMAT	219, 686
ENT	104, 686
EXP	686
FACT	686
FACTDOUBLE	686
IMPAIR	687
INVERSEMAT	220, 687
ISO.PLAFOND	687
LN	687
LOG	687
LOG10	687
MATRICE.UNITAIRE	688
MOD	95, 247, 688
MULTINOMIALE	688
PAIR	688
PGCD	688
PI	688
PLAFOND	689
PLAFOND.MATH	689
PLAFOND.PRECIS	689
PLANCHER	689
PLANCHER.MATH	689
PLANCHER.PRECIS	689
PPCM	690
PRODUIT	690
PRODUITMAT	690
PUISSANCE	690
QUOTIENT	690
RACINE	690
RACINE.PI	691
RADIANS	691
ROMAIN	691
SEC	691
SECH	691
SIGNE	691
SIN	691
SINH	692
SOMME	692
SOMME.CARRES	692
SOMME.SERIES	692
SOMME.SI	692
SOMME.SI.ENS	692
SOMME.X2MY2	692
SOMME.X2PY2	693
SOMME.XMY2	693
SOMMEPROD	693
SOUS.TOTAL	693

TAN	693
TANH	693
TRONQUE	693

Fonctions statistiques

AVERAGEA	694
BETA.INVERSE.N	694
CENTILE.EXCLURE	694
CENTILE.INCLURE	694
CENTREE.REDUITE	694
CHISQ.TEST	695
COEFFICIENT.ASYMETRIE	695
COEFFICIENT.ASYMETRIE.P	695
COEFFICIENT.CORRELATION	695
COEFFICIENT.DETERMINATION	695
COVARIANCE.PEARSON	695
COVARIANCE.STANDARD	696
CROISSANCE	696
DROITEREG	696
ECART.MOYEN	696
ECARTYPE.PEARSON	696
ECARTYPE.STANDARD	696
EQUATION.RANG	697
ERREUR.TYPE.XY	697
F.TEST	697
FISHER	697
FISHER.INVERSE	697
FREQUENCE	697
GAMMA	698
GAUSS	698
GRANDE.VALEUR	93, 698
INTERVALLE.CONFIANCE.NORMAL	698
INTERVALLE.CONFIANCE.STUDENT	698
INVERSE.LOI.F.DROITE	698
INVERSE.LOI.F.N	699
KURTOSIS	699
LNGAMMA	699
LNGAMMA.PRECIS	699
LOGREG	699
LOI.BETA	699
LOI.BINOMIALE.INVERSE	700
LOI.BINOMIALE.N	700
LOI.BINOMIALE.NEG.N	700
LOI.BINOMIALE.SERIE	700
LOI.EXPONENTIELLE	700
LOI.F.DROITE	701
LOI.F.N	701
LOI.GAMMA.INVERSE.N	701
LOI.GAMMA.N	701
LOI.HYPERGEOMETRIQUE	701
LOI.KHIDEUX	701
LOI.KHIDEUX.DROITE	701
LOI.KHIDEUX.INVERSE	702
LOI.KHIDEUX.INVERSE.DROITE	702
LOI.LOGNORMALE.INVERSE	702
LOI.LOGNORMALE.N	702
LOI.NORMALE.INVERSE.N	702
LOI.NORMALE.N	702
LOI.NORMALE.STANDARD	703
LOI.NORMALE.STANDARD.INVERSE	703
LOI.POISSON.N	703
LOI.STUDENT.BILATERALE	703
LOI.STUDENT.DROITE	703
LOI.STUDENT.INVERSE.BILATERALE	703
LOI.STUDENT.INVERSE.N	704
LOI.STUDENT.N	704
LOI.WEIBULL.N	704
MAX	94, 704
MAXA	704
MEDIANE	94, 704
MIN	94, 705
MINA	705
MODE.MULTIPLE	705
MODE.SIMPLE	705
MOYENNE	80, 96, 110, 705
MOYENNE.GEOMETRIQUE	97, 114, 705
MOYENNE.HARMONIQUE	97, 706
MOYENNE.RANG	706
MOYENNE.REDUITE	706
NB	106, 706
NB.SI	107, 247, 706
NB.SI.ENS	126, 145, 706
NBVAL	107, 707
ORDONNEE.ORIGINE	707
PEARSON	707
PENTE	707
PERMUTATION	707
PERMUTATIONA	707
PETITE.VALEUR	708
PHI	708
PREVISION	708
PROBABILITE	708
QUARTILE.EXCLURE	708
QUARTILE.INCLURE	708
RANG.POURCENTAGE.EXCLURE	709
RANG.POURCENTAGE.INCLURE	709
SOMME.CARRES.ECARTS	709
STDEVA	709
STDEVPA	709
T.TEST	709
TENDANCE	710
VAR.P.N	710
VAR.S	710
VARA	710
VARPA	710

Z.TEST 710
Fonctions VBA 328
   Abs 329
   Date 332
   DateAdd 333
   DatePart 333
   DateSerial 333
   DateValue 333
   Day 334
   Fix 329
   InStr 330
   InStrRev 330
   Int 329
   IsDate 328
   IsNumeric 329
   IsObject 329
   Left 330
   Len 331
   LTrim 331
   Mid 331
   Month 334
   Now 334
   Right 331
   RTrim 332
   Str 332
   TimeSerial 334
   TimeValue 334
   Trim 332
   Val 332
   Weekday 335
   Year 335

Index

A

Abs 329, 681
ACOS 681
ACOSH 681
ACOT 682
ACOTH 682
ActiveX 447
ADO 627, 644
ADRESSE 663
AGREGAT 682
ALEA 682
ALEA.ENTRE.BORNES 683
AMORDEGRC 184, 711
AMORLIN 185, 711
AMORLINC 185, 711
ANNEE 168, 671
Antécédents 229
Application 373, 440
Arguments 344
    fonctions 58, 61
ARRONDI 102, 683
ARRONDI.AU.MULTIPLE 102, 683
ARRONDI.INF 103, 683
ARRONDI.SUP 103, 683
ASIN 683
ASINH 683
ATAN 684
ATAN2 684
ATANH 684
Attributs de contrôles
    Ruban 600
Auditer les formules 229
    évaluer des formules 231
    repérer les antécédents 229
    repérer les dépendants 230
AUJOURDHUI 168, 252, 671
AVERAGEA 694

B

BAHTTEXT 666
Barres d'outils 620
Barres de commande 620
    afficher 621
    ajouter un contrôle 621
    contrôles 621
    créer 620
    supprimer 620
Barres de défilement 539
Barres de menu 620
BASE 684
Bases de données 627, 644, 647
BDECARTYPE 679
BDECARTYPEP 679
BDLIRE 679
BDMAX 679
BDMIN 679
BDMOYENNE 680
BDNB 680
BDNBVAL 680
BDPRODUIT 680
BDSOMME 680
BDVAR 680
BDVARP 681
BESSELI 721
BESSELJ 721
BESSELK 722
BESSELY 722
BETA.INVERSE.N 694
Bibliothèque d'objets 633, 638
BINDEC 722
BINHEX 722
BINOCT 722
BITDECALD 722
BITDECALG 722
BITET 723

BITOU	723
BITOUEXCLUSIF	723
Boîte à outils	527, 551
Boîtes de dialogue	**499**
boîte à outils	527, 551
cas pratique	551, 560
contrôles	529
Dialogs	519
enregistrer	545
événements	546
GetOpenFilename	516
GetSaveAsFilename	519
InputBox	509
insérer	525
intégrées	499, 515, 519
MsgBox	500
non modales	548
personnalisées	525
prédéfinies	499-500, 509
Boucles	**339**
Do Loop	341
For Each Next	340
For To Next	339
Boutons	
bascule	537
d'option	537
de commande	538

C

Cadres	538
CAR	666
Cas pratique	
boîtes de dialogue	551, 560
personnaliser le Ruban	614
Cases à cocher	536
Cells	400
CELLULE	676
Cellules	
espionner le contenu	232
validation du contenu	248
CENTILE.EXCLURE	694
CENTILE.INCLURE	694
CENTREE.REDUITE	694
Certificat	294
Chart	450
ChartObject	457

CHERCHE	149, 158, 667
Chiffre.Arabe	684
CHISQ.TEST	695
CHOISIR	89, 663
CNUM	150, 667
Code	**667**
débogage	355 à 359
commentaires	306
compilation	352
décaler les lignes	306
saisir	305
sur plusieurs lignes	306
COEFFICIENT.ASYMETRIE	695
COEFFICIENT.ASYMETRIE.P	695
COEFFICIENT.CORRELATION	695
COEFFICIENT.DETERMINATION	695
Collection	**275, 368-369**
Cells	400
ChartObjects	457
Charts	455
d'objets	275
ListObjects	474
Names	412
PivotCaches	482, 494
PivotFields	483
PivotTables	485
Sheets	393
SortFields	476
Workbooks	384
Worksheets	390
COLONNE	663
COLONNES	106, 663
COMBIN	684
COMBINA	685
Commentaires	306
Compilation	352
COMPLEXE	723
COMPLEXE.ARGUMENT	723
COMPLEXE.CONJUGUE	723
COMPLEXE.COS	723
COMPLEXE.COSH	724
COMPLEXE.COT	724
COMPLEXE.CSC	724
COMPLEXE.DIFFERENCE	724
COMPLEXE.DIV	724
COMPLEXE.EXP	724

Index

COMPLEXE.IMAGINAIRE............... 725
COMPLEXE.LN 725
COMPLEXE.LOG10...................... 725
COMPLEXE.LOG2........................ 725
COMPLEXE.MODULE................... 725
COMPLEXE.PRODUIT 725
COMPLEXE.PUISSANCE 726
COMPLEXE.RACINE..................... 726
COMPLEXE.REEL 726
COMPLEXE.SEC 726
COMPLEXE.SECH 726
COMPLEXE.SIN 726
COMPLEXE.SINH........................ 726
COMPLEXE.SOMME.................... 727
COMPLEXE.TAN......................... 727
CONCATENER 667
Constantes 324
    attribuer un nom................................. 50
    matricielles...................................... 215
Contrôles
    ActiveX 447
    barre de commande........................... 621
    barres de défilement 539
    boîte à outils............................. 527, 551
    boîtes de dialogue 529
    boutons bascule 537
    boutons d'option............................... 537
    boutons de commande 538
    cadres 538
    cases à cocher 536
    dans une feuille de calcul 447
    étiquettes 530
    images 540
    multipages 538
    onglets 538
    ordre de tabulation 544
    organiser... 542
    propriétés 448, 529
    redimensionner................................ 542
    RefEdit 541
    Ruban... 595
    sélectionner 541
    toupies 540
    zones de liste................................... 534
    zones de liste déroulantes 531
    zones de texte 531
CONVERT 727

COS 685
COSH 685
COT 685
COTH 685
COVARIANCE.PEARSON............... 695
COVARIANCE.STANDARD 696
CROISSANCE 696
CSC 685
CSCH 685
CTXT 150, 667
Cumul glissant 109
CUMUL.INTER.................. 186, 711
CUMUL.PRINCPER.......... 187, 199, 712
Custom UI Editor............................ 586

D

DATE..................... 79, 168, 332, 671
DATE.COUPON.PREC 712
DATE.COUPON.SUIV.................... 712
DateAdd 333
DATEDIF................................. 169
DatePart................................ 333
Dates
    numéros de série 165
    siècle 167
DateSerial.............................. 333
DATEVAL................................ 671
DateValue 333
Day....................................... 334
DB 712
DDB 712
Débogage .... 351, 355 à 359
    espions 359
    exécution pas à pas........................... 355
    fenêtre Exécution 357
    fenêtre Variables locales 358
    point d'arrêt 356
    point d'arrêt conditionnel................... 359
DECALER........................ 123, 140, 663
DECBIN 727
DECHEX 727

DECIMAL 686
Déclarer les variables 314
DECOCT 727
DEGRES 686
DELTA 727
Dépendants 230
DETERMAT 219, 686
DEVISE 667
DoLoop 341
Données 627, 644, 647
 filtrer 478
 tableau 473
 tableau croisé dynamique 480
 trier 475
DROITE 151, 668
DROITEREG 696
DUREE 713
DUREE.MODIFIEE 713

E

ECART.MOYEN 696
ECARTYPE.PEARSON 696
ECARTYPE.STANDARD 696
Éditeur VBA
 explorateur de projets 278
 fenêtre des modules 278
Enregistrer
 boîte de dialogue 545
 macros 281
ENT 104, 686
EPURAGE 668
EQUATION.RANG 697
EQUIV 124, 136, 664
ERF 727
ERFC 728
Err 362
ERREUR.TYPE.XY 697
Erreurs 351
 d'exécution 351, 353, 361
 de compilation 351
 de programmation 351, 353
 détecter 225

Err 362
 gestion 361
 On Error GoTo 361
 On Error Resume Next 361
Espions 232, 359
EST.IMPAIR 676
EST.PAIR 676
ESTERR 238, 676
ESTERREUR 238, 676
ESTFORMULE 676
ESTLOGIQUE 237, 677
ESTNA 135, 238, 677
ESTNONTEXTE 237, 677
ESTNUM 237, 677
ESTREF 237, 677
ESTTEXTE 238, 677
ESTVIDE 238, 677
ET 83, 674
Étiquette 361, 530
Événement 277, 421
 Activate 426, 434
 Application 440
 BeforeClose 426
 BeforeDoubleClick 435, 507
 BeforePrint 427
 BeforeSave 427
 boîtes de dialogue 546
 Calculate 436
 Change 437
 désactiver 423
 NewSheet 428
 Open 428
 procédure 421
 SelectionChange 439
 SheetActivate 428
 SheetBeforeDoubleClick 430
 SheetFollowHyperlink 431
 WindowResize 431
 Workbook 424
 Worksheet 432
EXACT 79, 151, 252, 668
Exécution pas à pas 355
EXP 686
Explorateur
 d'objets 371
 de projets 278, 296

F

F.TEST 697
FACT 686
FACTDOUBLE 686
FAUX 675
Fenêtre
   de code 296, 299
   des modules 278
   espion 232
   exécution 357
   variables locales 358
FEUILLE 678
FEUILLES 678
Fichier texte
   écrire 628
   lire 629
   ouvrir 627
Filtre automatique 478
Filtrer
   données 478
   slicers 262
FIN.MOIS 170, 671
FISHER 697
FISHER.INVERSE 697
Fix 329
Fonctions 57, 346
   arguments 58, 61
   date et d'heure 67
   de bases de données 67
   financières 70
   information 67
   ingénierie 70
   insérer 58
   logiques 67
   mathématiques 67
   recherche et de référence 66
   rechercher 58
   somme automatique 63
   statistiques 68
   texte 66
   types d'arguments 64
For Each Next 340
Formule
   attribuer un nom 51
   auditer 229
   conditionnelles 75
   évaluer 231

   matricielles 210-211
   modifier 18
   parenthèses 19
   règles de priorité des opérateurs 19
   saisir 17
FORMULETEXTE 664
For To Next 339
FRACTION.ANNEE 671
FRANC 668
FREQUENCE 697

G

GAMMA 698
GAUCHE 151, 668
GAUSS 698
Gérer les macros 289
Gestionnaire de noms 44
GetOpenFilename 516
GetSaveAsFilename 519
GRANDE.VALEUR 93, 698
Graphique
   ajuster 460
   créer 450, 456
   dans une feuille de calcul 456
   emplacement 462
   étiquettes de données 468
   sélectionner 455, 459
   sparkline 262, 470
   supprimer 456, 460

H

HEURE 170, 672
HEXBIN 728
HEXDEC 728
HEXOCT 728

I

If Then Else 335
Images 540
Imbriquer les SI 87
IMPAIR 687

INDEX	125, 136, 664
INDIRECT	664
INFORMATIONS	678
InputBox	509
Insérer fonctions	58
InStr	330
InStrRev	330
Int	329
INTERET.ACC	713
INTERET.ACC.MAT	713
Intérêts composés	194
INTERVALLE.CONFIANCE.NORMAL	698
INTERVALLE.CONFIANCE.STUDENT	698
INTPER	187, 713
INVERSE.LOI.F.DROITE	698
INVERSE.LOI.F.N	699
INVERSEMAT	220, 687
IsDate	328
IsNumeric	329
ISO.PLAFOND	687
IsObject	329
ISPMT	713

J

JOUR	171, 672
JOURS360	672
JOURSEM	171, 672

K

KURTOSIS	699

L

Left	330
Len	331
LIEN_HYPERTEXTE	664
LIGNE	248, 665
LIGNES	106, 665
LIREDONNEESTABCROISDYNAMIQUE	665
ListObject	474
LN	687
LNGAMMA	699
LNGAMMA.PRECIS	699
LOG	687
LOG10	687
LOGREG	699
LOI.BETA	699
LOI.BINOMIALE.INVERSE	700
LOI.BINOMIALE.N	700
LOI.BINOMIALE.NEG.N	700
LOI.BINOMIALE.SERIE	700
LOI.EXPONENTIELLE	700
LOI.F.DROITE	701
LOI.F.N	701
LOI.GAMMA.INVERSE.N	701
LOI.GAMMA.N	701
LOI.HYPERGEOMETRIQUE	701
LOI.KHIDEUX	701
LOI.KHIDEUX.DROITE	701
LOI.KHIDEUX.INVERSE	702
LOI.KHIDEUX.INVERSE.DROITE	702
LOI.LOGNORMALE.INVERSE	702
LOI.LOGNORMALE.N	702
LOI.NORMALE.INVERSE.N	702
LOI.NORMALE.N	702
LOI.NORMALE.STANDARD	703
LOI.NORMALE.STANDARD.INVERSE	703
LOI.POISSON.N	703
LOI.STUDENT.BILATERALE	703
LOI.STUDENT.DROITE	703
LOI.STUDENT.INVERSE.BILATERALE	703
LOI.STUDENT.INVERSE.N	704
LOI.STUDENT.N	704
LOI.WEIBULL.N	704
LTrim	331

M

Macros
- affecter à un bouton 286
- certificat 294
- enregistrer 281
- gérer 289
- modifier 290
- personnelles 282
- références relatives 285
- Ruban 608
- sécurité 293

MAINTENANT 172, 672
MAJUSCULE 152, 252, 668
MATRICE.UNITAIRE 688
MAX 94, 704
MAXA 704
MEDIANE 94, 704
Messages d'erreur 225
Méthodes 276
Mid 331
MIN 94, 705
MINA 705
MINUSCULE 152, 669
MINUTE 672
Mises en forme conditionnelles ... 243
- barres de données 244
- créer 245
- jeux d'icônes 245
- nuances de couleurs 244
- prédéfinies 243

MOD 95, 247, 688
MODE 96, 113
MODE.MULTIPLE 705
MODE.SIMPLE 705
Modèle d'objets 275, 367
Module
- copier 305
- créer 304
- renommer 304
- supprimer 304

MOIS 172, 252, 673
MOIS.DECALER 172, 673
Month 334
MOYENNE 80, 96, 110, 705

MOYENNE
.GEOMETRIQUE 97, 114, 705
MOYENNE.HARMONIQUE 97, 706
MOYENNE.RANG 706
MOYENNE.REDUITE 98, 706
MsgBox 500
MULTINOMIALE 688
Multipages 538

N

N 678
NA 678
Names 412
NB 106, 706
NB.COUPONS 714
NB.JOURS.COUPON.PREC 714
NB.JOURS.COUPON.SUIV 714
NB.JOURS.COUPONS 714
NB.JOURS.OUVRES 173, 673
NB.JOURS.OUVRES.INTL 673
NB.SI 107, 247, 706
NB.SI.ENS 126, 145, 706
NB.VIDE 108, 678
NBCAR 153, 157, 669
NBVAL 107, 707
NO.SEMAINE 173, 673
NO.SEMAINE.ISO 673
Nom
- constante 50
- créer des séries 46
- dans une formule 40
- définir 39, 43
- formule 51
- gestionnaire de noms 44
- modifier 44
- supprimer 47

NOMPROPRE 669
NON 86, 675
Nouveautés 653
Now 334
NPM 714
Numéros de série 165

748   Index

O

Objet 367
   actif 374
   Application 367, 373, 440
   Chart 393, 450
   ChartObject 457
   collection 275, 368-369
   événement 277, 421
   Explorateur d'objets 371
   hiérarchie 275
   ListObject 474
   méthode 276, 370
   modèle d'objets 275, 367
   PivotCache 483
   PivotTable 482
   propriété 276, 370
   Range 400
   Shape 457
   Sort 476
   Workbook 384, 424
   Worksheet 390, 432
OCTBIN 728
OCTDEC 728
OCTHEX 728
On Error GoTo 361
On Error Resume Next 361
Onglets 538
   Ruban 258
Opérateurs 325
ORDONNEE.ORIGINE 707
Ordre de tabulation 544
OU 84, 675
Outlook 638
   message électronique 639
   rendez-vous 642
OUX 85, 675

P

PAIR 688
PDUREE 715
PEARSON 707
PENTE 707
PERMUTATION 707
PERMUTATIONA 707
PERSONAL.XLSB 282

Personnaliser
   Ruban 287
PETITE.VALEUR 99, 708
PGCD 688
PHI 708
PI 688
PivotCache 483
PivotTable 482
PLAFOND 104, 689
PLAFOND.MATH 689
PLAFOND.PRECIS 689
PLANCHER 105, 689
PLANCHER.MATH 689
PLANCHER.PRECIS 689
Poignée de recopie 26
Point d'arrêt 356
   conditionnel 359
Pourcentages 113
PPCM 690
PREVISION 708
PRINCPER 188, 199, 715
PRIX.BON.TRESOR 715
PRIX.DCOUPON.IRREG 715
PRIX.DEC 715
PRIX.FRAC 715
PRIX.PCOUPON.IRREG 716
PRIX.TITRE 716
PRIX.TITRE.ECHEANCE 716
PROBABILITE 708
Procédures 275, 343
   arguments 344
   événementielle 421
   Function 346
   Ruban 603, 605
   Sub 343
PRODUIT 690
PRODUITMAT 220, 690
Projet VBA 297
   copier un module 305
   créer un module 304
   organiser 304
   propriétés 297
   renommer un module 304
   supprimer un module 304

Propriétés 276
PUISSANCE 690

Q

QUARTILE.EXCLURE 708
QUARTILE.INCLURE 708
QUOTIENT 99, 690

R

RACINE 690
RACINE.PI 691
RADIANS 691
RANG 99
RANG.POURCENTAGE 100
RANG.POURCENTAGE.EXCLURE .. 709
RANG.POURCENTAGE.INCLURE .. 709
Range 400
RECHERCHE 126, 665
RECHERCHEH 665
RECHERCHEV 128, 132, 666
RefEdit 541
Références
    absolues 24
    circulaires 234
    externes 31
    mixtes 24, 28
    relatives 24, 285
    saisir avec la souris 23
    tridimensionnelles 30
    utiliser 21
REMPLACER 153, 159, 669
REND.DCOUPON.IRREG 716
REND.PCOUPON.IRREG 717
RENDEMENT.BON.TRESOR 717
RENDEMENT.SIMPLE 717
RENDEMENT.TITRE 717
RENDEMENT.TITRE.ECHEANCE ... 717
REPT 153, 669
RibbonX 586
    attributs de contrôles 600
    balises XML 590

    contrôles 595
    procédures liées 603, 605
Right 331
ROMAIN 691
RTrim 332
Ruban
    attributs de contrôles 600
    balises XML 590
    boutons 595
    boutons bascule 595
    boutons séparés 598
    cadres 599
    cases à cocher 596
    contrôles 595
    contrôles prédéfinis 595
    Custom UI Editor 586
    éléments de liste 597
    étiquettes 595
    galeries 596
    groupes de boutons 599
    lanceurs de boîte de dialogue ... 600
    listes déroulantes 597
    listes déroulantes modifiables ... 597
    macros complémentaires 608
    menus 598
    menus dynamiques 596
    onglets 258
    personnaliser 287, 585
    personnaliser dynamiquement ... 611
    procédures liées 603, 605
    RibbonX 586
    séparateurs de menus 599
    séparateurs verticaux 598
    zones de saisie 596

S

SEC 691
SECH 691
SECONDE 674
Sécurité
    macros 293
Select Case End Select 338
SERIE.JOURS.OUVRES 674
SERIE.JOURS.OUVRES.INTL 674
SI 75, 675
    imbriquer 87
SI.NON.DISP 136, 239, 675

Siècle 167
SIGNE 691
SIN 691
SINH 692
Slicers 262
   tableaux croisés dynamiques 493
SOMME 101, 108, 692
Somme automatique 63, 110
SOMME.CARRES 692
SOMME.CARRES.ECARTS 709
SOMME.SERIES 692
SOMME.SI 101, 111, 692
SOMME.SI.ENS 130, 143, 692
SOMME.X2MY2 692
SOMME.X2PY2 693
SOMME.XMY2 693
SOMMEPROD 130, 142, 693
Sort 476
SOUS.TOTAL 131, 693
Sparkline 262, 470
SQL 647
STDEVA 709
STDEVPA 709
Str 332
Structures de décisions 335
   If Then Else 335
   Select Case End Select 338
STXT 154, 669
SUBSTITUE 154, 159, 161, 669
SUP.SEUIL 729
SUPPRESPACE 155, 670
SYD 717

T

T 670
T.TEST 709
Tableau 320
Tableau croisé dynamique 480
   actualiser 485
   affichage des champs de données 488
   champs de page 491
   créer 480

   masquer des valeurs 487
   ordre des champs 486
   slicers 262, 493
Tableau de données 121, 473
   à deux entrées 202
   à une entrée 201
   conception 121
   créer 474
TAN 693
TANH 693
TAUX 189, 718
Taux de croissance annuel
moyen 113
TAUX.EFFECTIF 718
TAUX.ESCOMPTE 718
TAUX.ESCOMPTE.R 718
TAUX.INT.EQUIV 718
TAUX.INTERET 719
TAUX.NOMINAL 719
TEMPSVAL 674
TENDANCE 710
TEXTE 155, 157, 670
TimeSerial 334
TimeValue 334
Toupies 540
TRANSPOSE 218, 666
TRI 190, 719
TRI.PAIEMENTS 190, 719
Trier
   données 475
Trim 332, 719
TRONQUE 105, 693
TROUVE 156, 158, 670
TYPE 678
TYPE.ERREUR 679
Types de données 312
   utilisateurs 323
Types utilisateur 323

U

UNICAR 670
UNICODE 670

V

VA 191, 197, 200, 720
Val 332
Valeur
    acquise 194
    actualisée 194
    capitalisée 194
VALEUR.ENCAISSEMENT 720
VALEUR.NOMINALE 720
VALEURNOMBRE 670
Validation
    contenu des cellules 248
VAN 192, 198, 720
VAN.PAIEMENTS 192, 198, 720
VAR.P.N 710
VAR.S 710
VARA 710
Variables 277, 311
    appellation 311
    déclarer 314
    locales 358
    tableaux 320
    types de données 312
VARPA 710
VBE 277, 294
    activer 295
    débogage 351
    explorateur de projets 296
    fenêtre de code 296, 299
    personnaliser 301

VC 196, 720
VC.PAIEMENTS 721
VDB 721
Visual Basic 352
VPM 193, 198, 721
VRAI 675

W

Weekday 335
Word 633
Workbook 384, 424
Worksheet 390, 432

Y

Year 335

Z

Z.TEST 710
ZONES 666
Zones de liste 534
    multisélection 535
Zones de liste déroulantes 531
    plusieurs colonnes 533
Zones de texte 531

Composé et Imprimé en France
JOUVE - 1, rue du Docteur Sauvé - 53100 MAYENNE
N° 2093615B - Dépôt légal : Mai 2013